JN247687

図解&イラスト

中小企業の事業承継

11訂版

税理士 牧口晴一

名古屋商科大学大学院教授 齋藤孝一

著

清文社

第11改訂にあたって

事業承継税制は、もはや税理士にとって提案をせざるを得ないものとなり、**「特例承継計画」の提出は急増しています**。しかし、新たな**「税理士剥がし」**が起きています（税理士新聞令和２年３月15日号）。

これに加え40年ぶりの民法（相続法）改正の内、特に重要な「配偶者居住権」と120年ぶり改正の民法（債権法）が本年４月より施行されました。

また、**家族信託で初めての裁判**も出ました。**賃貸建物の法人化が有利とあって相続・事業承継対策として進んで**います。**また令和元年12月の会社法改正により「株式交付」も加わりました。**

その結果、重要な「過去の話題」は、「アーカイブス」に移動しました。**「参考資料」に新規原稿**として、質問の多かった**「アパートの敷地の評価」**と不動産法人化に伴う**「定期借地権等が設定されている場合の同族会社株式の評価」**を２つ載せました。

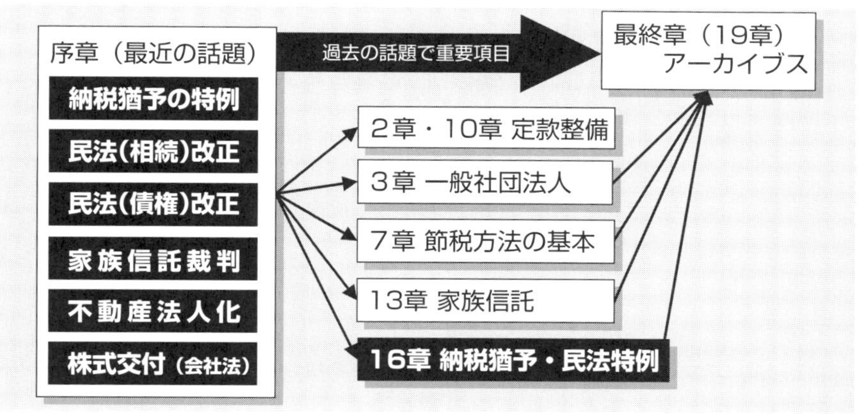

★これらを**有機的に活用するために、巻末の「索引」を**ご利用ください。

令和２年４月１日　牧口　晴一
齋藤　孝一

それは、
社長が言い出さないと始まらない。

創業をしのぐ大事業、「事業承継」を
社長の視点で…

Preface

事業承継の「４つの先」を、右の区分でお話します。

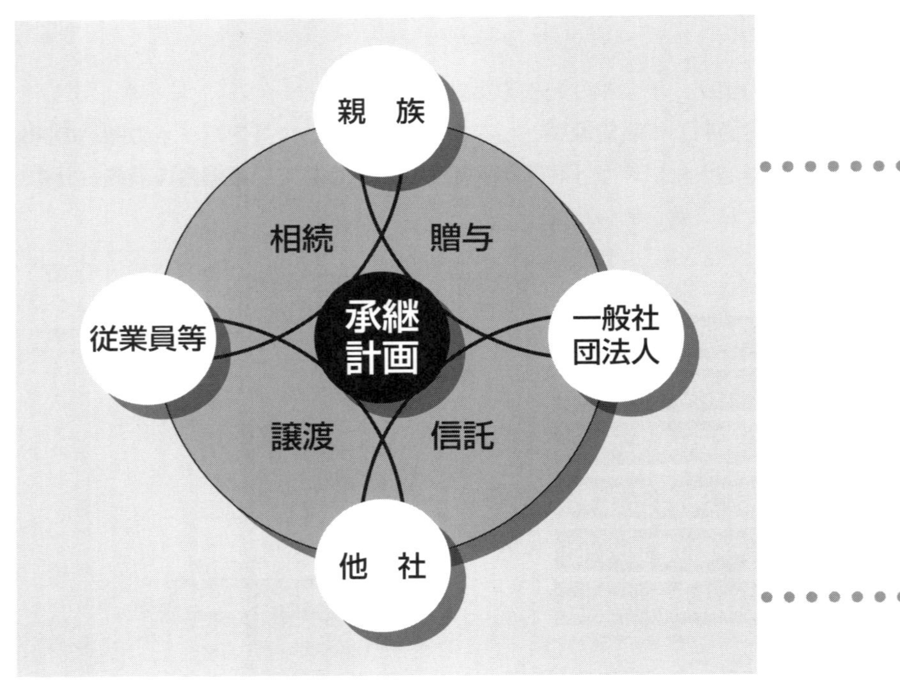

「財産権」	「経営権」
基礎	基礎
応用	応用

Contents

序章と本編との関係

本編　事業承継

近年の税制改正等を受けて
相続と相続税・会社法の対応

Contents

全体把握のための章群

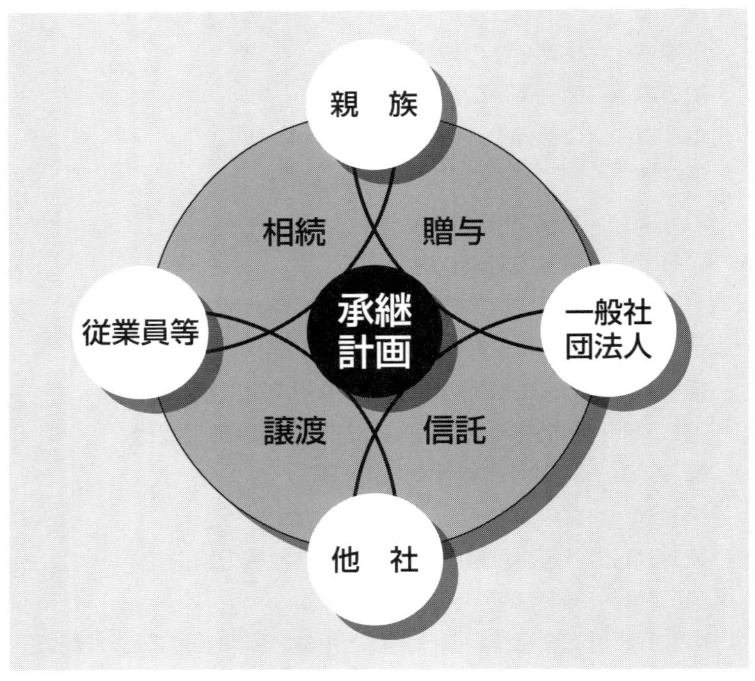

「財産権＋経営権」のための総合策

（凡　例）

表示例：会社法第２条第１項第６号………………………………………会法２①六

会社法…………………………………………………………………会法
会社法施行規則………………………………………………………会規
会社計算規則…………………………………………………………計規
会社法の施行に伴う関係法律の整備等に関する法律………………会整法
民法……………………………………………………………………民
法人税法………………………………………………………………法法
法人税法施行令………………………………………………………法令
相続税法………………………………………………………………相法
消費税法………………………………………………………………消法
消費税法施行令………………………………………………………消令
地方税法………………………………………………………………地法
所得税法施行令………………………………………………………所令
租税特別措置法………………………………………………………措法
租税特別措置法施行令………………………………………………措令
租税特別措置法施行規則……………………………………………措規
相続税法基本通達……………………………………………………相基通
法人税基本通達………………………………………………………法基通
消費税法基本通達……………………………………………………消基通
財産評価基本通達……………………………………………………財基通
一般社団法人及び一般財団法人に関する法律………………………一般法
信託法…………………………………………………………………信法
信託業法………………………………………………………………業法
中小企業における経営の承継の円滑化に関する法律……経営承継円滑化法、円滑法
中小企業における経営の承継の円滑化に関する法律施行規則…………円滑規
民法の一部を改正する法律の施行に伴う関係法律の整備等に関する法律……整備法
（＊本書は、令和２年４月１日現在の法令等によっています。）

序章　納税猶予＋民法（相続・債権）のW改正

相続の地盤（民法）激震！
事業に財産が集中する津波が発生！

1．相続“税法”の連続大改正で、事業承継ブームに！

中小会社の株式については相続税が全面的に実質無税になる！　一言で言えば平成30年度税制改正は「事業承継税制（納税猶予と免除）」での**大盤振る舞いの特例です。**

これにより大津波が起こりました。なにしろ、数ある資産の内で、中小企業の株式や個人事業者の事業用資産だけ実質無税となれば、その**他の資産は、そこに雪崩れ込む**のが明らかです。

120年ぶり

地殻変動は、要件である**計画書の提出を巡っても**、銀行やコンサル会社を巻き込んで**顧客の奪い合い**が既に起こり、税理士剥がしが加速化しています。

大津波の被害は、特例が終わる時に**引き波として決定的**になります。それを自らの管理下に置くために**５年で納税する**のも一考です（次ページ参照）。

２．120年ぶり改正の民法（債権法）が令和２年４月施行開始

ただし、多くは改正を待たず実務上適用されていましたので、本書では**全く新しい規定となる改正の内、重要な「保証」**等について取り上げました。

３．民法（相続法）も40年ぶりの大改正も本格施行！

民法（相続法）の大改正が平成最後の年から始まりました！

その内、令和２年４月から施行される**「配偶者居住権」**は上手く活用すれば**節税**になることもあります。しかし、問題もある制度なだけに、譲渡できないはずの配偶者居住権を譲渡或いは途中で消滅させてしまった場合などについて**令和２年度税制改正で譲渡所得又は贈与として課税し、その場合の取得費の計算が明確**になりました。

★　今回の序章は、この**民法改正を大きく取り上げ**ましたが、昨年取り上げた項目の**一部は最終章のアーカイブスに移動**しています。

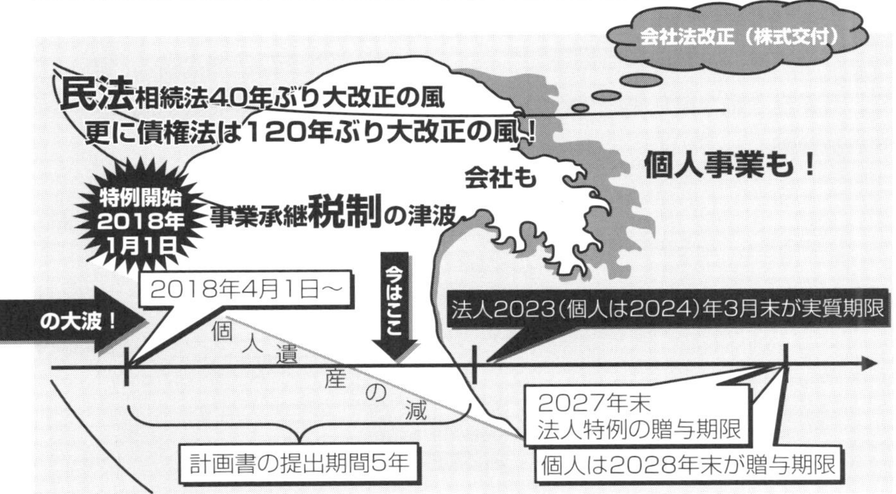

1. 納税猶予は5年で納税し危険回避＋新規事業化

POINT

半永久の納税猶予はお客様のM&A 等の経営の自由をも奪う

全関与先の「特例承継計画」を提出して経営計画業務に参入！

1. 難解・高リスクな上に、お客様の経営の自由度を奪う

納税猶予のリスクの高さは、第16章でお話ししています。その他にも多くのリスクがあります。したがって下図のように**複数贈与者・後継者は極力避け**ます。しかし、**猶予開始後は未来ですから誰にも予測できず、複数パターンに**なります。また、納税猶予中は、**株式譲渡（M&A）等をすると納税猶予が取り消されて**しまうなど、お客様の経営の自由度が制限されます。

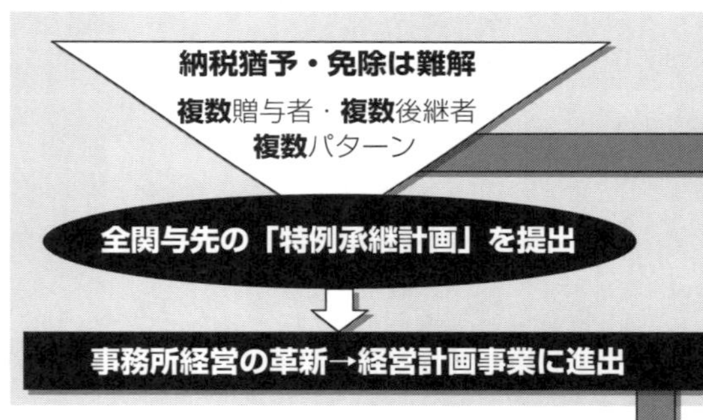

したがって次ページのように強制される**5年間の無利子の延納と考えて、5年経過後早期に納税**するのもお勧めです。万一、**5年内に倒産すれば免除**になるので、申告期限に無理に納税するまでもありません。

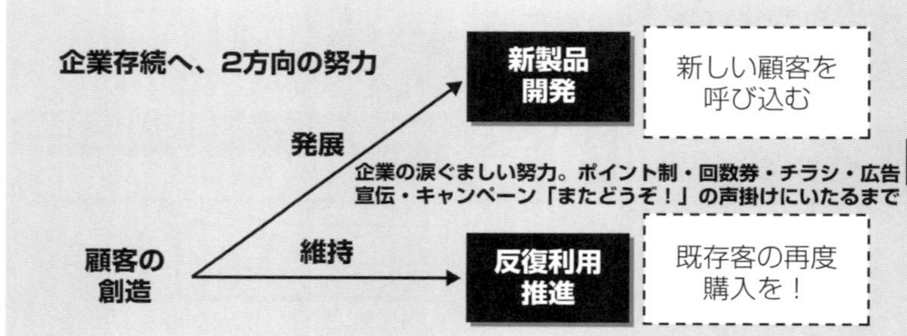

2．「特例承継計画」提出しても、計画を実行しなくてもペナルティなし！

納税猶予の特例のためには「特例承継計画」の提出が不可欠です。だからどんな零細企業でも提出します。何故なら**後継者が立派な会社にするかもしれません**し、計画を実践しなくても罰則はありません。むしろ、**これを契機にして、経営計画を立てる入口に**するのです。これまでは経営計画を立てる強制法規はなく、**法律面でのメリットもありませんでした。**だから、会計事務所も法的な義務である申告書・決算書をお客様に**感謝されることのない低い付加価値の業務**に甘んじていました。左ページ下図のように**企業として当然の発展の努力を会計事務所の多くはしてきませんでした。**

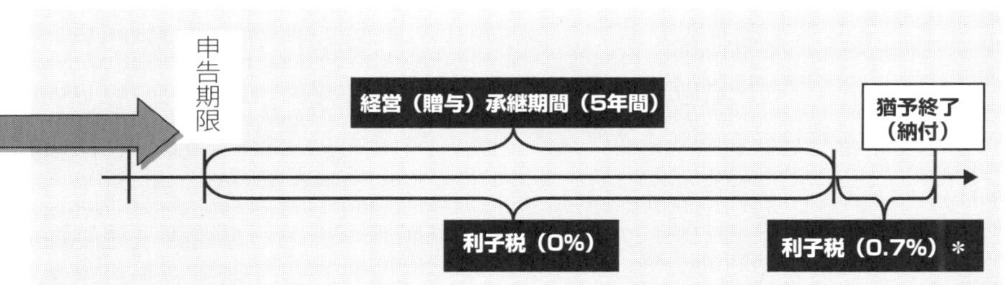

*措法70条の7㉘、措法70条の2㉙により、経営承継期間は0%、それ以降は年3.9%ですが、措法93条により年3.6%×特別基準割合（変化する）÷7.3%＝0.7%

しかし経営計画は下図のようにチャンスです。（詳しくは拙著『事業承継に活かす納税猶予・免除の実務』・『決算書は役に立たない。経営計画会計入門』を参照ください。）

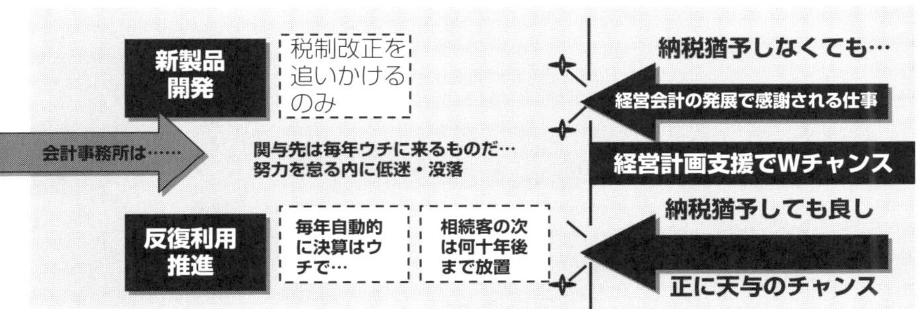

2．民法（債権法）改正4月から施行の重要点！

POINT

保証人になってもらうには公証役場で手続き必要に
職業別の短期消滅時効が原則５年に一本化

民法（債権法）の改正は120年ぶりとは言いますが、**ほとんどの内容は裁判で確立して実際に実行されていたものを明文化したもの**が多いのです。しかし、ここで取り上げるものは、**全く新しい規律になるもの**です。

１．保証限度の定めのない個人の根保証契約は無効に（民465の２）

ドラマでもよく出てきますよね。保証人になっていたので破産した話。義理をかまされてやむなく「迷惑はかけないから」と頼まれて保証人になったものの、結局「最大の迷惑をかけられてしまった」そんな悲劇を防止します。

まず、企業の内部者でない人に保証人をお願いする時は、**限度額（極度額）を定めない根保証契約（どの借入に対する保証と限定しない意味で"根"本的な保証なので根保証と言います）は無効**になることです。つまり保証の限度額を○○万円までとするという限度がない契約は無効になるのです。

２．公証役場で保証の意思確認を受けなければ無効に

その事業に関与していない親戚や友人などの第三者が保証人になる場合には、**公証人の面前で代理人ではなく本人による**保証意思確認の手続きをしない保証は無効になります。

ただし、次の場合には、意思確認は不要です。

① 主債務者が法人である場合　その法人の**理事、取締役、執行役や、議決権の過半数を有する株主等**

② 主債務者が個人である場合　主債務者と**共同して事業を行っている共同事業者や、主債務者の事業に現に従事している主債務者の配偶者**

３．職業別の短期消滅時効を原則５年に（最長10年）（民166）

従来、消滅時効期間は原則１０年とし、例外的に下表のように職業別により短期の消滅時効を設けていました。これを廃止し**原則を５年に一本化**しました。ただし例えば、債権者に返済金を過払いした返還を求める債権の場合、過払いの時点では、その権利を有することが分からないことがあります。このような場合には、**権利を行使することができる時から10年**が時効です。

旧ルール

債権の種類	時効時間
一般債権	**10年**
商取引債権	**5年**
医師の診療報酬	3年
弁護士の報酬	2年
飲食代金・動産貸付代金	1年

新ルール

原則5年

（ただし債権者が権利行使をできることを知ることができる時から10年）

＊消滅時効は、何故あるのか？　ある日突然、債権者が支払いを請求してきた場合、債務者は長期間が経過すると、証拠が散逸し、**債務を負っていないことを立証（領収書など）することも困難になるために設けられた**制度で「権利の上に眠る者を守らず」という訳です。

４．法定利率を年５％→原則年３％へ。自動的変動性）へ（民404）

金利が下がっているのは明らかですよね。それなのに、民法は５％！（433ページの借地権の「相当の地代」は何と６％！税法はなんと非常識か！）

法定利率とは、**契約の当事者間に貸金等や遅延損害金に関する合意がない場合に適用される利率**です。市中金利が低迷しているのに法定利率が高過ぎるため、不公平を生じています。そこで５%から３%に変更し、将来的に法定利率が市中金利と大きく離れた場合には自動的に変動する仕組みが導入されました（商事法定利率は改正前商法514条では年６%であったのを廃止。整備法３条）。

3．民法（相続法）40年ぶり大改正の全体像

POINT

実務が固まるまでは要注意。特に登記は怠らないこと
安易に使ってケガするよりも、従来の中で相続対策を検討することも必要

下図の**施行日は、実行が容易な順に始める**ことが分かります。項目の□の番号は序章の項目番号ですから、ここは図解目次と言えます。

原則施行日は2019年７月からとなっている右の**「凍結預金口座からの仮払い」**については、平成28年12月の最高裁判決以降、実務上で同様に行われつつありますので右ページでお話ししておきます。

凍結預金口座からの仮払い

特別寄与料で嫁に報いる

嫁等が介護をした場合の金銭請求可能に（512ページ参照）

9　生前贈与は遺産分割から外す

従前、生前贈与は特別受益として遺産分割の対象でした。後継者に影響

登記を急がないと財産失う

これが一番大切！（514ページ参照）

遺留分を金銭請求権に変更

479ページ参照

● 2019年1月13日施行

自筆証書遺言の要件緩和

財産目録はパソコンでもOK
謄本・通帳はコピーでもOK
それでもやっぱり公正証書遺言（510ページ参照）

● 2019年7月1日施行

原則的施行日　上記の4項目等

2018年7月に法律が成立し公布され、1年以内の施行と言う事で**左右のもの以外はこの日の施行。**

実務の事例がない現状で、どんな問題が起きるか未知数なため慎重な適用が望まれます。しかし**登記の問題は配偶者居住権等と異なり地味ながら否応なく対応が求められます**。

預貯金の払戻し（仮払い）制度の創設の経緯

平成28年12月19日の最高裁大法廷決定により

（1）相続された預貯金債権は遺産分割の対象財産に含まれることになり、

（2）共同相続人による単独での払出しができない…こととされました。

しかし、それでは相続人の生活費や葬儀費用の支払い、相続債務の弁済などの資金需要がありながら、遺産分割協議が終了するまでの間は、引き出しができないことに…

そこで、2019年7月1日からの**改正法（民909の2）施行により…**

① **遺産分割協議がまとまる前でも、**家庭裁判所の判断を経ずに、**相続人一人の請求で故人の預貯金の一定額の引き出しが可能に**

引き出せる金額は、口座残高の3分の1を法定相続分で割った額
（例）法定相続人が兄弟2人で預金残高が600万円なら一人当たり
600万円÷3÷2＝100万円（ただし、1銀行毎150万円が限度）

② 保全処分の要件緩和

仮払いの必要性があると認められる場合には、他の共同相続人の利害を害しない限り、家庭裁判所の判断で仮払いが認められる。

（家事事件手続法の改正）

● 2020年4月1日施行

4～8　配偶者居住権

最も税務と関連してくる重要項目ですが、詳細は**財産評価基本通達の整備を待つ**ことになります。

● 2020年7月10日施行

自筆証書遺言の保管

法務局で保存されたら、自筆証書遺言でも**「検認」手続きが不要に**なります。それまでは絶対に公正証書遺言がお勧め！

●2019年3月18日、最高裁判所は「成年後見人には親族が望ましい」旨の考え方を示し、各家庭裁判所に通知しました。また弁護士等の専門家の報酬は、「基本的事務」と「付加的事務」に分類し、前者を行わなかった場合には報酬を減額する等の方針を出しました（日経2020年2月26日）。

4．配偶者居住権は対策失敗の結果だが節税も可

POINT

配偶者居住権を使うよりも本来は生命保険金などで準備すべき！
配偶者居住権はそれらで手当てできなかった場合の窮余の策

1．婚外子に実子と平等の相続権を認めた最高裁判決から事は始まった

平成25年９月４日の最高裁判決に基づき婚外子と実子との法定相続分は平等となる改正がなされ、今回の大改正の源となりました。

しかし、**婚外子は、配偶者が死亡する２次相続の際には相続人になり得ませんし、**配偶者と同居というのも有り得ないでしょうから、**１次相続時に被相続人の自宅を売ってでも自分の権利を主張**せざるを得ません。その結果、被相続人の配偶者が自宅から追い出される不安が生じてしまいました。

婚外子がなくとも、**実子が相続分を要求することも**あります。世知辛いとだけで片付けることはできません。例えば、父が**再婚した後に亡くなった場合、先妻との間の子は、往々にして相続分を要求**するでしょう。この場合も下表のような遺産で、法定相続分で分割する場合、配偶者は法定相続分を超える自宅を取得するため、貰い過ぎた分を、子に**代償金として払わなければならず、老後の生活が不安**になります。遺産の内訳が都市部のように**さらに自宅が高く、**

遺　産	妻（2分の1）	子（2分の1）
自宅2,000万円 預金1,000万円	**自宅　2,000万円** 代償金▲500万円	代償金　500万円 預金　1,000万円
合計3,000万円	計　1,500万円	計　1,500万円

代償金支払いのために**生命保険金があれば良かった(387、480ページ参照)**

窮余の策として…

預金が少なければ、事態はもっと過酷となり、配偶者は自宅を売ることを余儀なくされてしまいます。だからこそ、後でお話しするように**複雑になる配偶者居住権を検討するよりも簡単に準備できる生命保険金の必要がある**のです。配偶者居住権はその手当てができなかった場合の窮余の策と考えた方が良いでしょう。さて、その配偶者居住権を導入すると右ページのようになります。

２．配偶者居住権とは？　どんな場合に得られるか？（民1028）

被相続人の配偶者は、被相続人の建物に**相続開始時に居住**していた場合で**次のいずれかに該当**するときは、その**居住建物の全部について無償で使用及び収益する**権利（これを配偶者居住権と言います）を取得します。

① **全ての相続人が配偶者に居住権を認める旨の遺産分割協議をした。**

② **遺言によって配偶者居住権が配偶者に遺贈された。**

③ **死因贈与契約**　　④ **家庭裁判所の審判**

なお、**居住建物が配偶者以外の者（他の相続人であっても）と共有になっていると配偶者居住権は認められません**。共有者の権利を侵害することになってしまうからです。したがって、配偶者居住権を導入すると下表のように、他の相続人である子は共有の所有権ではなく「負担付き所有権」に留まります。

３．配偶者居住権の登記（民1031）

居住建物の所有者（下表では子）は、上記２．で配偶者居住権を取得した配偶者に対して、**配偶者居住権の登記を備えさせる義務**を負います。

これにより、配偶者居住権は登記されると第三者に対抗できるようになります。ですから通常はこのような物件を第三者は購入しないでしょう。

４．居住建物の修繕費用や通常の費用負担（民1033・1034）

配偶者が無償で居住するのですから、修繕費用や居住建物の通常の費用（固定資産税や火災保険など）は配偶者が負担することになります。

これで配偶者は**住居を得られ、かつ生活資金も**手に入ります。**問題は配偶者居住権の評価**です。さらには**小規模宅地の特例の適用**及び**負担付所有権を得た子のその後**です。これらについては次ページ以降でお話しします。

配偶者居住権 →

遺　産	配偶者居住権を導入	妻（2分の1）	子（2分の1）
自宅 2,000万円	**配偶者居住権　500万円**	**配偶者居住権　500万円**	
	負担付所有権 1,500万円		**負担付所有権 1,500万円**
預金　1,000万円	預金　1,000万円	預金　1,000万円	
合計3,000万円	合計3,000万円	計　1,500万円	計　1,500万円

5．配偶者居住権の評価。土地にも権利が及ぶ！

POINT

税法上の評価方法は、土地と建物で別々に計算する
土地の負担付き所有権は「小規模宅地の評価の特例」の対象となる

1．配偶者居住権の評価方法（相法23の2）

配偶者居住権は前項でお話ししたように居住建物についての権利ですが、現実としては、**配偶者居住権が中空に浮いては存在できません**から、下図のように、敷地である土地にも配偶者居住権の権利が及びます。

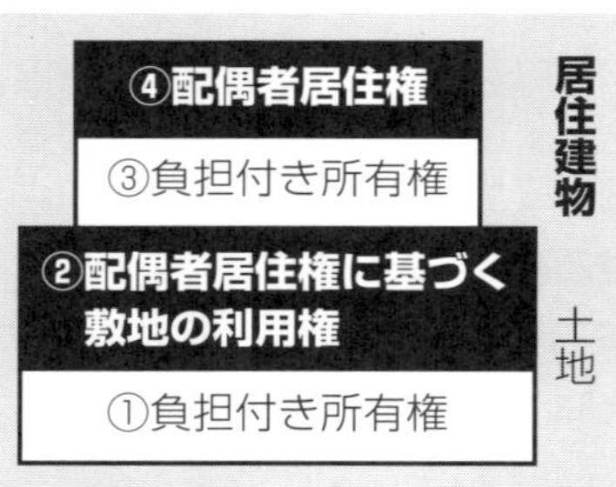

配偶者居住権の評価をしてみます。

（建物の計算式は複雑なので）左図の下から計算した方が理解しやすいでしょう。

土地の時価（相続税評価額）が5,000万円。配偶者居住権の存続年数（配偶者の平均余命12年：右ページ参照）の民法の法定利率５%による複利現価率が0.6とすると…

① **土地の負担付き所有権**＝土地の時価×存続年数に応じた民法の法定利率による複利現価率
3,000万円＝5,000万円×0.6 **（①は小規模宅地の特例の対象となります。）**

② **配偶者居住権に基づく敷地の利用権**＝土地の時価－①
2,000万円＝5,000万円－3,000万円

次に建物。基本は①②と同じですが償却資産ですから、**経年減価の分数が加わり複雑に**なります。

③ **建物の負担付き所有権**＝建物の時価×$\frac{\text{非事業法定耐用年数－築年数－}\textbf{存続年数}}{\text{非事業法定耐用年数－築年数}}$×①と同じ複利現価率

具体的な計算は省略しますが、考え方は、**建物の時価（相続税評価額）が3,000万円**として上記の分数は分子だけが残存年数を引くので、分子が分母より小さくなり、建物の時価3,000万円の何分の１かになります。これに①と同様の複利現価率0.6を乗じた結果が仮に2,600万円とします。

④ **配偶者居住権**＝建物の時価－③
400万円＝3,000万円－2,600万円

結果、**配偶者居住権は②＋④＝2,400万円**、負担付き所有権は①＋③＝5,600万円、**合計8,000万円**

2．概算の配偶者の居住権の相当額（配偶者居住権＋敷地利用権）

左の計算例（土地5,000万円、建物3,000万円で合計8,000万円）の場合の、おおよその**配偶者の居住権と負担付き所有権を、建物と土地とで見てみる**と下表のようになります。**いずれの場合も合計は時価の8,000万円**となります。

（法務省の「簡易な評価方法」を参照の評価で、税務上は通達の発遣を待たなければなりません。）

夫の死亡時の妻の年齢	妻の平均余命	妻の居住権	負担付き所有権
50歳	38年	5,360万円	2,640万円
55歳	34年	5,040万円	2,960万円
60歳	29年	4,640万円	3,360万円
65歳	24年	4,080万円	3,920万円
70歳	20年	3,600万円	4,400万円
75歳	15年	3,040万円	4,960万円
80歳	12年	2,400万円	5,600万円
85歳	8年	1,680万円	6,320万円

上表で明らかなように、**妻の年齢が上がる（平均余命が短くなる）ほど、当然に配偶者の居住権は低くなり、その分、負担付き所有権が高く**なります。

3．配偶者居住権は譲渡できない（民1032②③）

上表のような価値がありますが、制度趣旨に反するため配偶者居住権は相続・譲渡することも、所有者の**許可なく賃貸もできません**。配偶者が**長期入院や老人ホームに入ると何十年もの間、空き家になり負担だけが残る**デメリットがあります。この点の対策を遺言や遺産分割協議書に盛り込む必要があります。

4．配偶者居住権の存続期間（民1030・相法23の2②）

配偶者居住権の存続期間は**配偶者の終身**ですが遺言や協議で決められます。**配偶者の年齢が若い場合**、平均余命が永くなり、ただでさえ中古の建物について、**大規模修繕や建替えなど、想定していない問題を孕む**制度です。

6．配偶者居住権は２次相続で非課税財産？

POINT

配偶者居住権の評価は、相続税本法に規定された（相法23条の2）
配偶者死亡で配偶者居住権は消滅し、負担付所有者の所有権は非課税で取得

1．配偶者が死亡したら配偶者居住権は消滅する（民1030）

配偶者が死亡すると配偶者居住権は消滅します。登記はその配偶者の名前をもってなされていますから当然のことです。また配偶者居住権の定義（民1028：25ページ参照）からしても必然的に外れることになるからです。

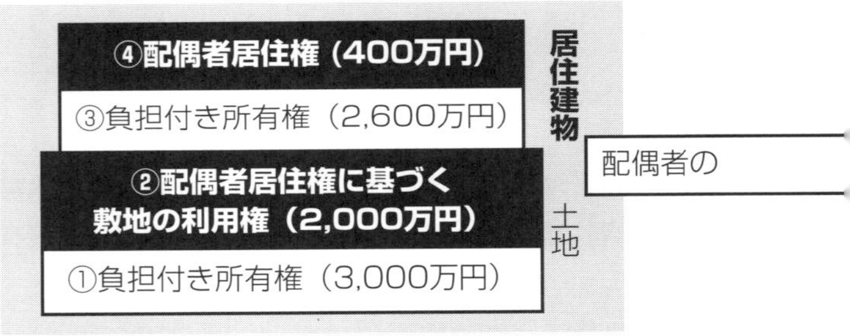

④配偶者居住権（400万円）	居住建物
③負担付き所有権（2,600万円）	
②配偶者居住権に基づく敷地の利用権（2,000万円）	土地
①負担付き所有権（3,000万円）	

配偶者の

しかも、消滅ですから、配偶者を被相続人とする**2次相続の相続財産にもなりません**[1]。

しかし、この消滅によって**負担付き所有権者は負担がなくなることになり、完全な所有権に**なります。

上図のように、1次相続により④配偶者居住権・②配偶者居住権に基づく敷地利用権が設定された住宅に**仲の良い親子が同居している場合**を考えてみましょう。

第1次相続では、同居している子供が土地（330㎡）及び家屋を相続し、土地については小規模居住用宅地の評価減特例の適用を受けるものとします。

＜配偶者居住権等を設定した場合：上図の場合＞

家屋と土地は子供が相続し、子供は3,000万円の負担付所有権の付いた土地について、小規模宅地の特例により3,000万円×0.2＝600万円となりま

1　上西左大信『民法【相続関係】改正による税務実務への影響』税経通信2019年２月号107頁。

すので、600万円＋家屋2,600万円＝**3,200万円**の課税価格となります。そして、2次相続時には、配偶者居住権等は消滅しますので、来年度の税制改正で「みなし相続財産」とされない限り、相続税課税はないと思われます。

<配偶者居住権等を設定しなかった場合>

土地を子が相続し小規模宅地の特例により、5,000万円×0.2＝1,000万円そして、家屋3,000万円の合計**4,000万円**となります。

以上のように、**配偶者居住権を設定すると２次相続において800万円の相続税の課税価格の減額が生じる**こととなります。

２．配偶者が配偶者居住権者としての契約違反等で消滅するが課税！

配偶者居住権はその使用収益に一定の制限や義務があります（25ページ参

照）。これに違反した場合等で配偶者居住権が消滅すると、前ページと同様に2,400万円分価値に移動が起こり、所有者は完全な所有権になります。しかし、この場合は、下図のように贈与税が課税されます。

これらについては、いずれ通達が出されると考えますのでご確認ください。

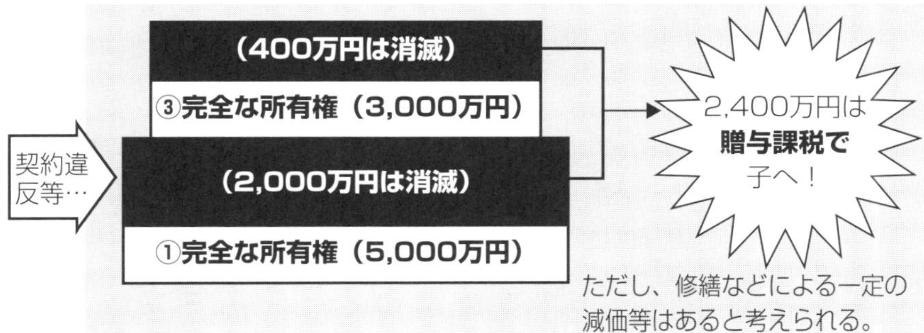

7. 配偶者居住権を遺言しても横取りされる！

POINT

民法改正で、遺言より登記が優先➡
配偶者居住権を遺言しても空手形に

1. 令和元年7月1日施行の民法改正で遺言より登記が優先！

民法改正施行第1弾は、平成31年1月に遺言書の財産目録の簡素化でパソコン等でもOKになりました。第2弾は令和元年7月に**“登記が遺言より優先”**するという画期的な改正が先に施行されています（22・514ページ参照）。

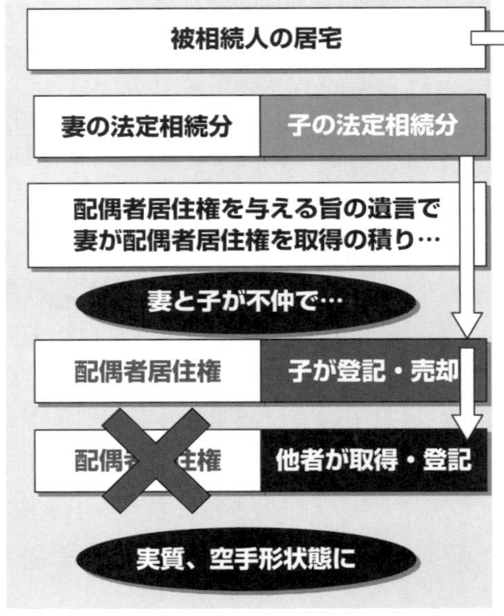

“登記が遺言より優先する”ことと、配偶者居住権は密接に関係します。

つまり配偶者居住権を遺言して、自分の死後の配偶者の終の棲家を確保した積りが、遺言よりも優先する登記の規定があるため、**妻と子の仲が悪い場合には、空手形になってしまう可能性**があります。

例えば、貴方が亡くなった途端に、子供が先に法定相続分である2分の1を登記し、それを金融機関が差し押さえたり、**第三者に売却してしまう可能性**があります。そうすると、遺言により配偶者居住権を取得したはずの貴方の妻は、それにもかかわらず**奥様は自宅を追い出さてしまう**のです！

（実際には妻には、「短期配偶者居住権」があるので6ヶ月は住み続けられますが、焼け石に水で、いずれ住めなくなってしまいます。）

２．対策は生前に仮登記すること

登記は先着順ですから、対策としては相続後一刻も早く、配偶者居住権の登記をすることです。

しかし、多くの場合、そんな余裕はありません。そこで妻への**「死因贈与契約」をもって仮登記**をしておくことです（25ページ参照）。ただし契約ですから配偶者居住権を放棄することはできません。

「死因贈与契約」は「夫は以下の居住建物について配偶者居住権を妻に贈与することを約し、妻はこれを承諾した。」という内容を公正証書で作ります。

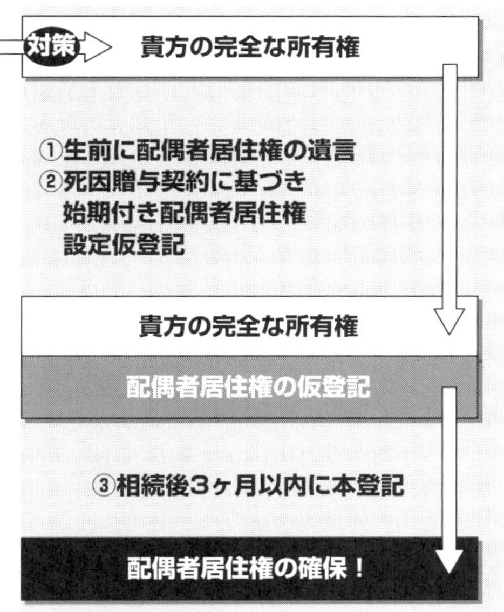

次に、この契約書をもって、**「始期付き配偶者居住権設定仮登記」**を法務局でします。

仮登記は本登記の予約ですから、配偶者居住権の登記が予約といえどもある不動産を買う人はいませんから、金融機関は差し押さえもしません。

こうしておけば、奥様は**相続後３ヶ月以内に配偶者居住権を本登記**すれば完了です。

３．遺言書は令和２年４月１日以降に作成されたものであること

相続対策に熱心な方は、平成31年の民法改正に伴って早々に配偶者居住権を遺言書に書いている方がみえますが、これは無効になります。

配偶者居住権は、令和２年４月１日の施行日以降に作成された遺言書又は遺産分割協議書でなければなりません。

8．配偶者居住権の譲渡等の場合の取得費

POINT

配偶者居住権は譲渡できないが、譲渡所得になることがある
譲渡所得になるのは、無理やり譲渡と中途解約や放棄の場合

1．配偶者居住権は譲渡禁止でも配偶者の譲渡所得となる場合（所60③）

配偶者居住権は民法上は譲渡できません（民1032②③、27ページ参照）。しかし**現実には様々なことが起き**ます。例えば、**配偶者とその居住建物の所有者（例えば子）との合意解除や、配偶者自ら放棄**することもあります。こうして配偶者居住権が消滅等をし、**配偶者が対価**を得た場合は、配偶者に譲渡所得が課税されますので、その**譲渡所得の取得費を計算**しなければなりません。譲渡所得は右ページ図の②と④について次式で取得費を計算します。

配偶者の譲渡所得の計算上の取得費

居住建物等の取得費（取得から設定までの期間の減価を控除）（*1） × 設定時の**配偶者居住権等**の価額 ／ 設定時の **居住建物等** の価額 − 設定から消滅等までの期間の減価の額（*2）

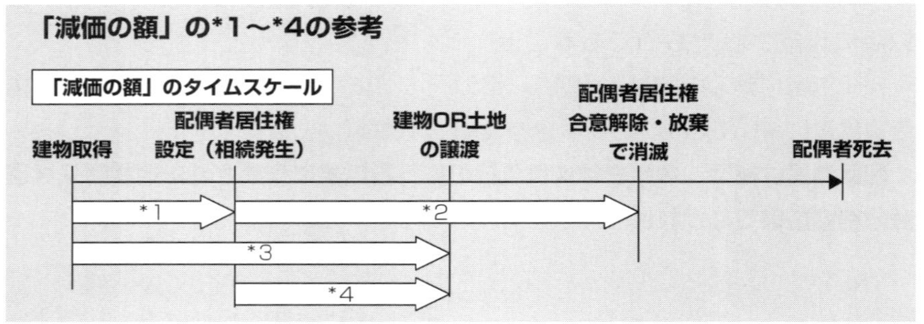

2．土地建物の所有者（相続人）の譲渡所得となる場合（所60②）

配偶者居住権は登記することが**できます**（民1031・25ページ参照）。**登記していない場合には第三者はその建物を購入することも発生**します。すると当然、所有者であった者（相続人）の譲渡所得となります。

このように**相続人が相続により配偶者居住権の目的となっている建物・その敷地を取得し、配偶者居住権等が消滅（前ページの場合）する前に譲渡した場合**の譲渡所得の取得費を計算しなければなりません。

この場合の譲渡所得は下図の①と③について次式で取得費を計算します。この式で控除される「配偶者居住権等の取得費」は**前ページの算式と同様に計算されますが、「減価の額」の計算するタイムスケールが異なります**からご注意してください。

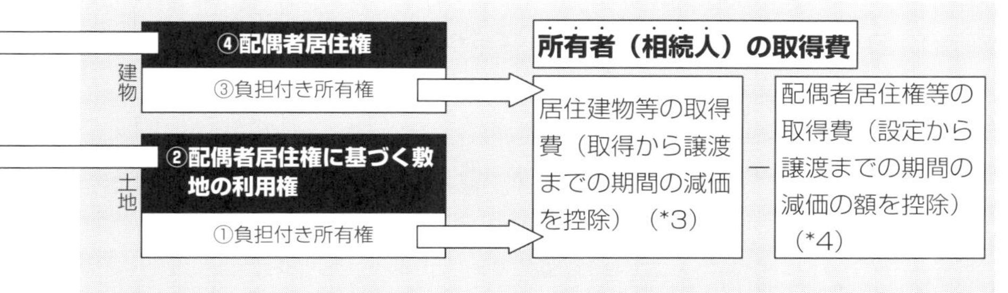

3．前ページの合意解除や放棄で配偶者が対価を得なかった場合は贈与

前ページでは配偶者が対価を得ているので、配偶者に譲渡所得が課税される訳です。もし対価を得なければ、**配偶者から所有権者へ贈与したことになります。すなわち所有権者が受贈したことに**なり贈与税が課税されます。

これが29ページの下段の場合というわけです。

9．婚姻20年以上で守られるが、後継者は放置される！

POINT

特別受益の持戻し免除の意思表示を推定してくれることに
その結果、とんだとばっちりを喰うのが事業経営の後継者。対策は遺言！

1．これも配偶者居住権と同様に婚外子均等の影響（民903④）

配偶者居住権でお話しした婚外子に均等相続分を認めるながれで配偶者が居宅を追い出される危険が生じ、紆余曲折の結果、代替案として登場したのが、この**居住用不動産を遺産分割協議から除外する「持ち戻し免除」**です。

それでも**相続開始10年以内の贈与**（民1044：377ページ参照）**と遺贈は遺留分の対象**となってしまいますし、**居住用不動産贈与の配偶者控除2,000万円**（相法21の6：149ページ参照）**は小規模宅地の評価減**（措法69の4：160ページ参照）**が使えません。**

もっとも**そこを上手く使うのが118-121ページの醍醐味**でもあります。

民法903条④

婚姻期間が20年以上の夫婦の一方である被相続人が、他の一方に対し、その**居住の用に供する建物又はその敷地**について**遺贈又は贈与**をしたときは、当該被相続人は、その遺贈又は贈与について第１項の規定（著者注：**特別受益の持ち戻し**）**を適用しない旨の意思を表示したものと推定**する。

2．配偶者ではない事業の後継者は忘れ去られ、むしろ冷遇される

上記条文のように配偶者については優遇された反面、会社経営者の場合、**後継者には上記の「持ち戻し免除の意思推定」がありません。**

このため、事業承継対策としては、遺言書で「持ち戻し免除の意思表示」をしておかないと、**上記条文が創設されたがために**、後継者が右図の例のように割を喰ってしまい、**他の相続人２人に持っていかれてしまう**のです。

事業承継対策に当たっては**「一行遺言」に持ち戻し免除を加える**のです。

事例：**妻に居宅１億円、後継者に自社株8,000万円を生前贈与した社長の思惑**

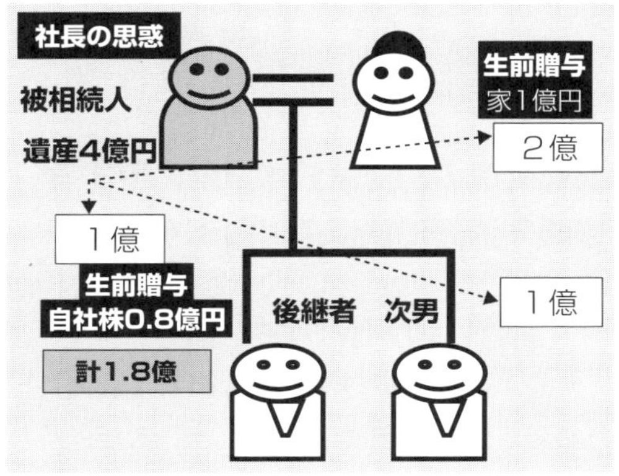

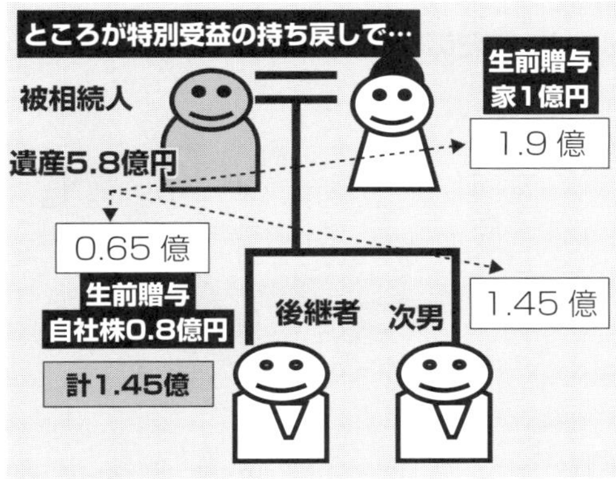

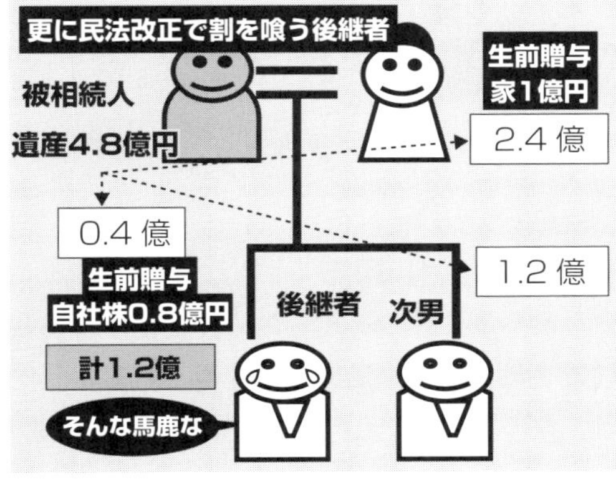

は、残る遺産４億円を法定相続分で妻に２分の１の２億円、子らに１億円ずつ、つまり妻には合計３億円、後継者には1.8億円、次男には１億円と考えていました。

ところが、特別受益の持ち戻しがありますから、社長の相続財産は生前贈与1.8億円を持ち戻しして、**中段の図のように5.8億円**になり、この２分の１＝2.9億円が妻の相続分となり、生前贈与の１億円を引いて、1.9億円を相続で渡し、子らには、5.8億円の４分の１＝1.45億円となりますが、後継者は生前贈与の8,000万円を引くと6,500万円が相続分となります。

しかし、妻への生前贈与には「持ち戻し免除意思の推定」が働き、社長の遺産に**持ち戻しされるのは、後継者への生前贈与8,000万円のみ**の4.8億円です。この２分の１である2.4億円を妻へ相続させ、子らには4.8億円の４分の１＝1.2億円となりますが、**後継者は**生前贈与の8,000万円を引くと4,000万円となり合計も**これまでの最低に！**

10. 家族信託で初裁判！一部無効判決・高裁和解

POINT

遺留分制度を逸脱意図での信託制度の利用は公序良俗に反する
受益者連続型信託など複雑な信託には慎重に対応する

1．第二順位の受益者にも遺留分を配慮しなければならない

この信託契約は、下図のように、委託者が**〇〇家の財産を後継者（次男）に集中させて代々残して行く目的のために、受益者連続型信託**（委託者が亡くなっても信託契約を終了させずに、受益権を連続的に相続人等に継がせていく信託・300ページ参照）を使ったもので、**問題になりやすい信託**の一例です。

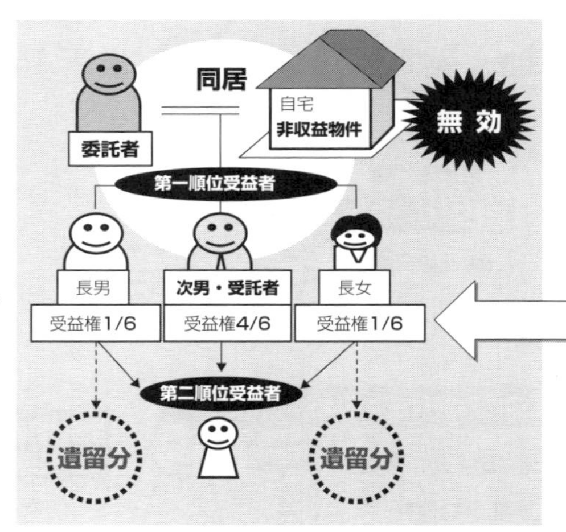

右図で、後継者ではない長男・長女にいったん相続させた財産**（この時点では、遺留分である6分の1を得ている）**も、長男・長女が死んだ時には、その相続人に**遺留分を認めないことになります**。

この点に東京地裁平成30年9月12日判決は「公序良俗に反する」との厳し過ぎると思われるほどの判断をしました。

2．自宅（非収益物件）からの経済的利益は空手形

また、長男・長女には信託受益権が6分の1ずつあるものの、自宅からら収益を得られず、**次男のみ自宅に居住できるという経済的利益を得られる**ようになっている。長男・長女にとっては、空手形状態というわけで、この部分の信託契約は無効とされました。

「単独の受託者（次男）が単独受益者となる信託の設定はできない」という学説があります。信託法２条１項に、『「信託」とは・・・特定の者（受託者）が一定の目的（専らその者（受託者）の利益を図る目的を除く。）に従い財産の管理又は処分・・・』とあります。**つまり受託者（次男）が自分のために信託財産を管理処分等するというのは信託の本来的目的ではない**のです。

しかし、信託**設定時**において、**単独の受託者**が**複数の受益者の一人**として信託を設定することは可能ですから、本件の大枠としては正しい訳です。

では、信託**開始後**に後発的な理由により**単独受託者**が**単独の受益者**になった場合は、すぐに信託が終了せず、**１年という猶予期間**が設けられています（信託法163二）。

３．収益物件部分は有効

自宅と異なり、アパートや賃貸駐車場などの収益物件についての信託契約は、経済的利益が上がり、それが６分の１ずつ長男・長女に渡るため有効となりました。

４．委託者の意思能力の有無

信託契約は、委託者が意思能力のある時に締結されたものか？も争点となりました。

自宅（非収益物件）の信託契約は、受益権があっても、受益をできるのは同居の次男のみ。長男・長女は受益を受けられないので無効。
また次男は受託者なのに受益を独占している。

収益物件の信託契約は、収益が受益権者に渡っているので有効。

第二順位受益者は、次男の子のみで、長男・長女の相続人に存する遺留分を侵害している。
これは遺留分制度を逸脱する意図での信託制度の利用で、公序良俗に反する故に無効。

入院時の看護記録や患者診療記録など、正式な診断書でなくとも医療従事者による所感なども影響し、本件では意思能力があったとの事実認定がなされました。

家族信託が、認知症対策として用いられる第一のニーズとも関係するだけに、早急に取り組む必要があります。また、万が一の信託契約無効に備えた**バックアップ遺言**も効果的であるとの教訓を得た裁判とも言えます。

11．海外不動産の節税封じ！ 法人は未だ可能！

POINT

令和3年から適用されるので、それまでに対策する
不動産法人化（次ページ）を検討する

1．日米の中古不動産の価額の差を利用した節税だった

海外の中古建物を使った節税が令和２年度税制改正で封じられることになりました。主にアメリカの中古不動産を購入して、多額の減価償却費を計上する場合、これまで認められてきた「簡便法」により算出した耐用年数に基づく減価償却費の必要経費の計上を認めないという内容です。

令和３年の不動産所得（従前取得を含む）から適用されます。

日本の木造建物は築20年を超えると価値が大きく下がります。ですから、減価償却費を計算するに際しての法定耐用年数は22年と定められています。

では、この法定耐用年数の22年を超えた木造建物を買った場合はどうなるか？

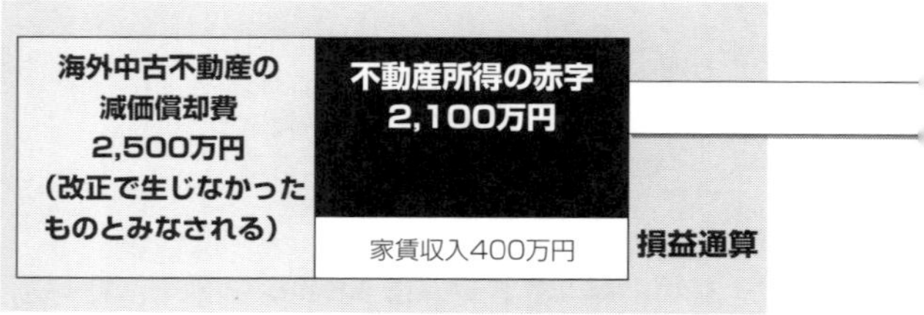

海外中古不動産の減価償却費 2,500万円 （改正で生じなかったものとみなされる）	不動産所得の赤字 2,100万円	
	家賃収入400万円	損益通算

これが節税の**ポイント1**で、この時に使うのが**「簡便法」という減価償却費の計算**です。「簡便法」を使うと、20%の期間で償却できるので、22年×0.2＝4.4…切り捨てた結果、**４年で減価償却**できる訳です。

節税の**ポイント2**は、この耐用年数の計算は**外国の木造建物であっても全く同じ**だということです。米国の木造建物は寿命が長く、築22年を経過しても、価値が下がらないため、家賃は余り下がりません。例えば築30年の米国の木造建物を１億円で購入し仮に減価償却費を計上する前の「純利回り」（１億円

の投資額に対する純利益の割合）を４％とすると、毎年400万円の純利益になります。減価償却費は１億円を４年で償却しますから年に2,500万円と多額に計上できます。購入から４年間は不動産所得が400万円―2,500万円＝2,100万円の大赤字です。この不動産所得の赤字を給与所得等と損益通算し、**総合課税で高額になる所得金額を圧縮する**スキームです。

２．既に実行済みの場合の対策

今回の改正は個人が対象なので、このスキームが使えなくなる**令和３年直前に海外不動産を貴方の経営する同族法人に時価で売却**するのです。すると購入から５年以内の譲渡に該当する**「短期譲渡所得」となり約40％**の税率となりますが、個人の**最高税率は55％**ですから、メリットはあります。残念ながらアメリカでの**登録免許税等がかかります**。

しかし、**同族法人では、引き続きこのスキームは適用できますから、節税を継続**します。しかも**法人の場合は長期譲渡と短期譲渡の区別はありません**から、４年で売っても通常の法人税率で済みます。また、次ページの**「不動産法人化」のメリットも**あります。結局は、総合的判断が必要ですね。

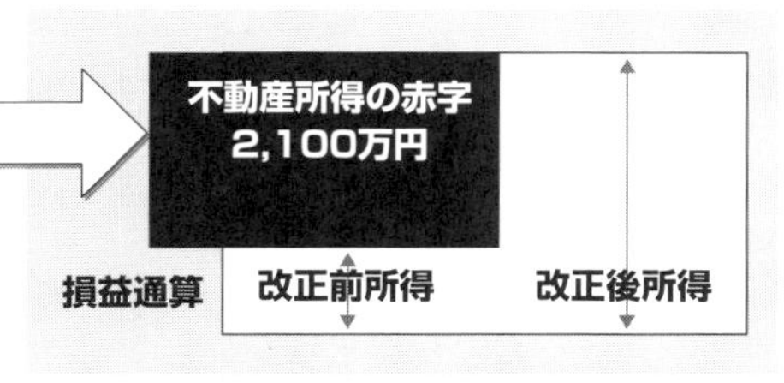

この時の譲渡所得の計算上で控除される取得費は、「生じなかった」とみなされる減価償却費に係る損失は、含めないことになりました。つまり、取得費は大きくなるので、譲渡所得は小さくなります。

また、**外国の複数不動産を譲渡した場合の、外国不動産同士の損益通算は引き続き可能**ですから、収益性の高い海外不動産の節税はある程度続きます。

３．不動産法人化での対策

上記では、既にある同族会社に譲渡するとお話しましたが、**新規の法人を設立するのも一考**に値します。すると様々なメリットがあります。次ページで詳しくお話します。

12. 不動産所有法人の設立で節税・相続対策

POINT

**不動産の株式化で、低率の法人課税に移り、
様々な対策が打てる**

1. 個人でアパート・マンション節税の結果、収益が溜まってしまった！

アパートやマンションを、個人で建築又は購入した場合、賃料収入の蓄積により相続財産が増加します。そこで、**建物を法人に移転し、賃料収入を法人が受け取るように**します。土地は個人所有のまま、新たに法人名義で建物建築か、既に個人保有の建物があれば**建物のみ法人に売却又は現物出資**します。

個人の場合、不動産所得で総合課税で、所得税等15～55%となりますが、法人の場合、実効税率は所得800万円以下の中小法人で20～25%、800万円超でも35%と低率です。

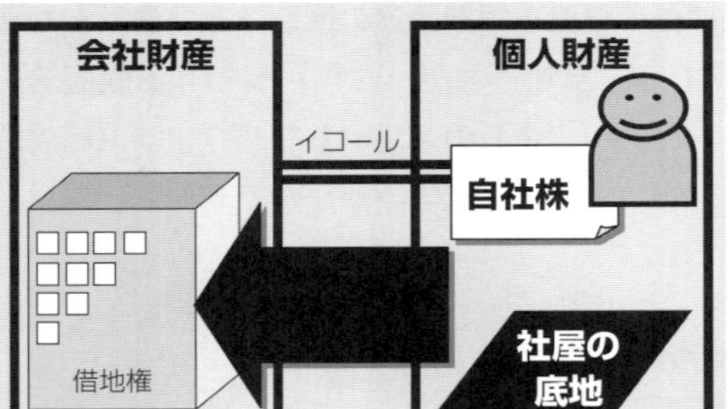

また、**不動産を株式に転換しますので、**評価引下げの相続税対策が容易になります。

設立時の法人の株主を、その後継者である子にすれば、法人に蓄積される利益を生前から移転できます。すなわち、不動産所有法人で蓄積する利益を子供とすることによって、現在のオーナー個人の将来的な相続財産の増加を停止させることができるのです。

また、**通常の法人化と同様の節税効果も**あります。不動産所有法人で法人契約の生命保険に加入しておけば、**死亡保険金という財源を確保し、相続税でも退職金による非課税枠が使えます**。

相続時に、法人で資金を蓄積して、**個人所有の土地や自社株を買い取ること**

ができ、相続人の納税資金を捻出できます。

２．具体的手順に加え定期借地権契約による㊙テクニック

建物買取資金は、個人に対する未払金の分割返済、あるいは銀行融資とします。法人側は取得時に、登録免許税（固定資産税評価額の２%）、不動産取得税（固定資産税評価額の３%）、消費税（取引価額の10%）等が発生します。

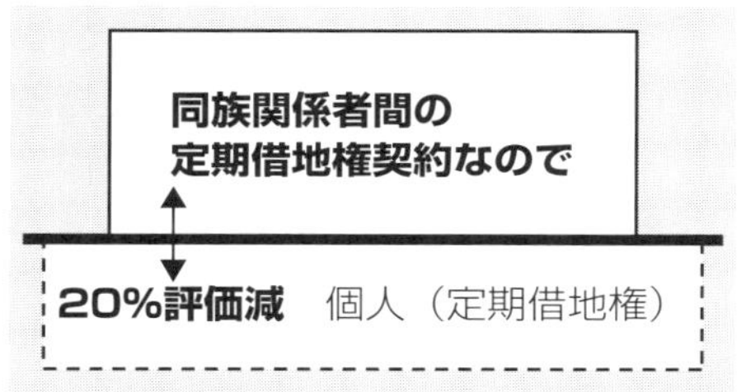

個人が地主で、法人が借地権者となり**借地権の認定課税対策**が行われることへの対策として、通常よく行われるのは、土地の**無償返還に関する届出書**を税務署に提出します。これにより土地の相続税評価を20%減少させることができます。この場合、法人は20%相当額を借地権としてB／Sに資産計上しなければなりません。

しかし、定期借地権契約とすれば資産計上は必要ないと考えます。この詳細については426・545ページを参考にしてください。

３．負担付贈与課税を避けて生前贈与の促進、相続税対策も

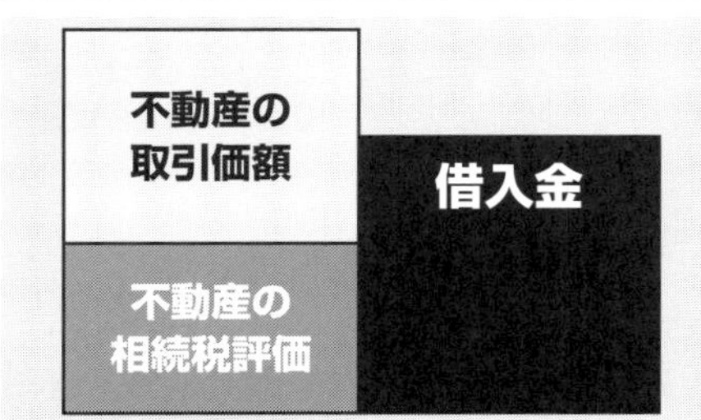

通常、負担付贈与は、**贈与の不動産の取引価額から借入金を差し引いた金額に対して、贈与税が重く**なります。

しかし**株式（又は持分）を生前贈与すれば、負担付贈与課税がなく、不動産の相続税評価で贈与税を計算することができます**（ただし、不動産の取得から３年間経過後）。

この結果、**株式（又は持分）を、軽い税負担によって生前贈与することが可能**となるのです。

13. 公益寄附＋合同会社＋一般社団で節税・承継

POINT

財産承継トラスト®により公益に関する法人に寄附しながら承継
M&A よりも効果的な面も

1. 支援する持分のない医療法人やNPO法人等「公益に関する法人」に寄附

先代が支援する「公益に関する法人」に安定的に寄附をすることを目的とする仕組み「財産承継トラスト®」を使い、**業種に応じたプログラム（右ページ図参照）**により「財産を子孫に残（す）」しつつ、「将来の事業活動や取引からの利益を効率的に積み上げる」ことが可能となります（結果的に事業承継・節税も可能です）。

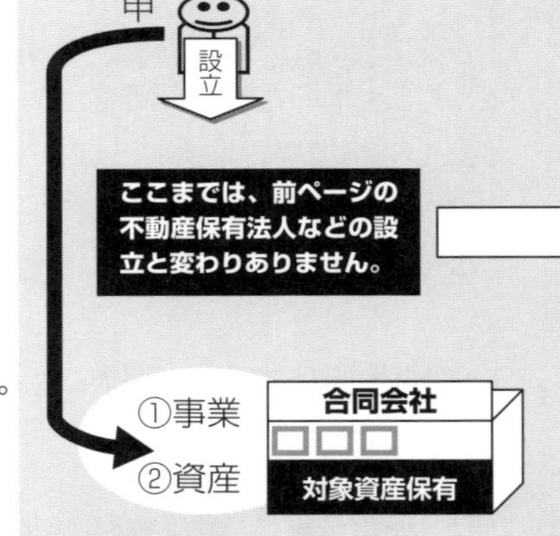

これには通常の特定一般社団法人による方法よりも、より安全に節税を図りつつ寄附が行える仕組み（右ページ）が重要です。

2. 「財産承継トラスト®」の組成手順

①先代の**甲らが社員（構成員）となって**、右ページの図のように、**先ずA一般社団法人を設立**します。

②次に甲が支援する**「公益に関する法人」が社員となってX一般社団法人を設立**します。「公益に関する法人」とは、**NPO法人、社会福祉法人、学校法人、持分のない医療法人、宗教法人、公益社団・財団法人など**です。この公益に関する法人は、**甲ないし親族が設立ないしは理事である法人であってもかまいません。**

③**A一般社団法人とX一般社団法人とが、合弁で、合同会社を設立し**ます。合同会社の資本金は、ごく少額でOKです。合同会社の資本金の**大部分（例え**

ば90%）をX一般社団法人が出資し、**残余（すなわち、10%）をA一般社団法人**が出資します。その出資割合が社員権比率となります。そして、社員権比率に拘わらず、当事者の合意により、**A一般社団法人が合同会社の役員とその権限を定める権利を保有**するものとします。

3．「財産承継トラスト®」による「公益に関する法人」への寄附の方法

以上の仕組みの中で、**X一般社団法人は、**合同会社に剰余金があるときは、合同会社の定款の規定に従って、**一定金額の優先配当の支払いを受ける権利を有する**ものとします。同優先配当金は、すべて、X一般社団法人の社員（構成員）である**「公益に関する法人」に対する寄附に充てられます。**

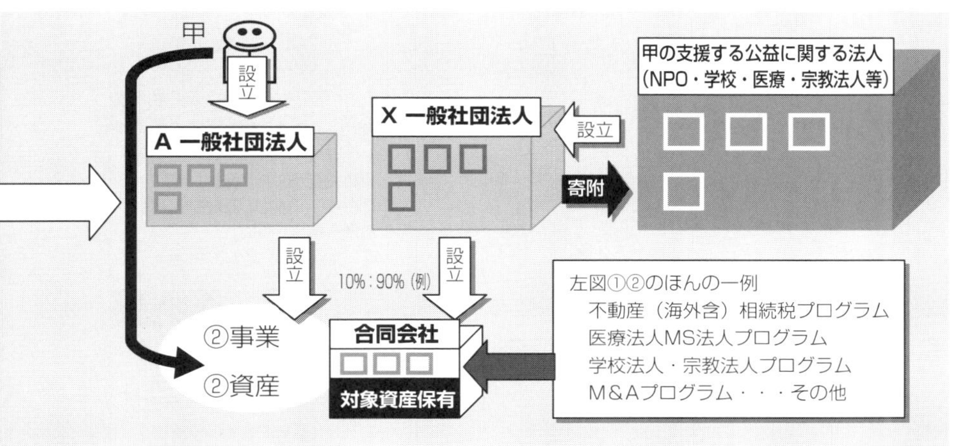

詳細は、拙著『持分会社・一般社団法人・信託の法務・税務（第２版）』を参照。

甲の対象財産10億円・理事は同族のみで２名の場合の節税効果

● 「財産承継トラスト®」による場合

10億円÷２人×（合同会社出資率10%）＝相続税の課税対象 **5,000万円**

● 「財産承継トラスト®」によらない場合

（即ち、一般社団法人に対象財産の所有権を帰属させた場合）は

10億円÷２人＝相続税の課税対象　**５億円**

また、一般社団法人が被相続人から遺贈を受けたものとして課税される上、血族でないため、**20%の加算**とになります。

14. 会社法（令和元年末改正）　株式交付で M&A 進む

POINT

自社株で買収し子会社化でき資金負担少なく投資利益見込める

税制改正で適格株式交付となれば、譲渡株主側で譲渡益繰延も

1．買収会社の立場から

買収には、当然に対価が必要です。それも通常は巨額になりがちです。それを自社の株式で良いといえば、**資金調達は非常に楽**になります。完全子会社化するには多くの株式を出さなければなりませんが、50%超の子会社化なら、

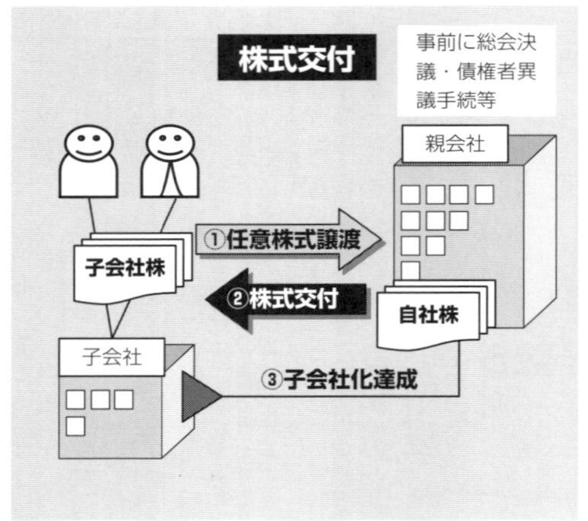

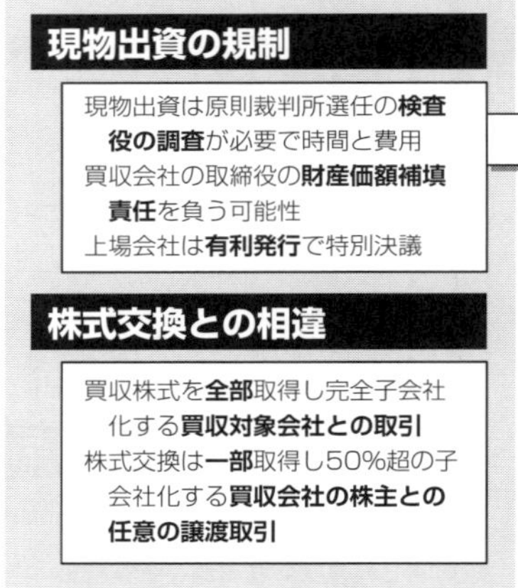

手が出しやすくなります。**投資効率は上場会社の買収よりも非上場会社の方が良い**ため、目利きさえ確かであれば成長著しい**ベンチャー企業を安値の内に取得することが可能**です。諸外国で通常に行われてきた投資が開かれることになります。

最近ではIPO後の株価の低迷などが問題になってもいます。非上場会社の買収が遥かに投資効率は良いというのが投資家の常識です。**成長株を市場が認知する前に察知して安く買い、育て、願わくばIPOを出口戦略**とします。

2．従来は「現物出資規制」でできなかった

株式を交付ということは、その会社からすれば出資を受け入れることです。しかもその出資が他の会社の株式であれば、現物出資ということになりますので、当然に会社法の「現物出資規制」がかかります。**産業競争力強化法では特別の認可の元でこの規制を外していましたが、それが一般化する**のです。

3．株式交付の意義（会法２条32の２号）

株式会社が他の株式会社（会社法上の株式会社に限られ、外国会社は除く）をその子会社とするために、当該他の株式会社の株式を譲り受け、当該株式の譲渡人に対して当該株式の対価として当該株式会社の株式を交付すること。

産業競争力強化法では…

平成30年7月の改正産業競争力強化法で前ページの**現物出資の規制を回避**できることに

さらに**譲渡株主の譲渡益繰延**が可能に

ただし、事業再編計画・特別事業再編計画に係る主務大臣の**認定を受ける必要**があった

他のM&Aの手法と比較して、余分な手間やコストがかかり、認定要件のハードルが高いのが実情で余り活用されず…

改正「会社法」の株式交付は…

株式交換と異なり**部分的な買収**にも使える。**何よりも、買収側から見れば、買収に伴う資金調達か自社株等で良いので資金負担が少なく**て済む。

後継者難で事業承継に困る優秀な会社を**産業競争力強化法のような認定を受ける手間もコストもかけずに、自社株式で取得**できるメリットは大。

株式を譲渡する**株主側も買収会社株の取得で成長が期待できる。**ただし**買収側オーナー**は、買収会社が上場会社でないと株式交付では退職金とはならないが**現金交付でも可能。ベンチャー企業のM&Aには最適。**譲渡益繰延の税制改正も期待。

4．後継者難の売り手企業のオーナーの立場から

非上場会社の後継者難は深刻なため、優良な会社は究極の親族外承継であるM&Aに活路を見出し、増加しています。

株式交付により、前ページのように**一層M&Aが活発化するでしょう**。しかし、売り手企業のオーナーからすれば株式交付では自社株買収会社の株式に変わっただけのことです。**買収会社が上場会社であれば現金化できます。**

第1章　事業承継の「4つの先」をつなぐもの

事業承継は、非常に「重要」で、かつ「複雑」です。

重要さについては申し上げるまでもありませんが、その複雑さについて、本書では「4つの先」を基軸にして分かりやすくお伝えします。

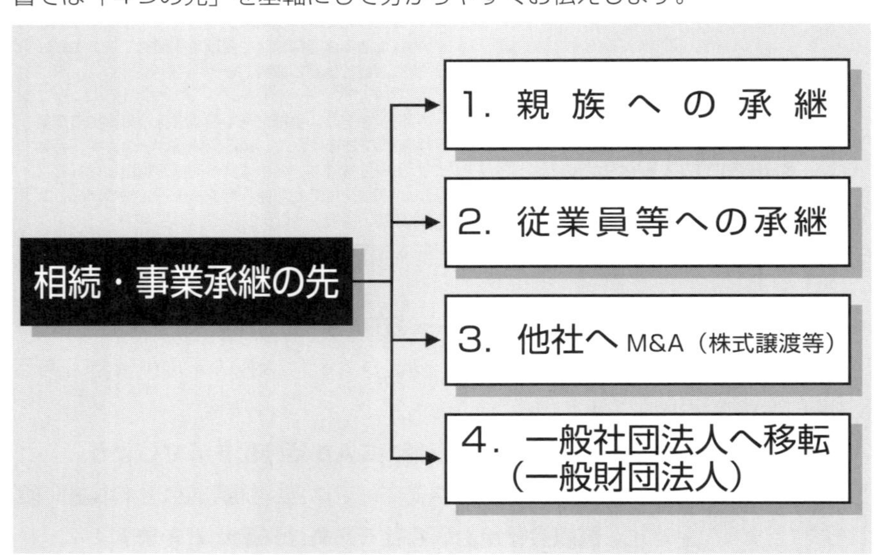

“複雑さ”については、問題を整理する上で確認しておく必要があります。

何故、複雑なのか？　…それは、「相続」＋「経営」だからです。

「相続」だけを考えても、巷にあふれる書籍にみられるように、「争いにならないように」、「節税になるように」、「納税ができるように」をめぐって「遺言書」、「生前贈与」から始まって数限りない対策をテーマに取り上げています。

事業承継は、加えて「経営」が絡みます。「経営」はそれ単体を取っても「総合芸術」と言われるほど複雑です。あえて事業承継に絞っても、法律面では「会社法」、「相続法（民法）」、「税法」さらには「労働法」やＭ＆Ａまで関連してきます。

そして事業承継は、まさしく中小企業、特にそのほとんどを占めると言われる同族会社にとって、避けられない問題です。相続に向けて、普段はフタをされている同族会社の所有と経営の混同が、一挙に噴出してくる瞬間でもあるのです。

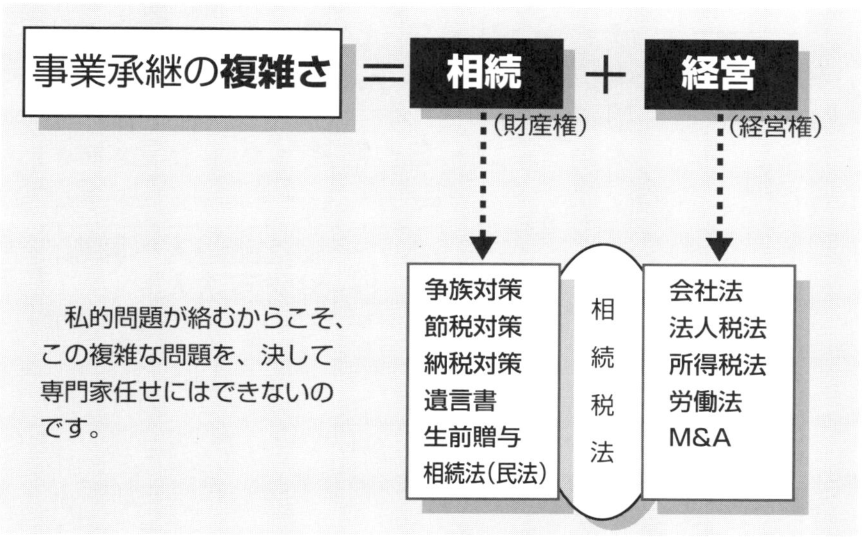

社長自身が大枠を把握した上で、決断しなければなりません。

「4つの先」のメリットとデメリット

POINT

まず、全ての方法を当てはめ、…思い巡らしてみる
デメリットに対しては「経営計画」で対応する

まずは、右ページの一覧表を一読してください。各方法には一長一短があります。**一つの方法に決めてしまわず、それぞれを自社に当てはめ、まずは思い巡らして**みてください。そして、どの方法を取るにせよ、「経営計画」を立て実践し、企業価値を高めれば、それぞれの方法、全てにおいて可能性が高まるのです。

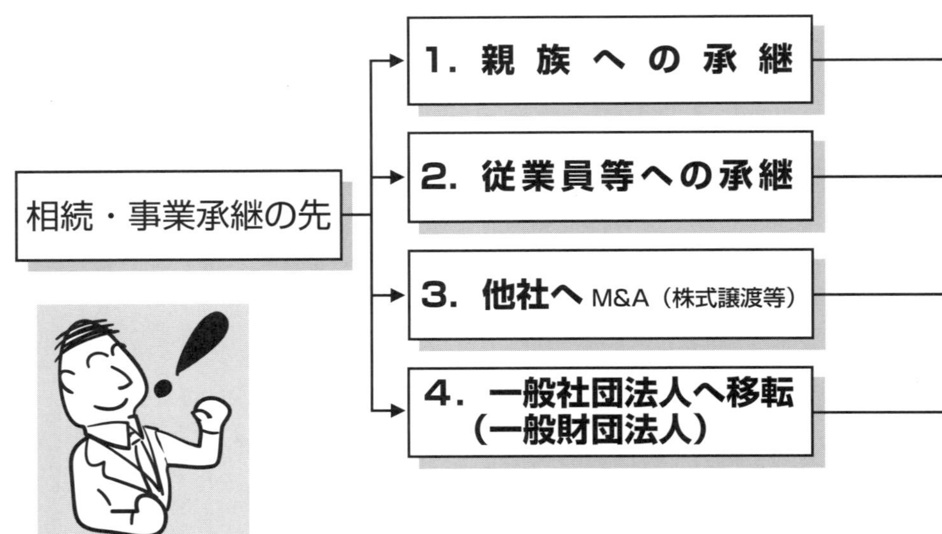

右ページの「対応」は結局、全ての方法にも利する内容ですから、「経営計画」に織り込んで、**デメリットを解消していけば良い**のです。

魅力ある事業にする！「経営計画」の策定と実行

	メリット	デメリット	対　応
親族への承継	①あらゆる面で、心情的に**受け入れ易い**。 ②相続による「財産権」の承継ができるので、**コストが少なく**て済む。	①心情に負けて、**経営者としての資質**がない後継者に任せてしまいがち。 ②**兄弟がいる場合**など対立が生じ易い。 ③最近は**後継辞退も多い**。	育成教育 価値向上 相続対策 争族対策 種類株式
従業員等への承継	①候補者の数だけは少なくとも増える。従業員以外に、同業他社からの採用や異業種からの**抜擢・ヘッドハンティング**も検討できる。 ②従業員や親族以外の現役員への承継の場合には、**安心感**が持ち易い。	①従業員からの場合には、**経営者としての資質**がさらに問題になる。 ②多くの場合、後継者候補には、承継する会社の株式を**買取る資力が無い**。 ③現在の社長の**個人保証**が引継げなかったり、**銀行等の理解が得られない**可能性が高い。	育成教育 買取条件 給与見直 種類株式 銀行交渉 価値向上 情報収集
他社へM&A	①**より広範囲**から適格な会社を選択できる。 ②現在の社長にとっては会社の売却で**現金を得られる**可能性がある。 ③従業員にとっては、より**良い条件になる可能性**も。	①売り手、買い手の双方の条件を満たす**可能性は高くはない**。 ②原則として手が離れて心配。特に**役員解任可能性**。 ③仲介会社への**報酬負担**が少なくない。	価値向上 情報収集 秘密保持
一般社団へ	①原則として**未来永劫、相続税がかからない**。 ②**後継者が決まっていなくても承継ができ**、決まったときに社員構成で対応。	①新しい方法である**ため税務上のトラブルの可能性**が懸念される(42ページ参照)。 ②一般社団法人へ**移転の際に課税**（98ページ参照）。	専門家への手配

第2章　まず定款（会社法）を学び直す！

出来合いの定款ではダメ！オーダーメイドに！

他社と同じ
自分に合わない
これなら
動き易い！

出来合いの雛形で安直に作られた定款が多くて、**個別の相続・事業承継に不具合**が起きています。「定款」を学ぶことは「会社法」を学ぶことの近道です。そして、そこに**「事業承継」のエッセンスも詰まっていますから、一挙両得**です。

実は本書以前に、「定款」についての専門図書を著しています。『逐条解説 中小企業・大企業子会社のためのモデル定款』（第一法規刊：2006年）という本です。手前味噌ながらですが名著です。それを表すかのように、定価

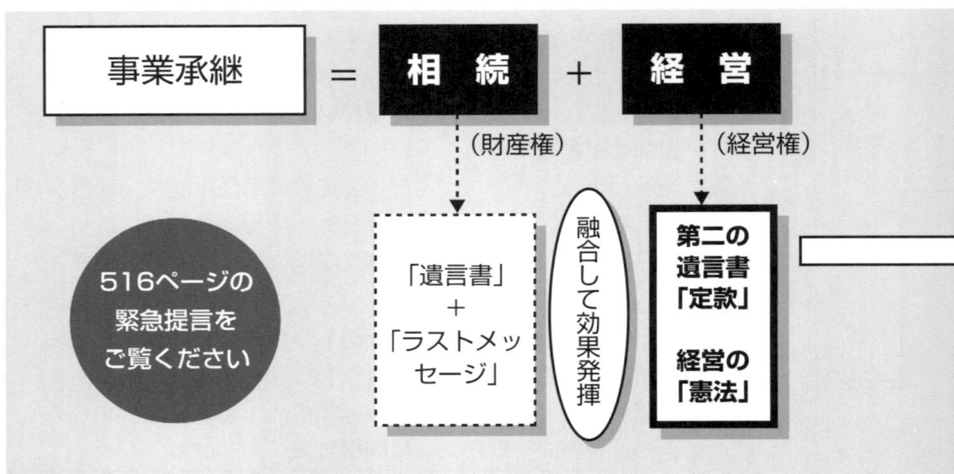

4,000円の本が、**Amazonの中古市場で10万円の値が付いた**こともありました。

専門家の中で話題となり、著作権侵害を受けたり、**法務局にも備えられていた**記憶があります。しかし、専門家向けだけに一巡した後は、**絶版**になってしまったのが残念です。

そして、絶版になって数年、税理士向けに「定款」の講演をするたびに、この**書籍の内容が失われたことの重大さが「事業承継」の社会的ニーズと共に高まって**きました。この重要な智慧が、未だに広まっていなかったのです。そこで、**本書の七訂版の発刊に合わせて、その後の改正も取り込み、さらに「資料」としてでなく、もっと目立つ位置において再デビュー**させることにしました。

下図のように、**「取締役会」の設置の有無に応じて２タイプを詳細に**解説していきます。その内の**重要な基礎部分は第10章で再び**お話します。これらが基本となって、その他の章の「種類株式」等に関係してきます。

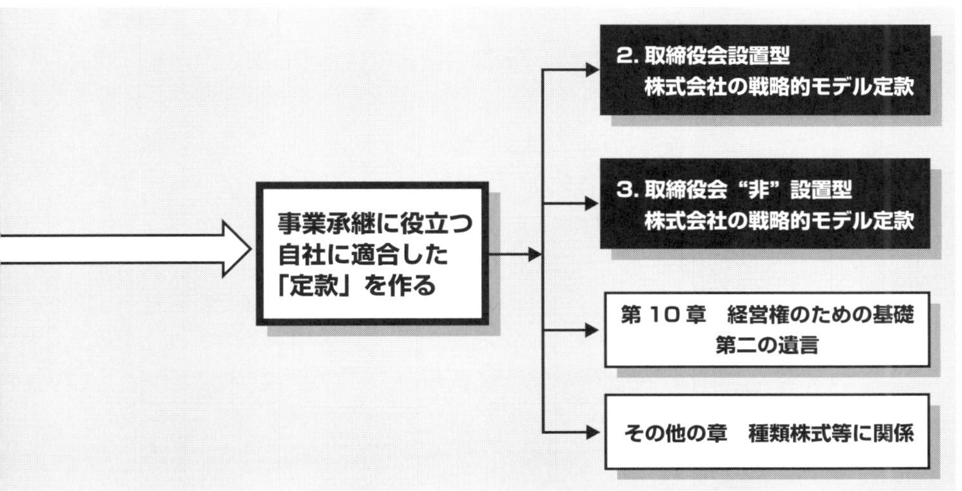

1.「会社法」を学ぶ基本の基本

POINT

税理士の受験科目にない「会社法」だけれど「事業承継」の基本用語などで、ある意味、非常識な用語がある会社法

次項から始まる**「モデル定款」を学ぶ上で、欠かせないのが会社法上の基本用語**です。これが間違っていれば、当然、対策も根本から間違ってしまいます。ここでは最低限の中でも超最低限の用語をお話しします。

1．大会社

ご存知でしたか？「大会社」は会社法上の言葉なのです。

「資本金５億円以上、又は負債総額が200億円以上の会社」（会法２六）です。中小会社の定義は無いのですが、必然的に「大会社以外の会社」ということになります。

2．公開会社（会法２五）

会社法の中で一番誤解が多くて難解な用語です。**何と！　１株でも「譲渡制限」を外した株式を発行していれば、「公開会社」になってしまう**のです。したがって、ここまでをまとめると下図のようになり、これが次項の「取締役会」の有無に関係してきます。〔**非公開会社のメリット**は203ページを参照。〕

	非公開会社（全部株式譲渡制限会社）		公開会社 （１株も譲渡制限株式を発行していない会社） 取締役会強制設置会社
	取締役会 非設置会社	取締役会 任意設置会社	
大会社			
中小会社	取締役会 非設置型 モデル定款	取締役会設置型 モデル定款	

３．「監査役」や「会計参与」との関係

これは用語ではありませんが、モデル定款を読む上で理解を助けます。

	非公開会社			公開会社 取締役会 強制設置会社
	取締役会 非設置会社	取締役会 任意設置会社		
		会計参与	監査役	
中小会社	取締役のみ	どちらか強制		監査役の強制 （会法327④除く）

*会計参与は、全てのパターンにおいて設置は任意です（会法326②）。

４．「取締役会」と「株主総会」の関係

取締役会がないと、株主総会は全ての決議を行うことになります。

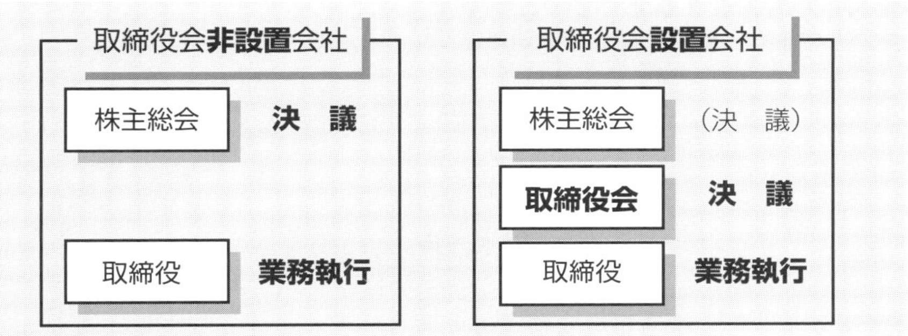

５．『注意的規定』という気遣い

本モデル定款においては、**会社法に規定されていることであっても、代表取締役が、業務執行に当たり、会社法の条文をその都度紐解かなくても良いように、定款に記載した方が良いと思われることや、会社法に規定されていないが、定款に記載しておくことで業務執行がスムーズに行えると思われることを、積極的に取り上げるようにしました。**そして、会社法上の「定款の絶対的記載事項」や「定款で別段の定めができる規定」ではないけれども、以上のような観点から定款に記載した規定については、本定款の解説において**「注意的規定」と記述しました（次ページの図解参照）。**

2．取締役会設置型…株式会社の戦略的モデル定款

第１章　総則

（商号）

第１条　当会社は、株式会社＿＿＿＿＿＿＿＿＿と称する(1)。

Ⅱ　英文では＿＿＿＿＿＿＿＿＿＿＿＿＿＿CO.LTDと表示する。

（１） 商号のほか、目的（本定款第２条）、本店の所在地（本定款第３条）、設立に際して出資される財産の価額又はその最低額（本定款附則第１）、発起人の氏名又は名称及び住所（本定款附則第４）、発行可能株式総数（本定款第５条）の**以上６項目を、定款の絶対的記載事項**といいます（会法27・37①・113①）。

したがって、**このうち一つでも欠けている定款は無効**となります。

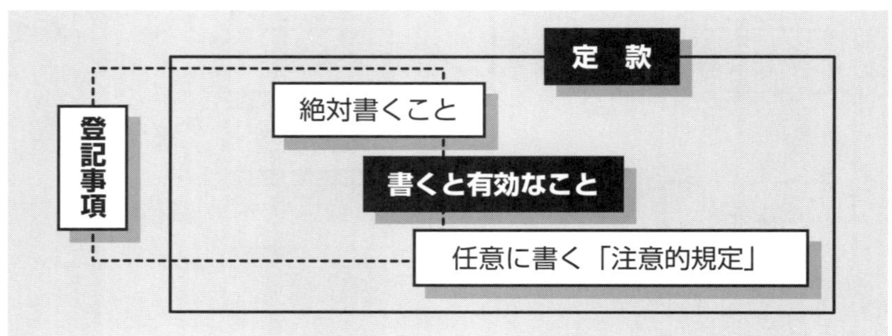

なお、会社法では、旧商法19（類似商号規制）に対応する規定がありませんので、**同一市町村内で同一事業目的であっても、住所が同一でない限り同一商号での登記可能**となりました（商業登記法27）。

したがって、会法８（不正目的誤認商号の使用禁止規定）及び不正競争防止法により適時適切に自社の**商号を防衛する必要があります**。

（目的）

第２条　当会社は、次の事業を営むことを目的とする(2)。

1．＿＿＿＿＿＿＿＿＿＿＿＿＿＿＿＿＿＿＿＿
2．＿＿＿＿＿＿＿＿＿＿＿＿＿＿＿＿＿＿＿＿
3．その他、前各号の事業に関連する有益な事業

（2）旧商法の下では、事業目的につき登記が可能かどうか所轄法務局に事前に照会する必要がありました。会社法では、類似商号規制が撤廃されましたので、会社の事業目的の記載方法について、平成18年1月5日付で法務省民事局商事課は、「定款記載事項である会社の**目的の具体性を問わない**」との見解を公表しました。

（本店の所在地）
第3条　当会社は、本店を＿＿＿＿＿＿県＿＿＿＿＿＿市に置く(3)。

（3）発起人の過半数により、○丁目○番○号まで含んだ本店の所在地を決定すれば、定款に記載する本店所在地は、**最小行政区画まででも構いません。**

（公告の方法）
第4条　当会社の公告は、＿＿＿＿＿＿＿＿＿新聞に掲載してする(4)。

（4）決算公告をしないことに対する過料の制裁は、旧商法のときと同様に実行に移されていません。とすると、「当会社の公告は、官報に記載してする」と定款に記載する官報公告が一般的でしょう。

公告方法は、①電子公告、②官報公告、③時事に関する事項を記載する日刊新聞紙公告の3つの方法があり、その中から選択します。定款において**何も定めておかないと、官報公告を選択したことになります**（会法939）。また、どの方法を選択しようとも登記事項です（会法911③二十七・二十八・二十九）。

多くの方は、電子公告、官報公告を選択するのがポピュラーではないか、日刊新聞紙公告は費用が嵩むのではないかという意見をお持ちかもしれません。しかしながら、**決算公告不履行に対して過料の制裁が行われるようになるならば、次の2つの理由から、中小会社のオーナー経営者にとっては、日刊新聞紙公告にするのが優れている**といえます。なお、日刊新聞紙は全国紙に限りませんので、公告掲載料が廉価な新聞社を選択するのも一法です。

① **電子公告の場合**、決算公告の際に、**５年間ウェブサイト上に詳細な貸借対照表を掲示し続ける必要**があります（会法940①②）。

② **官報公告のみの場合、減資や組織再編に際して、債権者保護手続を行う場合に、官報公告に加えて、知れている債権者に対する個別催告をしなければなりません**（会法449②等）。

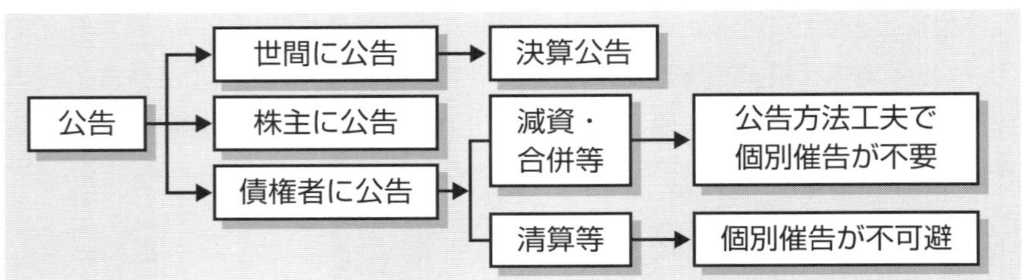

これに対し、**公告方法が日刊新聞紙公告（又は電子公告）であれば**、減資等の際に債権者保護手続を行う場合に、官報公告を同時に行うことで、個別催告が不要となります（会法449③等）。最低資本金規制が撤廃されて**減資がしやすくなり、また組織再編もますます行いやすくなっているだけに、個別催告を避け得る公告方法を選びたい**ものです。

なお、**電子公告を選択した場合**には、事故その他やむを得ない事由によって電子公告ができない場合の公告方法として、官報公告又は日刊新聞紙公告のいずれかを定めることができますから（会法939③）、この手当てもしておくべきでしょう。この定めも登記事項です（会法911③二十八ロ）。

第２章　株式

（発行可能株式総数）

第５条　当会社の発行可能株式総数は、＿＿＿＿＿＿＿＿＿＿株とする(5)。

（5） 公開会社（会法２五）でない会社（100％譲渡制限株式を発行している会社、以下「非公開会社」）では、**発行可能株式総数を予め多めに決めておくと、増資の都度、定款を変更しなくても済みます**（会法37③・113③）。

（株券の不発行）
第６条　当会社の株式については、株券を発行しない[6]。

（６）平成18年５月１日以降に設立された株式会社は、株券不発行が原則ですので、本規定は記載しません。

ただし、会社法施行前の**平成18年４月30日以前に設立された**会社で平成16年旧商法改正の折に**株券を不発行とする定款の定めをしている会社を除き、**商業登記簿謄本（登記事項証明書）に会社法施行時に**登記官の職権で「株券発行会社」**と打刻されています（200ページ参照）。したがって、**株券不発行にするためには、本条の規定を定款に記載し、株券不発行にする変更登記をします。**なお、株式上場会社は、平成21年１月より株券不発行会社になっています。

（株式の譲渡制限）
第７条　当会社の株式を譲渡により取得するには、当会社の承認を要する。
　Ⅱ　前項の承認は、代表取締役が行う[7]。ただし、代表取締役に事故があるときは、あらかじめ取締役会において定めた順序により、他の取締役がこれに代わる（以下、本定款において、代表取締役が行うべき行為の定めがある場合において同様とする。）。

（７）譲渡の承認又は不承認の決定をする者を定款において定めることができると規定していますので（会法139①、248ページ参照）、**本定款では、機動的対応を可能とするために代表取締役としています。**

　Ⅲ　株主が当会社に譲渡承認請求をし、又は株式取得者が当会社に取得承認請求をするには、当会社所定の書面[8]に当事者が記名押印して、これを会社に提出しなければならない。

（８）商法では、「書面」をもって請求すると規定されていましたが（旧商法204ノ２①・204ノ５①）、会社法では書面規定がなくなりました（会法136・137）。しかし、**譲渡等承認請求があったのに会社が放置していると、以下の述べる場合には譲渡等の承認をしたものとみなされますので、失念の防止の意味も込めて、本モデル定款では、「書面」を要件としました。**みなし承認は、具体的には次のように定められています（会法145、会規26）。

① 株式会社が**株主からの他人への譲渡承認、株式取得者からの取得承認請求があった場合に、2週間**（定款でこれを下回る期間を定めた場合にあっては、その期間）**以内に認否の決定を請求者に対して通知をしなかった場合**（会法145①一）

② 株式会社が**上記①の認否の通知の日から40日**（定款でこれを下回る期間を定めた場合にあっては、その期間）**以内に株式会社が買い取る旨の通知を請求者に対してしなかった場合**

③ 会社から指定を受けた**指定買取人が上記①の認否の通知の日から10日**（定款でこれを下回る期間を定めた場合にあっては、その期間）**以内に指定買取人が買い取る旨の通知を請求者に対してしなかった**場合において、**その後30日以内に株式会社が買い取る旨の通知を請求者に対してしなかった場合**（会法145①一）

④ 株式会社が株式譲渡等承認請求の**認否通知の日から40日**（定款でこれを下回る期間を定めた場合にあっては、その期間）以内に株式会社**において買い取る旨の通知をしたにもかかわらず、当該期間内に供託所発行の「供託証明書」を株式譲渡等承認請求者に対して交付しなかったとき**（指定買取人が会法139②の規定による株式会社が譲渡等承認請求者に対して譲渡等についての認否の通知をした日から10日（定款でこれを下回る期間を定めた場合にあっては、その期間）以内に会法142①の規定による買取通知をした場合を除く）

⑤ **指定買取人が株式譲渡等承認請求の認否通知の日から10日**（定款でこれを下回る期間を定めた場合にあっては、その期間）**以内に買い取る旨の通知をしたにもかかわらず、当該期間内に供託所発行の「供託証明書」を株式譲渡等承認請求者に対して交付しなかったとき**

⑥ **譲渡等承認請求者が当該株式会社又は指定買取人との間の対象株式に係る売買契約を解除した場合**（具体的には、株式会社又は指定買取人が売買代金を支払わなかった場合又は双方の合意解除の場合）

> Ⅳ　前項の譲渡承認請求又は取得承認請求において、当会社が承認しない旨の決定をするときには、当会社又は指定買取人が株式を買い取ることの請求がある場合における指定買取人の指定は、代表取締役がこれを行う[9]。

（9） 定款に定めることにより、代表取締役が指定買取人を指名できます（会法140⑤）。

（株式の売渡請求）

第８条　当会社は、当会社の株式を相続その他の一般承継により取得した者に対し、当該株式を当会社に売り渡すよう請求することができる(10)。

Ⅱ　前項に定める売渡請求に係る事項は、株主総会がこれを定める。

（10）本規定を定款に定める場合には、必ず遺言により（227ページ参照）、株式の帰属を定めておかなければなりません。オーナーに相続が発生した場合には、会社が相続人に相続株の売渡請求をするか否かを決定する株主総会において、相続人はその決議に関しては議決権を行使することができませんので（会法175②）、**相続クーデターの恐れがあるからです（224、498ページ参照）。**

（募集株式の割当て）

第９条　当会社が募集株式の発行等に際して株主に募集株式の割当てを受ける権利を与える場合には、募集事項、株主に募集株式の割当てを受ける権利を与える旨及び募集株式の引受申込期日の決定は、取締役会の決議をもって行う(11)。

（11）株式の発行又は自己株式の処分（これを「募集株式の発行等」といいます。）**の際の条件は、株主に割当てを受ける権利を与える場合に限り、取締役会がこれを行う旨を定款に定めることができます。**この定めを行う場合には、株主総会の特別決議が必要となります（会法202③三・309②五）。

Ⅱ　当会社が募集株式の引受けの申込者の中から募集株式の割当てを受ける者を定める場合には、割当てを受ける者及び割当数の決定は、代表取締役がこれを行う(12)。

（12） 非公開会社である取締役会設置会社において**第三者に募集株式を割り当てる場合**は、株主総会の**特別決議で募集事項の決定**を行うか、**あるいは**株主総会の**特別決議で募集の大枠だけを定めて具体的な募集事項の決定を取締役会に委任する決定**を行い、その委任に基づいて取締役会で募集事項の決定を行うかのいずれかの方法によります（会法199・200①）。

次に、株式会社は募集株式の引受けの申込みをしようとする者に対して募集の通知を行い（会法203）、**申込者の中から募集株式の割当てを受ける者とその株数を決定**します。**この決定は**、募集株式が譲渡制限株式である場合には、取締役会設置会社にあっては、**取締役会で行うのが原則ですが、本定款のように定款で定めておけば、代表取締役が決定できます**（会法204②但書）。

（基準日）

第10条　当会社は、毎事業年度の末日を基準日とし、基準日現在の株主名簿に記載又は記録された議決権を有する株主をもって、その事業年度に係る定時株主総会において権利を行使すべき株主（以下「基準日株主」という）とする(13)。ただし、代表取締役は、基準日後に募集株式を取得した者に、基準日株主の権利を害さない限りにおいて、株主総会の議決権を付与することができるものとする(14)。

（13） 会社法は、**基準日において株主名簿に記載され、又は記録されている株主（基準日株主といいます。）を、権利を行使できる者と定めることができる**と規定しており（会法124①）、基準日を定める場合には、基準日株主が行使できる権利の内容を定めなければならないとしています（会法124②）。また、基準日を定めたときは、基準日及び基準日株主が行使できる権利の内容を、基準日の２週間前までに公告しなければならないと定めていますが、**定款で基準日及び行使できる権利の内容を定めておけば、公告をしなくてもよい**としていますので（会法124③但書）、定款でそれを明らかにしたのです。

（14） 本定款のこの規定は、「注意的規定」です。会法124④は、**基準日株主の権利を害さない限りにおいて、議決権に限り付与するという趣旨ですから、剰余金の配当を受ける権利などは付与できません**。

Ⅱ　代表取締役は、必要があるときは、２週間前に公告して、臨時に基準日を設けることができる(15)。

（15） 会法124③本文。注意的規定です。**定款に記載されていない事項について新たに基準日を定める場合には、（13）で述べたように公告が必要**です。

例えば、株主総会の議決権付与に関して、事業年度末日（決算日）現在の通常の基準日株主の権利を害するおそれがある場合には、臨時の基準日を設ける必要があります。

（株主の住所等の届出）

第11条　当会社の株式の株主及び登録株式質権者[(16)]、又はその法定代理人は、当会社所定の書面により、その氏名又は名称、住所及び印鑑を当会社に届け出なければならない。

Ⅱ　株主が法人であるときは、その代表者１人を届け出るものとする。

Ⅲ　株式を共有する株主は、その代表者１人を定めて届け出るものとする。

Ⅳ　前３項の届出事項に変更を生じたときも、その事項につき届け出るものとする。

（16）実務上はきわめて**まれ**なことですが、株主はその有する株式に**質権を設定する**ことができます（会法146①）。株券不発行会社の株式は、登録質の方法によってしか質入れすることはできません（会法147①）。株主名簿への質権の登録は、質権設定者の請求によってなされます（会法148）。登録株式質権者とは、株主名簿に質権者として氏名・住所が記載・記録された者のことをいいます（会法149①）。登録株式質権者は、会社から直接に剰余金の配当、残余財産の分配等を受けることができます（会法151）。

Ⅴ　本条による届出は、株主名簿の管理のために行うものであり、届出に係る情報は、会社法及び個人情報保護法の趣旨に照らして厳正に管理しなくてはならない[(17)]。

（17）会社法に規定されてはいませんが、**株主名簿の管理上必要**ですので、注意的規定として記載しました。

★ 重要情報 ★ 平成28年10月から登記の際に株主総会が必要なときに実際に株主総会が開催されておらず、株主の意思に反するケースや本人の承諾のない役員選任などがあることから、主要株主のリストの提出が義務付けられました（商業登記規則61②③）。（89ページ参照）

（招集）

第12条　当会社の株主総会は、定時総会及び臨時総会とし、定時総会は、事業年度末日から3か月以内[18]に、取締役会の決議に基づき代表取締役がこれを招集する[19]。臨時総会は、必要に応じて、定時総会の手続に準じてこれを招集する。

（18） 注意的規定です。基準日株主の権利は、基準日から3ヶ月以内に行使するものに限られています（会法124②括弧書）。そのために、会法296①の「定時株主総会は、毎事業年度の終了後一定の時期に招集しなければならない。」の、「一定の時期」が、決算日から3ヶ月以内ということになるのです。

（19） 注意的規定です。**取締役会設置会社では、株主総会の招集は、取締役会決議が必要**です（会法298④）。株主総会は、取締役が招集すると規定されていますが（会法296③）、**本定款では代表取締役が招集する旨を明らかにしました。**

	非公開会社		公開会社
	取締役会非設置会社	**取締役会設置会社**	取締役会の強制
大会社	**口頭や電話招集可（書面投票等の場合を除く）**	書面通知	
中小会社			

Ⅱ　代表取締役は、株主総会を招集するときは、会日の1週間前までにその通知を書面にて行う[20]。ただし、株主全員の同意がある場合は、招集手続を採ることを要しない[21]。

（20） 注意的規定です。**取締役会を置く非公開株式会社では、1週間前までに**（会法299①）**株主に書面で通知しなければなりません**（会法299②二）。もっとも、電子招集通知の方法を採用することも、個々の株主の承諾を得れば可能とされています（会法299③）。

(21) 注意的規定です（会法300）。ただし、書面決議行使（会法298①三）、電子決議行使（会法298①四）を定めた場合はこの限りではありません（会法300但書）。

（議決権の代理行使・不統一行使）

第13条　当会社の株主は、当会社の議決権を行使することができる他の株主を代理人としてその議決権を行使することができる。この場合において、株主又は代理人は、代理権を証する書面を当会社に提出しなければならない(22)。

(22) 本項の前段の定めは、**通例的なものであり、判例においても認められています**。後段は注意的規定です（会法310①）。

Ⅱ　議決権の不統一行使をしようとする株主は、株主総会の３日前までに、会社あてにその有する議決権を統一しないで行使する旨及びその理由を会社所定の書面にて会社に通知しなければならない(23)。この場合において、会社は株主が他人のために株式を有する者でないときは、株主の議決権不統一行使を拒むことができる(24)。

(23) 注意的規定です（会法313②）。取締役会設置会社の特例です。**会社法は、単に通知するとしているのを、本定款では書面通知とし、牽制**をしています。**特に従業員持株会がある場合**に、従業員持株会の理事長名義の株式は持株会構成員の共有状態にあり、従業員持株会の理事長が不統一行使をすることもありますので、書面通知としました。

(24) 注意的規定です（会法313③）。**不統一行使の制限は、「会社の事務手続上の便宜及び不真面目な議決権行使の防止のため**である（味村治『改正株式会社法』141頁・商事法務研究会・1967年）」と言われています。**「他人のために株式を有する」とは**、①信託の引受け、②共有、③株主名簿の名簿書換未済の譲渡、④名義貸し等の場合をいいますので、それ以外の場合です。なお、譲渡制限株式の場合は③④に該当し、会社の譲渡承認を受けていないものについては、会社は、議決権の不統一行使を拒むことができます（江頭憲治郎『株

式会社法〔第6版〕』339頁・有斐閣・2015年)。

(議長)

第14条　株主総会の議長は、代表取締役がこれにあたる[(25)]。

Ⅱ　株主総会の議長は、その命令に従わない者その他株主総会の秩序を乱す者を退場させることができる[(26)]。

(25) 会社法には、株主総会の議長を誰にするかについての規定はありませんから、定款にこのような規定を設けておかなければ、総会の場で、最初にまず議長を選任しなければなりません。

(26) 議長の権限として会法315②に規定されています。

(決議等)

第15条　株主総会は、取締役会で株主総会の目的である事項として決定し、招集通知に記載又は記録した事項以外の事項については、決議をすることができない[(27)]。

(27) 注意的規定です(会法309⑤本文)。(**取締役会設置会社では、あらかじめ取締役会で決議し**(会法298①二・④)、**株主総会招集通知に記載された事項(議題)についてのみ決議ができます**(会法299②)。)**取締役会設置会社の特有の規定**です。会法303②(取締役会設置会社における少数株主議題提案権)や会法305①但書(議案要領通知請求権)も同様です。

ただし、株主総会での所定議題に対する(修正)議案提出権(会法304)**は取締役会の有無には関係なく、単独株主権として規定されています。**さらに、会社役員等が株主総会に提供した資料の調査をする者を選任する決議(会法316①)や、株主による招集の請求により招集された株主総会(会法297)において会社の業務及び財産を調査する者を選任する決議(会法316②)については、会法309⑤本文にかかわらず、株主総会の議題とすることができます(会法309⑤但書)。

Ⅱ　株主総会の普通決議は、出席株主の議決権の過半数をもって行う[(28)]。なお、役員を選任し、又は解任する株主総会の普通決議は、議決権を行使できる株主の３分の１以上を有する株主が出席し、出席した株主の議決権の過半数をもって行わなければならない(29)。ただし、監査役の解任にあっては、特別決議を要する(30)。

(28) 定款に定めることにより、普通決議の定足数を排除しています（会法309①）。

(29) 役員の選任及び解任の株主総会の普通決議にあっては、定足数の排除ができませんが、定款に定めることにより、３分の１までの定足数の緩和が認められています（会法341）。

(30) 役員のうち、**監査役**及び累積投票取締役**の解任は特別決議**となります（会法309②七）。

Ⅲ　会社法第309条第２項から第４項に定める決議（特別決議等）は、同項に定めたる定足数、決議要件により行う。

Ⅳ　株主総会の目的である事項について提案された議案につき、議決権を行使することのできる株主の**全員が書面又は電磁的記録により同意の意思表示をしたときは**、当該提案を可決する旨の**株主総会の決議があったものとみなし**、その時に定時株主総会が終結したものとみなす(31)。

Ⅴ　代表取締役が、株主の**全員に対し**て株主総会に**報告すべき事項を通知した場合**において、当該事項を株主総会に**報告することを要しないことにつき**株主**全員が書面又は電磁的記録により同意の意思表示をしたときは**、当該事項の株主総会への**報告があったものとみなす**(32)。

(31) 注意的規定です（会法319①⑤）。この場合においても、**株主総会議事録、同意書面・記録は10年間本店に備え置かなければなりません**が、支店には備置不要です（会法318①②③と対比）。

(32) 注意的規定です（会法320）。旧商法253においては、総会決議の省略についてのみ、規定されていたのですが、**会社法では報告事項についても、みなし報告制度が導入されました。これにより、事業報告を受ける定時総会の開催**（会法438）**の完全省略が認められることになりました**。なお、みなし決議制度と異なり、報告省略に関する同意書の備置義務や閲覧・謄写請求権（会法319③）は定められていません。

（議事録）

第16条　株主総会の議事については、その経過の要領及び結果を議事録に記載し、議長並びに出席した取締役、監査役及び会計参与がこれに署名又は記名押印し、これを当会社の本店に10年間備え置くものとする(33)。

(33) 注意的規定です（会法318①②③）。会規72に詳しく規定されています。会規72③四・五・六では、**株主総会に出席した取締役、会計参与、監査役の氏名又は名称、議長、議事録の作成を行った取締役の氏名を議事録に記載しなければならない**とされています。**なお、議長及び出席取締役の署名義務**（旧商法244③）**はありません。**

第4章　取締役、会計参与及び監査役

（取締役会、会計参与及び監査役の設置）

第17条　当会社には、取締役会、会計参与及び監査役を置く(34)。

(34) 取締役会、**会計参与又は監査役を置くためには、定款にそれを記載しなければならず**（会法326②）、**かつ登記もしなければなりません**（会法911③十六・十七）。会計参与は、任意設置機関です（会法326②）。

なお、会計参与は特例有限会社には設置できません（会整法17）。監査役も任意設置機関ですが（会法326②）、**取締役会設置会社は、監査役を設置しなければなりません**（会法327②）。

ただし、非公開会社である取締役会設置会社は、**会計参与設置会社であれば、監査役を置かないことができるとされています**（会法327②但書）。**そのため、**

取締役会設置会社であっても監査役を設置しなくてもよいことが、会計参与を設置するメリットであるという見解が有力です。

しかし、業務監査権限を有する監査役も併せて設置した方が監査体制の強化に資するであろうということと、**業務監査権限を有する監査役を設置しなければ、株主自身による業務監査的な権限が強化される**（例えば、株主は取締役が法令定款違反行為を行い又は行う恐れがある場合には、取締役会招集請求権を発動でき、株主自身も取締役会に出席して発言できます。）という**ことを勘案した結果**、本定款においては、**監査役設置会社を選択**しました。

（取締役等の員数等）

第18条　当会社の取締役は３人以上５人以内[(35)]とし、会計参与[(36)]及び監査役[(37)]は、各１人とする。

（35） 取締役会を置くときの**取締役の最低人数は３人**です（会法331④）。取締役会における**意思疎通の円滑化等及び機動性確保のために、本定款では取締役数の上限の拘束**をしました。**優秀な人材を取締役に任用せずに、執行役員の名称で処遇する方法などもある**からです。**取締役の氏名は登記事項**です（会法911③十三）。

（36） 会計参与については、**会計参与の氏名又は名称及び計算書類を備え置く場所を登記しなければなりません**（会法911③十六）。

ところで、会計参与は**取締役と共同して計算書類及びその附属明細書等を作成**すると規定されていますので（会法374①）、**会計参与が同意していない計算書類は、仮に株主総会で承認されたとしても、計算書類は確定しない**と解されます。したがって、取締役と会計参与との間で計算書類の作成に関して**意見の相違がある場合に、計算書類を確定するためには、次のいずれかの方法**をとることになります。

① 株主総会で**会計参与を解任し、別に選任された会計参与と取締役が共同して計算書類を作成**する方法

② 株主総会で**会計参与設置会社の定めを廃止**し、取締役が単独で計算書類を作成する方法

③ **会計参与が自ら辞任し、一時会計参与の職務を行うべき者の選任を裁判所に申し立てる**方法（会法346②）（ただし、会法346①の規定により、**辞任をしても新たに選任された会計参与が就任するまでは、会計参与としての権利義務を果たさなければなりません。**）

以上のうち、**実務上は上記②の方法が選択される**ことになるでしょう。なお、**会計参与は、計算書類の株主・債権者への開示の際には説明義務ありませんし、会計参与辞任後は、計算書類の保存・開示義務は負わないとされています**（法務省民事局参事官室『会計参与（仮称）Q&A』）。

さて、会計参与は非公開会社である中小会社に設置することが適しているとの見解が有力であり、それにより中小会社の計算書類の正確性が担保され中小企業金融の円滑化に資する制度であるとの解説が主流ですが、**M&Aなどにより買収した子会社に対して、親会社が会計参与を送り込むことによって、計算書類の確定権限を親会社が確保する手法としても会計参与制度は活用できます**。なお、**会計限定でない監査役がいる場合**（監査役設置会社の場合）には、**会計参与が発見したところの取締役の不正行為等についての報告は、遅滞なく、監査役に報告すればよい**とされています（会法375①括弧書）。

（37）監査役設置会社である旨及び監査役の氏名は、登記事項です（会法911③十七）。

Ⅱ　当会社の監査役の監査範囲は、会計に関するものに限定しない(38)。

（38）会法389①（定款の定めによる監査範囲の限定）を適用しない旨を明らかにしました。**会整法53条により、旧商法特例法に規定する小会社に該当する場合には、会社法施行後の当該株式会社の定款に会法389にいう会計限定監査役の定めが定款にあるものとみなされる**ために、本定款においては、会計限定監査役にしない旨の規定を置いたのです。なお、**監査役の範囲を会計に限定する旨の定款の定めがある株式会社は、その旨を登記しなければなりません（平成27年5月1日改正会社法施行後、監査役の変更登記を行うまでの間は、会計限定監査役である旨の登記は不要**とされています（改正会社法附則22①）。）。

（選任の方法）

第19条　当会社の取締役及び監査役は、当会社の株主の中より株主総会

において選任する。ただし、必要があるときは、株主以外の者から選任することを妨げない(39)。

（39） 注意的規定です（会法331②）。**株主ではない優秀な人材を取締役にする道を確保するために、本定款では、敢えて、この規定明記**しました。

Ⅱ　当会社の取締役、会計参与及び監査役は、株主総会において、総株主の議決権の３分の１以上を有する株主が出席し、その議決権の過半数の決議によって選任する(40)。なお、役員又は役員の員数が欠けた場合に備えて補欠の役員を選任することができる(41)。

（40） 会法329①・341①の規定に基づき、株主総会の**選任決議の定足数を、議決権を行使することのできる株主の議決権の過半数を有する株主の出席という原則ではなくて３分の１に緩和し**ています。役員選任の株主総会の機動性確保の観点からです。**ちなみに、本定款は、役員選任・解任決議以外の株主総会の普通決議については、定足数を撤廃しています**（本定款15条Ⅱ項参照）。

（41） 注意的規定です（会法329③）。

Ⅲ　取締役の選任については、累積投票によらない(42)。

（42） 累積投票制度については、**これを採用しない旨の定款の定めを置かないと、株主総会において、株主から累積投票により取締役を選任すべきことを請求される恐れ**があります（会法342①）。

（任期）

第20条　取締役及び会計参与の任期は選任後２年以内、監査役の任期は選任後４年以内に終了する事業年度のうち最終のものに関する定時株主総会の終結の時までとする(43)。

（43）非公開会社にあっては、取締役、会計参与、監査役の任期は、定款に定めることにより10年に伸長することができるとされています（会法332

②・334①・336②)。

しかし、役職を全うしていないなどの理由で**解任する場合には、株主総会の普通決議でいつでも解任することができるとはいえ**(会法339①)、**解任された役員から会社に対して損害賠償請求がなされる恐れ**がある(会法339②)ことを考慮して、本定款においては、従来通りの任期としてあります。

なお、非公開会社の役員の任期については属人的に定款において定めることもできますので、**オーナーのみ10年の任期とすることができます**。

Ⅱ 補欠(44)として又は増員により選任された取締役の任期は、退任取締役又は他の在任取締役の任期の満了する時までとする(45)。

(44) 会法329③は補欠の役員(取締役・会計参与・監査役)を予め株主総会で選任する場合について定めています。

これは、いざという場合に臨時株主総会を開催しようにも多額の費用がかかるであろう大規模な上場会社や、**いざという場合に取締役がいないことになってしまう取締役1人の小規模な会社において、利用するメリットがある制度**です。

(45) 会法332①但書。定款に定めることにより、選任後2年という任期を短縮することができます。なお、補欠が正規の役員になった場合には、任期の起算点は補欠選任時からとなります。

Ⅲ 補欠として選任された会計参与の任期は、退任会計参与の任期の満了する時までとする(46)。

(46) 会法334①→332①準用。ただし、会計参与は任意設置機関ですので、会計参与を置く旨の定款の定めを廃止する定款の変更をした場合には、**会計参与の任期は、当該定款の変更の効力が生じた時に満了**します(会法334②)。

Ⅳ 補欠として選任された監査役の任期は、退任監査役の任期の満了する時までとする(47)。

(47) 取締役や会計参与の任期は、定款や総会決議で短縮可能であるのに対して、監査役の任期は定款によっても短縮できないのが原則です。そのために、補欠監査役の任期についてだけは定款で短縮可能であることが明文化されています（会法336③）。

（取締役会の招集及び議長）

第21条　取締役会は、代表取締役がこれを招集し、その議長となる[(48)]。

（48）取締役会の招集権者を定款で定めないと、各取締役がそれぞれ招集権を有することとなります（会法366①）。**取締役会の議長についての定めは会社法にはありません**が、会規101③八には、議長が存する場合についての定めがあります。**業務執行上の観点から、代表取締役が議長となることを定款に定めました**。

Ⅱ　取締役会の招集通知は、各取締役及び監査役に対して会日の前日以前に発するものとする[(49)]。ただし、緊急の必要があるときには、取締役及び監査役の全員の同意を得て招集手続を経ないで取締役会を開くことができる[(50)]。

（49）原則は会日の１週間前までに各取締役及び監査役に招集通知を発するものとされていますが、定款でこれを下回る期間を定めることができることとされていますので（会法368①）、本定款では、**代表取締役の裁量権を拡大**しました。

（50）注意的規定です（会法368②）。

Ⅲ　会計参与に対する取締役会の招集通知については、会計参与が出席すべき計算書類（臨時計算書類及び連結計算書類を含む）の承認をする取締役会について、前項本文を適用し、会計参与の同意を得た場合には、前項但書を適用する[(51)]。

（51）注意的規定です（会法376②③）。

（決議）

第22条　取締役会の決議は、議決に加わることができる取締役の過半数が出席し、その過半数をもって行う[(52)]。ただし、その決議について特別の利害関係を有する取締役は、議決に加わることができない(53)。

(52) 注意的規定です（会法369①）。**(53)** 注意的規定です（会法369②）。

Ⅱ　取締役会の決議の目的である事項について、取締役が提案をした場合において、議決に加わることができる取締役の**全員が書面又は電磁的記録により同意の意思表示をしたときは**、当該提案を可決する旨の**取締役会の決議があったものとみなす**。ただし、監査役がその提案について異議を述べたときは除くものとする(54)。

(54) 取締役会設置会社においては、**定款に定めることにより、持ち回りによる「書面決議」が可能**です（会法370）。

（議事録）

第23条　取締役会の議事については、その経過の要領及び結果を議事録に記載し、出席した取締役、監査役及び会計参与がこれに署名又は記名押印し、これを本店に10年間備え置くものとする(55)。

(55) 注意的規定です。会法369③④は、議事録の作成及び署名又は記名押印の規定です。本定款では、**責任の明確化の観点から、出席した会計参与の署名又は記名押印をも求めました**。議事録の備え置きは会法371①で規定されています。なお、議事録の詳細については、会規101に規定されています。

（代表取締役）

第24条　取締役会は、取締役の中から代表取締役を選定する(56)。

(56) 注意的規定です（会法362③）。取締役会設置会社では取締役会で代表取締役を「選定」しなければなりません。

Ⅱ　代表取締役は、当会社を代表する(57)。

(57) 注意的規定です（会法349①但書）。**代表取締役の氏名、住所は登記事項**です（会法911③十四）。

（取締役等の責任の一部免除）

第25条　当会社は、会社法第426条（取締役等による免除に関する定款の定め）の規定により、取締役会の決議をもって、会社法第423条（役員等の株式会社に対する損害賠償責任）に規定する取締役、会計参与、監査役の賠償責任を法定の限度において免除することができる(58)。

（58）定款の定めに基づく取締役の同意による役員の責任の一部免除の規定です（会法426）。これは**登記事項**です（会法911③二十四）。

法定の限度は、代表取締役は職務執行の対価等の額の６年分相当額、取締役は同額の４年分相当額、社外取締役・会計参与・監査役は同額の２年分相当額とされています（会法425①一イ・ロ・ハ参照）。

（責任限定契約）

第26条　当会社は、会社法第427条（責任限定契約）の規定により、社外取締役、会計参与、社外監査役の会社法第423条（役員等の株式会社に対する損害賠償責任）に規定する賠償責任を限定する契約を締結することができる。ただし、当該契約に基づく賠償責任の限度額は、法令の定める責任限度額とする(59)。

（59）社外取締役、会計参与、社外監査役、会計監査人の責任限定契約を締結することができる旨を定款に定めることによって、外部の優秀な人材を役員として迎えやすくする規定です（会法427）。

また、**これらの役職に就任しようとする者にとっては、本定款の定めを要求しておく必要がありましょう**。この規定は**登記事項**です（会法911③二十五）。本定款においては、**法令の定める額（代表取締役は職務執行の対価等の額の６年分相当額、代表取締役以外の取締役（社外取締役を除く。）は同額の４年分相当額、社外取締役・会計参与・監査役は、同額の２年分相当額）を責任限度額とする定款の定め**をしました（会法425①一イ・ロ・ハ参照）。

（報酬及び退職慰労金）

第27条　取締役、会計参与及び監査役の報酬の総額及び退職慰労金の総額は、株主総会の決議をもって定める[(60)]。

(60) 注意的規定です（会法361・379・387）。

第5章　計算

（事業年度[(61)]）

第28条　当会社の事業年度は、１期当たり１年以内とし、代表取締役がこれを定める[(62)]。

(61) 事業年度という表現になりました。例えば、中間配当に関する条文は、旧商法では、営業年度（旧商法293ノ５①）でしたが、会社法では、事業年度（会法435②、454⑤）と規定されています。

(62) 事業年度の定めは、定款に記載すべき事項とされていません。登記事項でもありません。会社法に定義もされていません。実務上は、法人税法13条に、定款に定めのない法人は、事業年度を定めて、設立の日から２ヶ月以内に所轄税務署長に届け出なければならないと規定され、同法15条において、事業年度を変更し、又は定款において新たに事業年度を定めた場合には、遅滞なく、所轄税務署長に届け出なければならないと規定されていますので、それに従って処理されています。**本定款では、柔軟に事業年度を変更できるように代表取締役にその決定権限を委譲しています。**

（剰余金の配当）

第29条　当会社は、株主総会の決議により、剰余金の配当をすることができる[(63)]。

（63） 注意的規定です（会法453・454①）。**株主総会の決議により、年に何回でも配当できるようになりました。**

ただし、**純資産額が300万円を下回る場合には配当できません**（会法458）。**なお、配当後に300万円を下回る場合も同様**です。

Ⅱ　配当金は、事業年度末日現在の株主名簿に記載又は記録された株主又は登録株式質権者に支払う。

Ⅲ　１事業年度の途中において１回に限り取締役会の決議によって、事業年度末日の６か月後の日の最終の株主名簿に記載された株主又は登録株式質権者に対して、金銭による中間配当をすることができる。

Ⅳ　剰余金の配当がその支払提供の日から満３年を経過しても受領されないときは、当会社はその支払義務を免れるものとする[(64)]。

（64）株主が配当金支払請求権を行使しない場合、10年で時効（民法167条１項）にかかりますが、剰余金の配当請求権の除斥期間を10年より短く定款で定めることは、判例上認められています（大判昭和２年８月３日民集６巻484頁）。

配当金支払請求権は、団体的制約のもとに発生するものとして、株主は定款所定の制限のもとに配当金支払請求権を行使しなければならないと判示されているのです。

附則[(65)]

（65） 附則は、原始定款として、会社法の施行日以後に新たに株式会社を設立する場合には必要ですが、**定款を整備する場合、つまり変更等をする場合には不要ですので、参考資料**としてお考えください。

なお。定款を変更したときは、**原始定款等過去の定款の上に、確定日付を付したところの新たに整備した定款を綴っておくことが肝要**です。

ところで、**原始定款を作成する場合**には、会法164（特定の株主からの取得に関する定款の定め）に基づいて会法160（特定の株主からの取得）２項、３項に規定する**「売主追加請求権」を排除する規定を定款に入れておくことを**

お勧めします。**会社が成立してからこのような規定を定款変更により設けるには、株主全員の同意が必要となる**からです。

（設立に際して出資される財産の価額）

第１　当会社の設立に際して出資される財産の価額は金＿＿＿＿＿万円とする[(66)]。

（66） 会法27四。**設立に際して出資される財産又はその最低額は、原始定款の絶対的記載事項**です。

（最初の事業年度）

第２　当会社の最初の事業年度は、当会社設立の日から令和＿＿年＿＿月＿＿日までとする[(67)]。

（67） 注意的規定です。最初に到来する決算日は、会社設立後２ヶ月以内に所轄税務署長に届け出なければなりません（法法13）。

（最初の役員）

第３　当会社の最初の取締役、会計参与及び監査役は次のとおりとする[(68)]。

取締役　＿＿＿＿＿＿＿＿　取締役　＿＿＿＿＿＿＿＿

取締役　＿＿＿＿＿＿＿＿

会計参与　＿＿＿＿＿＿＿＿　監査役　＿＿＿＿＿＿＿＿

（68） 会法29・38③により、定款で設立時の役員を定めた場合には、出資の履行が完了した時に、設立時役員に選任されたものとみなされます。

（発起人の氏名又は名称及び住所）

第４　発起人の氏名又は名称、住所は次のとおりである[(69/70)]。

住　所　＿＿＿＿＿＿＿＿　発起人　＿＿＿＿＿＿＿＿

住　所　＿＿＿＿＿＿＿＿　発起人　＿＿＿＿＿＿＿＿

以上、株式会社＿＿＿＿＿＿＿＿を設立のため、この定款を作成し、発起人が次に記名押印する。

令和＿＿年＿＿月＿＿日	発起人　＿＿＿＿＿＿＿＿
	発起人　＿＿＿＿＿＿＿＿

（69） 会法27五。**発起人の氏名又は名称及び住所は、設立時原始定款の絶対的記載事項**です。

印鑑証明書は
そこに置いてある
から任せるよ
おじさん、
会社設立する
から印鑑借りる
からネ

（70） 発起人が割当てを受ける設立時発行株式の数とそれと引き換えに払い込む金銭の額については、定款作成後、発起人全員の同意で定めることができますので、定款で定める必要はありませんが（会法32①一・二）、定款に記載することも可能です（会法32①本文括弧書）。

また、成立後の株式会社の資本金及び資本準備金に関する事項も、定款に定めない場合には、定款作成後、発起人全員の同意によって定めますので、定款に記載する必要はありませんが（会法32①三）、定款に記載することも可能です（会法32①本文括弧書）。資本金の額は登記事項です（会法911③五）。

なお、設立に際して株主となる者が当該株式会社に対して払込み又は給付をした財産の額の２分の１を超えない額は、資本金として計上しないことができるとされています（会法445①②③）。

3．取締役会非設置型…株式会社の戦略的モデル定款

第１章　総則

（商号）

第１条　当会社は、株式会社＿＿＿＿＿＿＿＿＿＿と称する[(71)]。

(71) 設置型（１）参照。

Ⅱ　英文では＿＿＿＿＿＿＿＿＿＿＿＿＿＿CO.　LTDと表示する。

（目的）

第２条　当会社は、次の事業を営むことを目的とする[(72)]。

１．＿＿＿＿＿＿＿＿＿＿＿＿＿＿＿＿＿＿＿＿

２．＿＿＿＿＿＿＿＿＿＿＿＿＿＿＿＿＿＿＿＿

３．その他、前各号の事業に関連する有益な事業。

(72) 設置型（２）参照。

（本店の所在地）

第３条　当会社は、本店を＿＿＿＿＿＿県＿＿＿＿＿＿＿市に置く[(73)]。

(73) 設置型（３）参照。

（公告の方法）

第４条　当会社の公告は、＿＿＿＿＿＿＿＿＿＿＿新聞に掲載して行う[(74)]。

(74) 設置型（４）参照。

第2章　株式

（発行可能株式総数）

第5条　当会社の発行可能株式総数は、＿＿＿＿＿＿＿＿株とする[75]。

（株券の不発行）

第6条　当会社の株式については、株券を発行しない[76]。

(75) 設置型（5）参照。**(76)** 設置型（6）参照。

（株式の譲渡制限）

第7条　当会社の株式を譲渡により取得するには、当会社の承認を要する。

Ⅱ　前項の承認は代表取締役が行う[77]。ただし、代表取締役に事故があるときは、補欠の取締役がこれに代わる（以下、本定款において、代表取締役が行うべき行為の定めがある場合において同様とする。）。

Ⅲ　株主が当会社に譲渡承認請求をし、又は株式取得者が当会社に取得承認請求をするには、当会社所定の書面[78]に当事者が記名押印して、これを会社に提出しなければならない。

Ⅳ　前項の譲渡承認請求又は取得承認請求において、当会社が承認しない旨の決定をするときには、当会社又は指定買取人が株式を買い取ることの請求がある場合における指定買取人の指定は、代表取締役がこれを行う[79]。

(77) 設置型（7）参照。**(78)** 設置型（8）参照。**(79)** 設置型（9）参照。

（株式の売渡請求）

第8条　当会社は、当会社の株式を相続その他の一般承継により取得した者に対し、当該株式を当会社に売り渡すよう請求することができる[80]。

定款
我社の定款には
相続人から株を取上げる
ことができるんです。

Ⅱ　前項に定める売渡請求に係る事項は、株主総会がこれを定める。

(80) 設置型（10）参照。

（募集株式の割当て）

第９条　当会社が募集株式の発行等に際して株主に募集株式の割当てを受ける権利を与える場合には、募集事項、株主に募集株式の割当てを受ける権利を与える旨及び募集株式の引受申込期日の決定は、代表取締役がこれを決定する(81)。

(81) 株式の発行又は自己株式の処分（これを「募集株式の発行等」といいます。）の際の条件は、株主に割当てを受ける権利を与える場合に限り、**取締役が**行う旨を定款で定めることができます。この定めを置かない場合には、株主総会の特別決議が必要となります（会法202③一・四・309②五）。

Ⅱ　当会社が募集株式の引受けの申込者の中から募集株式の割当てを受ける者を定める場合には、割当てを受ける者及び割当数の決定は、代表取締役がこれを行う(82)。

(82) 非公開会社において第三者に募集株式を割り当てる場合は、株主総会の特別決議で募集事項の決定を行うか、あるいは株主総会の特別決議で募集の大枠だけを定めて具体的な募集事項の決定を**取締役**に委任する決定を行い、その委任に基づいて**取締役**が募集事項の決定を行うかのいずれかの方法によります（会法199・200①）。

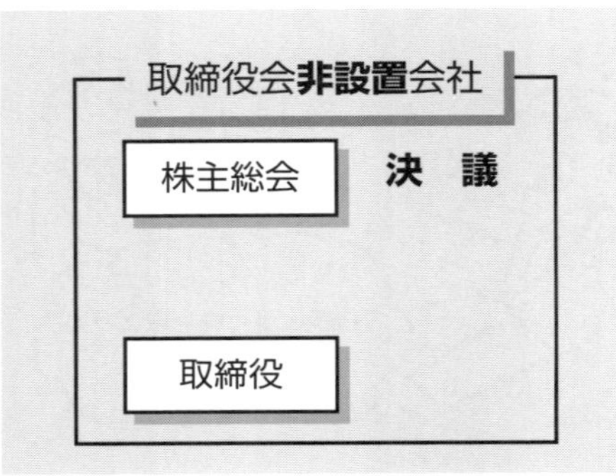

株式会社は次に、募集株式の引受けの申込みをしようとする者に対して募集の通知を行い（会法203）、申込者の中から募集株式の割当てを受ける者とその株数を決定することになります。この決定は、募集株式が譲渡制限株式である場合には、**取締役会非設置会**

社にあっては、株主総会の特別決議で決定するのが原則ですが、本定款のように定款で定めておけば会社を代表する取締役が決定できます（会法 204②但書）。

（基準日）

第10条　当会社は、毎事業年度の末日を基準日とし、基準日現在の株主名簿に記載又は記録された議決権を有する株主をもって、その事業年度に係る定時株主総会において権利を行使すべき株主（以下「基準日株主」という）とする[83]。ただし、代表取締役は、基準日後に募集株式を取得した者に、基準日株主の権利を害さない限りにおいて、株主総会の議決権を付与することができるものとする[84]。

Ⅱ　代表取締役は、必要があるときは、２週間前に公告して、臨時に基準日を設けることができる[85]。

(83) 設置型（13）参照。**(84)** 設置型（14）参照。**(85)** 設置型（15）参照。

（株主の住所等の届出）

第11条　当会社の株式の株主及び登録株式質権者[86]、又はその法定代理人は、当会社所定の書面により、その氏名又は名称、住所及び印鑑を当会社に届け出なければならない。

Ⅱ　株主が法人であるときは、その代表者１人を届け出るものとする。

Ⅲ　株式を共有する株主は、その代表者１人を定めて届け出るものとする。

Ⅳ　前３項の届出事項に変更を生じたときも、その事項につき届け出るものとする。

Ⅴ　本条による届出は、株主名簿の管理のために行うものであり、届出に係る情報は、会社法及び個人情報保護法の趣旨に照らして厳正に管理しなくてはならない[87]。

(86) 設置型（16）参照。
(87) 設置型（17）参照。

★ 重要情報 ★ 平成28年10月から登記の際に株主総会が必要なときに実際に株主総会が開催されておらず、株主の意思に反するケ

ースや本人の承諾のない役員選任などがあることから、主要株主のリストの提出が義務付けられました。（89ページ参照）

第3章　株主総会

（招集）

第12条　当会社の株主総会は、定時総会及び臨時総会とし、定時総会は、事業年度末日から3か月以内[(88)]に、代表取締役がこれを招集する[(89)]。臨時総会は、必要に応じて、定時総会の手続に準じてこれを招集する。

(88) 設置型（18）参照。

(89) 注意的規定です。株主総会は、**取締役**が招集する（会法296③）となっていますので、本定款では会社を代表する代表取締役が招集する旨を明らかにしました。

Ⅱ　代表取締役は、株主総会を招集するときは、会日の1日前[(90)]までにその通知を行う[(91)]。ただし、株主全員の同意がある場合は、招集手続を採ることを要しない[(92)]。

(90) 非公開会社である取締役会非設置会社は、株主総会の招集通知は、定款で**株主総会の前までにすると定めることができます**（会法 299①括弧書）。本定款では**1日前**としました。

	非公開会社		公開会社
	取締役会非設置会社	**取締役会設置会社**	取締役会の強制
大会社	**口頭や電話招集可（書面投票等の場合を除く）**	書面通知	
中小会社			

(91) 注意的規定です。なお、取締役会非設置会社では、株主総会の招集通

知は、書面投票･電子投票を定款で定めない限り、書面通知が義務付けられていません。**メールでも口頭でも構いません**（会法299②二参照）。

(92) 設置型（21）参照。

（議決権の代理行使）

第13条　当会社の株主は、当会社の議決権を行使することができる他の株主を代理人としてその議決権を行使することができる。この場合においては、株主又は代理人は、代理権を証する書面を当会社に提出しなければならない(93)。

(93) 設置型（22）参照。

（議長）

第14条　株主総会の議長は、代表取締役がこれにあたる(94)。

Ⅱ　株主総会の議長は、その命令に従わない者その他株主総会の秩序を乱す者を退場させることができる(95)。

(94) 設置型（25）参照。**(95)** 設置型（26）参照。

（決議等）

第15条　株主総会の普通決議は、出席株主の議決権の過半数をもって行う(96)。ただし、役員を選任し、又は解任する株主総会の普通決議は、議決権を行使できる株主の３分の１以上を有する株主が出席し、出席した株主の議決権の過半数をもって行い(97)、監査役の解任にあっては、特別決議をもって行わなければならない(98)。

(96) 設置型（28）参照。**(97)** 設置型（29）参照。**(98)** 設置型（30）参照。

Ⅱ　会社法第309条第２項から第４項における決議（特別決議等）は、同項に定めたる定足数、決議要件により行う。

Ⅲ　株主総会の目的である事項について提案された議案につき、議決権を行使することのできる株主の全員が書面又は電磁的記録により同意の意思表示をしたときは、当該提案を可決する旨の株主総会の決議があったものとみなし、その時に定時株主総会が終結したものとみなす(99)。

Ⅳ　代表取締役が、株主の全員に対して株主総会に報告すべき事項を通知した場合において、当該事項を株主総会に報告することを要しないことにつき株主全員が書面又は電磁的記録により同意の意思表示をしたときは、当該事項の株主総会への報告があったものとみなす(100)。

(99) 設置型（31）参照。**(100)** 設置型(32) 参照。

（議事録）

第16条　株主総会の議事については、その経過の要領及び結果を議事録に記載し、議長並びに出席した取締役、監査役及び会計参与がこれに署名又は記名押印を行い、当会社の本店において10年間保存するものとする(101)。

(101) 設置型（33）参照。

第4章　取締役、会計参与及び監査役

（取締役等の員数等）

第17条　当会社には、取締役のほか、会計参与及び監査役を置き、各々の員数については、取締役は１人以上(102)、会計参与(103) 及び監査役(104) は各１人とする。

(102) 株式会社の取締役の人数は、１人又は２人以上とされています（会法 326①）。本定款では、**１人以上と記載しました。実際は１人でもよいのです。１人にする場合には、万が一の欠員に備えて、株主総会であらかじめ補欠の取締役を選任しておくことをお勧め**します。補欠の役員を選任する場合には、

①補欠の役員の役職名、②同一の役職につき２人以上の補欠役員を選任するときは、当該補欠役員間の優先順位、③補欠役員選任決議の取り消しを行う場合があるときは、その旨及び取り消しを行う手続を株主総会で決定しておく必要があります（会規96②）。**取締役の氏名は登記事項**です（会法911③十三）。

（103） 設置型(36）参照。

（104） 監査役は、定款で定めれば置くことができるという任意設置機関ですが（会法326②）、**本モデル定款では、中小会社であっても、業務執行面は取締役に、会計業務執行面は会計参与に、業務監査面は監査役にと、三権分立型の法令遵守体制の確立を目指しました。監査役設置会社である旨及び監査役の氏名は登記事項**です（会法911③十七）。

Ⅱ　当会社の監査役の監査範囲は、会計に関するものに限定しないものとする(105)。

（105） 設置型（38）参照。

（選任の方法）

第18条　当会社の取締役及び監査役は、当会社の株主の中より株主総会において選任する。ただし、必要があるときは、株主以外の者から選任することを妨げない(106)。

Ⅱ　当会社の取締役、会計参与及び監査役は、株主総会において、総株主の議決権の３分の１以上を有する株主が出席し、その議決権の過半数の決議によって選任する(107)。なお、役員が欠けた場合に備えて補欠の役員を選任することができる(108)。

Ⅲ　取締役の選任については、累積投票によらない(109)。

（106） 設置型（39）参照。**（107）** 設置型（40）参照。**（108）** 設置型（41）参照。**（109）** 設置型（42）参照。

（任期）

第19条　取締役、会計参与の任期は選任後２年以内、監査役の任期は、選任後４年以内の最終の事業年度に関する定時株主総会の終了の

時までとする[(110)]

Ⅱ　補欠[(111)]として又は増員により選任された取締役の任期は、退任取締役又は他の在任取締役の任期の満了する時までとする[(112)]。

Ⅲ　補欠として選任された会計参与の任期は、退任会計参与の任期の満了する時までとする[(113)]。

Ⅳ　補欠として選任された監査役の任期は、退任監査役の任期の満了する時までとする[(114)]。

(110) 設置型（43）参照。**(111)** 設置型（44）参照。**(112)** 設置型（45）参照。**(113)** 設置型（46）参照。**(114)** 設置型（47）参照。

（代表取締役）

第20条　当会社の取締役が１人の場合は、その者を代表取締役とし、取締役が２人以上ある場合には、取締役の互選により代表取締役を１人選定する[(115)]。

Ⅱ　代表取締役は、当会社を代表する[(116)]。

(115) 会法 349③。複数の取締役がいる場合の代表取締役を定める方法は、①定款の定め、②定款の定めに基づく取締役の互選、③株主総会の決議の３通りの方法があります。代表取締役を定めなければ、取締役各自が会社を代表することとなります（会法349②)。

(116) 設置型（57）参照。

（取締役等の責任の一部免除）

第21条　当会社は、会社法第426条（取締役等による免除に関する定款の定め）の規定により、取締役の過半数の同意をもって、会社法第423条（役員等の株式会社に対する損害賠償責任）に規定する取締役、会計参与、監査役の賠償責任を法定の限度において免除することができる[(117)]。

(117) 設置型（58）参照。

（責任限定契約）

第22条　当会社は、会社法第427条（責任限定契約）の規定により、社外取締役、会計参与、社外監査役の会社法第423条（役員等の株式会社に対する損害賠償責任）に規定する賠償責任を限定する契約を締結することができる。ただし、当該契約に基づく賠償責任の限度額は、法令の定める責任限度額とする(118)。

(118) 設置型（59）参照。

（報酬及び退職慰労金）

第23条　取締役、会計参与及び監査役の報酬の総額及び退職慰労金の総額は、株主総会の決議をもって定める(119)。

(119) 設置型（60）参照。

第5章　計算

（事業年度(120)）

第24条　当会社の事業年度は、１期当たり１年以内とし、代表取締役がこれを定める(121)。

(120) 設置型（61）参照。**(121)** 設置型（62）参照。

（剰余金の配当）

第25条　当会社は、株主総会の決議により、剰余金の配当をすることができる[122]。

Ⅱ　配当金は、事業年度末日現在の株主名簿に記載又は記録された株主又は登録株式質権者に支払う。

Ⅲ　剰余金の配当がその支払提供の日から満３年を経過しても受領されないときは、当会社はその支払義務を免れるものとする[123]。

(122) 設置型（63）参照。**(123)** 設置型（64）参照。

附則[124]

（設立に際して出資される財産の価額）

第１　当会社の設立に際して出資される財産の価額は金＿＿＿＿＿万円とする[124]。

(124) 設置型（65）参照。**(125)** 設置型（66）参照。

（最初の事業年度）

第２　当会社の最初の事業年度は、当会社設立の日から平成＿＿年＿＿月＿＿日までとする[126]。

(126) 設置型（67）参照。

（最初の役員）

第３　当会社の最初の取締役、会計参与及び監査役は次のとおりとする[127]。

取締役　＿＿＿＿＿＿＿＿　会計参与　＿＿＿＿＿＿＿＿

監査役　＿＿＿＿＿＿＿＿

(127) 設置型（68）参照。

（発起人の氏名又は名称及び住所）

第４　発起人の氏名又は名称、住所は次のとおりである[128/129]。

（以下省略：取締役会設置型と同じ）

(128) 設置型（69）参照。**(129)** 設置型（70）参照。

コラム①もっと詳しいお話

定款と株主名簿の整備が不可欠に！

★　中小企業では、数少ない株主によって構成され、その多くが身内であることから、「定款」の未整備や、「開催したことにする」株主総会などの不正が、内部書類を簡単に持ち出すことなどで、「株主代表訴訟」に持ち込まれることが多いのです。

このため、円滑な事業承継においては「定款」の整備は、欠かせないのです。株主代表訴訟対策は218ページを参照してください。

★　**平成28年10月から登記の際に、株主総会が必要なときに、実際に株主総会が開催されておらず、株主の意思に反するケースや本人の承諾のない役員選任などがあることから、主要株主のリストの提出が義務付けられました（商業登記規則61②③）。**

★　事業承継にまつわる「争族」では**名義株主**がたびたび問題になります。法人税申告書別表２の株主名簿が実態を表さないために起こる混乱です。

上記の登記上の課題もありますから、株主名簿の整備も不可欠になります。具体的な対策は220ページを参照してください。

516ページ「緊急提言１」をご覧ください。

第３章　「一般社団法人」・「一般財団法人」に移す

「一般社団法人」や「一般財団法人」に財産を移転し、相続・事業承継対策をすると**相続税や贈与税がかからない**と耳を疑うような方法があります。

これは、平成20年施行の**「一般社団法人及び一般財団法人に関する法律」**（以下**「一般法」**という）によって作られる法人で、**第４の財産の承継先**と言われるものです。平成30年度税制改正については496ページをご参照ください。

これ以降、「一般**社**団法人」や「一般**財**団法人」の言葉が頻繁に登場します。

一文字しか違わないので、しっかり識別するよう注意してください。

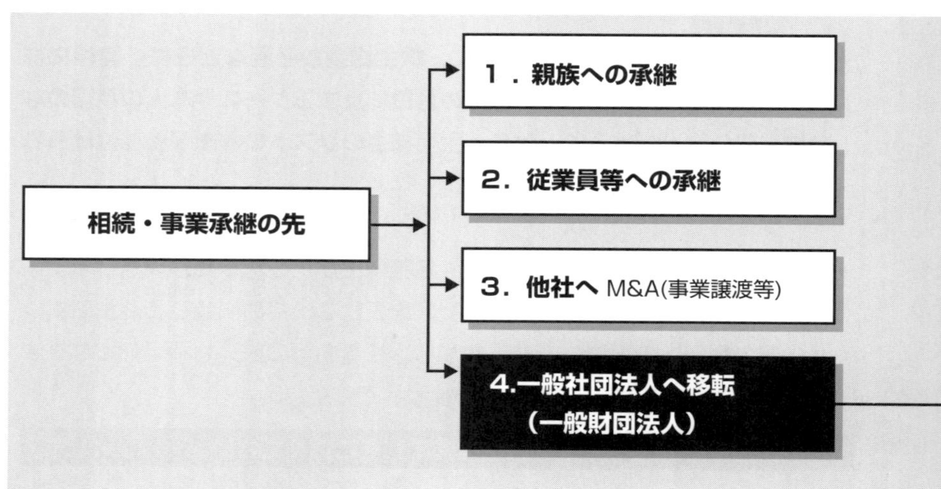

一般社団法人や一般財団法人は、別途の**「公益社団法人及び公益財団法人の認定等に関する法律」**により、公益認定を受けているか否かによって下表の右のように2区分されますが、**法人税上の区分は左側のように3つ**に区分されます。

その内、**相続対策で使うのは、法人税の区分の「1階法人」**と通称で呼ばれる区分で、株式会社と同様にすべての所得に法人税が課税される区分です。他の区分は本書ではお話しません。

税務			法務
3階	**公益**社団法人・**公益**財団法人		2階
2階	過去から未来に至るまで**特定の者に利益を与えない**法人（非営利徹底型）	**会費により共益的活動**を行う法人（共益型）	1階
1階	**法人税法の普通法人と同じ扱いを受ける**一般社団法人・一般財団法人		

ちなみに、2階の法人は34業種の収益事業（法令5）の所得だけに課税され、将来3階に上がる予定の法人や、活動資金として寄附を受ける（寄附は34業種に該当しない）必要のある法人等です。

1階法人は、普通法人と同じ扱いを受けるのならば、グループ法人として株式会社を作ったのと同じように見えます。しかし、オーナーなどの財産を一般社団法人・一般財団法人に移転させると通常の会社と異なり、**オーナーらの所有権が及ばなくなるため相続税が課税されない**のです。ただし、その**移転時に法人側で贈与課税等が発生する**ことがあります。

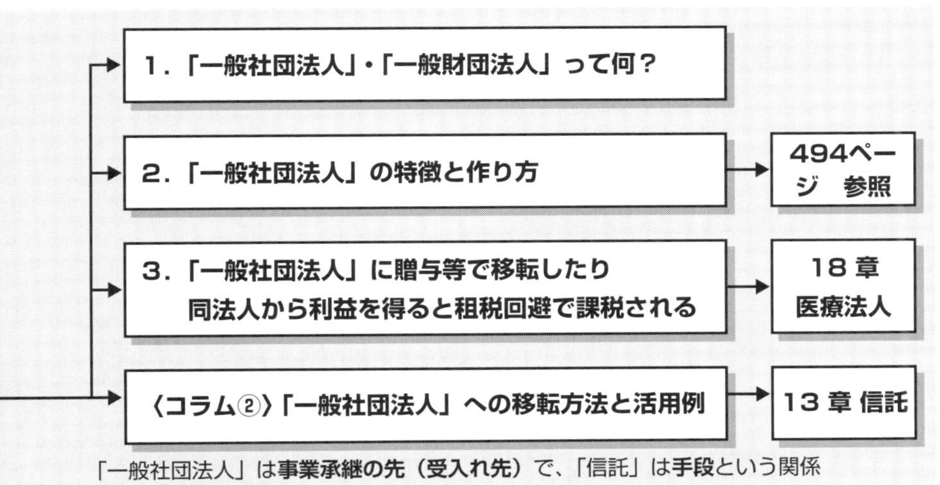

「一般社団法人」は**事業承継の先（受入れ先）**で、「信託」は**手段**という関係

1.「一般社団法人」・「一般財団法人」って何？

POINT

一般社団法人は「人」の集まり、一般財団法人は財産の集まり。
共に、法人の目的は問わない。持分がない！つまり遺産とならない

1．法律制定の経緯

以前は、公益法人（社団法人及び財団法人）と呼ばれて、設立は主務官庁による許認可主義で滅多に設立できませんでした。しかし、一般社団法により法人の設立が準則主義となったので、事業の**公益性の有無に関わらず**、株式会社と同様に、設立が簡単になりました。

2．「一般財団法人」とは？　個人の所有財産でなくなる！

財団法人の場合、これまで基本財産１億円以上が許認可の目安とされていましたが、300万円以上で可能となりました（一般法153③）。

財団法人は、一定の目的を持った財産に法人格を与えたものです。たとえば、ノーベル財団は設立者の意思を永久に実現し続けます。だから、**自分の財産から切り離しますから自分の持分はなく、その財産が**まったく別個の法人格を持ち、**設立者の設立目的（奨学金給付などの慈善事業）を永久に実現し続けるのです**。もっとも、個人財産を単純に一般財団法人に移動させると法人側で多額の受贈益課税が起こりますので一般社団法人の場合と同様な工夫が必要となります。

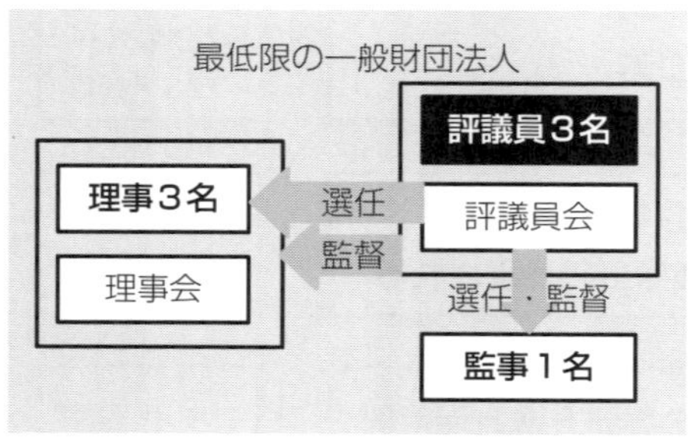

一般財団法人は、相続・事業承継対策としては、ほぼ**一般社団法人と同様の活用ができます。**

このため、通常は、左図のように組織が一般社団法人より大掛かりになるため、事業承継対策に用いることが少ないので本書では詳しくお話しません。一般財団法人は遺言で設立もできます（一般法152②）。**設立者と言えども定款に定められた目的を変更することができません**。実務の執行者である理事の運営が、設立者の意思から外れていないかを監督するのが、評議員です。その評議員の選任・解任の方法は、定款に変更を認める規定がない限り、変更できません（一般法200①）。なお、評議員は理事及び監事を兼任することができません（一般法173②）。

一方、一般社団法人は、最高決定機関である社員総会で全てを決めることができるので、法人の目的の変更や、法人自体の売却すら決めることができます。

３．「一般社団法人」とは？　その必要性からイメージ　個人の持分がない！

一般社団法人とは「紳士クラブ」だと言われますが、日本人には却ってイメージしづらいようです。例えば、一定の趣味や勉強や社会貢献のため等、**目的はなんでも結構**ですが、人が集まったとします。同窓会やゼミ、同好会です。

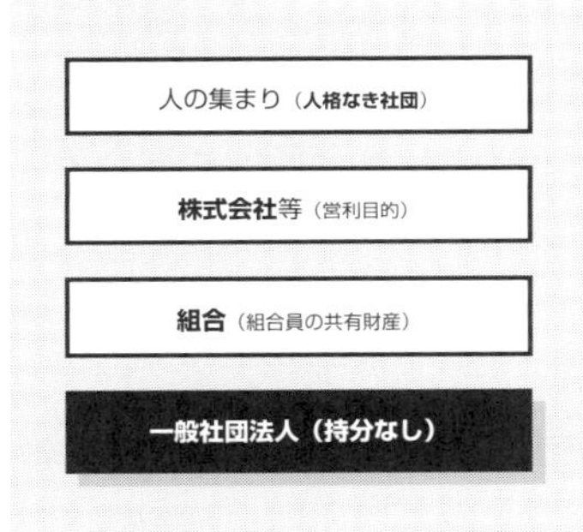

その団体は個人の集まりですから、**団体としての人格（法人格）**を持つことができません。すると、その団体としての**通帳を作ることも、**その団体の名義で**事務所を借りることも**できません。**代表者の個人の名前で行う**ことになってしまいます。そうすると、その**代表者に相続が起こるとその代表者の遺産**になってしまいます。株式会社等の営利法人にすると、そもそも**営利を目的としていない**ので、趣旨に沿いませんので、変な目で見られかねません。

それならば…と、**民法上の「組合」**にすると、**組合員の共有財産**になってしまいます。メンバーは、その**団体のために使って欲しいと思うだけ**で会費を払っているのであって、溜まったお金を、**自分の財産にしたい等とは思っていない（つまり、自分の持分がない）**ので、これまた妙なものです。

このようなニーズに応えるべく、目的に関係なく、「一般的」に一定目的で結集した人の集団（これを社団といいます）に法人格を与えた訳です。ですから、**個人の財産を管理する目的の人が集まって作ることもできます**。

2.「一般社団法人」の特徴と作り方

POINT

株式会社等と異なり資本金なし、設立に際して金銭の拠出不要。
剰余金・残余財産の分配権なし（持分がない＝全く自分の財産でない）

1．株式会社と比較して、その特徴をつかむ

一般社団法人は、**株式会社と比較**すると理解がしやすいでしょう。まず一般社団法人には、株式会社の株主に相当する者が居ません。これが**最も大きな特徴**です。**株主は、その会社の出資者で、会社の所有者**です。だから株主は**出資持分があります。**つまり、70%の株式を所有する株主は「この会社の70%は俺の物だ」となります。しかも、**株式会社設立に際して株主となる者は、金銭等を出資しなければ**なりません。

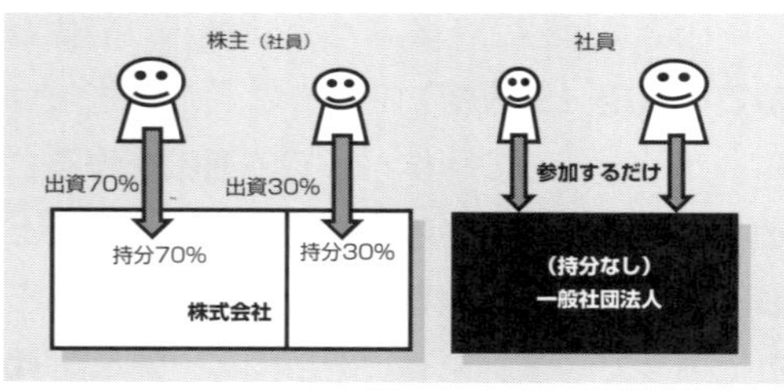

ところが、**一般社団法人は、設立に際して金銭等いかなる出資の強制はされません**（後述のように任意には可能）。**人の集合だけで、参加することで成り立つ**のが一般社団法人だからです。

株式会社では、「株主かつ社員」ですが、**一般社団法人では、持分を有する者である株主は存在しませんから、社員という概念だけ**です。

もちろん、それでは運営ができないという場合に、任意に「基金」という名で拠出することもできます。それは一般社団法人からすると、いわゆる「資本の部」を構成しないので、劣後債務つまり負債になりますから、拠出した者からは「貸付金」となり、相続財産になりますので、通常行いません。

運営のために必要であれば、**定款に定めれば、社員に「経費の負担」＝「会費」を義務付けることができます**（一般法27）。これも株式会社と比較すると大きな相違点です。**株式会社では、株主に対して経費の負担をさせることができません。**

一般社団法人の社員には、その一般社団法人に対して、私の所有分と言うべき「持分」が有りませんから、その一般社団法人は、**社員の誰のものでもありません。この感覚を是非、分かってください。**前項でお話したように、同窓会

やゼミなど、さらには志を共にする同志の集まりは、**自分はそのメンバー（構成員＝社員）で、参加し所属してはいるけれど、その団体に対して、自分の持分という概念はありません。それが「持分がない」という意味**です。

したがって、一般社団法人が利益を出しても、その**余剰金を社員に分配することもありませんし、解散しても、残余財産の内に持分が有りませんので、その分配を受ける権利を与える旨の定款を定めることはできません**（一般法11②)。これも、持分の概念の明確な株式会社等と明確に異なる点です。そしてこれが、一般社団法人の特徴でもある**「倒産隔離機能」**です。

２．一般社団法人の組織（後継者未定なら候補をすべて社員にできる）

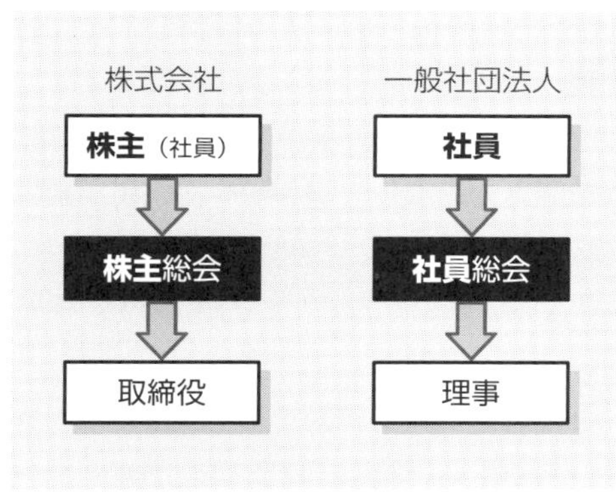

一般社団法人と株式会社の最低限の組織を比較すると、左図のようになります。

株式会社では取締役と言いますが、一般社団法人では理事と言います（一般法60①)。**最低一人で可能（設立時のみ２名**〔一般法10①〕**）**です。**後継者が決まっていない場合にも使えます。**

３．一般社団法人の設立手続き

No.	作　業　内　容
1	**定款**を作成し（一般法10)、公証人の**認証**を受ける（一般法13)。
2	設立時**理事**（設立時監事や設立時会計監査人を置く場合は、これらの者も）の**選任**を行う（一般法15)。
3	設立時理事（設立時監事が置かれている場合は、その者も）が、設立手続の調査を行う（一般法20)。
4	法人を代表すべき者（設立時理事又は設立時代表理事）が、法定の期限内に、主たる事務所の所在地を管轄する法務局又は地方**法務局**に設立の**登記の申請**を行う（一般法22)。

なお、１及び２は設立時社員（**法人成立後最初の社員となる者２名以上**）が行います。

3.「一般社団法人」に贈与等で移転したり同法人から利益を得ると租税回避で課税される

POINT

しかし公益性の高い法人なら課税されないが…ハードルが高い。
「医療法人」の医業承継対策と通じる（第18章）

1.「一般社団法人」に贈与等すると贈与税等が！（相法66④）

一般社団法人は、持分がないので、相続税がかからない。ならば、そこに個人財産を贈与や遺贈で移転させてしまえば…と考えたくもなります。しかし、一階の一般社団法人は91ページでお話したように、普通法人と同じですから、その**贈与や遺贈を受けた時に受贈益課税**がされてしまいます。

ところで、これとは**別個に、「相続税又は贈与税の負担が不当に減少する結果となると認められる」ため、同法人を個人とみなして贈与税や相続税が課税**されます（相法66④（453ページ参照）、9の4③）。このため、受贈益課税との二重課税になるので、贈与税又は相続税の計算上、受贈益課税の法人税等は控除されます（相法9の4④）。なお、20%加算があります（相法18）。

ただし、上記の**不当減少にならないとされる要件**を具備すると課税されません（相令33③）。この要件は第18章の**医療法人の場合と同じ**です（450ページ、453ページ参照）。**対策はこの具備や「譲渡」**です（次のコラム②を参照）。

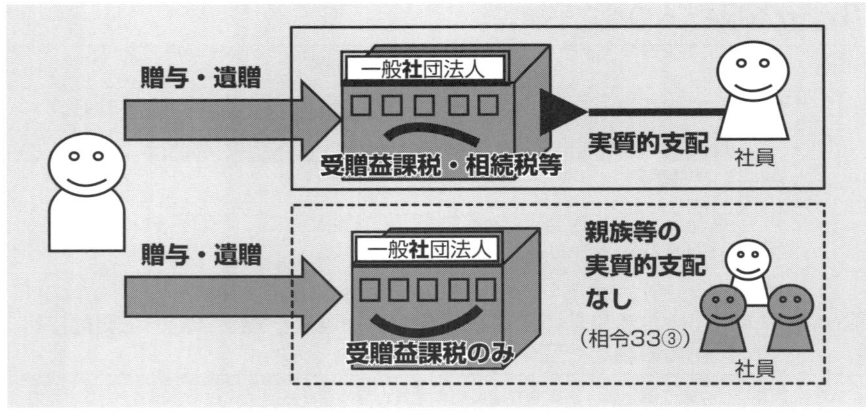

２．「一般社団法人」から個人が利益を得ると、贈与税等が！（相法65）

前記１．は一般社団法人に**入ってくる方**の話ですが、今度は、一般社団法人から**出ていく方**の話で、**入った時に遡って課税**されるという話です。

つまり、**同法人から設立者の親族への資産の低額譲渡・無償利用、金銭の無償貸付けや、同法人の解散によって残余財産が設立者の親族に分配**される場合です（下図①）。

この場合、**同法人を経由して贈与税や相続税の回避**ができてしまうため、**利益を享受した個人が**、同法人に贈与又は遺贈した者から**直接に贈与又は遺贈により取得したものとして**（下図②）、財産の**移転時に（つまり、遡って！）贈与税又は相続税が課税**されます。

株式会社ではどうだったかというと、やはり同様の規定があるのです。いわゆる「みなし贈与（相法９）」で、難解なテーマのため本書では取り上げておりませんので、拙著『非公開株式譲渡の法務・税務（第６版）』336ページ（中央経済社）を参照してください。

そして、この問題は一般社団法人の**出口問題としても浮上**してきます。**永久に一般社団法人**として存続するのであれば良いのですが、最終的に**解散し残余財産を個人が受け取る**と、その時に、上記に該当する訳です。ここをどう設計するか課題となります。これは第18章の**医療法人にも通じます**。

なお、前記１．と競合する場合には、前記１．の適用が優先されます（相法65①）。

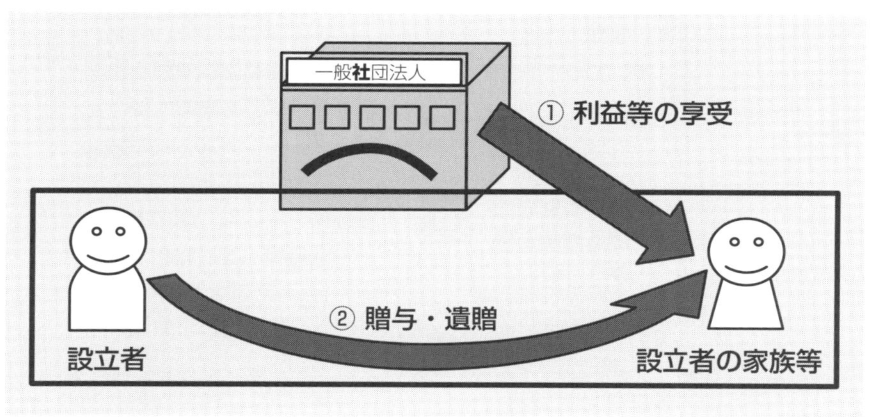

コラム❷もっと詳しいお話

「一般社団法人」への移転方法と活用例

一般社団法人は、持分がないので、相続税がかからない。しかし、**「問題はそこにどう移転させるか？」**です。前項で見たように、単純に移転させる手段である贈与や遺贈では、**移転段階で課税**が生じてしまいます。

そこで、前項でお話したように、「相続税又は贈与税の負担が不当に減少する結果」にならないように、**相続税法施行令33条3項の要件を具備**します。それにより、下図の❶の内の贈与税課税は回避する（受贈益課税は受ける）ことができます。この場合において、**贈与によらず、「時価による譲渡」**が行われると、受贈益課税をも回避することができます。この場合、法人側の**買取資金の調達について、総合的な計画が必要**になります（396ページ参照）。

次に、❷の場合は、その受贈益課税や贈与税課税を受けても、**その財産とその後の内部留保については、相続税が課されません。**

持株会社だと必要なモニタリングが、一般社団法人では不要なのです。

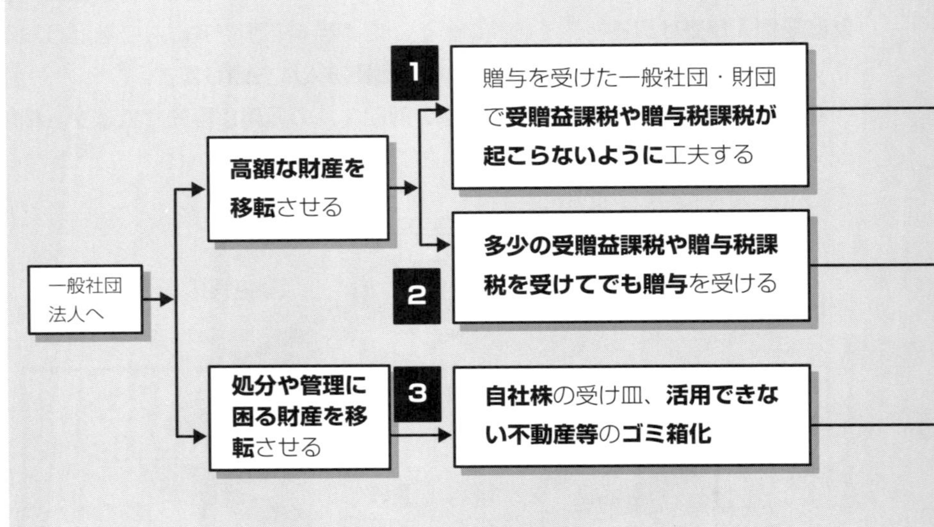

さらに、❸として、一般社団法人に移転させる財産は、処分に困る財産でも結構です。この場合、**「処分や管理に困る財産」の受け皿というのは、２つの意味**があります。**１つには、**発行法人が取得すると**トリプル課税**（「非公開株式譲渡の法務・税務（第６版）」337ページ参照）**を起こしかねない自己株式**も、一般社団法人に移転できます。具体的には、下図のように、①**従業員持株会を一般社団法人として設立**する、②あるいは、民法上の組合の**従業員持株会から買い取る**場合です。

さらには、③**自社株が大幅に値下がり**したものの、受け入れ先がない場合に、その**チャンスを活かすために買い取る**受け皿とする場合もあるでしょう。また、④**グループ法人課税を回避して、損出し**にも使えます。

２つに、荒れた不動産や経営権がないのに原則評価される同族株式や不良貸付金等のゴミ箱代わりに使うことです。

⑤第13章でお話をする**「信託」の受託者**としての一般社団法人の活用は最も注目される分野です。なぜなら、個人の受託者には**死亡や使い込み等のリスク**があるためです。一般社団法人は法人ですから、死亡リスクはありませんし、社員相互の監視がありますので個人の暴走が防げます。

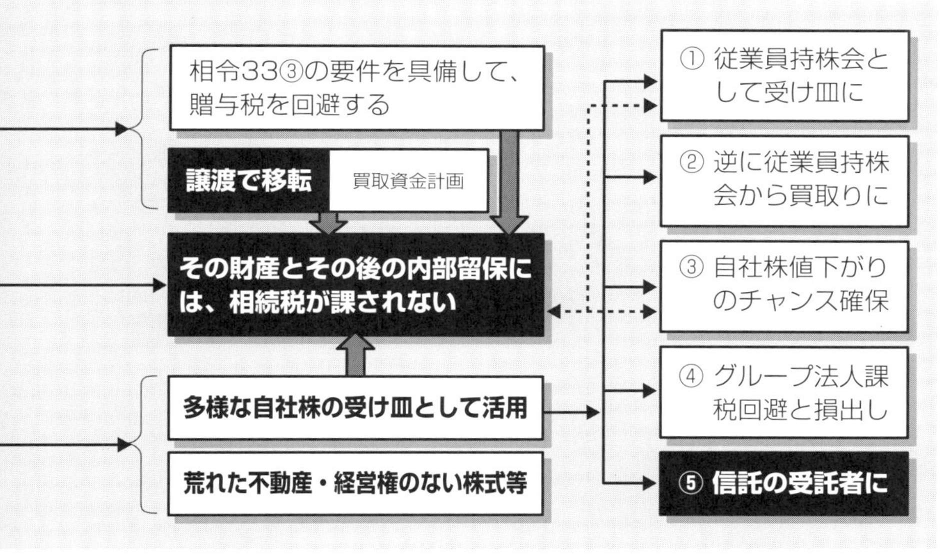

第４章　相続全体の理解

これまでの章では、事業承継の先という面から「４つの先」とその４つをつなぐ「経営計画」などの概要をみてきました。

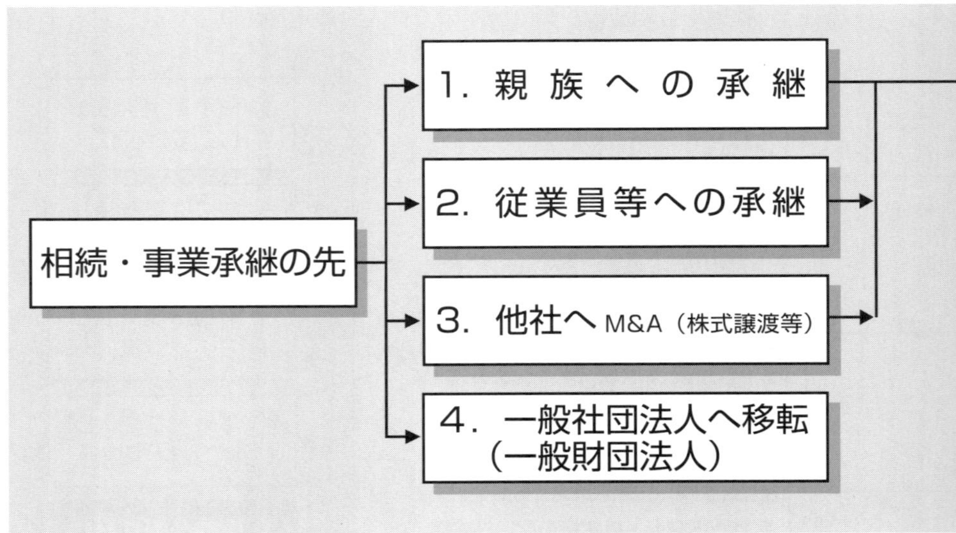

第４章からは、「４つの先」について引き継ぐ、**「財産権」と「経営権」のそれぞれについて、詳細**に取り上げます。

まず、**第４章～第８章では「財産権」**をみていきます。これは相続全体のことで、事業家でない一般の家庭の相続と相当部分は共通するお話です。

相続は誰にでも起こりますが、従来は相続税はほんの一握りの資産家と言われる方にかかってきました。ところが、平成27年からは相続全体の10%～50%（東京都心）の方々にかかってきます。

これが序章でも取り上げた「俄か資産家」の問題です。

相続税は、どの位からかかるのか、かかるなら幾らか？

節税の方法は？　**納税資金**対策は？　と資産家に共通する問題となります。

いずれにしても、相続税がかかるか、かからないかには、大きな違いがあります。

しかし**相続税がかからないなら、問題がないか**と言えば決してそうではありません。多くの家庭や事業承継に当たってしこりを残しています。

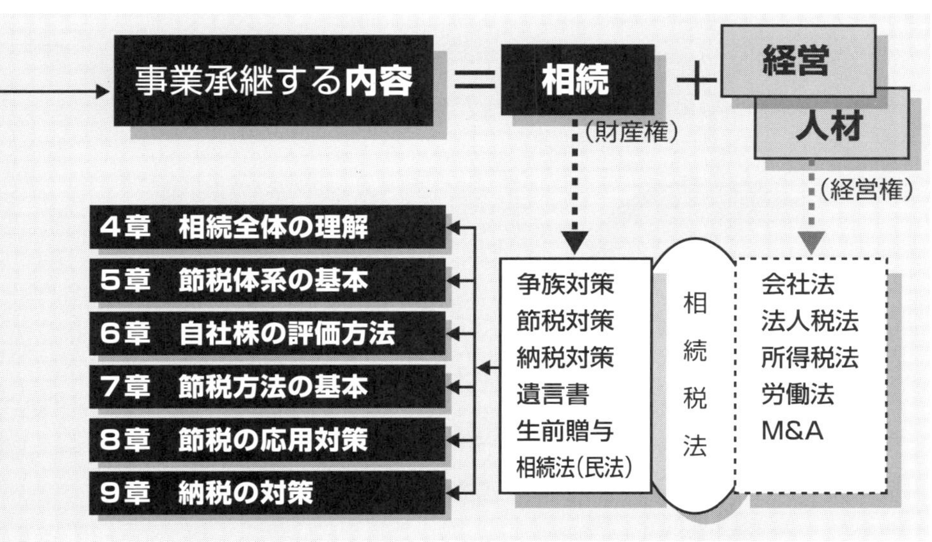

少ない財産ゆえに、その相続を巡って争いが起き、事業承継がままならないということもあります。まずはそこから話を進めていきましょう。

1．相続税がかからなくても「争族」は頻発する

POINT

財産は有れば有るでもめ、ないはないなりにもめる
最も大切な問題……「経営権」の承継にも関係する

相続税は下図の**「相続税の基礎控除額」を超える遺産について**かかります。

事業承継を心配するような会社は、通常は相続税がかかる場合が多いのですが、必ずしもそうとは限りません。

遺産が少なくても、立派に営業しているのであれば、後継者に承継させたいと思うのが人情でしょう。又は、**生前の相続税対策が順調に進み、多額の相続税がかからないようになる場合も**あります。そうするためにも、次項でお話する**相続税の仕組み**は、最低限知っておく必要があります。

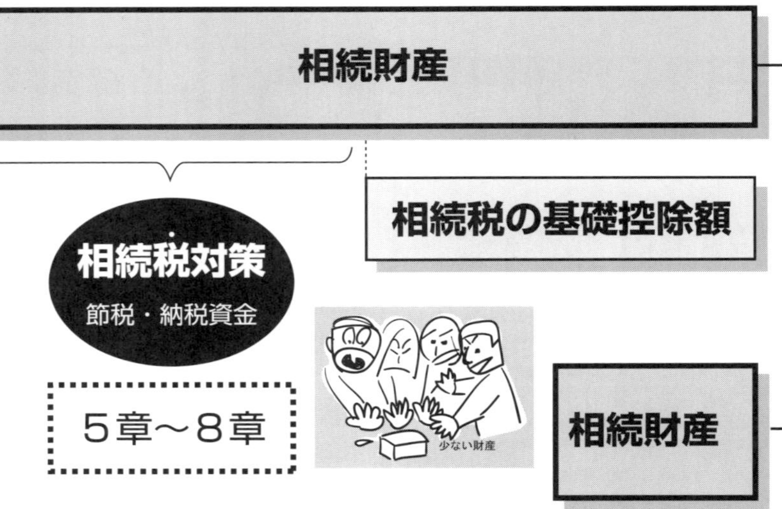

そして、相続税がかかるか否かよりも、**もっと重要な問題は「争族対策」**です。これが起これば事業承継は暗礁に乗り上げることすらあります。少ない財産でも、もめることには変わりありません。

しかし同時に、**相続税が上手く支払えないために争族問題になることも**ありますから、切っても切り離せない問題と言えます。

事業家の場合には、その遺産のほとんどが、自社株や事業用資産であることから、**相続人に平等に分割してしまうと、事業が継続できなく**なってしまうのです。これに対応するためには「保険金の活用」が望まれます。

そして「争族対策」は何と言っても「遺言書」です。しかしこれとて**万全ではありません**。そこで「成年後見制度」や**「信託制度」**で補完します。これらは第10章以降でお話する「経営権」と関連しています。「経営権」もまた、争族の種になり得ます。それでは、まずは基本の相続税の仕組みから学びましょう。

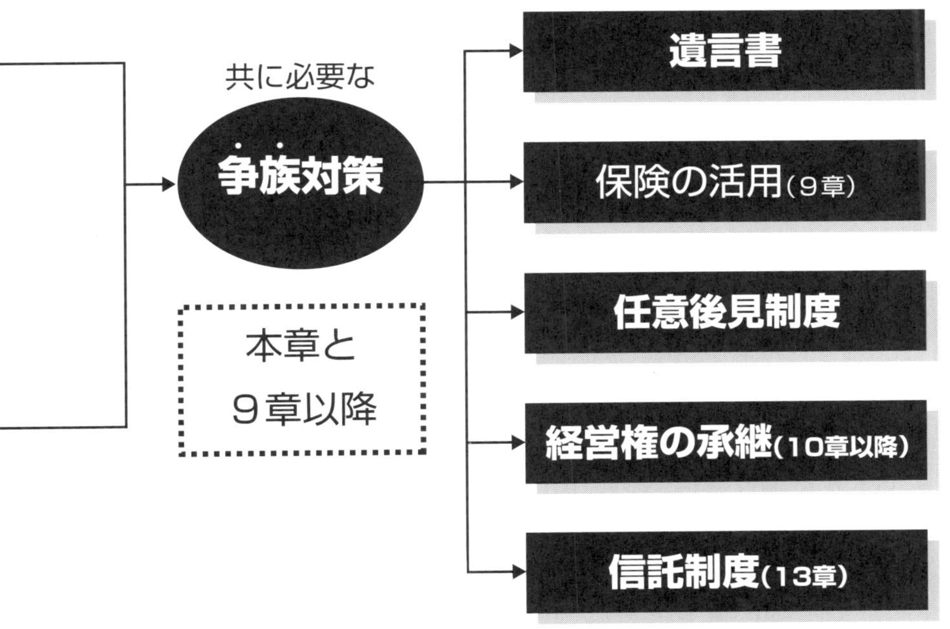

2. 相続税の仕組み

POINT

相続人の人数と遺産総額が決まれば、相続税の総額が決まる
それを、実際に相続した割合で、各人の負担が決まる

相続税は**面白い（？）計算方法**です。右ページをみながら追いましょう。

① まず相続で取得した財産に、相続又は遺贈により取得した者に対する**相続開始前３年内に贈与された財産を加え**ます。さらに、亡くなった方からの贈与について**相続時精算課税を選択していれば、その贈与財産も加え**ます。

② 次に相続税の基礎控除額を引きます。基礎控除額は右図のように法定相続人が３人の場合は、3,000万円＋600万円×３＝4,800万円です。

③ 次が**独特**です。②の「課税遺産総額」を法定相続人が、各人の法定相続割合（配偶者は２分の１等）で**相続したと仮定した各法定相続人の取得金額を計算します**。

④ ③に税率をかけて各人の税額を出します。

⑤ ④を合計すると「相続税の総額」となります。

⑥ 今度は各相続人が、**実際に財産を取得した金額に応じた割合で**⑤の税額を再度分けます。右図の例の場合には、法定相続割合では４分の１の長男が後継者であることから、事業用の遺産を集中して相続しないといけないので遺産の２分の１を相続したとした例です。

⑦ ①で加算した財産について贈与税があれば差し引きます。

⑧ こうして各相続人の支払う税額が出ました。

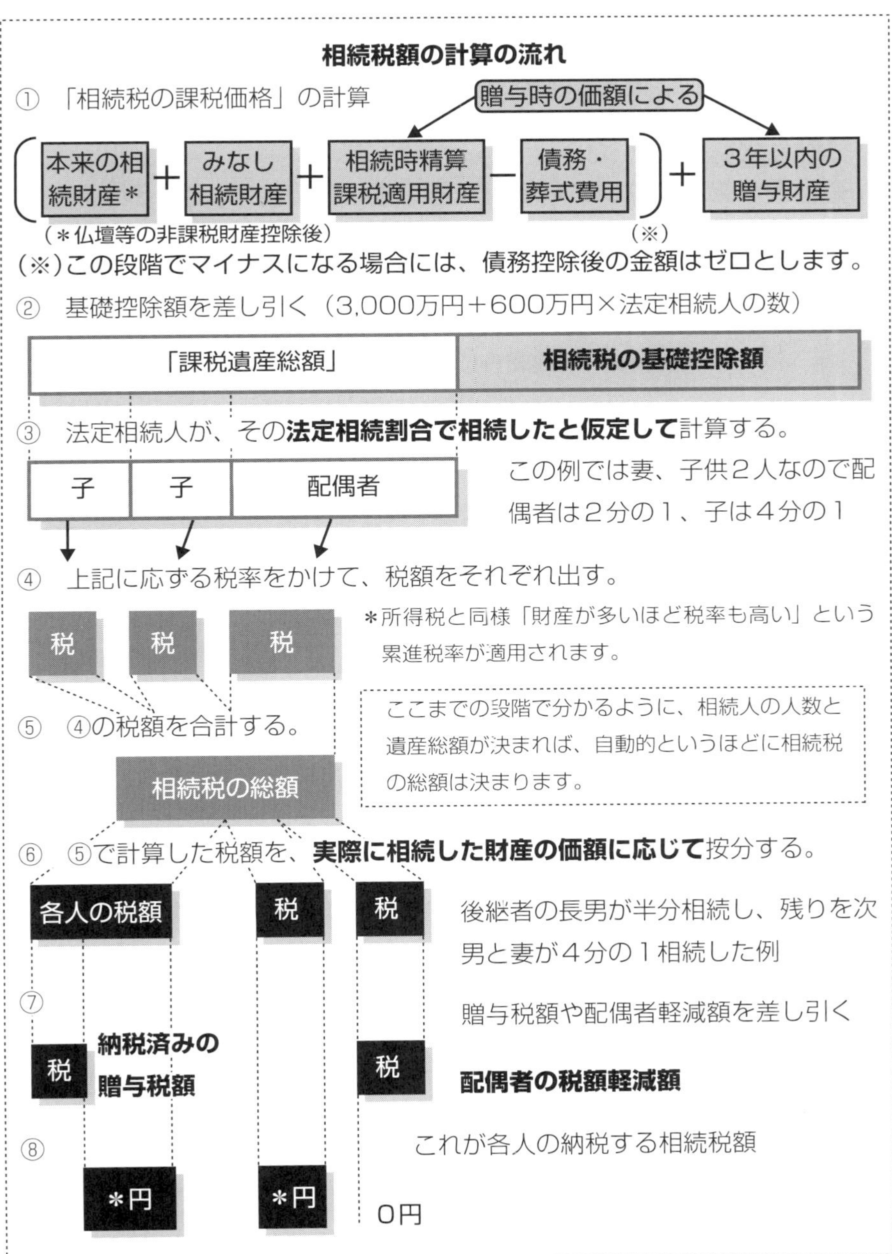
相続税額の計算の流れ
①「相続税の課税価格」の計算
贈与時の価額による
本来の相続財産＊
＋
みなし相続財産
＋
相続時精算課税適用財産
－
債務・葬式費用
＋
３年以内の贈与財産
（＊仏壇等の非課税財産控除後）
(※)
(※)この段階でマイナスになる場合には、債務控除後の金額はゼロとします。
②　基礎控除額を差し引く（3,000万円＋600万円×法定相続人の数）
「課税遺産総額」
相続税の基礎控除額
③　法定相続人が、その法定相続割合で相続したと仮定して計算する。
子
子
配偶者
この例では妻、子供２人なので配偶者は２分の１、子は４分の１
④　上記に応ずる税率をかけて、税額をそれぞれ出す。
税
税
税
＊所得税と同様「財産が多いほど税率も高い」という累進税率が適用されます。
⑤　④の税額を合計する。
ここまでの段階で分かるように、相続人の人数と遺産総額が決まれば、自動的というほどに相続税の総額は決まります。
相続税の総額
⑥　⑤で計算した税額を、実際に相続した財産の価額に応じて按分する。
各人の税額
税
税
後継者の長男が半分相続し、残りを次男と妻が４分の１相続した例
⑦
贈与税額や配偶者軽減額を差し引く
税
納税済みの贈与税額
税
配偶者の税額軽減額
⑧
これが各人の納税する相続税額
＊円
＊円
０円

3. 遺言書の限界と対策

POINT

遺言書は絶対でない。心を伝える「愛のラストメッセージ」を！
遺留分を侵害しないこと・事前に遺留分放棄ができれば最高

1.「遺言書」の2つの限界

生前対策で**有効なのは「遺言書作成」と「遺留分放棄（民1049)」**です。相続で一番重要なのは遺産分割協議で相続人全員が納得するか否かです。ここで強力な影響力を有するのは遺言書です。ただし遺言書には2つの限界があります。

第1に相続人全員の同意があれば遺言と異なる分割ができること。

第2に遺言書の内容が遺留分という最低保証された取り分（直系尊属のみが相続人の場合は法定相続分の1／3、それ以外の場合は法定相続分の半分）を侵害した場合、その相続人から**「遺留分侵害額の請求」(民1046)をされると拒めません。**

つまり、「全財産を後継者に」としても他の相続人は「待った！」と言えるのです。

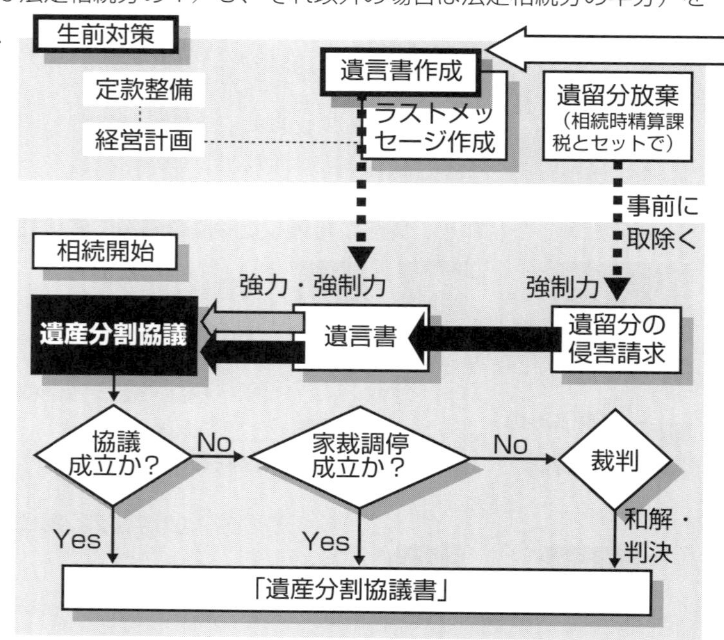

2. 限界をカバーする方法と遺言書

第１の限界に対応するために**相続人全員に納得してもらいやすいように**法的な内容の遺言書と平行して、遺族に語りかける「ラストメッセージ（遺書）」を書き、とかく杓子定規にしかみえない遺言書の内容をそこで説明し、**どういう気持ちでこういう遺言にしたのかを**書いてもらいます。ここには**生前の詫びや愛情が語られる**ことになり、**涙と共に遺言書の内容が受け入れられる**環境を醸成することができます。またこのためにも遺言書の作成は、公正証書遺言の末尾に「付言事項」をタップリと書くことがポイントです。

第２の限界には、生前に次章の相続時精算課税贈与制度を採用するなどして「**生前贈与するから遺留分は放棄してくれ**」と頼み、実施することです。なお、これに関しては民法の特例がありますので第16章でお話します。しかし、**遺留分の生前放棄は、撤回できる場合がある**ので絶対ではありません（非訟事件手続法19条①、家事審判法７条、東京家裁昭和44年10月23日）。

遺言の形式	メリット	デメリット
公正証書遺言（民969） 公証人が遺言者の口述を筆記して、証人に読み聞かせ、公証役場にも保管する	①　公証人が作成するので無効になる可能性が少ない ②　未発見、偽造等のリスクが少ない ③　検認不要	①　第三者証人が２名必要 ②　遺言の内容を証人等に知られる ③　費用がかかる
秘密証書遺言（民970） 公証人と証人の前で遺言書の内容をみせずに､それが入った封書に署名等をして公証役場にも保管する	①　遺言内容を秘密にできる ②　遺言の存在が明確にできる ③　ワープロも可能 ④　偽造の恐れ少ない	①　第三者証人が２名必要 ②　形式の不備等で無効の可能性 ③　裁判所の検認が必要
自筆証書遺言（民968） 本人が全文を自筆で書く（財産目録はワープロ等、コピー添付可） （30ページ参照）	①　誰にも知られず１人でできる ②　費用が僅少 ③　作成替えが容易	①　未発見リスク大 ②　形式の不備等で無効の可能性大 ③　裁判所の検認が必要 保管制度（2020年７月）で②は解消

4. 遺言書の盲点への対応

POINT

後から書いた遺言書が優先する
成年後見制度を利用すればさらに安全

1. 京都の老舗での事件

布製バッグのブランドで名高い京都の老舗で、最近数年来のお家騒動が持ち上がり、世間を騒がせ裁判が繰り返されました。ここに遺言書の盲点が隠されています。事件のあらましは次のとおりです。

経営者（三男）の父が亡くなり、遺言書に従って分割しようとしたところ当時銀行勤めの長男が、**第二の遺言書を出してきました**。第一の遺言書は「会社の株式は三男らに相続させる」旨の内容でしたが、第二の遺言書は「会社の株式は長男らに相続させ後継者とする」との内容でした。

遺言書は前ページのどの形式で書かれていても、**本物でありさえすれば、後で書いた方が優先**します（民1023）。この事件では第二の遺言書の日付が新しいので、長年実質経営者としてやってきた三男が追い出されてしまいました。そこで「筆跡などからしておかしい。これは長男が**判断能力を欠いた父を騙して書かせた偽物**だ」と提訴しました。しかし筆跡鑑定は困難を極め、最高裁まで争い「偽物とは判断できない」とされ三男は負けました。長年経営してきた三男は、持株割合で勝る長男によって取締役を解任されました。

ここからは仮定の話ですが、いくら公正証書で遺言書を作成しておいても、貴方が少し**認知症等になってきた時に、擦り寄ってきた相続人等に、横からアドバイスされて、貴方に自筆証書遺言を書かせれば、それが優先される**のです。

しかも**相続人でなくとも**「全財産を＊＊さんに遺贈する」と書かせる、悪徳リフォーム事件に似たことが起こるだろうと予想しています。そのためにも**相続アドバイザー選定は信用が第一**なのです。さらに…

２．任意後見制度の利用（任意後見契約に関する法律）

貴方の判断能力がなくなってしまえば、家族の方が「**法定後見制度**（民843～)」によって裁判所の許可の元で後見人を付けるのですが、そうなる前が大切です。すなわち貴方自身がまだ**判断能力がある間に**民法の特別法で定められた**「任意後見制度」**によって最も信頼できる方に、「私が呆けたときは後見人として頼む」と契約（必ず公正証書）をしておくのです。もちろん、**その人が不心得なことをしないように、裁判所が後見人を監督する後見監督人が選任**されます（任意後見人については、23ページの最新情報を参照)。

任意後見人契約は登記されますが、貴方が**判断能力のあるうちは効力を生じません。**判断能力が不十分になってきたときに、貴方やその家族から裁判所へ申請がされ、裁判所が後見が必要と認め、後見監督人が選任されると初めて効力が生じます。**ただし任意後見制度と異なり、法定後見制度は節税・相続対策のため自由な財産処分ができなくなりますので注意が必要です。**

３．一般社団法人と信託制度の利用

第５章の一般社団法人と第13章でお話します**信託制度**を併用することで、より柔軟で安全性を高めることができます。

第５章　節税体系の基本

相続税の**計算自体は簡単**です。しかし事業承継を有利に導くように相続税の体系を活用しようとすると、決して簡単ではありません。活用の仕方如何で、税額も事業承継の良し悪しも大きく変わってしまいます。

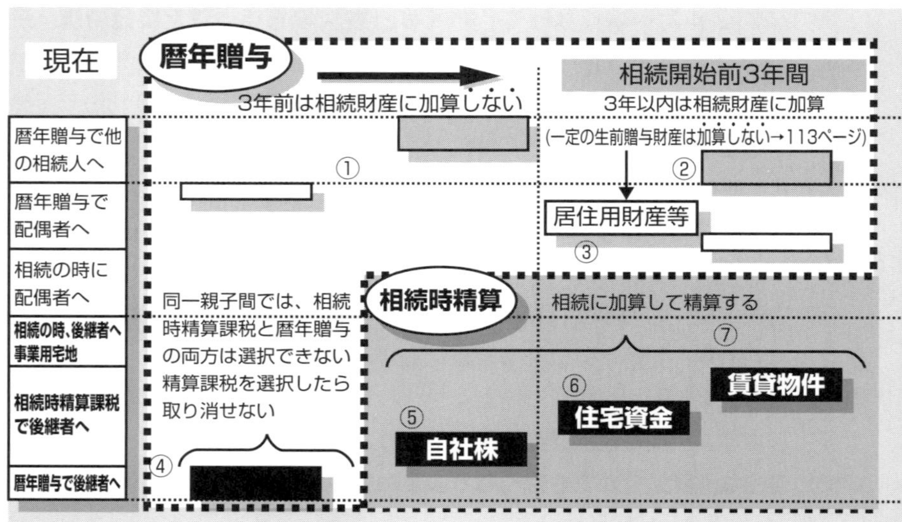

今は下図を理解する必要はありません。**これからのお話の見取り図**です。個々の制度と全体とのからみは複雑なので、本章では節税の体系をざっとみておきましょう。

一番左にある対策前の「現在」の財産を、**後継者と配偶者とその他の相続人の３人に**引き継がせる簡単なモデルパターンで、左から時が流れます。

引き継ぐ方法は大きく分けて３つあります。生前に贈与する方法として①～④の「**暦年贈与**」と、⑤～⑦の「**相続時精算課税贈与**」、そしてこのページの**「相続」（一次相続）**です。いかにして生前贈与をするかが重要です。

一次相続で課税される「財産の評価」では「**宅地の評価減**」が重要です。その右の遺産に含まれない「余禄」も大切です。さらに右で、遺産に対する税額を示す「税の負担のイメージ」では「**配偶者の税額軽減**」が重要です。

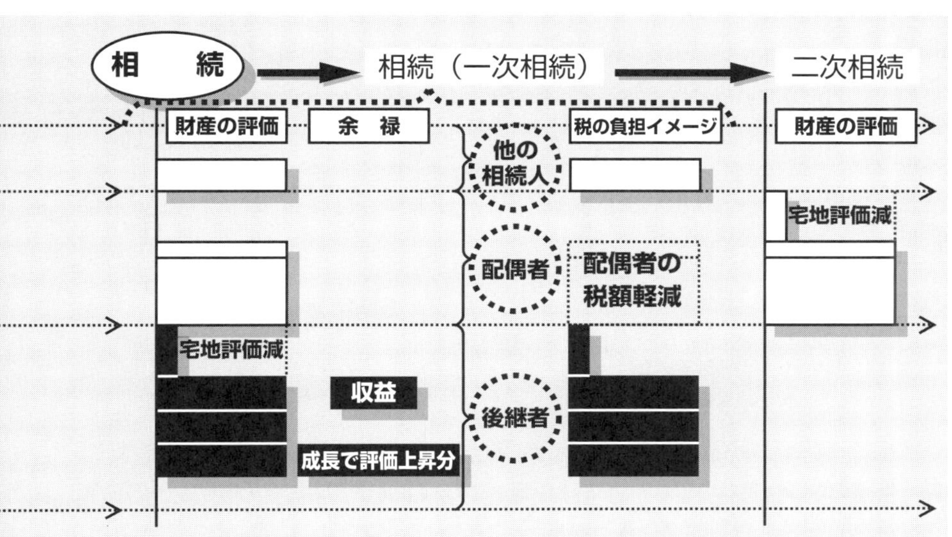

さらに一番右に書いたのは、通常は**配偶者の相続（二次相続）**は早くに訪れるため、**トータルの税負担を**考えねばなりません。本章はこれら**太字で示した５つのお話**で、**次章以降の予備知識の概観**です。**詳細は第７章で**お話しましょう。

1．暦年贈与で相続財産を減らす

POINT

相続開始前3年内贈与は、相続財産に加算。3年前は加算しない
配偶者の居住用財産の2,000万円控除を受けた財産は加算しない

1．年間110万円まで贈与税がかからない（措法70の2）

年間贈与総額が110万円以下であれば贈与税がかかりません。それを超えた分は相応する贈与税率で贈与税がかかりますが資産家の場合は有利です。

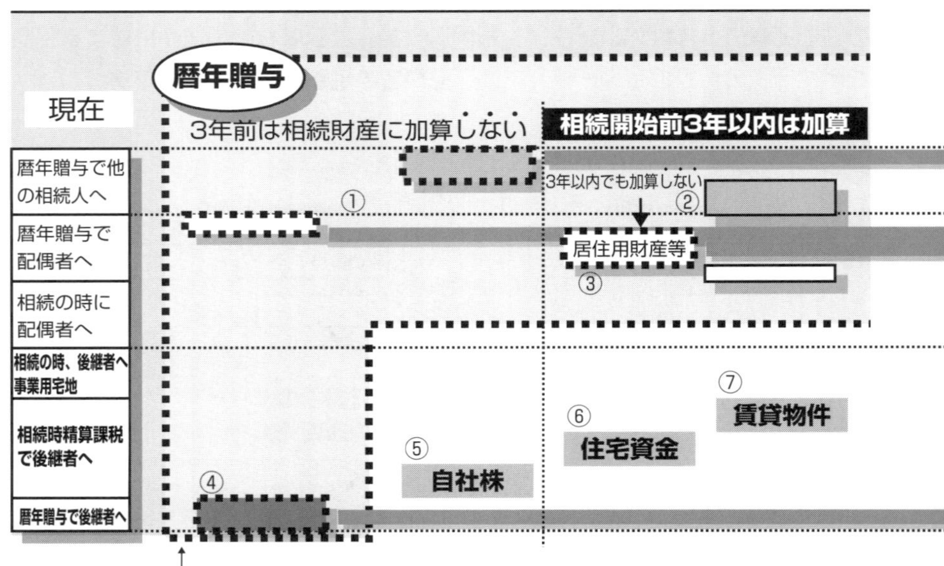

「相続時精算課税贈与」を選択する前なら、子供に「暦年贈与」ができます。

2．配偶者への居住用財産贈与は１回だけ2,000万円控除（相法21の6）

婚姻20年以上の配偶者に居住用財産又は居住用財産の取得をするための現金を贈与すると申告を要件として1回のみ2,000万円（**1．**と合わせ2,110万円）控除ができます（図③）。民法上（遺言）の優遇も2019年７月１日より施行されています（34ページ参照）。

３．相続開始前３年以内の暦年贈与は相続財産に加算する（相法19）

暦年贈与では、**２．**の配偶者に対する居住用財産の2,000万円控除の適用を受けた財産、一括教育資金贈与（措法70の２の２）、一括結婚・子育て資金贈与（措法70の２の３）、住宅資金贈与（措法70の２）（図③）以外の相続又は遺贈により財産を取得した者に対する相続開始前3年内の贈与は、相続の際に相続財産に加算しなければなりません（図②）。

つまり**3年より前に贈与した分と２．の配偶者への居住用財産**（下図の左ページの点線の四角の部分）は相続財産から除かれます（下図の点線の楕円で囲んだ部分）ので、**長年続けると大きな節税**になります。**相続税の税率と見比べて、贈与税を払ってでも贈与すると有利**な場合があります（第７章参照）。

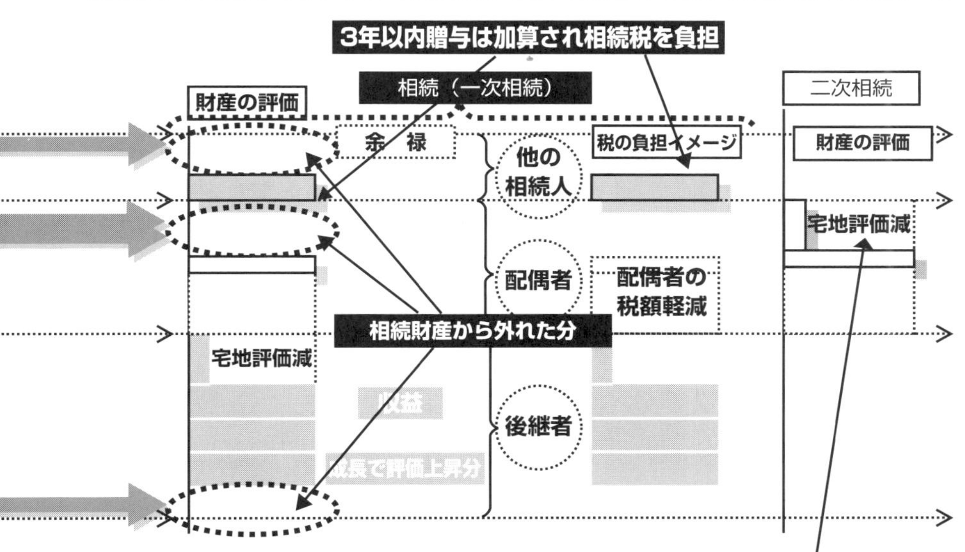

贈与税の配偶者控除を受けた居住用財産は、二次相続で「宅地評価減」を適用すると有効に使えます。

2. 相続時精算課税制度は子に事前に使わせる

POINT

相続財産に加算するから節税ではないが事前活用で「余禄」発生

1. その名の通り相続時に精算するから「生前相続」

相続時精算課税制度は、簡単に言えば、子供（平成27年以降は、孫も可能）に「生前相続」させる制度です。**原則2,500万円までは無税（相法21の9）で、それを超える部分は一律20%の贈与税**で済みます。どれだけ贈与税がかかっても**源泉税のように相続の時に精算**されます。

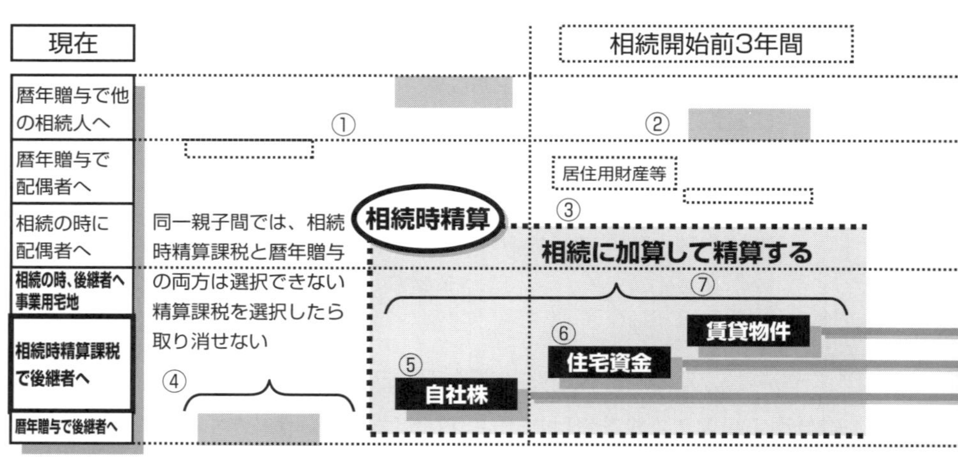

上図の④の暦年贈与を先行させ、**何時（いつ）、相続時精算課税に切り替えるかがポイント**です。と言うのも、いったん、相続時精算課税を選択すると、その贈与者・受贈者の間では、**暦年贈与に戻ることはできない**からです。暦年贈与は図の④のように相続開始３年前なら、前項でお話したように相続の際に加算する

必要がありません。

しかし、相続時精算課税を選択して届出をした年以降の贈与（図⑤～⑦）は、相続の際に**全て取り込まれて相続財産になります**から、図の「税の負担イメージ」のように、そのまま相続税が課税されるので、**基本的には節税にはなりません。**

しかし、相続時に加算されるのは、**贈与時点の価額で加算**されますから、「余禄」が生ずることもあります。

例えば、⑤のように**自社株を贈与すれば、その後に会社が成長した分**がそうです。

また⑦のように賃貸物件を贈与すれば、**子供に贈与した以降の家賃収入は子供の財産になり納税資金ともなる**という下図で示したような「余禄」が生じ、**実質的な節税**にもなります（第７章参照）。

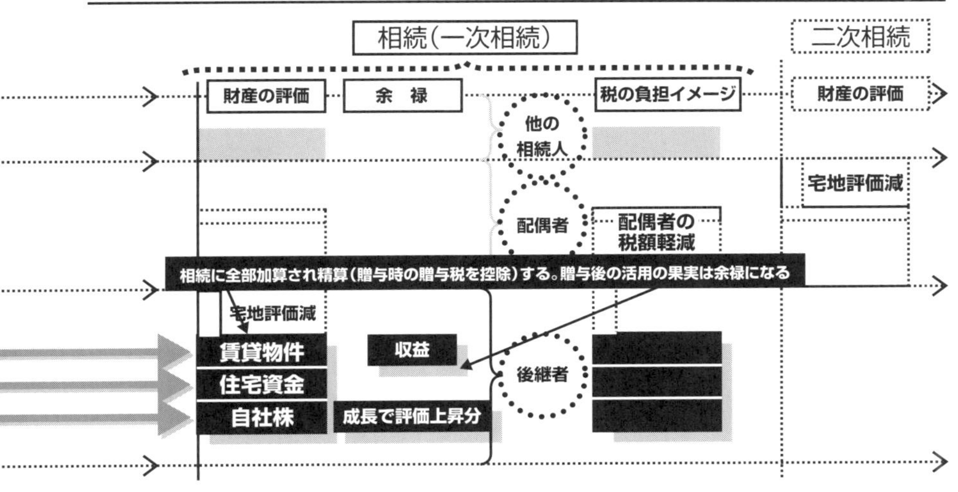

これは制度の趣旨が、生前相続ですから、先に贈与を受けてからの活用分がお得になるのですが、贈与財産が値下りした場合には**逆に作用する懸念**もあります。

３．相続で配偶者は、ほとんど税金は０

POINT

「法定相続分」又は「1億6,000万円」の多い方までは無税
期限内申告（10ヶ月）の時だけ適用される。もめていると大変

1．税額は出るが、ほとんど控除されて０となる（相法19の2）

配偶者は、税額が算出されても、**「法定相続分」又は「1億6,000万円」の多い方までの財産分についての税金が控除**されますから、現実的には、ほとんどの場合には納税額は０で済みます。下図にあるように、相続開始前３年内

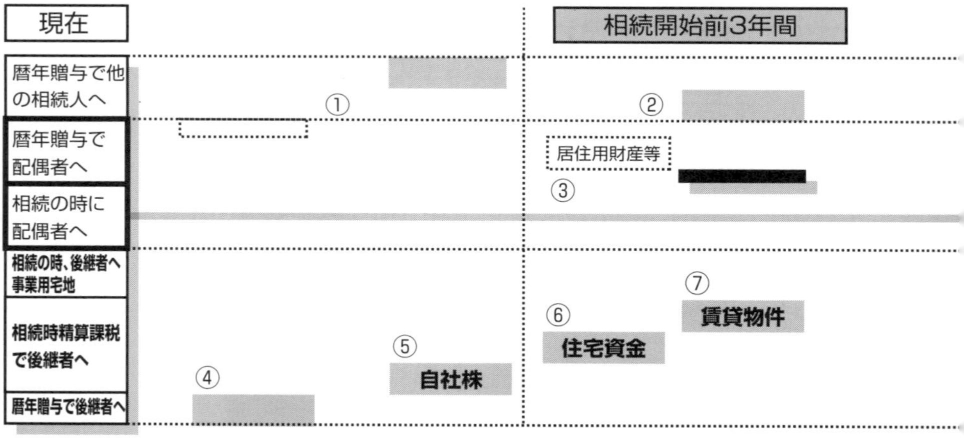

現在

相続開始前3年間

暦年贈与で他の相続人へ

①

②

暦年贈与で配偶者へ

居住用財産等

③

相続の時に配偶者へ

相続の時、後継者へ事業用宅地

相続時精算課税で後継者へ

⑦

賃貸物件

⑥

住宅資金

⑤

自社株

④

暦年贈与で後継者へ

の贈与も相続に際して加算されて、右ページにあるように相続税が計算されます。しかし「配偶者の税額軽減」で、その**ほとんどが控除され結果的には０**になります。

2．申告期限までに申告しないと認められない（相法19の2②）

亡くなった日から**10ヶ月以内**に申告書を提出することで初めて認められますから、分割協議でもめるとチャンスを逃すことになります。

10ヶ月時点で、全部の遺産について分割ができなくても、**一部分でも分割協議が調っていれば、その部分までの分割協議書を作って申告**すれば、その配偶者の取得部分については適用を受けることができます。

また**申告期限後も３年間であれば追加**して認められますが、現実的には10ヶ月でまとまらないものは、後３年かけたからといってまとまるものではありません。**余計にこじれることが多い**ので10ヶ月必須で臨みましょう。

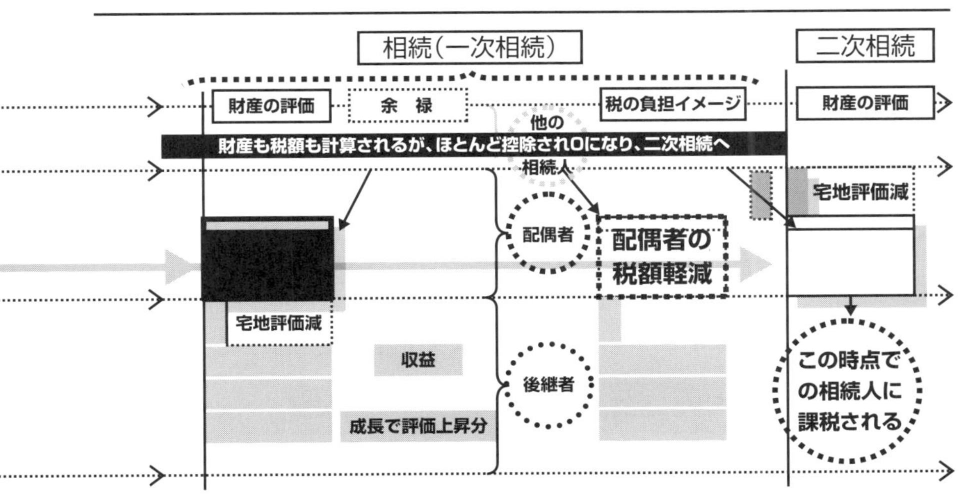

3．納税の「執行猶予」みたいだが、必ず執行される

この制度は配偶者の相続（二次相続）までの間、納税の執行猶予をするようなものです。しかし刑の執行猶予と異なり配偶者の死は必ず訪れますから、そこで「執行」されて納税しなければなりません。したがって一次相続時に配偶者は多少納税をしてでも**二次相続までを含めて節税になるように分割**を考えねばなりません。これについては次項以降でお話します。

4．相続時の小規模宅地の評価減を活用する

POINT

この特例を受ける宅地は贈与せずにとっておく
80%の評価減を配偶者で使わず子らで使うように工夫する

1．相続時に限定して、小規模な宅地等は最大80%も評価減（措法69の4）

配偶者や後継者が相続した小規模の事業用や居住用の宅地は、50~80%の評価減ができます。例えば、**事業用の土地なら、400㎡までは80%の評価減**、不動産貸付用の土地なら、200㎡までは50%の評価減ができますから活用しない手はありません。**居住用の土地は、平成27年以降、最大330㎡まで80%の評価減ができ、事業用の土地と併せて、730㎡まで、80%の評価減ができるようになっています。**

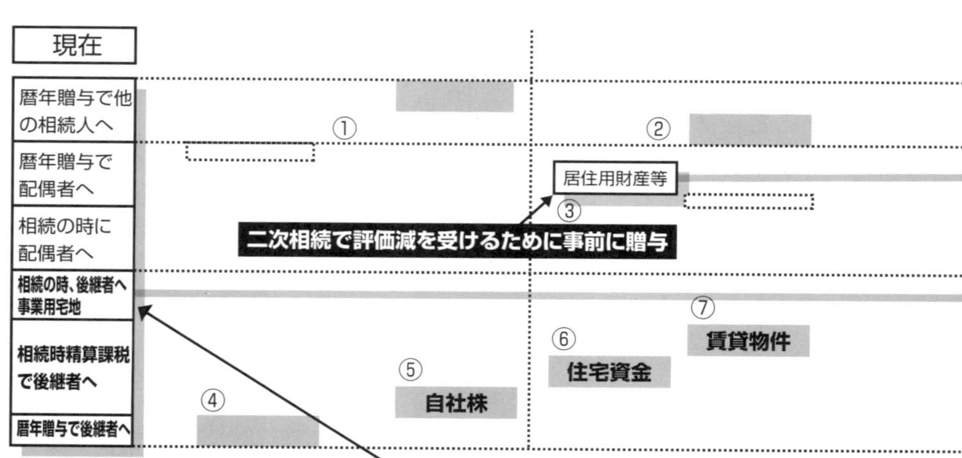

この制度の適用が受けられる土地は上図のように、**贈与はせずに相続までとっておく**ことが大切です。

２．この特典を誰が受けるかが問題

どの土地について、この特典を受けるかは、相続人が自由に選択できます。別の言い方をすれば、**誰が**特典を受けるかの選択でもあります。左図のように、後継者が事業用の土地を相続し、それについて評価減を受けると、この**評価減を受けた土地を相続した後継者だけ、税額が安く**なります。したがって、ここでも**親族の仲の良さが問題**になります。

３．配偶者は遠慮して、子供が受けるのが最適

仲の良い親族でも、こんな間違いがあります。この制度は居住用の土地についても受けられるので、配偶者が適用を受けてしまう例がまま見受けられます。**ケースバイケースですが定石としては拙い**方法です。

何故なら、**配偶者は前項でお話したように、この特例を受けなくとも、原則として税額は出ない**からです。例えば、500㎡の居住用の土地を相続する場合、一次相続では配偶者が330㎡分相続し、他の部分を同居している子供が相続します（共有）。しかし、配偶者の部分では小規模宅地の評価減を受けずに子

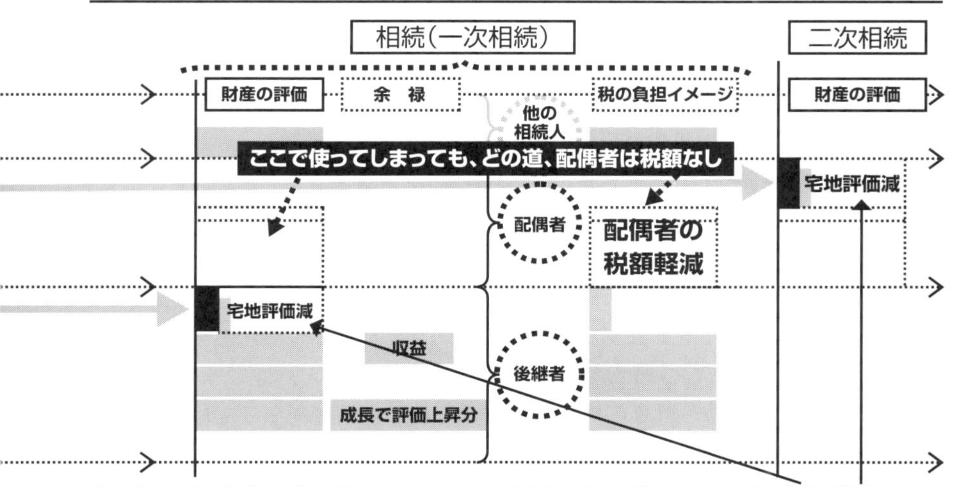

供で適用を受けます。そうすると、子供は**二次相続でもこの特典を受け**られて**二度美味しい**わけです。この制度の詳細及び事業用と居住用の**両方で適用を受ける場合等**の活用のノウハウは160、466～471、494～495ページで詳しくお話します。

5．二次相続まで考えて節税を

POINT

配偶者も資産家である場合には注意
分割の仕方で税額は変わる

1．「配偶者の税額軽減」と「宅地の評価減」が前提知識

前ページまでで「配偶者の税額軽減」、「宅地の評価減」、そして「二次相続までを考えて」**トータルに節税**を考える必要性をお話してきました。ここでは、これを踏まえた上で「配偶者の税額軽減」の利用を**わざと制限することで、二次相続まで考えた節税**をお話します。

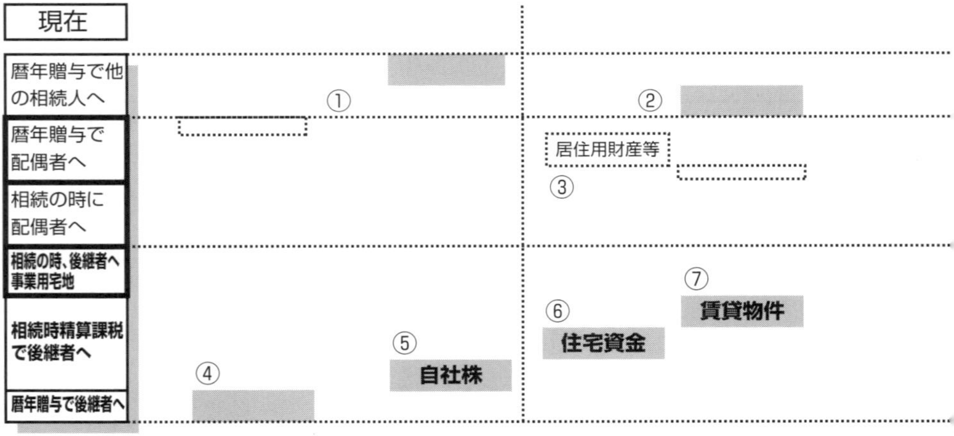

現在

暦年贈与で他の相続人へ
暦年贈与で配偶者へ
相続の時に配偶者へ
相続の時、後継者へ事業用宅地
相続時精算課税で後継者へ
暦年贈与で後継者へ

①
②
居住用財産等
③
④
⑤ 自社株
⑥ 住宅資金
⑦ 賃貸物件

2．目一杯食べると太り過ぎる？

「配偶者の税額軽減」は４億円の遺産（基礎控除後）があっても配偶者と子供が相続人の場合、配偶者の法定相続分である半分の２億円までは税金がかからない制度です。

美味しい制度だからといって目一杯利用すると、二次相続の時に、その２億円に税金がかかるのは仕方がないとしても、例えば、**配偶者固有の財産を１億**

円有している場合は、3億円になってしまいます。子供が２人として（基礎控除4,200万円）、配偶者が固有の財産を有していない場合には、子供２人の合計税額は3,340万円。ところが、個有財産を１億円有している場合には、税額は2人合計で6,920万円となってしまいます。**倍以上の3,580万円の差**になります。

そこで、**配偶者が固有の財産を有している場合には、一次相続のときに配偶者は相続せず、後継者に相続させて調整**を図るのです。そのためにも、後継者の納税資金対策（特に生命保険金）が必要となります。これについては第９章でお話します。次章では下図の⑤等で問題となる自社株の評価に入ります。

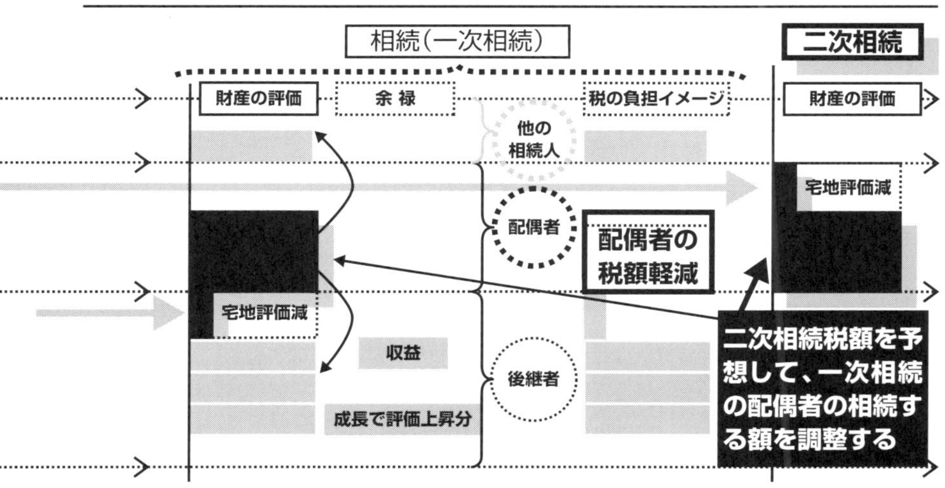

なお、配偶者が固有の財産を余り有していない場合には、配偶者が相続すべき財産は、①現預金（生活資金の評価減が可能）、②これから有効活用できる土地（評価減が可能）、③値上がりしないような資産が良いでしょう。

一次相続以降では独居になっていますので、二次相続では平成28年度税制改正の空き家の譲渡所得の3,000万円控除の適用の可能性があります。

第6章　自社株の評価方法

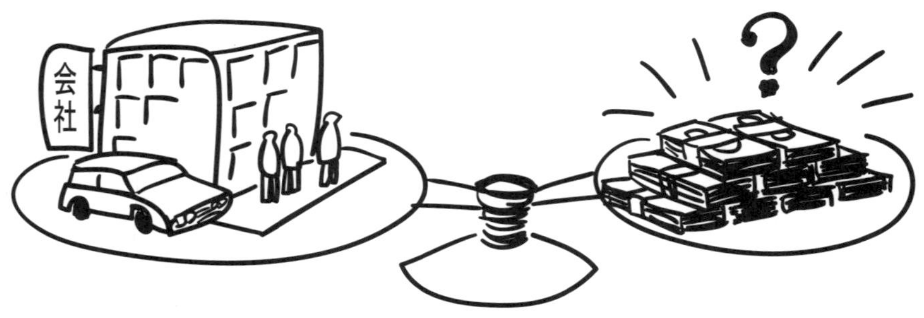

自社株の**評価如何で、事業承継が左右**されます。**自社株の評価を下げた上で、贈与をする等の対策が重要です**ので、概要は是非つかんでください。

下図の体系を地図代わりにしてください。**番号が124ページからの項目番**

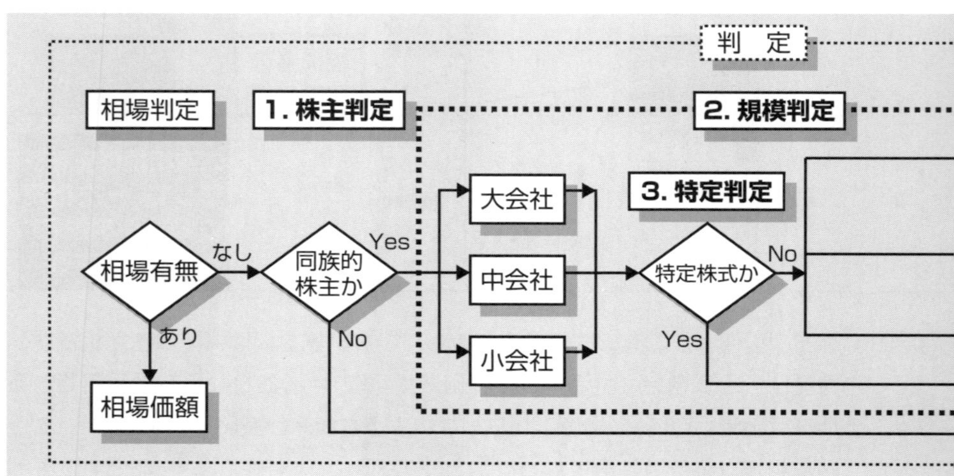

号になっています。現在どこの話をしているのかを、常につかんでいないと、迷路に入り込みますから注意してください。

オーナー経営者の所有する自社の株式が、上場株式であれば簡単です。基本的には取引所の株価で評価されます。しかし、事業承継の対象となる会社のほとんどは未上場株式です。これは、相続税法では、特異な評価方法で評価されます。

まず下図の「１．株主判定」として、**相続等によって取得する人が、その会社の同族的株主か否か**で分かれます。後継者となった人は、ほとんど同族株主のグループに属します。

次に「２．規模判定」として、その**会社の規模**を判定します。従業員数等に応じて大中小の３区分に分けます。

さらに「３．特定判定」として、その会社の**財産の多くが株式や土地である場合など「特定の特殊な会社」**に該当しないかを判定します。これらの判定は大中小の区分によって異なります。中会社はさらに**中の大・中の中・中の小**と区分されます。

こうして区分された会社に応じて、原則的評価方法と選択可能な評価方法とがあり、それらと別に同族的株主でない場合の特例的評価方法があります。

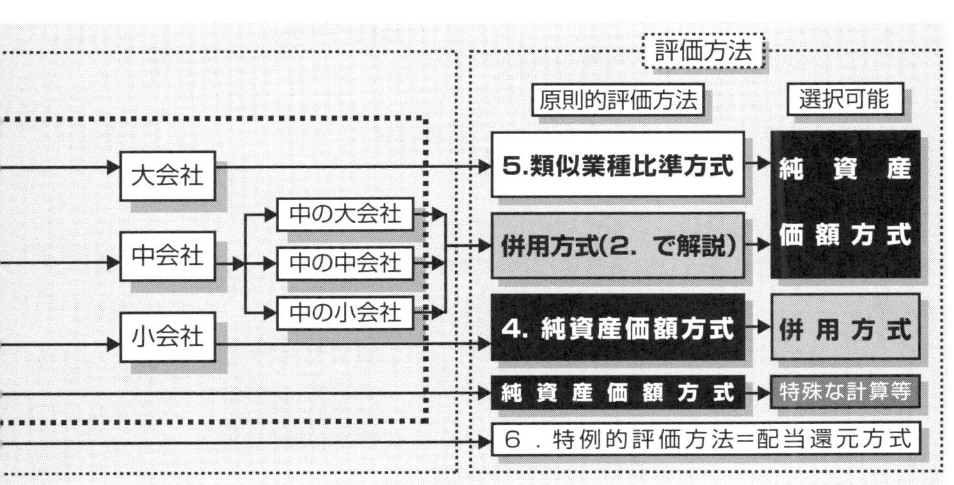

1．株主によって評価が変わる不思議

POINT

所有する価値がある人（後継者等）は高い評価（原則的評価）に分からなくなったら事業承継上は「原則的評価方法」と考える

まず「株主の判定」の概要からみていきましょう。

1．「同族株主」とは（財基通188(1)）

①　評価する会社に議決権割合で50%超を持っている株主グループ（同族関係者（コラム③参照））が居るとしましょう。すると残りの株主グループは**たとえ１人で49%持っても、株主総会では50%超のグループには勝てません。**この場合の50%超の株主グループに属する株主全員を「同族株主」と言います。

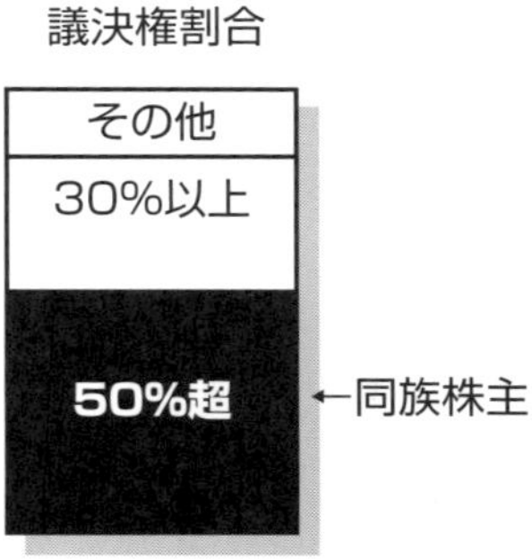

「同族株主」は**会社の意思決定を左右できます**から、「同族株主」とされると一部の例外を除き、株価は高い評価となる「原則的評価方法」で評価されます。

議決権割合

その他
30%以上
50%超 ←同族株主

②　上記と異なり、評価しようとする会社に議決権割合で**50%超を持っている株主グループがいない場合**には、49%のグループは強力な権限を持ちます。したがって30%以上の議決権割合を有する株主グループは、あと少しグループ以外の株主を抱き込むことで、３分の１超になります。すると、株主総会で特別決議を否決できる**無視できない存在**となり、このような株主も「同族株主」となります。

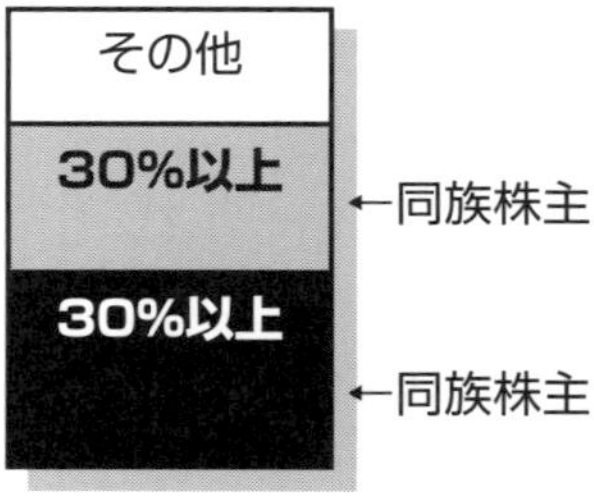

その他
30%以上 ←同族株主
30%以上 ←同族株主

「同族株主」の存在如何で、評価方法の判断が大きく変わりますから要注意です。

2.「中心的な同族株主」とは（財基通188⑵）

前記１．の同族株主の１人と配偶者等の近しい親族等（コラム③参照）だけで（前記１．の「同族関係者」よりもう少し狭い概念）**25%以上**の議決権を有する場合のその株主を、「中心的な同族株主」と言います。つまり前記１．の「同族株主」のコアになる株主で、**求心力があるとみられる**わけです。これで前記１．と合わせて「同族株主」がいる会社の株式評価ができます。

3.「同族株主」がいる会社の株式評価

<table>
<tr><th colspan="4">株主の態様による区分</th><th>評価法</th></tr>
<tr><td rowspan="5">「同族株主」</td><td colspan="3">取得後の議決権割合が５%以上の株主</td><td rowspan="4">原則的評価方法（次項規模判定へ）</td></tr>
<tr><td rowspan="4">取得後の議決権割合が５%未満の株主</td><td colspan="2">「中心的な同族株主」がいない場合※</td></tr>
<tr><td rowspan="3">「中心的な同族株主」がいる場合</td><td>「中心的な同族株主」</td></tr>
<tr><td>役　員</td></tr>
<tr><td>そ　の　他</td><td rowspan="2">特例的評価方法</td></tr>
<tr><td colspan="4">「同族株主」以外の株主</td></tr>
</table>

※５%未満でも、キャスティングボートをにぎることができるから。

4.「中心的な株主」とは（財基通188⑷）

「同族株主」がいない場合には、「中心的な株主」がポイントになります。議決権を**15%以上**有する株主グループのうち、いずれかのグループの中に、単独で10%以上を有する株主がいる場合には、極めて**求心力を持つ**ので、「中心的な株主」として定義されています。

5.「同族株主」がいない会社の株式評価

<table>
<tr><th colspan="4">株主の態様による区分</th><th>評価法</th></tr>
<tr><td rowspan="4">議決権割合が15%以上のグループに属する株主</td><td colspan="3">取得後の議決権割合が５%以上の株主</td><td rowspan="3">原則的評価方法（次項規模判定へ）</td></tr>
<tr><td rowspan="3">取得後の議決権割合が５%未満の株主</td><td colspan="2">「中心的な株主」がいない場合</td></tr>
<tr><td rowspan="2">「中心的な株主」がいる場合</td><td>役　員</td></tr>
<tr><td>そ　の　他</td><td rowspan="2">特例的評価方法</td></tr>
<tr><td colspan="4">議決権割合が15%未満のグループに属する株主</td></tr>
</table>

混乱したら、**事業承継の場合、「原則的評価方法」と考えれば良い**でしょう。

2. 原則的評価は会社の規模によって評価方法が変化

POINT

これは簡単！従業員数は少し面倒な計算が必要ですが…

前ページで原則的評価方法によるとなった場合、従業員数が70人以上の会社は大会社、70人未満の会社は下表で規模を判定します。

＜卸売業＞

（財基通178、179(2)）

<table>
<tr><th>総資産価額と従業員数</th><th>取引金額</th><th colspan="2">判定</th></tr>
<tr><td>20億円以上かつ35人超</td><td>30億円以上</td><td colspan="2">大会社</td></tr>
<tr><td>４億円以上かつ35人超</td><td>７億円以上30億円未満</td><td rowspan="3">中会社</td><td>中の大会社</td></tr>
<tr><td>２億円以上かつ20人超</td><td>3.5億円以上７億円未満</td><td>中の中会社</td></tr>
<tr><td>7,000万円以上かつ５人超</td><td>２億円以上3.5億円未満</td><td>中の小会社</td></tr>
<tr><td>7,000万円未満又は５人以下</td><td>２億円未満</td><td colspan="2">小会社</td></tr>
</table>

＜小売・サービス業＞

<table>
<tr><th>総資産価額と従業員数</th><th>取引金額</th><th colspan="2">判定</th></tr>
<tr><td>15億円以上かつ35人超</td><td>20億円以上</td><td colspan="2">大会社</td></tr>
<tr><td>５億円以上かつ35人超</td><td>５億円以上20億円未満</td><td rowspan="3">中会社</td><td>中の大会社</td></tr>
<tr><td>2.5億円以上かつ20人超</td><td>2.5億円以上５億円未満</td><td>中の中会社</td></tr>
<tr><td>4,000万円以上かつ５人超</td><td>6,000万円以上2.5億円未満</td><td>中の小会社</td></tr>
<tr><td>4,000万円未満又は５人以下</td><td>6,000万円未満</td><td colspan="2">小会社</td></tr>
</table>

＜上記以外の業種＞

<table>
<tr><th>総資産価額と従業員数</th><th>取引金額</th><th colspan="2">判定</th></tr>
<tr><td>15億円以上かつ35人超</td><td>15億円以上</td><td colspan="2">大会社</td></tr>
<tr><td>５億円以上かつ35人超</td><td>４億円以上15億円未満</td><td rowspan="3">中会社</td><td>中の大会社</td></tr>
<tr><td>2.5億円以上かつ20人超</td><td>２億円以上４億円未満</td><td>中の中会社</td></tr>
<tr><td>5,000万円以上かつ５人超</td><td>8,000万円以上２億円未満</td><td>中の小会社</td></tr>
<tr><td>5,000万円未満又は５人以下</td><td>8,000万円未満</td><td colspan="2">小会社</td></tr>
</table>

（注１）総資産価額（帳簿価額）と従業員数では、いずれか下位の区分を選択します。
（注２）**「総資産価額と従業員数」と「取引金額」で判定が異なるときは、上のランクで判定**します。
（注３）従業員数は下の式で求めます。「直前期間１年間で継続勤務者の数」には就業規則等で定められた**１週間当たりの労働時間が30時間未満の者は除いて**カウントします。その除いた分は次の（注４）でカウントします。
（注４）注３以外の**パートやアルバイト、中途入社、中途退職者**については、直前期末以前１年間の労働時間の合計を下の式の分子に入れて計算します。

$$従業員数＝\begin{array}{c}直前期末以前１\\年間の継続勤務\\従業員の数\end{array}＋\frac{上記注４の合計時間}{1{,}800時間}$$

（財基通178(2)）

さて、規模の判定が出たら、評価方法が下の表のように自動的に決まります。

会社規模		評　価　方　法（財基通179）
大会社		類似業種比準価額
中会社	中の大会社	類似業種比準価額×0.90+純資産価額×0.10
	中の中会社	類似業種比準価額×0.75+純資産価額×0.25
	中の小会社	類似業種比準価額×0.60+純資産価額×0.40
小会社		類似業種比準価額×0.50+純資産価額×0.50

類似業種比準価額や純資産価額については本章の４．５．でお話します。
上の割合のことを「**Lの割合**」といい、この評価方法を「**併用方式**」と言います。

この章の扉の
マップで場所を
確認しながらネ！

ただし、**財産の多くが株式や土地である場合や配当や利益がない場合など**「特定の特殊な会社」に該当する場合は、**特別な評価が必要**で次項でお話します。

3．株や土地が多過ぎる場合や配当と利益0の場合等

POINT

株式や土地の保有割合が一定以上なら高い評価方法に
普通の会社でも、２期間とも配当・利益がないと高い評価方法に

1．「株式等保有特定会社」になると（財基通189、189-3）

総資産のうちに占める**株式等の価額の割合が50%以上**である会社は「株式等保有特定会社」と判定され、会社の**規模に関係なく純資産価額方式**（次項で説明）という、通常は高い評価となる方法で評価しなければなりません。

ただし、**選択により「S_1+S_2」方式という簡易評価方式**によることもできます。この方法は、評価する会社の財産を株式等とその他とに分けて評価します。その際に、株式等の部分（S_2）は純資産価額方式で評価し、その他の財産（S_1）は規模に応じて127ページの表による区分で評価し、２つを合計する方法です。

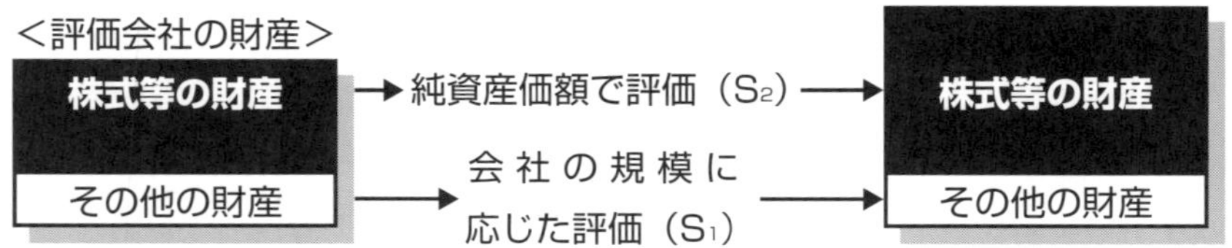

2．「土地保有特定会社」になると（財基通189、189-4）

総資産の内に占める**土地等の価額の割合が、中会社で90（大会社は70）%以上**の会社は「土地保有特定会社」とされ、**規模に関係なく純資産価額方式**で評価しなければなりません。126ページの表で小会社となる会社は、同表の**総資産価額だけで判定**すると大会社や中会社となるときは、それぞれ土地等の割合が70%以上、90%以上になる場合には「土地保有特定会社」になります。ということは**総資産価額だけで判定しても、小会社となる場合は「土地保有特定会社」とはなりません。**

３．開業３年未満の会社（財基通189-５）

開業３年未満の会社も**純資産価額方式で評価**します。これは先にお話した２つの特定会社と同様、節税目的で会社を設立し、評価の低い「類似業種比準方式」で評価するのを防止するためです。しかし**贈与の日は調整が効きます**ので、３年以上経過すれば節税になるわけです。

４．配当や利益のない会社（財基通189-４）

後でお話します「類似業種比準方式」では、**過去２期間**の配当や利益を使います。しかし、**これが０の会社は不当に評価が低くなる**ので、その時は右表の区分に応じ評価します。

同族株主等の議決権割合	評価方法
50%超	純資産価額
50%以下	純資産価額×80%

したがって「類似業種比準方式」を使うためには配当と利益については **“３期間”連続で０にしないよう管理しなければ**なりません。２年でなく３年です。

具体的にみてみましょう。下表の太枠で囲んだ部分が使える値です。この例示では配当は過去２年間が０でも３年前が10なので、２年前の値は平均を採ると５になりセーフです。ところが３年前の配当が（　）内のように０の場合だと、２年目の平均は（　）内のように０となってしまいます。すると２年目の利益は単年度では０（▲）ですから、このままでは配当も利益も２期間０になってしまいます。そこで、利益は２つの計算方法が選択できるので、「２期平均」を使うと40になり、「２期間全て０」ではなくなりセーフです。

要素	白抜部分が選択可	３年前	２年前	直前期
配当	単年度	10　（0）	0	0
	過去２期平均		5　（0）	0
利益	**単年度**	100	▲20	0
	過去２期平均		40	0

５．開業前や休業中・清算中の会社（財基通189(5)、(6)）

開業前や休業中は純資産価額で、清算中は分配見込額で評価します。またこれらの場合、上記と異なり同族株主等でない場合も、特例的評価方法は採用できません。

4. 小さくなるほど使う「純資産価額方式」とは

POINT

一般的に高い評価が算定される「純資産価額方式」（財基通185）
含み益等が表面化するが、評価益から法人税等相当額を控除

1. その名の通り…だが、そっくりさん登場

「純資産価額方式」はその名の通りの評価方法です。しかし、この名に似た名前が最近登場して誤解されやすくなりました。つまり会社法の改正で、従来は貸借対照表の「資本の部」と呼ばれていた右下の部分が**「純資産の部」**に名称が変わったのです。「純資産の部」は「資産の部」と「負債の部」の差額と

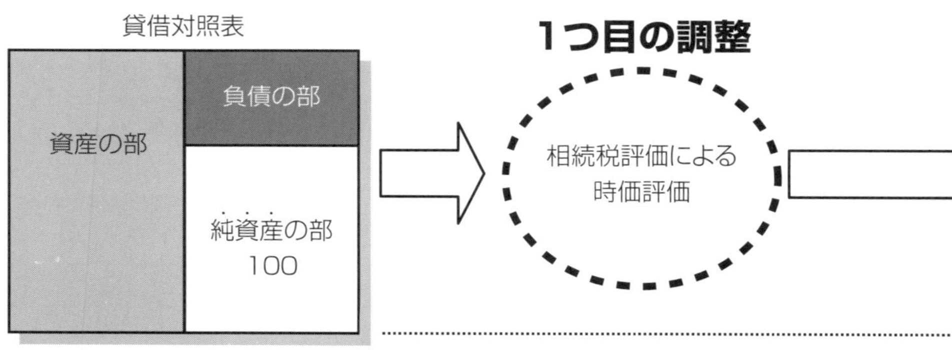

いう意味では確かに「純」なのですが、「純資産価額方式」の「純」とは微妙に違います。「純資産の部」に**2つの調整**をして「純資産価額」を出します。

2. 1つ目の調整…評価し直し

1つ目の調整は、**「相続税評価による時価評価」**です。つまり貸借対照表の資産や負債は、**取得時点を基準**にして載っていますが、相続の時などに使う時価は、**評価する時点での時価**ですから、そこに**含み益や含み損**が隠されています。それを相続税の評価に従って加減して、「純」の価額に評価し直します。

3．ここにも節税のヒントあり

評価の場面で多くの節税策が登場します。基本的方法は、**現金よりも土地や家屋などの方が評価が低くなります**ので、資産の組み換えを行います。ただし、相続開始の日から前3年以内に取得をした土地・家屋は原則的に取引価額（時価）で評価されますので、**3年経てば節税効果**が出ます（財基通185）。

4．2つ目の調整…37%控除（財基通186-2）（平成28年3月31日以前は38%）

2つ目の調整は、その結果、貸借対照表に載った価額よりも高い評価になれば、それは含み益つまり「評価差額」になります。清算した場合には、「評価差額に対して法人税等」がかかってくるはずです。つまり、その税金は隠れた負債ですから、この**「評価差額に対する法人税等に相当する金額」は評価差額**

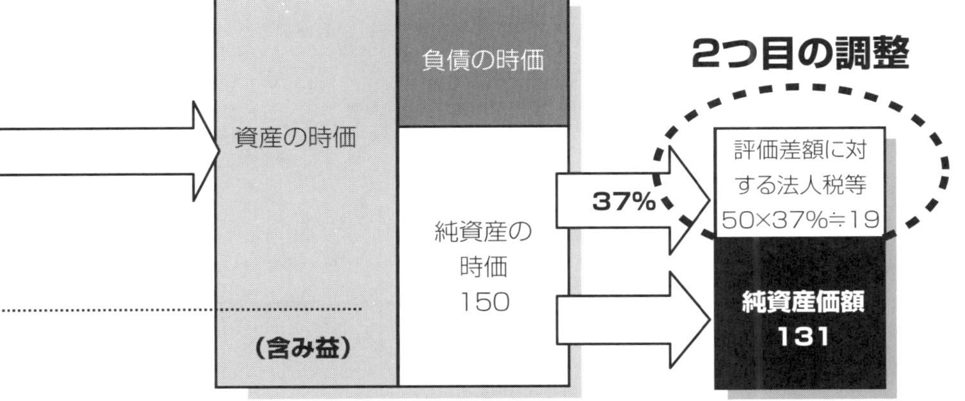

の37%（法人税と住民税・事業税の合計税率）として差し引かれます。

ちなみに37%という数値は今後たびたび登場します。37%ですから半分弱の大きな金額になりますが、ケースによって引けたり引けなかったりします。その扱いは重要で複雑です。ですから是非記憶に留めておいてください。

この「純資産価額方式」は**他の評価方法が使える場合でも、純資産価額の方が低ければ選択できる**方法ですので、常に計算しておく必要があります。

5．大きくなるほど使う「類似業種比準方式」とは

POINT

一般的に、この評価方法が安くなるのでなるべく使いたい
業種判定や具体的計算は技術を要し、節税の要でもある

1．まず類似業種を決める

毎年**6月頃に国税庁のHPで公表**される『類似業種比準価額計算上の業種目及び業種目別株価等』を使って一番類似する業種目を決めます。
（複数の事業をしている場合等はコラム⑤参照）

国税庁の資料を開くと以下のように書かれています。
（※一部加工しています。）

（単位：円）

業種目（大分類／中分類／小分類）	番号	B 配当金額	C 利益金額	D 簿価純資産価額	A（株価）2年平均	前年平均	×1年11月分	×1年12月分	×2年1月分
製造業	10	2.9	19	174	245	253	229	226	200
食料品製造業	11	3.3	18	225	275	280	261	260	243
畜産食料品製造業	12	3.3	18	188	185	208	195	197	180
パン・菓子製造業	[illegible]	[illegible]	12	150	200	211	219	224	211
その他の食料品製造業	[illegible]	[illegible]	35	429	490	595	574	567	530

「我が社の業種」

相続等の属する月（例１月）以前３か月と前年平均及び２年平均の内一番安い180円を選ぶ

２．公式に数値を入れる

類似業種比準価額の公式は下のように**一見するとややこしいです。でも考え方は簡単**です。まず｛　｝の中をみると「類似業種に比べて我が社の割合がどれだけか」を、配当・利益・純資産の３要素で出して加えます。これを３で割って平均を出します。これに類似業種の株価Aをかけて、さらに規模別の斟酌（しんしゃく）率をかけるという構造です。

注意するのは、「１株当たり」の計算時には**実際の発行済株式数ではなく、「資本金÷50円」で求めた株数で割る**ことです。下のｂ・ｃ・ｄは、評価会社固有の数値です。

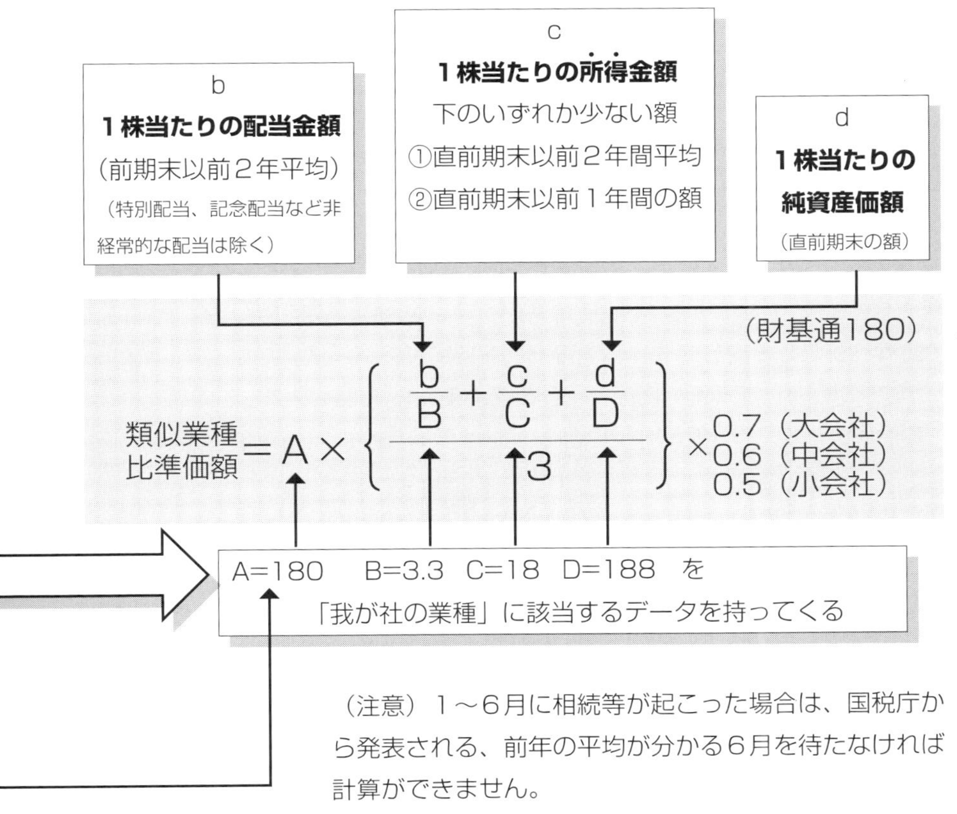

（注意）１～６月に相続等が起こった場合は、国税庁から発表される、前年の平均が分かる６月を待たなければ計算ができません。

6．一番安い「配当還元方式」は使えないが使う

POINT

会社支配に無関係な株式の評価に使う
一見、事業承継に無関係だが、従業員持株会等で使うので必要

1．対象者は支配権のない株主

本章最初の「**株主判定**」で、同族株主等でないと判定された株主は、株式を少数持っているだけなので「**非支配株主**」と呼ばれます。これらの株主は、その株式を有しても、**配当を得る程度の価値**しかありませんので、これまでお話してきた純資産価額等の「原則的評価」と異なる「**特例的評価**」の配当還元方式を用います。

2．計算方法

配当還元方式は、配当率を10%と仮定して、これを還元率として逆算して株価を求めます。

前ページのｂと同じです。したがって実際の発行済株式数ではなく、「資本金÷50円」で求めた株数で、２年間の平均配当総額を割って１株当たりを求めます。（なお、２円50銭未満になった場合は２円50銭とします）

↓

$$配当還元価額＝\frac{その株式に係る年配当金額}{10\%}\times\frac{その株式の1株当たりの資本金等の額}{50円}$$

ただし、純資産価額よりも高くなった場合には、純資産価額で評価します。

3．どんな場面で使う？

一般的に後継者は同族株主となりますから、原則的評価の純資産価額方式や

類似業種比準方式で評価します。したがって、特例的評価である配当還元方式は、事業承継では関係のないように思われるかもしれません。

しかし、大きく分けて次の２つの場面で使います。**１つ目は、従業員持株会などの第三者へ株式を譲渡する場合。２つ目は、将来の後継者となる第三者などに譲渡する場合**です。共に第８章で詳しくお話しますので、ここでは配当還元価額を使う場面としての視点から、概要をみておきましょう。

下の表は本章第１項（125ページ）の株主の判定で登場したもので、強調する部分が異なるだけのものです。１つ目の、従業員持株会は「同族株主」でありませんので、表の一番下に該当して特例的評価方法が適用されます。つまり、オーナーが持っていると純資産価額（例えば１株200万円）などで評価

＜「同族株主」がいる会社の評価方法＞

<table>
<tr><th colspan="4">株主の態様による区分</th><th>評価法</th></tr>
<tr><td rowspan="5">「同族株主」</td><td colspan="3">取得後の議決権割合が５%以上の株主</td><td rowspan="4">原則的評価法</td></tr>
<tr><td rowspan="4">取得後の議決権割合が５%未満の株主</td><td colspan="2">「中心的な同族株主」がいない場合</td></tr>
<tr><td rowspan="3">「中心的な同族株主」がいる場合</td><td>「中心的な同族株主」</td></tr>
<tr><td>役　　員</td></tr>
<tr><td>そ　の　他</td><td rowspan="2">特例的評価法</td></tr>
<tr><td colspan="4">「同族株主」以外の株主</td></tr>
</table>

されて相続税が高くなってしまうのですが、従業員持株会へは配当還元価額で計算した安い価額（例えば５万円）で譲渡できるので、オーナーにとっては**１株当たり200万円の株式が減って、代金として５万円が入ってきますから、大幅な節税**ができることになります。

２つ目は、第三者という意味では同じですが、第三者の後継者候補に株式を持たせる場合にも、役員持株会を組成して、株式を譲渡する方法を採れば、特例的評価方法で評価できます。

コラム③もっと詳しいお話

「同族関係者」とは支配関係だ

「同族関係者の範囲」は、**法人税法施行令第４条**に以下のように規定されていますが、**とても難しい**です。最初の**「個人」は読めばほぼ分かります。**しかし**法人の場合**は混乱するばかりになるでしょうから、**該当しそうな法人が存在する時、あるいは事業承継対策として法人を設立しようとする時には、**専門家にご相談ください。

１　同族関係者となる個人

一　株主等の親族（親族とは**配偶者、６親等内の血族及び３親等以内の姻族。**次のコラム⑦参照（民725））

二　株主等と婚姻の届出をしていないが**事実上婚姻関係と同様**の事情にある者

三　株主等（**個人である株主等に限る。次号において同じ。**）の**使用人**

四　前三号に掲げる者以外の者で**株主等から受ける金銭その他の資産によって生計を維持している**もの

五　前三号に掲げる者と**生計を一にするこれらの者の親族**

２　同族関係者となる法人

一　同族会社であるかどうかを判定しようとする会社の株主等（当該会社が自己の株式又は出資を有する場合の当該会社を除く。以下この項及び第４項において「判定会社株主等」という。）の１人（個人である判定会社株主等については、その１人及びこれと前項に規定する特殊の関係のある個人。以下この項において同じ。）が他の会社を支配している場合における当該他の会社

二　判定会社株主等の１人及びこれと前号に規定する特殊の関係のある会社が他の会社を支配している場合における当該他の会社

三　判定会社株主等の１人及びこれと前二号に規定する特殊の関係のある会社が他の会社を支配している場合における当該他の会社

3　前項各号に規定する他の会社を支配している場合とは、次に掲げる場合のいずれかに該当する場合をいう。

一　他の会社の発行済株式又は出資（その有する自己の株式又は出資を除く。）の総数又は総額の100分の50を超える数又は金額の株式又は出資を有する場合

二　他の会社の次に掲げる議決権のいずれかにつき、その総数（当該議決権を行使することができない株主等が有する当該議決権の数を除く。）の100分の50を超える数を有する場合

イ　事業の全部若しくは重要な部分の譲渡、解散、継続、合併、分割、株式交換、株式移転又は現物出資に関する決議に係る議決権

ロ　役員の選任及び解任に関する決議に係る議決権

ハ　役員の報酬、賞与その他の職務執行の対価として会社が供与する財産上の利益に関する事項についての決議に係る議決権

ニ　剰余金の配当又は利益の配当に関する決議に係る議決権

三　他の会社の株主等（合名会社、合資会社又は合同会社の社員（当該他の会社が業務を執行する社員を定めた場合にあっては、業務を執行する社員）に限る。）の総数の半数を超える数を占める場合

4　同一の個人又は法人（人格のない社団等を含む。以下同じ。）と第２項に規定する特殊の関係のある二以上の会社が、判定会社株主等である場合には、その二以上の会社は、相互に同項に規定する特殊の関係のある会社であるものとみなす。

5　法人税法第２条第10号に規定する政令で定める場合は、同号の会社の株主等（その会社が自己の株式又は出資を有する場合のその会社を除く。）の３人以下並びにこれらと同号に規定する政令で定める特殊の関係のある個人及び法人がその会社の第３項第２号イからニまでに掲げる議決権のいずれかにつきその総数（当該議決権を行使することができない株主等が有する当該議決権の数を除く。）の100分の50を超える数を有する場合又はその会社の株主等（合名会社、合資会社又は合同会社の社員（その会社が業務を執行する社員を定めた場合にあっては、業務を執行する社員）に限る。）の総数の半数を超える数を占める場合とする。

6　個人又は法人との間で当該個人又は法人の意思と同一の内容の議決権を行使することに同意している者がある場合には、当該者が有する議決権は当該個人又は法人が有するものとみなし、かつ、当該個人又は法人（当該議決権に係る会社の株主等であるものを除く。）は当該議決権に係る会社の株主等であるものとみなして、第３項及び前項の規定を適用する。

コラム④もっと詳しいお話

「親族」とは不思議な関係だ

「親族とは、配偶者、６親等内の血族及び３親等内の姻族」は「親族図」で一目瞭然です。しかし**ただみるのも面白くありません。３つ問題**を掲げました。

問題を解く前に、139ページの確認です。親族図に入る親族の株式は、判定上は貴方本人所有とカウントします。しかも所有している親族株主の株式は原則的評価ですから高い評価になります。と言うことは、この**親族図に入らないと、「他人」となり配当還元方式で安く評価される**ということです。

それでは問題です。貴方の具体的な親族を思い起こして考えてみましょう。

1．子供は可愛いものです。ですから事業承継で子供は後継者の第一候補です。さて、その可愛い子供の配偶者は右の親族表では親族に該当します。では、**子供にとって大切な配偶者の父母は、貴方（本人）にとって親族でしょうか？**

2．配偶者は大切な人です。その配偶者の兄弟姉妹もよく顔を合わせるでしょう。では**配偶者の兄弟姉妹の配偶者は貴方（本人）にとって親族でしょうか？**

3．親族表では貴方の配偶者に、いわゆる「連れ子」があった場合も書かれています。これが普通の親族表と異なって痒いところに手が届いています。さて、連れ子も分け隔てなく育てて可愛いと、実子と変わらないくらいです。養子にすることもあるくらいです。ところで、貴方の子の配偶者は親族ですが、では**連れ子の配偶者は貴方（本人）にとって親族でしょうか？**

答えは…いずれも「親族表」をみれば明らかなとおりNOです。節税のヒントですね。ただし、役員持株会や従業員持株会を通さずに、ダイレクトに株式を節税できるからと言って分散することは、事業承継対策上お勧めできません。

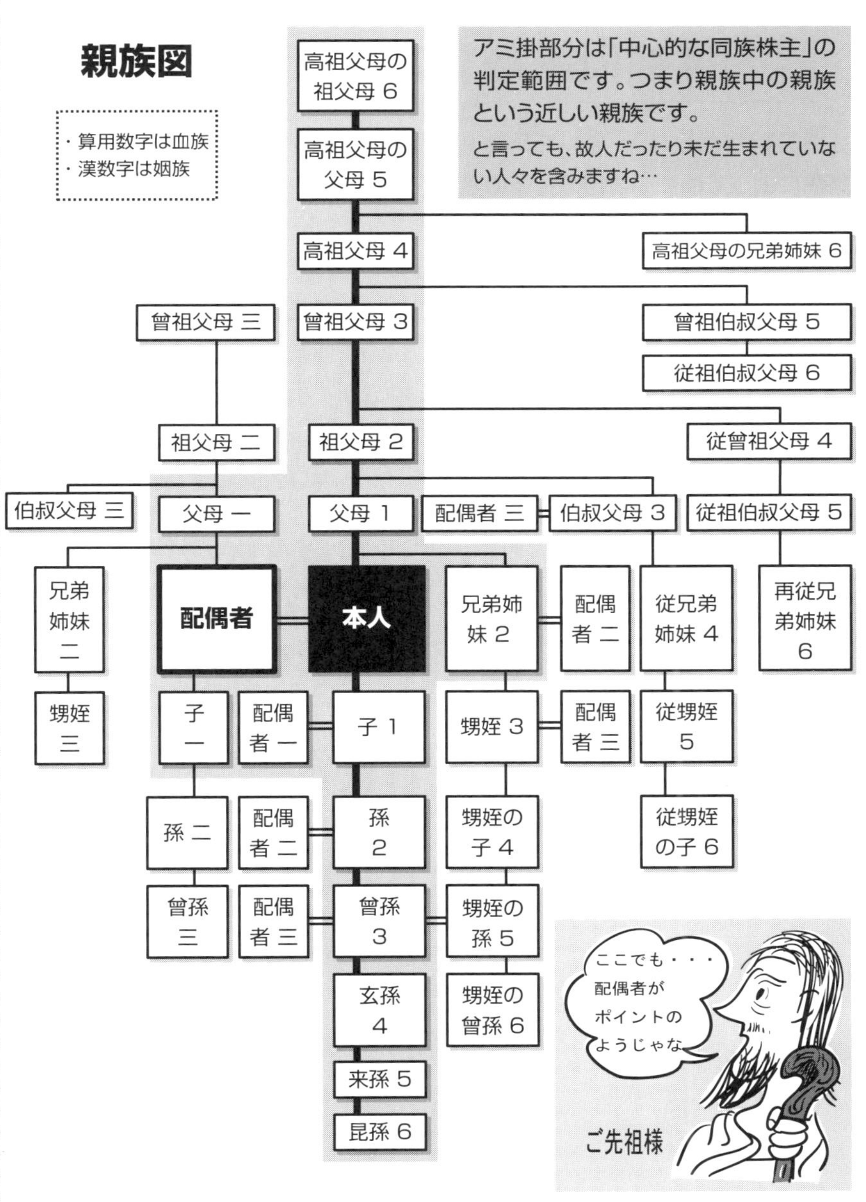
親族図
・算用数字は血族
・漢数字は姻族
アミ掛部分は「中心的な同族株主」の判定範囲です。つまり親族中の親族という近しい親族です。
と言っても、故人だったり未だ生まれていない人々を含みますね…
高祖父母の祖父母 6
高祖父母の父母 5
高祖父母 4
高祖父母の兄弟姉妹 6
曾祖父母 三
曾祖父母 3
曾祖伯叔父母 5
従祖伯叔父母 6
祖父母 二
祖父母 2
従曾祖父母 4
伯叔父母 三
父母 一
父母 1
配偶者 三
伯叔父母 3
従祖伯叔父母 5
兄弟姉妹 二
配偶者
本人
兄弟姉妹 2
配偶者 二
従兄弟姉妹 4
再従兄弟姉妹 6
甥姪 三
子 一
配偶者 一
子 1
甥姪 3
配偶者 三
従甥姪 5
孫 二
配偶者 二
孫 2
甥姪の子 4
従甥姪の子 6
曾孫 三
配偶者 三
曾孫 3
甥姪の孫 5
玄孫 4
甥姪の曾孫 6
来孫 5
昆孫 6
ここでも・・・配偶者がポイントのようじゃな
ご先祖様

コラム⑤もっと詳しいお話

「類似業種」の7段活用？

類似業種は面白い。これを研究すると節税のヒントが出てきます。何せ、**業種によっては2～3倍の評価の差が**あるのですから、**合併や会社分割**が可能なら思い切った節税の可能性もあります。

また全体の**景気が良くなると評価会社の業績と無関係に、引っ張られて**評価も値上がりするので、**日本経済の動向にも注意を払う**必要があるのです。

その前提知識として欠かせないのが、この類似業種の判定方法です。

理解のコツは3つ。第1に、大分類・中分類・小分類の3分類は**全てが小**

② 一つの**中分類**の業種目の中の2以上の類似する小分類の業種目に属し、それらの業種の売上高の合計が総売上の50%を超える場合
→その中分類の中の類似する小分類の「その他の○○業」とします。

大分類	中分類	小分類	当社売上割合
製造業			
	化学工業		
		有機化学工業製品製造業	45%
		～中略～	
		医薬品製造業	30%
		その他の化学工業	

45%＋30% → 75%＞50% → **その他の**化学工業

～中略～

その他兼業	%
不動産賃貸業・管理業	25%

③ 一つの**中分類**の業種目の中の2以上の類似**しない小分類**の業種目に属し、それらの業種の売上高の合計が総売上の50%を超える場合
→その中分類の業種とします。

大分類	中分類	小分類	当社売上割合
情報通信業			
	情報サービス業		
		ソフトウェア業	45%
		情報処理・提供サービス業	35%

45%＋35% → 80%＞50% → 情報サービス業

～中略～

その他兼業	%
娯楽業	20%

分類まで分類してはいないということです。小分類がなく中分類止まりの業種もありますし、中には鉱業等のように大分類しかない業種もあります。第２に、**「その他」に注意**。第３に、判定は**最大７段階**ということです。

それでは７段階を順次お話していきましょう。

① 一つの業種で50%超の売上高がある場合、その50%超の業種になります。

次に一つの業種で50%を超えない場合は、左ページから繋がった下の②～⑥で判定します（財基通181-2）。

---

④ 一つの**大分類**の業種目の中の２以上の類似**する中分類**の業種目に属し、それらの業種の売上高の合計が総売上の50%を超える場合

→その大分類の中の類似する中分類の「その他の○○業」とします。

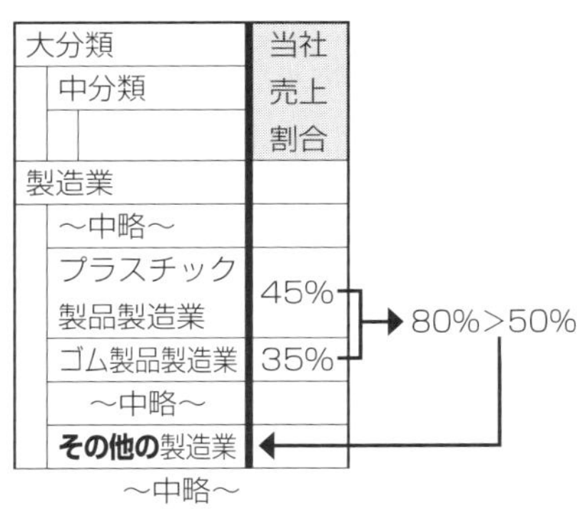

大分類 / 中分類	当社売上割合	
製造業		
～中略～		
プラスチック製品製造業	45%	→ 80%>50%
ゴム製品製造業	35%	
～中略～		
その他の製造業	←	

～中略～

その他兼業	%
不動産賃貸業・管理業	20%

⑤ 一つの**大分類**の業種目の中の２以上の類似**しない中分類**の業種目に属し、それらの業種の売上高の合計が総売上の50%を超える場合

→その大分類の業種とします。

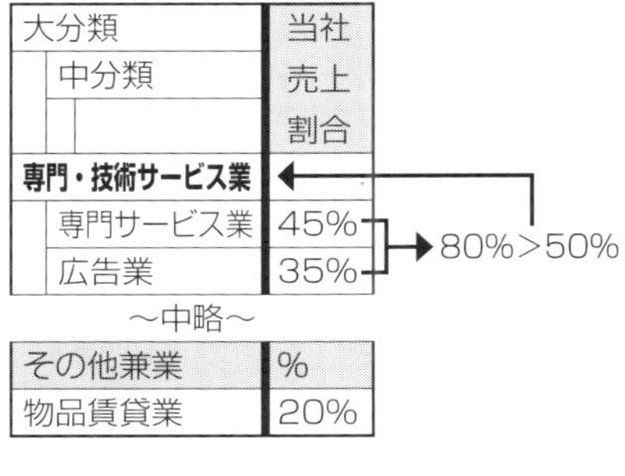

大分類 / 中分類	当社売上割合	
専門・技術サービス業	←	
専門サービス業	45%	→ 80%>50%
広告業	35%	

～中略～

その他兼業	%
物品賃貸業	20%

⑥ ②～⑤にも該当しない場合→大分類の業種目の中の「その他の産業」にします。

⑦ 上記の結果、小分類の業種に判定された場合は中分類の業種と、中分類に判定された場合には大分類と比較して有利な方を選択できます（財基通181）。

第７章　節税方法の基本

事業承継対策とは、後継者に自社株を生前移転する際の、障害となる事項を解決することです。

第５章の「節税体系の基本」では節税の基本アイテムを、その体系における

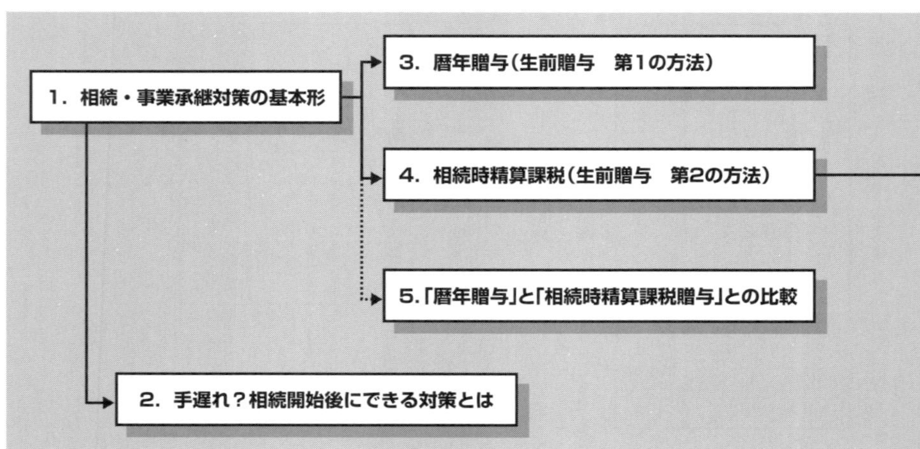

位置付けを重視してお話しました。つまり「この規定は節税体系の中で、どのポジションにあるのか」という意味を理解していただきました。前章の第６章では、本章で扱う自社株がいかに高い評価になるのか、その評価体系をお話し

ました。

　そこで本章は、**第５章でお話した節税方法を一つ一つ取り上げて詳細に**お話します。それぞれの節税アイテムの位置付けに迷った時には、第５章の冒頭の体系図を見取り図として、全体を見失わないようにしてください。

　本章の構成は下図のとおりで、相続・事業承継対策の基本として、どうプランを立てるかを概観します。続いて２では、全く対策をせずに相続を迎えてしまった場合の「**窮余の策**」をお話します。３、４は**対策の王道である生前贈与の２つの方法である「暦年贈与」と「相続時精算課税」**を、第５章よりさらに詳しくお話し、５でその**両者を比較**します。

　６からは**「相続時精算課税」を中心にして**、その特例である**住宅資金贈与**から入り、資産家はそれに対してどう対応するかの原則を６でお話します。そして、７で**究極の活用法**に及びます。

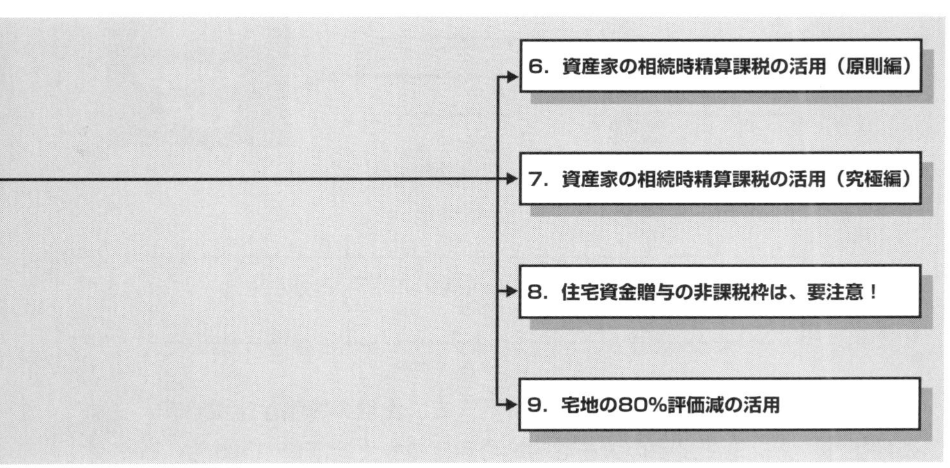

1．相続・事業承継対策の基本形

POINT

年齢・財産構成・家族構成・後継者の有無でケースバイケース
現状分析し、節税対策・もめない対策・納税対策の３本柱

1．現状分析―相続税の実効税率の把握

相続・事業承継対策の基本形として**プロが行う手順**をみてみましょう。

まず、現状分析からスタートします。①相続人予定者の確定（親族関係図の作成）、②現状の財産把握と評価、③**相続税の総額の把握**をします。

続いて③を④予定**相続財産で除して**、⑤相続税の実効税率を計算します。この**実効税率を把握することが、現状分析の目的**です。この把握によって初めて対策立案ができるのです。

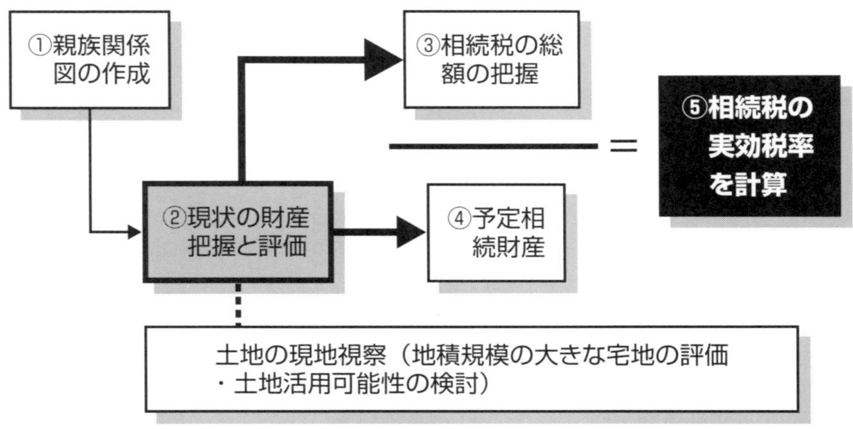

また、上記の「②現状の財産把握と評価」では**土地の評価が重要**です。土地の**現地視察**を行い**地積規模の大きな宅地の評価減や土地活用の可能性**の検討材料を入手します。

２．相続対策の立案

相続対策の主なものは以下のとおりで、**これはそのまま本書の内容**です。

これまでもお話してまいりましたが、これ以降、順次お話していきますので、ざっとだけみておきましょう。

(1)　**節税対策**（不動産・金融資産）

・自社株の評価を下げてから相続時精算課税贈与を活用
・配偶者への居住用財産の贈与（地積規模の大きな宅地の評価減を行ってから贈与）
・その他資産の生前贈与（相続時精算課税贈与を含む。）で財産の移転
・土地活用による土地の評価減と建物評価減の活用
・法人の活用も視野に入れた土地・建物の所有権整理による評価減対策
・養子縁組による基礎控除等の拡大と飛ばし相続対策
・死亡生命保険金・死亡退職金を使った非課税枠の活用
・一人合名会社を活用した債務控除や一般社団法人の活用
・太陽光発電設備を利用した特定事業用宅地等の活用

(2)　**もめない対策**

・遺留分に配慮した公正証書遺言の作成
・相続時精算課税贈与とセットした遺留分放棄の申述書の作成
・遺産分割ができるようにした生前の財産整理
・新信託法の連続信託等を活用した相続対策
・事業承継円滑化法の活用　etc.

(3)　**納税対策**

・納付対策（**自社株の納税猶予**、生命保険金の活用、相続開始後の同族会社への土地売却等）
・延納対策（不動産の賃貸収入での延納対策）
・物納対策（戦略的物納の事前対策、超過物納の活用、自社株の物納）

３．対策の実行スケジュールの策定と実行監理

事業承継において相続を前提とする時、すなわち**経営者が、ある程度高齢の場合は事業承継対策の実行に長期間をかけられません。**まずは３年程度で完了するスケジュールにして、最終の６ヶ月は見直し期間とします。

2．手遅れ？相続開始後にできる対策とは

POINT

土地の評価減の徹底・納税対策で戦略的物納・二次相続対応
これを実現させるために、いかに遺産分割に盛り込むかが鍵

遺言書もないまま亡くなってしまうこともよくあることです。基本的に対策は事前に行ってこそ…なのですが諦めるのは早い。そこで、**この項だけは事後対策**についてお話します。最低限、これだけは頑張れます。

1．遺産分割を活用した評価減による節税

土地の評価は、建物の敷地別評価、取得者別評価が原則です。例えば同一敷地にアパートが２棟あれば、アパートのそれぞれの敷地（建築確認敷地）ごとに評価します。

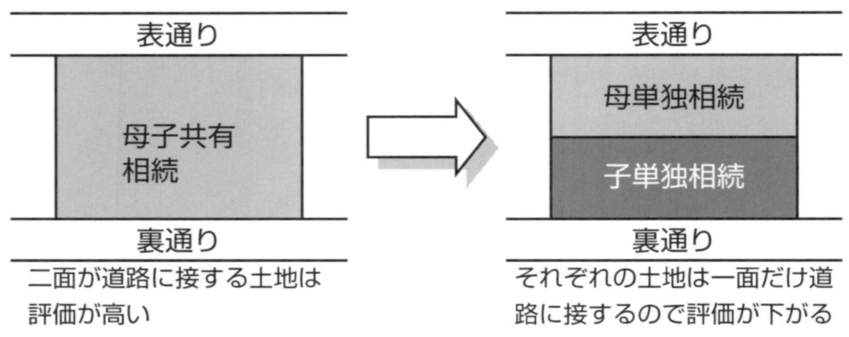

取得者別評価の原則の活用法としては、例えば土地を母親と共有にして相続するケースがありますが、その土地が**二方の路線に接している場合には共有状態にするよりも分割し、一方路線にのみ接している土地にすることにより評価を下げる**ことができます。ただし、不合理分割（家が建たないような恣意的分割）により評価を下げることは許されていません（財基通７－２(1)（注））。

２．遺産分割を工夫した物納戦略

物納は、現金納付も延納もできない場合に初めて認められる納付方法です。

また、現金納付や延納できるか否かの判定は相続人固有の金融資産も含めて判定します。

つまり、**金融資産を持っていない孫に対して、売れそうもない土地や自社株を遺贈をします。**すると、孫は現金納付も延納も困難ですから、土地や自社株（譲渡制限をはずす必要があります。）を物納の対象とすることができます。物納不適格財産を除き、物納が可能です。

３．二次相続を見据えた遺産分割の工夫

配偶者は相続財産の法定相続分（通常２分の１）までと１億6,000万円までのいずれか多い部分までは、相続税は課税されません。しかし相続開始前に配偶者固有の財産がある場合には、この規定を目一杯使うと、二次相続では**配偶者軽減の適用がありませんので、二次相続時の相続税負担がきつくなります。**このような場合には、配偶者が相続する分について調整を図る必要があります（119～121ページ参照）。

また、**小規模宅地等の評価減は、配偶者が相続する不動産で適用するのではなく、他の相続人で適用するのが肝要**です（160ページ参照）。しかし、**二次相続のときに、自宅にて小規模宅地等の評価減ができるように330㎡相当分は配偶者が相続する**のが良いでしょう。

他に配偶者が取得すべき物は、新たな有効活用により評価減が可能となる更地や、今後評価を下げることができるもの、財産移転が容易にできる金融資産です。**自宅建物も一部配偶者**が相続により取得するのが良いでしょう。なぜなら、**長男が先に死亡した場合の母親の生活場所の確保**が必要だからです。

3．暦年贈与（生前贈与　第1の方法）

POINT

生前贈与は「現状分析」後に行う
資産家は110万円の無税枠に囚われずに贈与する

1．暦年贈与制度（相法21の5、21の7、19、措法70の2の4）

暦年贈与は、1月1日～12月31日の間に、1人以上の者から受けた贈与で**受贈者1人当たり、毎年110万円までは贈与税が無税**となる制度です。110万円を超える場合は、累進的に課税されます（右ページの税率表参照）。

この特徴は、被相続人から相続又は遺贈により財産を取得した者が、その**相続開始前3年以内**に被相続人から、贈与により財産を取得したことがある場合には、その贈与により取得した財産（贈与税の配偶者控除を受けた財産を除く。）の価額を、相続税の課税価格に**加算した価額をもって、相続税の課税価格とみなして相続税を計算**することです（112ページ図解参照）。

一方、加算した財産について支払った**贈与税がある場合には、税額控除**をします。しかしその結果、相続税がマイナスとなっても**還付されません。**

また、加算する価額は、贈与時の価額であること、贈与税が課税されていない場合でも加算対象となること、**負担付贈与**（例えば現金を贈与すると同時に借金も付けて贈与する）の場合に**マイナスとなった場合でもそこでゼロ**とし、他に「3年加算」される贈与財産とは通算しないことが特徴です。

2．暦年贈与は贈与の客観的証拠を残すこと

現金を暦年贈与する場合は、**110万円以下であっても、預金通帳を通して**ください。また贈与者と受贈者の銀行印は別のものでなければなりません。**未成年者への贈与の場合には、贈与契約書に親権者である親の署名・捺印**をしてください。また、**110万円を超える贈与を行い、贈与税申告をして**客観的証拠を残すことも肝要でしょう。

３．贈与の損益分岐点とはなにか？ 資産家が行う暦年贈与の注意点

相続税がかかる資産家の場合は、144ページでお話した**「現状分析」を必ず行ってから、**暦年贈与をしてください。何故なら**実効税率の２分の１程度の贈与税率になるように贈与金額を決定**する必要があるからです。**資産家の方が、**

（平成27年以降適用：額は万円：率は%）
<20歳以上の者が直系尊属から贈与を受けた財産に係る贈与価額ごとの贈与税額早見表>

贈与価額	税額	税負担率	贈与価額	税額	税負担率	贈与価額	税額	税負担率
110	0	0.0	250	14.0	5.6	480	45.5	9.5
120	1	0.8	260	15.0	5.8	500	48.5	9.7
130	2	1.5	270	16.0	5.9	550	58.0	10.5
140	3	2.1	280	17.0	6.1	600	68.0	11.3
150	4	2.7	290	18.0	6.2	650	78.0	12.0
160	5	3.1	300	19.0	6.3	700	88.0	12.6
170	6	3.5	320	21.5	6.7	750	102.0	13.6
180	7	3.9	340	24.5	7.2	800	117.0	14.6
190	8	4.2	360	27.5	7.6	850	132.0	15.5
200	9	4.5	380	30.5	8.0	900	147.0	16.3
210	10	4.8	400	33.5	8.4	950	162.0	17.1
220	11	5.0	420	36.5	8.7	1,000	177.0	17.7
230	12	5.2	440	39.5	9.0	1,500	366.0	24.4
240	13	5.4	460	42.5	9.2	2,000	585.5	29.3

110万円ずつ贈与しても、短期間では焼け石に水です。例えば相続税の実効税率が20%の場合は、500万円位の贈与を行いましょう。そうすると贈与税が9.7%の48.5万円となりますが、相続税では90万円（450万円×20%）になるので、多少贈与税を払ってでも贈与した方が得ですし、仮に３年以内加算されてもその贈与税は控除されます。

また、次ページの**相続時精算課税を選択した親子関係では、暦年贈与に戻ることはできません。相続開始３年前の贈与は節税に直結**しますから、この計画の上でも「現状分析」＝「相続税の実効税率の算定」は欠かせません（144ページの図解参照）。

４．贈与税の配偶者控除（相法21の6）

婚姻期間20年以上の配偶者から**居住用不動産又は同資産の購入資金の贈与を受け、翌年３月15日までにそこに住み、その後も住み続ける見込み**の時は、申告等を要件にして１回のみ**2,000万円の控除**ができます。

4．相続時精算課税（生前贈与　第2の方法）

POINT

子に生前相続し、相続時に精算（平成27年以降は孫も可能）
贈与金額の累計で原則2,500万円まで無税贈与

1．相続時精算課税制度（相法21の9～21の18、措法70の3）

贈与で財産を取得した者が、その贈与をした者の推定相続人である**直系卑属**のうち、その年1月1日において**20歳（2022年4月以降は18歳）以上**であるもの（平成27年以降は孫も可能）であり、その贈与をした者が、同日において**60歳以上**である場合には、その贈与に係る財産について、相続時精算課税制度の適用を受けることができ、**贈与者（特定贈与者といいます。）ごとに特別控除額2,500万円まで贈与税を無税**にする制度です（152ページの表を参照）。

相続時精算課税住宅取得資金等贈与の場合（措法70の3）は、贈与者が60歳未満でもOKです。

特定贈与者ごとの累計で、2,500万円を超えた場合には、**超えた部分の課税価格に対して一律20%**の贈与税額がかかります。

この制度の**特徴は**、特定贈与者から相続又は遺贈により財産を取得した相続時精算課税適用者については、その特定贈与者からの贈与による取得財産の価額（贈与時の価額）を相続税の課税価格に**加算した価額をもって、相続税の課税価格とする**ことです。したがって、原則的に相続税の**節税対策とはなりません。**

2．払った贈与税も精算される

「精算」ですから相続税の計算上、税額控除がしきれなかった場合には、**還付を受けることができます**（相法33の2）。したがって**相続税が課税されないと分かっている方は、**子供達に早期に財産を渡すことが可能です。

また、相続税の課税価格の計算上、暦年贈与の３年加算財産は**債務控除後に加算**します（債務控除後にマイナスが生じても通算できません。）が（ケース1）、相続時精算課税財産は、逆に**加算後に債務控除**します（ケース2）。

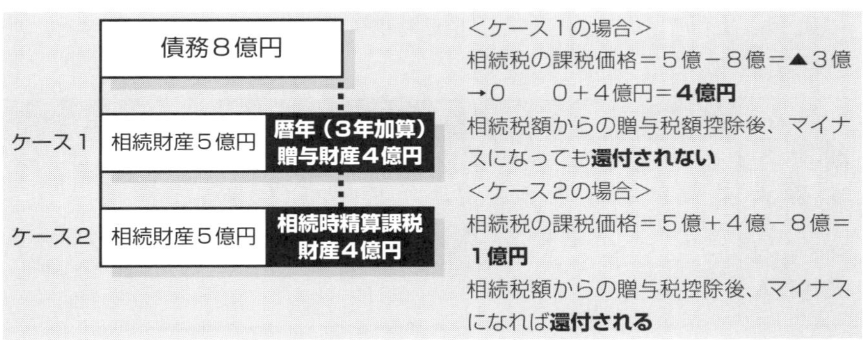

債務８億円
ケース１
相続財産５億円
暦年（３年加算）
贈与財産４億円
ケース２
相続財産５億円
相続時精算課税
財産４億円
<ケース１の場合>
相続税の課税価格＝５億－８億＝▲３億
→0　　0＋4億円＝4億円
相続税額からの贈与税額控除後、マイナスになっても還付されない
<ケース２の場合>
相続税の課税価格＝５億＋４億－８億＝
１億円
相続税額からの贈与税控除後、マイナスになれば還付される

3．住宅資金贈与の特例（措法70の２・158ページ参照）

相続時精算課税制度の特例ではありませんが、「直系尊属から住宅取得等（先行取得土地含む）資金の贈与を受けた場合の贈与税の非課税」の特例があります。贈与者の年齢制限がなく、**３年以内加算がない**のが特徴です。しかし、受贈者は20歳以上で合計所得金額が2,000万円以下という制限があります。

4．注意すべき点

精算課税によって財産の所有権は受贈者に移っていますが、**遺留分計算においては、持ち戻して計算される**ことに留意してください（民1044）。すなわち、**贈与時に遺留分を侵してしまっても、他の推定相続人には分からないのですが、相続時に判明**しますから問題になる可能性があります。

また、これにも関連しますが、**贈与した財産を使い切ってしまった**場合や**価額が大幅に下落しても、贈与時の価額で相続の際には加算**されますから、相続税の**納税に支障をきたす**ことも考えられます。相続税は、**相続人間の連帯納付義務**がありますから、トラブルになる可能性があります。

また、精算課税贈与は、あくまで贈与ですから相続又は遺贈により取得した場合にのみ適用がある**小規模宅地の評価減が使えなくなります。**

5．「暦年贈与」と「相続時精算課税贈与」との比較

POINT

節税なら「暦年贈与」・多額早期移転なら「相続時精算課税」
デメリットもあるが、究極の対策もある

第５章と本章で「暦年贈与」と「相続時精算課税贈与」のお話をしましたが比較して整理してみましょう。

		暦年贈与	相続時精算課税贈与
贈与を**する人**		誰からでもOK（居住用財産の配偶者控除の場合は配偶者）	60歳以上の直系尊属（住宅資金は60歳未満も可）
贈与を**受ける人**		誰でもOK（居住用財産の配偶者控除の場合は贈与する人の配偶者）	20歳（2022年４月から18歳）以上の子・孫（養子の数に制限なし）
贈与時	非課税枠	上の**「贈与を受ける人」ごとに毎年年間110万円**（居住用財産の配偶者控除の場合は１回のみ2,000万円）	上の**「贈与をする人」ごとに相続開始までに原則2,500万円**
	税金計算	（贈与額－110万円）×超過累進税率（10%～55%）（居住用財産の配偶者控除の場合は上記110万円に別枠2,000万円上積み。ただし一般の非課税枠は110万円まで）	（贈与額－2,500万円）×20%の比例税率
	計算期間	1月1日～12月31日	贈与した年から相続開始まで
	申告	①非課税枠内は申告不要 ②居住用財産の配偶者控除と非課税枠を超えた場合は翌年２月１日～３月15日に申告必要	この制度を選択する場合は非課税枠内でも贈与を受けた年の翌年２月１日～３月15日に申告必要

<table>
<tr><th colspan="2"></th><th>暦年贈与</th><th>相続時精算課税</th></tr>
<tr><td>贈与時</td><td>納税</td><td>税額がある時は上記期間に納税し原則完了する。ただし、前３年加算された場合、相続税の計算時に贈与税額控除ができるが控除しきれなくても還付されない</td><td>税額がある時は上記期間に納税し、相続時に精算するので相続税の計算時に贈与税額控除し、控除しきれないときには還付される</td></tr>
<tr><td rowspan="4">相続時</td><td>税金計算</td><td>居住用財産の配偶者控除の財産を除き、相続開始前３年以内の贈与は相続財産に加算する</td><td>この制度で贈与したすべての財産は相続時に加算する</td></tr>
<tr><td>評価</td><td colspan="2">贈与時の価額で評価され、上記の加算がされる</td></tr>
<tr><td>控除</td><td colspan="2">贈与税額控除がある</td></tr>
<tr><td>還付</td><td>還付されない</td><td>還付される</td></tr>
<tr><td colspan="2">メリット</td><td>①相続開始３年前の贈与及び居住用不動産等の配偶者贈与、一括教育資金贈与、住宅資金贈与は３年以内加算されないので節税になる
②長期間、多人数に贈与し続ければ節税効果が大きくなる</td><td>①一度に多額の資産を移転できる
②収益財産である場合は相続人に資産蓄積ができる
③遺留分放棄のために多額の贈与ができる</td></tr>
<tr><td colspan="2">デメリット</td><td>①居住用財産の配偶者への贈与を除き短期間で多額の贈与はできない
②贈与の証拠を残しておくのに手間がかかる</td><td>①原則的には節税はできない
②この制度を選択すると、その相続時精算課税適用者との間では暦年贈与はできなくなる
③贈与財産を使い切ってしまったり価額下落があった場合に納税困難になる可能性や他の相続人が連帯納税義務で苦境になる可能性も
④小規模宅地の評価減＝不可
⑤物納ができない
⑥適用後の申告漏れも相続財産に加算される</td></tr>
</table>

6．資産家の相続時精算課税の活用（原則編）

POINT

相続時までに評価額が上昇するものに活用すべき

1．相続までに評価の上昇が見込まれるものの生前贈与

相続時精算課税制度を利用すべき財産は、今は評価が低いものの**将来確実に評価が上がるもの**です。これらの財産は相続時まで所有しておくよりも、**評価の低い時点で贈与**しておくのが得策です。

具体的には、区画整理予定地や市街化に編入が間近い調整区域農地、地下鉄等の延伸が間近い土地、将来株式上場が予定されている未公開株式等です。

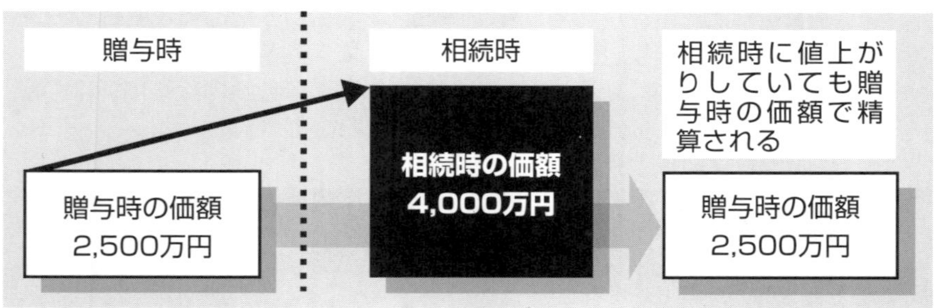

2．売却見込みの土地の生前贈与

自宅を売却した時の譲渡益からは、3,000万円の特別控除ができる制度があります。これを使うように**売却見込みの自宅とその土地**を相続時精算課税で子供に生前贈与しておけば、子供が売却する際に譲渡所得の計算上この特別控除を活用でき、**金融資産の無税の移転効果**があります（右ページ上図）。

その他、**収用等で土地を国や地方公共団体等へ売却**する場合、譲渡所得の以下の特別控除の制度があります。将来これらの収用等の見込みがある場合、事前に相続時精算課税で子供に贈与しておけば自宅同様に効果が得られます。

・収用などにより資産を譲渡した場合の5,000万円控除（措法33の4）

・特定土地区画整理事業等のために土地等を譲渡した場合の2,500万円控除（措法24）
・特定宅地造成事業等のために土地等を譲渡した場合の1,500万円控除（措法34の２）

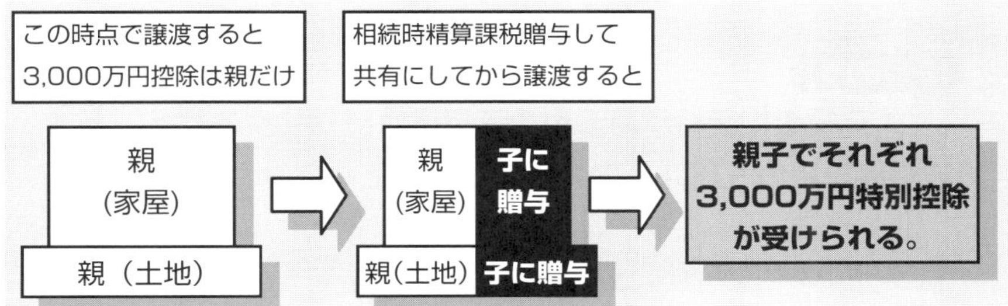

３．資産家は現金による住宅資金の相続時精算課税贈与の特例は使わない

3,700万円の住宅資金贈与を行う場合、親の年齢制限もなく2,500万円（精算課税贈与）＋1,200万円（2019年現在の省エネ住宅資金贈与）＝3,700万円の贈与は魅力的ですが、相続時精算課税分の2,500万円の贈与金額は、そのまま相続時に加算されますので、節税効果はありません。

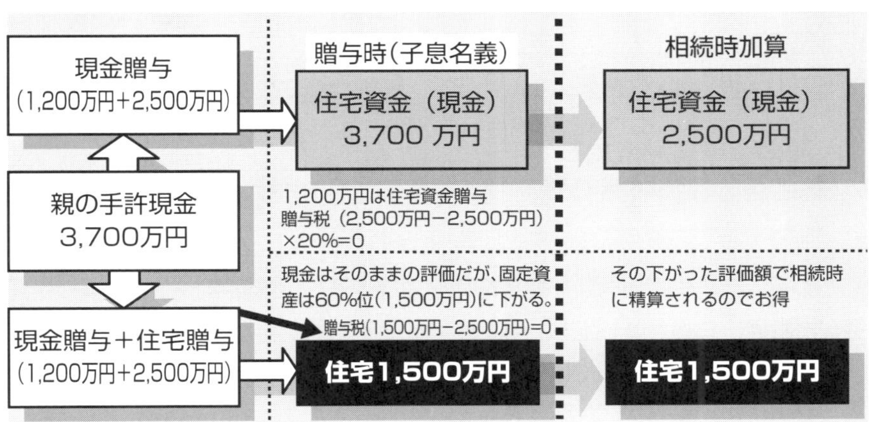

1,200万円は住宅資金贈与（措法70の２）し、その1,200万円と贈与者が2,500万円を拠出して3,700万円の家屋を取得し子供【1.2】:親【2.5】の割合で登記します。**そのまま相続を迎えるのがベスト**ですが、家の名義全て子供に変更する場合には親名義分の評価は2,500万円×0.6＝1,500万円（固定資産税評価額）となり、現金による相続時精算課税贈与が2,500万円であるのに対して、1,500万円に圧縮できます。**ただし子供が自己の居住用住宅を有している場合は、特定居住用宅地等の評価減が活用できません。**

7. 資産家の相続時精算課税の活用（究極編）

POINT

究極の相続時精算課税の活用法は賃貸物件の贈与
賃貸物件からの収益は子に入り納税資金にもなり、評価も下がる

1. 資産家にとって“究極”の相続時精算課税の活用法

相続税を支払うような資産家は、相続時精算課税贈与は使いません。**しかし、**収益物件の贈与に活用できます。60歳以上の**親の所有土地に、親の資金で無借金の収益用賃貸物件（賃貸マンション等）を建てる**ことです。

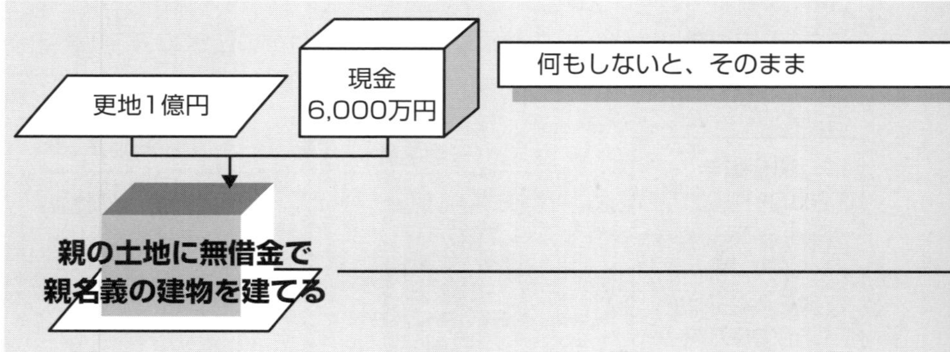

その後に、この賃貸物件を**相続時精算課税で子へ生前贈与**します。預り保証金があれば、負担付贈与とならないように、それも現金贈与します。

2. 定期借地権契約を締結する

親の土地の上に子供の賃貸物件があるわけですが、使用貸借にすると更地評価となります。そこで、親子間で土地の定期借地権契約を締結します。これにより土地の評価は20%の評価減となります（詳細は432ページ参照）。

3. どのくらいの相続対策効果があるのか？

例えば6,000万円で賃貸物件を建築したら、このアパートの評価額は、

6,000万円×0.6（固定資産税評価額）×（１－借家権割合30%）＝2,520万円となり、**贈与税は**（2,520万円－2,500万円）×20%＝４万円です。

アパートの収益を得るのは子ですから、親の金融資産の増加はありません。子はその収益を無駄使いすることなく、**相続税の支払い資金として貯蓄（生命保険活用・第９章参照）**していきます。

さらに**土地**の更地の評価額が１億円だったとしますすと、**アパートを建てることにより**、１億円×（１－50%×30%）＝8,500万円に**評価額が下がり**ますが、定期借地契約としますと土地は20%の評価減となり、8,000万円になります（財基通25⑵二）。

土地１億円と現金6,000万円の計１億6,000万円が、相続時精算課税を使い、定期借地契約をした場合には、１億520万円の**相続財産になり**ます。**そ**

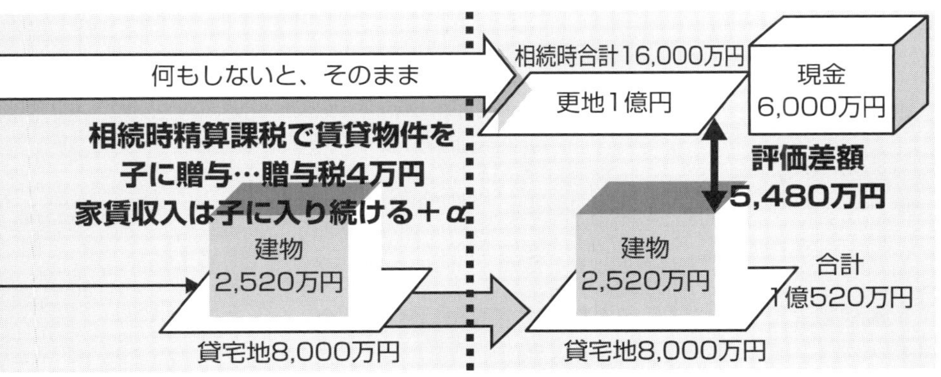

の間の収入は子のものとなり、相続財産に加算されません。

４．消費税還付も可能！！（消法33①）

課税売上割合が著しく変動した場合における建築費に係る消費税額の調整の規定は、「第３年度の課税期間の末日においてそのアパートを保有している事」が調整をする条件です。つまり、**今までどおり**課税事業者選択届出書を提出してアパートの建築費に係る消費税還付を受けたとしても、そのアパートを「第３年度の課税期間の末日」までに**贈与してしまえば調整対象となる事はない**という事です。無借金アパートの精算課税贈与は、平成28年度税制改正後も相続税対策、消費税還付を同時に可能とする**究極のタックスプラン**です。

8．住宅資金贈与の非課税枠は、要注意！　使い方を誤ると悲劇、上手く使えば効果大！

POINT

非課税贈与は、後継者は使わない！　使うなら、同居すること。

非後継者に使うのは有効！　それも定期借地権を併用して！

1．７種類の贈与の３番目、その概要

贈与は７種類。このことは、序章でお話しました。その内の「暦年贈与」と「相続時精算課税贈与」について、前ページまででお話してきましたので、３つ目の「住宅資金贈与の非課税」についてお話します。

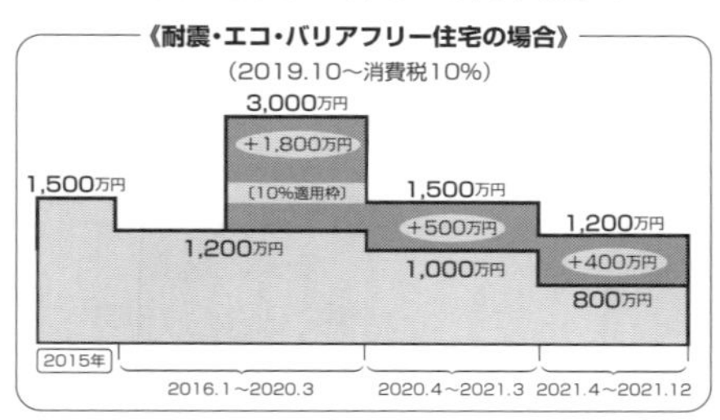

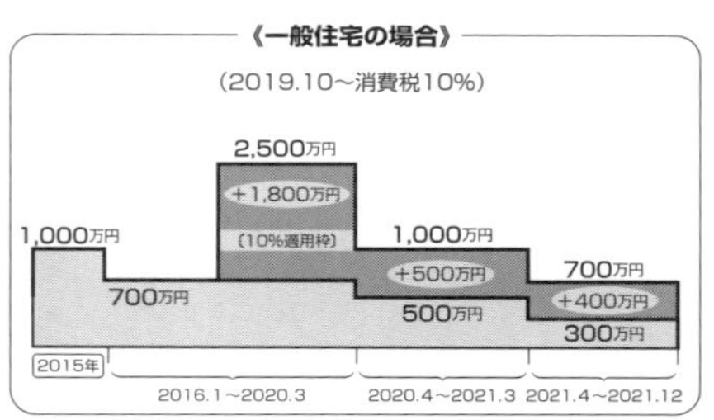

父母や祖父母などの直系尊属から住宅取得等資金の贈与を受けた受贈者が、贈与を受けた年の**翌年３月15日までに、**その住宅取得等資金を自己の居住の用に供する**家屋**の**新築**若しくは**取得**又はその**増改築等**の対価に充てて、**新築**若しくは取得又は**増改築等をし**、その家屋を同日までに、**自己の居住の用に供したとき**又は同日後遅滞なく自己の居住の用に供することが、確実であると見込まれるときには、住宅取得等資金のうち**一定金額（上図参照）について、贈与税が非課税**となります（措法70の２）。

2．落とし穴に注意

後継者（たとえば長男）が、非課税贈与を受けて取得者となり居住したとします。昨今では、親との別居が多いため、親の居住用宅地等を相続する場合に、**小規模宅地の８割評価減が使えなくなってしまいます**（470ページ参照）。

したがって、後継者が住宅資金贈与の非課税を使うなら、**同居していることが必要**です。あるいは、**既に取得してしまっていれば、親がその後継者の住宅を取得**することにより、節税もできます（401ページ参照）。

非後継者（たとえば次男）については、活用し易いものになります。この場合、親の土地に建てさせるような場合が多いと思いますが、通常は、地代を取らず使用貸借が多いのですが、地代を払わせて、**親と次男との間に「定期借地契約」**を締結しますと、節税になります（432ページ参照）。

３．受贈者の要件

次の要件の**全てを満たす**受贈者が非課税の特例の対象となります。

（1）次のいずれかに該当する者であること。

イ　贈与を受けた時に日本国内に住所を有すること。

ロ　贈与時に国内に住所を有しない場合は、日本国籍を有することや別途要件があります。

ハ　贈与時に、日本国内に住所も日本国籍も有しないが、贈与者が日本国内に住所を有している。

（2）贈与を受けた時に贈与者の直系卑属であること。

なお、直系卑属とは子や孫などのことですが、**子や孫などの配偶者は含まれません。**

（3）贈与を受けた年の１月１日において**20歳（2022年４月以降は18歳）以上**であること。

（4）**贈与を受けた年の合計所得金額が2,000万円以下**であること。

４．居住用の家屋及びその増改築等の要件

（1）居住用の家屋の要件

次の要件を満たす国内家屋。それが２以上ある場合、主居住用の１つの家屋に限ります。

イ　家屋の床面積（区分所有なら区分部分）が**50㎡以上240㎡以下**であること。

ロ　購入する家屋が**中古の場合は**、次の**いずれかの要件を満たす**必要があります。

（イ）**耐火**建築物家屋の場合は、その家屋の取得の日以前**25年以内に建築されたもの**であること。

（ロ）**上記以外**の家屋の場合は、その家屋の取得の日以前**20年以内に建築されたもの**であること。

（ハ）地震安全性基準適合のものとして、一定の「耐震基準適合証明書」等が必要。

ハ　**床面積の２分の１以上に相当する部分が専ら居住の用**に供されるものであること。

（2）**増改築等の要件**

受贈者が日本国内に所有し、かつ、自己の居住の用に供している家屋について行われる**増築、改築、大規模の修繕、大規模の模様替その他の工事のうち一定のもので次の要件を満たすもの。**

イ　**増改築等の工事に要した費用が100万円以上**であること。なお**居住用部分の工事費が全体の工事費の２分の１以上**でなければなりません。

ロ　**増改築等後の家屋の床面積の２分の１以上に相当する部分が専ら居住の用**に供されること。

ハ　**増改築等後**の床面積(区分所有なら区分部分)が**50㎡以上240㎡以下**であること。

9．宅地の80%評価減の活用

POINT

自宅330㎡、事業用400㎡まで80%の評価減
被相続人に近しい人が取得した、被相続人の事業や居住用に適用

1．特例の対象となる宅地とは（措法69の4）

相続又は遺贈により取得した財産で、**相続の開始の直前に被相続人若しくは被相続人と生計を一にしていた親族の事業若しくは居住の用に供されていた特例対象宅地等**は、次の区分で**80%～50%の評価減額**ができます。

		用途	最大面積	評価減
事業用地	①**特定**事業用		400㎡	▲80%
	②**特定**同族会社事業用			
③**特定**居住用			330㎡(※)	▲80%
④不動産貸付用			200㎡	▲50%

（※）平成27年以降は、事業用地と併せて730㎡まで可能です。

注：平成19年10月1日以後郵政民営化法が施行され、特定郵便局の敷地を意味していた国営事業用宅地等の規定が削除されています。

ここで、ややこしいのが上記の表の「特定…」の具体的な内容です。詳しくは490ページのコラム㊼で説明していますので、ここでは誤解を恐れず大雑把にお話しましょう。話を分かりやすくするために、この項では被相続人、すなわち亡くなった方を「貴方」と呼んだりしています。

要は**亡くなった「貴方」と近しい人が取得したところの、「貴方」が事業や居住のために使用していた宅地で、「貴方」が亡くなってから、少なくとも相続税の申告期限までは変わらずに、その用に使っている宅地**というニュアンスがお分かりいただければ結構です。詳しくは490ページをお読みください。

ただし、実際の適用では次の要件をしっかり確認してください。

2．適用のノウハウ

118ページでお話したように二次相続のことを考えて、**配偶者はこの評価減を受けず**に、他の相続人等で受けるのが得策です。また、どの土地で適用を受けるかは相続人の利害に直結します。限度枠を誰が使うかによって**適用を受けた人だけが得**をしますから、分割協議の席でしっかり話し合っておく必要があるのです。

さらに、**１万円/㎡の土地で400㎡の80%の評価減を受ければ320万円の評価減ですが、単価の高い1,000万円/㎡の場合、面積５㎡で50%の評価減を受けても2,500万円の評価減**になる（都心の分譲賃貸の例）など、単価と面積と評価減割合を総合判断しなければなりません。

3．事業用と居住用の２つ以上の区分で適用する場合

左ページの表の区分の２つ以上で適用を受ける場合は次の算式で求めます。

①事業用（400㎡）と居住用（330㎡）の併用が可能
②不動産貸付用と併せて適用する場合

$$\left[事業用\times\frac{200}{400}\right]+\left[居住用\times\frac{200}{330}\right]+\left[不動産貸付用\right]\leqq 200㎡$$

②でよくある場合として、事業用か居住用のいずれかだけの場合に**不動産貸付用（50%）の活用の余地が生まれます。**例えば、居住用が264㎡（80坪）だとすると、$264㎡\times\frac{200}{330}=160㎡$となり、200㎡の制限まで、あと40㎡の不動産貸付用の枠ができます。

第8章　節税の応用対策

ここで**相続税に関する章の全体を眺め直して**みましょう。最初に第５章で節税の体系をお話しました。次の第６章では、事業承継で大きな割合を占める自社株の評価をお話しました。この**自社株の評価如何によって**相続対策も相続税

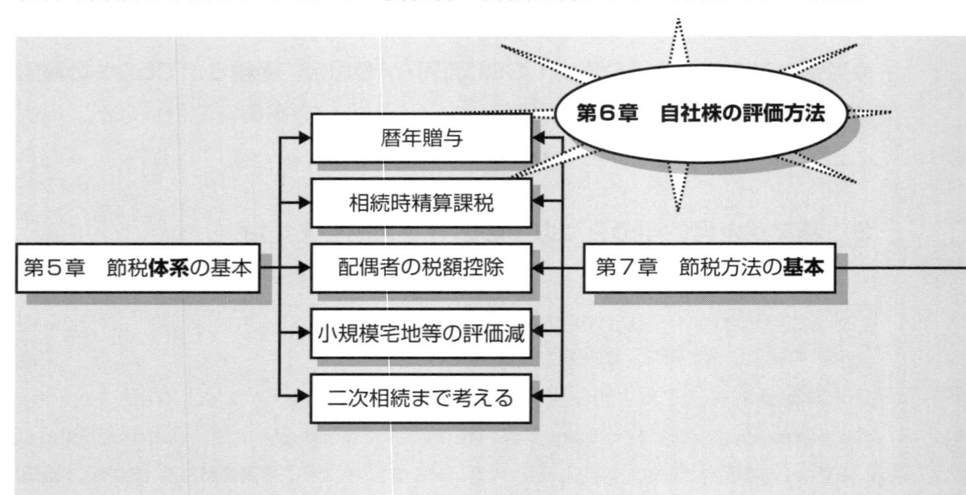

対策も**影響**を受けます。「暦年贈与」、「相続時精算課税贈与」、「その他の方法」を併用し、二次相続を視野に入れて対策を立案します。

節税体系の概要と、財産の大きな割合を占める自社株の評価という基本を一通り理解していただいたところで、第７章でその節税方法を詳しくお話しました。

そして本章で節税の応用対策をお話する段となりました。**対策は山の様にあるので、一般的で利用しやすいものと、注目対策に絞って**お話します。

１番目は**養子**です。１人で600万円、基礎控除が増えます。**孫でも**養子にできたりしますから事前に親族間で話し合いをすれば利用できる方法です。

２番目は**従業員持株会・役員持株会**です。これも一般に考えるより簡単にできます。２人いれば可能ですし**人数が多いと大きな節税**が可能です。さらに応用が効きます。

３番目は、よくある話で、経営者が赤字会社に貸付金がある場合、それを**帳消しにして節税**を図る方法です。

４・５番目は合併・会社分割ですが、関連会社を使えば**オーナーの意思次第で直ぐに**可能です。経営者としては知っておきたい知識です。さらに６番目の持株会社を作って株価を下げる方法は、**少し高度ですが経営者としては知っておきたい話**です。

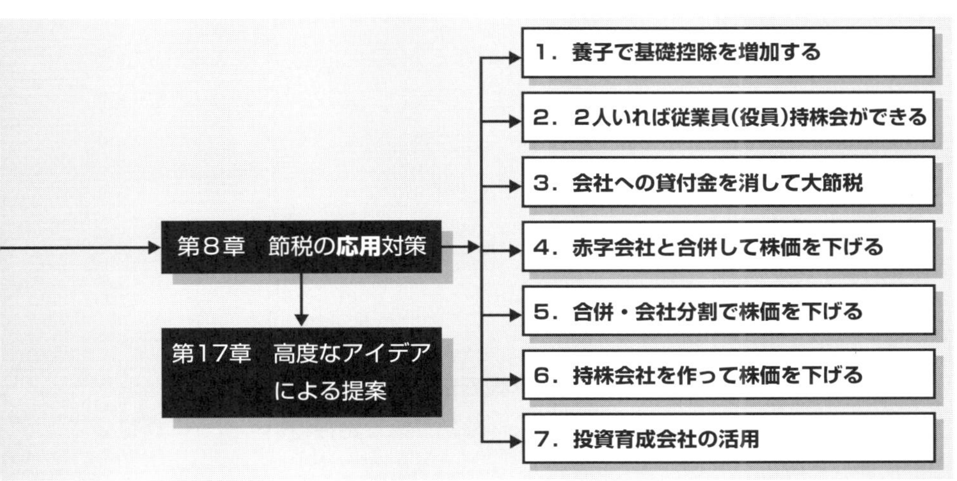

1．養子で基礎控除を増加する

POINT

基礎控除が600万円増え、
実効税率も下がる他の相続人に影響があるので
事前の根回しがないと問題化する

1．孫を養子にした例のメリットとデメリット

比較的多い、孫を養子にした例でお話しましょう。右ページは、下図のように配偶者と子２人の場合（①）と、長男（後継者）の子を養子にした場合（②）で、①と②の差額を③で表しました。**民法上は何人でも養子**にできますが、**相続税法上の節税養子は実子がない場合は２人、実子がいる場合は１人**しか認められていませんので、この例では１人です。

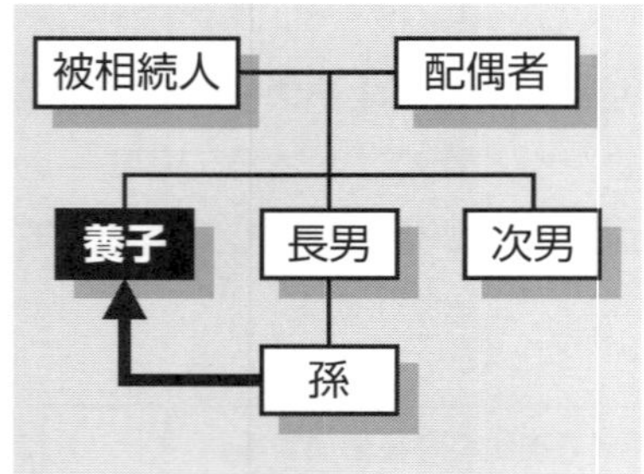

すると基礎控除は4,800万円から600万円増加し、5,400万円となります。相続財産が３億円と仮定すると、子供達の実効税率が下がり、孫への相続は一世代の「**飛ばし相続**」で税額の20%の加算がありますが、総額では320万円の節税となります。

ただし最後の「上記の差額③」の右端のように、長男とその子は合計で手取りが2,067万円増加しますが、次男は1,917万円減少します。配偶者は息子と可愛い孫だから我慢できても**次男が承服できるかが問題**です。もちろん法定相続分で相続する必要はない訳ですから、**分割協議で納得のいくように調整**を図ります。この場合も**遺言書**があると分割協議は不要です。

また表外ですが、**生命保険金や死亡退職金**は各々相続人１人当たり500万円の非課税枠があり、ここでも**最大1,000万円の非課税枠**の増加となります。

（平成27年１月１日以後の税率等でシミュレート）

遺産総額３億円	基礎控除	**4,800** ①						(単位：万円)
法定相続人	法定相続分	法定相続額	総税額	各税額	算出税額	20%	納税額	手取
配偶者	50%	12,600	3,340	2,860	0		0	15,000
長男（後継者）	25%	6,300	1,190	1,430	1,430		1,430	6,070
次男	25%	6,300	1,190	1,430	1,430		1,430	6,070
合計	100%	25,200	5,720	5,720	2,860		2,860	27,140

配偶者の税額軽減で0に

遺産総額３億円	基礎控除	**5,400** ②						
法定相続人	法定相続分	法定相続額	総税額	各税額	算出税額	20%加算	納税額	手取
配偶者	50%	12,300	3,220	2,540		0	0	15,000
長男（後継者）	17%	4,100	620	847		0	847	4,153
次男	17%	4,100	620	847		0	847	4,153
養子（長男の子）	17%	4,100	620	847	847	169	1,016	3,984
合計	100%	24,600	5,080	5,0			,710	27,290

養子が増えて基礎控除も増える

子の税率が下がる

20%加算があるが…

だが次男の手取が減る

＜上記の差額③＞

法定相続人	法定相続分	法定相続額	税額	税額	算出税額	20%加算	節税額	手取	手取合算
配偶者	0%	300	120	320			0	0	0
長男（後継者）	-8%	2,200	570	583	58		583	-1,917	2,067
次男	-8%	2,200	570	583	58		583	-1,917	**-1,917**
養子（長男の子）	17%	-4,100	-620	-847	-847	-16	-1,016	3,984	0
合計	0%	600	640	640	319	-169	**150**	150	150

総額では節税になる

２．さらなるメリット（相法19の３、19の４）

孫が未成年者や障害者の場合、本人の税額から**未成年者控除や障害者控除**を受けられます。控除しきれない場合、扶養する親の税額から不足額を控除できます。未成年なら**20歳（2022年４月以降18歳）までの年数×10万円で、障害者では何と85歳までの年数×10万円｛特別障害者なら20万円｝**です。これは税額控除ですからそのまま税金が少なくなるので効果が大きいのです。

障害者のお孫さんがいれば是非養子にしてあげることをお勧めします。ポイントは未成年者や障害者に対して、実際に相続又は遺贈をすることです。この場合に限り未成年者控除や障害者控除が使えます。遺言書がない場合には、未成年者や障害者のために家庭裁判所に特別代理人の申請をしなければなりません。したがって、やはり遺言書が大切なのです。

その他、孫の養子は**戦略的物納**（188ページ）にも役立ちます。

2．何と2人いれば従業員（役員）持株会ができる

POINT

さまざまな場面で役立つ従業員（役員）持株会を導入すべき
適正な運営ができるか否かが分かれ目

1．従業員（役員）持株会とは…そのメリットと節税効果

従業員・非同族の役員が「従業員（役員）持株会」（以下、「従業員持株会」と言います。）と言う**組合の規約**を作ればすぐにでもできます。組合ですから最低２人必要ですが、**登記不要**で、通常は収益事業を行わないので**税務申告も不要**です。

従業員持株会を作る目的は、福利厚生目的（財形目的）とオーナーの相続税対策です。他にも、直接持ってもらうと退職時に買戻せないが、**規約に謳っておけば買戻せること、議決権行使をソフトに制限できること、法人税の節税ができること等のメリット**もありますから、有益な方法です。

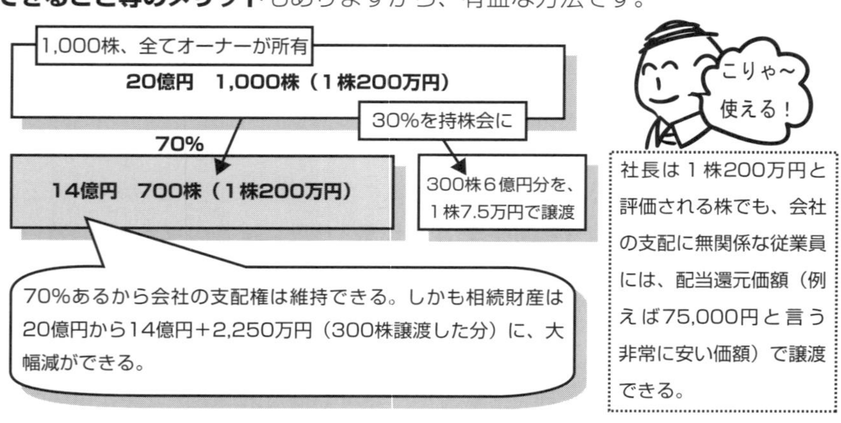

1,000株、全てオーナーが所有
20億円　1,000株（1株200万円）
70%
30%を持株会に
14億円　700株（1株200万円）
300株6億円分を、1株7.5万円で譲渡
70%あるから会社の支配権は維持できる。しかも相続財産は20億円から14億円＋2,250万円（300株譲渡した分）に、大幅減ができる。
こりゃ～使える！
社長は１株200万円と評価される株でも、会社の支配に無関係な従業員には、配当還元価額（例えば75,000円と言う非常に安い価額）で譲渡できる。

節税の話から具体的にお話しましょう。今、上図のように1,000株で20億円と評価される会社の株式を、全て社長が所有している会社があるとします。そのままでは相続税は10億円ほどになります。簡単にするために100人の従業員としましょう。そこで従業員持株会を作ります。そこに社長から自社株を

30％（この割合は規模や人数等で検討をします）譲渡します。さて、従業員持株会は**同族関係者ではありませんので134ページでお話したように配当還元価額（例えば75,000円）で譲渡できます**。だから従業員でも買えるのです。

すると社長には300株の代金として2,250万円が入りますから、残る70％の株式は14億円で、財産は14億2,250万円と大幅減になります。相続税額は７億円程になり３億円の節税です。しかも株式は３分の２以上所有していますから特別決議も単独で可能で、会社の**支配権はゆるぎません**。

２．従業員は自社株を買うか？

今度は、従業員の立場で考えてみましょう。上場会社の株式であれば、値上がりした時に売って儲けることもできますが、未上場株式では、近い将来に上場の計画がない限りは困難です。まして通常の会社では、配当をするのは税務上、社長の配当所得が増えるだけなので、配当をせずに会社に留保しています。配当しなくても、「どうせこの会社は俺の物」だから良いわけです。

しかし、従業員持株会を作るときは、それでは従業員はメリットが何もありません。そこで少なくとも**預金利息よりも高い配当**を必ずします。社長が上記のような理由で配当が不要だと言うのであれば、従業員持株会には、**「非参加・累積型の配当優先種類株式」**（282ページ参照）にして譲渡する方法がお勧めです。従業員持株会に渡す優先株を、**取得条項付議決権制限株式**とすることも考えられます。

また社長の個人的能力が会社の収益力である会社は、従業員持株会を作っても従業員は乗ってきません。**社長が死んだら紙屑**になってしまうからです。

３．買取価額と運営に注意

退職時の買戻し価額は上記の「**配当還元価額を参酌する**」と規定します。また、**幽霊従業員持株会にしない**ことです。詳細は拙書『事業承継に活かす従業員持株会の法務・税務（第３版）』（2015年、中央経済社）をご参照ください。

3．会社への貸付金を消して大節税

POINT

オーナーの貸付金を現物出資すると評価が下がる
債務消滅益とされれば課税のリスクがある

1．オーナーの会社への貸付金は相続財産

会社が下図のように資産よりも負債の多い債務超過状態なら、この会社のオーナーの株式の評価は0。他に相続財産がなければ相続税は0です。

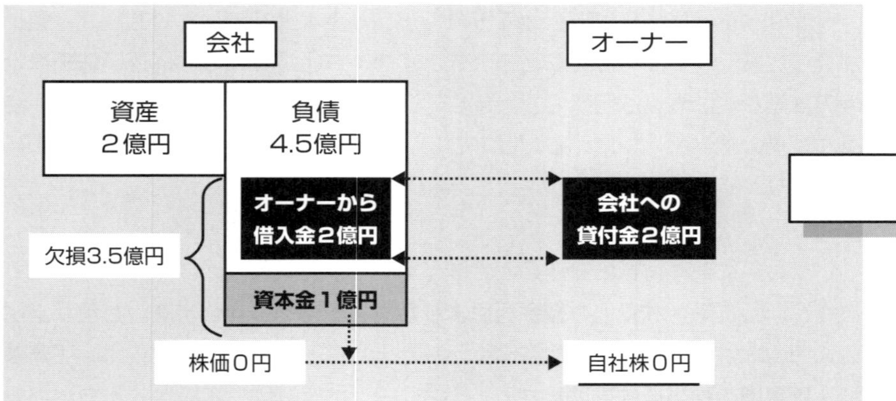

しかし、この負債の中にオーナーからの借入金（上図の黒塗部分）がある場合は、オーナーに相続が発生すると、オーナーと会社は別人格ですから、会社に対する貸付金という相続財産になります。貸付金は額面で評価されてしまいますから、相続財産が２億円になってしまいます。

そこで「債務の株式化（DES＝デット・エクイティー・スワップ）」を行い、相続財産の圧縮を図ることができます。つまり右ページのように、①オーナーの貸付金から有価証券（自社株）へと、相続財産を変容させるのです。これは会社にとっては借入金が減って、②資本金が増えるので、会社の財務状況の改善も同時に図ることができます。しかしそうしても、**未だに負債の方が大きけ**

れば株価は０円のままです。またオーナーの立場からは③貸付金はなくなりますから０円となります。自社株は貸付金の部分だけ量は増えますが、株価は０円で変わりません。このように**貸付金よりも、「取引相場のない株式」の方が評価は下がり**ます。⑤会社の方は、さらにその後、減資を行えば見栄えも良くなります。

２．会社法では、現物出資が容易に（会法207⑨）

従来、DESは原則として裁判所の選任した検査役の調査が必要でした。新会社法では、借入金の返済期日が来ていて、かつその借入金額以下の金額で出資をする場合には、現物出資に関する検査役の調査も、税理士等による証明も

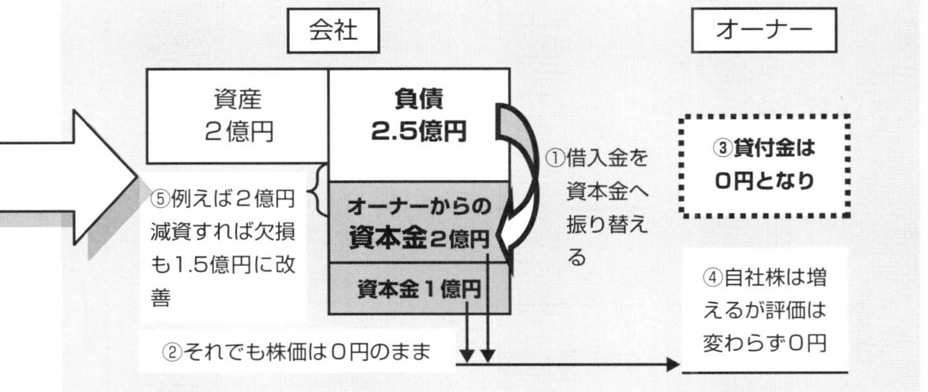

不要になり大変便利になりました。

３．法人住民税の均等割や債務消滅益に注意

DESにより増減資や欠損填補を行った場合、法人税法上の資本金等の額が増加します。**法人住民税の均等割額の負担増**になることにご留意ください。

またDESをする債務の価額は、**消滅債務の券面額評価から時価評価**になりました（平成18年度法人税改正、法基通２-３-14）ので会社側に**債務消滅益**が生じる可能性がありますから繰越欠損金以下でないと課税されます。しかし、一定の場合は、期限切れの繰越欠損金と相殺できます。

4．赤字会社と合併して株価を下げる

POINT

別々の会社の＋－は通算できないが、合併すれば通算できる

含み損益を有する会社は、会社分割も検討

1．優良会社の株価と債務超過会社の株価とは通算できない

債務超過会社（▲６億円）と経営が順調な会社（10億円の純資産額）の２

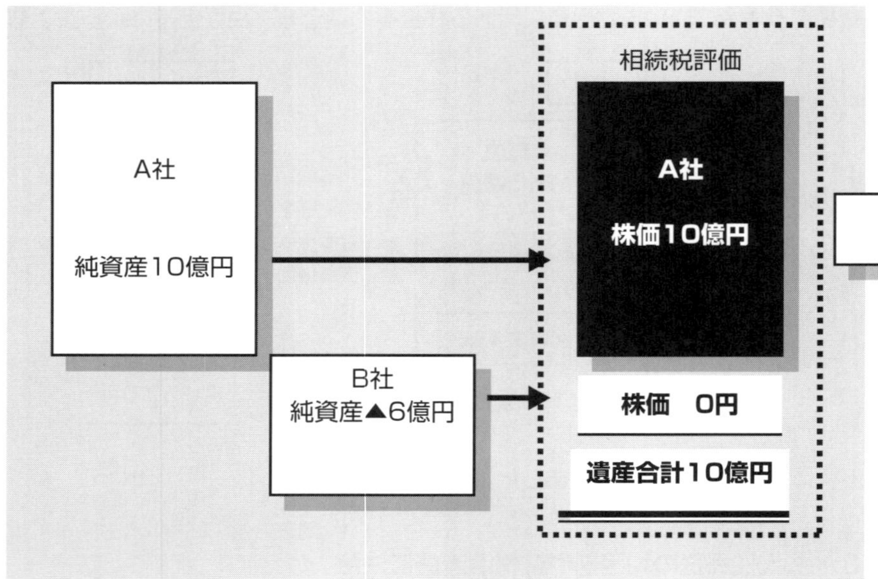

社を経営しているオーナーがいるとします。その相続対策を考えてみると、債務超過会社の株価は▲６億円とならずに０円と評価されますから、合計では10億円となります。10億円－６億円＝４億円とはなりません。

2．会社法では、債務超過会社を吸収合併できる（会法795②一）

しかし事前に合併すれば、純資産が４億円となり株価も４億円になります。これまでは債務超過会社との合併はできなかったのですが、会社法では可能と

なりましたから、これを用いれば相続税の節税につながります。

さらに、赤字会社の合併によって**利益と損失も通算され株価が下がり**ます。また、次項でお話するように、**会社の規模が大きくなることで、会社規模が大きいほど割安の評価となることからも株価を下げる**ことができます。

３．合併手続上の注意事項

合併するには株主総会の特別決議が必要ですが、その際に、取締役は差損が生ずることの説明を株主総会でしなければなりません。つまり、合併することについて経営上合理的な理由が必要とされます。

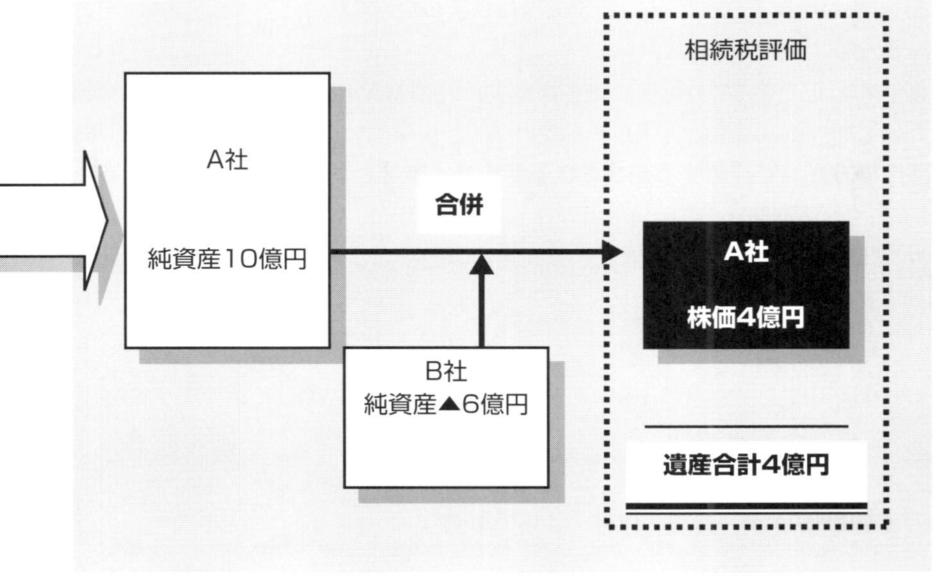

４．土地の含み損益を有する会社は、会社分割を

含み益のある土地と含み損のある土地とを有する会社において、それぞれの土地を有する会社に会社分割をすると、**法人税等相当額37%控除のフル活用**により、トータルの株価の引下げが可能となります。

5．合併・会社分割で株価を下げる

POINT

赤字でなくても、合併して規模が大きくなると評価が割安
会社分割により業種を変更して、さらなる節税も

1．大きいと割安に評価される

まず第６章の復習です。株価評価には「純資産価額方式」「類似業種比準方式」「配当還元方式」の３つの方法がありました。このうち、同族株主が使う評価方法は前２つでした。

事業承継で節税を考えなければならない会社は、一般的に蓄積された純資産で評価される「純資産価額方式」のウエイトが高くなります。そこで**「類似業種比準方式」で評価する割合をなるべく高くすると株価が下がる**わけです。126ページの表の一部を再度載せました。まず下の表では**「総資産」「従業員数」「取引高」が高くなるほど規模が大きい会社とされ、規模の大きな会社ほど、「類似業種比準価額」の割合が増えます。**

総資産価額と従業員数	取引金額	判定	
20億円以上かつ35人超	30億円以上	大会社	
４億円以上かつ35人超	７億円以上30億円未満	中会社	中の大会社
２億円以上かつ20人超	3.5億円以上７億円未満		中の中会社
7,000万円以上かつ５人超	２億円以上3.5億円未満		中の小会社
7,000万円未満又は５人以下	２億円未満	小会社	

2．会社分割で業種を変更

140ページの「類似業種」の判定を活用して、例えば株価の安い業種（倉庫業など）に会社分割することで、類似業種比準価額を引き下げることができます。また、土地保有特定会社である大会社を、会社分割により中会社又は小会社にすることで、土地保有特定会社はずしが可能となる場合もあります（128ページ参照）。

３．合併すれば規模は大きくなる

合併すれば自然に規模は大きくなりますから、必然的に株価が下がるわけです。グループ企業であれば合併も容易ですし、次にお話する税制上のメリットのある適格合併になりますから課税もされません。

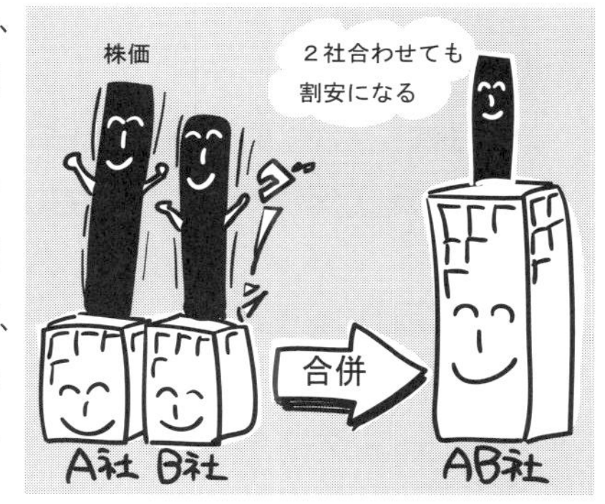

合併前の会社の区分は、**事業部として残して**おけば、急激な統合のマイナス面も減らすこともできるでしょう。そして、**財務・経理などの共通部分を一本化することで効率を上げるなどの経営メリット**があれば合理性もあるわけです。

４．税制適格合併の要件

関連会社などの企業グループ内の合併や会社分割などの組織再編は、非常にやりやすくなりました。例えば、企業グループ内の法人間の合併等によって、**金銭等の対価の支払いがない場合には原則として税制上の適格組織再編**とされ、

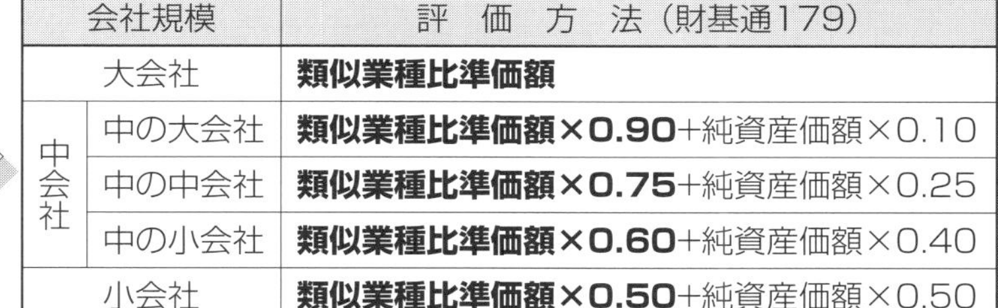

会社規模		評　価　方　法（財基通179）
大会社		**類似業種比準価額**
中会社	中の大会社	**類似業種比準価額×0.90**＋純資産価額×0.10
	中の中会社	**類似業種比準価額×0.75**＋純資産価額×0.25
	中の小会社	**類似業種比準価額×0.60**＋純資産価額×0.40
小会社		**類似業種比準価額×0.50**＋純資産価額×0.50

税金がかかりません。

資本関係が**50%超～100%未満**の場合は、先の条件に加えて、①主要な資産負債を移転し、従業者のおおむね80%以上を引き継ぐこと、②合併等の後も事業を継続すること、がありますが、**共に簡単にクリアできる要件**です。総じて、**安全性も高くお勧めの節税**方法です。さらに合併で複数事業となるので140ページのコラム⑦でお話した**業種区分を株価の低い区分に誘導**できたら効果的な節税が可能ですが、少々高度になります。

6．持株会社を作って、次に株価を下げる

POINT

自社に適合する経営統合方法は何かを先に検討すること
株式等保有特定会社に該当しないようにしていく

1．持株会社の必要性

持株会社を作るのは、前項の合併とは逆の方向になる経営手法です。しかし、共にグループの統合方法という点では同じです。まず、節税のことは頭から除いて考えてみましょう。下図の中央に数社の会社を所有するオーナー（株主）

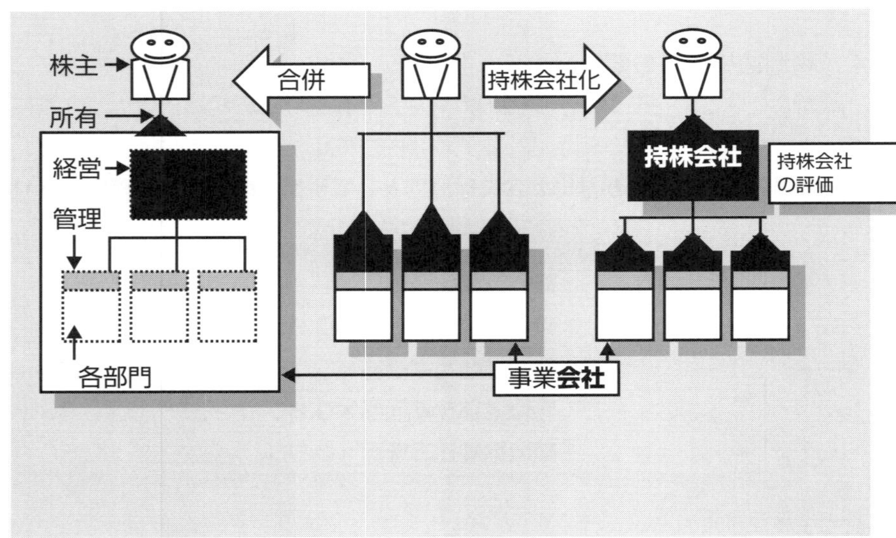

が居ます。左右に違う経営統合の方法である意思決定があります。左の合併は前項でみてきました。右の持株会社化は、**「株式交換」や「株式移転」**と言った手法で比較的容易に完全親会社として持株会社を作ることができるようになり、**税制適格要件**も、前項の合併の時のように関連会社であれば、ほぼ大丈夫です。それぞれの方式で**一番異なるのは、「経営」部分のウエイト**です。株主構成や経営する人材の有無等で**自社に適する方法**を選ぶのが肝要です。くれぐ

れも先に**節税ありきにならないように**注意してください。

２．持株会社を作っただけでは株価は下がらない

持株会社化しただけでは、株価を下げることはできません。何故なら、開業後３年間は純資産価額方式でしか評価ができないからです（130ページ参照）。その後も、持株会社は、子会社の株式しか財産として有しない、「完全持株会社」ですから128ページでお話した株式等の価額の割合が50％以上であるため、**「株式等保有特定会社」として純資産価額方式**（「$S_1 + S_2$」方式との選択）で評価しなければならないからです。

３．持株会社も独自の経営を行う

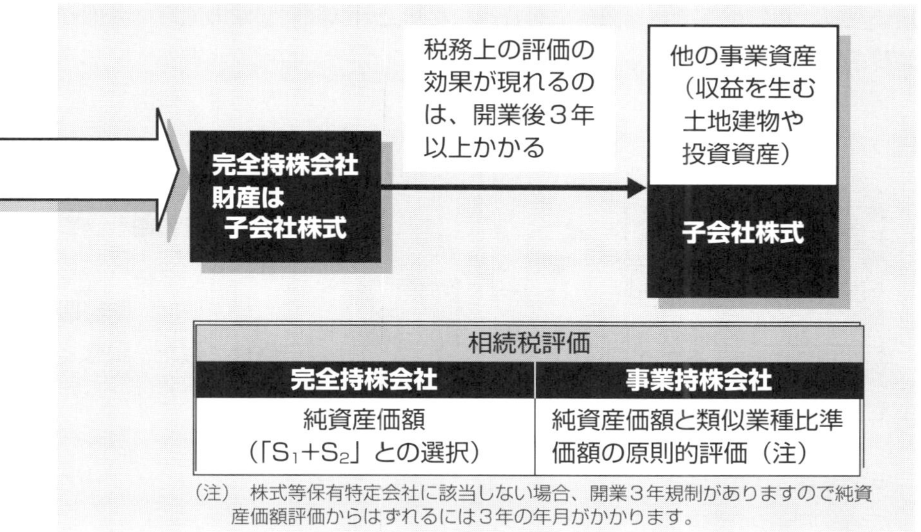

相続税評価	
完全持株会社	事業持株会社
純資産価額（「S_1+S_2」との選択）	純資産価額と類似業種比準価額の原則的評価（注）

（注）　株式等保有特定会社に該当しない場合、開業３年規制がありますので純資産価額評価からはずれるには３年の年月がかかります。

完全持株会社は、上図のように収益を生む建物（土地は、定期借地権とする。）や投資資産（保険積立金等）を借入金で取得し、他の事業を行い、開業３年経過後に株式保有特定会社に該当しない「事業持株会社」になるように、株式等の価額の割合を50％未満にします。したがって、**借入金の返済は４年目からとする**のが良いでしょう。つまり、持株会社化の**節税の即効性はありません。**

7．投資育成会社の活用

POINT

従業員持株会と同様の効果が期待できる

投資育成会社については、まだまだ知られていない方も多いようです。誤解を恐れずに、イメージとして言うなら、**第二従業員持株会**で、さらに言うなら、**社外従業員持株会**であると考えられます。

その意味では取引先持株会に似ていますが、組合ではなく法律の裏付けある**経済産業大臣監督下の半ば公的な会社**で、**税務上は財務省認定の温厚な外部安定株主**と考えればよいでしょう。

従業員持株会が第三者割り当てで株式を引き受ければ、配当還元価額で引き受けができることから、相続税の節税が図れます。

同様に、投資育成会社に、**第三者割り当てで**株式を引き受けてもらう場合には、**配当還元価額に似た、税務上も認められた**「期待利回り」に基づいた非常に安い価額で、引き受けされるので、株価が薄められて、結果として、オーナーの持株評価が下がり、その後の株式の移動が容易になるのです。

しかも、**従業員持株会等との併用も可能**です。しかし、**投資育成会社は、後継者にはなりえません**から、あえて「社外従業員持株会」のようなものと述べたのです。しかし、社外といっても、取引先持株会のように、こちらが事務局となって、面倒をみなければならないこともなく、独立した準公的な株式会社ですから、**運営に関する面倒さはありません**。

その代わり、れっきとした第三者ですから、株主としてしっかりとした対応（すなわち**安定配当と説明**）だけすれば問題がありません。

	メリット	必要な対応
1	従業員持株会同様、第三者割り当てにより株価が薄まり、結果としてオーナーの持株評価が下がり、**相続税の節税**ができる	審査を通るだけのプレゼン等の努力
2	株式の移動が容易になり**後継者などへの事業承継がしやすくなる**	
3	**一気に多額（議決権の半分まで）の引き受けが可能**	
4	経営が外部の目にさらされ、**いいかげんな同族経営からの脱却に繋がり**、財務の透明化、内部体制の強化などに繋がる	従業員以上に、**安定配当と、プロに対する説明が必要**になる
5	会社が**事務局になって面倒を見るというような必要がない**	
6	**外部安定株主**として、基本的に**経営陣の側に立って議決権行使**が可	

また、様々な持株会へいきなり多額の引き受けができないことが多い中、投資育成会社は**議決権割合の半分までは、一気に引き受けが可能**です。

投資育成会社は、正式名称を「中小企業投資育成株式会社」と言い、**昭和38年に制定された「中小企業投資育成株式会社法」により設立**され、**東京、名古屋、大阪に３社**あります（東京のＨＰはhttp://www.sbic.co.jp/）。

投資育成会社については、誤解も多いようですが、一般のＶ．Ｃ（ベンチャーキャピタル）の出口戦略のように株式上場によって巨額のキャピタル・ゲインを得ることを狙うのではなく、**経済産業大臣の厳しい管理下**にあって、投資育成法１条の「会社の目的」は「**中小企業の自己資本の充実を促進し、その健全な成長発展を図るため、中小企業に対する投資等の事業を行なうことを目的**」としています。

法律の趣旨からして**経営支配を目的にしていませんし、経営参加もしてきません**ので、いわば「お金は出すけれども口は出さない」パートナーです。

第9章　納税の対策

事業経営者の相続財産の特徴は、**自社株の比率が高い**ことです。経営権の確保のために後継者には、その自社株の大半を相続させるのが好ましいのですが、そうすると後継者は、現金がないと、その自社株の相続税が払えません。

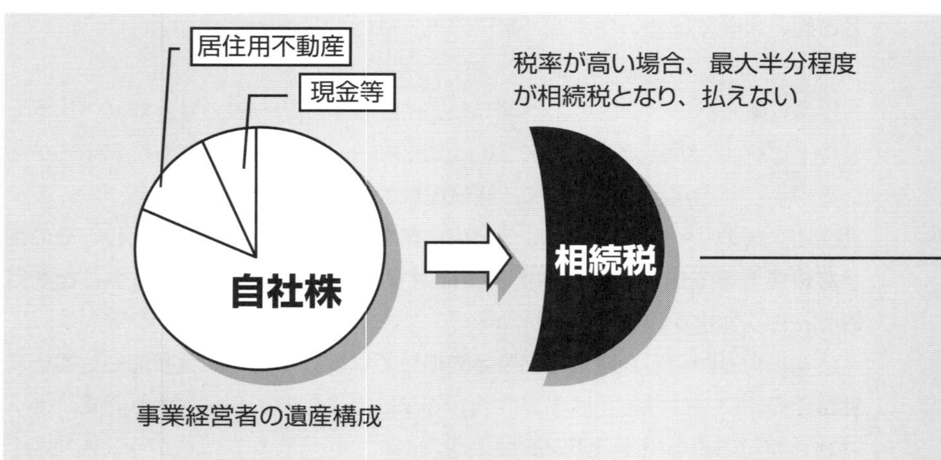

事業経営者の遺産構成

相続税の**納税は、原則として現金**です。現金がなければ、未利用の土地などの相続財産を売却して現金化して納税することになります。

こうしてでも一括納付ができない場合は、**分割払いの「延納」**があります。

さらに、分割と言っても現金納付なので、相続財産が売れない場合や、定期的な現金収入のない場合は、**最後の手段として、「物納」**があります。

しかし、会社に貸付けている土地や、自社株を単純に**「物納」してしまうと事業経営に支障**が生ずる可能性があります。

これらの**解決策は大別して３つ**です。

最初に検討すべきは納税猶予です。第16章・第19章でお話します。

２つは、**納税資金を準備**することで、相続人が取得した相続株を自社に買取ってもらう方法と、会社に貸付けている土地を自社に買取ってもらう方法、そして社長の会社受取りの死亡保険金を退職金でもらう方法です。

３つ目は、自社株を物納する方法です。すなわち自社株を孫を養子にして相続させるか、遺言で遺贈し、物納をします（戦略的物納）。

しかし、いずれの方法によるにしても、最後は現金が必要です。**会社は買取資金が必要ですし、自社株の物納では国から買い戻す必要**があります。

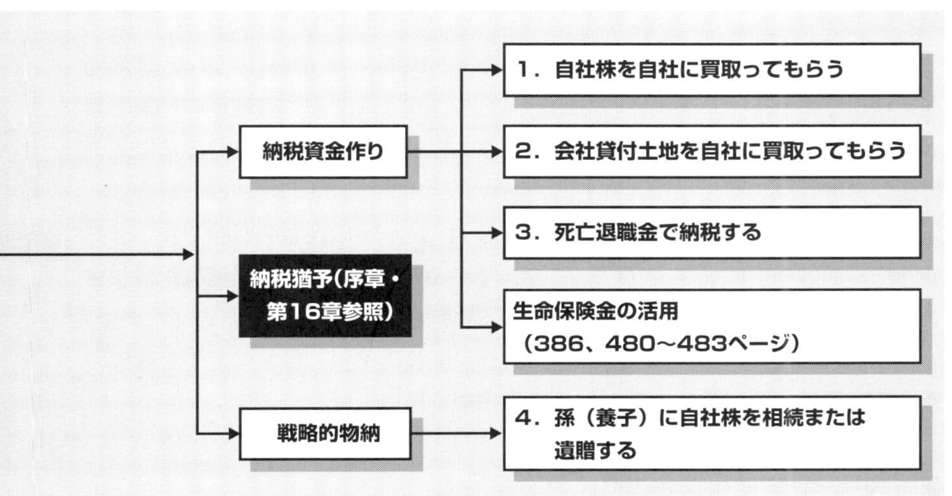

1．会社に自社株を買取ってもらい納税する

POINT

会社は、相続人だけから買取れる。しかも臨時総会でOK
会社に買取ってもらった時の所得税などは譲渡益の20%

1．相続人から株式会社が相続株を買取る場合の注意点（会法162）

相続人が相続等で取得した自社株を会社に買取ってもらい、現金納付するものです。この時は、他の株主には自分を売主に追加してほしいという**「売主追加請求権」**がありません。

注意すべき点は、株式相続人が株主総会において、当該株式について議決権を行使した場合には、適用されないと言うことです。また、**買取りの対象となった者が所有している相続株を除いた残りの株式で、議決権の3分の2以上の賛成**がなければなりません。さらに、財源規制がありますので、買取価額は分配可能額（254ページ参照）を超えられませんし、**買取資金も必要**です。なお、会社が取得した金庫株は議決権がなくなりますので、**後継者の経営権が脅かされない程度までしか**買取りはできません。

買取資金は、役員を被保険者とする会社受取りの役員退職金の準備と同様の**逓増定期保険、長期平準定期保険、終身保険で用意**しておきます。

2．会社分割で納税資金造り

生前に会社分割をします。相続開始後にそれぞれの株式を相続した後継者が、**一方の会社の株式を他方の会社に売却**をして、納税資産を獲得する方法があり

ます。発行法人に売却する１．の場合と異なり、**財源規制を受けません。**

３．相続人の税金はどうなる？

自社株を発行会社に売却した場合、売却価額の内、資本金等の額を超える部分の金額は、配当所得として総合課税の対象となり、税率は最大で49.44％になります。

しかし、相続株を**相続開始後３年10ヶ月以内に譲渡**すれば、「相続財産に係る非上場株式をその発行会社に譲渡した場合のみなし配当課税の特例」（措法9の7、平16改正法附則22）により、みなし配当課税ではなく、**譲渡所得課税20.315％（復興税含）で済みます。**しかも、この場合「相続財産を譲渡した場合の**取得費加算の特例**」（184ページ参照）**も適用**されます。

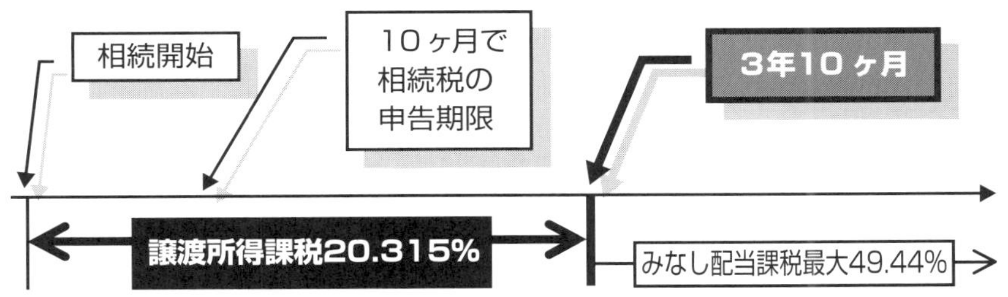

４．買取価額はいくらか？

買取価額は「時価」ですが、時価の２分の１未満の対価で買取った場合には、譲渡した株主の課税問題は、所得税基本通達59-6によることとなります。

この通達では、①**株主区分の判定は、譲渡前の保有株式数にて判定**する、②「**中心的同族株主**」（125ページ参照）に該当する場合は、「**小会社**」（127ページ参照）として計算する、③１株当たりの純資産価額の算定は、**土地及び上場株式の価額は事業年度終了時の時価**によって評価し直し、④その評価差益に対する**法人税等に相当する金額（37％）は控除しない**とされています。

詳細は、拙著『非公開株式譲渡の法務・税務（第５版）』（2017年、中央経済社）をご参照ください。

2．土地が多い場合の段階的な判断

POINT

物納や外部への売却と異なり、手元に先祖代々の土地が残る方法
会社が買取資金の融資を受ければ、金利は損金になる

1．高値で売れるなら問題ない

自社株以外にも、遺産に占める土地の割合が多い場合が少なからずあります。元々から資産家であった方が事業をしている場合などです。

遺産の土地が高値で売れるなら問題がありません。高値で売れる位ですから相続税の納税期限である相続開始から10ヶ月以内に売却できるでしょう。

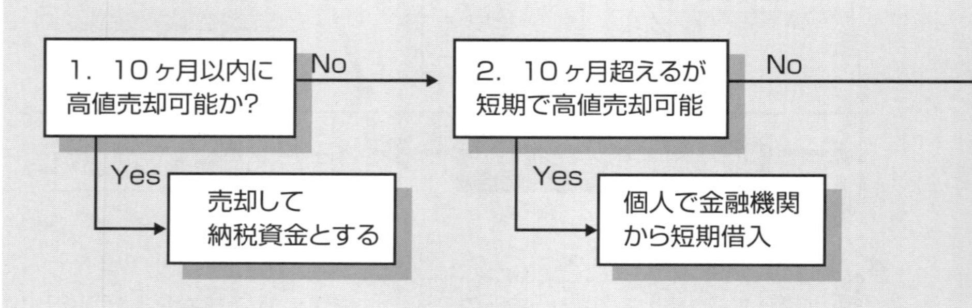

その場合、もちろん譲渡所得税はかかりますが、残余の資金は納税資金とすることができます。それで納税額を賄えれば問題はありません。

2．金融機関から土地を担保にして借り入れをして金銭納付するか？

ところが、相続開始から10ヶ月以内に売れなかったり、売れてもその土地だけでは納税額に満たない場合、延納の利子との比較になりますが、いったんは、その土地を担保にして金融機関から個人で借入れをして納税ということになります。すると、借入金の返済の他に利息が発生しますが、これは必要経費にならない家事費ですから負担が重くなります。

10ヶ月を経過しても比較的短期間で売れる見込みがあれば、それも良いでしょうが、そうでない場合は物納しなければならなくなるでしょう。

しかし、多くの場合、その土地を自社に貸して事業用に使っているものです。この場合、その会社からの地代で月々支払えるということで「物納」が許可されず、分割払い、すなわち「延納」にされる可能性が高くなります。

３．自社に売却する―金利は損金に―

そこで、次に自社に売却する手段を考えます。この方法なら物納や外部への売却と異なり、一族の手許に先祖代々の土地が残ることになります。

しかも、個人から土地を取得するに当たり、会社が金融機関から借りた借入金の利子は、法人の損金になりますので、個人で借りるよりも有利です。

従来のオーナーへの地代の支払いが、金融機関への借入金の返済に代わることになります。

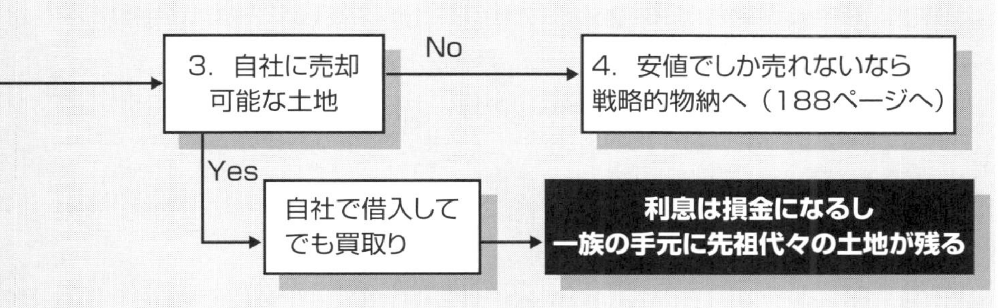

さらに、前記１．２．の場合もそうですが、相続開始後３年10ヶ月以内の譲渡は「相続財産に係る譲渡所得の課税の特例」（措法39、次ページのコラム参照）の適用があり、売却した相続財産に係る相続税相当額が取得費として譲渡所得の計算上、控除できますから、譲渡税の軽減が大変大きいのです。

４．最後は戦略的物納を！

それでも資金が足らず不要な土地があり、高値売却もできない土地があるならば、お孫さんを養子にする等の188ページの「戦略的物納」が有益です。

コラム⑥もっと詳しいお話

相続から3年10ヶ月以内の譲渡で譲渡所得税が安くなる、「取得費加算」

1．概要（措法39）

相続税の納税のために遺産を売却することは、少なからずあります。そんな場合に譲渡所得税が安くなる制度が、「取得費加算」と言われるものです。譲渡所得の計算は下の算式のように、売値から取得費と譲渡費用を引いた金額です。

売却価額－（取得費＋譲渡費用）＝譲渡所得の金額

上の算式のうち、「取得費」は、相続人が相続によって取得した財産の相続税の評価額ではなく、亡くなった方の取得費です。例えば、亡くなった方が、その遺産である財産を何十年か前に100万円で取得していれば、その100万円という価額を引き継ぎます。

そして、相続人は、その100万円の財産を相続により取得する際に、相続税を負担していますから、相続人が負担した相続税のうち、その譲渡した財産の価額に対応する金額を取得費として加算するのがこの制度です。

$$\text{その人の負担した相続税額} \times \frac{\text{譲渡した財産の相続税評価額}}{\text{その人の相続税の相続税評価額の合計（債務控除前）}}$$

2．土地等を譲渡した場合（平成27年より）

例えば400万円の相続税を負担した相続人が、相続した財産の評価額の合計が、900万円の土地２区画1,800万円と絵画200万円だったとしましょう。

上記の２区画のうち、亡くなった方が650万円で取得した１区画だけを、不動産屋さんの手数料20万円を支払って1,000万円で譲渡した場合で計算してみましょう。

①取得費加算＝(相続税額)400万円×900万円／2,000万円（＝900万円×２＋200万円）（その人が相続した財産の評価合計）＝180万円

ただし**加算額は譲渡益までの限度**としますので…

（売却額）（取得費）（手数料）（譲渡益）（上記計算）
1,000万円－(650万円＋20万円)＝330万円＜180万円　∴180万円

（売却額）（取得費）（①）（手数料）
②譲渡所得の金額＝1,000万円－(650万円＋180万円＋20万円)＝150万円

<コーヒーブレイク>

『弁護士費用は取得費になるのか？』

相続した土地を１億円で売却することになりました。相続で取得したので、先代の取得価額は不明です。

しかし、この土地を相続するに当たり、父からの過去のもろもろの贈与等（特別受益）の経緯もあり、兄弟間で遺産分割の件で相当揉めて、双方が弁護士を立ててやっと遺産分割がまとまったという経緯があり、私は弁護士に300万円を支払いました。

この300万円は、相続で取得するためのコストであり売却する土地の取得費を構成するので、譲渡所得の計算上、取得費に算入できると思いますがいかがでしょうか？

このような疑問は良くあることです。さて、貴方は、どのように答えますか？

答えは558ページに記載していますが、まず、答えをご覧になる前に、お考えください。

3．社長の死亡退職金は節税の要

POINT

死亡退職金は一部非課税で、弔慰金は非課税

1．役員退職慰労金は生命保険で確保

役員の退職慰労金は従業員の退職金と異なり積立の過程では、損金になりません。したがって、逓増定期保険や長期平準保険や終身保険という生命保険金でその準備を行います。終身保険を除き一部損金処理が可能で、節税しながら含み資産を創造できるという側面もあります。そして死亡時には会社が受取り、それを原資にして死亡退職金を支払います。

しかし**死亡時に在職**していることと**ポイント方式の役員退職慰労金規定**を作成しておかないと、右ページの「一般的な計算式の場合」のように、会長等に退くことにより、低くなった月額給与を基準に計算されてしまいますから注意が必要です。

ポイント方式は、右ページの表のように、平取締役、常務、専務、副社長、社長、会長、相談役などのそれぞれの役職１年毎にポイントを決めておき、退職時のポイント累計で退職慰労金を算定する方法です。

この例の場合、取締役相談役は平取から通算して26年間取締役でありそのポイント合計は157点となります。１点100万円とするならば、1億5,700万円の退職金となります。しかし、一般的な計算方法では退職時の月額給与が

50万円とすると、在職年数26年を乗じて功績倍率として２倍を適用すると、2,600万円にしかなりません。

ポイント制の場合

	点数	年数	得点
平取	1	3	3
常務	3	2	6
専務	5	2	10
副社長	7	2	14
社長	10	10	100
会長	4	5	20
相談役	2	2	4
合計		26	157

事業承継と
しては早目に
社長職を譲り
たいのでね

退職金（１点100万円）
100×157点＝１億5,700万円

一般的な計算式の場合

相談役（月額給与50万円）の時に死亡すると…

死亡時月額役員給与×役員在職年数×功績倍率（１倍～３倍程度）
50万円×26年×２＝2,600万円

２．死亡退職金の相続税の非課税枠とは？弔慰金の非課税とは？

死亡退職金は遺族の生活を考慮して、法定相続人数（放棄がなかったものとした相続人数）×500万円＝死亡退職金の非課税枠があります。したがって、遺族は相続税の負担が軽減されます。さらに、在職中なら、花輪代として業務中の事故による場合は、月額給与×36ヶ月分、業務外死亡であれば月額給与×６ヶ月分を限度として弔慰金が支払われた場合は、相続税は非課税となります。

３．株価計算上の死亡退職金・社葬費の取扱い

取引相場のない株式の評価は、原則として、①純資産価額方式、②類似業種比準方式、③ ①と②との折衷方式によって評価します（第６章参照）。純資産価額方式においては、相続開始後に支払われる役員死亡退職金、弔慰金、社葬費を債務として計上できます。

４．自社株を戦略的に物納する

POINT

「譲渡制限、買戻特約、金銭納付不能」の３大条件
「公開会社」になるデメリットもある

１．物納規定の整備により未上場株式の物納は容易に

平成14年度改正では、「相続人や会社及び関係会社等による**買戻しが確実なものであるか**」**が物納許可のポイント**とされました（相基通旧42−2（管理又は処分をするのに不適当な財産）⑵ハ（注））。

さらに平成18年度の改正では、物納が不適とされる「管理処分不適当財産」の範囲が明確にされ、それに該当しないならば物納ができることとなりました。それを受けて取引相場のない株式の物納に関する通達（相基通41−41と前記の42−2）が削除されました。

「管理処分不適当財産」とは株式の場合は「譲渡制限株式」が該当します。したがって、**物納する株式だけ譲渡制限を外せば**物納できることとなりました。

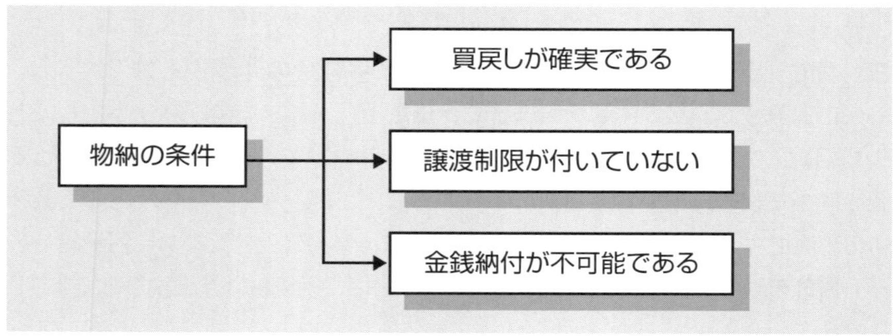

こうして「取引相場のない株式」も継子扱いはしないで、条件に該当さえすれば物納ができることになりました。そして、納付完了後に会社が国から買い戻しして金庫株とすることができるわけです。しかし、会社が取得したら金庫株となり議決権がなくなります。つまり、180ページの場合同様、**後継者の経営権が脅かされない程度までしか**物納はできないのです。

２．孫への遺贈等で物納を確実にする―戦略的物納―

しかし、物納は、一時に金銭納付することも、延納もできない場合にしか認められていません。この条件は納付する人毎に判定されます。

そこで、自社株（183ページの例では土地）を、お孫さんを養子にして相続させるか、遺言で遺贈するという方法を採ります。すると、通常は**金融資産を持たない**お孫さんは、金銭納付ができません。また延納して分割払いするほども**収入もありません**から、自社株の物納が許可されることになります。

ただし、譲渡制限株式、担保権の目的となっている株式、権利の帰属について係争中の株式、共有に属する株式（全ての共有者が物納申請する場合を除きます。）に該当すると物納不適格財産となります。

３．物納申請と税務上の取扱い

平成18年度の税制改正で、物納審査期間が原則として３ヶ月以内と定められ、３ヶ月以内に税務署から却下等の連絡がなければ、物納が許可されたものとみなされることとなりました。

未上場株式の場合は、物納申請時＝**相続税の申告期限までに、物納対象株式の譲渡制限を外す定款変更**をし、株券不発行会社となっている場合には**株券発行会社になる旨の定款変更**をし、かつ、それぞれ**登記**をしなければなりません。

なお、物納の許可は国への譲渡になり、「物納による譲渡所得等の特例」（措法40の３）により譲渡所得は非課税とされています。

４．公開会社になるとどうなる―上場会社同様の会社法上の規制―

譲渡制限を１株でも外すと公開会社となります。公開会社は原則として、上場企業と同様の計算書類の注記が必要となります。また、203ページでお話する**非公開会社ならではの「特典」は全て使えなく**なります。

第10章　経営権のための基礎　第二の遺言

他社と同じ「定款」
自分に合わない
これなら
動き易い！

会社設立の際には必ず作る「定款」。その重要性は会社法改正で一段と増してきました。従来は文房具店で定款の雛形を買ってきて、それに社名と目的を書けばできあがりで、「**他社と同じであることに価値があった**」定款。しかし、

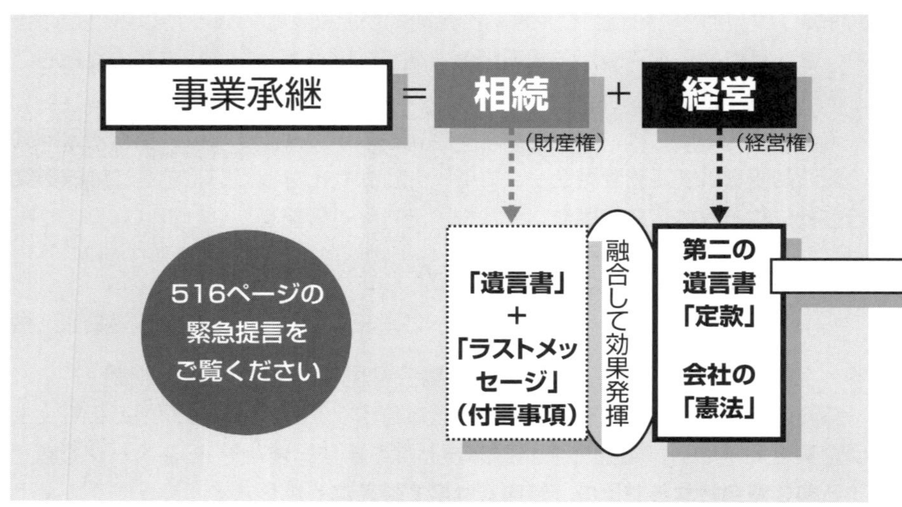

会社法の半世紀ぶりの大改正で、「**他社と違うことに価値がある**」ことになっ

てきました。すなわち、「定款自治」といって、自分達で、**自分達の会社に適合するように自由に定めることができる**ようになったのです。したがって自由度が格段に増しました。その反面、他社と同じようにしていたために不都合を知らずに引きずっていたり、**良かれと思って規定したことが逆に作用しているという**ことも起こっています。

しかし、**その事実が分かるのは、相続や内紛が起きる有事の際でしかない**ので、何十年もの間、気が付かずに過ごしてしまいます。もめ出すと定款の変更は容易にはできません。株主総会の特別決議が必要だからです。したがって、平時において**必ず起こる相続や事業承継に備えて、社内組織**（取締役会や監査役を置くか否か等）、**株式の内容等、様々な事を**整備しておかねばなりません。

その意味で「定款」は**会社にとって最も基本となる「憲法」であり、次の世代へ上手に引き継ぐための、貴方にとっての「第二の遺言」**でもあるのです。**オーナー経営者の立場に立って**雛形を作りました。本章では、その要点だけの紹介となりますので、詳しくは第2章をご覧ください。

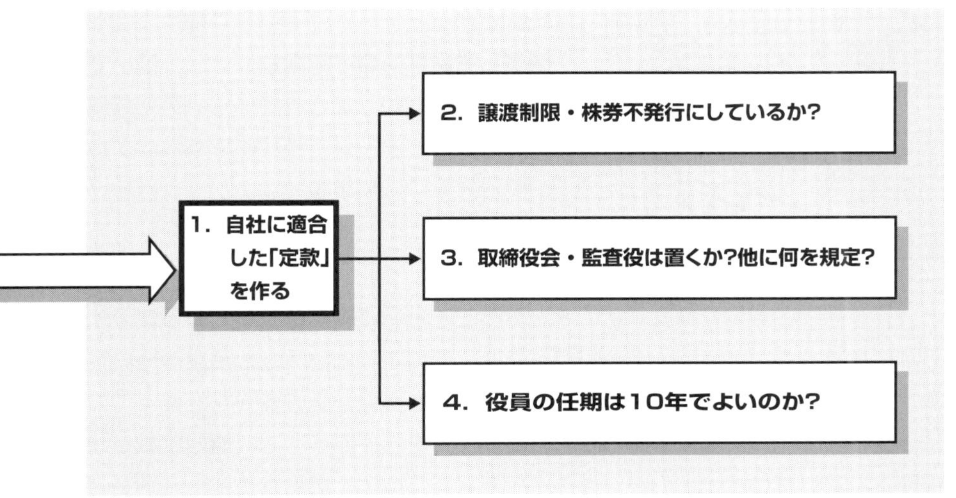

1．自社に適合した「定款」を作る

POINT

既製品からオーダーメイドに、自社に適合した定款でないと危険
有効な事業承継対策も、多くは定款で定める

1．贈与・譲渡ばかりで相続でもめる

中小企業の相続や事業承継でもめるとどうなるか？　一般の相続では106ページの図解でお話したように、親族だけでの話合いで解決しない場合には「家裁調停」、「裁判」というルートと、218ページでお話する「**株主代表訴訟**」という道があります。後者の場合には、相続人である株主だけでなく、相続人以外の親族株主や全くの**第三者株主が訴えを起こす可能性**があります。

そして、219ページでお話するように、裁判では**経営側が負ける可能性は非常に高い**のです。それは「株主総会議事録」がないことから始まって「そもそも**株主総会を開催していないので無効**だ」とか「**開いていても招集通知がなされていないので無効**だ」とか、取締役会で決めねばならないのに開いてない、議事録もないから負けるべくして負けるのです。…そんな会社は五万とあります。

大体、会社の憲法であるはずの「定款」ですら、**どこに保管してあるか**分からない会社も多いのです。定款があっても、**原始定款という会社設立の時の定款が後生大事に保管**してあって、その後の、住所変更、目的変更など長年の間には様々な変化があるにも関わらず、登記は変更してあっても、**原始定款しか保存されていない**というのがほとんどです。さらには、**最悪な放置**は「株式の譲渡制限」すら放置されている場合です。それでも平時は創業者のリーダーシ

ップでまとまっていますが、相続が起こると結束力が雲散霧消し、混乱に拍車がかかります。

こんなお家騒動は、余程の老舗や地元の有力企業でない限りは、いわば身内のもめ事ですので、**新聞沙汰にさえならないので、一般の人が知るよしもありません**。しかし、会社法制定時の政府の国会答弁にて、**株主代表訴訟の約８割が中小企業**で起こっているとの報告がなされています。

２．もめ事が起きやすい会社はそれなりの定款にしておく

したがって、**もめ事が起きやすい会社、つまり第三者株主が居る会社**は、それに対応できる会社の組織（取締役会や監査役の設置など）を定款に規定しなければなりません。「我が社は第三者株主なんて居ないよ」と思っていては危険です。たとえ**兄弟であっても、いつ離反するかは分かりません**。反対勢力の中心に取り込まれることさえあるのは歴史が物語るところです。そして**社長１人が100％の株を所有していても相続を繰り返す中で、株式がねずみ算式に分散**していくものですから、そうなった時は、それなりの組織にしなければなりません。

貴方って・・・
いつもお父様に
逆らえないんだから！
情けない！

さらに、身内でも贈与や譲渡が否認されることがありますので定款・登記の整備は必須です（498、516ページ参照）。

３．定款を積極活用する

定款は上記のようなもめ事予防的なものばかりではありません。**経営の自由度を高められるように、新会社法が用意してくれた「定款に定めた場合にはこの限りでない。」という規定を如何に使いこなすか**が重要です。

その他、第11～12章で詳しくお話しますが、「定款」に規定し、登記をして初めて有効となるものが数多くあります。これからは**「他社と同じことに価値がある」のではなく、「自社に適合した定款に価値がある」**のです。

2．譲渡制限・株券不発行にしていますか？

POINT

譲渡制限にしていないと、何と『公開会社』にされて大変！
譲渡や贈与が否認されるので株券不発行にする

1．商業登記簿謄本で確認を！

前項でお話した「最悪の放置」は、「株式の譲渡制限を付けていない」ということでした。すると上場会社のように自由に株券を譲渡ができます。株券発行が原則であった時代に、株券を発行していた場合には、株券が**闇の世界に渡る**こともありました。

事業承継で相続税の心配をする優良な会社は、昭和41年以前に創業された優良企業が多く、昭和25年の商法改正以降、株式に**譲渡制限を付けることができない時代の定款をそのまま放置して、登記もそのまま**という例が、未だに散見されます。時折、**謄本をみているはずなのに気が付いていない**。何故なら

「譲渡制限が付いていません」とは書かれていないからです。株式は譲渡できるのが大原則ですから、**譲渡制限が付いている時だけに、「当社の株式の譲渡には取締役会の承認が必要」等と書かれている**のです。つまり登記簿にこの記載がなければ、貴社の株式は自由に譲渡できるのです。商業登記簿謄本を必ずチェックしてください。

2．譲渡制限が付いていないとどうなる？

全株式に**譲渡制限が付いている会社**は、定款に定めれば、株主に相続が開始

した場合に、会社は相続人への「株式強制売渡請求」ができます（222ページ参照）。しかし、譲渡制限が付いていないと、これができないので、**株式がどんどん分散化**してしまいます。

また、大変なのが計算書類（決算書）の作成です。**１株でも譲渡制限が付いていない株式を発行する会社は、上場会社でなくとも「公開会社」**とされます。非公開会社は、注記12項目のうち３つのみで良いとされています。中小会社でも公開会社は、**上場企業に準じた注記が必要で、決算書の作成上、大変な労力**がかかります。

他にも**非公開会社にのみに認められる自由度の高い規定**は203ページに示すとおり多数あります。全株式に譲渡制限を付けていないと、これらの利用価値の高い規定が使えませんから要注意です。

３．株券発行になったままの定款と登記も直す

株券は不発行が原則になりました。以前から存在する会社は、株券発行が原則の時代に設立された会社です。**改めて定款と登記簿から「株券を発行する」旨を削除**しなければ、株主から株券発行を請求されると株券を発行しなければなりません。

さらに言えば、**譲渡制限を付してあっても、株券の現物が存在すると危険性は増します**。株券があれば、当事者間では株券の譲渡は有効に成立するからです。ただ会社の承認なく取得した者は、会社に対して配当請求権などを行使することができません。**好ましくない人物が取得承認をして、高価買取りを求める**こともあり得ます。早急に株券不発行にする定款と商業登記簿の変更をしましょう（次の３つのコラムを参照）。

コラム⑦もっと詳しいお話

譲渡制限株式が危ない！①

株主からの会社への譲渡制限株式の譲渡承認請求における「書面」請求制度が廃止された

中小企業経営者・税理士が知っておくべき譲渡制限株式の譲渡に係る問題点

1．はじめに

平成２年の商法改正前に設立された閉鎖会社の株式は、実際に出資をしていない知人名義や親族名義の、いわゆる名義株式が多くあります。その原因は、明治32年商法119条（昭和13年改正商法165）に「株式会社の設立には、7人以上の発起人あることを要す。」とされていたため、株式会社の設立時に、発起人名義を借用したためです。もっとも平成２年の商法改正（平成２年法律第64号）により１人の発起人による会社設立が認められたことから、このような理由による名義株式はなくなりました。

しかし、名義株主に相続の開始があってもそのままの名義であったり、あるいは、かつて仲間で会社設立をしたがその後疎遠になっても依然として株主に留まっていたり、また従業員や役員のときに株式を所有していたが、退職後も株主に留まっていたりすることは大変多いのです。株式譲渡制限会社にあっては、配当がなされないことが多いため、紛争が起きるまで解決されず放置されています。

そのような株主が、何らかの資金需要の必要性から、株式の高値での買取請求をされるケースがあります。このような場合に、オーナーサイドからの相談が顧問税理士に寄せられます。社歴の長い業績の良い会社では、旧額面の10倍以上の高額な評価になる場合が多く膠着状態になります。幸いにして実質的に譲渡制限会社の多くは株券が発行されていない（旧商法226ノ２、226①、会法217、215④）ことから、事なきを得ていますが、暴力団等の闇の世界に株券が流れようなら会社は窮地に追い込まれてしまいます。そうした不幸な事態にならないように対処する必要があります。一方、頼まれて株式譲渡制限会社の株主になったけれども、配当もないし、少数株主である故に会社経営に意思を反映することもできないままに、投資の回収ができないという株主サイドの問題もあります。投下資本の回収をしたいがオーナー経営者が不誠実な対応しかしないという少数株主側の不満もあります。

2．問題の所在

３つの問題点をお話します。201ページに「まとめ」がありますから、それをみながらご理解ください。

問題の所在 ―その１―「書面」要件がなくなった

譲渡制限株式を譲渡したい株主は、旧商法においては、必ず「書面」（会社の承認があれば「電磁的方法」も可能）にて請求をしなければなりませんでした。

> 旧商法204条ノ２［株式の譲渡制限］
> 株式ノ譲渡ニ付取締役会ノ承認ヲ要スル場合ニ於テハ株式ヲ譲渡サントスル株主ハ会社ニ対シ譲渡ノ相手方並ニ譲渡サントスル株式ノ種類及数ヲ記載シタル**書面**ヲ以テ譲渡ヲ承認スベキコト又ハ之ヲ承認セザルトキハ他ニ譲渡ノ相手方ヲ指定スベキコトヲ請求スルコトヲ得

ところが、会社法136条では、この「書面」の規定が削除されたが故に、「口頭」でも可能となったことに注意しなければなりません。この問題に対処するためには、「定款」で「書面」縛りをすることがトラブル防止になるでしょう。なお、特例有限会社は株主間譲渡については、会社の承認を要しないとされています（会整法９）。

＜モデル定款＞

（株式の譲渡制限）

第○条　当会社の株式を譲渡により取得をするには、当会社の承認を要する。

Ⅱ　前項の承認は、代表取締役が行う[1]。ただし、代表取締役に事故あるときは、あらかじめ取締役会において定めた順序により、他の取締役がこれに代わる（以下、本定款において、代表取締役が行うべき行為の定めがある場合において同様とする）。

Ⅲ　株主が当会社に譲渡承認請求をし、又は株式取得者が当会社に取得承認請求をするには、**当会社所定の書式による譲渡等承認請求書に当事者が記名押印して、これを提出しなければならない。**

Ⅳ　前項の譲渡承認請求又は取得承認請求において、当会社が承認しない旨の決定をするときには、当会社又は指定買取人が株式を買い取ることの請求がある場合における指定買取人の指定は、代表取締役がこれを行う[2]。

1　会社法139条１項は、譲渡の承認又は不承認の決定をする者を定款において定めることができると規定していますので、本モデル定款ではこれを活用しています。

2　会社法140条５項。定款に定めることにより、代表取締役が指定買取人を指定できるようになります。

コラム⑧もっと詳しいお話

譲渡制限株式が危ない！②

問題の所在 ―その2― 譲渡承認の「みなし承認規定」が新会社法では整備された

旧商法204条ノ２の譲渡承認請求が「書面」でなされた後、取締役会は譲渡を承認しないときは、その旨を請求の日から２週間以内に請求株主に対し通知することを要し、その期間内に通知がないときは、譲渡の承認があったものとみなされました（旧商法204ノ２⑦前段）。

要は、認否の通知（承認・否認［先買権者の指定又は自己株式取得］）を2週間以内にしないと、請求者の指定する相手方に譲渡がされます。しかし、「書面」で請求がくるので、会社も身構えることが比較的容易でした。

失念を防止し、みなし承認を防ぐために、前ページのモデル定款のように「書面」規定を定めるのが良いでしょう。

また、会社法では、145条に[株式会社が承認をしたとみなされる場合]という条文を新たに起こし、旧商法において各条文に散在していた規定をまとめ、会社及び請求する株主の利便性を高めました。

なお、この「譲渡承認請求」については**第11章の246ページ**で再度取り上げます。

株式会社が譲渡等承認請求を承認したとみなされる場合（会法145、会規26）

株式会社は**次に掲げる場合には、譲渡等承認請求の承認をしたものとみなされます。**

ただし、株式会社と譲渡等承認請求者との合意により別段の定めをしたときはこの限りでないとされています。

（筆者注：したがって、みなし承認を避けるためには、譲渡等承認請求があった場合に、「合意」文書を直ちに取り交わすか、又は株主全員の同意により定款において会社法145条の適用をしない旨の定めを設ける必要があります。）

① 株式会社が株主からの他人への譲渡承認、株式取得者からの取得承認請求があった場合に、**2週間**（定款でこれを下回る期間を定めた場合にあっては、その期間）**以内に認否の決定を請求者に対して通知しなかった場合**

② 株式会社が上記の否認の通知の日から40日（定款でこれを下回る期間を定めた場合にあっては、その期間）以内に株式会社が買取る旨の通知を請求者に対してしなかった場合

③ 会社から指定を受けた指定買取人が上記①の否認の通知の日から10日（定款でこれを下回る期間を定めた場合にあっては、その期間）以内に指定買取人が買取る旨の通知を請求者に対してしなかった場合において、その後30日以内に株式会社が買取る旨の通知を請求者に対してしなかった場合

④ 株式会社が株式譲渡等承認請求の認否通知の日から40日（定款でこれを下回る期間を定めた場合にあっては、その期間）以内に株式会社において買取る旨の通知をしたにもかかわらず、当該期間内に供託所発行の「供託証明書」を株式譲渡等承認請求者に対して交付しなかった場合

⑤ 指定買取人が株式譲渡等承認請求の認否通知の日から10日（定款でこれを下回る期間を定めた場合にあっては、その期間）以内に買取る旨の通知をしたにもかかわらず、当該期間内に供託所発行の「供託証明書」を株式譲渡等承認請求者に対して交付しなかった場合

⑥ 譲渡等承認請求者が当該株式会社又は指定買取人との間の対象株式に係る売買契約を解除した場合

（筆者注：上記⑥の適用場面は、認否通知後40日以内になされた株式会社よりの買取りの通知又は認否通知後10日以内になされた指定買取人よりの通知以後は、株式譲渡等承認請求者は株式会社等の承諾がなければ譲渡等承認請求を撤回（将来効がある。）できず、また株券発行会社の場合にあって株式譲渡等承認請求者が株式会社等より「供託証明書」の交付を受けてから、1週間以内に株券を供託しなかったときは、株式会社又は指定買取人は対象株式の売買契約の解除（遡及効がある。）をできると規定されていることから、株式会社等と株式譲渡等承認請求者の間で売買価格の協議が調ったにもかかわらず又は裁判所による売買価額の決定がなされたにもかかわらず、株式会社等が債務を履行しない場合に限られると解釈すべきです。）

このみなし承認規定が働く最多場面は、株式譲渡等承認請求者が当該株式会社に請求をした日から14日以内に当該会社がかかる請求に対する認否の通知をしない場合でしょう。特に口頭でなされた場合、請求者が意図的であるならば「録音」をとってみなし承認の有効性を主張することとなるでしょう。

コラム⑨もっと詳しいお話

譲渡制限株式が危ない！③

問題の所在 —その3— 株券発行会社になったままなので、株券発行請求が起こされる

旧商法では、平成16年改正までは、全ての株式会社は株券を発行しなければなりませんでした。中小株式譲渡制限会社にあっては、株券不所持制度（昭和41年商法改正で全ての会社に導入）や株式譲渡制限会社である株券発行会社は、株主の請求がある時までは、株券を発行しないことができる株券不発行の特例（平成16年商法改正）の実質的適用により、株券を発行していないのが実情でした。

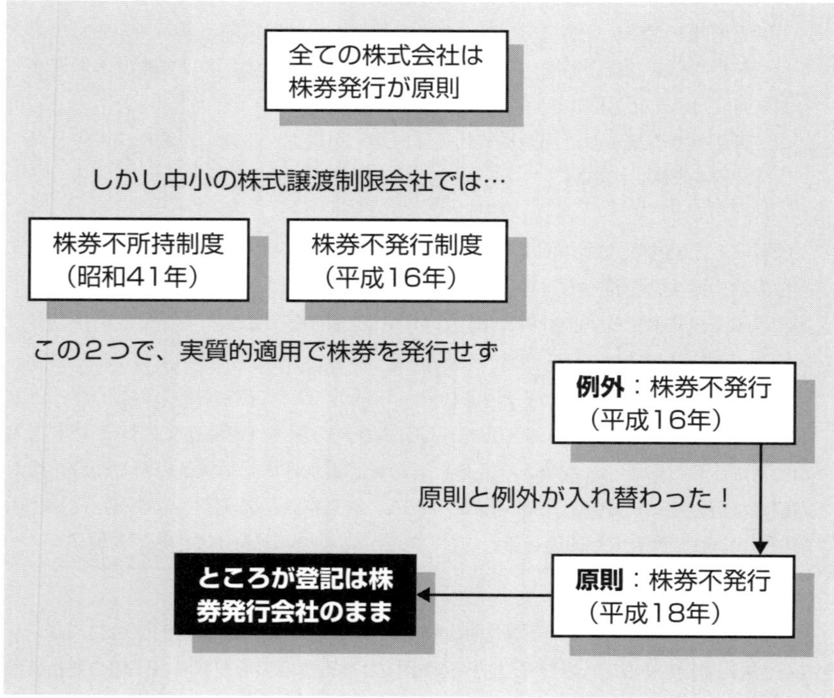

しかし、平成16年商法改正で、定款に定めれば株券を不発行にすることができるようになりました（旧商法227）が、中小株式譲渡制限会社においては、この定款の変更を

していないのがほとんどでしょう。

ところが、会社法はその214条で「株式会社は、その株式（種類株式発行会社にあっては、全部の種類の株式）に係る株券を発行する旨を定款で定めることができる。」と規定し、**株券不発行が逆に原則**になったのです。

ちなみに、平成21年1月から**上場会社では、株券がなくなるにもかかわらず、中小会社では未だに株券不発行にする定款を変更していません**。そうであるがゆえに、新会社法施行と同時に平成18年5月1日に商業登記簿謄本に「株券発行会社」と打刻されてしまっているのです。

この状態では、**株主はいつでも株券発行を会社に対して請求できる**のであり（会法215④、217⑥）、後述するところの譲渡承認請求をした株主がする株券の法務局への供託に当たり（会法141③）、会社は株券を発行するための早急な対応を迫られることになるのです。

平成18年5月1日以降設立した株式会社と平成16年商法改正によって株券不発行会社になった株式会社を除き、下記にように定款に加筆し、法務局に持ち込むことにより、**株券発行会社になっている商業登記簿謄本を訂正してもらうことが肝要**です。

<定款の変更例>
（株券の不発行）　第○条　当会社の株式については、株券を発行しない。

<まとめ>

以上、3回のコラムにわたって、譲渡制限株式のリスクをお話してきましたので、最後にまとめておきましょう（516ページの「緊急提言」参照）。

	問　題　点	対　策
1	**譲渡承認の際の「書面」要件がなくなったので口頭などで譲渡承認を請求される可能性がある**	**定款変更**
2	**譲渡承認の「みなし承認規定」が整備され、上記1とあいまって、譲渡を承認したことにされてしまう可能性がある**	**制度の理解**
3	**株券発行会社になったままなので、株券発行請求が起こされる可能性がある**	**定款変更と登記変更**

3．取締役会・監査役は置くか？他に何を定款に規定？

POINT

第三者株主が存在していれば、必ず設置する

非公開会社特有の規定を、有効に活用しよう

1．「定款」の整備の判断基準は？

定款の整備の本質は、**第三者株主が存在しているか否か**により、取締役会設置会社及び監査役設置会社（会計監査に限定しない監査役を設置）にするか否かを決定します。**取締役会及び監査役を置かないと、株主の監視権が強くなります。**

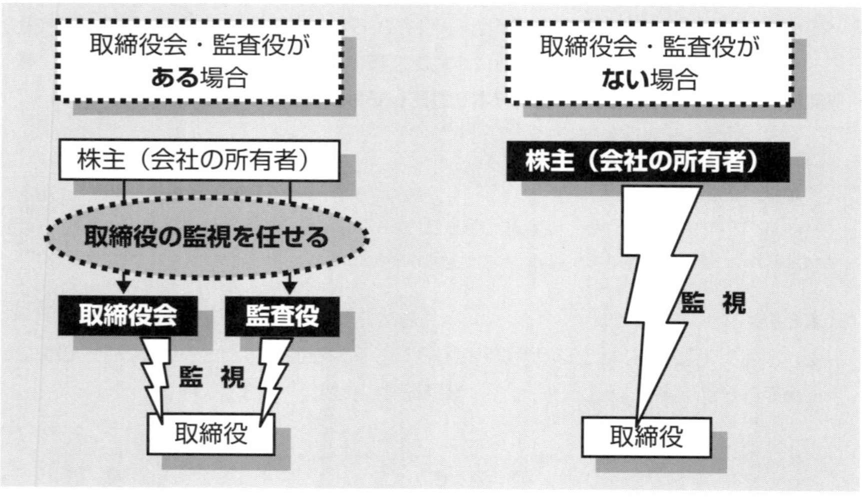

つまり取締役会や監査役の役割である、取締役を監視する権限を、株主が担うことになるからです。第三者株主が居る場合は、**取締役会と監査役を置く方が良いでしょう。**

2．定款整備のポイント―経営の自由度を如何に高めるか？

定款整備に当たって、公開会社と非公開会社とで定款に記載できる内容が、共通なものと、非公開会社しか定めることのできない規定があります。次表は

郵便はがき

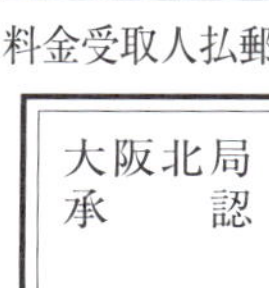

料金受取人払郵便

大阪北局
承認

2009

差出有効期間
2021年10月
14日まで

（切手不要）

530-8790

478

大阪市北区天神橋2丁目北2－6
大和南森町ビル

株式会社 清文社 行

ご住所 〒（　　　　）

ビル名（　階　号室）

貴社名

部　課

お名前（ふりがな）

電話番号

ご職業

※本カードにご記入の個人情報は小社の商品情報のご案内、またはアンケート等を送付する目的にのみ使用いたします。

愛読者カード

ご購読ありがとうございます。今後の出版企画の参考にさせていただきますので、ぜひ皆様のご意見をお聞かせください。

■本書のタイトル（ご購入いただいた書名をお書きください）

1. 本書をお求めの動機

1.書店でみて（　　　　　　　　　　）　2.案内書をみて
3.新聞広告（　　　　　　　　　　）　4.インターネット（　　　　　　　　　　）
5.書籍・新刊紹介（　　　　　　　　　　）　6.人にすすめられて
7.その他（　　　　　　　　　　）

2. 本書に対するご感想（内容、装幀など）

3. どんな出版をご希望ですか（著者・企画・テーマなど）

■小社新刊案内（無料）を希望する　1. 郵送希望　2. メール希望

非公開会社特有の規定で、それが本書では何ページで取り上げられているかを示しておきました。実務的には表の１行目を除いてどれも重要ですので、目次代わりに活用していただけると幸いです。

規定内容	根拠条文	本書頁
1．設立時株式の総数は発行可能株式総数の４分の１以上とする規定の不適用	会法37③	—
2．役員選任権付種類株式の定め	会法108①九	266
3．属人的種類株式の定め	会法109②	286
4．議決権制限株式の発行限度額数の不適用	会法115	231
5．相続人等との合意による売主追加請求権を排除した自己株式取得	会法162	180
6．相続人に対する相続株式の売渡請求	会法174	195
7．取締役会非設置選択可	会法327①	204
8．取締役会設置会社でも会計参与を置けば監査役非設置選択可	会法327②	205
9．取締役を株主に限定することができる	会法331②	286
10．役員の任期を最大10年に伸長できる	会法332②	210
11．計算書類の注記の簡略化ができる	計規129	195
上記に掲げた規定も株式譲渡制限会社だから当然に適用されるというのは、1．4．5．7．11．であり、外の規定は定款に定めて初めて有効となります。		

次に、公開会社は取締役会を置かなければなりませんが、非公開会社は取締役会の設置は任意です。ただし、**非公開会社においては取締役会を置いた場合と置かない場合とで、定款に定めることができる内容に差異**が生じます。

例えば、取締役会設置会社であれば株主総会の招集時期の規定（会法299）は、取締役は株主総会の１週間前までに、株主に対してその通知を書面にて発しなければならないとされています。**ところが、取締役会を置いていない非公開会社では、定款に定めることにより、さらに１週間を下回る期間とすることができ**、文章通知も不要です。

コラム⑩もっと詳しいお話

「取締役会」の設置の得失

1．会社法は、シンプルな組織形態を認めた

取締役会を置かない場合には、株主が取締役の権限と同質な監督権を有することになります。したがって、経営者としては第三者株主が居る場合には、**取締役会というクッション**があった方が、会社運営が行いやすいと言えましょう。株主が親会社100%の場合とか、オーナーと事業承継者とで100%所有している場合には、文句なく取締役会は不要です。

2．取締役会を置くことによるメリット─第三者株主権が縮小される─

①株主総会権限の制限（会法295、298④、309⑤）

株主総会は会社法に規定する事項及び株式会社に関する一切の事項について決議をすることができますが、取締役会がある場合においては、**株主総会は会社法に規定する事項及び定款に定めた事項で、かつ、取締役会で決議した株主総会の目的である事項（議題）に限り決議をすることができます**。したがって、取締役会がないと株主総会で原則として、**どんな議題でも討議の対象**になりますので、第三者株主がいる場合には、取締役会を設置することが正しいのです。

②株主の議題提案権の制限（会法303）

株主は取締役に対し株主総会の議題とすべき事項を請求できますが、非公開会社で取締役会がある場合には、100分の１以上の議決権又は300個以上の議決権を有する株主に限りこれを認めています。

③株主の議案提案権と株主への議案要領事前通知請求権の制限（会法304）

株主は株主総会の議題につき、株主総会議案を提出できます。株主総会の８週間前までに議案要領を株主に通知することを取締役に請求できますが、非公開会社で取締役会がある場合には、100分の１以上の議決権又は300個以上の議決権を有する株主に限りこれを認めています。

④株主総会の招集手続等に関する検査役の選任権の制限（会法306）

株主は株主総会の招集等が適正に行われているかについて、裁判所への検査役の選任の申立てをすることができますが、非公開会社で取締役会がある場合には100分の１以上の議決権を有する株主に限りこれを認めています。

⑤議決権の不統一行使の事前通知義務化（会法313）

株主はその有する議決権を統一しないで行使することができますが、取締役会がある場合には、議決権の不統一行使をしようとする株主は、総会の３日前までに会社に対して不統一行使をする旨及びその理由を通知しなければなりません。

⑥取締役の競業取引等の株主総会承認から取締役会承認へ（会法365）

取締役が株式会社との間で、競業取引、自己取引、利益相反取引をしようとするときは、株主総会の事前承認を受けなければなりませんが、取締役会設置会社においては事前承認及び当該取引後は遅滞なく当該取引についての重要な事実を取締役会に報告すれば良いとされています。

⑦監査役の取締役への報告義務から取締役会への報告義務へ（会法382）

監査役は、取締役が不正の行為をし若しくは当該行為をするおそれがあると認めるとき、又は法令若しくは定款に違反する事実若しくは著しく不当な事実があると認めるときは、遅滞なくその旨を各取締役に報告しなければなりませんが、取締役会設置会社の場合には、取締役会に報告すれば良いとされています。

３．取締役会を置くことによるデメリット

①株主総会の招集通知の短縮ができない＆文書通知の義務化（会法299）

株主総会の招集通知に当たって、非公開会社で取締役会がない場合には、１週間未満の期間内を定款に定めれば、その期間内に単なる招集「通知」をすれば良いのですが、非公開会社で取締役会がある場合には、１週間前までに文書で通知をしなければなりません。

②監査役の設置の義務化（会法327）

取締役会がある場合には、監査役を置かなければなりません。ただし、非公開会社にあっては、定款に定めれば会計限定監査役でも良いとされていますし（会法389）、会計参与を置けば監査役を置かなくても良いとされています。

③取締役３人以上の義務化（会法331⑤）

取締役会がある場合には、取締役の人数は３人以上でなければなりません。

④株主による取締役会招集請求権（会法367）

取締役会設置会社の株主は、取締役が取締役会設置会社の目的の範囲外の行為その他法令若しくは定款に違反する行為をし、又はこれらの行為をするおそれがあると認めるときは、取締役に取締役会の目的である事項を示して、取締役会の招集を請求することができます。この請求日から５日以内に、その請求があった日から２週間以内の日を取締役会の日とする取締役会の招集通知が発せられない場合は、その請求した株主が取締役会を招集することができます。しかし監査役設置会社（会計限定監査役でない監査役が置かれている会社のこと（会法２九））の場合は、株主に係る権利は付与されていません。

⑤株主による取締役会議事録閲覧・謄写請求権（会法371）

株主は、その権利を行使するために必要があるときは株式会社の営業時間内はいつでも取締役会議事録の閲覧・謄写を請求できます。しかし、監査役設置会社の場合には裁判所の許可を得なくては請求できません。

コラム⑪もっと詳しいお話

「監査役」の設置の得失

監査役を置かない場合も同様に、株主の監督権が強化されます。したがって、**第三者株主がいる場合は、監査役を設置して置く**という経営判断が必要でしょう。株主が親会社100%の場合とか、オーナーと事業承継者とで100%所有している場合には、文句なく監査役は不要です。

ただし**会計参与の立場からは、**業務監査と会計監査の両方を行う監査役がいてほしいというのが本音です。と言いますのは、会計参与が取締役の不正行為又は法令若しくは定款に違反する重大な事実を発見したときは、遅滞なく監査役が設置されていれば監査役に（会法375)、監査役がいないと直接株主に報告する義務があるからです（齋藤孝一著『会計参与制度の法的検討』56頁〔中央経済社2013年〕)。

1．監査役を置くことによるメリット―株主の権利が縮小される―

①株主による取締役の行為差止め請求権の制限（会法360）

非公開会社の株主は、取締役が株式会社の目的の範囲外の行為その他法令若しくは定款に違反する行為をし、又はこれらの行為をするおそれがある場合において、当該行為によって当該株式会社に「著しい損害」が生じるおそれがあるときは、当該取締役に対し、当該行為をやめることを請求することができるとされていますが、**監査役設置会社の場合には、「著しい損害」ではなく、「回復することができない損害」の場合にしか、株主は当該請求をすることができません。**

②株主による取締役会招集請求権の制限（会法367）

取締役会設置会社の株主は、取締役が取締役会設置会社の目的の範囲外の行為その他法令若しくは定款に違反する行為をし、又はこれらの行為をするおそれがあると認めるときは、取締役に取締役会の目的である事項を示して、取締役会の招集を請求することができます。この請求日から５日以内に、その請求があった日から２週間以内の日を取締役会の日とする取締役会の招集通知が発せられない場合は、その請求した株主が取締役会を招集することができます。しかし監査役設置会社**（会計限定監査役でない監査役が置かれている会社のこと**（会法２九)**）の場合には、株主に取締役会招集に係る権利は付与されていません。**

③株主による取締役会議事録閲覧・謄写請求権の制限（会法371）

株主は、その権利を行使するために必要があるときは株式会社の営業時間内はいつでも取締役会議事録の閲覧・謄写を請求できますが、**監査役設置会社の場合には、裁判所の許**

可を得なくては請求できません。

④取締役の株主への報告義務から監査役への報告義務へ（会法375）

取締役は、会社に著しい損害を及ぼすおそれの有る事実があることを発見したときは、直ちに当該事実を株主に報告しなければなりませんが、**監査役設置会社の場合には、監査役に報告すれば良いとされています。**

⑤役員等の責任の一部免除に関する定款の定めが可能（会法426）

役員等がその任務を怠ったときには、株式会社に対し、これによって生じた損害を賠償する責任を負うこととされ、総株主の同意がなければ免除することはできないとされていますが、監査役設置会社（取締役が２人以上ある場合に限る。）は、当該責任について、当該役員等（取締役、会計参与、監査役、執行役、会計監査人（会法423①））が職務を行うにつき善意でかつ重大な過失がない場合において、取締役の過半数又は取締役会決議により法定最低責任限度額（会法425①に定める額、以下同じ。）を限度として免除できる旨を定款で定めることができます。ただし、定款変更議案を株主総会に提出する際には、監査役全員の同意を得なければなりません。

２．監査役を置くことによるデメリット

①取締役の責任の免除に関する株主総会議案提出の監査役の事前同意（会法425）

取締役がその任務を怠ったときには、会社に対し、これによって生じた損害を賠償する責任を負うこととされ、総株主の同意がなければ免除できません。取締役は係る責任の一部免除に関する議案を株主総会に提出するには、監査役設置会社である場合には、監査役全員の同意を得なければなりません。

②社外取締役等の責任限定契約締結の定款変更議案の監査役の事前同意（会法427）

株式会社は社外取締役・会計参与・社外監査役又は会計監査人が職務を行うに付き重大な過失がないときは、定款で定めた額の範囲内と法定責任限度額とのいずれか高い額を限度とする旨の責任限定契約を社外取締役等と締結できる旨を定款で定めることができます。ただし、定款変更議案を株主総会に提出するには、監査役設置会社である場合には、監査役全員の同意を得なければなりません。

③監査役の役員給与の出費が発生

「監査役」を置くことにより役員給与の出費が発生します。そして、新会社法は中小会社等の実態を勘案して監査役を任意設置機関としました。しかし第三者株主がいる場合には、転ばぬ先の杖として監査役を置くことによって、上記のような数多くのメリットを享受することができます。ただし、会社法にいう**「監査役設置会社」は、会計限定監査役ではない監査役を設置している会社のことを言います**のでご注意ください（次のコラム⑫参照）。

コラム⑫もっと詳しいお話

「監査役設置会社」の怪？の解決

1．平成27年5月1日施行前の改正会社法上の会計限定監査役の取扱い

会社法2条9号は、「監査役設置会社」につき、監査役の監査の範囲を会計に関するものに限定する旨（以下「会計限定監査役」という）の定款の定めのある株式会社は含まれないものと定義しています。

他方で、同法911条3項17号は、「監査役設置会社」であるときは、その旨及び監査役の氏名を登記事項としていますが、この場合における「監査役設置会社」には、会計限定監査役を含むとされており、登記上、同法2条9号の監査役設置会社と会計限定監査役の定めがある株式会社とは区別されていませんでした。

会社法で監査役設置が任意になった関係で、従来、監査役の設置が義務付けられていた株式会社は、全て会社法施行日の平成18年5月に登記官による職権登記により、**「監査役設置会社」と商業登記簿謄本に打刻**され、今日に至っていたのです。

なお、「会社法の施行に伴う関係法律の整備等に関する法律」53条の規定（旧商法特例法に規定する旧小会社（資本の額が1億円以下の株式会社で負債が200億円未満である株式会社）における新会社法の定款には、会社法389条1項の規定〔非公開会社である株式会社はその監査役の監査の範囲を会計に限定する旨を定款に定めることができる〕による定めがあるものとみなす）により、予め会計限定監査役なのです。

したがって、登記簿を見る限りでは、オールマイティの監査役か会計限定監査役かの区別がつかないという**公示制度上の不都合**が生じていました。

また、同法847条の株主代表訴訟の訴えの提起の請求を受ける場合には、監査役が当該会社を代表しますが（同法386条2項1号）、同法2条9号の「監査役設置会社」に該当しない株式会社が請求を受ける場合には、代表取締役が当該株式会社を代表するとされていますので（同法349条4項）、**法制度上も問題**が生じていました。

2．監査役設置会社（会計限定監査役を含む）という規定の確認

ちなみに、登記と同様に「会計限定監査役を含む」とする規定を調べますと、

①監査役がその職務の執行について費用を会社に請求することができる規定（同法388条）

②計算書類等の監査等の規定（同法436条１項）

③設立時監査役の選任（同法38条２項２号）

④計算書類等の株主総会への提出等（同法438条１項１号）

⑤臨時計算書類（同法441条２項・４項１号）

⑥貸借対照表の監査等（同法495条１項）

⑦貸借対照表等の定時株主総会への提出等（同法497条１項１号）

⑧持分会社の組織変更計画（同法746条４号ロ）

⑨株式会社を設立する新設合併契約（同法753条１項５号ロ）

⑩株式会社を設立する新設分割（同法763条４号ロ）

⑪株式移転計画（同法１項４号ロ）

以上、監査役設置会社でありながら、会計限定監査役を含むという規定が会社法に散在していますので注意してください。

3．平成27年５月１日以降、会計限定監査役である旨の登記が必要に（職権登記ではない）

改正会社法のうち、中小企業にとって大きな影響を与える改正の１つが「会計限定監査役」の登記です（改正会社法911条３項17号イ）。

では、平成27年５月１日の施行日以降、監査の範囲を会計に限定する旨の定款規定を設ける場合、定款変更の効力発生によって登記をする義務が生じます（改正法付則22条１項）。

他方、平成27年５月１日の施行日に監査の範囲を会計に限定する旨の定款規定を設けている会社は、最初に監査役の就任又は退任が生ずるまでは登記をすることを要しないとされています（改正会社法付則22条２項）。

したがって、改正会社法施行と同時に登記は不要ですが、**「監査役の変更の登記」をする場合には、１万円の登録免許税が必要**となります（非課税にすべき！）。

4．役員の任期は10年でよいのか？

POINT

役員ごとに任期を定款に定めることができる
解任すると、残任期間の損害賠償請求の可能性もあるので短く

1．役員任期の原則（会法332①、334①、336①）

取締役・会計参与の任期は選任後**2年、監査役**の任期は選任後**4年**以内に終了する事業年度のうち最終のものに関する定時総会の終結の時までとされています。ただし、取締役・会計参与は、**定款でその任期を短縮することができます。**

2．非公開会社の役員任期と特例（会法332②、334①、336②）

非公開会社は、定款によって役員の任期を選任後**10年以内**に終了する事業年度のうち最終のものに関する定時総会の終結のときまで伸長することができます。このことにより、役員変更の登記事務手数料等が助かることから役員の任期を10年にする向きも多いようです。ただし、12年間何も登記がなく経過すると、**平成30年以降には登記官の職権で解散登記**される事案が本書の警告どおり発生して、**納税猶予中であれば猶予が取り消される**ことになる重大事となります。

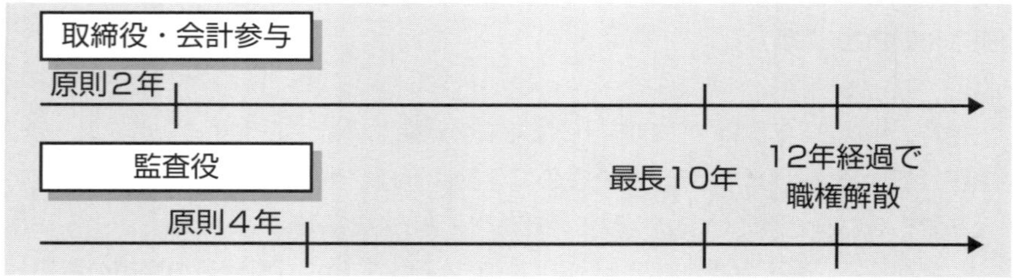

3．役員解任と会社への損害賠償請求（会法339、341、309②七）

役員はいつでも株主総会の**特則普通決議で解任**できます。ただし、**監査役**と累積投票で選任された取締役は**特別決議**でしか解任できません。しかし、解任された役員は任期の満了解任を除き、**正当な理由がなければ、株式会社に対し、解任によって生じた損害の賠償を請求することができます**。損害賠償額については、正規の任期の残年数分の役員給与の額となる可能性があります。

4．属人的役員任期の定め

任期の伸長を定款の定めによって可能としたのは、取締役の任期について株主の意向を反映させるためです。したがって、取締役のうち特定の者ごとに任期を定款に定めることも可能です。たとえば、**オーナー経営者自らは10年とし、従業員から抜擢をした取締役については、職務の執行状況を評価して再任するかどうかを判断することも必要でしょうから、従来通りの２年**という規定の仕方が効果的と考えられます。

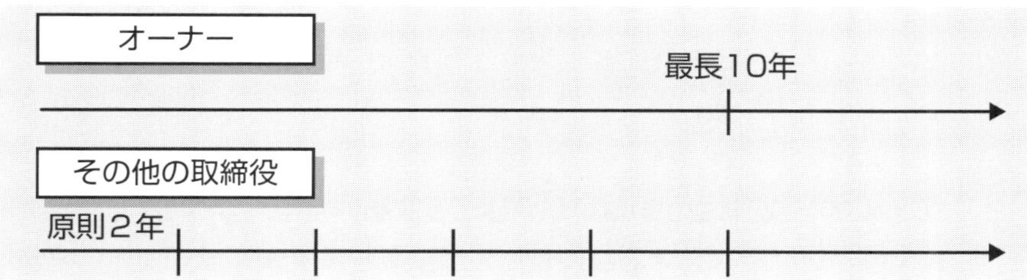

5．旧商法と会社法とでは任期の起算点が異なる

役員の任期の起算点は、旧商法では「就任時」（選任後被選任者の就任承諾がされた時）とされていました（旧商法256、273）。しかし、新会社法では、「選任時」（選任決議をした時）としています（会法332、336）。これは、就任承諾時とすると、就任を辞退するなど、株主総会の意思にそぐわない事態も想定されるために、株主総会のコントロールが及ぶところの「選任時」として条文の合理化を図ったのです。

ただし、役員の登記申請をする際には就任承諾書の添付が必要とされていることについては従前と変りませんので、登記については就任承諾をした日が原因日付となります（商業登記法54①）。

コラム⑬もっと詳しいお話

取締役の人数はどうする？

1．取締役会の有無で変わる

取締役の人数はどうするか？　結論から言えば、通常の場合、「取締役会」がなければ１人、あれば３人以上です。それは以下の条文から言えます。

①取締役会設置会社の場合には、取締役の人数は３人以上です（会法331⑤)。
②取締役会を設置しない場合には、１人以上です（会法326①)。

ただし、取締役会を設置していないにも拘らず、任意に監査役設置会社にした場合で、「取締役等による株式会社に対する役員の損害賠償責任の免除」に関する定款の定め（会法426）を置きたい場合には、取締役を２人以上にしなければなりません。

2．反対派の非支配株主がいない場合はどうする

取締役会を設ける必要はありません。従業員が多くまた少し民主的経営を行ないたい場合には、執行役員制度を採用し、取締役並みに処遇して経営委員会や幹部会という会議体をもって経営コントロールをすればいいのです。

3．取締役会を置くとどうなる－社長解任のおそれ－

反対派の非支配株主がいる場合には、取締役会を置くことをお勧めしますが、取締役会は頭数多数決ですので、オーナーサイドで過半数を占める必要があります。

上場会社で代表取締役の解任劇がおこるのはこのことからで、社長の知らない水面下で多数派工作が行われた結果です。

過半数の株式をオーナーサイドで所有しているから、反乱が起きても明智光秀と同様の３日天下でしかないと言えますでしょうか？

臨時株主総会の招集は、取締役が招集する（会法296③）となっていますが、通常は定款で代表取締役（社長）が招集すると規定されています。平取締役が勝手に株主総会を招集してしまうのは好ましくないからです。

したがって、取締役選解任の定時株主総会まで待たなくてはなりません。しかも、取締役会設置会社では、株主総会の議題（現実的には議案も）は取締役会の決議により決定します（会法298④）ので、株主総会の席上で修正案を提出（会法304）して初めて造反取締役を解任できるのです。

結局、オーナーサイドで株式の過半数を押さえていれば取締役選任時期の定時株主総会まで待てば、造反取締役の再任を認めないということはできますが、それまでは平取締役として冷や飯を食べることになります。

株主には株主総会招集権があるから、やはり３日天下でしかない！と言えるでしょうか？

確かに、株主にも株主総会招集権がありますが、代表取締役に対して招集を要請し、拒否された場合に、**裁判所の許可を得て初めて招集できるとされています**のでかなり面倒です（会法297）。

また、この場合の議題は取締役会の決議は不要です（会法298④）。

したがって、取締役会を設ける場合には、オーナーサイドで過半数を占めておく必要があるのです。もっとも、身内の反乱があれば水泡に帰してしまいますが…。

第11章　経営権維持の応用1（非支配株主対策）

特に、この章と次章はこの章扉の**フローチャートが大切**です。非支配株主対策は簡単に言えば『**合法的締出し作戦**』です。少数株主に、**任意・強制**をから

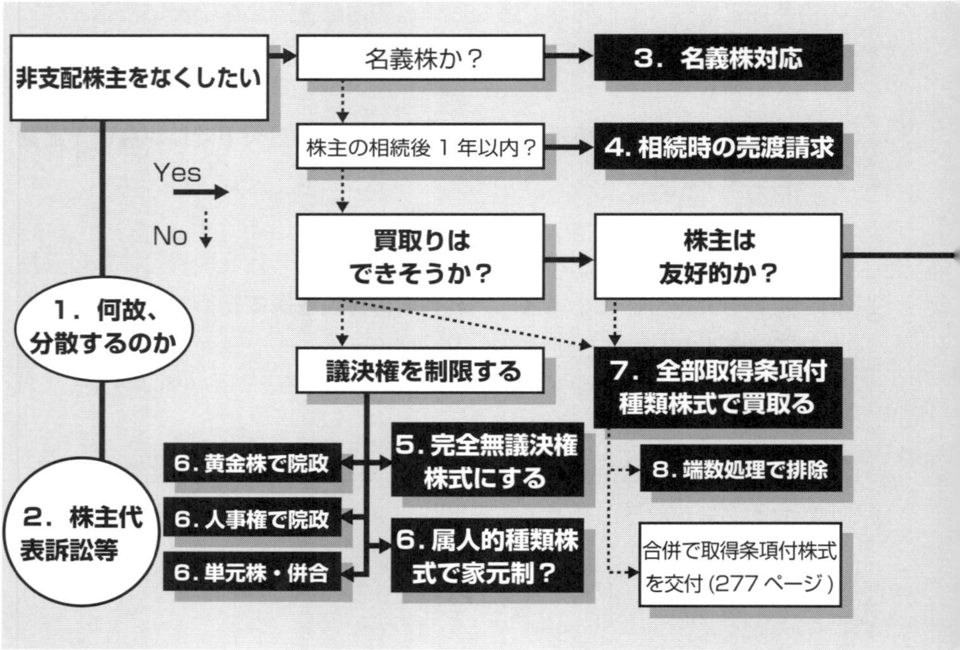

非支配株主をなくしたい
名義株か？
3．名義株対応
株主の相続後１年以内？
4. 相続時の売渡請求
Yes
No
買取りはできそうか？
株主は友好的か？
1．何故、分散するのか
議決権を制限する
7．全部取得条項付種類株式で買取る
6. 黄金株で院政
5. 完全無議決権株式にする
8. 端数処理で排除
2．株主代表訴訟等
6. 人事権で院政
6. 属人的種類株式で家元制？
6. 単元株・併合
合併で取得条項付株式を交付（277 ページ）

ませて、退出していただく方法です。**経営に口出し**をしてくると、小さくても枕元の蚊のような存在です（中には真摯に聞かなければならない意見もありま

すが…)。ほとんど**命に別状**はないものの、**気になったら寝られない**のです。

しかし、株主代表訴訟が13,000円で提訴できるようになってからは、**「命にかかわる」**ようになってきたのです。蚊ではなくなり、**スズメ蜂に変わった**と言えます。

この章では以下のフローチャートに従って必要な部分をご覧ください。

大きな流れは、まず、**なるべく買取って**しまうことです。買取りができない場合は、**議決権を制限**するようにします。

買取る場合は、非支配株主が**友好的か否か**で分かれます。非友好的な場合には、どこまで強制的にできるかが重点です。友好的な場合は、**誰が買取るか**で、オーナー個人、従業員持株会、会社の場合をみていきます。そして、会社が買取る場合には**、普段売れない株式を現金化するチャンスですから、「俺も俺も！」**となるため、その機会を平等にしなければならないという会社法の規定から３つの方法がありますが、**有益なのは上図の**10．でしょう。

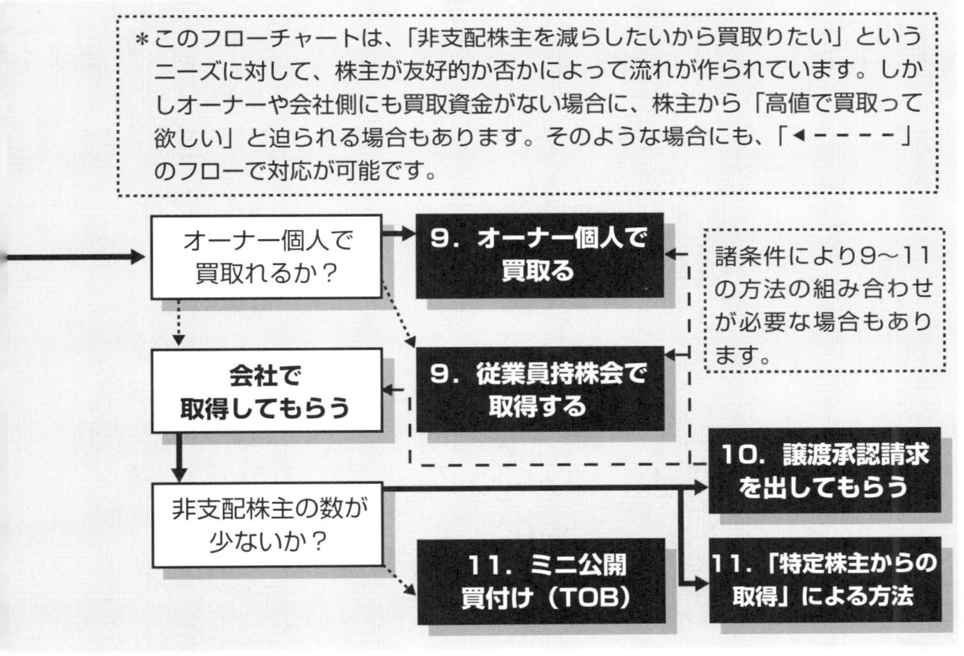

＊このフローチャートは、「非支配株主を減らしたいから買取りたい」というニーズに対して、株主が友好的か否かによって流れが作られています。しかしオーナーや会社側にも買取資金がない場合に、株主から「高値で買取って欲しい」と迫られる場合もあります。そのような場合にも、「◂－－－－」のフローで対応が可能です。

オーナー個人で買取れるか？

9．オーナー個人で買取る

諸条件により9～11の方法の組み合わせが必要な場合もあります。

会社で取得してもらう

9．従業員持株会で取得する

10．譲渡承認請求を出してもらう

非支配株主の数が少ないか？

11．ミニ公開買付け（TOB）

11．「特定株主からの取得」による方法

1. 何故、株式は分散してしまうのか？

POINT

譲渡制限していても、相続などで長年の間に自然に分散
相続税節税や民主的経営を標榜した結果の残骸として

1. 何故いけないのか？

まず、株式が分散してしまうと、何故いけないのか？　をしっかり把握しなければなりません。

① **株主代表訴訟**の可能性が高まる。
② 株価は通常高く評価されますから、**買取請求**を起こされる可能性があります。
③ **リーダーシップを取りにくい**などの経営権の問題があります。

したがってなるべく分散しない方が好ましいわけですが、それでも**分散してしまった理由には、次の4つ**があります。

2. 株主に相続が起きて「ねずみ算」的に拡散

株主、特にオーナーに相続が起きれば、たとえ株式に譲渡制限が付されていても、オーナーの相続人へ株式は分散してしまいます。

相続は**長期的には必ず**生じるので、株式は**放置してお**

けばどんどん分散してしまいます。**要所要所で集中**する必要があります。

3．相続税の節税対策でわざと分散してしまった

　暦年贈与（148ページ）を使って、内孫のみならず外孫まで幅広く、自社株を贈与するなど、相続税節税のみに偏った対策の結果、分散した。

4．モチベーションアップ目的で株を持たせ分散してしまった

　株式公開や民主的経営などを標榜して、「皆で儲けて、配当を得て頑張ろう！」などと、役員や従業員へモチベーションアップ目的で株を持たせた結果、分散した。

5．名義株

　昔は株式会社を設立するのに最低7人の発起人が必要だったために名義を借りて、そのまま放置してしまい権利が確定した結果、分散した（220ページ参照）。

2.「お家騒動」が簡単に株主代表訴訟にされる

POINT

100％持ってない限りは、いつでも簡単に株主代表訴訟の可能性
負けやすい訴訟だから、安易に株式を持たせない

1．犬も食わないから新聞沙汰にならないだけ

中小企業の株主代表訴訟はそのほとんどが親族間の争いや非同族の役員・従業員からです。犬も食わない夫婦喧嘩の成れの果てなどのお家騒動や嫌がらせですから、新聞沙汰にもなりません。しかし、**国会議事録によれば、株主代表訴訟の80％以上**が中小企業におけるものです。

2．1件13,000円の訴訟手数料（印紙代）で訴訟が可能

従来は、訴訟を起こすには多額の訴訟手数料がかかりました。しかし、現在では僅か13,000円で提訴が可能なのです（民事訴訟費用等に関する法律4条2項・別表1）。

原因は、株主総会の多数決で負ける非支配株主が、お上に訴えて不満をぶちまける私怨型や、役員の不正取引を糾す例が多いのです。

例えば、私怨型では、夫婦喧嘩や親子・親戚とのお家騒動の**はけ口**として会社経営の不満という準公的な形に代えて、出てきます。その時に、重箱の隅を突っつくように、不正取引、例えば**中小企業では社長の独断で私的な取引が行われやすい、高級車、別荘の購入や飲食代の付回し等**が標的にされます。それらの取引の結果、利益が減ったり、赤字になったりすれば、**会社にとっては不**

利益となります。そこで、会社の所有者である株主の１人が、**たった1株でも持っていれば、「役員が会社に損害を与えたから、（自分にではなく）会社に対して弁償しなさい！」と訴える**のが株主代表訴訟です。だから訴えた本人には直接利益はないのですが、半ば**嫌がらせ**ができるわけです。

３．負けやすい株主代表訴訟

大企業では株主の追及が普段から多く、株主総会などの対策のためにも、経営上の意思決定が取締役会の決議によってなされ、法的な証拠を残しつつ行われます。しかし、中小企業では、取締役会はおろか株主総会ですら「開いたことにした」というのも少なくありませんから、いったん事が起こると証拠書類もありません。また、中小企業では**株主が身内であることも手伝って、訴訟になる前に会社内部の情報が漏れやすい**ため、例えば、株主総会は後から議事録だけ作ったなどの証拠も先につかまれて訴訟準備がなされますから、経営側は非常に負けやすい構造になっています。

４．株主代表訴訟（お家騒動）を起こされないために

株主代表訴訟を起こされないためには、**①安易に第三者に株式を持たせないことが最も大切**です。この場合の「第三者」とは**社長自身と後継者以外**を指します。他に②本業以外のリスクを有する事業に手を出さない。③公私混同を行わない。④日常的に法令順守を意識して経営することが重要です。

しかし、特に③④などは正直なところ非常に困難を伴います。したがって小規模のうちは①を守ることが肝要です。ただ規模が大きくなり、資金調達等の面から株主が増加せざるを得なくなった場合に、②以降の配慮が欠かせないのです。

なお、**単元株式制度を導入すれば、定款に定めることにより、単元未満株主には株主代表訴訟権は付与されません**（会法847①柱書、189②）。

3. 名義株とは何か？どうすれば良いか？

POINT

早期に実質株主に名義変更して株主名簿を整備
創業者だからこそできる。最低でも承諾書などを取っておく

1．昔は最低7人の株主が必要だった

平成２年の商法改正前は、株式会社の設立のためには最低7人の発起人が必要でした。発起人は最低1株を引受けねばならなかったために、極端な場合には出資金は社長が7人分を出して、名義を借りたために名義株が生まれてしまったのです。

2．放置しておくと権利を主張、買取請求の問題も

事業承継対策を検討するような会社は、株価評価は非常に高いものとなっているのが通常で、昔の額面の**数倍～数十倍で評価される可能性**があります。**まとまった株式である場合には、その買取資金は膨大**になります。

印鑑証明書は
そこに置いてある
から任せるよ
おじさん、
会社設立する
から印鑑借りる
からネ

名義株は、一度でも配当し、配当金を手渡していると、実質的な株主として権利が確定してしまいます。

3．生前に名義変更、承諾書の取得、株主名簿の整備をする

そこで、創業時の状況を一番知る創業者に出向いてもらって、「あれは僕がお金を出して、君の名義だけを借りたものだから、僕もそろそろ引退なので名義を変更させてもうらよ」と依頼し、名義変更をしておくことが肝要です。

これは、**創業者だからこそ比較的容易にできる**ことです。

名義変更の場合には、通常は以下のような「念書」を作成します。事前に電話で話しておいて、内諾を取っておき、これまで名義を借りてきたお礼などの意味を込めて、お菓子などの手土産と、場合によっては何がしかの「**印鑑代**」と言われるような金員を持参することもあり得ましょう。なお、以下は、あくまでサンプルです。ケースによっては贈与税などの問題が発生する場合がありますので、**確定日付**を取っておいてください。

名義株確認書兼名義書換承諾書

株式会社○○御中

株主名簿に載っております、私名義の貴社株式（　　）株の実質所有者は、創業者○○○○氏であり、私は貴社創立に当たって名義を貸したに過ぎないため、真正なる所有者への名義書換を承諾いたします。

令和○年○月○日

住所　＊＊＊＊＊＊＊＊＊＊＊＊＊＊＊＊

氏名＊＊＊＊　自署　実印

株主名簿が変わる訳ですから、税務署に証明できるように「印鑑証明書」も付けて、実印を押して自署をいただくのがより好ましいでしょう。同時に、法人税申告書別表２は当てにならないので、株主名簿（会法121）を整備しておく必要があります。税理士が株主名簿管理人（会法123）に就任することが望ましいと言えます。会計参与に就任する場合には尚更のことです（齋藤孝一著『会計参与制度の法的検討』218頁〔中央経済社2013年〕)。

４．もめた時の対策

上記の承諾書がもらえない場合には、章の冒頭のフローチャート（214ページ）で、「名義株でない」と言われたのと同様になりますから、その株主が金さえ渡せば手放してくれるのか否かによりフローチャートをお進みください。

特に名義株主は、**創業者とは同世代であることが多いので、その株主の相続も近い**ため、買取りのチャンスです。次項の対策を講じたいものです。

4.「株主の相続」で分散する株式を取り戻す

POINT

会社も相続人も、このチャンスを見逃すな！
合意・強制の方法もある。強制の方法は、両刃の剣となることも

1．相続人からの合意による取得（会法162）

会社が、相続人から株式を合意により取得するには、株主総会の特別決議が必要です。なお、売主追加請求権（253ページ）はありません。しかし財源規制がありますので、分配可能額（254ページ）があり、資金手当てのできることが条件です。

この場合、この相続人がその所有株式について、株主総会で議決権を行使した場合には適用がありません。また**相続後の期間制限もありませんので、相続税の納税資金手当以外にも活用**できます。なお、これらの特例は非公開会社の特典ですから、公開会社には認められていません。

2．強制的取得（会法174）

会社は、相続**（遺贈を除く）**により株式を取得した者に対し、定款に定めることによってその株式を会社に売り渡すことを請求することができます。

この株式で、配当を
毎年請求したり株主総会に
乗り込んで・・・・　当分甘い汁
吸えそうだ
株
株
株

請求の際は、株主総会の特別決議により売渡請求をする株式の数、対象となる者の氏名又は名称を決議します。この請求をすると、**相続人は拒むことはできません。**

ただし、相続のあったことを知った日から**１年以内**に請求を行うことが要件です。本規定にも財源規制があります。

売買価格は協議によることを原則としますが、双方とも20日以内に裁判所に対し売買価格の決定を申し立てることができます。裁判所への申立てもなく、協議が調わなかった場合には、売渡請求は効力を失います。したがって、強制取得を実現したい会社は、**裁判所への申立ての準備をしてから「売渡請求」を行う**ことが肝要です。

３．相続クーデター

ところで、強制売渡決議を行う株主総会において、売渡請求を受けた相続人は議決権を行使できませんので（会法175②）、**オーナーサイドに相続が発生した場合**に、100分の３以上の議決権をもつ非支配株主グループが株主総会を招集して（会法297②④）、オーナー一家の相続株を会社にて強制買取りが可能となります。いわゆる**「相続クーデター」**ですが、これを防止するための方策は次ページからのコラムをご覧ください。

４．相続の時だけのワンチャンス

通常は、特定の株主だけから株式を取得する場合は、他の株主に対して売主追加請求権があることを通知しなければなりませんから、結果的には意中の株主から確実に取得することはできません（会法160②③）。

定款
我社の定款では
相続人から株を取上げる
ことができるんです。

しかし相続人から取得する場合には、この規定は適用されませんので、**ピンポイントで相続人からのみ取得できるチャンス**なのです。是非活かしましょう。

コラム⑭もっと詳しいお話

相続クーデター問題①概要

会社法の目玉として、「相続人等に対する売渡しの請求」（第174条〜第177条）がどの会社法書籍においても記述されています。しかしながら、本規定がはらむ問題点について論及している書籍・論文は筆者の知る限りにおいてですが、会社法施行前後においては僅かでした[1]。本コラムは、この規定を安易に定款に定めた場合に、オーナー株主の相続開始時において、非支配株主による会社の乗っ取りの危険性、いわゆる「相続クーデター」問題を明らかにしつつ、かかるリスクに対して種類株式等を活用して対処をする方法について論及しようとするものです。

（株式の売渡請求）
第○条　当会社は、当会社の株式を相続その他の一般承継により取得した者に対し、当該株式を当会社に売り渡すよう請求することができる。

定款でこのように定めておきますと（会法174）、相続その他一般承継があったことを知った日から1年以内に（会法176①）、株主総会の特別決議（会法175①）により株式相続人等に対して強制売渡請求を行うことができます。価格面の協議（会法177）を除いて、**相続人等はこの売渡請求を拒むことができません**。しかし、本規定を置くことは、オーナーの相続人にとって裏目に出ることもあります。オーナーに相続が発生したときには、会社が相続人に相続株の売渡請求をするか否かを決定する株主総会において、**相続人はその決議に関しては議決権がありません**ので（会法175②）、残存株主が会社の支配株主になり、残された配偶者等相続人が、路頭に迷うことになる可能性もあるからです。

具体的な例を、右ページでみてみましょう。この会社は、社長が51%の過半数を持ち、その奥さんが16%を持っていますから、夫婦で合計67%、つまり特別決議も可決できるほどの議決権割合ですから、非常に安定した会社です。いま、ここで社長が亡くなったとします。すると社長の持株は、その相続人である奥様に相続されます。この時に、日頃、社長の経営を快く思っていなかった専務が、常務とつるんで、**臨時株主総会を招集**します。社長が亡くなったのだから、今後の会社経営のために、それは当然のことでしょう。

1　単行本として、浜田道代監修　牧口晴一＝齋藤孝一『イラストでわかる中小企業経営者のための新会社法』115頁(2006年3月、経済法令研究会)。論文として、平野敦士「会社法施行で注意したい相続人等への株式の売渡しの請求の問題点」税務弘報、2006年4月号46頁以下。

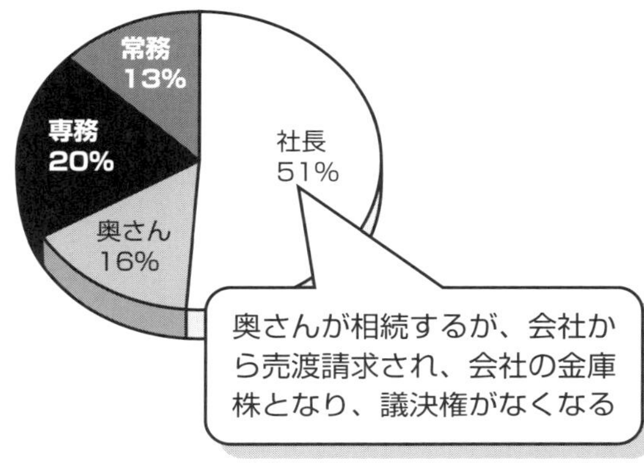

葬儀の疲れのある奥さんは、訳の分からない間に株主総会の招集通知を受け、そこに議題として「株式売渡請求の件」と書かれていても分からないかもしれません。

やがて株主総会が専務と常務と奥さんの3人が集まって開かれ、専務が仕切って、「当社の定款には（左ページのような）相続人からの株式売渡請求ができる規定がありますから、奥様が相続された社長の株式51%の会社への売渡を請求します件、採決します。」と図ります。すると、**この議決に奥さんは、会社法の規定によって、議決権を行使できません**ので、残る専務（20%）、常務（13%）が議決権の全てになります。したがって、**満場一致**という形で可決され、奥さんの相続した株式は会社が買取ることとなります。この結果、社長の株式は、会社の自己株式（金庫株）となりますから、議決権がなくなります。すると社長の51%を除いた、残り49%が議決権のある全ての株式となります。上の円グラフでみてみれば、左側しかないと考えれば分かりやすいでしょう。

代表取締役には、すんなり専務が収まります。社長にかけてあった保険金は奥さんからの相続株式の買取りに使われ、社長への死亡退職金の決定も非常に少なくされるかもしれません。全てあれよあれよと言う間に、会社は乗っ取られる相続クーデターの恐ろしさです。

相続クーデターは、上記のような議決権割合の時だけに起こるわけではありません。株主の構成や議決権割合、株主同士の人間関係…それらが総合的に作用して知恵者が画策することによって起こりうるわけです。また、よくあるパターンとしては、息子２人が株主となっていて後継者と目されていた長男に対して、次男が他の株主と結託してクーデターを起こす場合です。

しかしこの場合、仮に長男がぼんくらで、長男であるだけで次期社長となることに対して、やり手の次男と他の会社を思う株主らが、戦国乱世同様に「お世継ぎは次男こそ最適！」と加担して、会社にとっては、それが良いと判断して起こされるクーデターもあり得るわけで、**「相続クーデター＝悪」とは、決め付けられません**。法律を熟知し運用できる者だけが勝ち残る…Ｍ＆Ａの世界と同様な、非情な様相をそこにみることができます。

コラム⑮もっと詳しいお話

相続クーデター問題②対策

残存株主がこのような「相続クーデター」を起こす可能性がある場合には、次のような方法を考慮しておくことをお勧めします。

① 持株会社方式

オーナーの生前中に、オーナー持株を現物出資してホールディングカンパニーを設立します。ホールディングカンパニーは、会社法施行前は有限会社が一般的でしたが、施行後は**合同会社**が主流となるでしょう。オーナーに相続の開始があった場合は、その持株会社の出資が相続人に相続されますので、会社法第174条の相続人等に対する売渡請求は適用を受けません。なお、譲渡制限株式の現物出資は譲渡となりますので譲渡所得課税は覚悟しなければなりません。

② 公開会社方式

オーナーの生前中に、種類株式発行会社にし、**オーナーの所有株式については株式譲渡制限をはずしておく**方法です。会社法第174条は相続株が譲渡制限株式である場合の特例ですので、売渡請求の対象外となります。しかしながら、一部の株式であれ譲渡制限をはずすと**公開会社になることから、取締役会と監査役を必ず設置**しなくてはならないこと（会法327）、株主総会の招集期間を2週間から短縮ができないこと（会法299①）、役員の任期を伸長する定款の定めを設けることができないこと(会法332②、334①、336②)、さらに**事業報告への記載事項が加重**されること(会規119)、**計算書類の注記の省略があまりできない**こと(計規129②二)等々を覚悟しなければなりません。

③ 取得条項付株式方式

オーナーの生前に、関係する少数株主の**同意を得られる場合**には、非支配株主の所有する普通株式を、**オーナーの相続開始時に会社が所定の条件で取得することができるという取得条項付株式に転換**しておくことがお勧めです。この場合は、定款で取得条項付株式について定めておくだけでよく、**相続株式の売渡請求の定めは置く必要がありません。**

④ 議決権制限株式方式

オーナーの生前中に、上記**③が不可能な場合**には、**全ての普通株式を全部取得条項付種類株式経由にて完全無議決権株式に転換し、同時にオーナーには別に普通株式を発行**しておく方法です。これにより、オーナーの相続開始時には株主の全部が当該株主総会における議決権を行使できなくなり、その結果オーナーの相続人も株主総会での議決権行使が可能となりますので（会法175②ただし書)、株式会社からの売渡請求を回避できます。

なお、普通株式を議決権制限株式に内容変更する方法について、全部取得条項付種類株式を経由しないで、定款に新規に何らかの種類株式を追加してから「議決権制限株式」の定めを定款に置くという考え方[1]もありますが、筆者は全部取得条項付種類株式を経由することで反対株主の買取請求権を保障すべきという立場に立っております。

⑤　拒否権付種類株式（黄金株）方式

オーナーの生前中に、事業後継者に譲渡制限付拒否権付種類株式（黄金株）を発行しておく方法も考えられます。この相続人は会社法第175条第2項本文の規定により相続人に対する売渡請求に関する株主総会の議決権を有しないのですが、当該**種類株主総会の決議により、売渡請求決議を拒否することができます**。

⑥　訴えによる事後救済方式

オーナーの相続開始後であっても、相続人が特別決議を成立させうるだけの議決権を有する場合には、株式会社からの相続株の売渡請求がなされる前に、相続人である株主が取締役に対して株主総会の招集を請求し（会法297①）、請求の後遅滞なく招集の手続が行われないか、又は請求後8週間以内の日を株主総会の日とする株主総会の招集の通知が発せられない場合は、裁判所の許可を得て株主総会を招集し（会法297④）、相続人株主の主導による株主総会において、**迅速に本定款第○条の削除**をするという方法がありうるでしょう。また、その機会も失するうちに、相続株式の売渡請求を受けた場合には、非支配株主による会社乗っ取りを理由に会社法第831条第1項第3号の類推適用を主張して、株主総会の**決議の取消しの訴えを提起**するという方法も考えられます。

⑦　後出しジャンケン方式

予め定款に本規定を設けず、非支配株主に相続が発生したときに合意による取得を試みるも対応がなかった場合に定款を変更して本規定を定款に定め、もって強制的に取得をし、その後定款を元に戻しておくことにより、相続クーデターを防ごうという方式です。売渡請求に係る定款の定めを設けることのできる時期については、特に限定は設けられていない[2]から可能なのです。もっとも相続開始後1年以内に売渡請求をしなければなりません。

⑧　遺言方式

遺言で、「遺贈する」という特定承継で自社株式の承継者を定めておけば、会社法第174条の適用はなく、相続クーデターの恐れはありません。ただし、特定承継の場合には、会社の承認手続（会法137）が必要になります。予め定款で、「○○%以上の株式を有していた者から遺贈により取得した者の株式は会社が取得承認したものとみなす。」と定めておく（会法139）とよいでしょう（59ページ参照）。

1　葉玉匡美「議決権制限株式を利用した買収防衛策」旬刊商事法務1742号28頁（2005年）。
2　相澤哲＝葉玉匡美＝郡谷大輔編著『論点解説　新・会社法　千問の道標』162頁（商事法務、2006年）。この方法はリーガルマインドに反するとの意見もありました。

コラム⑯もっと詳しいお話

相続クーデター問題③まとめ

以上述べた８つの方法のうち、①は事業承継対策として一般的に用いられている方法を活用したものです。②・③・④・⑤は事前に種類株式（会法108①）を発行することによって、相続クーデターを回避する方法です。⑥は相続人の自助努力により事後的に解決する方法です。⑦は立案担当者が、私どもの質問に応える形で後日明らかにした方法で、⑥の方法同様にその都度会社サイドで対応しなければならないので、中小会社で対応できるか心配です。⑧は遺言を活用した対策です。

相続クーデターの恐れがある場合には、上記８つの方法等を慎重に検討してください。②・③・④・⑤の、事前に種類株式発行会社（会法２十三）になる方法を選ぶ場合には、種類株式発行会社に対応した定款にしなければなりません。

このように、会社法第175条第２項は、最も利用したいであろう者の立場からみると、難しい問題をはらんでいます。立法のあり方としては、会社が特定の株主から合意により自己株式の取得を株主総会で決議する際に、自ら買取請求をする株主の議決権は排除するとしても（会法160④）、自己の意思とは関係なく、会社から**強制売渡請求を受けた株主の議決権は、排除しない方が適切ではなかったか**と思われます。そうすれば、こうした相続クーデターの心配はしなくてもよいこととなったでしょう。**法改正を望むところ**です。

さらに、会社法第175条第２項の規定は、文理解釈上は「相続人は相続により取得した株式以外の従前より所有している株式についても議決権を有しない」と読むことができますが、「相続をした株式についてのみ議決権を行使することができない」と制限的に解釈すべきであろうと思われます。さらに、この条文には重大な欠陥があります。「**前項第２号の者は、同項の株主総会において議決権を行使することができない。**」とありますので、株主総会で討議される全ての議題についての議決権まで含まれてしまう点です。したがって、「議決権（同項第１号の株主に係るものに限る。）」とすべきなのです。今後の学説や判例の展開に期待します。

ところで、**定款において相続クーデターを回避できる条項を設けることが可能か**という点について検討してみたいと思います。ドイツ有限会社法における相続制限条項について研究している論考[1]において、定款で株式についての相続人の指定等を行う方法を紹介しています。我が国においても「ドイツ有限会社法における相続制限条項と同様の規定を定款に設けることは許容されるものと解されます。[2]」ということを前提にするならば、オーナーが所有している株式については、会社法第174条の適用除外とする次のような定款規定を設けることにより、少数株主による相続クーデターを回避できると解されます。この点についても学説の展開を期待します。

> （株式の売渡請求）
> 第○条　当会社は、当会社の株式を相続その他の一般承継により取得した者に対し、当該株式を当会社に売り渡すよう請求することができる。ただし、○○○○が所有している株式については、この限りでない。

「相続人等に対する売渡しの請求」関係条文
（会法174～177）

第174条（相続人等に対する売渡しの請求に関する定款の定め）

第175条（売渡しの請求の決定）

株式会社は、前条の規定による定款の定めがある場合において、次条第１項の規定による請求をしようとするときは、その都度、株主総会の決議【特別決議】によって、次に掲げる事項を定めなければならない。

一　次条第１項の規定による請求をする株式の数（種類株式発行会社にあっては、株式の種類及び種類ごとの数）

二　前号の株式を有する者の氏名又は名称

２　**前項第２号の者は、同項の株主総会において議決権を行使することができない。**ただし、同号の者以外の株主の全部が当該株主総会において議決権を行使することができない場合は、この限りでない。

第176条（売渡しの請求）

第177条（売買価格の決定）

1　白井輝次監修 コンパッソ税理士法人編集『だれでもわかる企業承継の実務』41頁（第一法規、2005年）。

2　同上42頁。

5.「完全無議決権株式」にしてしまう

POINT

「全部取得条項付種類株式」経由し「完全無議決権株式」等を交付
会社法が創設した凄い株式…それが「全部取得条項付種類株式」

1．買取りができないなら議決権を制限する

214ページのフローチャートで行くと、名義株でもないし、その株主の相続が起こって1年以内でもない。それでも非支配株主から株式を取得したい…しかし、その株主は、こちらが相当の高値で買わない限りは、当社の成長を待って持ち続けたいらしい。高値買取は無理だから他の方法はないだろうか？

取得の場合、**対価が少額なら悩む必要はありません。**経営者自身か会社が任意に**株主との合意の下で買取れば済む**話です。しかし**総額が高くなると現金買取りが困難**になります。そこで、株式は持ってもらったまま、議決権を制限する方法を採ります。議決権の全くない株式を「完全無議決権株式」と言います。

2．「全部取得条項付種類株式」を経由する

議決権を制限といっても、いきなり制限はできません。まず簡単にお話すると、「全部取得条項付種類株式」を使って現在の普通株式の全てを会社が取得し、その対価に「**議決権制限株式（完全無議決権株式）」を交付**するのです。

3．「全部取得条項付種類株式」とは（会法108①七・②七、171）

「全部取得条項付種類株式」とは……
「種類株式発行会社」が特別決議でその全部を取得できる株式です。

つまり、**特別決議を経れば、株主から強制的に株式を取得できる**株式です。

４．普通株式と完全無議決権株式に変更する方法（232ページからのコラム参照）

その名の通り、「種類株式発行会社」でなければ、「全部取得条項付**種類株式**」を発行できませんので、下図のように① まず普通株式の他に、最終的に使う「完全無議決権株式」（会法108①三・②三）を発行する旨の定款変更をして、「種類株式発行会社」にします。この時点では、まだ「完全無議決権株式」の発行枠を作っただけです。② 次に普通株式に「全部取得条項」を付する定款の変更をします。

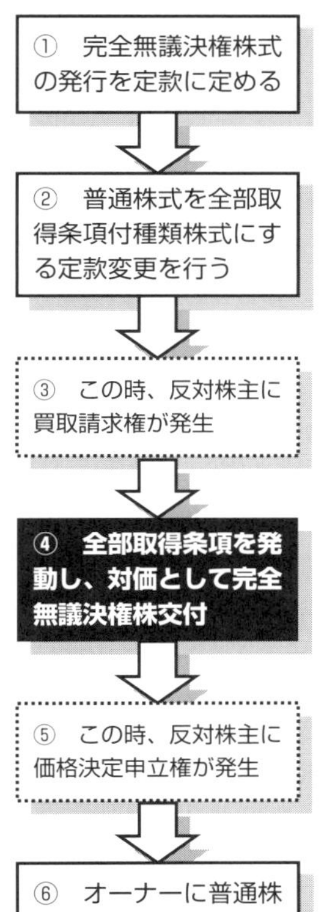

この段階で、普通株式は「全部取得条項付種類株式」に転換されます。

③ このときに、反対株主は株式買取請求権の行使をすることができます（会法116①二）。

この**反対株主に対してだけ現金の支払いが必要**になります。

④ 次に「全部取得条項付種類株式」の名にある「全部取得条項」を発動し、「全部取得条項付種類株式」を全部取得し、その取得の対価として「完全無議決権株式」を交付します。

⑤ このときに、反対株主は株主総会決議の日から20日以内に、裁判所に対し、取得対価の決定の申立てをすることができます。

⑥ すると、会社の株式は全て「完全無議決権株式」だけになりますので同時にオーナーに普通株式1株を時価発行します（注）。

この結果、この会社は「完全無議決権株式」と普通株式1株とを発行する会社になります。なお、以上の手続は1回の株主総会の特別決議で行うことができます。

（注）　会社法第115条により、種類株式発行会社が非公開会社である場合には、議決権制限株式の発行限度の制限は撤廃されています。公開会社の場合には、発行株式の総数の２分の１までしか議決権制限株式は、発行できません。

コラム⑰もっと詳しいお話

「全部取得条項付種類株式」を使って

完全無議決権株式にする方法①

種類株式を導入する場合には、様々な実務上の課題があります。ここでは最も一般的な状態である「譲渡制限株式である普通株式」を発行している会社で、**オーナー一族が80%、第三者非支配株主が20%をそれぞれが所有している場合において、非支配株主の持分を「完全無議決権株式」に転換してしまうことで、オーナー一族に株式を集中させるスキーム**をお話します。

①議決権制限株式を置く特別決議

譲渡制限付普通株式のみを発行している会社（これが一般的な中小会社です）が、会社法第108条第1項第3号に規定する議決権制限株式を導入するためには、まず、**株主総会の特別決議により、「完全無議決権株式（乙種株式）の発行ができる」旨の定款の変更**を行います。

この定款の変更により、会社は譲渡制限付種類株式（甲種株式）と乙種株式の2以上の種類の株式を発行する（ことができる）**種類株式発行会社（会法2十三）になります**。しかしまだ、現に種類株式は発行していません。

②種類株主総会の決議不要の定款の定めを置く特別決議

種類株式を**発行した後**に種類株主総会の決議不要の定款の定めを置く場合には、**その種類株主全員の同意が必要**となりますので（会法322④）、**現に発行する前に**「種類株主総会の決議を要しない」という旨の定款の定め（会法322②）をしておくことが肝要です。

もっとも、株式の種類の追加、株式の内容の変更、発行可能株式総数又は発行可能種類株式総数の増加に関する定款の変更（単元株式数についてのものを除く。）を行う場合には、種類株主総会の決議を省くことはできません（会法322③）。

③全部取得条項付種類株式を置く特別決議

乙種株式の導入と**併せて**、株主総会の特別決議により、普通株式を会社法第108条第1項第7号に規定する全部取得条項付種類株式（丙種株式ということにします。）に転換する旨と全部取得条項付種類株式（丙種株式）の対価として1株につき完全無議決権株式

（乙種株式）１株を交付する旨の定款の変更を行います（234ページ参照）。全部取得条項付種類株式（丙種株式）**経由で**普通株式を完全無議決権株式（乙種株式）に**変更する**ためです。このような、一見解りにくい方法を採用する理由は、反対株主に株式買取請求権を保障する形でしか本手続を進めることができないと考えているからです。

すなわち、この方法を採用すると、全部取得条項付種類株式（丙種株式）を定款に定める場合に、反対株主は会社に対して自己の有する株式を「公正な価格」で買取ることを請求することができます（会法116①二）。この定款の変更をしようとする会社は、定款変更の効力発生日（株主総会）の20日前までに、株主に対し定款を変更する旨を通知又は公告しなければなりません（会法116③④）。

④全部取得条項の発動と完全無議決権株式の交付についての特別決議

丙種株式である全部取得条項付種類株式の**全部を取得**する株主総会の特別決議を行います。その決議では、全部取得条項付種類株式（丙種株式）１株を取得するのと**引換えに、完全無議決権株式（乙種株式）１株を交付**する旨と、全部取得条項付種類株式（丙種株式）を取得する日とを決議しなければなりません。

また、取締役は株主総会において、全部取得条項付種類株式の全部を取得することを必要とする理由を説明しなければなりません（会法171③）。なお、取得に当たっては、財源規制があります（会法461①四）。この決議に反対する株主は、全部取得条項付種類株式（丙種株式）の取得の価格の決定を裁判所に対して申立てをすることができます（会法172①）。

⑤募集株式発行の特別決議

次に、譲渡制限付種類株式（甲種株式）の**募集を改めて行います**。そのためには、株主総会の特別決議により、募集株式数（1株でもよい）、募集株式の払込金額（時価）、払込期日について、定めなければなりません（会法199）。

⑥募集株式の引受け

オーナーとの募集株式の総数の引受契約を締結し、オーナーに引受けの実行をしてもらいます（会法205、206二）。以上をもって、オーナーは譲渡権限付種類株式（甲種株式）１株、非支配株主は譲渡権限付完全無議決権株式（乙種株式）を有することとなります。

コラム⑱もっと詳しいお話

「全部取得条項付種類株式」を使って

完全無議決権株式にする方法②

さて仕上げは登記と定款です。

1．商業登記

前項のスキームの実行に当たり、登記すべき事項は以下のとおりです。

①発行可能株式総数の異動（会法911③六）

②発行する株式の内容（種類株式発行会社にあっては発行可能種類株式総数及び発行する各種類の株式の内容）（会法911③七）

③発行済株式の総数並びにその種類及び種類ごとの数（会法911③九）

2．最終的な定款例

第○章　株式

（発行株式総数）

第○条　当会社の発行可能株式総数は、○○株とし、その内訳は、次のとおりとする。

甲種株式（譲渡制限付種類株式）　○○株

乙種株式（譲渡制限付完全無議決権種類株式）　○○株

丙種株式（譲渡制限付全部取得条項付種類株式）　○○株

（種類株式）

第○条　当会社の発行する種類株式の内容は、次のとおりとする。

①甲種株式（譲渡制限付種類株式）

（譲渡制限）

譲渡による甲種株式の取得については、当会社の承認を要する。以下②～③の株式も同様とする。

②乙種株式（譲渡制限付完全無議決権種類株式）

（議決権）

乙種株式は、当会社株主総会において議決権を有しないものとする。

③丙種株式（譲渡制限付全部取得条項付種類株式）

（全部取得条項）

当会社は、株主総会の特別決議で、会社法171条1項各号に規定する事項を定めることにより、乙種株式の交付をもって丙種株式の全部を取得する。

第○章　種類株主総会

（招集）

第○条　種類株主総会を開催する場合には、取締役会の決議に基づき、代表取締役がこれを招集する。

2　種類株主総会は、種類株主全員の同意がある場合は、その招集手続を採ることを要しない。

（決議）

第○条　種類株主総会の普通決議は、その種類株主総会に出席した株主の議決権の過半数をもって行う。

2　会社法324条2項に規定する種類株主総会の決議は、その種類株主総会において行使することができる種類株主の議決権の3分の1以上を有する種類株主が出席し、その議決権の3分の2以上に当たる多数をもって行う。

3　当会社は株式の内容の変更のうち単元株式数に関するもの及び会社法322条1項2号乃至13号に掲げる行為については、種類株主総会の決議を要しない。

（注）　232ページコラム参照。

6. 議決権を制限する色々な方法

POINT

種類株式を使う3方法と株式の「束ね方」の工夫

第5項の「完全無議決権株式」にしてしまう方法のほか、議決権を制限する方法は以下の4つがあります。特別決議等が必要ですが中小企業は、特別決議等は容易に得られるので検討の価値があります。**事業承継に関連**する1.〜3.は次章の第12章で詳しくお話します。

1. 黄金株で「院政」

拒否権付種類株式(会法108①八・別名「黄金株」)とは、株主総会（取締役会設置会社は、株主総会又は取締役会）で決議すべき事項のうち、その決議のほか、種類株主総会の決議を必要とする株式で、これを**1株有していれば、株主総会や取締役会の決議を拒否できます**。詳しくは268ページでお話します。

2. 人事権を握る「院政」

取締役・監査役選任権付種類株式（会法108①九）は、指名委員会等設置会社でない非公開会社のみが発行できる株式で、種類株主総会において取締役又は監査役を選任する権利を有した株式です。したがって取締役会設置会社で、**全ての取締役・監査役の選任権を有する株式を**

１株所有しておけば、取締役会で決定した総会議題以外は株主総会において決議できません(会法309⑤) ので、経営権を集中することができます。詳しくは266ページでお話します。

３．属人的種類株式で「家元」になる

大袈裟に言えば、「家元」制度を定款に規定しておく方法です。つまり**定款に後継者を定め、後継者が持つ株式のみが議決権を有し、その株式を他の人が所有したら、議決権がなくなる株式です**。議決権が株式と言うより、人に属して付いて回るので、人的種類株式とか属人的種類株式と言います。

属人的種類株式（会法109②）は非公開会社だけが活用できる株式で、会社法第105条第1項各号に掲げる権利（剰余金の配当を受ける権利、残余財産の分配を受ける権利、株主総会における議決権）に関する事項について、**株主ごとに異なる取扱いを行う**旨を定款で定めることができ、**何と登記は不要**なのです。

総株主の半数以上の頭数の賛成、かつ総株主の議決権の75%以上の賛成(会法309④）で、非支配株主の権利を奪える株式であり、**反対株主の株式買取請求権の適用もありません。**詳しくは286ページでお話します。

４．単元株・株式併合

一定の数（例えば10株）の株式をもって株主が株主総会において一個の議決権を行使することができることを定款で定めることができます。これを単元株制度（会法188）と言います。同様な方法として株式併合があり、結果的に非支配株主の議決権を制限できる場合があります。詳しくは240ページでお話します。

7.「全部取得条項付種類株式」にして買取る

POINT

非友好的な株主をも、一網打尽に、買取ってしまう凄い方法

1．買取りができる友好的な株主か？

214ページのフローチャートで、もう一度、確認して見てください。「買取りができそう」である場合、その株主が友好的に買取りに応じてくれるか否かによって分かれます。そして、ここでは買取りに**友好的でない株主**がいる場合に、**強制的に買取ってしまう方法**のお話をします。

しかし、この方法は、これまでお話してきた、「買取りができそうもない」場合に議決権を制限してしまう方法の他に、「**買取りができそうでなくとも、強制的に買取って**しまうことまでできてしまう」、まさに凄い方法なのです。

なお、非支配株主保護のために、全部取得条項付種類株式の取得対価等に関する書面等の備置・閲覧等（会法171の2）と法令又は定款に違反し、株主が不利益を受けるおそれがあるときは、株主は全部取得条項付種類株式の取得差止請求権（同171の3）の規定が整備されました。

２．「全部取得条項付種類株式」（会法108①七・②七）

「全部取得条項付種類株式」は230ページで既にお話しましたが、もう少し詳しくお話してみます。

「種類株式発行会社（２種類以上の株式を発行できる会社）」は、その種類の株式について、その株式会社が株主総会の特別決議によってその全部を取得することができる「全部取得条項付種類株式」を発行することができます。

発行する場合には、定款にその種類の株式について、株主総会の決議によってその全てを取得すること及び①「全部取得条項付種類株式」を取得するのと**引換えに金銭等を交付するときは、**取得対価の価額の決定方法、②その株主総会の決議をすることができるか否かについての条件を定めるときは、その条件を定めなければなりません。

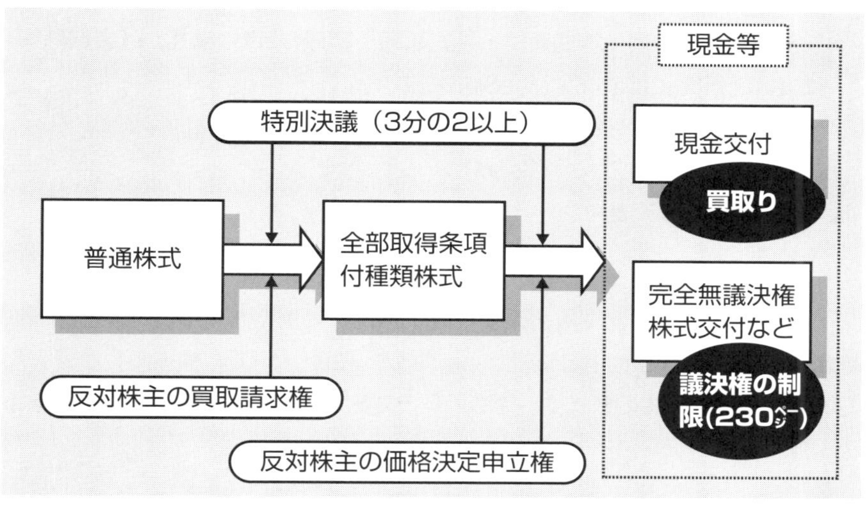

上記の言葉の中で重要なのは「金銭等」という言葉です。先の230ページでお話した「完全無議決権株式」にしてしまうのは、まさにこの「現金等」の「**等**」で**取得**することなのです。したがって、ここでお話するのは「現金等」の内の「**現金**」で取得する……すなわち**買取ってしまう**ことなのです。

8. 端数処理で排除する（キャッシュ・アウトする）

POINT

みなし配当課税なし・発行法人と株主ともに課税関係は生じない
だからこそ、実務では多用されている方法だが、運用は慎重に

1．端数処理のさまざまな方法（会法234、235）

次に挙げた方法の対価として株式を交付する等の際に、端数の株式は交付できないので、現金払いすれば、「**買取った**」ことになります。なお、みなし配当課税はありません（法法24①四、所法25①四)。

この方法は、非支配株主排除の手法として、実務でよく使われています。

① **合併・会社分割・株式交換・株式移転・「取得条項付株式」・「全部取得条項付種類株式」**の対価として株式を交付した端数
② **株式無償割当て**や**新株予約権の交付**の際の端数
③ **単元株制度**導入により生じた端数
④ **株式併合**をした端数

例えば①の場合、「全部取得条項付種類株式」1,000株につき「完全無議決権株式」1株を対価として交付すると定めた場合、1,000株未満しか保有していない非支配株主の株式は、端数処理の対象となり、会社が現金にて買取ることができます（会法234③④)。

また、②の場合、1,000株に付き10株の株式無償割当てを行うと定めた場合、同様の非支配株主は無償割当てを受けることができず、その分は現金で精算されることとなりますが、**議決権割合は低下**します。

2．単元株制度とは（会法188①、308①ただし書）

単元株制度とは、定款で一定数の株式を「一単元」とし、一単元の株式で1

個の議決権を認め、**単元未満株式には議決権を認めないこととする制度**です。

この制度を利用すれば、例えば下の表のように、社長が持株割合で半数を下回っているような場合でも単元株数を工夫して、例示のように11株にすると、社長の議決権割合は3分の２を超え、単独で特別決議が可能なまでにすることも計算上はできます。もっとも、このような定款変更をする場合には、**取締役は株主総会において、その制度を必要とする理由を説明しなければなりません**し（会法190）、**特別決議が必要**になります。さらに**反対株主の買取請求権が認められています**（会法116①三ハ）。また、その際の買取りに当たっては**間接的財源規制**がありますが（会法464）、直接的財源規制はありません（会法461）。

３．単元未満株主の権利（会法189②）

「単元未満株式」の株主には、総会出席権、質問権、総会決議取消権を含め**一切の総会参与権がありません**。

＜11株を一単元とした場合＞

株主	株数	持株%	議決権数	議決権%
A氏	10	10%	0	0%
B氏	10	10%	0	0%
C氏	10	10%	0	0%
D氏	25	25%	2	33%
社長	**45**	45%	4	**67%**
合計	100	100%	6	100%

つまり、単元未満株式は、**剰余金の配当を受ける権利や残余財産の分配を受ける権利はあるけれど、議決権及び定款で定めれば株主代表訴訟権や帳簿閲覧権も制限される株式**なのです。

なお**単元株導入後も、単元未満株主は、会社に単元未満株式の買取請求権を有しています**（会法155七、192、189②四）。会社が買取る際は**財源規制はありません**（会法461）。「種類株式発行会社」は、種類株式ごとに「一単元」の株式を定款に定めます。

４．株式併合の活用（会法180～182の６、235②、234④）

株式の併合も同様の効果があります。併合で生じた１株未満の端数を会社は買取れますが、単元未満株式と異なり**財源規制があります**（会法461①七）。また、株式併合に関する法整備が行われたことにより、**キャッシュ・アウト手法**として大変使い易くなりました。

コラム⑲もっと詳しいお話

株式併合が、非支配株主対策＝キャッシュ・アウト手法として活用され易くなった

事前事後の開示制度（改正会社法182条の2・182条の6）、差止請求制度（同182条の3）、反対株主の買取請求制度（同182条の4）、株式の価格の決定等（同182条の5）という株式併合の法整備が行われたことにより、会社にとって法的安定性が確保され使い勝手が良くなったと言えます。

株式併合は、**併合で生じた1株未満の端数を、会社が自己株式として買取る**ことができますが（会社法235条1項、同法155条9号）、単元未満株式と異なり**財源規制があり**ます（同法461条1項7号）。取締役は株主総会において、株式の併合を必要とする理由を説明しなければなりませんし（会社法180条4項）、株主総会の特別決議が必要となります（同法309条2項4号）。

株式併合と単元株制度による非支配株主排除とでは、端数買取請求に係る自己株式取得に当たり（会社法155条9号・7号）、財源規制が単元株制度にはないのと、自益権が単元未満株には保証されているという点でマイルドな方法と言えるかもしれません。なお、**双方ともに「みなし配当課税」は適用除外**です（法令23③九・所令61①九）。

1．株式併合をする株主総会の開催

⑴　株式会社は、株式併合をするためには、株主総会の**特別決議**で①併合割合、②株式の併合がその効力を生ずる日（効力発生日）、③株式会社が種類株式発行会社である場合には、併合する株式の種類、④**効力発生日における発行可能株式総数**を決議しなければなりません（改正会社法180条2項）。

⑵　公開会社にあっては、発行可能株式総数は、効力発生日における発行済株式の総数の4倍を超えるとはできません（同法3項）。

⑶　取締役は、株主総会において、株式の**併合をすることを必要とする理由を説明**しなければなりません（同法4項）。

2．株主に対する通知・公告

株式会社は、効力発生日の20日前までに、株主（種類株主）に対し、上記①～④の事項を通知又は公告をしなければなりません（同法182条の4第3項）。

なお、実際に株券を発行している会社は、効力発生日の1箇月前までに、効力発生日までに株券を提出すべき旨の株券提出公告をし、かつ株主に各別に通知が必要です（同法219条1項）。そして、株券は効力発生日に無効となります（同法219条3項）。

3．事前備置及び事後備置制度

株式併合をする会社（単元株制度を導入している会社にあっては、株式併合で単元株式数に併合の割合を乗じて得た数に1に満たない端数の生ずる会社に限ります）は、株主総会の日の2週間前又は上記の総会決議事項等の通知・公告の日のいずれか早い日から併合の効力発生日後6箇月間、総会決議事項等を、その本店に事前備置する必要があります（同法182条の2第1項）。また、株主は備置事項につき、閲覧謄写を請求できます（同

法182条の2第2項）。

さらに、効力発生日後遅滞なく、取得日後6箇月間、効力発生時の発行済株式の総数その他一定の事項をその本店に事後備置する必要があります（同法182条の6第1項・2項）。また、株主は備置事項につき、閲覧謄写を請求できます（同法182条の2第3項）。

4．株式併合の差止請求

株式の併合が法令又は定款に違反する場合において、株主が不利益を受けるおそれがあるときは、株主は、株式会社に対し、当該株式の併合の差し止めを裁判所に請求することができるようになりました（同法182条の3）。

5．反対株主の株式買取請求

株式会社が株式の併合をすることにより株式の数に1株に満たない端数が生ずる場合には、反対株主は、当該株式会社に対し、自己の有する株式のうち1株に満たない端数となるものの全部を公正な価格で買い取ることを請求することができることとされました（同法182条の4第1項）。ただし、係る請求は、効力発生日の20日前から効力発生日の前日までの間に、当該買取請求に係る株式の数（種類株式発行会社にあっては、株式の種類及び種類ごとの数）を明らかにしてしなければならないとされています（同法182条の4第4項）。　なお、反対株主とは、株式併合を決議する株主総会に先立って当該株式の併合に反対する旨を当該株式会社に対し通知し、かつ、当該株主総会において当該株式の併合に反対した議決権を行使できる株主（同法182条の4第2項1号）並びに当該株主総会において議決権を行使することができない株主（同法182条の4第2項2号）をいいます。

6．株式の価格の決定

株式の買取請求があった場合において、株式の価格の決定について、株主と株式会社との間に協議が調ったときは、株式会社は効力発生日から60日以内にその支払をしなければなりません（同法182条の5第1項）。　株式の価格の決定について、効力発生日から30日以内に協議が調わないときは、株主又は株式会社は、その期間の満了の日から30日以内に、裁判所に対して価格の決定の申立てをすることができます（同法182条の5第2項）。

7．自己株式取得に係る財源規制の適用あり

株式併合に伴う端数は自己株式の取得になります（同法155条9号）。また、株式併合に伴う端数は自己株式の取得（同法234条4項準用→235条2項）は、財源規制（配当等の制限）がありますので、分配可能額を超えて買取ることはできません（同法461条1項7号）。

8．みなし配当規制適用除外

上記のように、分配可能額から支払われるにも拘わらず、所得税法25条1項5号括弧書→所得税法施行令61条1項9号において、会社法235条2項（1株に満たない端数の処理）の規定による買取りは、剰余金の分配とはみなさないとされていますので（法人税法24条1項4号括弧書→法人税法施行令23条3項9号において同じ）、みなし配当課税はなく、当該端数は当該発行株式会社への株式の譲渡として譲渡課税となります。これは、端数処理でキャシュ・アウトされる株主への配当課税は酷であるとの政策的配慮と思われます。

9. 誰が買取るか？オーナーや従業員持株会の場合

POINT

誰が買取るかで価額が変わる。株主が納得するかが問題
税負担など総合勘案して誰がどれだけ買取るかを決める

いよいよ215ページのフローチャートの右側です。その各々の方法の得失から、組み合わせも必要なので、全ての方法を知っておく必要があります。

1. オーナーが任意で取得する方法と問題点

オーナー（その親族を含む。）が株主との合意で株式を買取り、経営権を集中するというオーソドックスな方法です。以後のどの方法にも共通しますが、買取価額が問題になります。オーナーは124ページでお話したように**「同族株主」ですから、原則的評価をされた株価は通常、高い価額**になります。その結果、**買取株数が多い場合には、オーナー個人では買取れない**場合も生じます。

オーナーが自社（又は銀行等）から借入をして買取ることも考えられますが、高額であることが多いため、その返済も大変です。その場合には、**次の「2. 従業員持株会」で買取るか一部あるいは全部を会社で買取るなど**、フローチャートの次に進む必要があります。

また会社が、非支配株主から**時価よりも著しく低い価格で取得すると、オーナーや他の個人株主に対して、差額部分について贈与税**が課税されます。

譲渡した非支配株主側では、みなし配当課税と株式譲渡損益課税が発生します。

２．従業員持株会が取得する方法と問題点

オーナーが資金的にも無理な場合、従業員持株会が存在すれば（あるいは、急遽設立して）、ここで買取る方法が有効です。従業員持株会が買取る場合は、134ページでお話したように、特例的評価方法である、評価の低い**配当還元価額で買取ることができます**。

しかし、この場合、売主である株主が、**その低い評価額で満足するかが問題**になります。

ですが、会社が買取ることになれば、株主は会社から配当を受けたとされますので、配当所得課税を受け、総合課税される結果、最高49.44％（配当控除後）の税率によって課税されてしまいます。株主の「他の所得」がどの程度であるかによって、ケース・バイ・ケースですが、会社に売ることは得策でない場合もあります。

つまり譲渡する非支配株主側からみれば、１.のオーナーに買取ってもらうのが一般的には有利と言えます。したがって、**オーナーと従業員持株会と次項の自社も含めて、買取数を調整して、総額として売主である非支配株主との合意ができるようにシミュレーション**をする必要があります。

また、従業員持株会は資金を持っていませんから、**一時的に自社から借入をして買取資金を調達し、遅滞なく他の従業員に持ってもらう**ことで資金を回収し、会社に早期に返済します。さらに、取引先持株会や役員持株会を創設して買取ることも視野に入れてください（166ページ参照）。配当が継続的に可能であるならば、投資育成会社に買い取ってもらうことが可能です（拙著『事業承継に活かす従業員持株会の法務・税務（第３版）』（2015年、中央経済社）313頁参照）。

10. 会社で取得する(譲渡承認請求をしてもらう)

POINT

売主追加請求権を回避しつつ、特定の株主から取得できる
ピンポイントの一本釣りだから便利・しかし売買価額に注意

1．会社が任意で取得する方法

オーナーや従業員持株会が買取る方法が無理ならば、会社が取得します。会社が株主と合意取得する方法で、フローチャートで残る方法は、①「譲渡承認請求をしてもらう方法（会法136)」、②「特定の株主から取得する方法（会法160)」、③「ミニ公開買付けの方法（会法156)」の３つの方法です。そのうち、お勧めは最初の方法です。しかし、いずれも前項でお話したように、**株主に配当課税（株主の所得によりますが、高額所得者の場合最高49.44%)**されるのがネックです。

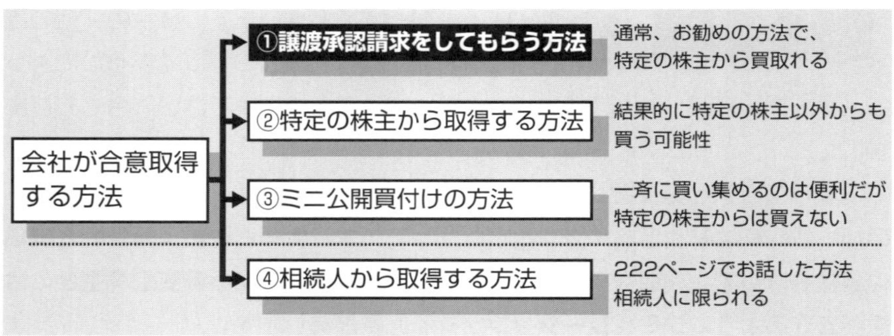
会社が合意取得する方法
①譲渡承認請求をしてもらう方法
通常、お勧めの方法で、特定の株主から買取れる
②特定の株主から取得する方法
結果的に特定の株主以外からも買う可能性
③ミニ公開買付けの方法
一斉に買い集めるのは便利だが特定の株主からは買えない
④相続人から取得する方法
222ページでお話した方法
相続人に限られる

2．譲渡承認請求をしてもらう方法

これは、**株主から譲渡承認請求をしてもらって**（会法136)、会社や会社の指定買取人が取得をする方法です。この方法は、元々は会社側の意図と無関係に、株主側から「貴社の株をこの人に売りたいので承認してくれ！」とお伺いを立てる方法で、つまりどちらかというと高値買取りを迫る非友好的株主の採る方法です。しかし、これを**逆手に取り、会社から株主に対して**、「この方法

で請求してくれ」と事前に申し合わせて株主側から「譲渡承認請求」をしてもらうのです。

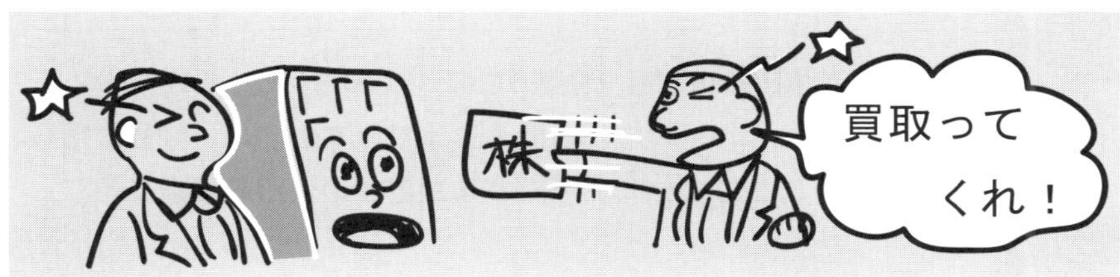

この方法の**何よりのメリット**は、①他の株主に買取価格がオープンにならないこと、②他の２つの方法が、他の株主に「貴方にも売るチャンスがありますので如何ですか？」と聞かねばならないため、特定の株主のみから買取ることができないのに対して、この方法なら、**請求をしてきた株主だけから買取ることができる**ことです。

しかし、株主総会で買取ってもらえることが分かると、他の株主も「じゃ！俺も請求しよう！」となる可能性があります。

したがって、非支配株主をなくしたいと考え、手間と資金の余裕があれば、個々の非支配株主に対して「譲渡承認請求」をしてほしいと交渉してゆけばよいわけです。

この場合、譲渡承認請求に対する「承認」は、株主総会（取締役会設置会社にあっては、取締役会）の決議で行います。ただし、定款に定めることにより代表取締役が行うことができます。

しかし、株主から譲渡承認請求がなされ（通常は、非公開会社の株主は、株式を会社が買取ってくれるという知識さえないところに、買取ってくれることが知れる結果）、今お話したような**連鎖的な譲渡承認請求に発展すると**、非支配株主の数や株価によっては、**現金預金が少ない場合に資金的に大変苦しく**なることがあります。さらに財源規制（254ページ）もあります。

「譲渡承認請求の方法」は、有益ですので、次のコラムをご参照ください。

コラム⑳もっと詳しいお話

譲渡承認請求の手続と交渉①

1．株主からの譲渡承認請求制度（会法136、138一）

譲渡制限株式の株主は、その株式を**他人に譲り渡すときは、会社に対し、その他人が取得することについて、承認するか否かの決定を請求**することができます。

この請求は、次の3点を明らかにして、しなければなりません。

①譲渡する株式の数

②譲渡先の氏名又は名称

③**会社が譲渡不承認の決定をする場合に、その株式をその会社又は指定買取人が買取ることを請求するときは、その旨**

2．会社による譲渡の認否決定（会法139）

会社は譲渡承認の請求日から2週間以内に、請求者に**譲渡承認を認めるか否かを株主総会の普通決議（取締役会設置会社は取締役会決議）で決定し、通知**しなければなりません（右図参照）。なお**定款で定めれば代表取締役がすることも可能**です。ただし、**みなし承認決定に注意**してください（198ページ）。

3．会社による買取りか、「指定買取人」の指定（会法140）

株式会社は、承認を求めてきた譲渡先への譲渡を認めないときは、上記**1.**の③の請求がある場合には、**株主総会の特別決議**で、①対象株式を買取る旨、②買取る対象株式の数を決定し、その株式を**会社で買取ります。**

会社で買取らない場合には、株主総会の特別決議（取締役会設置会社にあっては取締役会決議）で**指定買取人を指定**しなければなりません（株主総会において、請求者は特別の利害関係者のため議決権を行使することはできません）。なお**指定買取人の指定は、定款で定めれば代表取締役がすることも可能**です。

４．譲渡承認請求者への買取り通知と供託（会法141）

会社が買取る場合には、会社は認否通知をした日から**40日以内**に、上記**3.**の内容を請求者に通知しなければなりません。その際、会社は１株当たりの簿価純資産額に対象株式数を乗じて得た額をその本店所在地の法務局に供託し、かつ**供託証明書を請求者に交付**しなければなりません。

株券発行会社なら、請求者は通知を受けて1週間以内に株券を本店所在地の法務局に供託し遅滞なくその旨を通知しなければなりませんので、会社に対して株券発行請求がなされます。したがって会社は、**事前に株券不発行会社になる定款の変更をしておく**ことが肝要でしょう（201ページ）。

指定買取人が買取る場合には、指定買取人は、会社が認否通知をした日から10日以内に①指定買取人として指定を受けた旨と②買取株式数を請求者に対して通知しなければなりません。

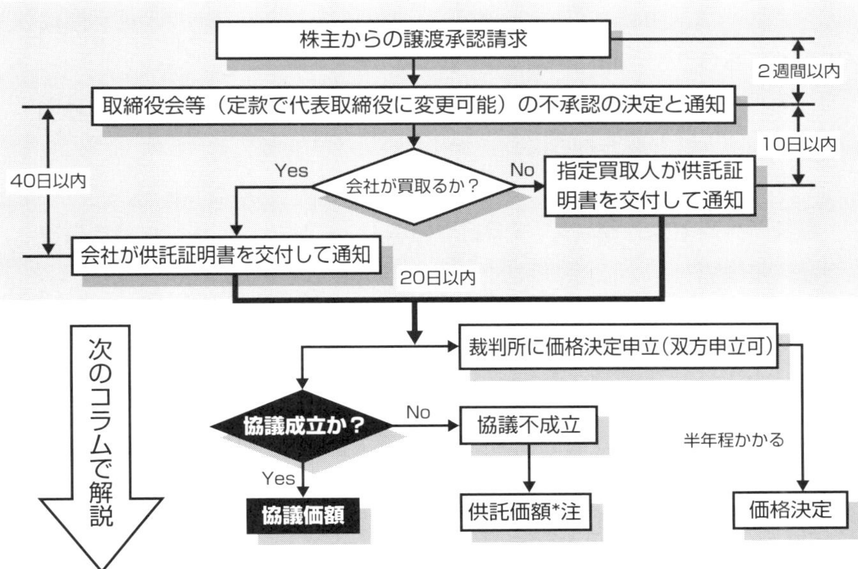

*注　協議不成立時の売買価格＝「１株当たりの簿価純資産額×対象株式数」

コラム㉑もっと詳しいお話

譲渡承認請求の手続と交渉②

前のコラムからの続きです。右の図では下半分の、売買価格の決定が問題となりますが、その前に、「みなし承認（198ページ参照）」と「譲渡承認請求の撤回」が起こりえます。

1．譲渡承認請求の撤回（会法143）

譲渡承認請求者は、会社又は指定買取人からの買取通知を受けた後は、譲渡承認請求を撤回できません。これは、買取通知が届いた時に、価格面を除いて売買契約が成立しているからです。

2．売買価格の決定（会法144）

売買価格は、会社と請求者が**協議**で決めれば良いのですが、**裁判所に間に入ってもらう**こともできます。

この場合、株式買取通知のあった日から20日以内に、裁判所に売買価格の決定の申立てを**双方ともに**できます（右図の中央部分）。

裁判所への申立てがなく、20日以内に双方の協議が調わなかった場合は、**簿価純資産額**をもって売買価格となります（会法144⑤）。

裁判所に申立てをした場合には、裁判所が定めた額をもって売買価格とされます。裁判所は直ぐには決定を出してくれません（半年前後要します）。

裁判所は、売買価格を決定するには、譲渡承認請求の時における株式会社の**資産状態その他一切の事情を考慮**しなければなりません。

したがって、その際に最も考慮される要素としては、簿価ではなく、時価と言うことになります。含み益や含み損が存在するのが、多くの場合でしょうから、時価純資産額と上記の簿価純資産額とは異なります。

会社側としては、**供託価額（簿価純資産額）と時価純資産額とを比較考量して、株主が裁判所に価格決定の申立てをする前に、協議決着をするよう急ぐのか、自ら裁判所に価格決定の申立てを行うかの意思決定**しなければなりません。

しかし246ページでお話したように、会社が買取ると株主側は配当課税になり不利ですので、オーナーや関連会社を指定買取人としたり、従業員持株会にしたりする組み合わせを**早期にシミュレーションして、株主との合意点を見出さねば**なりません。

なお、対象株式の売買価格が確定すれば、会社は供託した金銭の額に相当する額を限度として、売買代金の全部又は一部を支払ったものとみなします。

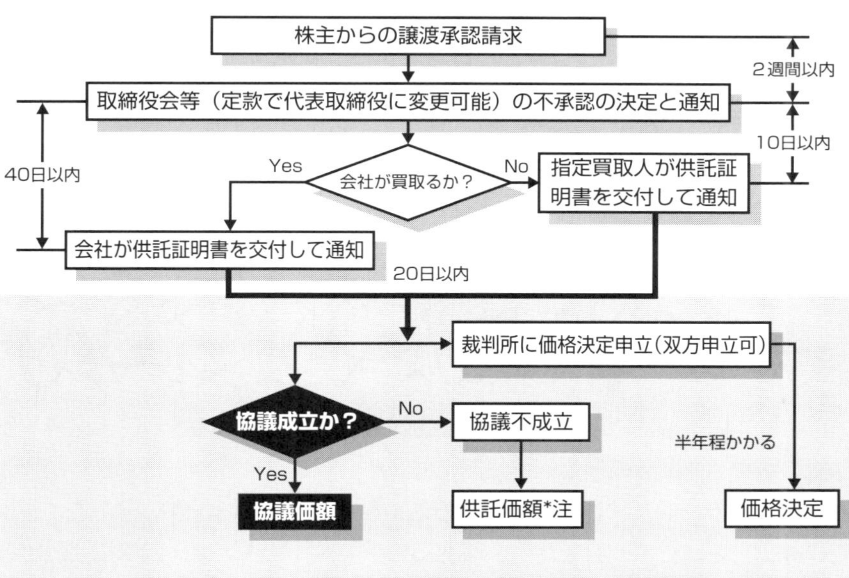

11．会社で取得する（「ミニ公開買付け」と「特定株主からの取得」）

POINT

非支配株主の数が多ければミニ公開買付けが便利な場合もある
「特定の株主からの取得」は特定の株主以外からも取得の可能性

前項でお話しましたように、譲渡承認請求を出してもらう方法以外の方法は、特定の株主からのみ買うことができませんので、先の方法が最適と言えます。

しかし、念のために残る２つの方法も知っておく必要があります。**場合によっては、これからお話する方法が便利なときも**あるからです。

1．ミニ公開買付けの問題点とメリット（会法156～159）

ミニ公開買付けは、ミニTOBと言った方がイメージしやすいかもしれません。上場会社が昨今よく行うTOBのまさにミニ版なのです。

株主の皆さん！
さあ！この機会にお売り下さい！

これは次の手続により行います。**株主総会の普通決議**によって、①取得する株式の種類・数、②取得と引換えに交付する金銭等（株式は交付できない）の内容及びその総額、③株式を取得することができる期間（1年を超えることができない）を定めます。ただし、取得価格等の具体的決定は、取締役会設置会社の場合には、取締役会決議によらなければなりません（会法157）。

株式会社は株主（種類株式発行会社にあっては、取得する種類株主）**に取得価格等を通知**しなければなりません。これによって**株主は１株当たりの取得価**

格も解るので、譲渡の申込みをするかの判断材料を得ることができます。

通知を受けた株主は、申込株式数を指定期日までに申込みをします。ただし、会社は申込株式総数が取得株式総数を超えるときは、比例按分で取得します（会法159）。したがって、必ずしも意中の株主のみから取得できません（特定の種類株主を対象として、実施できますので、**事前に意中の株主の株式を特定の種類株式に変換**しておけば可能となります。）。

しかし、それが問題点とばかりも言えません。例えば、**非支配株主が大勢いる場合**には、それぞれから前項でお話したような譲渡承認請求をしてもらうよりも、**供託はありませんし、資金さえあれば、どちらかと言えば一度にできてしまいますから便利かも**しれません。しかし応募がない可能性もあります。株主構成や株主との友好関係などケース・バイ・ケースによる選択が必要です。

2．「特定の株主」からの取得の問題点とメリット（会法160）

株主総会の特別決議で、**ミニ公開買付け同様の決定事項を「特定の株主」にのみ通知する**ことができます。

しかし株式会社は、**これを決めようとするときは他の株主**（種類株式発行会社にあっては、取得する種類株主…他の種類株主には、売主追加請求権はありません。）**に対して、簡単に言えば「貴方も、売り主に追加して欲しいと請求できますヨ」との旨（売主追加請求権）があることを株主総会の２週間前までに通知**しなければなりません。

また、「売主追加請求権」の通知を受けた株主は、株主総会の５日前までに自己をも売主に加えることを会社に請求することができます（会規29）。

なお、「特定の株主」は株主総会で議決権を行使できません。

コラム㉒もっと詳しいお話

財源規制の「分配可能額」とは

これまでお話してきた中にも、再三「**財源規制があります**」という言葉が登場しました。この財源規制とは、『**「分配可能額」を超えて剰余金を払い出してはいけませんよ**』ということです。

会社法では「分配可能額」と「剰余金の額」とが別に定義されました。そして両方を規定している条文を読むと、すっかり頭を抱えたくなってしまいます。そこで、分配可能額と剰余金の額の計算を一覧表にしてみたのが、右頁の「分配可能額計算一覧表」です。

余程の方でない限り、この表を使うことはありませんから、まずざっくりとお話します。「分配可能額」とは、自己株式や新株予約権などはほとんどの場合ないでしょうし、臨時決算もないでしょうから、直前の期の「**貸借対照表の純資産の部の合計額から、資本金の額と準備金の額との合計額を控除した額**」と、通常は理解していただいて結構です。**右の表では左側の少し太い線で囲まれた部分**です。

ここから先は、右の表を理解なさりたい方だけにお話しましょう。条文番号の表記に法律名が省略されていますが、全て会社法で、「計」とあるのは「会社法計算規則」です。

この表の元となった表は経団連の資料なのですが、実に巧みに作ってありましたので、それを参考にさせていただきながら作成しました。

まず、「分配可能額」を加算する項目と減算する項目に分けて表しました。次に、「剰余金の額」を、加算する項目と減算する項目とに分けて表の左半分で表しました。

ここで、注意していただきたいのは、両矢印で示した部分の対応関係です。右半分の中にある小さな表の、そのまた左側にある『期末日後に取得した「自己株式の帳簿価額」』に、注目してください。これについては、条文（会法461②三）をみると、取り敢えずのところ「自己株式の帳簿価額」とだけあります。

これが**いつの帳簿価額か**については、同じく第461条第２項柱書きの最初をみなければなりません。つまり『前項に規定する「分配可能額」とは』とありますから、前項である第461条第１項をみると「次に掲げる行為により株主に対して交付する金銭等の帳簿価額の総額は、当該行為がその効力を生ずる日における分配可能額を超えてはならない」とあります。したがって結局のところ、**「配当等の効力発生日」の帳簿価額**ということになります。

『配当等の効力発生日の「自己株式の帳簿価額」』は、右側の小さな表で示した、「期末日の自己株式の帳簿価格　＋　期末日後に取得した自己株式の帳簿価格　―　期末日後に処分した自己株式の帳簿価格」とに**分解**できます。この分解した要素を左側の「剰余金の額」と両矢印で関連させてみると、点線の⬭で囲まれた部分のみが違うことが浮き上がってきます。

分配可能額計算一覧表　（日本経団連資料を参考に作成）

加算項目	減算項目
剰余金の額（446、461②一）	配当等の効力発生日の「自己株式の帳簿価額」（461②三）
	期末日後の自己株式処分対価額（461②四）

剰余金の額（446、461②一）

加算項目	減算項目
期末日の資産額（446一イ）	期末日の負債額(446一ハ) 資本金の額及び準備金の額（446一二） （計149）で定める各勘定科目に計上した額（446一ホ）※1
期末日の自己株式の帳簿価額(446一ロ)	期末日後に処分した自己株式の帳簿価額（446二）
期末日後の自己株式処分対価額（446二）	
期末日後の資本金減少額（準備金とした額を除く）（446三） 期末日後の準備金減少額（資本金とした額を除く）（446四）	期末日後の自己株式消却額帳簿価額（446五） 期末日後の剰余金配当額（446七）
	（計150）で定める各勘定科目に計上した額（446七）※2

配当等の効力発生日の「自己株式の帳簿価額」（461②三）

加算項目	減算項目
期末日の自己株式の帳簿価額 期末日後に取得した自己株式の帳簿価額	期末日後に処分した自己株式の帳簿価額

	加算項目	減算項目
臨時決算を行った場合	（計156）で定める臨時計算書類の利益の額（461②二イ）※3　臨時計算書類の対象期間内の自己株式処分対価額（461②二ロ）	（計157）で定める臨時計算書類の損失の額（461②五）※4
		（計158）で定める各勘定科目に計上した額（461②六）※5

※1　評価・換算差額等と新株予約権

※2　期末日後に行われる剰余金の資本金、準備金繰入額と期末日後に行われた剰余金の配当の際に積み立てられる準備金の額

※3　臨時計算書類のＰ／Ｌ上の純利益の額

※4　臨時計算書類のＰ／Ｌ上の純損失の額

※5　のれん、特定繰延資産の資本金・準備金超過額の1/2、その他有価証券のマイナス残高、土地再評価差額金のマイナス残高、300万円純資産基準

第12章　経営権維持の応用２（事業承継対策）

今度は、**大きな流れとして**後継者にいかに経営権を承継するかという**本書の中心となるお話**です。これも、この章扉のフローチャートが大切です。

色々な承継方法がありますが、突然の**オーナーの死**という場合もあります。

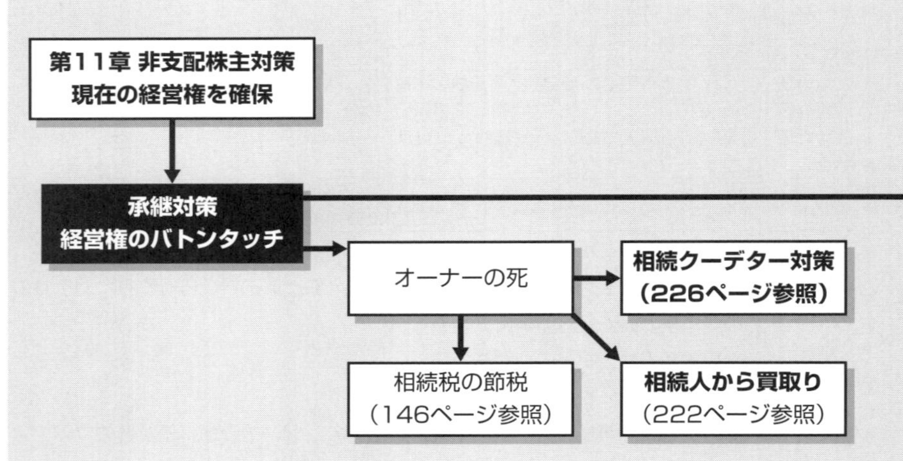

その折の**相続クーデター対策・節税対策・納税対策**は既にお話してきました。

この章では、順調な場合として、対策の効果が**「生前中に効果を出す方法」と、「遺言で効果を出す方法」**とに区分しました。もちろん、**併用も**できます。

「生前中に効果を出す方法」は、**生前贈与**をして、次第に後見的な姿へと変わっていきます。この時、これまでの**議決権を50%超持つ必要がなくなってきた**ことをお話します。これは重大な変化です。それでも少ない議決権で**「院政」**を敷くことも可能になりました。その「院政」にも積極的なものと消極的なものとがあります。また、既にお話した従業員持株会も重要な方法です。

「遺言で効果を出す方法」として、**無議決権株式を相続人以外に相続させる方法**や、さらに最も強力なものが、遺言で後継者にのみに一気に議決権を渡す「**家元制**」と言えるでしょう。

以上の内容を、現実の株式で対応する方法の他に、**新株予約権（ストック・オプション）として、半ば先に確定させてしまう**方法もあり、これが相当強力な効果を発揮します。これらの方法が、**全てという程に組み合わせが可能**です。

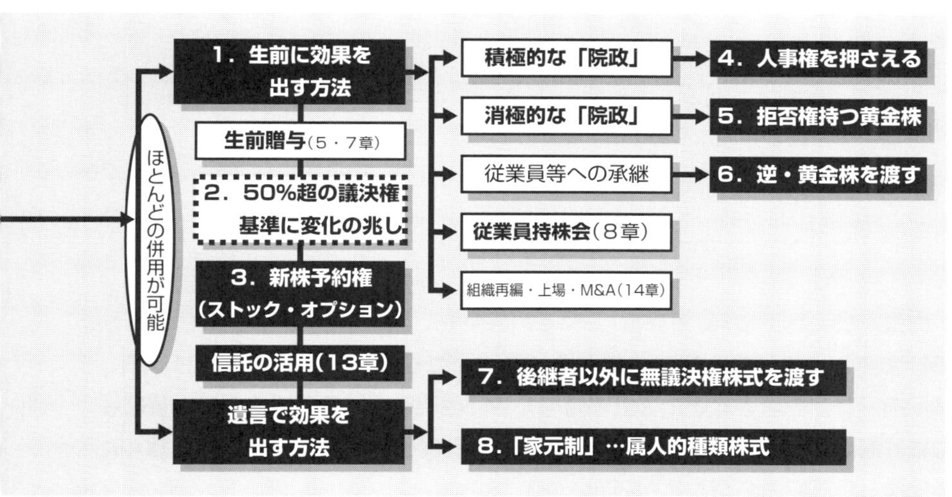

1．生前に効果を出す様々な方法

POINT

50%超の議決権が分かれ目（ただし次項に続く）
生前贈与・新株予約権・信託等も組合せ可能

1．「組合せ」と「黄金株」などの使い時

本章は便宜上「生前に効果を出す方法」と「遺言で効果を出す方法」に区分してお話しますが、**組合せることができます**。

まず「生前に効果を出す方法」からお話します。前ページのフローチャートで次項からお話をする「人事権を押さえる」方法や、「拒否権を持つ黄金株」といった「種類株式」を使った方法は、いろいろと騒がれています。しかし現状で、オーナーが**50%超の議決権を持っていれば、騒ぐ必要はありません。**

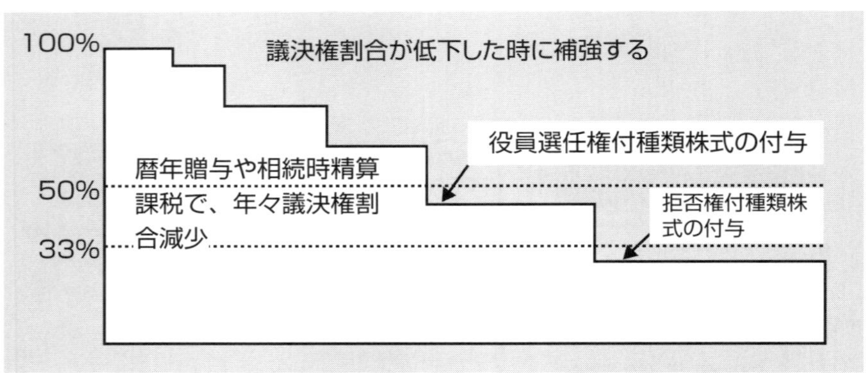

何故なら、50%超の議決権があれば普通株式のままでも、役員の選任権がありますし、**3分の1超なら特別決議を阻止できる**からです。しかし、第5章・第7章でお話してきた**「暦年贈与」や「相続時精算課税贈与」で、後継者に株式を贈与し、50%以下や3分の1未満となった場合に「院政」を敷くためには、拒否権付種類株式が必要**となります。

２．新株予約権・無議決権株式・信託をからませると盛り沢山

さらに、後でお話する新株予約権（ストック・オプション）や信託で、バラエティを付加することができます。信託は、今後期待できる分野です。次章でまとめてお話しましょう。

新株予約権は、262ページで詳しくお話しますが、ここでは左ページの議決権割合のことに関連したお話をします。

257ページでお話した「遺言で効果を出す方法」の中の一つに「**後継者以外に無議決権株式を渡す**」があります。272ページでお話しますが、この方法を使って、例えば下図のように、①100%オーナーの所有株100株（評価５億円）の相当数の90株（4.5億円）を無議決権株式に転換します。すると、会社の**経営権は、残る10株（5,000万円）に集中**します。

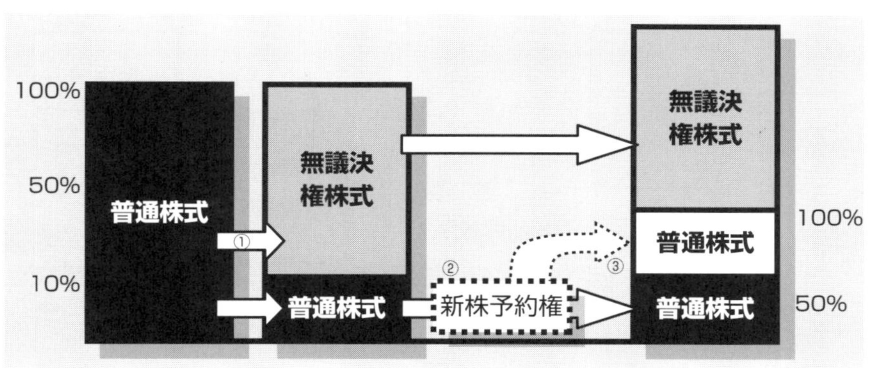

ここまで少なくなれば150～159ページでお話した相続時精算課税贈与で、残る普通株式（5,000万円）を全て贈与しても贈与税は、（5,000万円－2,500万円）×20%＝500万円で済みます。

しかし、オーナーが**現役の間は議決権の保持を希望するならば、②後継者に「新株予約権」10株分を発行**し、③後に新株予約権の権利行使で後継者が5,000万円を出資するだけで会社の普通株式数は20株となりますから、**一挙に後継者に50%の議決権が移転します**。

2．50%超の議決権基準に変化の兆し

POINT

持株が少なくても経営権が保てる…

…と言うことは、株式が少なくなれば、相続税も大幅に減らせる

1．50%超を持たないと…との常識が変わるかも…

これまで、経営権の確保には50%超の議決権を保有するのが常識でした。しかし平成19年3月16日の国税庁「回答」（282～285ページ）で大きく変わりそうです。つまりこの**「回答」の根本に流れるメッセージは「議決権に価値はないとみなした」**[1]と言うことです。下図をみながらお話しましょう。

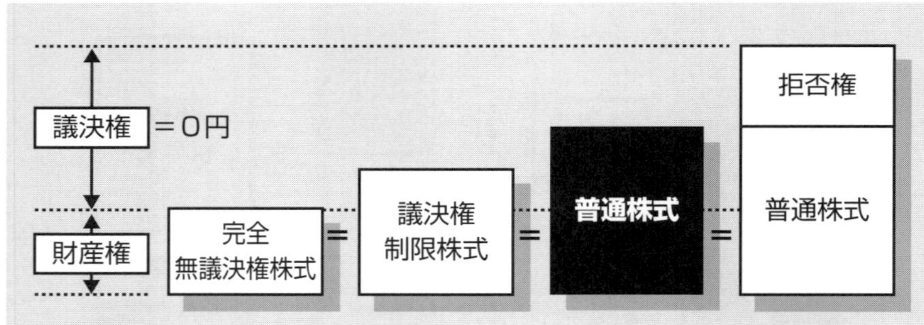

「拒否権付種類株式」（268ページ）は、１株あれば、水戸黄門の印籠のような株式、あるいはトランプのジョーカーのようです。**今回の「回答」は「無議決権株式は普通株式と同じ評価」、「拒否権付種類株式も普通株式と同じ評価」と規定**していますから、上図のように**全てが＝で結ばれてしまい、結果的に株式の財産権だけで評価され、議決権は０円評価**とされたわけです。

それは**明らかに矛盾**です。素人の常識でも考えられないようなことを「回答」は規定しました。その原因は、様々な組合せの議決権の評価は個々の会社の株主構成や議決権割合でも異なってくるという現実があるからです。

1　品川芳宣教授発言『月刊税理』2007年5月号214頁。

さらには非論理的な理由も存在し、その矛盾が同族企業の本質とも考えられます。もちろん、裁判になれば別ですが、通常はそこまでに至りません。例えば、拒否権の**ない**普通株式を僅かしか持たない当主が、ちゃぶ台をひっくり返して怒れば、「親父の言うことだから…」と他の家族株主は渋々ながら従ってしまう現実はなくはありません。つまり拒否権の有無は無関係です。また、**議決権がなくて**も家族なら当然のように普段の経営に口を挟んでくる役員でも株主でもない配偶者などが、典型例かもしれません。要は何かを**決定する権利は、株式に内在するよりも人間関係その他様々な要素の混沌の中**にあるとも言えます。

２．社債類似株式の活用法

今までは50%超を持つ必要性から、結果的に自社株の割合が多くなり相続税も高くなりました。それが50%以下でも経営権を保てるとすれば、自社株の割合を少なくすることで相続税を安くすることができます[2]。

そこで前項の新株予約権の例の続きでみてみましょう。

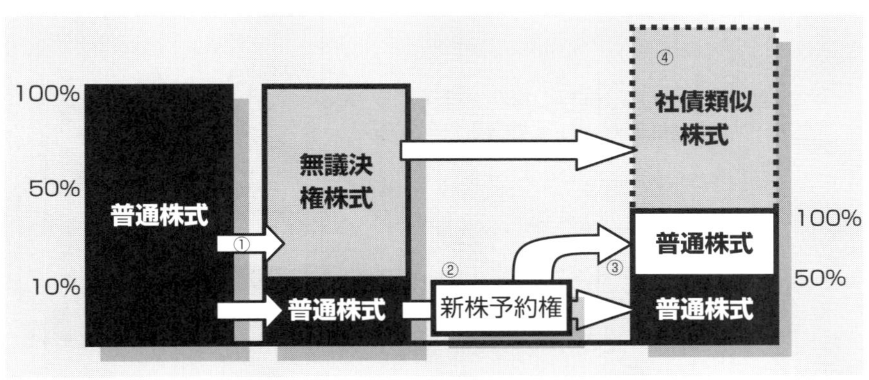

上図のオーナーが保有している無議決権株式を、④**社債類似株式**（282ページ）に転換後譲渡します。これには**議決権がありませんので、経営権は揺るぎません**。オーナーの所有株式が現金化され、相続時の**納税資金にも**なります。

2　品川芳宣教授発言『月刊税理』2007年５月号214頁。

3. 新株予約権（ストック・オプション）の活用

POINT

新株予約権の差別的割当で議決権割合を一気に高められる
1株当たりの評価額を下げられる

1. 新株予約権（譲渡制限付税制非適格ストック・オプション）の活用

ストック・オプション（「SO」）は「**新株予約権**」の一種です。下図のように、①後継者に対して差別的にSOを無償発行します（会法243）。その後、株価上昇時に、②発行時の価額で、値上がり後の株式を取得します。これが「**権利行使**」です。

後継者は、①と②との差額の値上がり益を得ますから、この時点で、③後継者に給与課税が行われます。

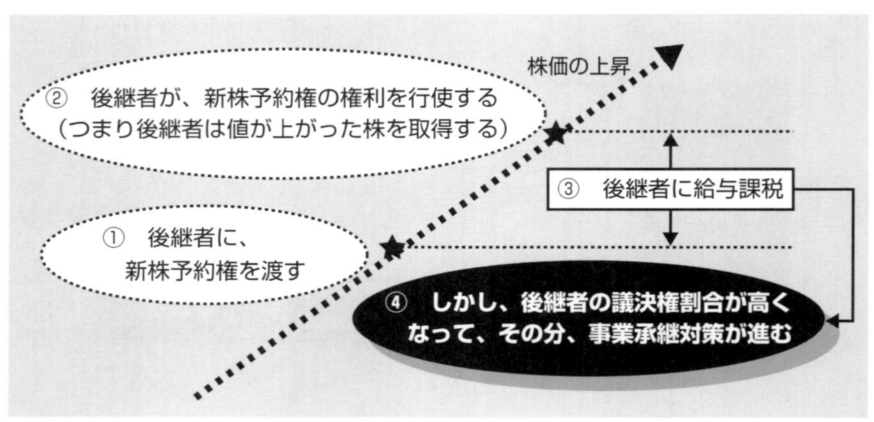

④しかし、事業承継の観点から重要なのは、権利行使で後継者は安い価額で、株式を取得できますから、**一気に後継者の議決権割合を高める**ことができることです。値が上がらなくとも最低限、議決権割合を高めることができますし、権利行使しなくても問題ありません。

後継者等の「大口株主」が取得する場合には「**税制非適格SO**」となります（措法29の２①柱書）が、譲渡制限付SOとすることで、付与時課税ではなく権利行使時課税となります（所令84本文柱書）。

２.「新株予約権」の権利行使で１株当たりの評価が下がる

ここでは１株当たりの評価額の減少についてお話します。

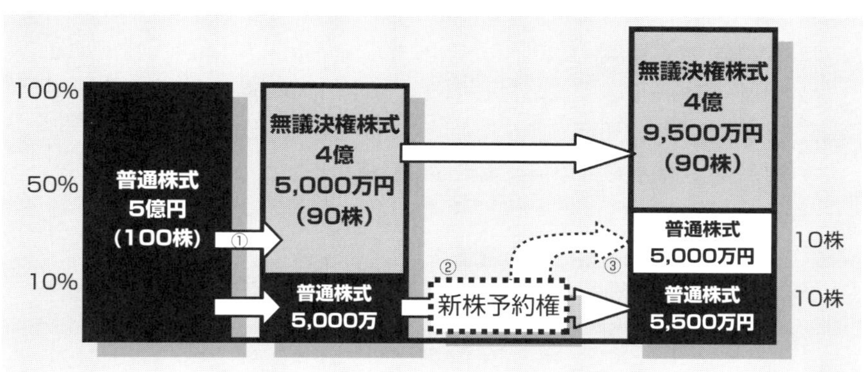

一番左の①の時点では、100株で５億円（１株500万円）ですが、図の③の権利行使で、新株予約権の**発行時の時価**と同じ額が払い込まれますから、１株500万円、10株で5,000万円が資本になります。

ところが、権利行使時には左ページのように時価が上がって、例えば権利行使直前に、10%アップして１株550万円、**100株の総額５億5,000万円**となっていたとします。

そこに権利行使で払い込まれる10株で5,000万円が加わりますから、全株式は110株で６億円、１株当たり5,454,545円となります。

つまり、１株当たり4.5万円余り評価額が下がります。すると相続財産は、この時点で、オーナーの持株**100株は、約５億4,545万円**となりますから、454万円余り少なくなるという評価減ができます。

コラム㉓もっと詳しいお話

「新株予約権（ストック・オプション）」の会計と税務

新株予約権は通常の中小企業には馴染みがありません。上場するような勢いの会社になって検討が始まるに過ぎなかったと言えましょう。その上、最近では**会計の分野で何やら処理方法が見直され無償なのに費用計上**しろと変更になったと聞き及ぶに至り、馴染みがないものが、さらに自分の見知らぬ方向に遠ざかってしまった…そんな印象が職業会計人の中にすらあります。

しかし、前ページまでにお話してきたように、事業承継の資本政策や節税にも使える大切な知識です。ここでは、ストック・オプションの「会計」と「税務」を、**中小企業の事業承継面の視点から**お話します。

1．会計基準の新設と会社法の規定

新株予約権は会社法では、「株式会社に対して行使することにより当該株式会社の株式の交付を受けることのできる権利」（会法２二十一）と定義されています。また、ストック・オプション（以下SO）とは、新株予約権のうち、従業員等に報酬として付与するものを言います（企業会計基準第８号）。

平成17年末に、企業会計基準委員会（ASBJ）が公表した、一般に公正妥当な会計処理の基準である「ストック・オプション等に関する会計基準」と「ストック・オプション等に関する会計基準の適用指針」（以下、まとめて「基準」と言います。）では、会社がその従業員等に対してSOを付与したら、「職務執行の対価として新株予約権を付与したのであり、付与対価（新株予約権の公正な評価額）を費用として計上しなければならない」とされ、次の仕訳が必要となりました。

（借方）株式報酬費用　＊＊＊／（貸方）新株予約権　＊＊＊

この貸方の「新株予約権」はB/Sの純資産の部に計上されます。

そして、取締役や監査役が付与されるSOは「職務執行上の対価として会社から受ける財産上の利益で金銭でないもの」として扱われ、**この報酬も株主総会の承認が必要**です（会法361）。

その具体的な新株予約権の価額は、「基準」で次のとおりとされています。

SOの価値　＝　本源的価値　＋　時間的価値

「時間的価値」とは、権利付与日から権利行使までの期間の、市場による株価形成をオプション価値に反映させたもので、上場していない中小企業には算定不能ですから無視します。すると、残るは「本源的価値」のみとなります。基準では第13項において以下のように規定しています。

未公開企業の本源的価値＝付与日時点の自社株式の評価額－権利の行使価格

（算定結果がマイナスの場合はゼロとします。）

「権利の行使価格」とは、将来の自社株式の期待価値を行使価格に反映させる算定方法をもって求めるのですが、未公開の中小企業では求めようがありません。唯一できるのが、将来もおそらく付与日時点の価値位はあるだろうとする、現実からくる推定です。したがって、ほとんどの場合、付与日の自社株式の評価額ということになりますので、上記算式では、付与日の評価額から付与日の評価額を差し引く計算となってしまう結果、新株予約権の本源的価値＝発行価額はゼロとなってしまうでしょう。つまり左ページの仕訳は０円…仕訳なしとなります。

２．税務の処理

上記のように、会計上は「一般に公正妥当な会計処理の基準」ではゼロと評価されるからと言って、税務上でもゼロで済むと言うほど、税務は生やさしくはありません。何故なら、**新株予約権に需要があるなら、何らかの価値が潜在的にもあるはず、と判断するの**でしょう。しかし、税務上ではどこにもその算定方法は規定されておりません。無償で新株予約権を発行すると、SOと呼ばれるということは先にお話しましたが、**税務上は有利発行とみなされるリスクが高い**と考えます。したがって、何らかの計算根拠を作って時間的価値（その計算結果は私見ではおおむね、発行価格の５%前後と考えられます）を求め、時価発行をすることが望まれます。すると、発行価格の以下の仕訳だけが必要となり、資本取引ですから課税関係は生じません（平成18年度税制改正、法法54）。

（借方）現金　＊＊＊／（貸方）新株予約権　＊＊＊

※借方を「株式報酬費用」として無償発行した場合でも、損金不算入です。

なお、本書は事業承継に限定していますので、税制適格SOのお話は省略しています。

4. 人事権を押さえる「役員選任権付種類株式」

POINT

自分の意に沿う取締役等を送り込め、「積極的な院政」を敷く
他の株式は、その分「議決権が制限された株式」となる

1.取締役・監査役を選任できる株式とは（会法108①九・②九）

非公開会社では、定款で定めることにより、「役員選任権付種類株式」を所有する株主を構成員とする種類株主総会において、取締役・監査役を選任する株式を発行することができます。この株式を発行した場合には、**全体の株主総会では、取締役と監査役の選任はできません。**

取締役会設置会社では、**株主総会の議題の決定は取締役会で行います**。その議題を決めたり、日常の業務を行う**広い経営権を有する**取締役などの役員を選任できる「役員選任権付種類株式」は、次項でお話しする「拒否権付種類株式」同様、院政に活用できます。

また**オーナーが、生前にこの株式を取得しておき、遺言で後継者にこの株式を遺贈することにより、後継者の経営権を確立させる**ことにも活用できます。

評価額については、相続等で取得した無議決権株式の評価が平成19年３月に明確になりました（284ページ参照）。しかし「役員選任権付種類株式」は直接規定されていません。私見では、議決権の有無で５％加減をし、全体の株式評価は同額とする平成19年３月国税庁「回答」から類推すると、役員選任権の有無についても、株式の実質的議決権の中核をなしますので、「無議決権株式」の評価に準じて評価しても良いと考えます。

さらに、役員選任権という積極的な院政でなく、**役員選任に関する拒否権付**

種類株式（258ページ図解参照）にするという消極的な院政であっても、結果的には**拒否権を有する株主に事前にお伺いを立てて、内諾**を得ておく運用になるでしょう。そうしないと何度も拒否されて、役員の選任が決まらなくなるからです。したがって、**拒否権付という消極的院政であっても、役員選任権付と変わらない効果**を発揮することになるでしょう。

２．定款の定め方（会法108②九）

定款には次の項目を定めます。

①「役員選任権付種類株式」の株主を構成員とする種類株主総会で取締役又は監査役を選任すること及び選任できる人数

② ①の事項を変更する条件がある時は、その条件及び条件が成就した場合における変更後の①に掲げる事項（これは「役員選任権付種類株式」が「取得条項付株式」や「全部取得条項付種類株式」であった場合において、当該種類の株式が存在しなくなれば、種類株主総会単位で取締役・監査役を選任する旨の定款の定めを廃止したものとみなされるので（会法112)、何らかの変更が必要だからです。）

③その他法務省令で定める事項（会規19）

３．種類株主総会での取締役・監査役の選解任（会法347）

取締役・監査役は、役員選任権付種類株主を構成員とする種類株主総会の普通決議で選任します。なお取締役の累積投票による選任は、定款に定めなくても不適用（会社法第347条には、同法第342条（累積投票の原則）に言及がない。）です。取締役の解任は、普通決議ですが、監査役の解任は、特別決議となります。

5. 拒否権を持つ「黄金株」

POINT

「黄金株」は黄門株！　いざ！と言う時に、ストップできる
提案権ではなく、拒否権だけだから「消極的な院政」を敷ける

1．「拒否権付種類株式」とは

「拒否権付種類株式」とは、俗に「黄金株」と呼ばれ、株主総会（取締役会設置会社にあっては株主総会又は取締役会）の決議事項につき、拒否権を有する株式のことを言います。つまり、**株主総会等の決議のほか、「拒否権付種類株式」の種類株主を構成員とする種類株主総会の決議を必要**とする株式を言います（会法108①八・②八、323）。

2．活用法は「水戸黄門？」

事業承継対策の過程において、オーナー株式を後継者に譲渡や贈与により株式を移転し、**自らが過半数を所有しないこととなった場合において活用します。取締役の選任や合併等の重要な事柄について「NO!」と言える権利**を残して、自分の意思を反映することができるように、オーナーが黄金株を保有するのです。

このような、強力な権限の有する黄金株の相続税評価額については、平成19年３月の国税庁「回答」（283ページ参照）により、**普通株式と同様に評**

価すると明確化されたため、一気にその利用が進むことでしょう。

前項の「役員選任権付種類株式」が「**積極的な院政**」が敷けるのに対して、「黄金株」は所有することで何も**積極的に株主総会等に提案していくことはできません**が、後継者らが誤った方向に進みそうになったときだけに、「こりゃいかん！」と黄門様よろしく印籠を掲げて、最後の待ったをかけることができるわけです。

そういう意味で、普段は後継者らに自主的経営を任せつつも、お目付け役として「**消極的な院政**」が敷ける経営権の確保の仕方です。したがって、段階的権限委譲として、**事業承継前半では、まだ後継者が未熟なため「積極的な院政」とし、後継者の育成を待って「消極的な院政」にする**などの工夫も良いかもしれません。また、同じ「消極的」と言っても次の３．①の**拒否権の内容によっても様々**です。

黄金株は強力ですから、「**取得条項付株式**（276ページ参照）」にしておくことが望ましいでしょう。

３．定款に定めること（会法108②柱書・八・③、会規20①七）

「拒否権付種類株式」を発行する場合には、定款で次の事項を定めます。

① 株主総会等の決議事項のうち、その種類株主総会の決議を必要とする事項（**これが重要です。例えば、「株主総会・取締役会の決議事項の全てについて、種類株主総会の決議を必要とする。」**と決めることです。）

② その種類株主総会の決議を必要とする条件を定めるときは、その条件、発行可能種類株式総数

また、種類株式の内容は**登記**しなければなりません（会法911③七）。

なお、黄金株を後継者以外の者が保有すると自社株の納税猶予が受けられなくなりますのでご注意ください（384ページ参照）。

6.「逆・黄金株」で従業員等による承継

POINT

有能な後継者をスカウトするには有益な種類株式

1．従業員等を後継者とする場合に経営権だけを取得させる

「従業員等への承継」のネックは、**従業員等が株式を買取る資金がない**ことだとお話しました。そこでファンドに投資を仰ぐ方法もありますが、ファンドも採算が取れねば手が出せません。

【概念図】

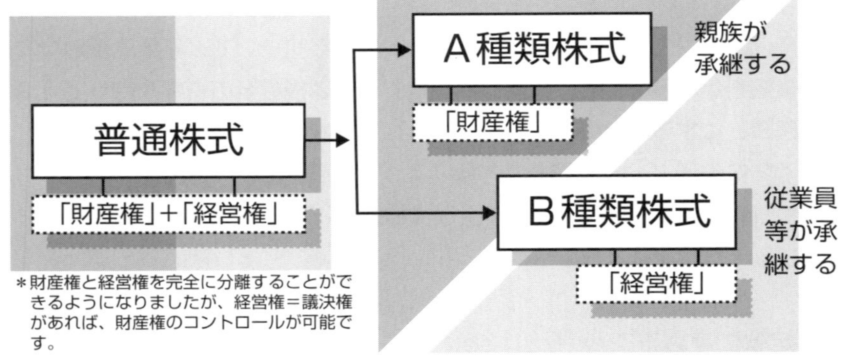

そこで、「財産権」ではなく**「経営権」の一部**だけを従業員等が取得すれば、株式の購入価額は大幅に下がります。

2．種類株式の設計例…経営権を共有する

要点は、**従業員等は資力がないので、株式の一部分しか買取ることができないが、経営権を維持できる**、という条件を満たすことです。そこで、「拒否権付種類株式は普通株式と同様に評価する」との平成19年3月の国税庁「回答」で、**税務上の取扱いが明確化**されたこと(282ページ参照)を使って、次のような種類株式にします。

現社長の有するA種類株式	従業員等が有するB種類株式
普通株式と同じ権利を有する種類株式とし、合併や多額の借入れをする際の特別決議に必要な**３分の２以上を所有**する。	従業員等が資力に応じて株式を譲受け、その株式は**経営者としての立場を確保**できるように、役員の任期途中の**解任を拒否できる権利**を付けた黄金株にする。

３．段階的な経営権委譲と後継者の法的地位の補完をバランス良く設計

相続人でない者を後継者とするには、初期は**雇用関係**の幹部、次に**委任関係**の取締役にします。雇用関係は法的に守られていますが、委任関係の役員の法的地位は不安定です。旧商法では取締役の**解任**は特別決議でしたが、新会社法では**普通決議**でできるようになりました。意を決して後継者として入っても、いつ追い出されるか分からないのでは不安です。**娘婿は婚姻という法制度で守られて**いるのですが、同族に成り得ない外部からの後継者は、それに**代わる法的な補完制度**が必要なわけです。

そこで、第10章の**役員の任期**や**取締役会・監査役を置くか**否か、さらには**会計参与を置く**ことなども合わせて、自社に適する定款設計をします。例えば、後継者の任期が２年では後継者は不安です。かと言って最長の10年では、オーナーが不安です。

そこで実力を勘案して**５年として、取得条項付「逆・黄金株」を取得させ**ます。オーナーは成績が振るわない時は、解任や役員給与減額の議題を株主総会に提出し牽制し、それを後継者は拒否することができます。

さらに262ページでお話した**ストック・オプション**をインセンティブとして与え、**財産権の移転を図る**ことも可能です。

7．後継者でない相続人には、無議決権株式を

POINT

遺言で効果を出す方法の中心的な方法
相続税評価が明確化され、使いやすくなった

1．オーナー株式の一部を無議決権株式にし、後継者以外に相続させる

ここからは遺言によって効果を出す方法に移ります。しかし準備だけは生前に行います。その準備とは、無議決権株式を用意して法定相続分や遺留分を勘案した遺言書を作成します。

その内容は、相続の時に、後継者には通常の議決権のある株式を相続させ、後継者でない相続人には、無議決権株式を相続させるのです（社債類似株式（282ページ参照）にすることも可能です。）。

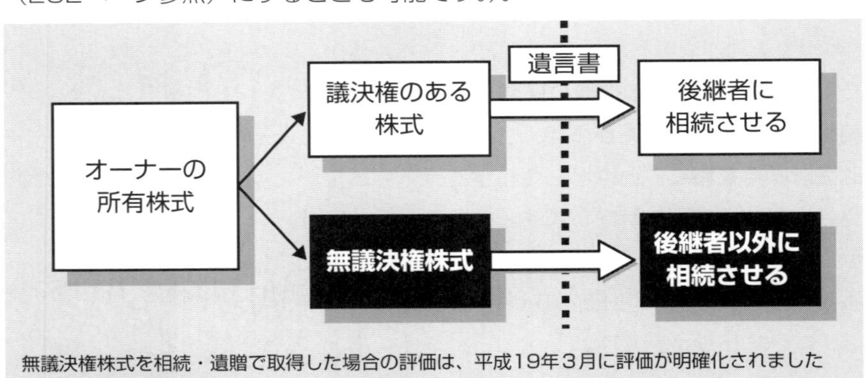

2．無議決権株式の作り方は４つある

上の図の無議決権株式の作り方がポイントです。考えられる方法は右ページにあるように４つです。

①の「新規発行」の最大のデメリットは相当な資金が必要になることです。

②の「全部取得条項付種類株式」を使う方法は、230ページでお話した方法です。手間はかかりますが、**非支配株主を排除して経営権の集中度を極限的に高める**ことができます。

③は、既存の株主全員に持株割合に応じて、新たに無議決権株式を無償で割り当てる方法です。１株当たりの価値が低下しますので、オーナー持分を後継者に**相続時精算課税贈与する際に有効**です。

	発行方法	メリット又はデメリット
①	**新規発行**	オーナーに相当額の資金が必要
②	**「全部取得条項付種類株式」を使う方法**	手間はかかりますが、経営権の集中度を極限的に高めることができる
③	**全員に無償割当て**	1. 所有する株式の割合は変わらないが、株数が増えるので、既存株の１株当たりの価値が低下 2. オーナー持分を後継者に相続時精算課税贈与をする際に有効
④	**自己所有株式の一部を無議決権株式に変更する方法**	1. オーナーの議決権比率が100%でない限りは、この方法によりオーナーの議決権が低下する 2. 通常の場合、内容が不利になるので特別決議で可能ですが、合わせて配当優先などの有利な項目を付与する場合には、株主全員の同意が必要

④はオーナー所有株式の一部分を無議決権株式に内容を変更する方法です。なおこの方法は、オーナーが議決権を**100%所有している場合にはベスト**の方法です。

詳しい手続の方法は、次のコラムをご参照ください。

以上**４つの方法のほかに、株主全員の同意が得られる場合**には、④の方法に代えて、オーナー所有の普通株式の一部を「**取得条項付種類株式**」に転換し、取得条項を発動して無議決権株式を交付する方法もあります（276ページ参照）。

コラム㉔もっと詳しいお話

無議決株式４つの発行方法

(1)　議決権制限株式の新規有償発行する場合[1]

①株主総会の招集【会法299等】

↕ 原則、１週間前までに通知（取締役会非設置はさらに短縮が可能）

②定款の変更【会法108②、466、309②十一】
各種類株式の発行可能数及び内容等について、定款に定めを置くための株主総会の特別決議

（②と同じ株主総会での決議も可能）

③株式発行に係る募集要項の決定【会法199、200、309②五】
株主総会の特別決議により、株主の募集要項（募集株式の数、募集株式の払込金額、払込みの期日・期間等）を決定。［ただし株主総会の特別決議によって募集株式数の上限及び払込金額の下限以外の募集事項の決定を、取締役会（取締役会非設置の場合は取締役）に授権可能］

↓（③で募集事項の委任を行った場合）

（④取締役会又は取締役による募集要項の決定）

<特定の者が株式の総数を引き受ける場合>

⑤募集株式の総数引受けを行う旨の契約の締結【会法205】

<特定の者が株式の総数を引き受けない場合>

⑤'募集株式の申込み及び割当て
募集株式引受けの申込者の中から割当てる者、割当てる株式数等を決定【会法203、204】

⑥募集株式の引受け、出資の履行【会法206～209】
募集株式の引受人が、期日までに株式金額の払込み等を実施

⑦（株券発行会社の場合）株券の発行【会法214、215】
株券発行会社でも株主から請求あるまで株券を発行しないことができる

⑧・⑨は、スケジュールの制約上可能であれば、まとめて行うこともできる。

２週間以内（②→⑧）

⑧必要事項の登記（②関連）【会法911③七、915①】発行可能種類株式総数、各種類株式の内容の登記［②から２週間以内］

２週間以内（⑥→⑨）

⑨必要事項の登記（⑥関連）【会法911③九、915①】発行済株式総数、その種類・種類毎の数の登記［⑥から２週間以内］

⑵　既存普通株式を全部取得条項付種類株式に変更し、その後、全部取得条項付種類株式の取得対価として、議決権制限株式を交付し、同時に新たに普通株式を発行する（資金負担を考慮し、オーナーに１株を時価発行する方法[2]がある。）場合

上記⑴の手続のうち、①株主総会の招集、②総会における特別決議（議決権制限株式・全部取得条項付種類株式を発行する旨の定款の定めを置く決議、種類株主総会の決議不要の定款の定めを置く決議、新規普通株式を募集発行する決議、全部取得条項付種類株式を取得し議決権制限株式を交付する特別決議）を行う。株券発行会社では、上記⑴⑦の手続に代え新株券の発行や株券の新旧交換が同様に必要。上記⑴⑧⑨の手続も同様に必要となる。

⑶　株主に対する議決権制限株式の無償割当てを行う場合

上記⑴の手続のうち、①株主総会の招集（招集の対象となる者及び基準日の設定）、②総会における特別決議（議決権制限株式を発行する旨の定款の定めを置く決議、種類株主総会の決議不要の定款の定めを置く決議）については同様である。③は、株主に対する議決権制限株式の無償割当てに関する取締役会（株主総会の普通決議又は定款で定めておけば代表取締役の決定）決議を行う。④割当ての効力発生後、遅滞なく株主・登録株式質権者に株式の数を通知する。上記⑴の⑦⑧⑨の手続も必要。

⑷　自己の所有する株式の一部を議決権制限株式に内容変更する場合

上記⑴の手続のうち、①株主総会の招集、②総会における特別決議（議決権制限株式を発行する旨の定款の定めを置く決議、種類株主総会の決議不要の定款の定めを置く決議、普通株式の一部を議決権制限株式へと変更する特別決議）を行う。ただし議決権制限株式に配当優先権を付与する場合は、さらに株主全員の同意が必要であると解される。株券発行会社では、上記⑴⑦の手続に代えて、株券の新旧交換が必要となる。上記⑴⑧⑨の手続も、同様に必要となる。

1　事業承継協議会各検討委員会報告書『中小企業の事業承継円滑化に向けて』134頁（経済産業調査会、2006年）。

2　浜田道代監修『中小企業・大会社子会社のためのモデル定款』71頁～74頁（第一法規、2006年）。

コラム㉕もっと詳しいお話

「全部取得条項付種類株式」と混同しやすい
「取得条項付株式」①

「取得条項付株式」と「全部取得条項付種類株式」とは度々にわたり混同することがあります。そこで、このコラムでは３回に分けて整理してみます。**最後に両者を比較した表を載せておきました**ので、それを追いながら、一つずつ、つぶすようにしていただくと理解が容易でしょう。

まず、本コラムでは「取得条項付株式」についてお話します。なお、「全部取得条項付種類株式」については既に239ページでお話しましたので、参照してください。次コラムでは両者の「取得」についてお話し、さらに次のコラムでまとめます。

１．「取得条項付株式」とは（会法107①三・②三）

株式の全部の内容として、**株式会社が一定の事由が生じたことを条件として、株式を取得できることを定めた株式**です。

定款において、一定の事由が生じたことを条件として会社がこれを取得することができることについて、次の事項を定めなければなりません。

①　一定の事由が生じた日に当該株式を取得する旨及びその事由

②　別に定める日が到来することをもって①の事由とするときはその旨

③　①の事由が生じた日に①の株式の一部を取得する時はその旨と取得する株式の一部の決定方法等

２．「取得条項付株式」導入の定款の変更手続の特則（会法110、111①）

定款を変更して「取得条項付株式」についての定めを設け、又は定款の変更をしようとする場合には、**株主全員の同意**を得なくてはなりません。

ただし、種類株式発行会社の場合は、種類株式発行後において、ある種類の株式に取得条項を付す定款の変更を行うときは、当該種類の株式を有する株主全員の同意を得なくてはなりませんが、発行前であれば、特別決議で導入できます。（**５．**参照）

３．種類株式としての「取得条項付株式」（会法108①六・②六）

種類株式として「取得条項付株式」を発行する場合、定款に上記内容及び当該種類株式１株と引換えに当該他の種類株式を交付するときは、当該他の株式の種類及び種類ごとの数又はその算定方法を定めます。

４．取得の対価における諸問題

取得の対価として、他の種類の株式を交付する場合には財源規制はなく配当課税もありませんが、現金等を交付する場合には財源規制があり配当課税が発生します。

５．「取得条項付株式」の活用法

①　前章の「**非支配株主対策**」のフローチャート（214ページ）右下に書いた方法への応用があります。

すなわち「取得条項付株式」は会社が取得することに対して株主サイドに拒否権がないので、導入には株主全員の同意が必要です。しかし**予め合併受皿会社に「取得条項付株式」だけを発行する会社を設立し、既存会社が株主総会の特別決議で合併消滅会社になれれば、合併消滅会社の株主に対し「取得条項付株式」が交付され強制取得が可能**となります[1]。ただし不公正合併とみなされない合理的理由が必要です。なお「取得条項付株式」の取得は、**全部又は一部の取得でも可能**です（会法107②三ハ）。

②　また、「全部取得条項付種類株式」を経由して、その対価として「取得条項付株式」を交付し、その後、定款所定の事由（例えば、取締役会の決議など）が生じたことをもって「取得条項付株式」を強制取得することもできます。

「全部取得条項付種類株式」を導入するには、種類株式発行会社になる必要があります。その際に「取得条項付○○種類株式を発行する」という定款の定めと、「全部取得条項付種類株式の対価として、取得条項付○○種類株式を交付する」という定款の定めを置きます。この段階では、未だ種類株主が存在しないので、通常の株主総会の特別決議で定款の変更が可能であると解されます（会法111①）。

③　その他、272ページの**「後継者でない相続人には、無議決権株式を」の４方法以外に「取得条項付株式」を使う**こともできます。

1　江頭憲治郎『株式会社法（第４版）』152頁（有斐閣、2011年）。

コラム㉖もっと詳しいお話

「全部取得条項付種類株式」と混同しやすい

「取得条項付株式」②

２つの株式に共通する「株主の株式を会社が**一網打尽に取得**してしまう」効果は、さながら「**回収**」です。この**強力な強制的手段**を比較してみてみましょう。

１．「取得条項付株式」の取得手続

⑴　取得する日を決定する場合（会法168）…**定款で全部を取得する日が決定していない**場合

定款において株式会社が「別に定める日」をもって「取得条項付株式」を取得する旨及びその事由を定めている場合には、株式会社は「別に定める日」を株主総会（取締役会設置会社は取締役会）の決議により定めることとされています。

ただし**定款において、代表取締役が「別に定める日」を決定すると定めることができます**。「別に定める日」を決定したときは、取得条項付株式の株主（一部のみを取得する場合には当該株主）に対し、**２週間前までに当該日を通知**又は公告しなければなりません。

（注）定款で、あらかじめ取得条項付株式の全部を取得する日を定めることもできます（会法107②三イ）。この場合は上記の手続は不要です（下記⑶参照）。

⑵　株式の一部を取得する場合（会法169）…**定款で取得する日は決定されているが取得株数が決定していない**場合

「取得条項付株式」の一部を取得する定款の定めがある場合において、取得株式を決定するには、株主総会（取締役会設置会社は取締役会）の普通決議によります。

ただし**定款で代表取締役が決定すると定めることもできます**。一部取得対象株式の株主に対して**直ちにその旨を通知**し又は公告しなければなりません。

⑶　会社による取得の効力発生日（会法170）…**定款で全部を取得する日が決定している**場合

株式会社は、①定款に定めた一定の事由が生じた日、②一定の事由が生じた日に一部の「取得条項付株式」を取得することを定款に定めた場合にあっては、１）一定の事由が生じた日と　２）通知又は公告の日から２週間を経過した日のいずれか遅い日に取得条項付株式を取得するとされています。

株式会社は、上記①の一定の事由が生じた後、遅滞なく、取得対象株式の株主に対し、通知又は公告をしなければなりません。ただし上記１．の通知又は公告をしたときは不要です。

⑷　財源規制（会法170⑤）

取得条項付株式の取得の対価として当該会社の株式以外を交付する場合は財源規制があります。会社法第461条第１項に記載されていませんのでご注意ください。

２．「全部取得条項付種類株式」の取得手続

⑴　取得に関する決定（会法171）

「全部取得条項付種類株式」を発行した種類株式発行会社は、**株主総会の特別決議で、**「全部取得条項付種類株式」を取得することができます。係る特別決議で「全部取得条項付種類株式」の取得対価、取得対価の割当てに関する事項、取得日を決議し、かつ取締役は株主総会で**取得する理由を説明**しなければなりません。

⑵　裁判所に対する価格の決定の申立て（会法172）

当該株主総会に先立って、会社による「全部取得条項付種類株式」の取得に反対する旨を当該株式会社に通知し、かつ当該株主総会において当該取得に反対した株主又は株主総会において議決権を行使することができない株主は、株主総会の日から20日以内に、裁判所に対し株式会社による「全部取得条項付種類株式」の取得の価格の決定の申立てができます。会社は裁判所の決定価格に対する取得日後の年６分の利率で算定した利息を払わなければなりません。

⑶　財源規制（会法461①四）

その取得の対価が当該会社の株式である場合には、財源規制があります。

コラム㉗もっと詳しいお話

「全部取得条項付種類株式」と混同しやすい

「取得条項付株式」③

1.「取得条項付株式」と「全部取得条項付種類株式」との相違点

前章で散々登場の「全部取得条項付種類株式」と本章での「取得条項付株式」は慣れないと混同しやすいので下の表でまとめてみました。また、ここではお話しませんが、他に「**取得請求権付株式**」という株式もあって紛らわしい限りです。

「取得条項付株式」は「**会社が株主に対して**取得する引き金を引く」のに対し「取得請求権付株式」は「**株主が会社に対して**取得してくれと引き金を引く」株式です。

	取得条項付株式	全部取得条項付種類株式
発行会社	種類株式発行会社**でなくても**発行できる	**種類株式発行会社**（*1）**しか発行できない**
導入のための定款変更	種類株式発行会社でない場合は、**株主全員の同意が必要**（定款変更の特則） 種類株式発行会社は、ある種類の株式の発行後にその種類株式に取得条項を付す場合には**その種類株式の株主全員の同意が必要**（定款変更の特則） 反対株主の**買取請求権なし**	株主総会の**特別決議で可能**（*2） 反対株主は**買取請求権あり**（*3）
取得手続	**代表取締役が取得日を決定し通知も可**	株主総会の**特別決議と理由説明**必要
反対株主の価格申立権	強制取得なので反対できない 定款において**予め取得対価を定めてある**ので、裁判所への価格決定の申立権はない	取得対価について、総会で反対できる **対価の決定方法だけを定款に定めてある**ので裁判所へ価格決定の申立権を株主に認める
財源規制	株主に交付される社債等の帳簿価額が取得事由が生じた日における分配可能額を超えている時は、適用しない（会法170⑤）（*4）	株主に交付される社債等の帳簿価額が分配可能額を超えてはならない（*5）

（*１）**種類株式発行会社とは、実際に種類株式を発行しているかは問いません。定款に種類株式を発行する旨の定めがあれば種類株式発行会社**です。

（*２）株式会社は、株主総会の20日前までに、株主に対し、定款を変更する旨の通知又は公告をしなければなりません（会法116③④）。

（*３）反対株主とは、当該株主総会に先立って当該株式会社による「全部取得条項付種類株式」の取得に反対する旨を当該株式会社に通知し、かつ当該株主総会において当該取得に反対した株主又は株主総会において議決権を行使することができない株主のことを言います（会法116②）。

（*４）取得の効力が発生した場合でも、業務執行者の事業年度末の欠損填補責任はありますが（会法465①五）、無過失を立証すればこの限りではありません（同条ただし書）。

（*５）株式の譲渡人、会社の業務執行者、株主総会・取締役会の議案提案者は、会社に対し、連帯して、株式の譲渡人が受けた金銭等の帳簿価額に相当する金銭等の支払い義務を負います（会法462①三）。なお、業務執行者の事業年度末の欠損填補責任は、「取得条項付株式」と同様です（会法465①六）。

２．まとめ

「取得条項付株式」は、その導入に当たって、**株主全員の同意が必要**というのが最大の特徴と言えます（種類株式発行会社で、ある種類の株式を発行する前であれば、特別決議で導入できます。発行後であれば、取得条項を付す種類株式の株主全員の同意が必要です。）。これに対して「全部取得条項付種類株式」の導入に当たっては**特別決議**で可能です。

一見すると「取得条項付株式」の方が難関かのようにも思えますが、考えようによっては、株主数の少ない中小会社においては**株主総会を開かずに、同意書を持って回って署名押印をいただけば済みます**から簡単かもしれません。

しかも**定款の定めができれば、一定の事由が生じた日（例えば、代表取締役が決定した日）に全部又は一部の株式を取得する旨、及びその事由を定款に定めることで、代表取締役の一念で２週間前までに株主に通知して、取得条項付株式を取得し、無議決権株式にできます。**

したがって、オーナーが生前に株主との友好関係を築いてリーダーシップをもって同意を取り付ければ、利用しやすい方法と言えるでしょう。これに対して「全部取得条項付種類株式」はその名が示すように、多数決で**一部の同意なしに「全部」を取得するので摩擦も生じる**でしょう。

コラム㉘もっと詳しいお話

種類株式の評価の明確化・活用法①

会社法の下で整備された種類株式は、中小企業の事業承継においても活用が期待されているところですが、相続税法上の評価方法が不明確であったことから、事業承継における活用は進んできませんでした[1]。

平成19年度税制改正に向けて経済産業省を中心になされた与党への働きかけ[2]の結果、**中小企業の事業承継においてその活用が期待される典型的な種類株式について、その評価方法が明確化されることとなりました**[3]。

以下の三類型の種類株式の相続税等の評価方法につき、中小企業庁の文書照会への「回答」として、**平成19年3月16日付**で国税庁のホームページにて公表されました。

1．社債類似株式の評価の取扱いと活用法

次の条件を満たす株式（社債類似株式）については、その経済的実質が社債に類似していると認められることから、財産評価基本通達197－2（利付公社債の評価）の（3）に準じて発行価格により評価しますが、株式であることから、既経過利息に相当する配当金の加算は行いません。

なお、社債類似株式を発行している会社の社債類似株式以外の株式の評価に当たっては、社債類似株式を社債として計算します。

【条件】

イ　**配当金については優先して分配**する。

　また、ある事業年度の配当金が優先配当金に達しないときは、その不足額は翌事業年度以降に累積することとするが、優先配当金を超えて配当しない（**非参加・累積型優先配当株式**[4]）。

ロ　**残余財産の分配については、発行価格を超えて分配は行わない。**

1　事業承継協議会『中小企業の事業承継円滑化に向けて』143頁（経済産業調査会、2006年）。

2　筆者も名古屋商工会議所税制委員会委員として、平成18年度の名古屋商工会議所の税制改正建議書に「種類株式の相続税評価の明確化」について建議をしたところである。

3　経済産業省「平成19年度税制改正について」20頁（経済産業省：http://www.meti.go.jp/）。

4　非参加とは、優先配当後に一般配当をする場合には参加できないことをいい、累積とは優先配当ができなかった年度分の配当を翌期以降に繰り越すことが約されていることをいう。

ハ　**一定期日において、発行会社は本件株式の全部を発行価格で償還**する。
ニ　**議決権を有しない。**
ホ　**他の株式を対価とする取得請求権を有しない。**

この株式の活用方法としては、**261ページで紹介した節税の方法の他、普通株式を後継者に相続させ、社債類似株式を後継者以外の相続人に相続をさせる**方法があります。また、限りなく社債に類似していますので、一般的なDESとの反対の経済的効果を有しています。したがって、借入を好まない経営者がこの株式で第三者から資金調達を行うツールとして活用できます。

国際会計基準では、社債類似株式は負債として計上することとされていますが、我が国ではかかる規定がないので、自己資本比率を高めるドレシングとして活用されることもあるでしょう。財務制限条項[5]が付いている融資がある場合において、社債で資金調達をするとかかる条項に抵触する場合に、社債類似株式の発行をするというような方法は慎むべきでしょう。

2．拒否権付種類株式の評価の取扱いと活用法

拒否権付種類株式（会法108①三に掲げる株式・「**黄金株**」とも言われます。）については、**拒否権を考慮せずに評価します**。

この株式の典型的活用法としては、既に268ページで述べたように中小企業オーナー経営者が、勇退後の経営安定のため、一定期間は後継者の独断専行経営を防げる形にしておきたい場合に拒否権付種類株式を発行・保有するという方法が考えられます。

3．配当優先無議決権株式の活用法

次ページで述べます、配当優先無議決権株式の活用法は、中小企業オーナー経営者が、複数の相続人のうち、後継者に経営権を集中させたい場合に、272ページで述べたように**配当優先付無議決権株式を非後継者に相続させ、普通株式を事業後継者に相続させる**という活用法があります[6]。

5　財務制限条項（コベナンツ）とは、債権者が債務者に対して貸付を行う際に、その契約において、債務者の財政状態が一定条件以下となった場合には、金利の引上げや貸付金の全額返済を行わなければならないこと等を約する条項などをいう。

6　民法相続編1042条に規定する遺留分権を侵害することはできない。

コラム㉙もっと詳しいお話

種類株式の評価の明確化・活用法②

1．配当優先の無議決権株式の評価

（1）配当優先の株式評価

同族株主が相続等により取得した配当（資本金等の額の減少に伴うものを除きます。以下同じ。）優先の株式の価額については、次により評価します。

イ　類似業種比準方式により評価する場合

財産評価基本通達183（評価会社の1株当たりの配当金額等の計算）の（1）に定める「1株当たりの配当金額」は、株式の種類ごとに計算して評価する。

ロ　純資産価額方式により評価する場合

配当優先の有無にかかわらず、財産基本通達185（純資産価額）の定めにより評価する。

（2）無議決権株式の評価

無議決権株式については、原則として、議決権の有無を考慮せずに評価することとなるが、議決権の有無によって株式の価値に差が生じるのではないかという考え方もあることを考慮し、同族株主が無議決権株式（前コラムの社債類似株式を除きます。）を**相続又は遺贈により取得した場合には、次の全ての条件を満たす場合に限り**、上記**（1）**又は原則的評価方式により評価した価額から、その価額に**5％を乗じて計算した金額を控除した金額により評価**するとともに、当該控除した金額を当該相続又は遺贈により同族株主が取得した当該会社の議決権のある株式の価額に加算して申告することを選択することができることとします（以下、この方式による計算を「調整計算」といいます。）。

なお、この場合の具体的な計算は次の算式のとおりです。

【条件】

イ　当該会社の株式について、**相続税の法定申告期限までに、遺産分割協議が確定**していること。

ロ　当該相続又は遺贈により、当該会社の株式を取得した全ての同族株主から、相続税の法定申告期限までに、当該相続又は遺贈により同族株主が取得した無議決権株式の価格について、調整計算前のその株式の評価額からその価格に５％を乗じて計算した金額を控除した金額により評価するとともに、当該控除した金額を当該相続又は遺贈により同族株主が取得した当該会社の議決権のある株式の価格に加算して申告することについての**「無議決権株式の評価の取扱いに係る選択届出書」が所轄税務署長に提出**されていること。

（注）無議決権株式を相続又は遺贈により取得した同族株主間及び議決権のある株式を相続又は遺贈により取得した同族株主間では、それぞれの株式の１株当たりの評価額は同一となります。

ハ　当該**相続税の申告に当たり、「取引相場のない株式（出資）の評価明細書」に、次の算式に基づく無議決権株式及び議決権のある株式の評価額の算定根拠を適宜の様式に記載し、添付**していること。

【算式】

無議決権株式の評価額（単価）＝ A × 0.95

議決権のある株式への加算額 ＝ ［A × 無議決権株式の株式総数（注１） × 0.05］＝ X

議決権のある株式の評価額（単価）＝ ［B × 議決権のある株式の株式総数（注１） ＋ X］÷ 議決権のある株式の株式総数（注１）

A … 調整計算前の無議決権株式の１株当たりの評価額

B … 調整計算前の議決権のある株式の１株当たりの評価額

（注１）「株式総数」は、同族株主が当該相続又は遺贈により取得した当該株式の総数をいう（配当還元方式により評価する株式及び社債類似株式を除く。）。

（注２）「A」及び「B」の計算において、当該会社が社債類似株式を発行している場合は、前コラムの**１．**のなお書により、議決権のある株式及び無議決権株式を評価した後の評価額。

２．配当優先無議決権株式の活用法…前コラムの３．に記載されています。

8.「家元制」…属人的種類株式で支配する

POINT

株数の多さでなく、「株主名」で権利が発生
議決権・配当・残余財産の分配も株数に無関係に決められる

1．属人的種類株式とは（会法109②③）

「属人的種類株式」とは、民主的で合理的な株式会社の考えに慣れ親しんだ頭にはピンとこないようです。そこで「家元制」という言葉で表してみました。本来の株式会社の制度では株式の数に比例して、実権を握るものですが、属人的種類株式は、まったく逆です。実権は、**その人に属する**のです。

したがって、**他ならぬ、その人が持っているということで、その株式は突如として特定の権利を有することになります**。

それを成り立たせるために、定款に以下のように規定しておきます。

（議決権）
第○条　代表取締役である株主が、議決権のすべてを有するものとする。

例えば、この定款で代表取締役となったオーナーの息子が、**普通株式を１株しか持っていなくても**、その息子が代表取締役であれば、全議決権を有するわけです。如何に凄いことかお分かりいただけるでしょう。

「株主はその有する株式の内容及び数に応じて平等に取り扱われなければならない」という**株主平等の原則**(会法109①)があります。この例外が種類株式ですが、さらに例外で、非公開会社は会社法第105条第１項各号に掲げる**剰余金の配当を受ける権利、残余財産の分配を受ける権利、株主総会における議決権**について**株主ごとに異なる取扱いを行う旨を定款で定めることができるの**

です。

２．属人的種類株式の相続対策としての活用法

左ページのように、定款を定めれば、オーナーから株式を相続した後継者が経営権を確保できます。しかしこれでは**後継者でない相続人が収まらないので、例えば後継者でない相続人は10%しか株式を有しないが、配当は25%を受領できる、というような定款の定めを設け**、経営に参画しない株主の自益権を明確にすれば、財産の承継をスムーズに行えます。

また、通常の種類株式であれば、分散する可能性がありますが、**属人的種類株式では分散することがありませんし、譲渡されることもあり得ません**。

３．定款変更手続について留意すべき事項（会法466、309①④）

定款の変更の株主総会決議は、原則として総株主の半数（頭数）以上の出席かつ総株主の議決権の４分の３以上の賛成をもって行わなければなりません。

４．属人的株式の後継者への議決権集中のための活用法

上記のことは、裏返せば非支配株主の権利を奪うことにもつながります。左のページの定款のように変更した途端に、他の株主の議決権は吹っ飛んだも同様だからです。しかも反対株主の株式買取請求権の適用もないので、**後継者に議決権を集中する究極の事業承継対策**として活用できる優れものです。

５．登記は不要

会社法第109条第３項において、本規定による定款の定めがある場合には、第二編株式会社及び第五編組織変更等の規定を適用するとあり、第七編雑則（登記の規定が含まれている。）は適用されませんので、「内容の異なる種類の株式とみなす」とあっても、何と例外的に登記は不要なのです。

第13章　新たなる移転の「方法」としての「信託」

「信託」を事業承継に使うことは、これまでは全くありませんでした。しかし**平成20年に84年ぶりの信託法**の改正・施行と信託税制が整備されたことにより**相続・事業承継対策としての「信託」の活用**が見えてきました。

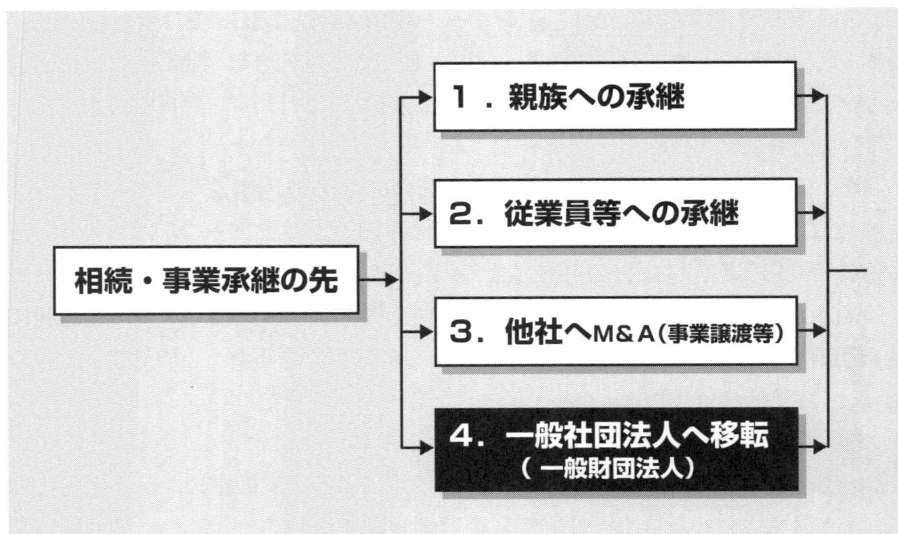

本書では**「相続・事業承継の４つの行き先」**をお話してきました。
そして、その**「財産移転の方法」**は、次図のように、**「相続・遺贈（死因贈**

与）・贈与」が中心で、時々**「譲渡」**するというのが、**これまでの「方法」**でした。しかし、**「第４の方法」として「信託」**という**方法**が加わったのです。

「信託」とは、財産の管理運用・活用・承継のために、受託者に“信じて託する”一連の、長期かつ固定的ながらも柔軟な方法

相続等や譲渡のように、**その時点に終わらない一連の方法**なのです。

「信託」は法律行為ができる個人・法人であれば、誰でも、**①遺言、②契約、③信託宣言**（自分で自分の財産を自分に任せると宣言する（実態が不明確になりやすいので公正証書で行う）＝自己信託ともいいます）の３つの設定の仕方ですることができます（信法３）。

したがって、下図の**「財産移転の方法」の４つは、前ページの「相続・事業承継の先」の４つ全てと組み合わせる**ことができます。つまり、「親族」へ「相続・贈与」、「譲渡」は当然のこと、「信託」することもできるし、「従業員等へ「遺贈・贈与・譲渡・信託」も可能ですし、「他社」へ「譲渡」するのが通常のM&Aや事業譲渡ですが、「信託」さえも可能で、「一般社団法人等」へ「遺贈・贈与・譲渡」そして「信託」もできます！こうすると、体系が理解しやすくなります。

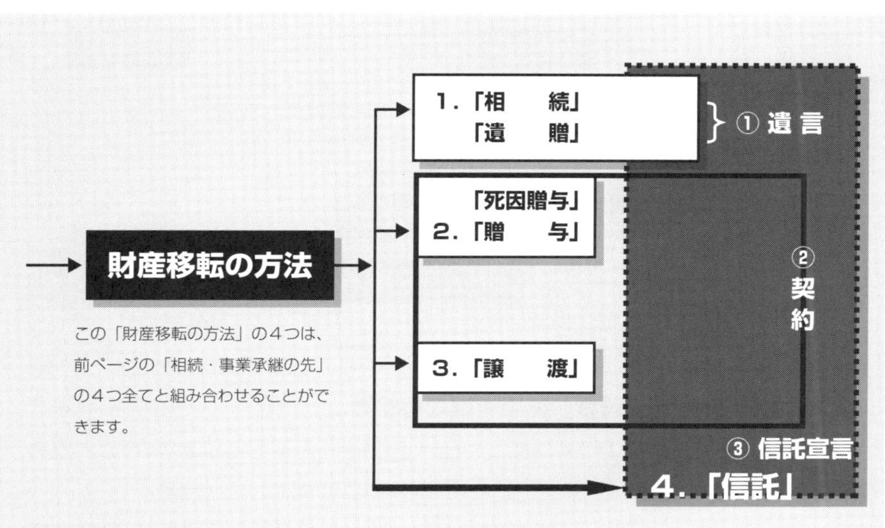

さて、**新しい概念だけに、新しい「用語」**に慣れて頂きます。しかし、同時に、**発達段階だけにリスク**もあります。特に事業承継における議決権は注意です。

1．用語から「信託」とその課税が分かる！

POINT

「委託者」・「受託者」・「受益者」を明確に区別しながら考える。
通称ながら「商事信託」、「民事信託」（家族信託）の区分もつける

1．常に３者の区分から。そして「信託」とは何かを知る

生命保険を理解するには「契約者」、「受取人」と言った用語の理解が欠かせないように、信託を学ぶ上で特に重要なのは、３者の登場人物です。

すなわち、信託を設定する**「委託者」**、その信託の目的の達成のために必要な行為をすべき義務を負う**「受託者」**、その信託によって利益を得る**「受益者」**です。常に、この３者の誰なのかをランプを点灯させせるようにしてください。

信託した**財産の名義は、受託者のものに**なりますから、**登記簿には**、「譲渡」と同じく**「所有権移転」として受託者名、その下に「信託」と登記**されます。

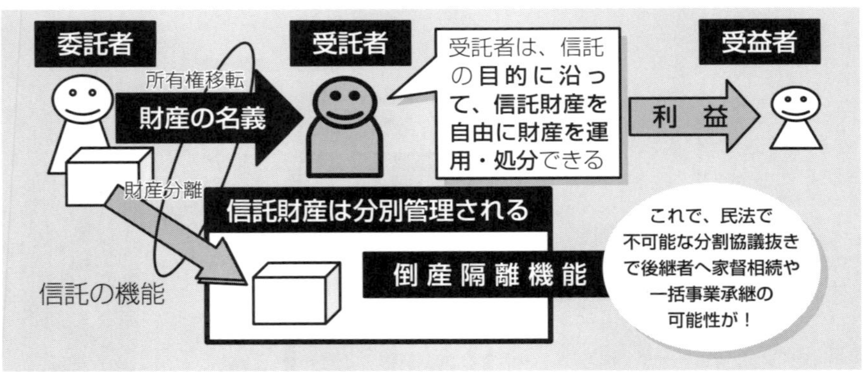

信託においては、「受託者」は所有権を有することになり、その信託財産を、その目的に従った範囲で自由に運用・処分する権限を有していますので、**極めて重要な地位**をしめています（受託者については306ページ参照）。

しかし、受託者は、預かっているだけで、**受託者自身の財産からも分別管理**されます。それどころか、委託者からも所有権を取っていますので、両者が倒産してもその取り立てから逃げられる**「倒産隔離機能」**があります。

2．自益信託と他益信託は「受益者課税」・目的信託は「法人課税信託」

また、①**自益信託**とは、委託者＝受益者の信託で、自分で設定し自分が利益を得ます。経済的利益が自分から移動しませんので、**課税が起きません。税務上はパススルー課税なので、小規模宅地等の評価減や相続時精算課税も適用**できます。

一方、②**他益信託**は、委託者≠受益者の信託で、他者が利益を得るために、経済的利益が自分から移動するので、**課税が起きます**（相法9の2）。

このように、**税法は、基本的に受益者課税**となっています。

しかし、**ペット飼育を目的とする信託**は、利益を得るのはペットですが、ペットは人格がないので、**受益者が無い信託**です。**奨学金給付を目的の信託**も、設定した時点では、給付生はいないので、受益者がない信託です。このような信託は、信託財産を何に使うかという目的は明らかですから**「目的信託」**といいます（前ページでお話した①遺言と②契約の方法で20年間有効の設定ができる。信法259）。

目的信託は「受益者が無い信託」のため、受益者課税ができません。そこで例外的に受託者に課税（その者が個人であっても法人課税信託となります）されます（法法2二十九の二、4の7、相法9の4）。

3．「商事信託」と「民事信託」/「家族信託」・・・信託メニューの概観

信託の勉強をしていると、**信託法に定義されていない上記の通称が登場**するため迷うことがあります。これらは、**民事信託周辺のビジネス**に重要ですから下図でまとめました。それを**次ページで**さらに詳しく展開します。

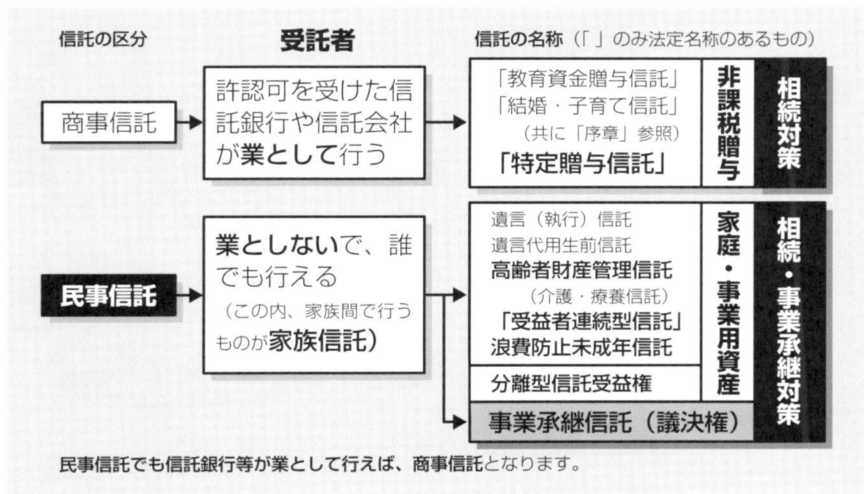

2．“心配”を安心に変える「信託の機能」

POINT

心配の数だけ信託をオーダーメイドで作れる。
「信託の機能」をそれに当てはめると長期に安定化する

本章の最初に『**信託とは、財産の管理運用・活用・承継のために受託者に“信じて託する”一連の、長期かつ固定的ながらも柔軟な方法**』と定義しました。

その概要を図解しました。生前から死後へ、さらに未来に亘って、信託が貫いて、財産を長期的に管理運用し、活用し、承継される様子です。**民法だけでは解決できなかった主な心配事に新たな処方箋を**示しています。

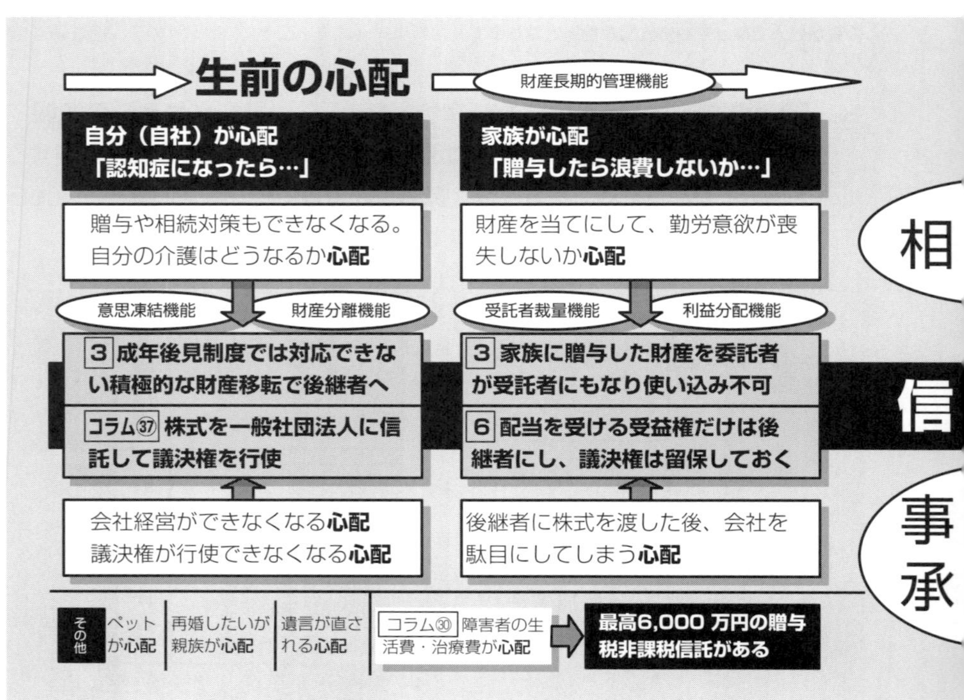

図解の中で、楕円で示した主な「信託の機能」は概ね次のようにまとめられます（遠藤栄嗣『増補新しい家族信託』（2014年、日本加除出版、P36-36:河合保弘著『民事信託超入門』（2014年、同社）P80-83）。

1	**財産長期的管理機能**		委託者の意思で**長期に活用・配分・承継**させる。
	①	**意思凍結機能**	委託者の**意思喪失や死亡に影響を受けない**。
	②	**受益者連続機能**	受益者を委託者の**指示通り二次・三次と承継**する。
	③	**受託者裁量機能**	設定時に**考慮外の事情に受託者の裁量権で対応**。
	④	**利益分配機能**	信託から生ずる**利益を受益者に自由に分配**する。
2	**債権化機能**		委託者の**所有権を名義所有権と信託受益権に**転換。
3	**財産分離機能**		委託者の財産を**他の財産と完全に分別**してしまう。
4	**倒産隔離機能**		委託者・受託者の**倒産を信託財産に影響させない**。

下図の内容の内、**主な例について、次ページ以降、お話**してまいります。
また3～6の番号は、次項からの項目番号を示しています。

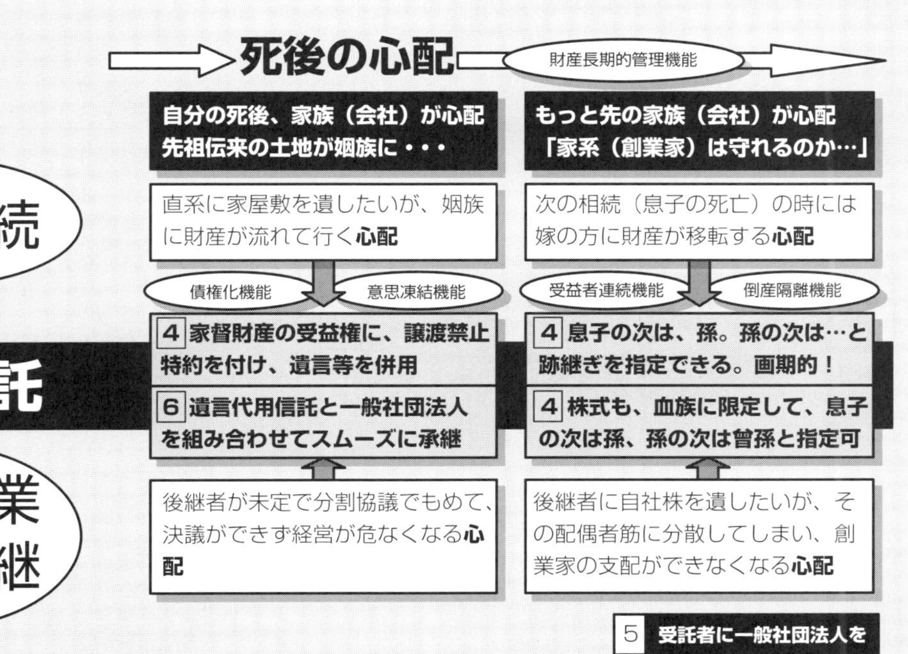

3．『親族間で信託』～遺言に代わる意志の伝達法～

POINT

信託会社を使わなくても信託は自分でできる！

1．節税のための生前贈与はしたいが、息子に浪費癖がつかないか心配…

相続まで財産を持っているよりも、生前に贈与してしまったほうが、税金の負担が少ないという場面が増えています。

しかし、いくら節税のためとはいえ、まだ若い息子や孫に財産を渡すのは、「若いうちから浪費癖がついてしまうのではないか」という心配があります。

しかも、親から息子へ**通常の贈与を行っただけで、親が引き続きその財産の管理を行っていると、その贈与自体が否認されることも**あり得ます。

そこで、①息子（委託者、兼、受益者とします）に贈与した財産を、②信託によって**再び親（受託者とします）の所有権に移します。**

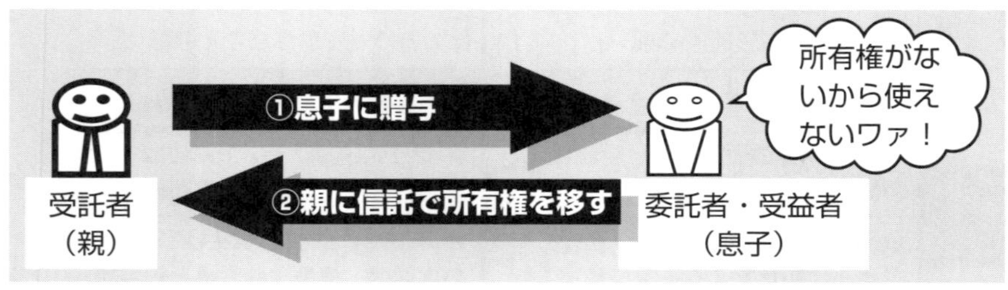

これで、**息子が財産を自由に使ったり、処分はできなくなります。**つまり、財産の管理は親のまま、子どもへの財産の贈与を実行することができます。

税金は、息子に贈与した時に贈与税の負担があるのみ（**受託者である親への所有権移転時・親の相続時には課税なし**）と、非常にシンプルです。

２．私が認知症になったら…財産の管理を信用できる長男に任せたい。

「私は元気だから大丈夫！」そう思っていても、認知症は突然やってきて、本人だけではなく、介護をする家族の人生を大きく変えてしまいます。

身の回りのお世話や施設への送り迎えなどの体力的な負担はもちろんですが、施設の一時金や利用料など金銭的な負担も多大なものになります。

しかし、その一時金等を準備するためであっても、**子どもの判断で、親の財産を処分することはできません。**親の預金を払い戻すにしても、本人確認が必要となります。しかし、認知症になっていてはそれも叶いません。

そこで、親（委託者、兼、受益者とします）が**元気なうちに、信頼できる親族（たとえば長男）を受託者とする①「遺言代用信託」**（303ページ参照）を設定します。これで、管理のみを長男に任せることができます。**②長男は、親が元気な時に定めた「信託目的（たとえば、自分と配偶者の介護のために信託財産を使うこと)」に従って、財産を管理・処分**することができます。

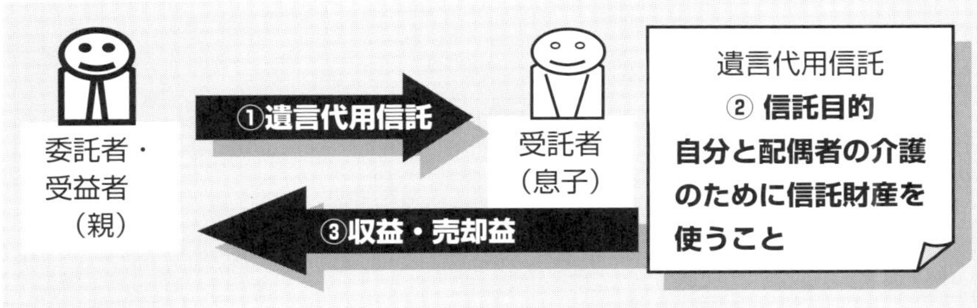

③こうして親は、受託者である息子が財産を運用した**収益、及び売却した利益は自分（親）のものとして確保**できます。その際、長男が信託目的に従って、正しく財産を管理・処分していることを、専門家（信託監督人：信法131）に監督させることが肝要です。

税金は、**自益信託（委託者＝受益者）設定時には、課税は行われない**ため、問題となりません。

また、受益者である親が死亡した時に信託期間を終了するものとしておけば、その後、**残余財産を取得した者に対して、相続税が課税されます。つまり、信託をしなかった通常の相続時と同じ課税**となります。

★受託者借入については、486ページを参照してください。

コラム㉚もっと詳しいお話

障害者の生活費・医療費資金は、最高6,000万円まで非課税

1．特定贈与信託の仕組み

「信託は節税にならない」と言われています。しかし、**序章の「教育資金の一括贈与」や「結婚・子育て資金贈与」そして、この「特定贈与信託」はズバリ！贈与税が非課税**になります（相法21の4）。

特定贈与信託は、特定障害者の方の生活の安定を図ることを目的に、その**親族等が金銭等の財産を信託銀行等に信託**するものです。信託銀行等は、信託された財産を管理・運用し、**特定障害者の方の生活費や医療費として定期的に金銭を交付**します。この信託を利用しますと、**特別障害者**（重度の心身障害者）である特定障害者については**は6,000万円、特別障害者以外の特定障害者**（中軽度の知的障害者及び障害等級２級又は３級の精神障害者等）**については3,000万円を限度として贈与税が非課税**となります。

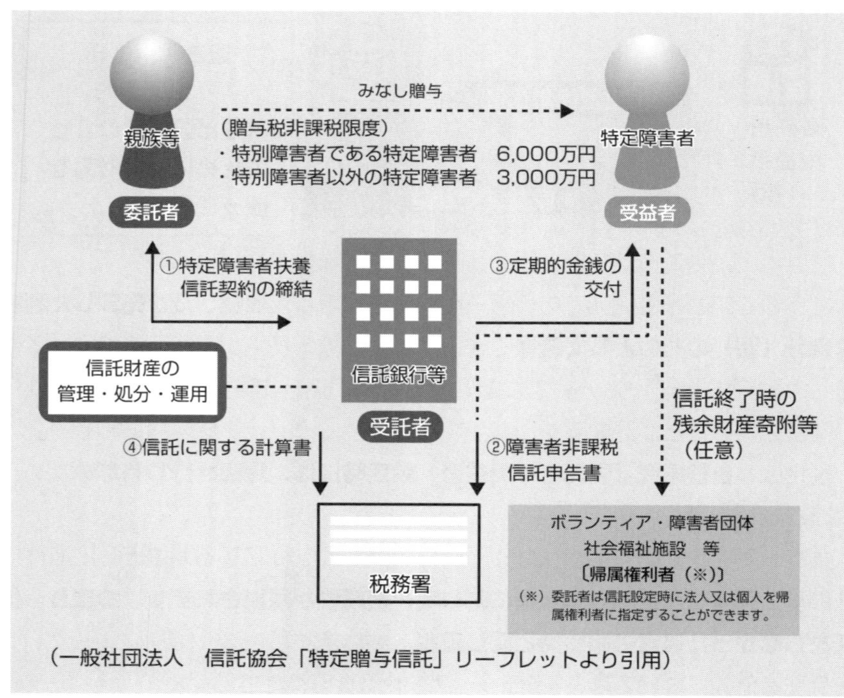

（一般社団法人　信託協会「特定贈与信託」リーフレットより引用）

2．対象となる障害者の範囲

（1）特別障害者である特定障害者

特別障害者の範囲は、法令により次のとおりとされています（所令10②）。

① 精神上の障害により事理を弁識する能力を欠く常況にある者又は児童相談所、知的障害者更生相談所、精神保健福祉センター若しくは精神保健指定医の判定により重度の知的障害者とされた者

② 精神障害者保健福祉手帳に障害等級が１級である者として記載されている精神障害者

③ １級又は２級の身体障害者手帳保有者

④ 特別項症から第３項症までの戦傷病者手帳所有者

⑤ 原子爆弾被爆者として厚生労働大臣の認定を受けている者

⑥ **常に就床を要し、複雑な介護を要する者のうち精神又は身体の障害の程度が上記①又は③に準ずるものとして市町村長等の認定を受けている者**

⑦ **精神又は身体に障害のある年齢65歳以上の者で、その障害の程度が上記①又は③に準ずる者として市町村長等の認定を受けている者**

（2）特別障害者以外の特定障害者（相令４の８）

特別障害者以外で次のいずれかに該当する者

① 児童相談所、知的障害者更生相談所、精神保健福祉センター又は精神保健指定医の判定により中軽度の知的障害者とされた者

② 精神障害者保健福祉手帳に障害等級が２級又は３級である者として記載されている精神障害者

③ **精神又は身体に障害のある年齢65歳以上の者で、その障害の程度が上記①に準ずる者として市町村長等の認定を受けている者**

　なお、障害者の行為能力の程度により、成年後見人、保佐人、補助人又は任意後見人（以下「後見人等」という）が必要となる場合があります。

3．費用

費用については、信託銀行等で個々の信託契約により定められていますが、信託報酬や租税公課、振込手数料、その他事務処理にかかる費用等があり、当該費用は、信託財産から支払われます。

4．運用収益に対する税金

信託財産の運用により生じる収益は、受益者である特定障害者の所得となりますので、所得の種類に応じて所得税が課税されます。

コラム㉛もっと詳しいお話

未成年の子・障害のある子供へ、生命保険＆信託を活用！

相続対策をする際、最も頭を悩ませるのは、誰にどの財産を渡すかという問題です。様々な思いはありますが、最終的に、多くの方は「まずは配偶者に財産を」と考えるかもしれません。

確かに、配偶者が相続した財産は、優遇措置「配偶者の税額軽減」により、最低１億6,000万円までは課税されません。しかし、安易に配偶者に財産を集中させると、二次相続（配偶者の相続）の際に、再び相続税の対象となる可能性があります。では、どのような相続対策をすべきなのでしょうか。

次のような場合には、**生命保険と信託を組み合わせて**活用しましょう。
①「二次相続対策のために、**配偶者ではなく障害者である長男に財産を渡したい。**」
②**しかし、財産の管理は誰がしてくれるのだろうか。**

まずは、保険に加入することのメリットは次のとおりです。

	何もしないと	生命保険に加入しておくと
節　税	現金にそのまま課税される	生命保険金の非課税枠500万円があるので、最低でもその非課税枠分の生命保険に加入すると**節税になる**
障害者等の**生活保障**	遺産分割協議で余り主張ができない障害者は不利になりやすい	生命保険金は遺産分割の対象とはならず、**受取人固有の財産となるので、障害者が不利になることがなく、安心**できる

具体的に、右ページのような家族を考えてみましょう。両親の心配事は自分達の死後です。まず、上記①の部分についてお話します。これは、父の相続開始で**起こりがちな誤り**です。父の相続開始で長男は相続税法上、「障害者控除」を受けられます。しかし、「長男は障害があるから、相続しても使えない」と考え、他の相続人が長男の分を相続してしま

うと、障害者控除が使えないのです。ですから、**障害者控除（未成年者控除も同様ですが）を活かすには、必ず本人が相続すること**が重要です。

このことは、次の母の相続時にも起こり得ますので注意してください。

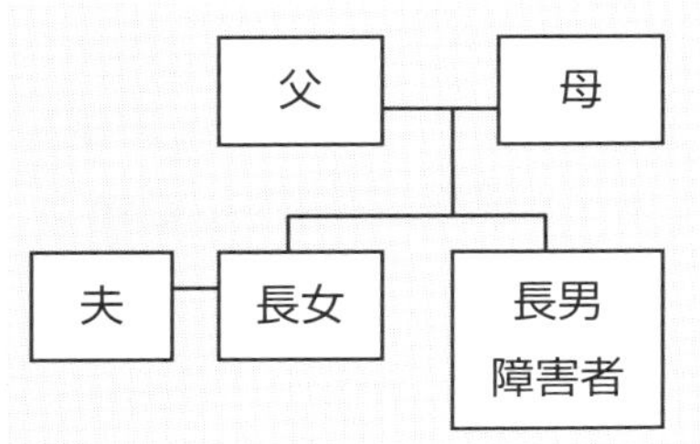

次に上記②です。だからと言って長男に相続させるとやはり財産管理のことが心配です。さらに、両親の死後に長男を看る**長女が長男の財産を食い潰さないか？長女が良くても、夫のことも心配**ですし、夫は夫で「我が家の財産が長男につぎ込まれているのではないか」という逆の心配をします。

そこで、父の生前に自分の財産を長男のために「**遺言代用生前信託**（311ページ）」をします。つまり、委託者＝父、受益者＝障害者（又は未成年者も同様）の長男、 受託者＝長女という信託をする旨の遺言書を作成します。

また、以下のようなスキームを使うことによって、左ページの**「保険に加入することのメリット」**と**「遺言代用生前信託」と同様の効果**（311ページ）の**両方を受けることができます**。

右図のような**保険と組み合わせです。**すなわち、父親の生前に、父＝契約者・被保険者、長男＝受取人という保険契約をし、父親が長男の法定代理人となり、委託者・受益者＝障害者の長男、受託者＝長女、信託財産＝死亡生命保険金を受取る権利という内容の信託契約を受託者である長女と締結します。これで長男の生活資金を確保することが可能となります。

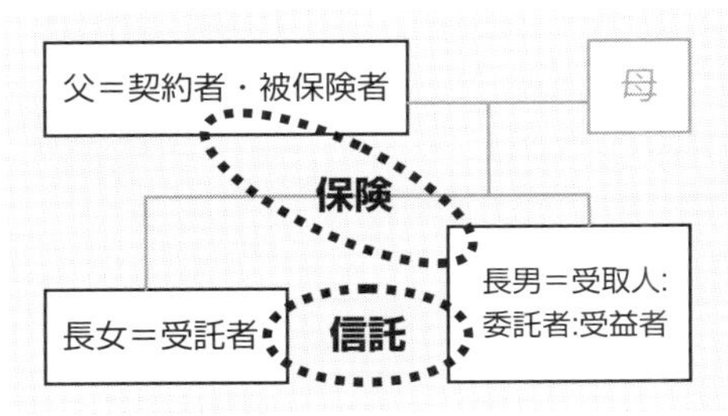

さらに、長女による使い込み等が起きないよう信託監督人（295ページ）を付けます。

4.「息子の嫁にだけは渡さない」が可能に

POINT

『受益者連続型信託』で「息子の次は（嫁を飛ばし）孫に」と指定可
子供が居なければ、「妻の次は誰に」と先の先まで指定もできる

1．受益者連続型信託の意義と活用例（信法91）

受益者連続型信託とは「Aの死後はBを受益者とし、Bの死後はCを受益者とする」旨の定めのある信託をいい、**信託から30年を経過した時以後に現にいるその指定された受益者が死亡する（又は受益権が消滅する）までの間、効力**を有します。その活用例は多数考えられますが３つ挙げてみます。

①　例えば、「息子の嫁にやりたくないので**息子に相続させた財産の次は孫に相続させたい**。」という信託契約が可能になりました。

つまり「**自分の遺産は相続人である息子にはいく。しかし息子に相続があると、息子の財産の半分は嫁に相続されてしまう**。それは防ぎたい。わしの看病もろくにしなかった嫁には絶対渡したくない。孫もその頃には成人しているので、息子の死後は孫に相続させたい。」という旨を信託契約できるようになりました。もちろん、お嫁さんの遺留分はありますが、**財産分割に新たな手法が生まれた、画期的なこと**と言えるでしょう[1]。

②　**子供のいない夫婦が、自分の財産をまず妻に、妻が死亡した後は妻の相続人でない、自分の甥や姪に相続させたい**場合に、次の図のように、信託を設

1　今仲清『2007年税制改正で注目！信託税制の創設』講演CDより　FPステーション2007年４月。

定し、受益者をまず妻に、**妻が死亡した後は自分の甥や姪など意中の人と定めます。そうしないと妻の父母や兄弟、再婚者に相続されてしまったり**するのです。

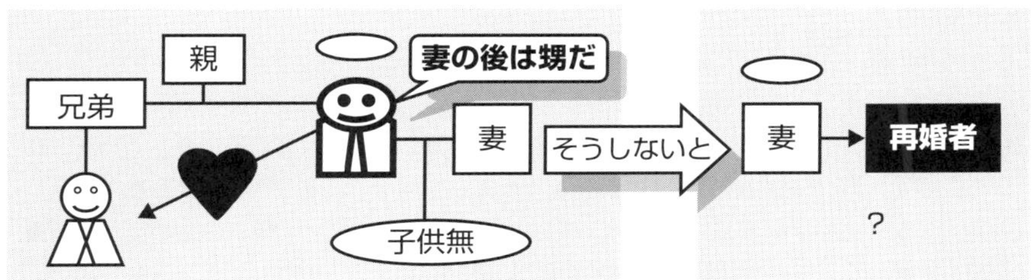

③　**後継者が年少のため、まずは妻に事業を承継**させて、育成を待ってから妻の死後、子供に継がせる。再婚相手に持っていかれる心配をなくするわけです。これまでは、いったん相続人の財産となった財産については、その人の私有財産ですから、指図はできなかったのです。

2．課税関係（相法９の３）

新信託法上は、下図のように、Ｂの死亡時にはＡからＣに移転したものと構成されますが、Ａは既に死亡しており、これまでの民法では対応できませんでした。信託法の改正を受けて、Ｃに対してはＢから遺贈により取得したものとみなして、相続税を課税するという税制上の手当てがされました。

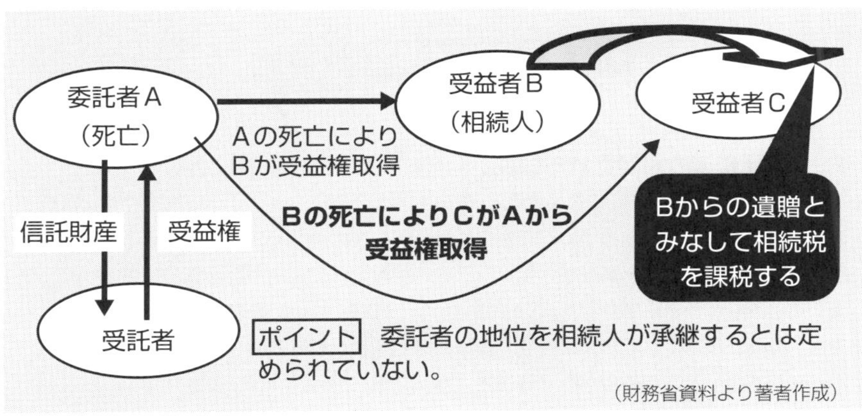

コラム㉜もっと詳しいお話

「遺言信託」と「遺言代用生前信託」の違い

「遺言信託」には**2つの意味**があります。一つは信託銀行のCMでよくみるもので、商品名と言った方が正確かもしれません。その実態は、通常、「**遺言の作成支援・保管・執行**を行うもの」と言えます。もう一つの意味は「**遺言により設定される信託**」で信託会社が信託の受託者となり、委託者の死亡時にいったん財産を受託者である信託会社に移転します。しかしこの実例は極めて少ないようです[1]。ここでは区別の便宜のため前者を「**遺言執行信託**」と、後者を「**遺言により設定される信託**」としてお話します。そして表題に掲げたように「**遺言代用生前信託**」が信託法で規定されましたので、**3者をしっかり区別**しないといけません（いずれも公の名称でない旨、ご了解ください。）。

1．「遺言執行信託」

最初の「遺言執行信託」は下図のように、受託者は支援するスタンスですから弁護士や税理士等の資格がなくともできる業務です。具体的に業務を行う際にはこれら専門家を依頼して行わねばなりません。

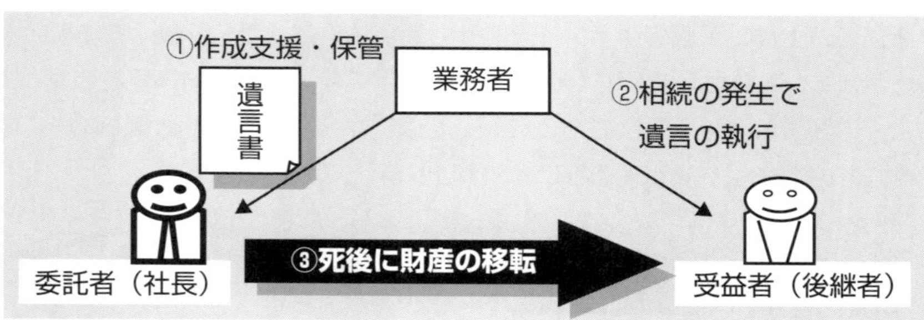

2．「遺言により設定される信託」（信法3①二）（旧信託法2）

次に、「遺言により設定される信託」は旧信託法でも認められていた方法です。冒頭でお話したように、ほとんど使われていません。何故かというと下図で分かるように③で遺産は信託会社にいったん名義が移転してその時相続人への遺贈が行われますが、争族が発生するとそれに巻き込まれて「遺言の執行」ができなくなってしまうからです。この場合でも受益者が設定されてさえいれば、受益者は委託者から「遺贈」によって取得したものとみなして受益者に相続税が課されます（相法9の2①）。

1　長島・大野・常松法律事務所　福田正之ら共著『詳解新信託法』p99（清文社2007年4月）。

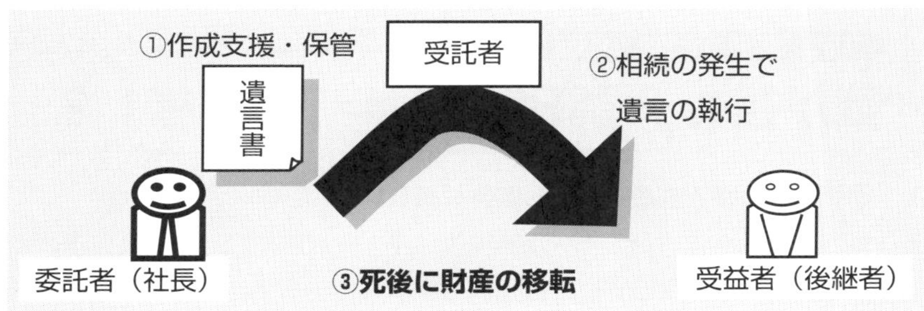

３.「遺言代用生前信託」（信法90）

最後に「遺言代用生前信託」は「遺言代用」ですから遺言書ではなくても「生前に信託」することです。遺言書の代わりになるもので、信託法で創設されました。違いは「生前処分」だということです。

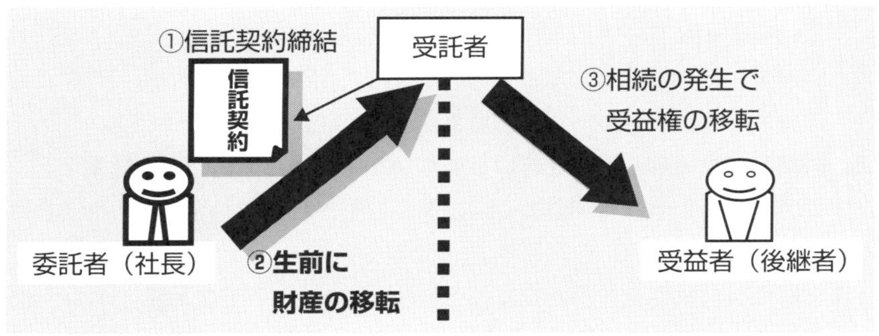

ですから、遺言のあの厳格な規定による必要もありません。上図の②の信託設定時に既に信託財産が受託者に移転していますから、委託者の死後に紛争となることはありません。

もっと卑近な例で言えば、生前に社長から第三者が贈与を受けていて、社長に「俺が死んだら、お前にやった、その財産を息子達にやってくれ」と頼まれたのと同じです。頼まれたとは言え、既に第三者の物になっているわけです。社長が亡くなったことを原因にして贈与してあげる。だから、相続人に文句を言われる筋合いではないわけです。

遺　贈	贈　与	遺言代用生前信託
遺贈者の片務契約	贈与者と受贈者間との片務契約	**委託者と受託者との双務契約**
死後処分	生前処分	**生前処分**

コラム㉝もっと詳しいお話

我が社も「信託会社」＝「受託者」？

1．信託業への参入開放…しかし条件は厳しい

「信託法」の他に「信託業法」があり、先立って平成16年に大改正され、信託法の公布を追いかけて、再改正がされました。その柱は、受託者である**信託業ができるのは信託銀行に限定されていたのを拡大**したことです。

しかし誰でもできるというものではありません。**一般の信託会社は内閣総理大臣による免許制**（業法３）**ですし、**ビルの賃貸業など信託財産を賃貸するといった業務のみの**管理型信託業は登録制で３年毎の更新**が必要（業法７）で、**最低資本金**（信託業：１億円、管理型信託業：5,000万円）（業法５③）、**営業保証金**の供託（業法11）（同じく2,500万円、1,000万円）等と、簡単には信託会社になれません。他にも**兼業制限**（業法16）など金融庁の管理下で厳しいルールがあります。

2．同業者に信託なんてできないじゃないか？　自己信託も「信託業？」

既にお話したような事業信託で、同業者に引き継いでもらうことはできないのではないか？さらに自己信託ではどうか？

まず簡単な自己信託からお話すると、政令によって、**50人超**（**4．**参照）**の投資家から資金調達しない限りは、信託業法の規制を受けません**（業法50の２）[1]。つまり信託法により、信託受益権を有価証券として発行し、不特定多数からの資金調達のために、自社の事業の一部等を自己信託する

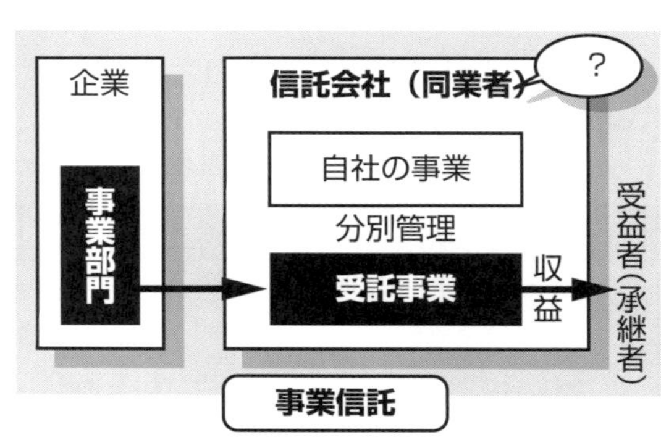

1　長島・大野・常松法律事務所　福田正之ら共著『詳解新信託法』p106～107（清文社2007年４月）。

場合には、信託業法の規制に服しなければなりません。業として信託会社を営む会社に支払う費用は一般的に高額ですので、可能な限り、自社でやりたいところです。

これに対して、**事業信託については、反復継続性と営利性があるか否か**により信託業法の規制を受けるか否かが決まります。したがって事業再編目的なら反復継続的とは言えないので適用外になります[2]。

3．じゃあ簡単か？「預かりもの」は分別管理をしっかり

信託業法の規制を受けないとしても、信託法に受託者としての「注意義務（信法29）」「**分別管理義務**（信法34）」などがありますから、余程注意しなければなりません。物理的に離れていれば分別管理はしやすいのですが、**資金や人材などは自由に行き来してしまいがちです**。これらは部門別や事業部門別管理をした場合に経験することですが、なかなか分別管理は大変です。帳面と申告書の上だけの分離にならないように、必要な業務はアウトソーシングするなりの**制度的な対応**が必要です[3]。

4．自己信託を沢山して累計で50人を超えたら？

2．で受益者が50人以下なら信託業法の規制は受けないとしましたが、受益者の人数は**各信託毎にカウント**するため、少人数の信託を繰り返しても信託業法の規制を受けることはありません[4]。

5．目的信託で遺産を管理させる信託会社は？

目的信託の受託者はどうでしょう？委託者（遺言による場合は存在していなくても）が監督権限を強くしたければ、信託行為にその旨を定めればよいので、信託業法では特別の規制はされませんでした[5]。しかし**別に法律に定めるまでの間、信託事務を適正に処理できる財産的基礎及び人的構成を有するものとして政令で定める法人以外は受託者になれません**（信法附則3）。

2　前注　長島・大野・常松法律事務所　福田正之ら同著p96。
3　前注　長島・大野・常松法律事務所　福田正之ら同著p97。
4　前注　長島・大野・常松法律事務所　福田正之ら同著p107。
5　前注　長島・大野・常松法律事務所　福田正之ら同著p455。

5.「受託者」を誰にするか？が信託の肝

POINT

信じて託する先が信じられなければ成り立たない信託
一般社団法人が最も良い

1．横領等が続発した任意後見制度と同様なことが見込まれる

本章冒頭の信託の定義は『**信託とは、財産の管理運用・活用・承継のために受託者に“信じて託する”一連の、長期かつ固定的ながらも柔軟な方法**』でした。

これまでお話してきたことからも明確なように、**信ずるべき「受託者」があってこそ成立する方法**なのです。しかし、この点についてはいささか懐疑的です。任意後見人制度（109ページ）でも、後見人を任された**親族が使い込み**をすることがよく起こりました。それでは…と専門職である**弁護士に任せても、業務上横領**が何件も発覚し…と一体誰を信じていいのやら。

信託は、まだ普及が進んでいないため、これらの事件は報告されていないようですが、**恐らくは同じような結果**になるのではと危惧しています。

その点、**商事信託**は…と言いたいところですが、これまた金融庁によるお取り潰しが何社かありました。大手信託銀行は、確かに信じるに足りるけれども、コラム㉟でお話したような、余り大した作業でない（そもそも、信用供与が仕

事ですから）**「遺言信託」という商品名の信託でも最低100万円というような信託報酬等**がかかりますので、一般の方には手がでない。

仮に信ずるに足りる親族でも、受託者の経済状況が悪化した時に、目の前に自分が自由にできる財産が有る…その時、人の心は弱いものです。

2．委託者自ら、一般社団法人を設立し受託者とする

結論として、最適なのは第３章でお話した一般社団法人を受託者とすることです。下図の様に、**個人では死亡リスク**があります。信託は**何世代にも及ぶ長期の資産運用**ですから受託者は法人がベストです。

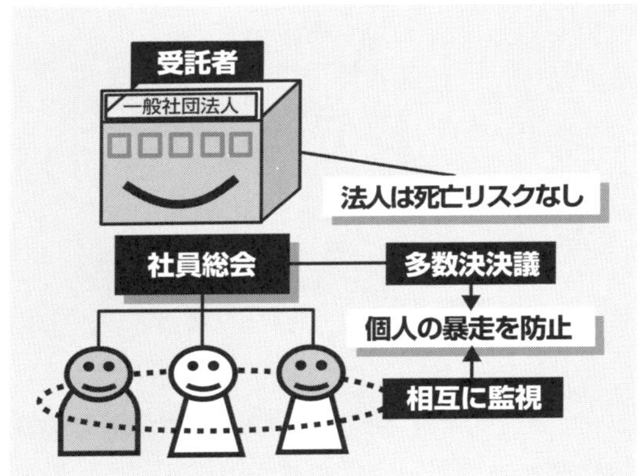

さらに、個人では、前記のような使い込みや横領などの暴走のリスクがあります。

複数の社員の構成による法人ならば、**相互に監視**ができ、最高意思決定機関である**社員総会での多数決**があります。ただし、これとて完全ではないことは言うまでもありません。**内部統制が働く前提**です。また、一般社団法人にすることで、受託者の責任が限定される**限定責任信託**（信法２）と同じ効果を得ることもできます。

また、**信託や一般社団法人のスキーム設計は、完全にオーダーメイドですから、専門家を入れる必要**があります。このため、信頼のおける税理士等がいれば受託者にすることも、それを業務としない場合は可能です。また、先のコラムで書いたように税理士等を信託監督人とするのも一考で、これらが上記の内部統制上でも寄与する可能性があります。

6．議決権を後継者に、遺留分に関係なく承継

POINT

分割協議等に影響されず、死亡と同時に経営権が後継者に。
遺言は撤回できてしまうし、執行までの間、経営の空白期間

1．遺言代用信託スキームで後継者にスムーズかつ確実に

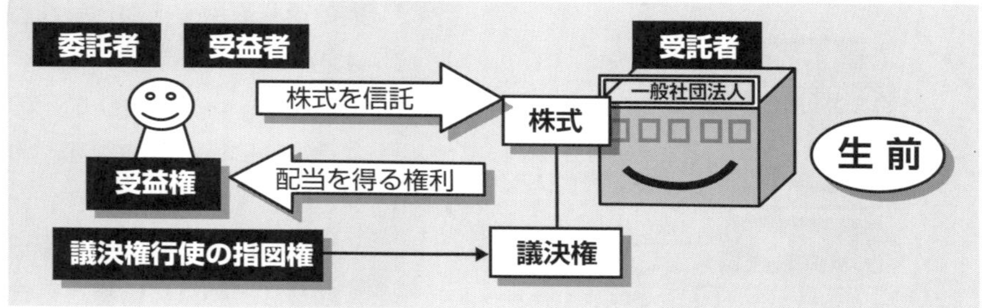

これまでお話してきたことは事業承継としても使えますが、**事業承継で信託を使うと言う特異な点は、議決権に関すること**といえます。

上図のように**生前は**、オーナーが、自社株式を一般社団法人に信託し、配当受領権である受益権を得ますから**自益信託**です（受益者課税）。オーナーは議決権行使の指図権があるので、信託する**前と実質は変わりません。**

一般社団法人も、贈与を受けた訳でもないので課税されません。ここが、**第５章と異なるところ**です。その代わり、第３章のように一般社団法人の財産ではないので、株式はオーナーの遺産であり続け、**節税にはなりません。**

信託契約時に、委託者兼受益者の**オーナーが死亡時に、受益者が後継者に変わるとし、それを委託者が変更できない**と定めれば、後継者はオーナー死亡後に**確実に受益権を取得することができるので地位**が安定します。**遺言で後継者に自社株を相続させると書いても、いつでも撤回できるし、遺言執行までの空**

白期間があるので、後継者の地位は不安定なのに比べると格段の違いがあります。（上記の信託契約で、後継者を変更する場合には、関係者間の同意があれば可能です。）

オーナーが**死亡すると**、次の図のように、株式はオーナーの相続財産であり、受益者に**みなし遺贈され、通常の株式と同じように相続税**が課税されます。議決権行使の指図権も受けますから、受益者たる後継者は確実に経営権を取得できます。また、受託者が株式を有していますから、**後継者が勝手に自社株を処分するリスクも防止（財産の隔離機能）**します。

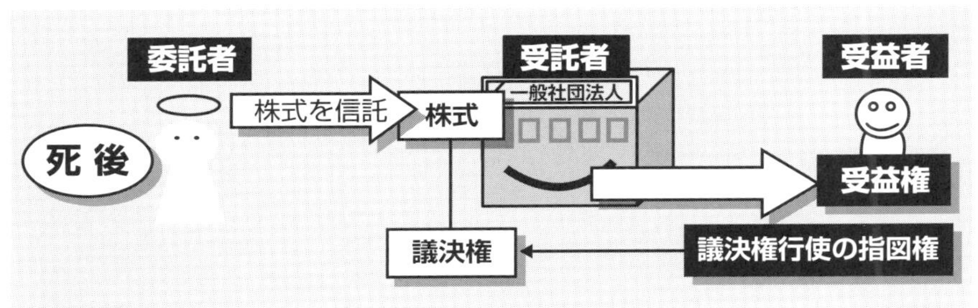

2．議決権と配当受領権を区分できるのは種類株式と信託の２つの方法

前ページのように株主権を議決権と配当受領権とに区分できる方法は、第12章でお話した「種類株式」と「信託」の２つしかありません。

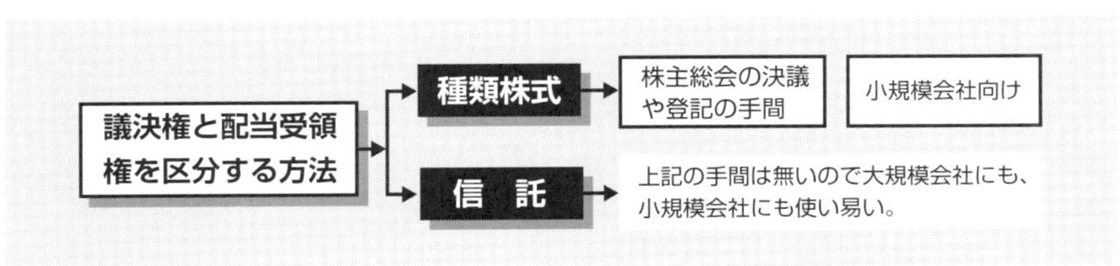

どちらの方法が良いかは、概ね**小さい会社**は、**株主間の権利関係が複雑ではない親族に限定されている**ことと、**株主総会決議などの手続きが簡単なので、種類株式**がやりやすいでしょう。**大き目の会社**は、上記の原因から種類株式が使いづらいことが多いので、**信託が便利**かもしれません。

コラム㉞もっと詳しいお話

議決権の評価額はいくらか？

1．一般的に語られる以下のスキームは使えるか？　慎重に！

下図のような一般的スキームが信託の活用でよく見られます。**前の項目の「生前」と比べて見てください**。信託契約で委託者であるオーナーが、一般社団法人の社員総会決議に基づき株式の議決権を行使すべしとの議決権の指図をします。つまり、信託契約時に、**受託者が議決権を行使**できるスキームです。

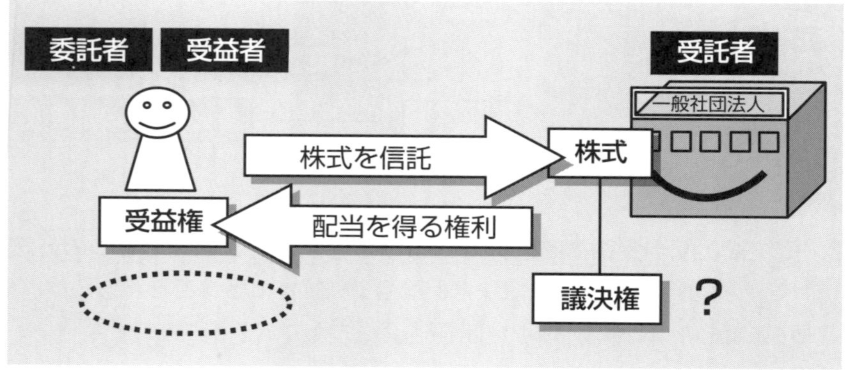

このスキームの**良い所は、オーナーが認知症になった場合**でも、議決権は受託者が有しているので、経営がストップすることがないということです。受託者たる一般社団法人の社員の一人に委託者もなっておき、自分が意思決定できない場合に他の社員の多数決決議による訳です。

しかし、問題は、議決権の指図のないスキームで株式を信託する場合には、議決権が宙に浮いてしまいますので信託契約上の瑕疵（カシ）と言えます。

このスキームの考えの元になっているのは、「議決権に経済的価値はない」とする平成19年の課税庁の「情報」からだと思われます（282ページ参照）。

2．種類株式の評価も信託される議決権の評価も不明

この「情報」は、**議決権をどう付加するかによって無限の種類の株式を設計できる種類株式の評価を如何にするか**を巡って、中小企業庁からの問い合わせに対して出されたものです。

その結果、株式の価値を財産権と議決権に分けると、**議決権の価値は0としました。**したがって、下図のいずれの種類株式も財産権は同じなのです。

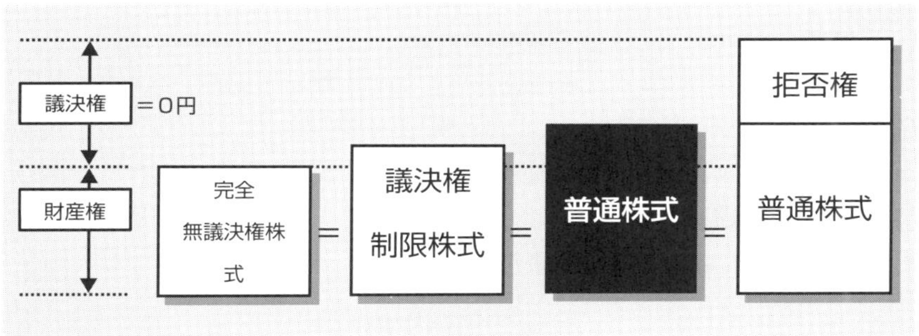

しかし、注意すべきは、**この「情報」は、相続税法上の財産の移転の方法として「相続・遺贈・贈与」に限り、「譲渡」や「信託」は入っていない**のです。

「譲渡」の時に議決権の有無は、その株式の価値に関係しないでしょうか？例えば、50%の議決権を有する株主が、後１つの議決権を得るために議決権のある株式を１株取得する時に、無議決権株式に比べて**、議決権のある株式は相当な高額な価値を有するはず**です。

先の「情報」を受けて中小企業庁は「信託を活用した中小企業の事業承継円滑化に関する研究会」を設け、本研究会の中間整理として、**既存の法体系に抵触することのない信託スキームについての一つの考え方を提示**しました。

同中間報告でも、**相続等による移動スキームしか提示していません**。もちろん、中間報告は、「あくまで一つの考え方を整理したものであって、これ以外の考え方を排除するもではない。」とするも、先の「情報」が「相続等」に限定されていることに注意をすべきです。

７．「分離型信託受益権」の節税例

POINT

信託法による新しい信託受益権＋相続時精算課税の活用
「分離型信託受益権」による相続税対策

１．「分離型信託受益権」の商品化

従前は「元本受益権」と「収益受益権」とを分離できる信託商品は外資系信託銀行でしか扱っておらず、しかも多額の現金が必要でした。しかし、信託法及び信託業法の改正で信託銀行以外の信託会社が設立されたことから、このような分離型信託商品が一般化されると思います。そこで、その商品を使った**分離型信託受益権による相続税対策**を提案します。

２．「信託受益権」の評価

預金の評価が「元本＋利息」で評価されるように、信託受益権の評価は**「信託受益権＝元本受益権＋収益受益権」**で評価されます。そこで**元本の受益者と収益の受益者とが異なる場合**、次のように評価されます（財基通202⑶）。

㋐　「元本受益権」＝「課税時期における信託財産の価額」－㋑の「収益受益権」
㋑　「収益受益権」＝将来得られる収益の現在価値

㋑の「収益受益権」は、例えばこれから10年間の信託なら、今現在の「収

益受益権」は10年間で受け取れる収益の合計ですが、５年後には、後５年間しか受け取る収益はないので、その評価は少なくなります。つまり、**時の経過に伴い価値は減少**していきます。

一方、「元本受益権」は、「信託受益権－収益受益権」で評価しますので、**時の経過に伴い価値が増加**していきます。

３．「分離型信託受益権」と相続時精算課税の活用

先にお話したように、「元本受益権」は時の経過に従って価値が増大し、「収益受益権」は年々価値が減少しますので、**「元本受益権」を信託開始と同時に相続時精算課税により贈与**して、**「収益受益権」は、相続時に相続財産**とします。

すると、第７章でお話したように、**相続時精算課税制度では、贈与時の価額で相続時に課税**されますので、贈与時よりも相続時に価値が下がると逆に増税になるというリスクがあります。上記のスキームでは、「収益受益権」の減少分だけ、**自動的に「元本受益権」の価値が上昇します。**

次ページのコラムにおいて、この具体的な例をお話します。

コラム㉟もっと詳しいお話

「分離型信託受益権」で節税

分離型信託受益権における相続時精算課税スキームの検証

前ページの具体例をみてみます。既にお話したようにポイントはこれです。

> **POINT**
> **元本と収益の受益者が異なる場合は、**
> **元本受益権のみ相続時精算課税贈与をすると良い**

＜ 状況 ＞

オーナー社長が信託の「委託者」となり、信託会社に土地建物（評価額1億円）を、家賃収入は年400万円、信託期間20年で信託しました。

収益受益権の「受益者」は、社長本人で、元本受益権の「受益者」を子供とします。

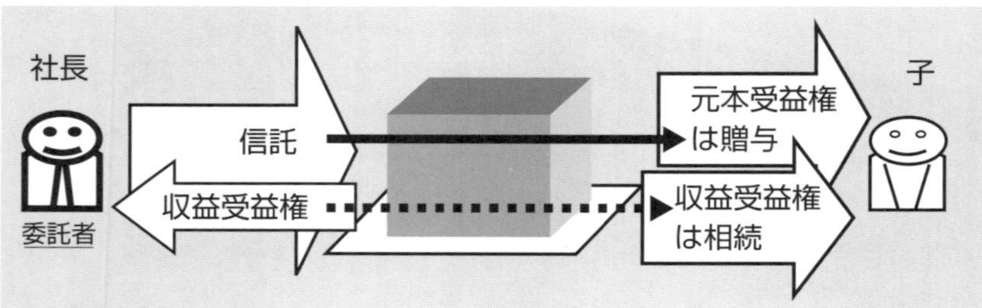

＜ 課税関係 ＞

この信託の課税関係は以下のようになります。

① 信託設定時……………「元本受益権」について贈与税課税
② 相続発生時……………「収益受益権」について相続税課税
③ 収益受取時……………「配当」について所得税課税
④ 終了時（20年後） …課税なし

つまり、信託した時に、父から子への贈与になり、収益（配当）は社長が受け取るので現預金として溜まり、相続財産となりつつ、ある時点で相続が発生すると、その時点から信託当初から20年に達する間の収益（配当）を現在価値に計算した金額が「収益受益権」となって、相続財産となります。そして信託終了の時は課税なしです。

信託した時点で、**１億円の贈与となると4,860万円の贈与税**となってしまいますので、**相続時精算課税を選択**して贈与税の申告をします。すると、以下のように**贈与税は126万円**で済みます。

設定時の課税→贈与税（相続時精算課税）

元本受益権評価額＝課税時期の信託財産の価額－収益受益権評価額

＝　10,000万円　－(400万円×17.169*)

(*20年、年1.5%の複利年金現価率)

＝10,000万円－6,868万円（収益受益権の評価額）

＝**3,132万円**

∴贈与税＝(3,132万円－2,500万円(特別控除額))×20%＝126万円

＜ 元本受益権の評価額の推移 ＞

一方、元本受益権は金利や元本の評価額が変わらないと仮定しますと、上記の計算式で求めたように収益受益権を計算すると、年々その評価額が減っていきます。前項の図解のように、その分、元本評価額が増加していくので…

５年後……4,662万円　　10年後……6,311万円となって行きます。

＜ 相続時の課税 ＞

相続が10年後に発生したと仮定すると、**元本受益権は6,311万円ですが設定時の3,132万円で評価**されます。また収益受益権は、設定時の6,868万円が、下のように3,688万円と減少して相続財産となります。

相続時（10年後に相続発生と仮定）

収益受益権評価額＝400万円×9.222（10年、年1.5%の複利年金現価率）

＝3,688万円

第14章　M＆Aの応用・組織再編

＊組織再編は平成29年・30年で大改正がありました。詳細は拙書「組織再編・資本等取引をめぐる税務の基礎（第3版）」（中央経済社刊）をご参照ください。

下図はすっかりお馴染みになった図です。しかし「事業承継の方法」と言いつつも「**誰に承継させるのか？**」という切り口でもありました。すなわち、事業承継の４つの方法は、そのまま、親族・従業員等・全くの他人・信託会社の

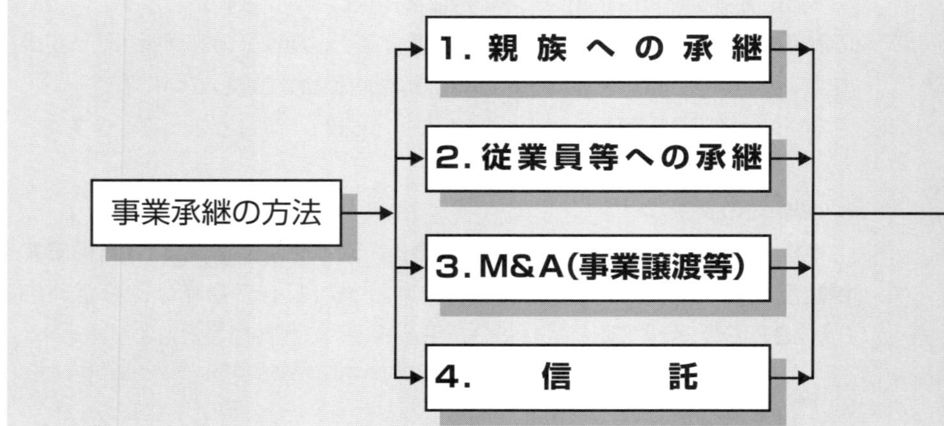

４者のうち、誰に承継させるかの区分とも言えます。

ここでは、少し視点を変えて、親族へ承継させるにしても**M&Aの手法を用いて、どのように承継させるか…**例えば、「会社分割」をして長男と次男に、

それぞれ別会社として承継させる方法などをお話していきましょう。

この方法は当然に、従業員等にも様々に応用できるわけです。つまり、会社分割して一部を従業員が承継し、残りを親族が承継する。あるいは一部をM&Aで売ってしまうことや、信託にするという具合です。

さらには、「上場」も事業承継対策となることもあります。仮に無理なら、自分で上場しなくとも上場会社あるいは上場見込み会社に合併してもらう方法もあります。これらは『第３の先＝他社へ M&A（株式譲渡等）』のまさに応用になるわけです。

適用範囲は限られてきますから概要にとめますが、これらの高度な方法も**「そんな方法があるんだ」と少しでも知っておくと、偶然に訪れたチャンスをつかむ**こともできるかもしれません。そして事業承継に限らず、今後はM＆Aに関する知識は、経営者にとって不可欠なものなのです。例えば、逆に相手の会社を分割してもらって、当社と合併する（「吸収分割」と言います）にも使えます。

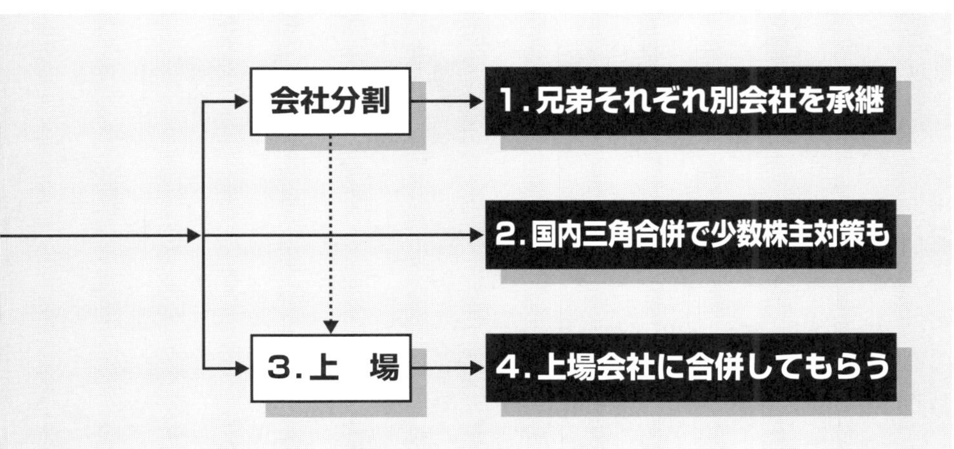

★平成29年度税制改正で組織再編税制は大きく改正されて中小企業の事業承継にも影響が出ています。詳しくは『組織再編・資本等取引をめぐる税務の基礎（第３版）』（2017年、中央経済社刊）をご参照ください。

1．兄弟それぞれ別会社を承継させる

POINT

それぞれが青天井で自由裁量の効くようにして紛争予防

1．「争族」は兄弟から始まる

「兄弟は他人の始まり」とはよく言ったものです。そこにそれぞれの配偶者がつき応援合戦で火に油が注がれることになります。そうならない一つの予防策が事前に、会社を分けておくことです。

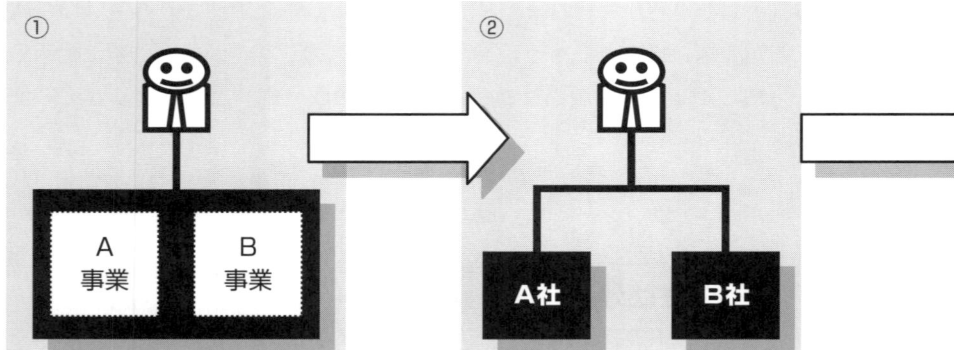

2．「会社分割」して兄弟それぞれに株式を

上図の①ように、現在ＡＢ２つの事業を行っている場合に、②無税となる適格分割になるようにします。この要件は現在では難しくありません。100%の株式を所有していれば全く問題ありません。50%以上でも若干の要件が加わるだけです。

③で遺言書によってA社株は兄に、B社株は弟に相続させる旨を明らかにします。この方法は、これまでお話してきた、いろいろな組み合わせが可能です。例えば、**遺言書によらず、生前贈与**（「暦年贈与」や「相続時精算課税贈与」を活用）して兄弟それぞれに徐々に移転させて、その中で兄弟をＡＢそれぞれ

の副社長にして育成させる方法が多くの場合採られるでしょう。

ちなみに、事前に分けておかないと、右の図のように、相続時に株式が相続人の共有になってしまいますから争族に発展する可能性があります。

また、仮に相続をクリアしても、その後の経営で口を挟んでやり辛いことが起きる可能性が高まります。

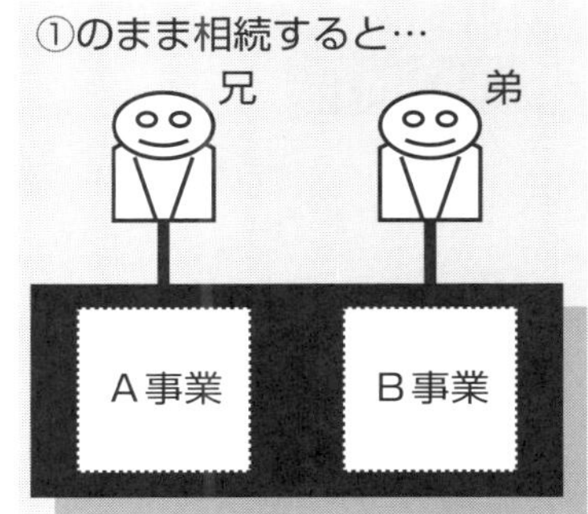

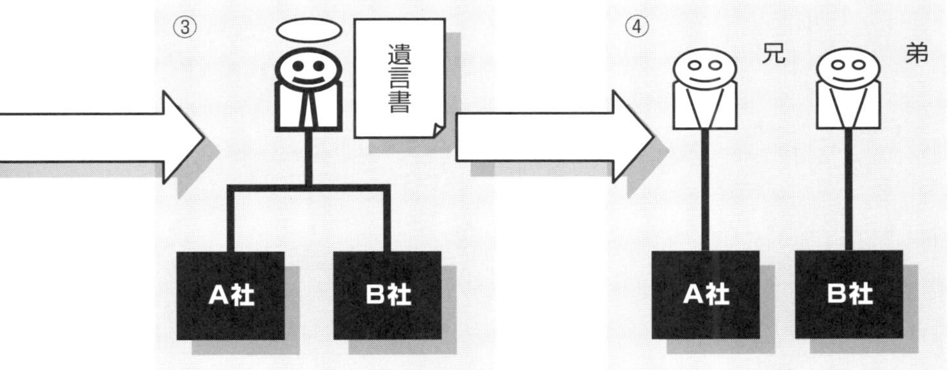

もちろん、**法律上や税務・会計面では比較的容易にはなりましたが、問題は経営面**です。上図のＡＢをどう切り分けるかは慎重に判断しなければなりません。

製造は兄、販売は弟というのは分けやすいのですが、**互いに責任転嫁が容易ですので、縦割りの分割が好ましい**と言えましょう。

2．国内三角合併で非支配株主対策も

POINT

三角合併の本質は、「合併対価の自由化」
だから、三角合併は国内会社同士でも使える

1．合併の原則は、株主に合併会社の株式を渡すことだった

これまでは合併では、現金を組織再編の対価とすることなどはできませんでした。例えば下図のようにA社がB社を吸収合併する場合には、B社の株主には、②のように、A社の株を渡すのが原則でした。

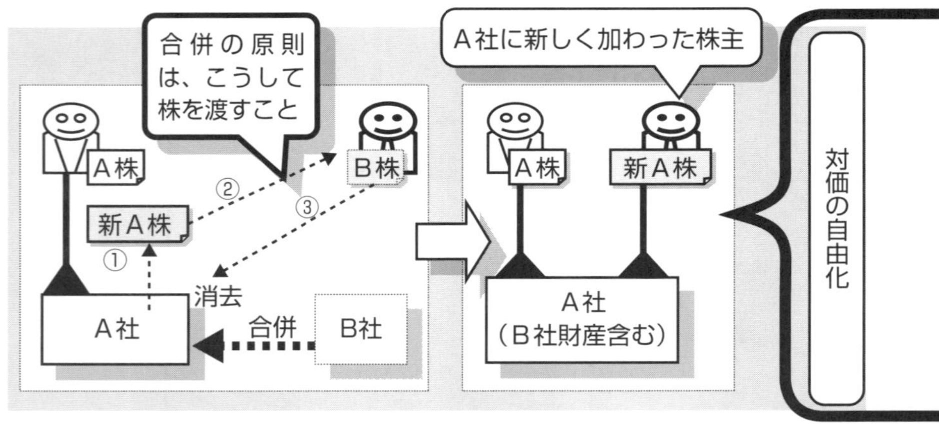

何故なら合併というものは、「消滅するB社の営業の全部を受け取って、その対価としてA社株式を渡すもの」であったからです。つまり株主の権利を除けば、物理的には、株券と引き換えに財産の全てを受けて資本の充実が図れるのです。

現金を出せば、B社株主の出資を受けるのではなく、B社株主からB社を「買った」ことになります。

2．「現金」を渡す、キャッシュアウト・マージャーを認める（会法749①二ホ）

しかし景気低迷で背に腹は代えられず、新会社法の施行後１年の2007年5月に、対価が自由化されることになりました。これにより、例えば合併で株主に現金のみを交付する「キャッシュ・アウト・マージャー」（次ページ上図）

も可能になりました。消滅会社の株主は、現金をもらえますが、株主でなくなるので、新会社の利益を得られなくなり、結果的に締め出されます。

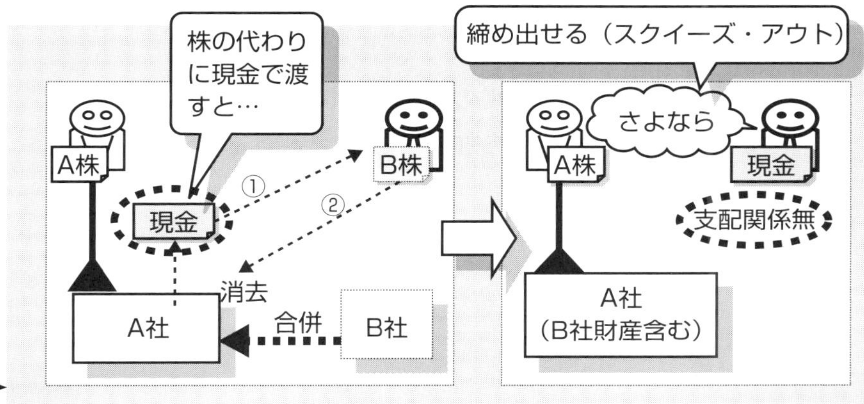

３．「親会社株式」を渡すのが三角合併

「三角合併」はＡ社が現金の代わりに親会社株を渡します。もちろん国内会社同士でも使えます。このためだけなら、子会社のＡ社が親会社株を持てるのです（２.の他、会法800①、135、会規182-184）。

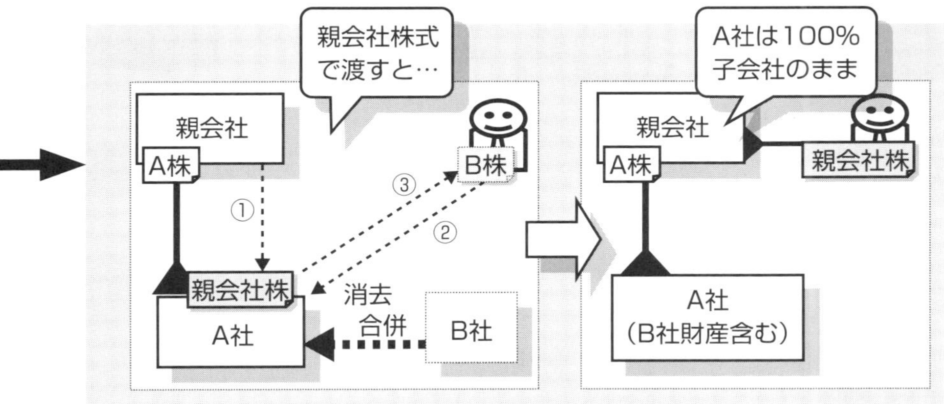

A社が親会社の完全子会社である場合には、B社株主を合併によってA社株主としないので、A社を100%子会社のままにすることができます。

3．株式上場できれば、最高か？　しかし厳しい

POINT

上場は、相続税の納税対策にならない
納税はできても節税とはならない。あらゆる面でハードルは高い

1．上場自社株式は、実は簡単には売れない

事業承継の本には必ず出てくる「株式上場」による対策。ほとんどの本には「非上場株式は、売れないけれども、上場株式になれば、いつでも売ることができるので、相続税の納税資金対策になる。」と書かれています。

しかし、これを鵜呑みにしては困ります。結論から言っておけば、「納税対策の一助になる」程度、あるいは**「錯覚」**と考えた方が間違いありません[1]。

何故ならば上場会社オーナーの遺産の大部分は、自社の上場株式である場合がほとんどです。この場合、相続税率は55%です。相続人が後継経営者である場合、上場相続株を売却して納税に充てたいと思うのが人情ですが、インサイダー取引規制（金融商品取引法166）が大変厳しいので市場では売却できないのが実情です。ですから事前に持株会社を作って、現物出資をし、保有させ、相続後においては持株会社の関連会社に市場外で売却をして現金化を図ることになります。

結局、実際に株式上場によって多額の現金を得ることができるのは、上場し

1　プライスウォーターハウスクーパース税理士法人中央青山編『事業承継・相続対策の法律と税務』税務研究会出版局2004年6月　P42。

た際の売出しや、市場をランクアップする際などの限られたチャンスしかありません。

確かに、非上場会社よりは譲渡しやすいし、値段も公正につけやすいことでしょう。あるいは担保にして融資を受けられるかもしれませんが、返済が大変です。したがって、相続財産の多くが上場自社株式に限られる場合は、上場オーナーのための事前の高度な相続対策を講じなければなりません。

2．皮肉なことに相続税は高くなる

上場すれば、**外部から資金調達ができます。これが上場の最大メリット**です。しかし上場によりオーナーの所有する**自社株式の評価は、かなりの高額**になります。しかも相続財産に占める自社の株式の割合は一気に高まりますが、前記1．のように、上場株式は簡単には売れません。

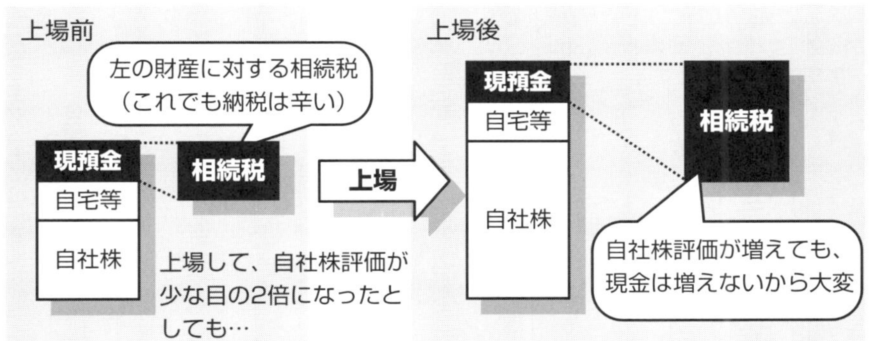

3．「公器」となる会社の重み…結果的に同族支配は三代と続かない

仮に上記のように上場できる優良会社になったとしても、昨今の一連の不祥事などから分かるように、上場企業の責任は増大の一途を辿っています。従来は、建前であった、オーナー個人の私的な会社から「公器となる」ことが本当に求められる時世です。そして上場維持コストも大変です。

したがって**「相続税の納税対策で上場をする」というような志では本末転倒**になると戒めねばなりません。たとえそうしても、今の税制では、大株主としては残れても、同族支配は三代ともたないのです。

その点では次のページのような方法が、現実的かつ効果的と考えられます。

4. 上場しなくても、上場会社に合併してもらう

POINT

上場と同じ効果で事業承継できる。他人のふんどし効果？
ただし、オーナーは合併した会社から外れる

自社が上場しなくても、上場会社に合併してもらう方法があります。

これは、優良会社ではあるが、オーナーに後継者がおらず、また自ら上場する気がない会社に最適です。

例えば、下図の①合併比率で10：1の契約ができたとします。この場合、上場会社では合併交付株式は新株を発行するのではなく、下図の②のように、自己株式（金庫株）を使います。これが下の表のメリット

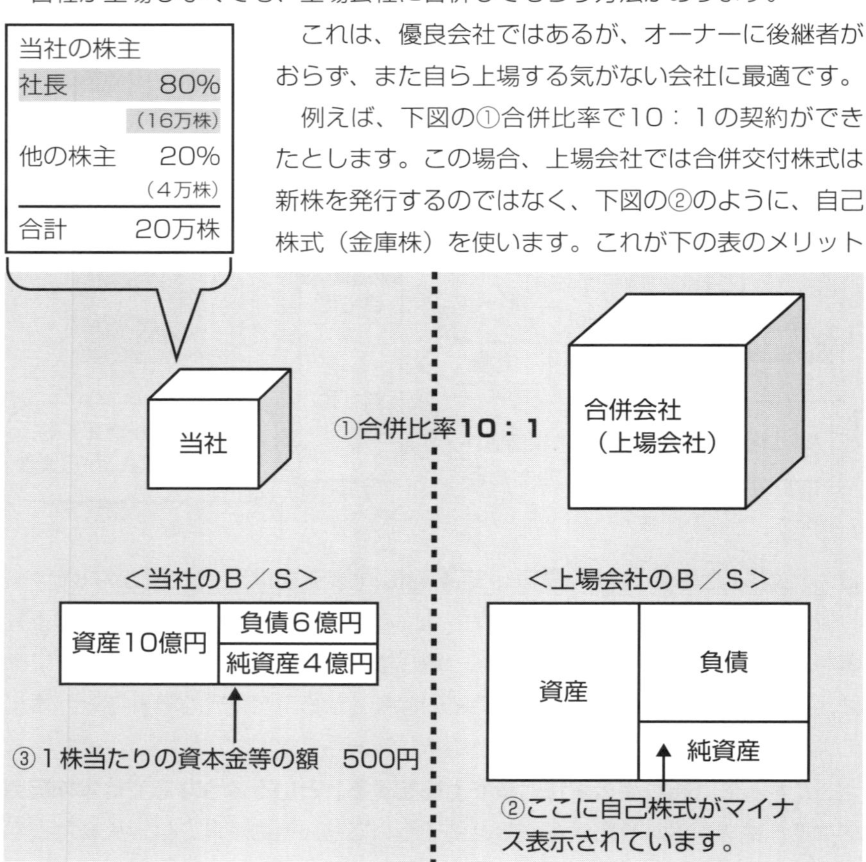

の４を生みます。

（この時、被合併会社（当社）の１株当たりの資本金等の額と株主の簿価は、左図③のように、500円となります。）

この合併は、次のようなメリットとデメリットがありますが、一言で言えば、オーナーの事業承継面では、オーナーが上場株式を取得するので**自社が上場したのと同じ効果**が得られるのです。なお、合併会社は、上場がほぼ確実な、上場見込み会社であっても良いでしょう。

メリット	１．**事業が継続できる** 後継者がいなくとも上場会社に合併することで事業は継続され、従業員の雇用も確保される（経営陣は必ずしも確保されない） ２．**相続税の納税資金が確保**しやすい 非上場株式では、売れない（流動性がない）けれども、合併によって得た、上場株式はいつでも市場価額で売ることができますから、相続税の納税資金としやすい ３．**従業員のモラール・アップ**が図れる（しかし相手次第） 上場会社との合併で従業員も上場会社の従業員となり、福利厚生面などの厚遇化も期待できる。ただし役員はリストラの可能性あり ４．合併会社としても、現在持っている自社の株式である金庫株を渡すわけですから、既存の株主が気にする**「株式価値の希釈化」の問題もなく**、優良な会社を自社の一部門にできる可能性がある
デメリット	**１．オーナーでなくなる（他の役員の重任はケース・バイ・ケース）** オーナーは一株主に過ぎなくなります。自社で上場しても301ページのように三代までしか同族経営は続かないので、割り切りが大切かもしれません **２．合併比率の決定に紛糾する可能性も** 左の例は、いとも簡単に「10：１」という合併比率を示しましたが、実務ではこれを決めるまでが大変なことです。それぞれの会社の価値を巡ってもめることも考えられます

5．合併後はこうなる。その処理方法

POINT

税制適格合併になること
そのために、合併会社の株式以外のものをもらわないこと

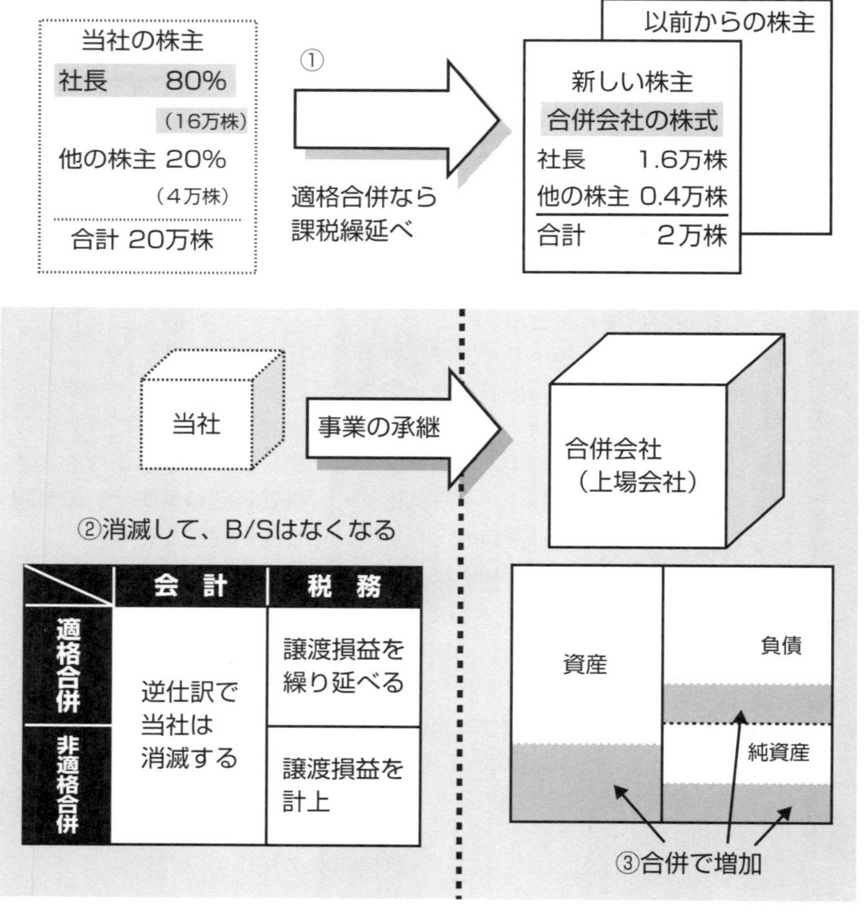

	会計	税務
適格合併	逆仕訳で当社は消滅する	譲渡損益を繰り延べる
非適格合併		譲渡損益を計上

＜オーナー＞

合併比率10：1ですから、左図の①のように、保有していた当社株式16万株に対し上場株式16,000株が交付されます。

一方、**税務上は**原則的には譲渡なのですが、**合併会社の株式しか受けなかった場合には、税務上の「適格合併」**（法法61の2①②③）の要件に該当します。すなわち、この時点での課税は行われずに、将来、上場株式を譲渡したときに課税が行われます。

したがって、この方法では、上記「適格合併」にするために、合併会社の株式以外のもの（例えば、現金など）を受け取らないことがポイントです。

＜当社＞

左ページの左下②のように**会計上**は資産・負債・純資産が消滅します。**税制適格合併では**、合併で資産等を合併会社に譲渡したとみなされる場合でも、その譲渡による損益は直ちに**課税されず、繰り延べ**られますから、将来、上場会社において受け入れた資産を譲渡した際に課税されます（法法62の2①）。

＜合併会社＞

事業承継の相手側ですから、下の表で簡単にみておきましょう。

会　計	
左ページの右下③のように、自己株式が資産・負債・純資産に置き換わり、その分、増加する	
取得の場合	時価評価（のれんを含む）して引き継ぐ（パーチェス法という） （「取得の場合」の他、「持分の結合」という場合が理論上存在しますが、事業承継では事実上ありえませんので省略します。）

税　務	
代用株式の譲渡対価の額を代用株式の帳簿価額と同額とみなすので譲渡損益や自己株式処分差額は発生しない（法法61の2⑤）	
適格合併	被合併会社の利益積立金をそのまま引き継ぐのでみなし配当が発生しない。簿価引継法で処理する
非適格合併	みなし配当が発生する可能性がある。売買処理法で処理する

第15章　グループ法人課税と清算課税

平成22年10月１日から施行された「グループ法人課税」は、下図の主要な６つに集約できます。**グループ法人課税は、100%の持株関係となる会社**との間で**適用が強制**されます。

また100%グループにおける**「連結納税制度」は選択**適用ができます。

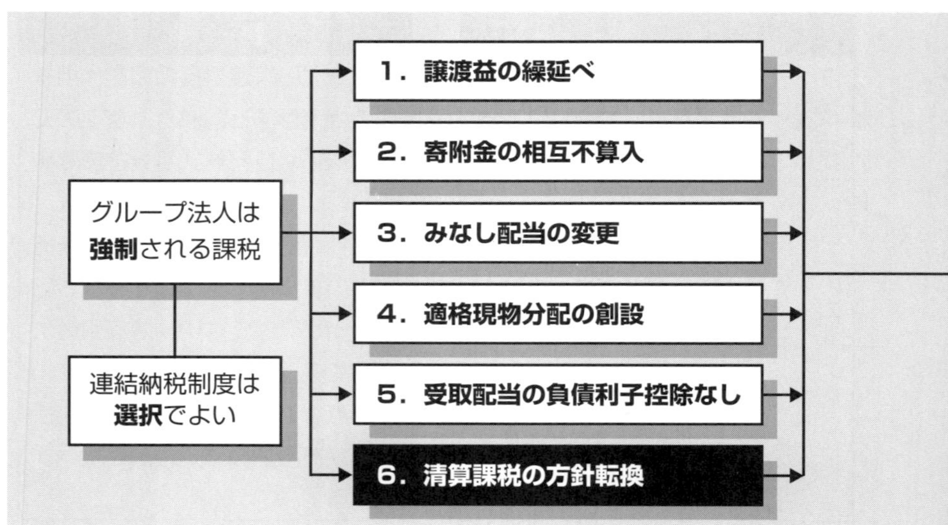

100%の持株関係は、グループ法人課税の得失を理解した上で、**僅かでも株式を減らしたり増やしたりすることで関係を作ることが可能**ですから、事業承継に影響します。

ここでは、６つの改正点から影響を受ける、８つの具体例でお話していきます。**改正の建前は、昨今のグループ経営の実態に即す**るためですが、その**内実は租税回避への対策**であると考えるのが分かりやすいでしょう[1]。その点から、**下図の４．と左図の６．が震源地**で、それが他に影響を与えています。

４．は自己株式の取得を通して**「受取配当益金不算入と株式譲渡損の二重取り」を防ぐ抜本策**としてグループ法人課税を構築したことです。

また、**左図の６．**は、**清算中は、高額退職金も過大退職金にならない（旧法法93①）ことや、収益に課税されないことに目をつけてずっと清算中のまま放置する会社への抜本策**として、清算中も通常の事業年度と同じ課税体系に変更しました。

これらの結果、左図６．と相まって組織再編税制まで影響し、さらには、下図８．のように子会社を解散する場合に様々な影響が**押し寄せます**。

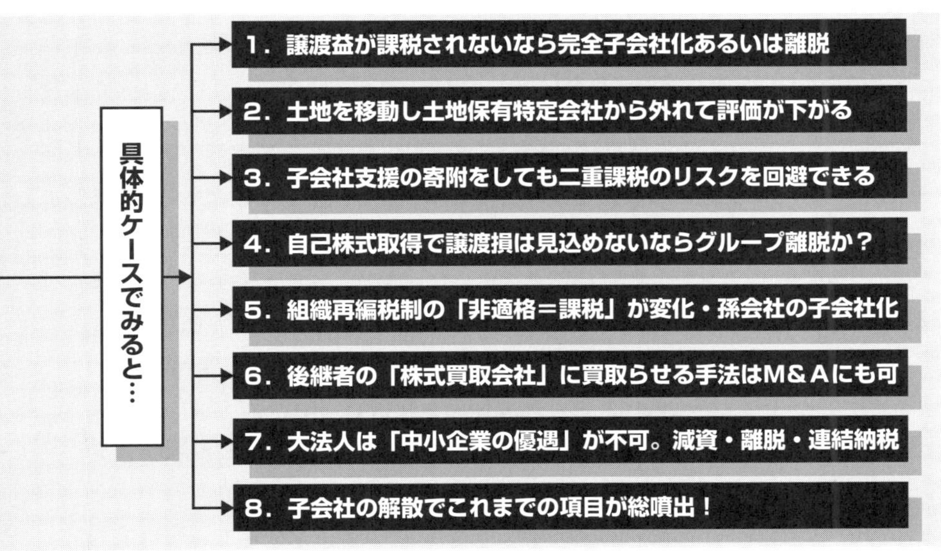

具体的ケースでみると…
１．譲渡益が課税されないなら完全子会社化あるいは離脱
２．土地を移動し土地保有特定会社から外れて評価が下がる
３．子会社支援の寄附をしても二重課税のリスクを回避できる
４．自己株式取得で譲渡損は見込めないならグループ離脱か？
５．組織再編税制の「非適格＝課税」が変化・孫会社の子会社化
６．後継者の「株式買取会社」に買取らせる手法はM＆Aにも可
７．大法人は「中小企業の優遇」が不可。減資・離脱・連結納税
８．子会社の解散でこれまでの項目が総噴出！

1　『グループ法人税制の実務論点と課題<座談会>』税理2010年９月臨時号６頁〔阿部泰久発言〕。

1．譲渡益が課税されないなら完全子会社化あるいは逆に、離脱するかを検討する

POINT

「完全支配関係」では、譲渡調整対象資産の譲渡損益は繰延べ

1．一心同体だからポケットの右から左へ移動しただけ（法法61の13①）

下図のように、黒字の親会社の保有する含み益のある土地を、**100%の完全子会社に譲渡**した場合、従来であれば、親会社の譲渡益に課税されますが、「完全支配関係」のあるグループ法人課税が強制適用される法人間では、親会社に課税は生じません。具体的には別表４（減算留保）・別表５で調整して繰延べします（譲渡損の場合も繰延べます。）。

親会社（黒字）

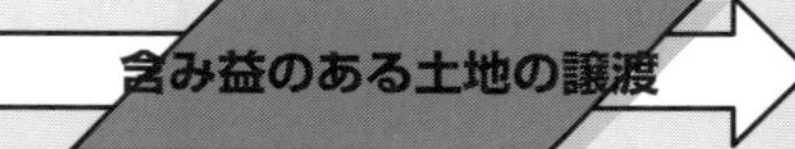

完全子会社（赤字）

簿価4,000万円（時価１億円）

親会社	完全子会社（100%子会社）
譲渡益6,000万円は課税されない。（別表４・５で繰延べ処理をする）	時価１億円で取得するだけ

子会社は、この**土地から収益を生み出して赤字から脱出することもできるでしょうし、それをもって親会社に譲渡代金を支払っていく**こともできます。

逆に、親会社が赤字で、譲渡益で黒字化したい場合には、子会社を**「完全支配関係」から離脱させた後に、子会社に譲渡すれば**、親会社の譲渡益が課税対象となります。親会社が黒字の場合には譲渡損で節税することができます。

基準となる**「完全支配関係」は、譲渡があった日で判定**しますが、「完全支配関係」は、次のように、親会社が100%持っている会社だけを言いません。

2．「完全支配関係」は結構複雑

「完全支配関係」から離脱しようとして、例えば子会社株式の１%を親会社

の社長個人に譲渡等したとしても、引き続き「完全支配関係」は維持されます。

　また、よくある例として、下図のように、親子でそれぞれの会社の株式を100%保有している場合もＸ社とＹ社の関係は「**一の者が法人の発行済み株式の全部を直接若しくは間接に保有する関係**」で、「完全支配関係」となるなど、この判断は慎重にしなければなりません（法法２十二の七の六）（次ページコラム参照）。

　さて、左ページの譲渡後に、子会社が他社に譲渡すると下図のように、親会

その後、転売した時点で、親会社側で課税

左ページの親会社	完全子会社と他社
転売時点で譲渡益 6,000万円に課税	グループ外への譲渡なら通常の譲渡取引と同じ。 グループ内なら完全子会社側で譲渡損益の繰延べ

社で課税を繰延べていた譲渡益6,000万円に課税されます（法法61の13②③）。

　これらのように譲渡損益が繰延べられるのは、**「譲渡損益調整資産」のみで、譲渡直前の帳簿価額が1,000万円以上の資産**で、具体的には、**固定資産・土地等・売買目的以外の有価証券・金銭債権・繰延資産**です（**土地等を除く棚卸資産は対象外**）。資産調整勘定で譲渡直前簿価が０だから対象外です。

　なお、償却資産を譲渡した場合など、子会社が再譲渡しなくても、**減価償却に応じて、親会社側で順次譲渡益が実現してゆく**等、複雑な計算が継続します（なお、不動産取得税や登録免許税及び消費税については次項参照。）。

コラム㊱もっと詳しいお話

「完全支配関係」・「支配関係」とは

グループ法人課税の重要概念である「完全支配関係」は結構難しいので、まずは、下図で自社に関係しそうな図を見出してから、図の次にある「定義」を読み込んでください。

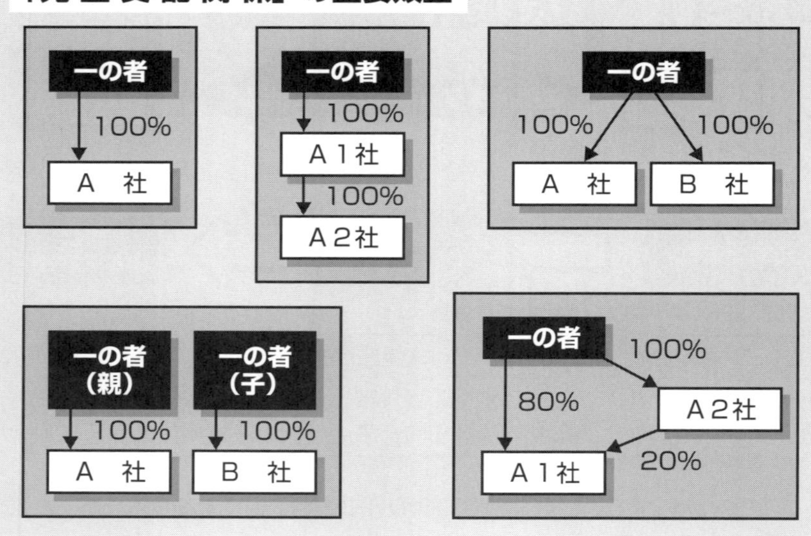

「完全支配関係」とは、

一の者が法人の**発行済株式等の全部**を**直接若しくは間接に保有する**関係として**政令で定める関係**（これを「当事者間の完全支配の関係」といいます。）**又は一の者との間に「当事者間の完全支配の関係がある法人相互の関係」**をいう（法法２十二の七の六）。

上記「又は」以降の「当事者間の完全支配の関係がある法人相互の関係」の例示図は345ページ参照。

「政令で定める関係」では（法令４の２）、以下の規定があります。

一の者が**個人である場合、これと特殊の関係のある個人も含めて**考えます。

また、孫会社のような**間接的な支配**でも全部保有とみなすとしています。

そして、**発行済株式等**では、民法の組合契約による従業員持株会（組合員資格がその会社の使用人に限定）の取得した当該法人の株式の数を合計した数の占める割合が５%未満の当該株式は除きます。

さらに、ストックオプションについても除外規定があります。

ついでに、**組織再編の適格要件の「50%超100%未満グループ」のときに使う「支配関係」**をみておきます。

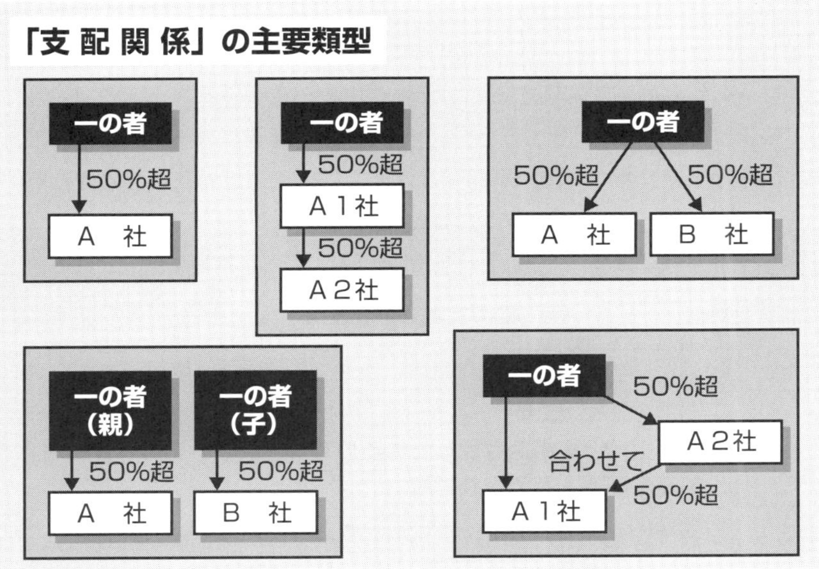

「支配関係」とは、

一の者が法人の**発行済株式等（自己株式を除く）の総数の50%を超える**数の株式を**直接若しくは間接に保有する関係**として政令で定める関係（「当事者間の支配の関係」）又は一の者との間に当事者間の支配の関係がある法人相互の関係をいう（法法２十二の七の五）。

2．土地を移動し「土地保有特定会社」から外れたり、「大会社」になると株価が下がる

POINT

譲渡や寄附で株価が下がる可能性を他の税目や組織再編と比較

1．譲渡しても課税されないのなら資産の組み換えが簡単にできる

前項でお話したように、土地を譲渡しても課税されないとすると、下図のような資産の組み替えが簡単にできてしまいます。

親会社の資産に土地の占める割合が70%以上のため「土地保有特定会社」となり、純資産価額で評価することが強制され、高株価となっていた場合に、譲渡によって70%未満となると、「土地保有特定会社」から外れることになります。その結果、類似業種比準価額が使えて株価を下げることができます。

親会社（土地保有特定会社） → **土地の譲渡等** → **子会社（完全支配関係の会社）**

親会社の土地が減少する

	親会社（大会社）	子会社（完全支配関係）
移動**前**	土地の占める割合が70%以上のため**「土地保有特定会社」となるので純資産価額で評価されて高い**	類似業種比準価額で評価されている
移動**後**	土地の占める割合が、70%未満となり**「土地保有特定会社」から外れると類似業種比準価額で評価され低くなる**	土地の割合が70%（中会社は90%）未満なら、引き続き、類似業種比準価額で評価される

逆に子会社から土地以外の資産を譲渡し親会社の総資産の内の土地の割合を減少させて下げることも可能です。これらは、株式等保有特定会社も使えます。

しかし、これらは合理的理由がないと否認されます（財基通189）。

2．登録免許税や不動産取得税・消費税も考慮する

不動産の移動は登録免許税（固定資産税評価額の２%）や不動産取得税（同４%）が課税されます。課税時期による特例もありますので、総合的に考えることが必要です。また、消費税の課税資産である場合は消費税も課税されます。

3．子会社の規模が拡大して「大会社」となると評価が下がる

下図のように親会社は70名以上の従業員のため資産規模に無関係に大会社で類似業種比準価額で評価できる場合等で、子会社に対象資産を移動させることで子会社の規模が中会社から大会社になれば株価を下げられます。

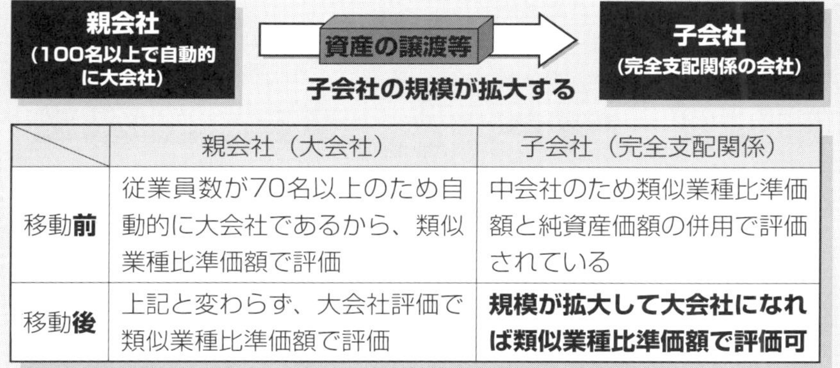

	親会社（大会社）	子会社（完全支配関係）
移動**前**	従業員数が70名以上のため自動的に大会社であるから、類似業種比準価額で評価	中会社のため類似業種比準価額と純資産価額の併用で評価されている
移動**後**	上記と変わらず、大会社評価で類似業種比準価額で評価	**規模が拡大して大会社になれば類似業種比準価額で評価可**

4．「寄附」でも可能（次項参照）さらには、組織再編手法と総合勘案する

資産の移転は、次項の**「寄附」でもできます**。さらには340ページの合併等による**適格組織再編で時価課税されず行うこともできます**。

一般的に、完全支配関係がある場合は、**組織再編よりも譲渡や寄附で移転の方が手続は容易**ですが、**登録免許税・不動産取得税・消費税の上では組織再編が有利**な場合が多いようです。また、グループ法人課税では対象資産が譲渡損益調整資産に限定されるのに対し、組織再編では制限がありません。

また、組織再編では資金負担がありませんが譲渡では寄附を交えない限りは発生します。さらには、会社分割で類似業種比準価額の要素が使えなくなる場合や、繰延べた損益がいつ転売等で実現するのかの予測や、この税制に対応する財産評価基本通達の改正動向を睨んだ総合勘案が欠かせません。

3．譲渡でなく寄附でも可能 子会社支援しても二重課税のリスクを回避可

POINT

寄附の二重課税をパスできるので、譲渡に代わる可能性も

1．寄附は贈与だからお互いに「なし」にする（法法25の2①、37②）

前項まででお話してきた**「譲渡」と効果としては同じこと**が「寄附」でも可能となりました。「寄附（贈与）」は「無償の譲渡」ですから、これまでの「譲渡」の代金を払わないだけのことで、効果は同じだと理解できます。

親会社 → **資産の寄附（贈与）** → **完全支配関係の子会社**

①親会社の資産が減少するが…②その分、子会社株式の価値が上がる

親会社	子会社（完全支配関係）
損金**不**算入（別表４加算・社外流出） **子会社株式の簿価を同額増加**させる（別表５）	益金**不**算入 （別表４減算・社外流出）

ただし、**処理の仕方が異なり**ます。「譲渡」の場合は、「譲渡損益を繰延べ」ましたが、「寄附」では、これまでの寄附金課税の処理に合わせて、上図のように、**互いに「不算入」の処理**をします。つまり、お互いに「寄附した」「寄附を受けた」を打ち消しあうのです。そして親会社では、子会社株式が同額だけ価値が増えますから簿価を増加させます（法令９①七、119の３⑥）。

2．法人による完全支配関係の場合に限定される（法法25の２①）

上記の場合は親子関係ですが、次図のように子会社間でもできます。この場合、親会社は直接寄附をしていませんが、子会社間の寄附で寄附をした子会社の価値は減少し、寄附を受けた子会社の価値は増加したので、親会社の保有する子会社株式を各々増額・減額します（法令９①七、119の３⑥、119の４①）。

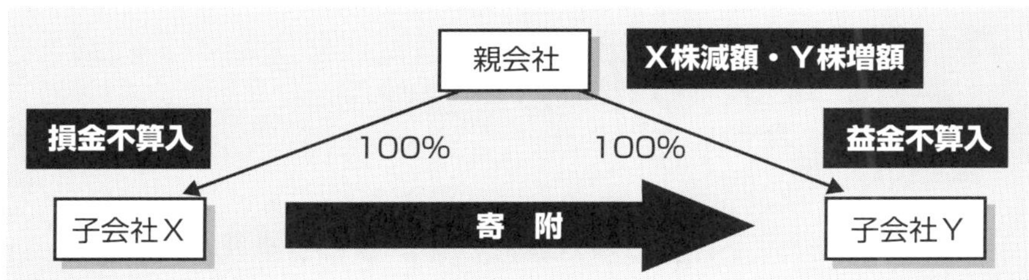

ただし、次図のように、個人による完全支配関係の場合には、贈与税の回避が容易にできてしまうことから、法人による完全支配関係に限定されています。

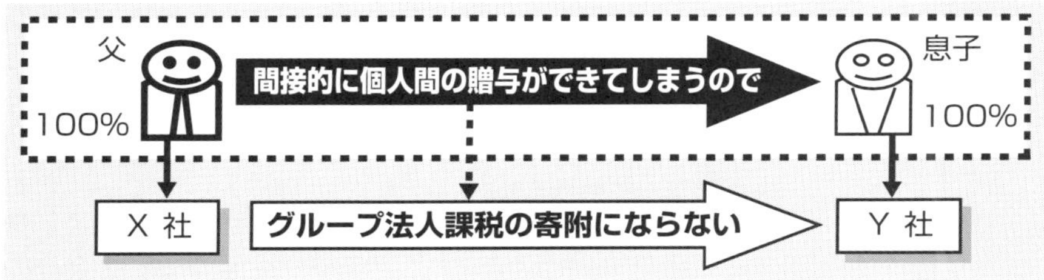

３．ややこしい寄附金課税のリスクをすっきり

「寄附金」をめぐる税制は、これまで非常に難解でした。結論から言えば、完全支配関係の法人間では左右のポケットの移動のように簡単にできますから、寄附側の法人は、全額損金にならないものの、従来のような課税リスクは解消できました。

従来は、寄附した法人側では、微々たる金額しか損金にならず、かつ、寄附を受けた法人側では益金となってしまう**二重課税状態**だったのです。

寄附側で全額損金にしようとすると、受贈側の子会社等の倒産防止のため合理的な再建計画に基づく支援等に限るなど、税務上のハードルが非常に高く、**現実的には、倒産する“前に”資金を注入しなければならない**訳ですから、これらの要件が満たせず二重課税になってしまう訳です（法基通９－４－２）。

ただし、現在でもこの通達は有効ですから、破産状態で親会社が支援せざるを得ない時などは、全額損金になることを知っておきましょう。この場合、受贈側は益金となりますが、通常は多額の欠損があるので税金はかからないのです。

4．自己株式取得で譲渡損は計上できなくなった それならば、グループ離脱か？

POINT

受取配当益金不算入と株式譲渡損の二重取りを防ぐ抜本策

1．租税回避に根本対応してグループ法人課税が生まれた（法法61の2⑯）

本章の冒頭でお話したように、**グループ法人課税が創設されたのは、ここのテーマが根本原因**です。従前は下図のように、**課税上のメリットの二重取りができたのを、改正により解消**させました。

これが結論ですが、下図で理屈をお話しますと…親会社が保有する子会社株式を、子会社が取得する場合、子会社は自己株式の取得となります。子会社は代金60を現金で株主に支払いますが、**株主に対する支払ですから税法上は配当とみなされる**部分40が生じたとします。これを受け取った親会社の処理は、下図の仕訳のように、①の40にあらわれます。

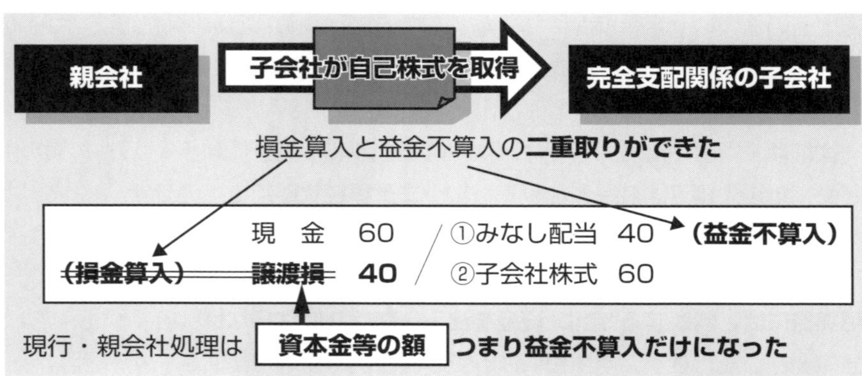

しかし、これは法人税の**根本理論からする二重課税排除のため、益金不算入**となりますから課税庁としても否認できません。②に、保有の子会社株式60を減らし、現金60を受け取ります。すると、必然的に貸借差額が40生じて

しまいます。これは、**会計理論として当然に親会社としては損益取引ですから譲渡損となり、損金算入**が認められます。

このように、違法ではない租税回避が頻発したため、対策を検討することになりました。しかし、上記は共に理論的に真っ当なものだけに、左図のように、ただ単に「譲渡損」は認めず「資本金等の額」に改正すると言うだけでは済みません。ここに新たな課税理論が必要になった訳です。

そこで、よく考えてみると、**完全支配関係にある会社は一心同体とも言えますから、その間の取引で譲渡損が生じること自体、妙なものです…それならば、両社を一体として課税する法律を作ろう！**となりました。

本章でこれまでお話してきた「譲渡損益の繰延べ」も、「寄附金の相互不算入」も全てこの理屈に対応して生じたものです。

２．完全支配関係から外れると従前通り二重メリット(法法61の２①)

上記の規定はグループ法人課税、すなわち完全支配関係がある場合に適用されますので、それが**外れると適用されなくなります。すなわち、従来通り、上記の二重メリットが受けられる**ことになります。

発行法人が自己株式を取得する場合の譲渡法人の処理一覧

完全支配関係の有無等		みなし配当	譲渡損益
あ　り（法法61の２⑯）		益金不算入	計上不可
なし	自己株式の取得を**予定していない**場合（法法61の２①）	益金不算入	計上可
なし	自己株式の取得を**予定している**場合（法法23③）	益金算入	計上可

ただし、上場会社の自己株式の公開買付期間中に取得し譲渡する等、**自己株式の取得が予定される場合は**、二重メリットの内の、もう一方の「**受取配当等の益金不算入」が認められません**（法法23③）。これらをまとめると上表になります。

5. グループ法人課税で、組織再編税制が変化「非適格＝課税」でない・孫会社の子会社化

POINT

グループ法人間では非適格でも譲渡損益調整資産は非課税

1.「非適格＝課税」の原則は不変だがグループ法人課税で繰延べ

下図のように完全支配関係のある子会社同士を合併させて、**他社に全株式を譲渡してしまう例では、適格合併の要件の１つである継続保有要件に該当しなくなるため、非適格**となります。

したがって、時価で合併が行われて課税されることになりますから、ここまでの**原則は変わりません**（法法62）。（「適格要件」については、従来の100%グループの場合などを、グループ法人税制の完全支配関係と同様の意義にしたため範囲が広くなりました。）

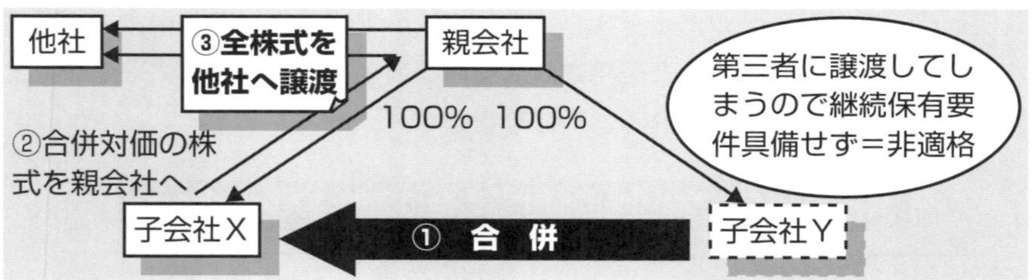

しかし、完全支配関係にあることから、恐らくは被合併会社（Ｙ社）の相当部分を占める**譲渡損益調整資産にかかる譲渡損益が繰延べられる**ことになります（法法61の13①、法令122の14②）。

しかも合併により受け入れた**譲渡損益調整資産の取得価額は、時価から繰延べられた譲渡損益を加減算**するため（法法61の13⑦）、被合併法人の合併直前の簿価と一致して、合併後は、その取得価額を基に減価償却や譲渡損益の計算が行われるため、**合併法人が繰延べられた譲渡損益を実現する処理はありません。**この点、通常のグループ間譲渡の繰延譲渡損益の実現と異なります。

2．組織再編の手法の入れ替え「適格現物分配」の創設（法法２十二の十五）

法人税法上の**適格組織再編には６つ**ありましたが、平成22年度改正により**「現物分配」が新たに加わり、「事後設立」が廃止**されました。

一方、「適格現物分配」は従前より**会社法上「現物配当」**として存在したのですが、**法人税法上は含み益に課税される**ため活用されずにいました。

改正により、**グループ内での資産の移転が先述の「譲渡」、「寄附」に加えて「現物配当」でも可能**となりました。違いは、**「現物配当」が組織再編税制の１つとして位置付け**られていることです。つまり、現物分配が完全支配関係のある法人間で行われた場合には、適格になるのです（法法２十二の十五）。

活用例としては、「**子会社が親会社株式を持っている場合に当該株式を現物分配して持ち合いを解消**」したり「**孫会社の子会社化**」があります。後者の例を下図に示します。下図左のように、親会社は子会社の株式を、子会社は孫会社の株式を100%持っています。このままでは、オーナーの相続の際に長男と次男に独立経営させられません。下図の右のようにしたいのです。１社しかない会社を兄弟に分けるのは318ページのように会社分割が使えます。しかし下図の場合、従前は組織再編手法で複雑な対応が必要でした。現物分配を使

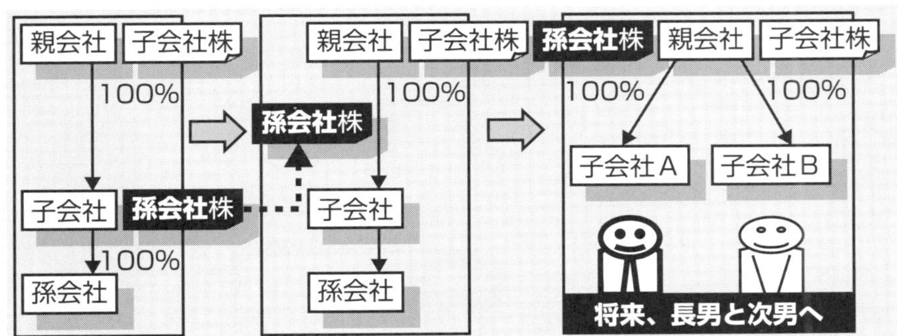

えば、子会社は孫会社の株式を持っているのですから、**この株式を親会社に現物配当すると完全支配関係があるので、適格現物分配**となります。これで親会社は従来の子会社（A）と子会社（B）となった旧孫会社の株式を持つことになり、めでたく事業承継対策ができました。

6. 後継者の「株式買取会社」に買取らせる手法 M&Aにも活かせる方法が拡大した

POINT

グループ法人課税で「受取配当の益金不算入」が全額となった

1. 株式買取会社スキームの活用

下図のように親子でそれぞれ100%を保有しているX社とY社があります。父は引退してX社を息子に任せることにしました。そこで①Y社が銀行から1億円の融資を受けて、②父のX社株を全部購入し、代金を父に支払いました。

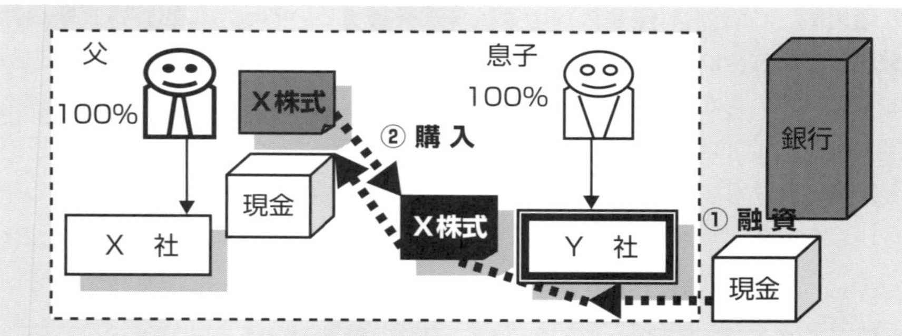

これで、父はX社株式を現金化し、相続税納税資金の準備もできました。

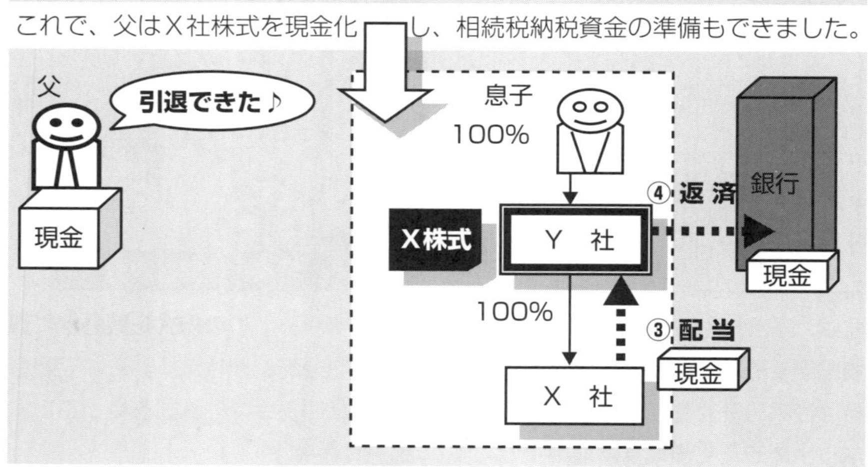

2．受取配当の益金不算入の計算上、負債利子の控除は廃止（法法23④）

続いて、右側のＹ社とＸ社をみましょう。Ｙ社はＸ社株式を100%所有していますからグループ法人課税の適用を受けます。Ｘ社の配当（例えば1,000万円）は親会社のＹ社に支払われ、Ｙ社の受取配当金は益金不算入です。

この時、従来は、負債利子（銀行借入１億円に対する200万円）を控除して益金不算入は800万円でした。

これが、平成22年度改正で完全支配関係での受取配当に関しては負債利子を控除しない…すなわち、1,000万円全額が益金不算入ですので、このスキームは**事業承継対策上さらに活用される**でしょう。

3．受取配当の益金不算入は３パターンに（法法23④一、二、三）

改正によって、受取配当の益金不算入制度は下表のように３パターンになりました。

	株式等の区分	益金不算入額
一号	**完全子法人株式等**	配当等の額（つまり全額）
二号	関係法人株式等	配当等の額 － **負債利子の額**
三号	その他の株式等	（配当等の額 － **負債利子の額**）×**50%**

4．息子でなく第三者の後継者でも使える

1．の例では、親子でしたが、後継者難の昨今のこと、息子が事業承継をしない場合に、第三者がＸ社の後継者となる場合にも使えます。すると、これは**何のことはない、M＆Aそのものです。**だから、今後M＆Aも活性化するでしょう。

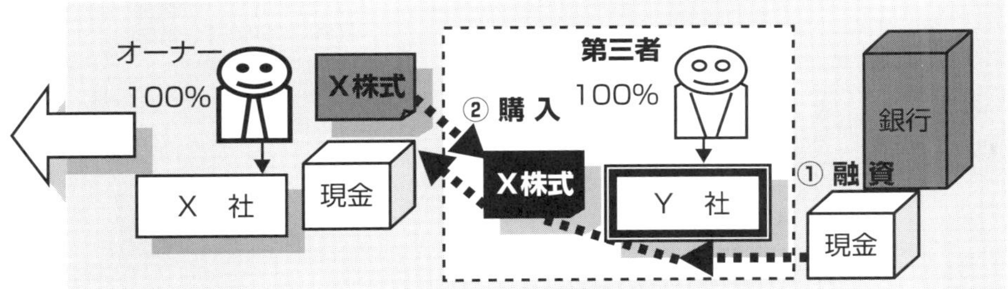

7．大法人は「中小企業の優遇」が受けられない　減資するか、離脱するか、連結納税も考える

POINT

大会社の支配下の小会社も中小企業とされないが対策は多い

資本金５億円以上の大法人に支配される会社は特例不可（法法66⑥二）

資本金の額が１億円以下の法人は、右ページの**中小企業の優遇税制**を受ける

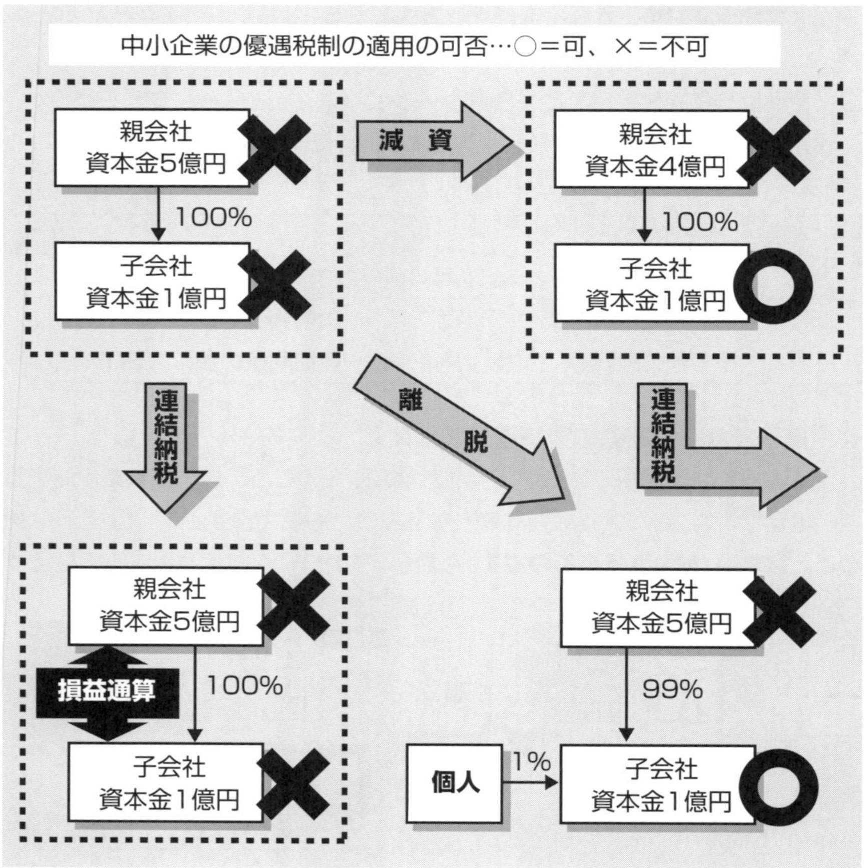

ことができます。しかし完全支配関係を有する親会社の資本金が**事業年度終了日において5億円以上の大法人**である場合には、その大法人は当然として、単独では中小企業である子法人の方も、グループ法人として一括して見られるため、中小企業の優遇税制を受けられません。

中小企業の優遇税制

1．軽減税率
2．特定同族会社の特別税率の不適用
3．貸倒引当金の法定繰入率
4．交際費等の損金算入制度の定額控除
5．欠損金の繰戻還付

しかし、これまでお話してきた、譲渡損益の繰延べなどのグループ法人課税は適用されます。

したがって、得失を検討して左図のように対策します。

まず、グループ法人課税にメリットがあるならば、**親会社を5億円未満へ減資**する方法が考えれらます。

さらには、減資に関係なく、同じく100%の持株関係でしか適用できない**連結納税は選択適用できる制度ですから、相互の利益が損益通算できる**メリットがあるならば検討します（法法81の22①、81の27）（次ページのコラム参照）。

また、**完全支配関係から離脱**すれば、子会社は中小企業の優遇税制を受けられますし、親会社も1億円以下に減資できるなら、両社とも適用が可能です。

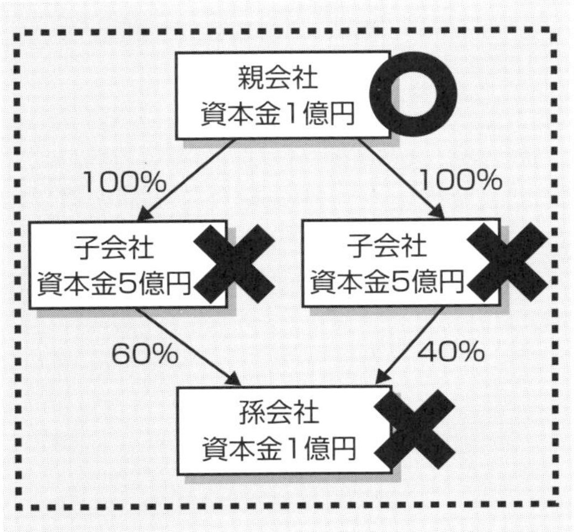

最後に、例えば左図のような完全支配関係があるグループの場合、孫会社は、親会社による完全支配関係が**あり**、直ぐ上の子会社には完全支配関係が**ありません**が、平成23年度税制改正で中小企業の特例が受けられなくなりました。

コラム㊲もっと詳しいお話

連結納税制度 （2022年４月１日開始事業年度から「グループ通算制度」に変更）

概要とグループ法人課税との比較

グループ法人課税を検討する場合に**前項のように、連結納税制度も併せて考えなくてはなりません**。何故なら、どちらも100%の持株で適用されるも、連結納税制度は、その適用が任意だからです。次表で比較してみます。

	連結納税制度	グループ法人課税
対象法人	親法人と完全支配関係がある内国法人（法法４の２）	個人（特別関係者含む）及び法人による完全支配関係がある内国法人
損益通算	**可（法法81）**	**不　可**
グループ間譲渡損益	繰延べあり	
グループ間の寄附	相互不算入	
グループ法人受取配当	全額益金不算入（負債利子控除なし）	
中小企業の課税の特例	連結親法人の資本金が１億円超の場合、連結子法人の資本金が１億円以下であっても、不可	親法人の資本金が５億円未満かつ子法人の資本金が１億円以下であれば可
申告・納付	連結親法人一本で行い（法法81の22、81の27）、連結法人は連帯納付義務を負う（法法81の28）	各社がそれぞれ、通常の申告納付を行い、連帯納付義務はない

その他、**税率は、連結納税制度は、連結親法人の資本金により決まり**ます（法法81の12)。適用は、グループ法人課税が完全支配関係があれば**強制適用**であるのに対して、連結納税制度は**任意**ですが、子法人が加入する際に、原則として**直前事業年度に子法人の特定資産の時価評価損益を計上**しなければなりません。そして、全法人の連名で国税庁長官に適用事業年度開始の日の**３ヶ月前までに**申請し承認を受け（法法４の３）、以後原則継続適用です（法法４の５）。

●「グループ通算制度」に移行すると、現行は申告・納税は全て親法人で行っていたものは修正申告等についても個別の法人で行うように見直されます。

コラム㊳もっと詳しいお話

清算課税の抜本改正

本章冒頭でお話した理由により、清算時の課税方式が、**従前の財産課税法式から通常の各事業年度と同じ損益課税方式に改正**されました。

解散決議からの時系列でみると下図のようになります。

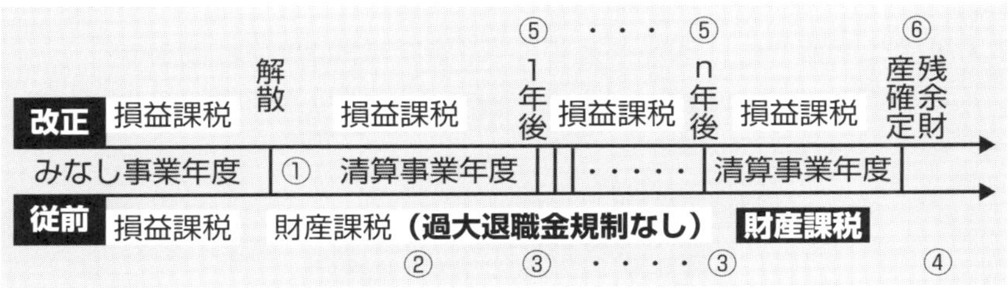

解散日	平成22年９月30日以前	平成22年10月１日以降
①解散の日に終了する事業年度の確定申告	「みなし事業年度」の損益課税（解散の日の翌日から２ヶ月以内）	
②残余財産分配予納申告	分配残余財産所定額超過の場合、分配の前日まで**（通常行わない）**	**これらを廃止して**
③清算事業年度予納申告	**財産課税（過大退職金規制なし）**（事業年度終了日翌日２ヶ月以内）	
④清算確定申告**（最終事業年度）**	**清算所得**（残余財産確定の日の翌日から１ヶ月以内。ただし残余財産の最終分配が期限内のときは、その前日まで）	
⑤清算中の**各**事業年度の確定申告	このように**抜本改正！**	**損益課税**（各事業年度終了日の翌日２ヶ月以内）
⑥残余財産確定の日の属する事業年度の確定申告**（最終事業年度）**		**損益課税**（残余財産確定の日の翌日から１ヶ月以内。ただし残余財産の最終分配が期限内のときは、その前日まで）
期限切れ欠損金		**損　金　算　入**

8．子会社の解散でこれまでの項目が総噴出！

POINT

残余財産の分配は「みなし配当」「現物分配」債権放棄は「寄附」

1．子会社清算で生じる親会社での「子会社株式消却損」認めず

下図のように**利益が出ている**完全子会社を清算して残余財産9,000万円の分配をしました。

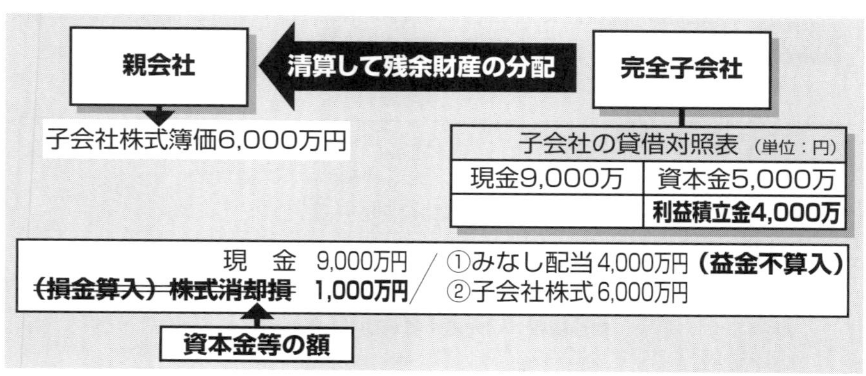

すると税法では、株主への配当と同様ということで「みなし配当」となります。しかし、その分配額の内、元本相当額分は除かなければならないので9,000万円－資本金等の額5,000万円＝4,000万円が「みなし配当」となり上記仕訳の①となります。親会社における子会社株式の簿価6,000万円が②で、受け取った残余財産の現金が9,000万円ですから、貸借差額は1,000万円となり、従前はこれが「株式消却損」として損金算入となっていました。

しかし、この例と**同様に「みなし配当」となる、338ページの自己株式の項でお話したように、「株式消却損」は認められず「資本金等の額」として処理**することになりました（法法61の2⑯）。

２．完全支配関係で残余財産の分配を現物で行うと「適格現物分配」になる

残余財産は、**現実には換金できないことが多いので現物で行えると便利で、これが完全支配関係で行われると「適格現物分配」**です。この章の５項目の組織再編手法に仲間入りした「適格現物分配」でお話したことがここでも出てきます。「適格」ですから土地の含み益に課税されることなく簿価で分配されます。

３．代替措置で、子会社の「繰越欠損金」を引き継ぎを可能とした（法法57②）

次に、子会社が**業績不振により清算**することになった例で見てみましょう。

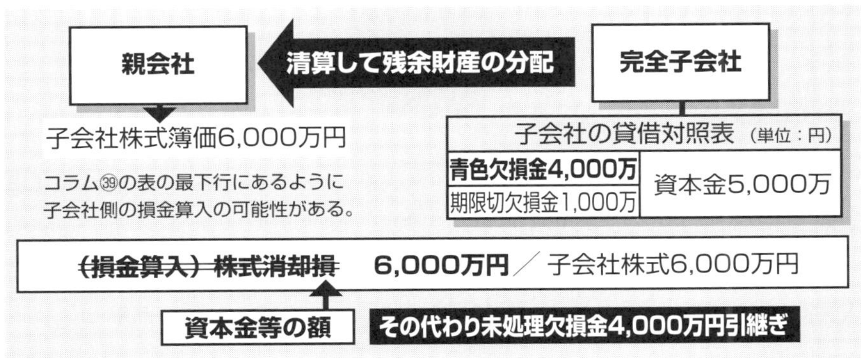

この場合も同様に、貸借差額の6,000万円は、「資本金等の額」で処理します。

以上３つの場合は、**子会社の全てを引継ぐので、実質的には合併と同じ**ですから同効果になるようになりました。このため**上記、未処理欠損金4,000万円は親会社が引継ぎ**ますが合併と同様に支配関係が５年以内のものは制限されます。

４．債権放棄で寄附金の相互不算入・期限切れ欠損金活用（法法55③）

上記子会社の借入金が親会社のもので、これを債権放棄すると寄附となり本章の３項目と同様に、相互に不算入となります。困難ではありますが、放棄に相当な理由がある場合（法基通９-４-１）は、親会社は損金算入、子会社は益金算入となり青色欠損金で補填できないなら、期限切れ欠損金が使えます。

（子会社）　　　　借入金　1,000万円／債務免除益　1,000万円**（益金不算入）**
（親会社）**（損金不算入）寄附**1,000万円／子会社貸付金1,000万円

第16章「経営承継円滑化法」と自社株の納税猶予

平成30年度税制改正の目玉でした。この制度は平成20年10月施行の**「経営承継円滑化法」**から始まりました。その後、同法も数次の改正を経て下図の「親族への承継」に加え、「従業員等への承継」も可能となり、加えて要件の緩和も進みました。さらに平成31年度税制改正では**個人事業も対象**となりま

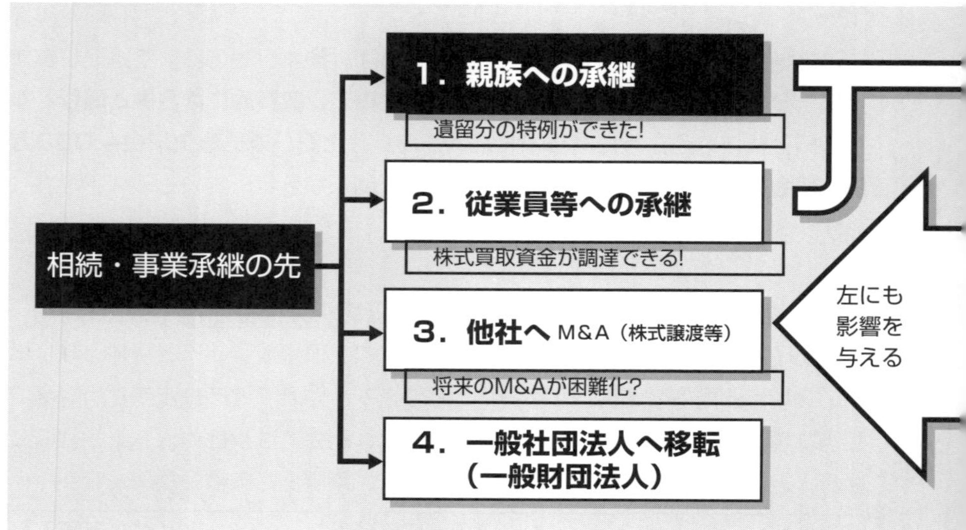

した（502ページ参照）。

「納税猶予制度」の活用は取扱いを慎重にしなければ**逆効果も懸念**されます。なお、**持分会社に適用する場合には、出資割合で議決権を有するという定款変更**も必要となります（536ページ参照）。

円滑法は下図のように、事業承継に多面的効果を及ぼします。**円滑法は「民法の特例」**ですから、生前贈与や遺留分の計算に重大かつ効果的な手法を提供することになります。しかし選択肢が増える分、複雑化は避けられません。特に**「民法特例」と「納税猶予」との混同**が見受けられます。

なお、平成29年度税制改正により、平成29年10月１日から一定の『医療法人』にも納税猶予・免除制度が認められました（第18章参照）。

序章でお話したように平成29年度に続いて平成30年度税制改正で**納税猶予の取消要件の大幅緩和と贈与税の納税猶予に相続時精算課税贈与**が使えることになりました。様々なパターンが考えられるため詳細については『事業承継に活かす納税猶予・免除の実務（第３版）』（中央経済社）をご参照ください。

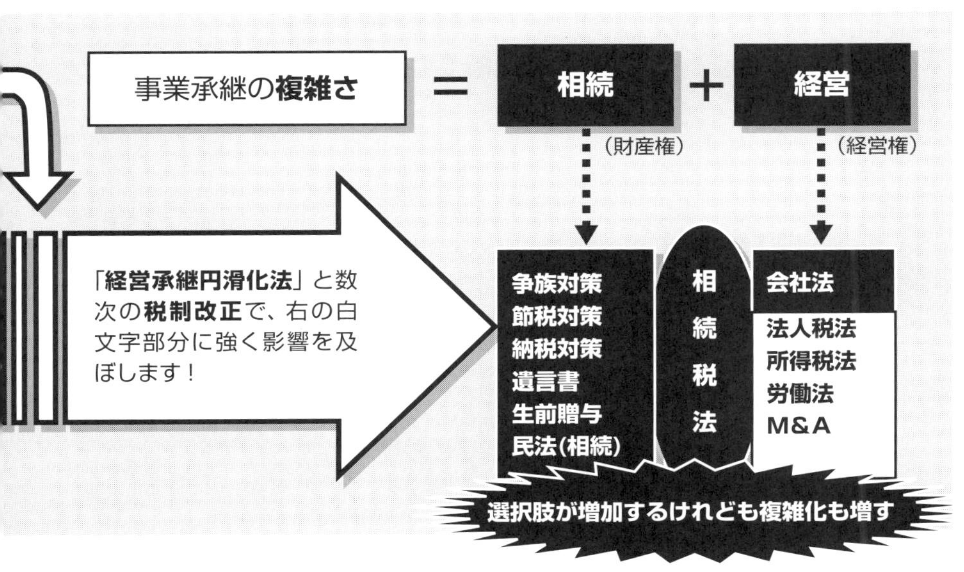

1．全体像 「経営承継円滑化法」と「相続税」の関係

POINT

円滑法の認定を受ければ、相続税の納税猶予を受けられる。単独も可

円滑法と相続税との関係は下図に示すとおりです。

図の項目番号は、本章での項目番号となっています。

特に重要なのが「取消しチェックリスト」（362ページ）です。

Ⅰ．相続税法の事業承継税制（平成21年度税制改正以降数度の大改正）

- 2．10年間に限り自社株の全部について、全額の納税猶予（特例）
- 3．自社株の最大3分の2まで、8割の相続税の納税猶予（一般）
- 4．相続税の納税猶予は実質上8ヶ月までに！
- 5～6．納税猶予要件
- 取消しチェックリスト
- 9．特例承継計画

Ⅱ．経営承継円滑化法（平成20年5月成立以降数度の改正）

- 12．遺留分とは何か？ 相続税と異なる集計の仕組み
- 13．遺留分の計算上、自社株を除外できる
- 14．上記13.で、除外しなかった自社株評価の固定ができる
- 15．追加合意とは？この組み合わせで合意可能性が高まる
- 18．融資の特例など（後継従業員へも可）

ともすると、相続税の納税猶予に関心が行きがちですが、**円滑法はあくまでも民法の特例**で、遺産分割の際の「遺留分」について事業承継の円滑化に資することが期待されています。

円滑法の認定には、以下の３つがあります。

１．民法（遺留分）特例の認定
２．金融支援の認定
３．事業承継税制のベースとなる要件の認定（自社株の納税猶予要件）

個人事業についても以下の法人に準じた制度になります。

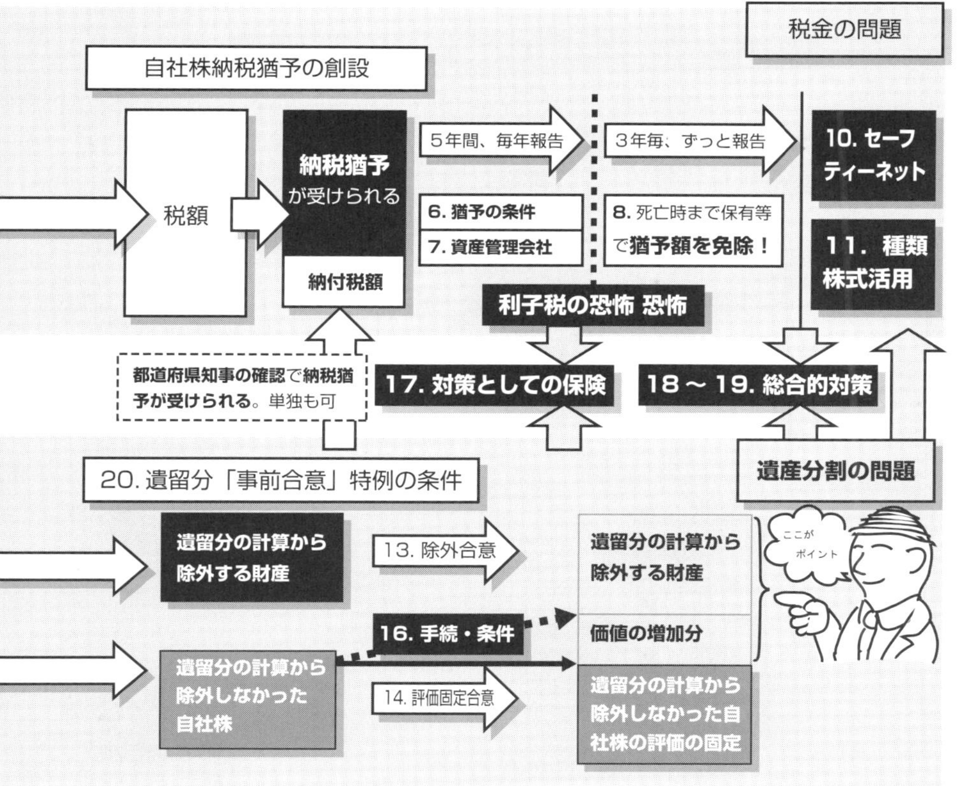

2.「特例」は10年限定、自社株の全部・全額の猶予

POINT

2023年3月末までに、特例承継計画の提出が絶対条件
その上で、2027年末までに贈与等すれば相続税が下図の様に優遇！

1.「特例」の場合の税額計算（措法70の7の6）

平成30年度税制改正で自社株の全てについて、全額の納税猶予が10年間の「特例」で可能となり、従前の「一般」の場合の納税額（次項参照）に比べ、

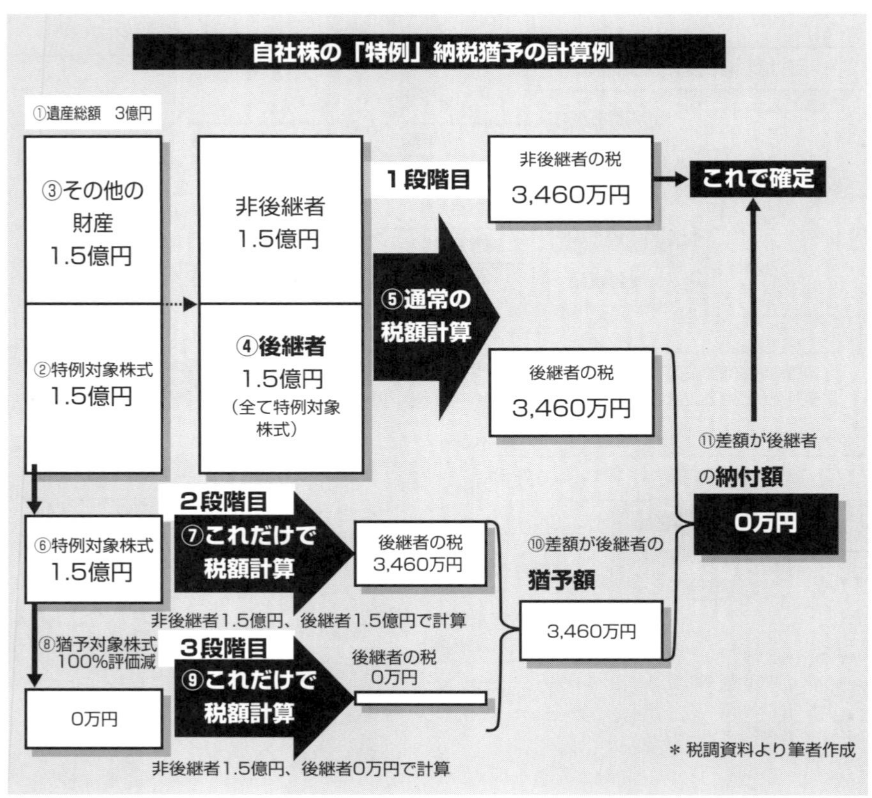

著しく少なくなり下図では、何と後継者の納付税額が０になります。

次項の「一般」の場合とページをパラパラとめくって比較して見てください。

この例の場合、①遺産総額３億円の内訳が、②納税猶予の対象となる株式が1.5億円、③その他の財産が1.5億円で、後継者と非後継者の２人が相続人とする最も簡単な計算です。

（**「特例対象株式」**とは「一般」の場合は、議決権株式の内、後継者が**相続開始前から既に保有**していた議決権株式を含めて、発行済議決権株式の総数の**全ての部分**の株式をいいます。）

１段目の税額は通常と同じ方法で計算しますから、法定相続人が法定相続分（２人が２分の１ずつの1.5億円）を相続したものとみなして、⑤税額計算を行います。その結果、各3,600万円となります。非後継者の税額はこれで確定します。

⑥**２段階目**として、後継者は②の株式1.5億円のみを、非後継者は変わらず1.5億円を相続するものとして、⑦税額計算をして、後継者の税額を計算すると3,460万円となります。

⑧**３段階目**として、後継者は⑥の株式を100％の評価減をした０万円の株式のみ、非後継者は変わらず1.5億円を相続するものとして、⑨税額計算をして、後継者の税額を計算すると０万円となります。

⑩次に⑦と⑨の税額計算との差額を計算します。この3,460万円が**納税猶予額**となります。

⑪最後に、**納付額**は⑤で計算した後継者の税額3,460万円と、⑩の納税猶予額3,460万円との差額、つまり０円が納税額となります。

２．だから「特例」が有利とは言い切れない！

上記の「特例」の計算と、次ページの「一般」の計算とを単純に比べるならば、この「特例」が有利なように見えます。しかし、納税猶予は何十年も、さらには何代にも続きます。**次の次の世代では「一般」に自動的に戻ってしまいます。この時、「特例」を満額使い切っていると、却って窮することも**あります（詳細は拙著『事業承継に活かす納税猶予・免除の実務（第３版）』を参照ください。

3．「一般」の相続税納税猶予になると納税額が増える

POINT

前ページの「特例」に比べ著しく猶予額が少なくなる
「特例承継計画」を出せなくなる2023年4月以降は
この「一般」になる

1．「一般」の場合の納税猶予の計算方法（措法70の7の2）

平成30年度税制改正で自社株の全てについて、全額の納税猶予が10年間

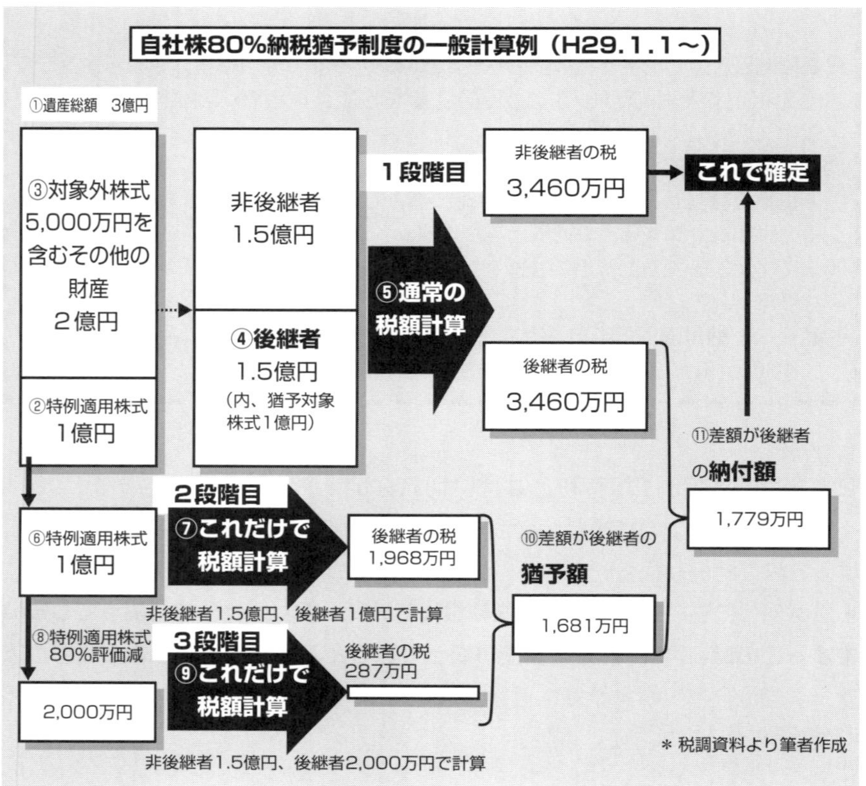

の「特例」で可能となり、前ページのように著しく納付額が減少します。しかし**従前の「3分の2まで8割の猶予」は「一般」として残り続け**ています。序章でお話したように**計画書を出さなかった場合等も**以下の一般計算がなされます。

左図の場合、①遺産総額3億円の内訳が、②対象株式が1億円、③対象外株式5,000万円を含むその他の財産が2億円で、後継者と非後継者の2人が相続人とする最も簡単な計算です。

（**「対象株式」とは**、「一般」の場合は、議決権株式の内、後継者が**相続開始前から既に保有**していた議決権株式を**含めて**、発行済議決権株式の総数の**3分の2に達するまでの部分**の株式をいいます。）

1段階目の税額は通常と同じ計算ですから、④法定相続人が法定相続分（2人が2分の1ずつの1.5億円）を相続したものとみなして、⑤税額計算を行います。その結果、各3,460万円となります。非後継者の税額はこれで確定します。

⑥**2段階目**として、後継者は②の対象株式1億円のみを相続し、非後継者は変わらず1.5億円を相続するものと仮定して、⑦後継者の税額を計算すると1,968万円になります。

⑧**3段階目**として、後継者は⑥の対象株式を8割の評価減をした2,000万円の株式のみ相続し、非後継者は変わらず1.5億円を相続するものと仮定して、⑨後継者の税額を計算すると287万円となります。

⑩次に⑦と⑨との差額を計算し、この1,681万円が**納税猶予額**となります。
⑪最後に、**納付額**は⑤で計算した後継者の税額3,460万円と、⑩の納税猶予額1,681万円との差額（3,460万円－1,681万円＝1,779万円）となります。

2．宅地の80%評価減の重複適用も可能

さらに、160ページでお話した居住用宅地等や事業用宅地等の80%評価減の特例との重複適用が可能です。上記例では、例えば④で後継者の1.5億円の財産の内、5,000万円の事業用の土地がある場合、要件を満たせば400㎡までの面積の評価につき80%の評価減ができます。

4．相続の納税猶予の申請は8ヶ月までに！

POINT

常識だった相続税の申告期限10ヶ月を前倒しで対応！
相続直前までに役員就任していないと門前払い！

相続では下図のような標準的なスケジュールというものがあります。こと相続税に限れば、10ヶ月というのが常識となる月数でした。

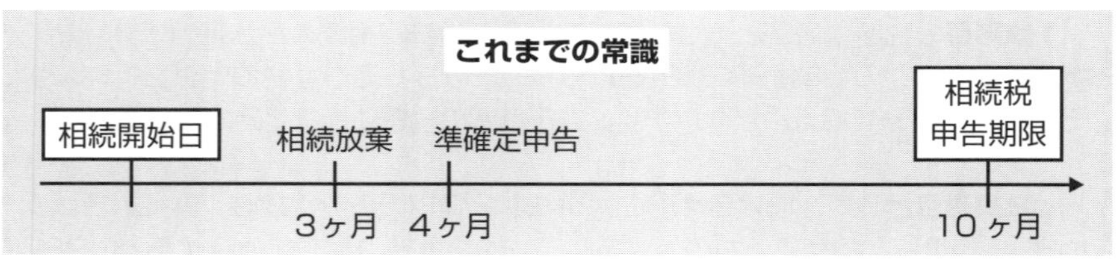

しかし、今後は納税猶予が通常の事業承継の普遍的な選択枝となりますから、以下のように常識が変わります（円滑規13②等）。

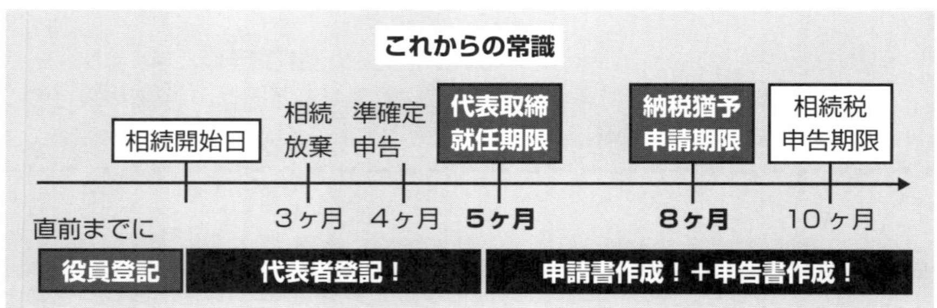

これまで、納税猶予制度の適用はほとんどありませんでした。しかし、平成29年度税制改正で、要件が著しく緩和され、また万が一にも納税猶予が取り消された場合のペナルティも極限までなくなりました。つまり、多くの事業承

継において納税猶予を検討するのが当然となります。また、**そういう説明を税理士はクライアントにしなければ、職務怠慢**となります。**「聞いていなかった」では損害賠償**を請求されかねません。

納税猶予制度の増加で、下図のように、**５年間は毎年報告書を提出し、それ以降は３年ごとに**届出書を提出しなければなりません。免除されるまで**恐らくは数十年にもわたる間、出し続けなければ**なりません（措法70の７⑪等）。その他の山のような煩雑さとリスクが下図のように発生します。これは**税理士事務所の経営にとって計り知れないリスク**となります。

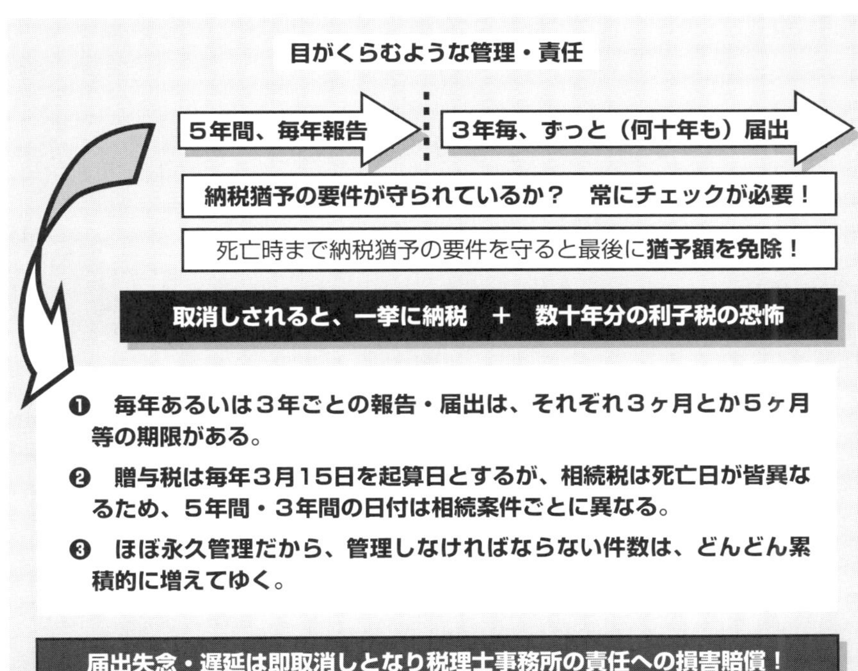

目がくらむような管理・責任
５年間、毎年報告
３年毎、ずっと（何十年も）届出
納税猶予の要件が守られているか？　常にチェックが必要！
死亡時まで納税猶予の要件を守ると最後に猶予額を免除！
取消しされると、一挙に納税　＋　数十年分の利子税の恐怖
❶　毎年あるいは３年ごとの報告・届出は、それぞれ３ヶ月とか５ヶ月等の期限がある。
❷　贈与税は毎年３月15日を起算日とするが、相続税は死亡日が皆異なるため、５年間・３年間の日付は相続案件ごとに異なる。
❸　ほぼ永久管理だから、管理しなければならない件数は、どんどん累積的に増えてゆく。
届出失念・遅延は即取消しとなり税理士事務所の責任への損害賠償！

5．自社株の贈与税納税猶予制度の「特例」の要件

POINT

10年間限定で、全株・全額が納税猶予される
相続で免除され、引き続き相続税の納税猶予へバトンタッチ

自社株の贈与税の納税猶予制度の「特例」とは（措法70の７の５）

前述の自社株の「相続税の納税猶予制度」とほぼ同条件で、生前贈与の場合にも、贈与税が納税猶予されます。猶予贈与税額は、相続の際に免除され、猶予対象株式は、相続によって取得したものとみなされます（措法70の７）。

下図のように、１代目が保有する株式の全ての贈与税を全額納税猶予が認められます。

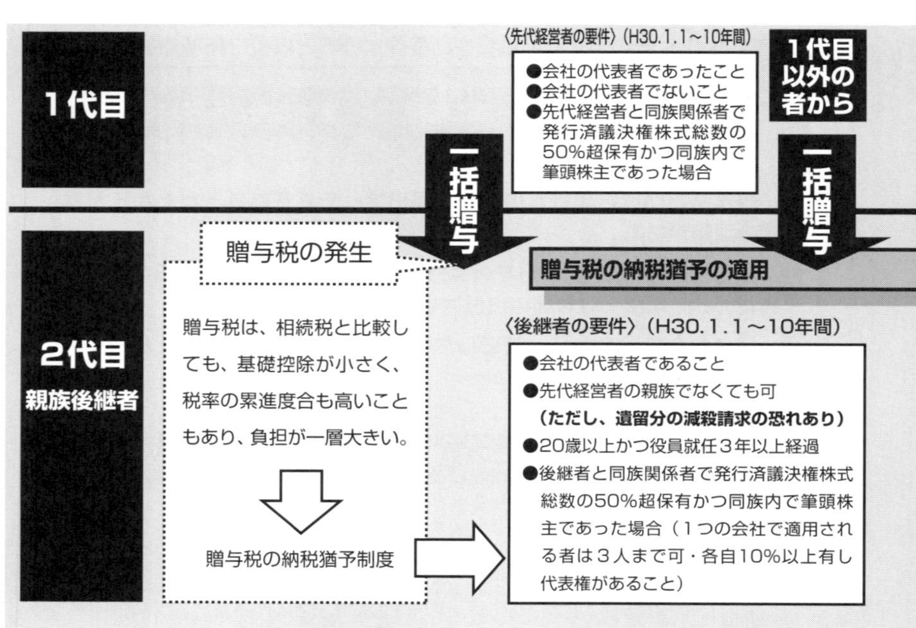

(1) 非上場会社を経営していた**旧代表者**から、贈与によりその保有株式等の**全部（以下「猶予対象株式等」といいます。）**を取得し、その会社を経営していく場合には、その株式等の贈与（相続時精算課税贈与もOK）に係る贈与税の全額の納税が猶予されます。

(2) 贈与者の死亡時は、上記対象株式等を**相続により取得したものとみなし、贈与時の時価により**他の相続財産と合算して相続税額を計算します。

その際、県知事の**確認**を受けた場合には、相続税の納税猶予を適用します（措法70の7の8①）。

平成27年度税制改正により、２代目が５年間の経営贈与承継期間**後**で**１代目が存命中に、３代目に当該株式を全て贈与**した場合において、その３代目が贈与税の納税猶予を受けるときは、２代目が猶予を受けていた贈与税の納税義務を**免除**すると改正されました。

また、２代目が、５年間の経営贈与承継期間**内**で**１代目が存命中に、２代目が身体障害等のやむを得ない理由**により、その会社の**代表者でなくなった**ことにより、当該株式を全て**３代目に贈与**した場合において、３代目が贈与税の納税猶予を受けるときは、２代目が猶予を受けていた贈与税の納税義務を**免除**すると改正されました。

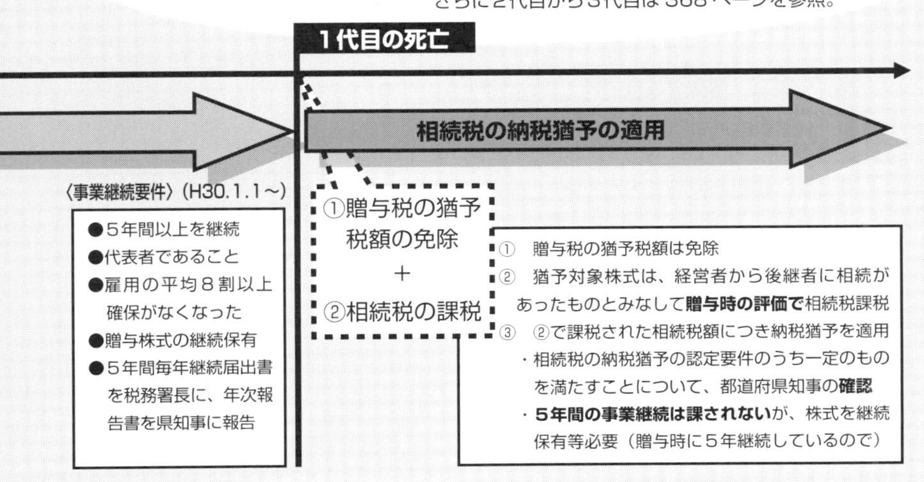

コラム㊴もっと詳しいお話

超重要　納税猶予取消しチェックシート

No.	項目	根拠条文（「一般」の場合）	贈与		相続	
			5年以内	5年以降	5年以内	5年以降
1	後継者の**死亡**	円規9②一、9③一	○	—	○	—
2	**退任**（障害者・要介護5認定等の場合例外有り。円規9④、措規23の9⑮）	円規9②二、9③二、措法70-7③一、措法70-7-2③一	○	—		
3	**常時使用従業員数が80%を切った**こと（[特例」の場合は廃止）（一人未満端数切捨て）	円規9②三、9③三、措法70-7③二、措法70-7-2③二	○	—	○	—
4	後継者と**同族関係者を合わせて持株割合が50%を切った**こと	円規9②四、9③四、措法70-7③三、措法70-7-2③三	○	—	○	—
5	後継者が**筆頭株主でなくなった**（同順位はセーフ）	円規9②五、9③五、措法70-7③四、措法70-7-2③四	○	—	○	—
6	取得株式を**議決権制限株に変更**	円規9②六、9③六、措令40-8㉔二、措令40-8-2㉔三	○	—	○	—
7	持分会社の場合、**後継者の持分の議決権を制限する定款変更**（持分会社には「種類持分」という概念がないから）	円規9②七、9③七、措令40-8㉔三、措令40-8-2㉔三	○	—	○	—
8	**株式の譲渡・贈与…合併消滅・株式交換等で株式の全部一部譲渡・株式配当も**（障害者等の例外有り。円規9④）	円規9②八、9③八、措法70-7③五、十三、十四、措法70-7-2③五、十三、十四	○	部分	○	部分
9	**黄金株（拒否権付株式）**を後継者以外が有することになったこと	円規9②九、9③九、措令40-8㉔一、措令40-8-2㉔一	○	—	○	—
10	認定会社が**解散**（合併を除く）したこと	円規9②十、9③十、措法70-7③八、70-7-2③八	○	○	○	○
11	**上場会社等・風俗営業会社**になったこと	円規9②十一、9③十一、措法70-7③十五、十六、措法70-7-2③十五、十六	○	○	○	○

No.	項目	根拠条文（「一般」の場合）	贈与		相続	
			5年以内	5年以降	5年以内	5年以降
12	**資産保有型会社**になったこと（適用除外有366頁参照）	円規9②十二、9③十二、措法70-7③九、措法70-7-2③九	○	○	○	○
13	贈与認定申請基準日の属する事業年度以後のいずれかの事業年度で**資産運用型会社**になったこと（適用除外有り366頁参照）	円規9②十三、9③十三、措法70-7③九、措法70-7-2③九	○	○	○	○
14	贈与認定申請基準日の属する事業年度以後のいずれかの事業年度で**総収入金額**（366頁参照）**が0**になったこと	円規9②十四、9③十四、措法70-7③十、措法70-7-2③十	○	○	○	○
15	**特定特別子会社**（特別子会社（367頁参照）の「親族」を「生計を一にする親族」にした場合に特別子会社に該当）**が風俗営業会社に該当**	円規9②十五、9③十五、措法70-7③十六、措法70-7-2③十六	○	○	○	○
16	**報告しなかったこと、虚偽の報告をした**こと	**円規9②十六、9③十六、措法70-7③十一、措法70-7-2③十一**	○	○	○	○
17	**偽りその他不正により認定を受けた**こと	円規9②十七、9③十七	○	○	○	○
18	**減資（準備金に振返は除く）**	円規9②十八、9③十八、措法70-7③十一、措法70-7-2③十一	○	○	○	○
19	**準備金の減少（全額資本振替・欠損店舗を除く）**	円規9②十九、9③十九、措法70-7③十一、措法70-7-2③十一	○	○	○	○
20	**組織変更**（株式会社と持分会社の相互で変更）で株式・持分以外の財産が交付されたこと	円規9②二十、9③二十、措法70-7③七、措法70-7-2③七	○	○	○	○
21	**贈与者が代表者に返り咲いた**こと	円規9②二十一、措令40-8㉔四、措令40-8-2㉔四	○	—	—	—
22	贈与税の認定から**相続税の認定に切替えていない**こと	円規9②二十二、措法70-4	○	—	—	—
23	認定**取消しの申請をした**こと	円規9②二十三、9③二十一、措法70-7③十二、措法70-7-2③十二	○	○	○	○
24	**現物出資等資産が70%以上**になること	措法70-7③二十九、措法70-7-2③二十九	○	○	○	○

6．相続税の納税猶予の「特例」の条件

相続税の納税猶予の「特例」の場合の条件の概要を一覧表示すると以下のようになります（贈与税の納税猶予も同様な規定があります。）。

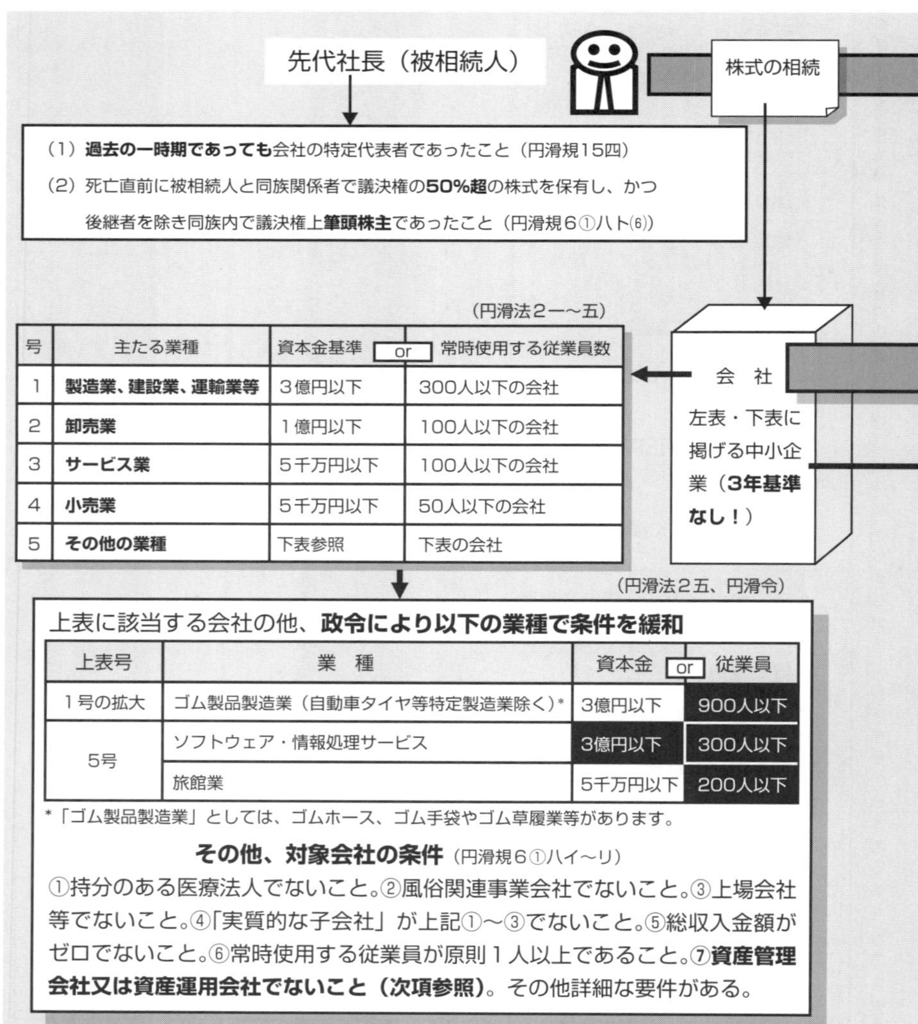

先代社長（被相続人）
株式の相続
（1）**過去の一時期であっても**会社の特定代表者であったこと（円滑規15四）
（2）死亡直前に被相続人と同族関係者で議決権の**50%超**の株式を保有し、かつ後継者を除き同族内で議決権上**筆頭株主**であったこと（円滑規６①ハト⑹）
会　社
左表・下表に掲げる中小企業（**3年基準なし！**）

（円滑法２一～五）

号	主たる業種	資本金基準 or	常時使用する従業員数
1	**製造業、建設業、運輸業等**	３億円以下	300人以下の会社
2	**卸売業**	１億円以下	100人以下の会社
3	**サービス業**	５千万円以下	100人以下の会社
4	**小売業**	５千万円以下	50人以下の会社
5	**その他の業種**	下表参照	下表の会社

（円滑法２五、円滑令）

上表に該当する会社の他、**政令により以下の業種で条件を緩和**

上表号	業　種	資本金 or	従業員
１号の拡大	ゴム製品製造業（自動車タイヤ等特定製造業除く）*	3億円以下	900人以下
5号	ソフトウェア・情報処理サービス	3億円以下	300人以下
	旅館業	5千万円以下	200人以下

*「ゴム製品製造業」としては、ゴムホース、ゴム手袋やゴム草履業等があります。

その他、対象会社の条件（円滑規６①ハイ～リ）

①持分のある医療法人でないこと。②風俗関連事業会社でないこと。③上場会社等でないこと。④「実質的な子会社」が上記①～③でないこと。⑤総収入金額がゼロでないこと。⑥常時使用する従業員が原則１人以上であること。⑦**資産管理会社又は資産運用会社でないこと（次項参照）**。その他詳細な要件がある。

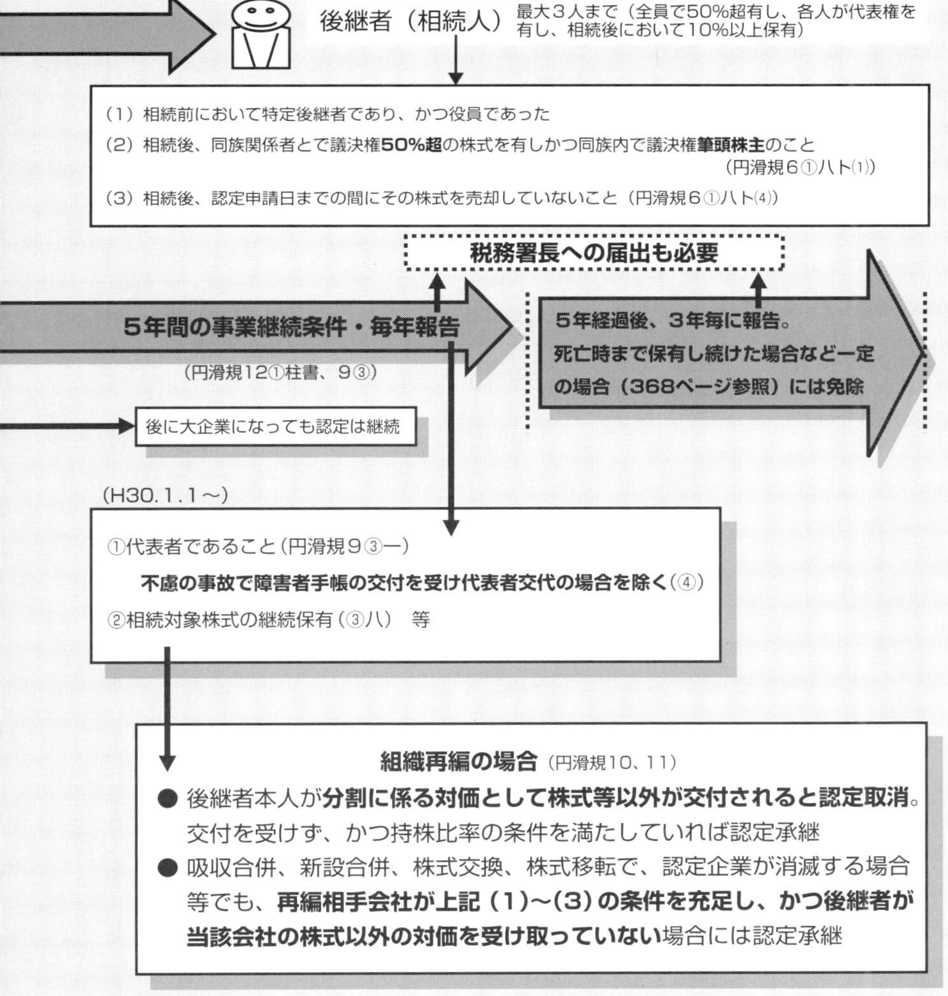
後継者（相続人）
最大３人まで（全員で50%超有し、各人が代表権を有し、相続後において10%以上保有）
（1）相続前において特定後継者であり、かつ役員であった
（2）相続後、同族関係者とで議決権50%超の株式を有しかつ同族内で議決権筆頭株主のこと
（円滑規６①ハト⑴）
（3）相続後、認定申請日までの間にその株式を売却していないこと（円滑規６①ハト⑷）
税務署長への届出も必要
５年間の事業継続条件・毎年報告
（円滑規12①柱書、９③）
５年経過後、３年毎に報告。
死亡時まで保有し続けた場合など一定の場合（368ページ参照）には免除
後に大企業になっても認定は継続
（H30.1.1～）
①代表者であること（円滑規９③一）
不慮の事故で障害者手帳の交付を受け代表者交代の場合を除く（④）
②相続対象株式の継続保有（③ハ）　等
組織再編の場合（円滑規10、11）
● 後継者本人が分割に係る対価として株式等以外が交付されると認定取消。
交付を受けず、かつ持株比率の条件を満たしていれば認定承継
● 吸収合併、新設合併、株式交換、株式移転で、認定企業が消滅する場合等でも、再編相手会社が上記（1）～（3）の条件を充足し、かつ後継者が当該会社の株式以外の対価を受け取っていない場合には認定承継

7．納税猶予の対象とならない「資産管理会社」とは

資産管理会社は、一般的に雇用を伴いませんので、円滑法では、都道府県知事の認定の対象外となります。円滑化法施行規則では、この資産管理会社を「資産保有型会社」と「資産運用型会社」とに定義付けをしています。

資産管理会社

資産保有型会社（円滑規1⑫）
（所定の事業年度、特定資産の合計額総資産の価額の**70%以上**の会社）（**簿価**で計算）

特定資産とは
有価証券、不動産、ゴルフ会員権等詳細は右

資産運用型会社（円滑規1⑬）
（所定の事業年度、特定資産の運用収入の合計額が総収入金額の**75%以上**の会社）

除外規定（円滑規6②一～三）

ただし、次の**いずれにも**該当するときは、**「資産保有型会社」及び「資産運用型会社」に該当しないものとみなし**ます。

① 事務所、店舗、工場その他の固定施設を有し、又は賃借していること。
② **常時使用する従業員（経営承継相続人等と生計を一にする親族以外）の数が５人以上**であること（一番困難な基準ですが、この対策としてはFC加盟があります）。
③ 経営承継相続人の被相続人の死亡の日において、３年以上継続して事業を行っていること。
④ 自己の名義をもって、かつ、自己の計算において右に掲げるいずれかの行為をしていること。

特定資産の詳細（円滑規1⑫二）

① 金融商品取引法２条１項および２項に規定する**有価証券及び持分（特別子会社株式を除く。ただしその特別子会社が資産管理会社である場合には除かれません。）**

＊ 特別子会社とは、会社並びにその代表者及び当該代表者に係る同族関係者が他の会社の総株主等議決権数の100分の50を超える議決権の数を有する場合における当該他の会社をいいます（円滑規１⑩）。

② 当該中小企業者以外の者の利用に供している不動産

③ ゴルフ場その他の施設の利用に関する権利（事業の用に供することを目的として有するものを除く。）

④ 絵画、彫刻、工芸品その他の有形の文化的所産である動産、貴金属及び宝石（事業の用に供することを目的として有するものを除く。）

⑤ 現預金（当該代表者に係る同族関係者に対する貸付金及び未収入金を含む。）

⑥ 過去５年間に経営承継相続人及びその同族関係者に対して支払われた配当や過大役員給与等に相当する額は特定資産及び総資産の額に加算されます。

2019年度の税制改正によって「資産管理会社」に一時的に該当してしまう、例えば保険金受取りや自社が使用するビル等を売却したことによって現預金が**一時的に増加して特定資産が70％以上となった場合には６ヶ月以内に解消すれば取消しとならなくなりました。**

イ 商品販売等（商品の販売、資産の貸付け又は役務の提供で、継続して対価を得て行われるものをいい、その商品の開発若しくは生産又は役務の開発を含む。以下同じ。）

ロ 商品販売等を行うために必要となる資産（左頁①の固定施設を除く。）の所有又は賃借

ハ イ及びロに掲げる行為に類するもの

8．納税猶予額は、どんな場合に免除になるのか？

POINT

相続税の納税猶予額が免除される「一定の場合」が明確化

納税猶予５年経過**後**における、納税免除の「一定の場合」に以下の３つが明示されました。

１．破産開始決定・特別清算開始命令の場合…猶予税額の全額

２．後継者に特例適用株式を贈与し、贈与税の納税猶予適用の場合…対応額

３．M&A等で全株譲渡した対価が猶予額を下回る場合…その下回った額

ただし、**１**．**３**．の場合で、直近５事業年度の「猶予対象者及び当該者と生計を一にしている者」

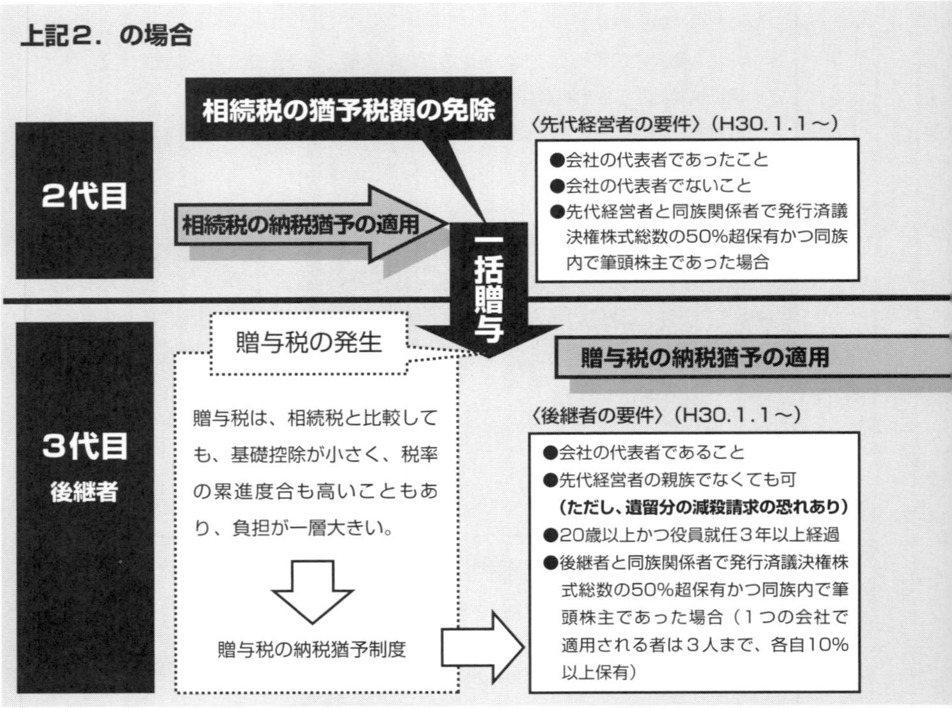

上記2．の場合

2代目

相続税の納税猶予の適用

相続税の猶予税額の免除

一括贈与

〈先代経営者の要件〉（H30.1.1～）

●会社の代表者であったこと
●会社の代表者でないこと
●先代経営者と同族関係者で発行済議決権株式総数の50%超保有かつ同族内で筆頭株主であった場合

3代目
後継者

贈与税の発生

贈与税は、相続税と比較しても、基礎控除が小さく、税率の累進度合も高いこともあり、負担が一層大きい。

贈与税の納税猶予制度

贈与税の納税猶予の適用

〈後継者の要件〉（H30.1.1～）

●会社の代表者であること
●先代経営者の親族でなくても可
（ただし、遺留分の減殺請求の恐れあり）
●20歳以上かつ役員就任３年以上経過
●後継者と同族関係者で発行済議決権株式総数の50%超保有かつ同族内で筆頭株主であった場合（１つの会社で適用される者は３人まで、各自10%以上保有）

に支払った配当・過大役員給与等相当額は免除しません。つまり、事業継続中に過大な支払をすることで計画倒産をして、納税免除を図ることを防止した訳です。なお、**3.** の場合の譲渡分に対応する利子税は納付する必要があると考えられます。

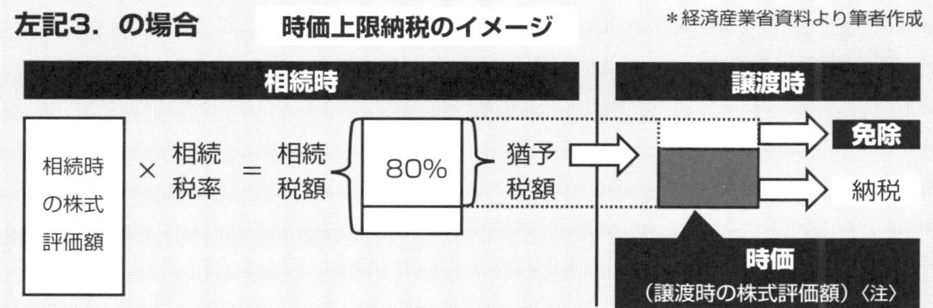

〈注〉「特例」の場合、実際の譲渡価額まで認められることに（平成30年度税制改正）。

平成27年度税制改正により、２代目が、５年間の経営贈与承継期間**内**で、**2代目が身体障害等のやむを得ない理由**により、その会社の**代表者でなくなった**ことにより、当該株式を全て**3代目に贈与**した場合において、３代目が相続税の納税猶予を受けるときは、２代目が猶予を受けていた相続税の納税義務を**免除**すると改正されました。

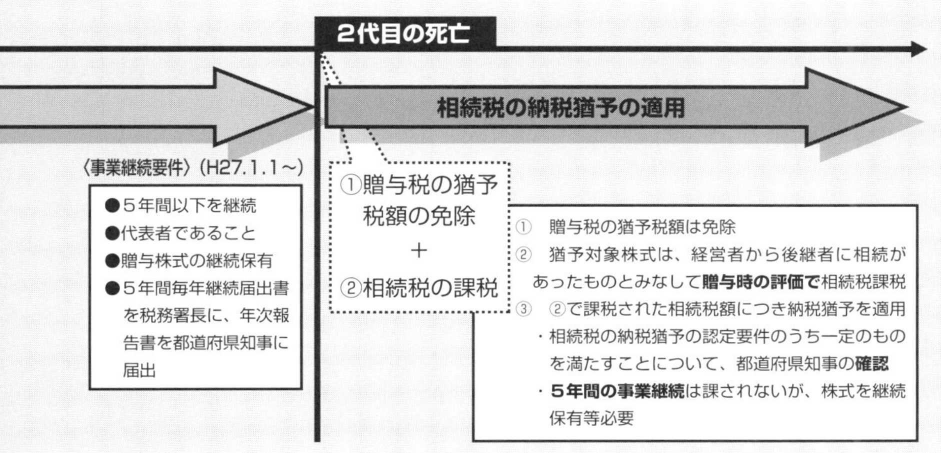

9．とりあえず、「（特例）承継計画」を提出しておく！

POINT

計画通りに贈与できなくても、罰則なし！　メリットだけ！

法人の場合は2023年３月末までに、経営革新等支援機関の指導の下、提出する。

様式第21

施行規則第17条第２項の規定による確認申請書（**特例承継計画**）

年　　月　　日

都道府県知事　殿

会社名　経済クリーニング

代表者の氏名　経済一郎 印

中小企業における経営の承継の円滑化に関する法律**施行規則第17条第１項第１号の確認**を受けたいので、下記のとおり申請します。

記

1　会社について

主たる事業内容	（例：生活関連サービス業（クリーニング業））
資本金額又は出資の総額	（例：500万円）
常時使用する従業員の数	（例：８人）

2　特例代表者について

特例代表者の氏名	（例：経済太郎）
代表権の有無	例：□有☑無（退任日　　年　　月　　日）

3　特例後継者について

特例後継者の氏名（1）	（例：経済一郎）
特例後継者の氏名（2）	
特例後継者の氏名（3）	

4　特例代表者が有する株式等を特例後継者が取得するまでの期間における経営の計画について

株式を承継する時期（予定）	（例：２年８月～９年12月）
当該時期までの経営上の課題	（例：後継者育成と新製品開発）
当該課題への対応	（例：青年経営者懇話会参加での製品研究とインターネット広告コンサルを受けての通販確立）

5　特例後継者が株式等を承継した後５年間の経営計画

実施時期	具体的な実施内容
１年目	（例：特例後継者が修行先から戻り次第、当社に入社し一般的業務を学ばせつつ、青年経営者懇話会参加。）
２年目	（例：ネット広告コンサルの指導を受けさせ、青年経営者懇話会で開発のヒントを得た当社の強みの磨き込みをした新製品の試作をさせる。）
３年目	（例：特例後継者を役員登記する。新製品を完成させる。）
４年目	（例：新製品の本格販売開始。特例代表者から帝王学を習得させる。）
５年目	（例：特例後継者の役員就任３年を待って、特例代表者の退任・特例後継者の代表者への就任と同時に特例代表者から特例後継者への株式の一括贈与をし、納税猶予申請をする。）

●この経営計画は「事務所経営の革新策」として利用すべきです。

「特例承継計画」に見込み決算書の添付は要件ではありません。しかしそれでは絵に描いた餅。これを支援できるのが会計事務所ですが、過去会計の解説に終わり、経営者の望む未来の経営数値指導ができていません。まさに、これがチャンスです！
参照『決算書は役に立たない！経営計画会計入門』（中央経済社2019年９月刊）

10. 雇用確保難や廃業等の要件を大幅に緩和！

POINT

災害等や取引先の倒産・取引先の事業縮小で雇用要件等を緩和！
自社で対応できない事態へセーフティーネットを充実！

納税猶予を受けても、５年間に雇用の８割維持などの要件を維持できるか？これが最大のリスクでした。**どんなに自社が頑張っていても、災害や得意先のことまでは読み切れません。経営に浮き沈みは不可欠**です。

平成30年度税制改正により**「特例」の場合、雇用要件は撤廃**されました。しかし**「一般」の場合は雇用要件は残ったまま**です。

また、下表のような不可抗力である災害や取引先の倒産・取引先の事業縮小

原因		要件 被害・影響の程度・態様
災害	(1)資産の被害が大きい	$\frac{\text{被害を受けた資産}}{\text{総資産}} \geqq 30\%$ 「被害を受けた資産」とは、災害により滅失した資産をいい、一定の非事業用資産を除く。
	(2)従業員の多く属する事業所が被災した	$\frac{\text{被災事業所従業員数}}{\text{従業員の総数}} \geqq 20\%$ 「被災事業所」とは、災害により損壊し、災害直後６ヶ月間、従業員が本来業務に従事できなかった事業所をいう。
災害・事故・取引先の倒産・取引先の事業縮小	都道府県知事の認定の要件の緩和	信用保証制度におけるセーフティネット保証の経産大臣指定がなされている場合で、売上高が減少した場合。 $\frac{\text{事由発生後６ヶ月間の売上高}}{\text{前年同期間の売上高}} \leqq 70\%$

などの場合のセーフティーネットが充実されました。

さらに、平成30年度税制改正で、次の**5つのいずれかに該当して**特例認定承継会社の①**株式を譲渡、**②**合併により消滅、**③**解散する**ときは納税猶予が取消しとはならず、納税猶予額を減免することになりました（措法70の7の5⑬）。

No.	原　因	内　　容
1	赤字	直前事業年度終了の日**以前３年間のうち２年以上、赤字(経常損益ベース)**
2	売上高減少	直前事業年度終了の日**以前３年間のうち２年以上、売上高がその年の前年の売上高に比して減少**
3	有利子負債額多	直前事業年度終了の日における**有利子負債利子の額が**、譲渡等の日の属する事業年度の**売上高の６ヶ月**に相当する額**以上**
4	同業種株価下落	その事業が**属する業種**に係る**上場会社の株価**（直前の事業年度終了の日以前１年間の平均）が、**その前年１年間の平均より下落**
5	その他特段原因	後継者が**経営を継続しない特段の理由**がある（解散の場合を除く）

効　果	
事業継続要件の免除・緩和(*破産時免除事由追加あり)	**経済産業大臣認定の要件の緩和**
◎次の事業継続要件を免除 **①雇用80%確保** ②資産管理会社に非該当	◎次の認定要件を免除 **①雇用80%確保** ②資産管理会社に非該当 ③後継者の直前役員就任（相続）
◎次の事業継続要件を免除 **①雇用80%確保** ②資産管理会社に非該当 ※被災事業所に係る雇用80%確保要件が免除の対象となる	
◎売上高の回復に応じて次の事業継続要件を緩和 **①雇用80%確保** ②資産管理会社に非該当（災害・事故の場合）	◎（共通）次の認定要件を免除 **①雇用80%確保** ◎（災害・事故）次の認定要件を免除 ②資産管理会社に非該当 ③後継者の直前役員就任（相続）

＊　**破産等した場合は、事業継続期間内（適用から５年間）であっても猶予税額を免除**

11.「一般」の場合　種類株式で納税猶予枠を増加させる

POINT

「一般」の納税猶予の際の苦肉の策
議決権株式の3分の2が後継者の株数になるよう逆算して無議決権化

ここでは、相続税の納税猶予制度を利用する場合の活用方法を見ていきます。したがって、納税猶予制度を利用しないスタンス（388ページ）からは、むしろ使うべきではない方法かもしれませんが、やむをえず納税猶予を利用する場合には考慮に値することでしょう。

1．従来の「遺言による種類株式の活用方法」

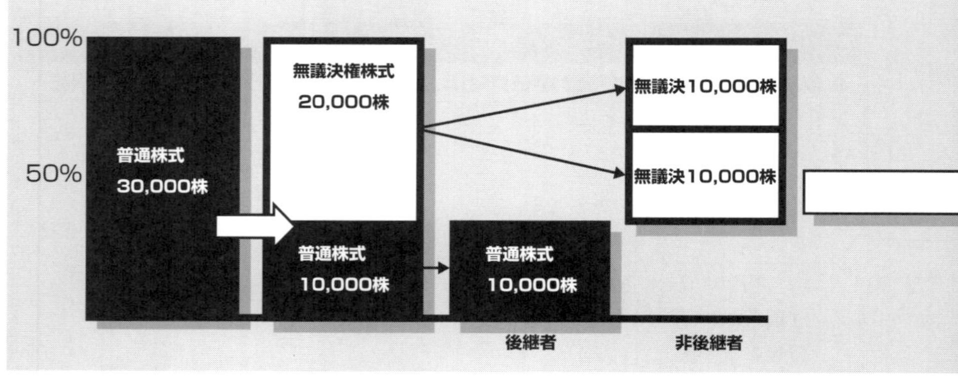

後継者の経営権を確保するために260ページでお話したような種類株式を用いる方法がありました。上図はその一つの方法で、普通株式3万株の内、2万株を無議決権株式に転換し、遺言によって、議決権株式1万株は後継者に、無議決権株式は非後継者にそれぞれ相続させることで、議決権を有する者は後継者のみとして、事業経営の安定化を図る方法です。

このケースで、相続税の納税猶予制度を利用するとした場合、後継者は**議決権の３分の２に達するまで**しか、納税猶予が受けられないとの、相続税の納税猶予制度の制限から、**１万株の３分の２までの6,666株しか納税猶予が受けられない**ことになります。

そこで、次のようにすることも考えられます。

２．納税猶予を使う場合の「遺言による種類株式の活用方法」

つまり、無議決権株式に転換するのを２万株ではなく、１万５千株とします。こうすることにより、議決権株式の３分の２は後継者に相続され、その全てについて、納税猶予が受けられることになります。

もっとも、この場合、非後継者に議決権株式が渡ることになりますから**１．**の方法に比較すれば、後継者の経営権は弱いものとなるでしょうが、何より後

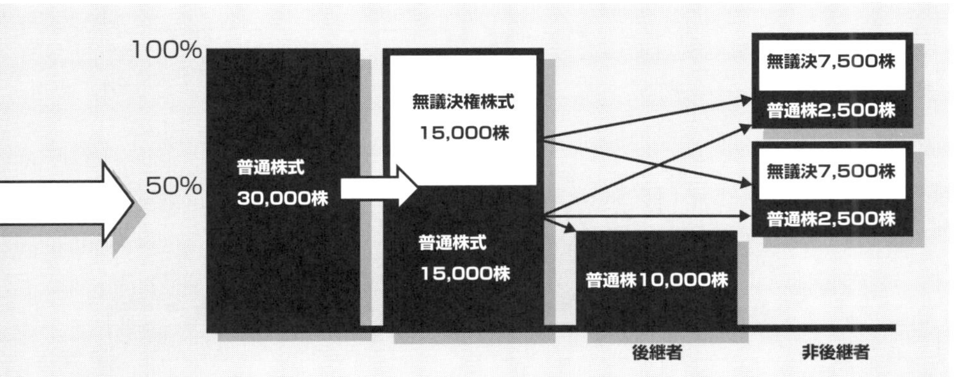

継者の手元に資金が残ることになります。

この方法は、後継者の最終的な議決権株式の保有株式数が、３分の２になるように逆算して、現在の議決権株式の一部を無議決権化する訳です。

〈概算〉

普通株式合計　15,000株 $\times \frac{2}{3}$ ＝10,000株（特別決議可）

12. 遺留分とは何か？相続税と異なる集計の仕組み

POINT

遺留分は「基礎財産」の2分の1で、兄弟姉妹には認められていない
相続人に対する特別受益は10年限定に改正

1.「遺留分」とは（民1042）

「円滑法」は民法の遺留分に関する特例です。そして「**遺留分とは遺言書に『ちょっと待った！』を掛けられる権利**」と理解するのが早いでしょう。兄弟姉妹を除く相続人に最低限の相続権を保障した割合を言い、よく聞く「法定相続分の半分」は正確ではありません。

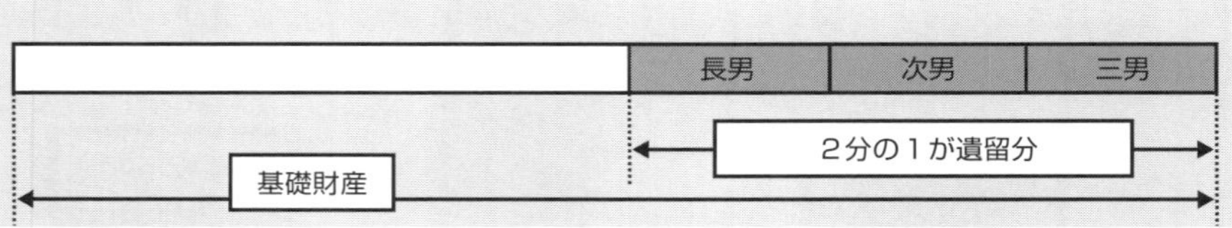

原則として「基礎財産」の2分の1（**例外**は、父母だけが相続人の場合は、「基礎財産」の3分の1）です。相続人が配偶者と兄弟姉妹の場合はどうでしょう？

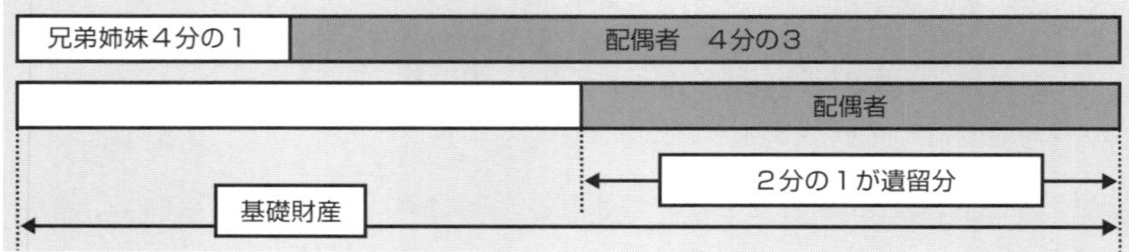

この場合の法定相続分は、配偶者4分の3、兄弟姉妹4分の1ですから、法定相続分の2分の1は、配偶者が4分の1.5になります。しかし遺留分は「基礎財産」の2分の1です。しかも兄弟姉妹には遺留分は認められませんので、結局、遺留分全ては配偶者のものとなります。

2．「基礎財産」とは

「遺留分は基礎財産の２分の１」という、その「基礎財産」は相続税の遺産総額とは下図のように、大きく異なります。次の算式で求めますが、ありていに言えば、**被相続人の相続開始前10年間に相続人が贈与を受けたもので、金額のはるもの**は全て、相続時に残る財産に加算して求めるといった方が良いでしょう（民1044①③）[1]。

「基礎財産」＝相続開始時の**遺産**＋①**贈与**－**負債**＋②**特別受益**　（民1043）

①　贈与＝相続開始時１年のものが原則ですが、双方が遺留分侵害を知って贈与したものである場合には、１年超のものも含みます（民1030）。

②　特別受益＝相続人への婚姻・養子縁組のため、生計の資本としての贈与（民903）

「特別受益に関しては上記のように10年に限定されました（2019年7月1日より）」

民法では相続人間の公平を求め、どんなに昔に贈与したものも、相続開始時の時価で持ち戻して分配するのに対して、税法では、そんな昔まで調べることも大変ですから、相続時精算課税の届出が出ていればそれ以降は、すべて加算します。また、暦年贈与は徴税コスト面から相続開始前３年以内に限って加算し、相続人間の公平よりも、「他家の相続」との課税公平を図るのです。

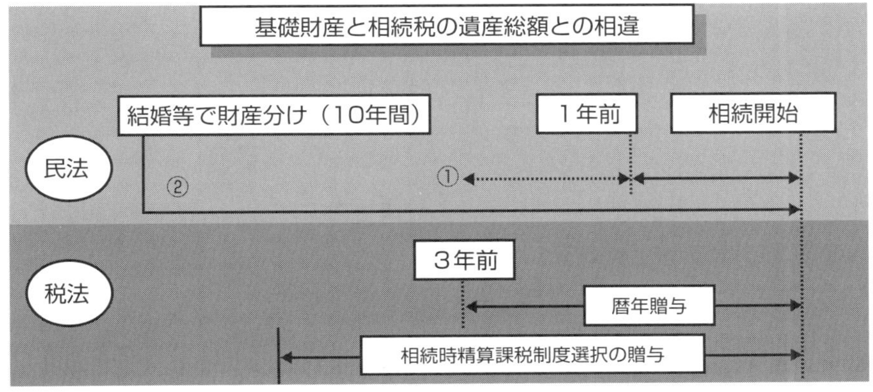

1　最高裁判決　昭和51年3月18日　民集30巻2号11頁。

13. 使える「遺留分の特例」(1)　除外合意

POINT

推定相続人全員の合意を書面にすれば、「遺留分」の計算に含めないことができるので、事業承継がしやすくなる。円滑法は民法の特例法

現行民法1044条は、生前贈与を「特別受益」として、相続開始時の時価で相続財産に加算して「遺留分」の計算をします。下図で具体的にみましょう。**長男が先代社長から贈与を受けた自社株式**（3年以上事業継続している「特例中小企業者(注)」の株式）**は遺留分の計算上、相続時の時価で相続財産に加算し**

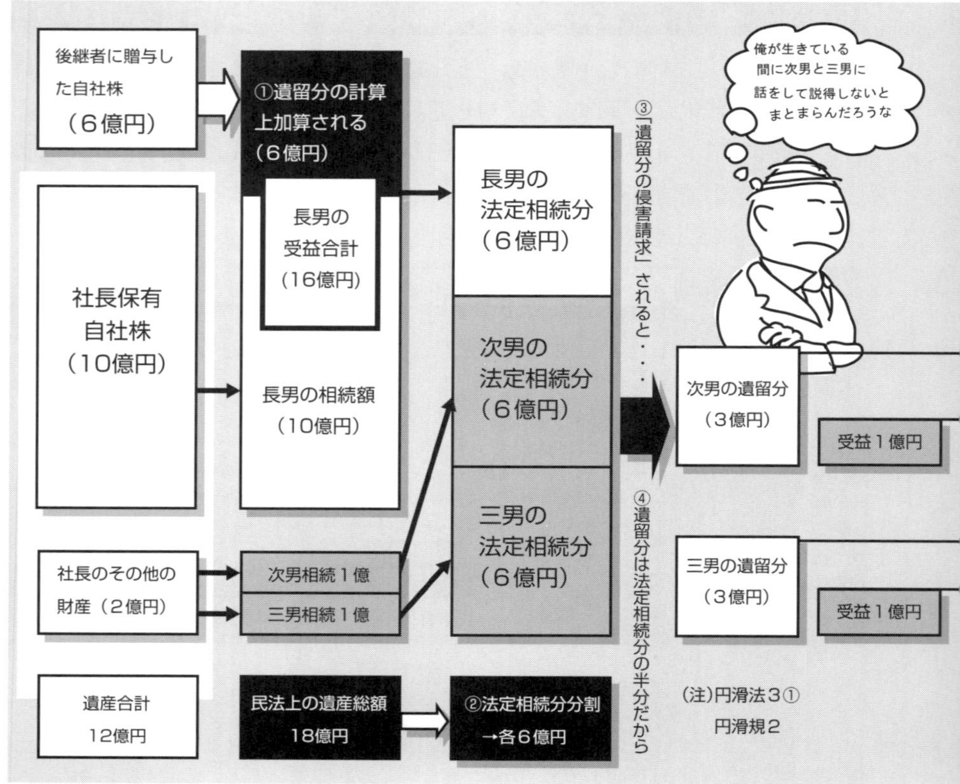

ます（①）。つまり**相続税の計算とまったく別に、ずっと過去に遡って**「特別受益」を加算し、相続人間の実質的公平を考えるのです。すると、長男は相続で取得した株式10億円と合計して16億円になります。次男と三男は特別受益がなかったとすると民法上の遺産総額は18億円となり、これを（②）相続人に法定相続分で分けると６億円ずつになります。これに対して、次男と三男は相続によって１億円ずつしか相続していないので、「**遺留分の侵害請求**」（③）を起こせます。（④）「遺留分」は、この場合３億円です。次男と三男は相続で１億円は既に取得していますから不足分２億円、合計４億円相当の財産を長男は渡さなければなりません。しかし自社株で渡すと事業承継に支障が出ます。

そこで「円滑法４条」で、**①を「遺留分」の計算に含めない旨を推定相続人全員の同意により書面化**し、後述**16.** の手続をすれば（円滑法７～８）、民法上の遺産総額は12億円となります（⑤）。すると各人の法定相続分は４億円、「遺留分」は２億円となり、（⑥）侵害請求額が激減し、**生命保険金等の手当てで**事業承継がしやすくなります。このように効果の大きい除外合意は**先代社長の生前中だからこそ、推定相続人を説得し合意が得やすい**ものと言えます。

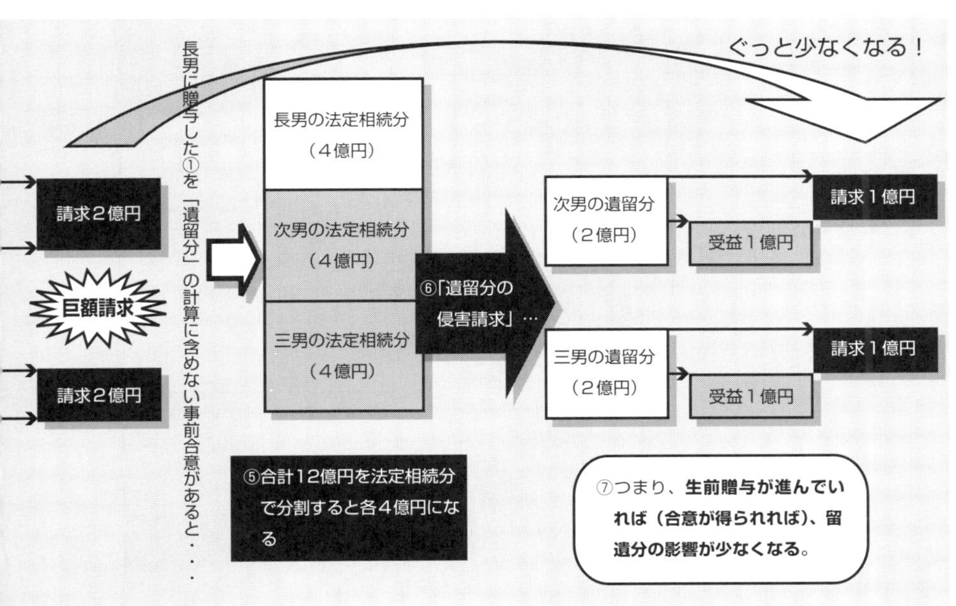

14. 使える「遺留分の特例」(2)　評価固定の合意

POINT

推定相続人全員の合意を書面にすれば、「遺留分」の計算上、合意時点の価額に固定できるので、その後の後継者の頑張りが期待できる

13. のような「合意」がないと「特別受益」は、**相続開始時の時価で**相続財産に加算して遺留分の計算をします。したがって下図のように（①）**後継者が先代社長から贈与を受けた自社株式は遺留分の計算上、相続開始時の時価で、**

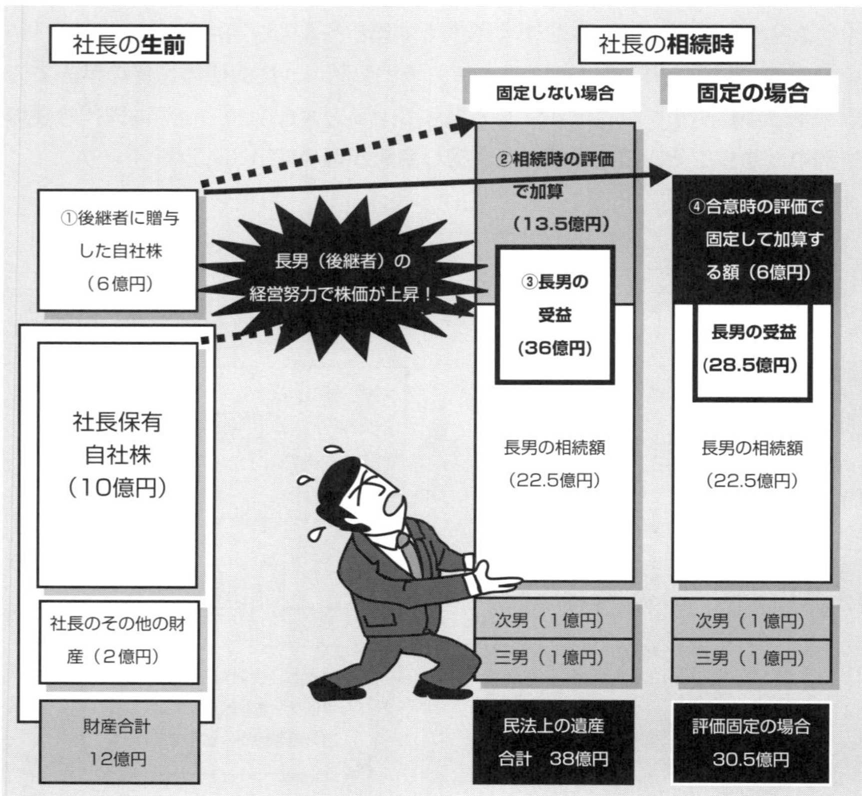

相続財産に加算して計算します（②）。このため贈与時から相続までの間に、後継者が頑張って株価を36億円に上昇させると（③）、次男・三男の「法定相続分」と共に「遺留分」も増え、**後継者は自らの首を絞め、やり甲斐がない**どころではありません。そこで推定相続人３人全員の合意で、後継者に贈与された①の株式の評価（税理士等の評価証明が必要）は、**合意時の評価額６億円で固定**させることが（④）、**13．と同じ手続で**可能です（円滑法４①二）。

この特例は**13．**と一緒に受けられますから**合意の代償が用意できない場合、**下図のように、①の贈与株式の一部のみを「遺留分」の計算上除外できます。また除外できないまでも、**後継者のやる気を削がないために**評価を固定して「遺留分」の計算を行うこともできます。また、「除外」と「固定」の組み合わせも可能です。この「評価の固定合意」のメリットは、**代償がなくてもできる**ことです。しかし、事業承継のためには**13．**の除外の方がベターでしょう。

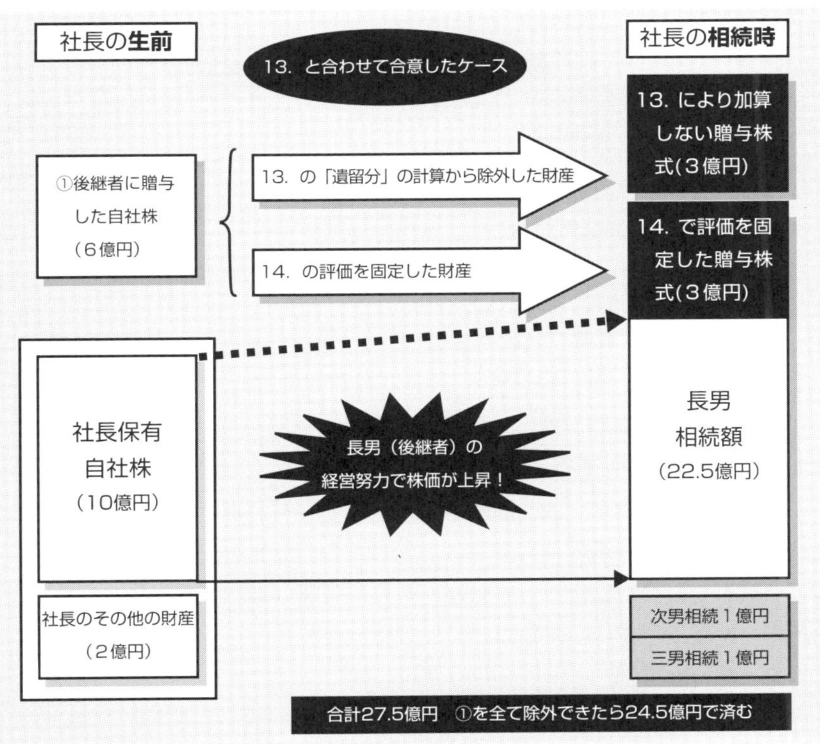

15. 使える「遺留分の特例」(3)　追加合意

POINT

後継者も非後継者も、被相続人から贈与を受けた財産を「遺留分」の計算上除外する「追加合意」ができる。

「追加合意」は単独ではできない。除外合意又は固定合意とセット

「追加合意」の意味と使い方（円滑法5～6）

13. の「遺留分の計算から除外する合意」又は**14.** の「遺留分の計算上、合意時点の評価額で固定する合意」の際に**併せて**、自社株以外の財産である**事業用の土地・家屋**を贈与してある時などは、これも**遺留分の計算上除外する**ことができます。

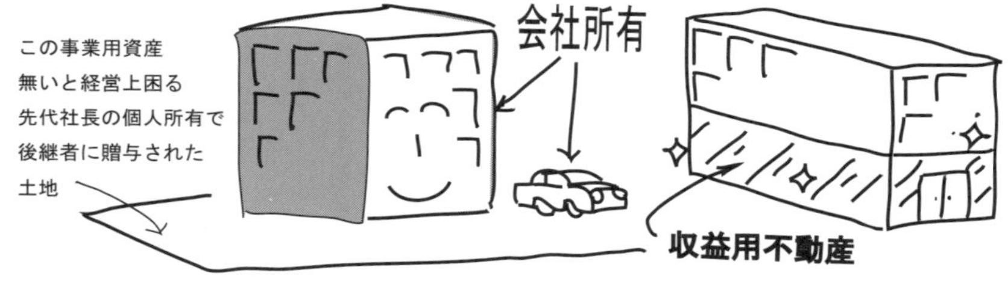

一方、後継者以外の者であっても同様で、例えば右図のように、⑤障害者である三男に対して、将来不安のない暮らしのために生前に収益用不動産等を贈与しておいたものは、⑥遺留分の計算上除外する合意をすることを、**13. 又は14. の合意に併せて**行うことができます。ただし、単独ではできません。

これらの「**追加合意**」は、推定相続人間の公平を図るため、事業承継のケース（財政状態や経営環境等）に応じて工夫の余地がある部分です。個人の場合なども含めて、様々な組み合わせが考えられます。なお「追加合意」も、全員の合意を書面にして行います。

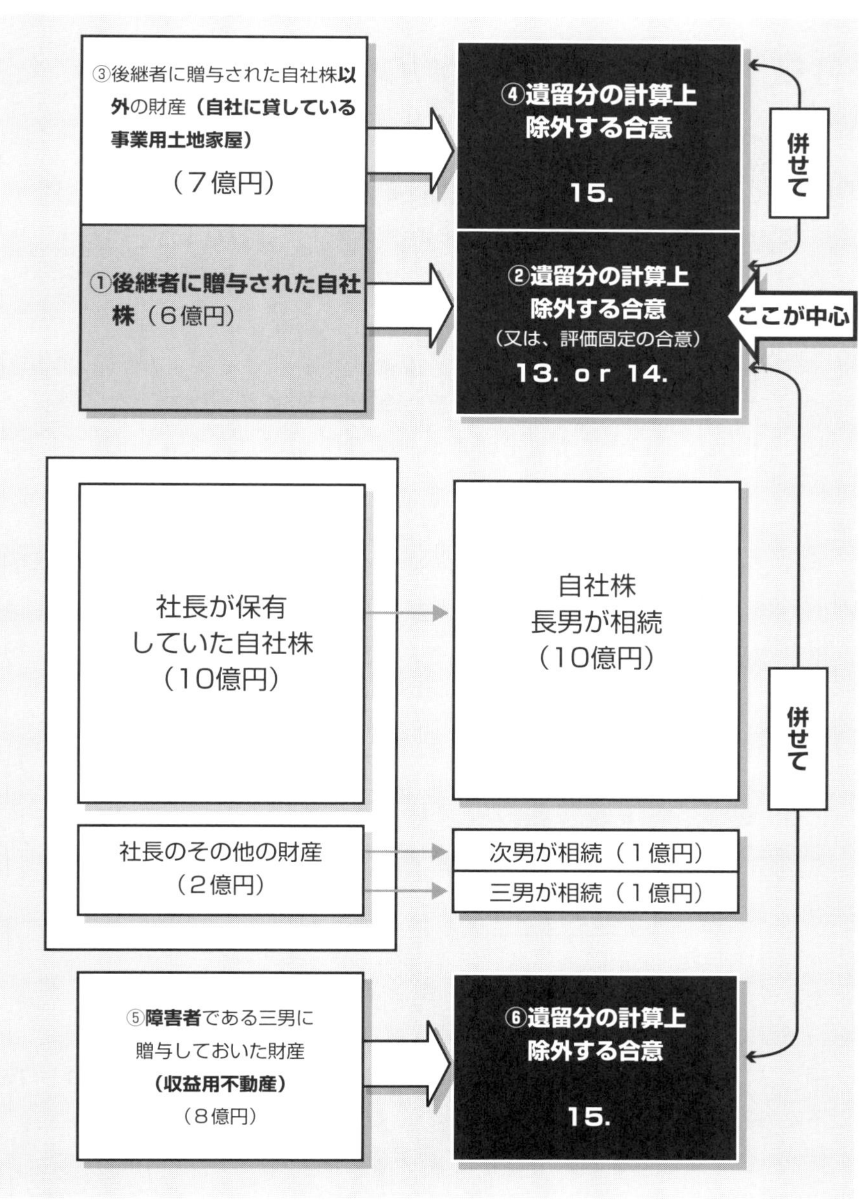
③後継者に贈与された自社株以外の財産（自社に貸している事業用土地家屋）
（７億円）
④遺留分の計算上除外する合意
15.
併せて
①後継者に贈与された自社株（６億円）
②遺留分の計算上除外する合意
（又は、評価固定の合意）
13. or 14.
ここが中心
社長が保有していた自社株
（10億円）
自社株
長男が相続
（10億円）
併せて
社長のその他の財産
（２億円）
次男が相続（１億円）
三男が相続（１億円）
⑤障害者である三男に贈与しておいた財産
（収益用不動産）
（８億円）
⑥遺留分の計算上除外する合意
15.

16. 合意の手続と条件…対策⑴

POINT

後継者の単独で申請ができる画期的緩和・条件を整備してから合意へ
黄金株を発行していると、納税猶予を受けられないので注意！

1. 合意書に書くべきこと（393ページ文例参照）

「合意書」には、「除外・評価固定・追加」が書かれますが、後継者が合意の前提となった**株式を処分**してしまったり、**後継者でなくなった**場合に、後継者以外の推定相続人が**取るべき措置を書面で定めなければなりません**（円滑法4③）。

2. 後継者による単独申請・申立てが可能（円滑法7②、8①）

合意書ができると、1ヶ月以内に後継者が経済産業大臣に内容の確認を受け、その確認後1ヶ月以内に家庭裁判所の許可を受けておくことが必要です。後継者が**単独で確認の申請や許可の申立てができると法制化されたことは大変有益**です。

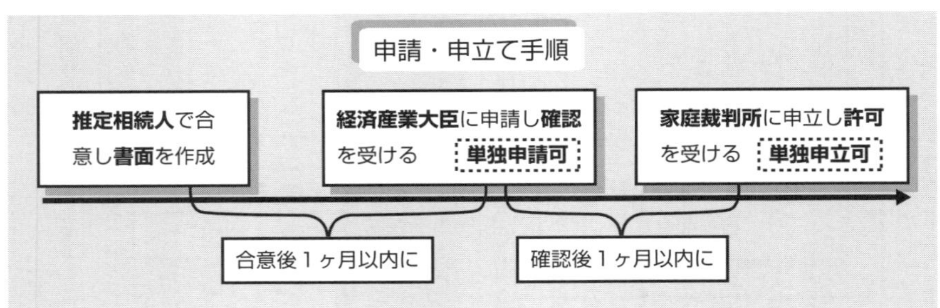

3. 50%基準に注意（円滑法4①但書）

円滑法の「遺留分の特例」は、「合意」前に、**後継者の議決権比率が50%以下であること**が必要です<ケース1>。なぜなら、後継者が生前贈与を受けた株式を除いて、既に譲受や出資で50%超の株式を持っている場合には、遺留分の減殺請求がされても、事業承継に支障が少ないからです<ケース2>。そして、「合意」後に後継者の議決権比率が単独50%超でなければなりません。

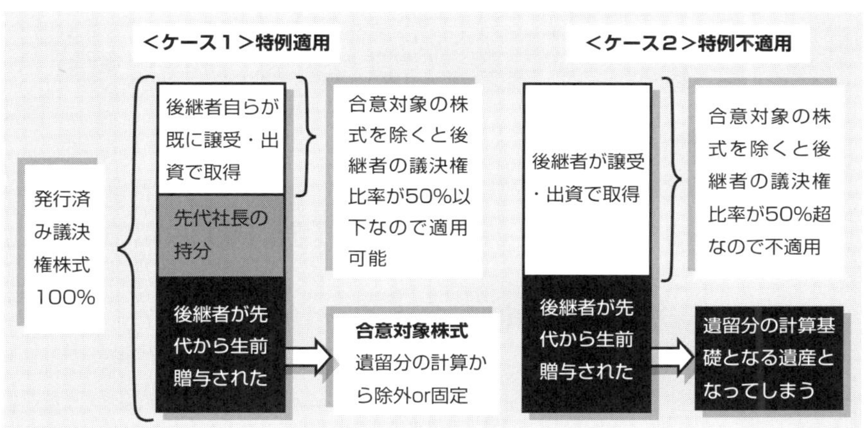

したがって、既に後継者が「合意」前に50%超の議決権を保有している場合には、この特例を受けるために**株式の逆譲渡**をする工夫が必要でしょう。

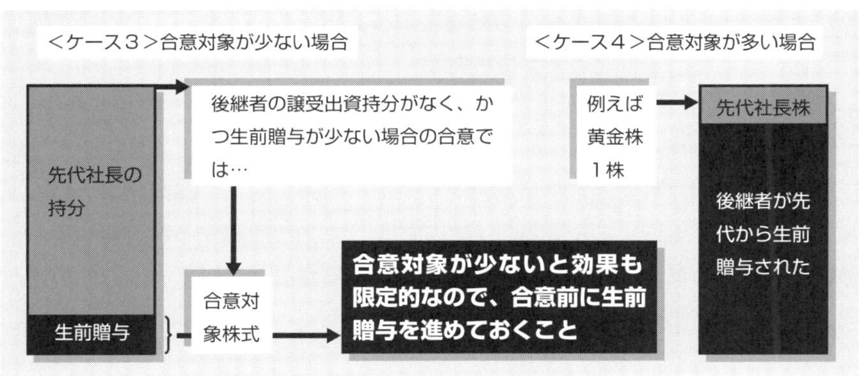

また<ケース３>のように生前贈与が少ないと合意効果が限定されるので、書面合意の前に株式の評価を下げた上で生前贈与を進めます。それを極端に進めた場合が<ケース４>です。先代社長は黄金株１株を残して、全てを生前贈与すれば、極限的効果を発揮するでしょう。**ただし、その黄金株を後継者が相続しないと、納税猶予を受けることはできません**（円滑規６①七リ、ハチ）。

17．生命保険金で合意の代償と納税の準備…対策⑵

POINT

家庭裁判所の許可が柔軟化されるか未定だが、いずれにしろ代償が必要

平成21年3月1日前の生前贈与も遡って「合意」の対象にできる

1．「合意」の有効性……家庭裁判所の対応が注目される

「円滑法」のポイントである「遺留分」の特例としての「除外合意」・「評価固定合意」・「追加合意」は平成21年3月1日から施行されましたが、それ以前の生前贈与に遡って「合意」の対象にすることができます。

これらの合意は、前項でお話したように、書面化し経済産業大臣の「確認」の後、家庭裁判所の「許可」が必要です。「許可」は「確認」よりも厳しく、特に「その合意が**当事者の全員の真意によって出たものであるとの心証を得なければ、これを許可することができない**」と円滑法の第8条第2項にあります。

これまでも制度としてあった「生前における遺留分の放棄」の手続の際、特に**首都圏に代表される地域の家庭裁判所では、非常に厳格に運用**がなされていました。家庭裁判所に放棄する本人が出向き、**本人が放棄する旨を述べても、放棄するに足りる程の財産を既に贈与されているか**などをチェックし、放棄する人の財産権が侵害されていると判断すると許可しないことすらありました(注)。

しかし、家庭裁判所がどうであれ、傾向としては私有財産権に対する意識は強まる傾向ですから、**何らかの代償が必要であることは間違いない**でしょう。

(注)　**放棄の撤回**（許可審判の取消）：**遺留分の放棄は、後日その撤回ができると解されています。**審判後、許可を相当とした前提事実が変更し、その審判を存続させておくことが不適当な場合には、**たとえ相続開始後であっても**、関係人は、「遺留分放棄審判の取消の申立」を家庭裁判所に対して行うことができます。これは、家庭裁判所の職権発動（非訟事件手続法19条1項）を促す意味を持つにすぎません（税務署長に対する「嘆願」と同様の効果です。）が、**このように、遺留分の放棄は、大変不安定なものなのです**（松原正明『判例先例相続法Ⅱ』686頁（日本加除出版、平成8年4月）参照。）。かかる意味で、**円滑法による「民法の遺留分の特例」は画期的**と言えます。

中小企業庁のHPの図解（下図）においても「遺留分」の計算上除外する合意で「代償」が図示されています。結局、**何らかの代償が必要**かと思われます。それに相当する財産があれば良いのですが、事業経営者の財産はほとんどが、事業用資産と自社株ですから困難です。

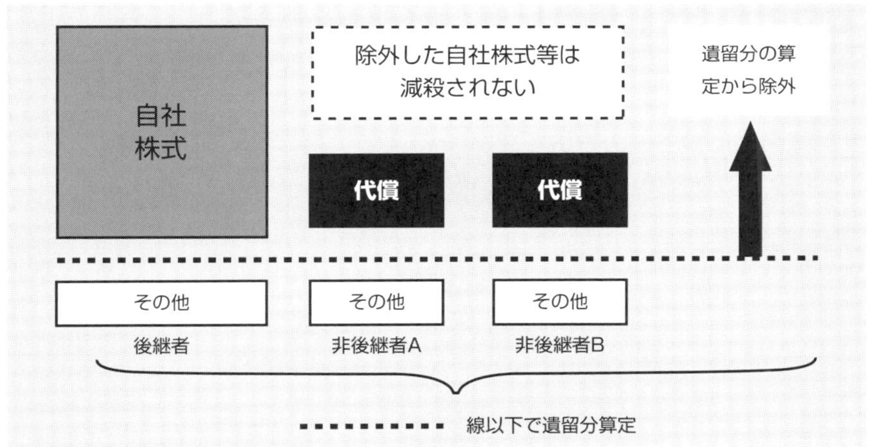

2．生命保険金の活用は、遺留分に関する「合意の代償」を作るなど効果が高い

例えば、先代社長の手持ちの資金で生命保険に加入します。そうすると、ま**ず生命保険金の掛け金相当額が遺留分計算上、金融資産から除外されつつ、「合意」の代償のための資金準備をすることができるダブルメリットがあります。**

この場合、手持ち資金がなければ、借入れで生命保険に加入すると、借入金は相続税の計算上、**債務控除も**できますから非常に有利です。

一方、万が一の場合の死亡保険金は、受取人の固有財産とされ、**相続財産に加算されません**。そこで**後継者を受取人に指定**して、**遺留分の調整である代償金**として、他の相続人に支払う資金手当てをします。また死亡保険金は相続財産ではなく、後継者固有の財産となりますので、**遺言書**により、代償分割金として、他の相続人に交付することを明らかにしておく必要があります。非後継者を生命保険金の受取人にすることは**絶対に避けてください**。非後継者の固有財産となるからです。

さらに、**会社契約の生命保険を別に契約**しておけば、会社が相続人から自己株式を買取る（会法162）資金にもなります。

18．総合的対策　様々な方法とその組み合わせ

POINT

承継の安定性では「譲渡」・まとめて承継させるなら「贈与」。円滑法で遺留分権利者から合意が取れるか、取れても許可されるか？

1．総合的にみてどの方法が良いか？

これまでの方法を、私見に基づいてまとめると以下のようになります。

<table>
<tr><th>法律名</th><th>方法</th><th colspan="2">総合評価（◎○△）</th><th>備考</th></tr>
<tr><td rowspan="5">円滑法</td><td>金融支援</td><td>△</td><td>融資は金融機関如何</td><td></td></tr>
<tr><td>除外合意</td><td>◎</td><td>効果は最高だが、代償が必要
非後継者に対して相続時精算課税制度や死因贈与契約を活用する</td><td rowspan="4">当事者の合意があっても裁判所の許可が下りるかは未定（特に代償資産がない場合）
非後継者が一人ならば「遺留分放棄」を先に考慮。複数なら遺留分の放棄手続は個別に行われることから、裁判所の許可が異なる可能性がある。さらに386ページ（注）参照。</td></tr>
<tr><td>除外合意
＋
追加合意</td><td>◎</td><td>追加合意の内容として、非後継者への過年度の贈与を除外にすると、新たな贈与税負担もなく、合意しやすい</td></tr>
<tr><td>固定合意</td><td rowspan="2">△</td><td rowspan="2">評価証明額と相続時の時価と大きく乖離した場合、クレーム発生の恐れもあるので事前の十分な説明が必要</td></tr>
<tr><td>固定合意
＋
追加合意</td></tr>
<tr><td rowspan="2">相続税法</td><td>納税猶予</td><td>◎</td><td>平成29～30年度改正で格段に使い易くなった。</td><td>利子税にも注意（2020年は0.6％）</td></tr>
<tr><td>生命保険</td><td>◎</td><td>代償分割資金対策・納税資金対策・評価引下げ対策・非課税対策</td><td>円滑法以前からの対策・直ぐに使える</td></tr>
</table>

もちろん、事業承継のケースによって適用される状況が著しく異なるため、一概には決められるものではありませんし、**組み合わせも必要**になります。さらには、**次の２．の方法との組み合わせも**検討しなければなりません。

２．売買（譲渡）で承継させれば、遺留分の対象外で安定化が可能

財産の承継方法は、以下のように５つあります。この内、②〜⑤は非後継者からの「遺留分の侵害請求」の可能性があります。生前に円滑法を適用して「合意」を取るにしても、**１．**で見てきたように、代償資産の用意が必要だったりして簡単ではありません。仮に極端に少ない代償資産で「合意」ができたとしても、それを家庭裁判所が許可してくれるかは未知数です。

また、**そもそも代償資産があれば**、円滑法を用いて事前に「合意」しなくとも、「遺留分の侵害請求」は任意なのですから相続開始後に遺言を不服として**非後継者が請求を起こしてきてから、代償資産を交付すれば済む**話とも言えます。

５つの財産の承継方法

No.	承継方法	いつ、どのように名義が変わるか	「遺留分」の対象か否か	承継の安定性
①	**売　買**	生前に名義が変わる	**「遺留分」対象外**	**安定**
②	**生前贈与**		**「遺留分」対象**	
③	**遺　言**	生前に準備し、死後に名義が変わる		
④	**死因贈与**			
⑤	**遺産分割**	死後に分割協議後、名義が変わる		不安定

つまり、**「売買（譲渡）」が唯一遺留分の対象外となり、承継方法としては最も安定した方法**です。しかし譲渡対価が必要です。後継者がそれを用立できる長期的な事業承継計画が必要です。場合によっては損金不算入をある程度覚悟して、後継者に高めの給与を支払うことや、生前贈与との組み合わせを考慮します。この場合、親族間の自社株譲渡（非後継者から、贈与と言われないために、譲渡書類を残しておくこと！）のため、譲渡価額に細心の注意が必要です[2]。

2　牧口晴一・齋藤孝一『非公開株式譲渡の法務・税務（第６版）』（中央経済社2019年）206、236頁以降参照。

19. 後継者“不在”でもOK！　他の手法と組合せ

POINT

子供達はオーナーに徹して、持株会社や種類株式で
現場経営を任せる特例を受けつつ、ギリギリまで熟考する

1．後継者の成り手がない？　儲けられる会社でありさえすれば問題なし！

子供達に継ぐ意思がない。しかし、従業員達が居るので何とか事業は続けたい。**M＆Aで売れば？**　…確かに売った当初は良いかもしれません。しかし、その後は分かりません。**全ては買い手の手中**にあり、上手く馴染めなければ解体も転売も何でもありです。…それが、ＴＶドラマにもなった『**陸王**』で主人公が買収相手の社長に決別した台詞でした。

そんな時にも**納税猶予が使える可能性**があります。**儲けられる会社ならば**十分可能です。普段は社長が居なくとも回っている会社は沢山あります。

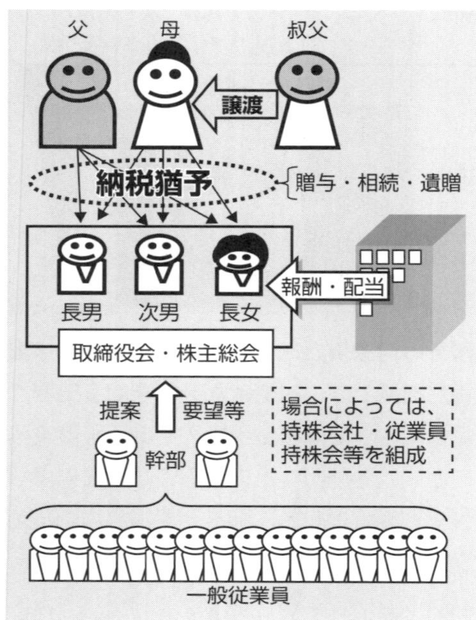

今までなら、先代の自社株は、子供達が相続すると巨額な**相続税が払えないので**、自社株を自社に売る金庫株として、子供達はその代金で納税する。しかし、買取る資金のある会社は限られていました。自社の従業員達には資金力はない。それならば、**外部に資金を求めてM＆Aで・・・となっていました**。

ところが、**子供達が代表者になり（特例では複数後継者が可能）納税猶予すれば、役員給与や配当**

を得るだけですから、得にこそなれ損はありません。

もちろん、銀行借入の先代の個人保証を引き継ぐ等の障害はあります。しかしご存じのとおり、**経営者保証ガイドラインも変化**しつつあります。

問題は、従業員達で利益を出し続けられるかです。**番頭格となる役員なり従業員**は、それなりに居ますから、その方を中心に実務は動かします。

必要があれば、**持株会社**にしたり、**種類株式で従業員持株会**などで**業績に応じた高配当を払う仕組みで経営者マインドを育成**して行くのです。これらには専門家の指導は必要でしょうが、十分可能です。

一方、子供達は、現場経営者からの議題を子供達で組織する取締役会等で採決します。会社のお金で**専門家を顧問や会計参与などの役員に登用することもでき**ます。地域に根差した**立派な同族経営が事業承継できます**。

2．しかし納税猶予にもリスクがある

序章にあった、**遺留分の請求**や、未来の組織再編（分割型分割や資本金等の減少）で**納税猶予取消しリスク管理**は、弁護士や税理士の指導が不可欠です。

3．贈与の決断の期限はいつか？　法人は2027年12月31日まで！

万が一の先代の交通事故死も想定して、取り敢えず（特例）承継計画を提出します。後継者や事業内容の**重大な変更も**経営革新等支援機関の指導で変更を届ければＯＫです。問題は、**最初に先代から最終後継者に贈与**した時、先代は代表権を失ってからしかできませんので、「俺の目の黒い内は…」と頑張る先代に決断してもらう**ギリギリの期限**は、法人の場合、下図のようになります。

（参考：野村資産承継研究所　主任研究員塩野入文雄 平成30年3月8日セミナー資料）

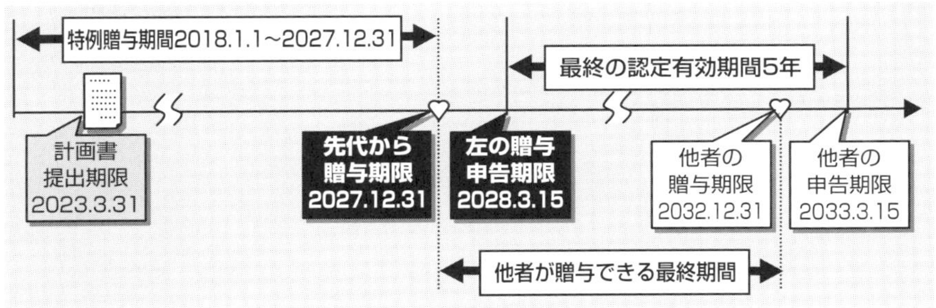

20. 民法「遺留分特例」の条件

「遺留分特例」の条件を一覧すると以下のようになります。相続税の納税猶予の条件（364ページ）と比較してください。

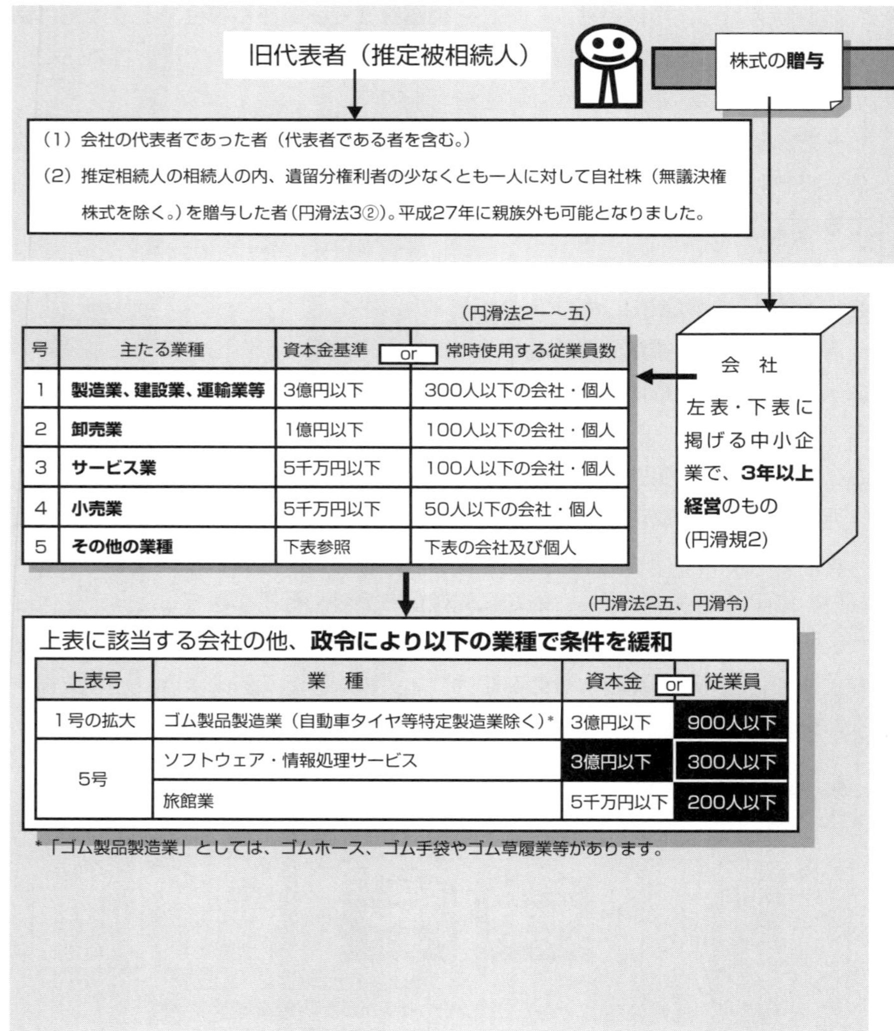
旧代表者（推定被相続人）
株式の**贈与**
（1）会社の代表者であった者（代表者である者を含む。）
（2）推定相続人の相続人の内、遺留分権利者の少なくとも一人に対して自社株（無議決権株式を除く。）を贈与した者（円滑法3②）。平成27年に親族外も可能となりました。
会　社
左表・下表に掲げる中小企業で、**3年以上経営**のもの
(円滑規2)
（円滑法2一～五）

号	主たる業種	資本金基準 or	常時使用する従業員数
1	**製造業、建設業、運輸業等**	3億円以下	300人以下の会社・個人
2	**卸売業**	1億円以下	100人以下の会社・個人
3	**サービス業**	5千万円以下	100人以下の会社・個人
4	**小売業**	5千万円以下	50人以下の会社・個人
5	**その他の業種**	下表参照	下表の会社及び個人

（円滑法2五、円滑令）

上表に該当する会社の他、**政令により以下の業種で条件を緩和**

上表号	業　種	資本金 or	従業員
1号の拡大	ゴム製品製造業（自動車タイヤ等特定製造業除く）*	3億円以下	900人以下
5号	ソフトウェア・情報処理サービス	3億円以下	300人以下
	旅館業	5千万円以下	200人以下

*「ゴム製品製造業」としては、ゴムホース、ゴム手袋やゴム草履業等があります。

合意書に不可欠な「非後継者たる推定相続人がとるべき措置」の文例

後継者が「合意」対象株式を処分した場合と、旧代表者の生存中にその後継者が代表者でなくなった場合に、非後継者たる推定相続人がとるべき次のような措置を、合意書に書かねばなりません。

文例１　非後継者は何ら異議を述べず、一切の金銭を請求しない。

文例２　非後継者は、当該合意を解除することができる。

文例３　非後継者は、後継者に対し、一定額の金銭の支払いを請求することができる。（円滑法4③）

(1)　会社の代表者であること

(2)　合意前＝議決権株式の50%以下、合意日＝議決権株式を単独で50%超所有(円滑法3③)

これらの結果、**「遺留分の特例」と「相続税の納税猶予」の各種要件を対比**すると、下表のようになります。

		遺留分の特例	相続税の納税猶予
特例適用時期		生前合意	相続開始以後
先代社長側	代表者要件（その名称）	必要（旧代表者）	必要（特定代表者）
	事業継続年数	3年以上	—
	黄金株に対する対応	所有継続可能	後継者に相続させる
	議決権の過半数要件	—	同族関係者を合算し判定
	議決権の筆頭株主要件	—	必要
	事業承継計画の提出	—	必要（救済規定あり）
	事**前確認**申請	—	不要（「特例」の場合 計画必要）
	事**後認定**申請	—	必要
	事**後確認**申請	必要	—
後継者側	代表者要件（その名称）	必要（後継者）	必要（経営承継相続人）
	議決権の過半数要件	合意前50%以下 合意後過半数	相続後、同族関係者を合算し判定
	議決権の筆頭株主要件	—	必要（同順位者でも可）
	役員要件	—	役員（確認時は候補者可）

第17章　高度なアイデアによる提案

これまでお話してきた様々なアイデアに加えて、本章ではより高度なアイデアによる提案のお話です。下図は比較的「単体」での利用の可能なアイデア群ですが、**それぞれが強烈な力を有している、最新最強の活用方法**です。

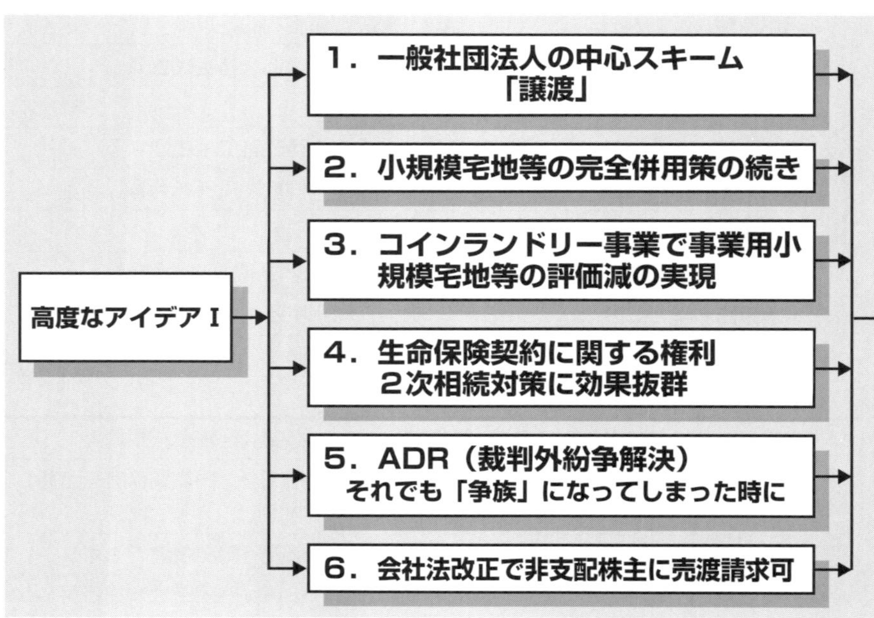

次に下図は、複合的なアイデアで、前章までの「事業承継」の対策を、その根本である法人設立にまで遡って発想を転換するものです。たとえばオーナーが**「役員選解任権付残余財産無分配種類株式」**を所有する等です。

「資産経営者」の視点からすれば、**経営に合理的な体制**である「会社」に帰着します。**法人税は、国際的にも減税の追い風**です。

しかし、法人設立と言えば、有限会社のなくなった現在にあっては、株式会社を作るばかりでなく、持分会社である**合名会社・合資会社**によるアイデアをお話します。これにより、法人税の**減税メリットを受けつつ、親族への所得分散**をはかります。

さらには、持分会社で相続人から土地を買上げると、相続人は納税資金の調達ができます。また個人資産では受けることのできない、**「持分の納税猶予」や「遺留分の特例」も、持分なら利用可能**です。納税猶予については**定款変更が必要**です（平成21・7・9資産課税課情報13号参照）。

その上、複数社の経営による**グループ法人課税の活用**へと拡大し、そうして**設立した会社は、節税効果を享受しつつ「事業承継対策」**にもつながります。

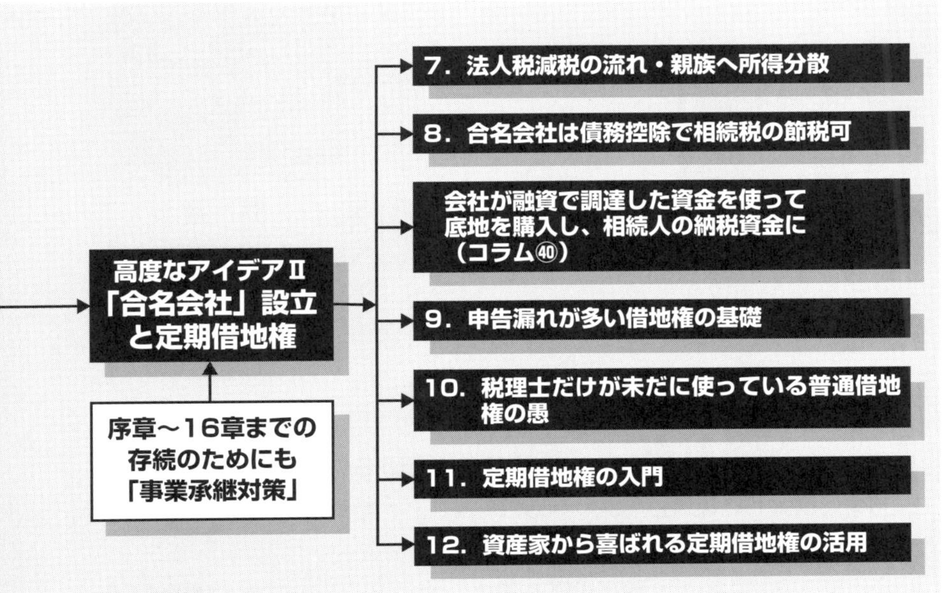

1．一般社団法人の実務中心スキーム「譲渡」

POINT

資金計画と適正時価での「譲渡」がポイント

1．買取資金計画

一般社団法人に財産を移転させる方法は、そのほとんどが「譲渡」であることは、これまで述べてきました。しかし、肝心の一般社団法人側は、人の集まりたる「社団」としての人格はあれど、株式会社や持分会社であれば当然の**お金がないという特異な存在**です。

したがって、示してきた下図のように、「譲渡」で行く場合には、**（1）買取資金計画と（2）譲渡価額が重要**になります。

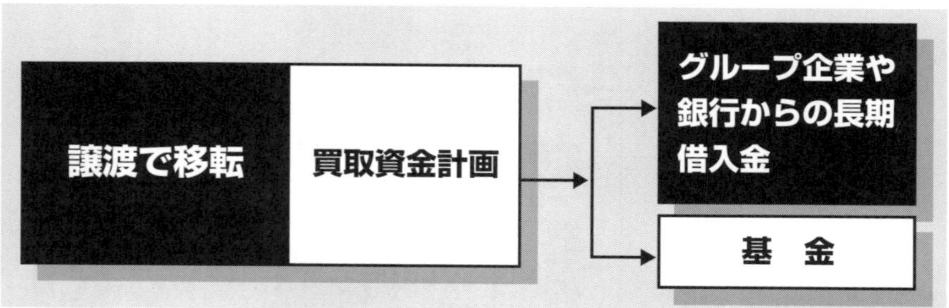

買取資金を寄附したら、それは結局、資金の贈与になりますので、最低でも、一般社団法人側で受贈益課税を受けてしまい、さらに、既に第３章の**3.**で述べてきたように、相続税法66条４項の適用を受けて、個人とみなされて贈与税課税となります。

結局は、上図の**グループ企業や銀行等金融機関からの借入れ**になります。

一方の「基金」は貸付金のようなものですから、結局は相続財産になるので、余り使われません。

さて、借入金によると、**事業承継の場合、通常、「グループ法人の株式」（一**

般の相続は不動産）をオーナーから買い取る資金とします。下図の場合は、グループ法人から借入れをしていますが、金融機関からでも構いません。

①でオーナーからグループ法人の株式を取得し、②代金をグループ法人等から借入れし、③オーナーに支払ます。オーナーはそれを株式譲渡所得税について、分離課税で20.42%の課税（措法37の10）で課税関係は完了し、その残余のお金は、生活費等で費消しない限りは財産として残ります。

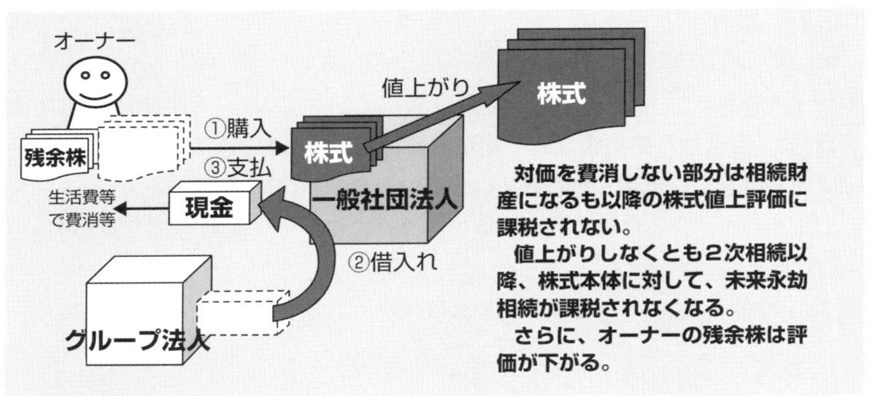
オーナー
残余株
①購入
③支払
生活費等
で費消等
現金
株式
一般社団法人
値上がり
株式
②借入れ
グループ法人
対価を費消しない部分は相続財産になるも以降の株式値上評価に課税されない。
値上がりしなくとも２次相続以降、株式本体に対して、未来永劫相続が課税されなくなる。
さらに、オーナーの残余株は評価が下がる。

その後、一般社団法人が所有したグループ法人の株式の評価が値上がりしてもその部分に相続税は課税されませんし、２次相続以降、その株式本体については、未来永劫に相続税が課税されないことになります。

この場合、図の①で**グループ法人株式の３分の１超の持株のほとんどを一般社団法人が取得**します。こうすれば、平成27年税制改正により、次表のように、**グループ法人からの配当金が**一般社団法人側の収益になりながら、その**全額が益金不算入**つまり法人税が掛からない訳です。

受取配当等益金不算入制度の見直し（平成27年度税制改正）

平成27年改正前		**平成27年4月1日以降**	
持株比率	益金不算入割合	持株比率	益金不算入割合
25%未満	50%	5%以下	20%
		5%超3分の1以下	50%
25%以上	100%	**3分の1超**	**100%**

まとめると、下図（1）の受取配当金から、借入先のグループ法人に（3）の利息を支払い、残りを（4）元金返済に回しますが、（5）**定款に定める「目的」（例えば、障害者支援・環境保護等）のための事業に支出**との兼ね合いで返済資金とします（**元利支払いがないと全体が否認される)**。

そうすると、益金は0で利息が損金になりますから、図の右の損益計算書のように、他に益金がないとすると欠損となります。

この欠損は、基金を放棄した債務免除益に充てるのも一考かもしれません。

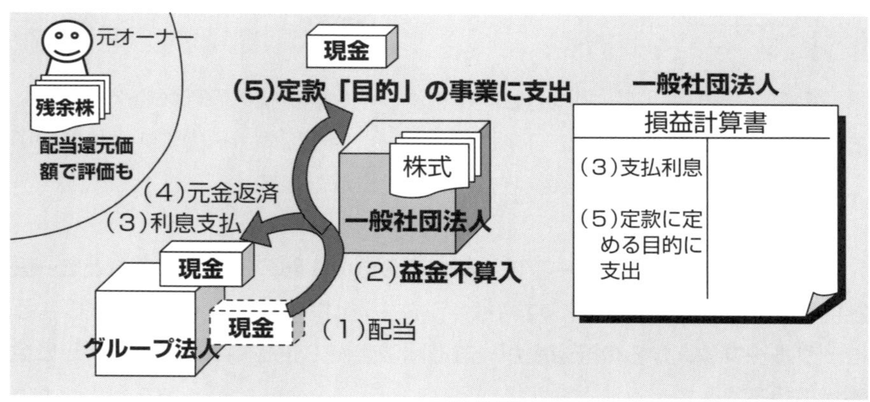

オーナーは非支配株主になりますので、オーナーの株式の評価は特例評価すなわち、配当還元価額にすることすら可能になります。

2.　譲渡価額

次に、オーナーから取得時の価額です。中小企業の株式は、**「取引相場のない株式」の評価方法として、財産評価基本通達があるものの、これはあくまでも相続・贈与の際の評価方法**に過ぎず、本スキームのような**「譲渡」は対象外**です。それなら実務上は如何にすべきか？

1.のスキームは、個人から一般社団法人への譲渡ですから、所得税法の範疇に属すため、所得税法59条で、**実務的には所得税基本通達23－35（共）9を原則としつつも、それに寄り難いときは同通達59－6**によることになります。**しかしことは単純ではありません。**下図のように、最後は「以上、４つの条件の下、財産評価基本通達の「取引相場のない株式」の評価によることを認める」とあります（90ページ～121ページ、特に98ページ～99ページ参照）。

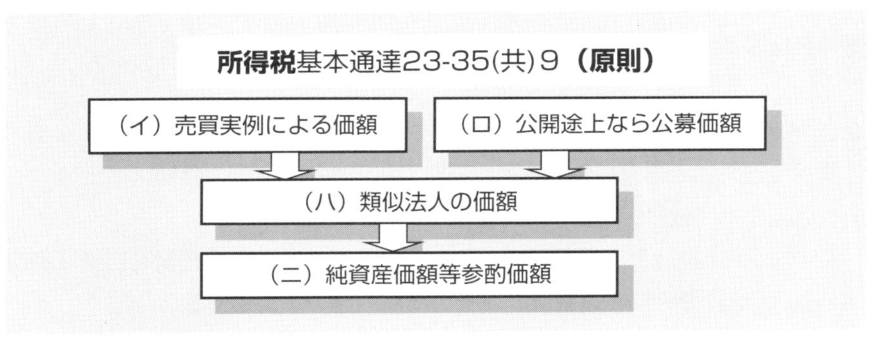

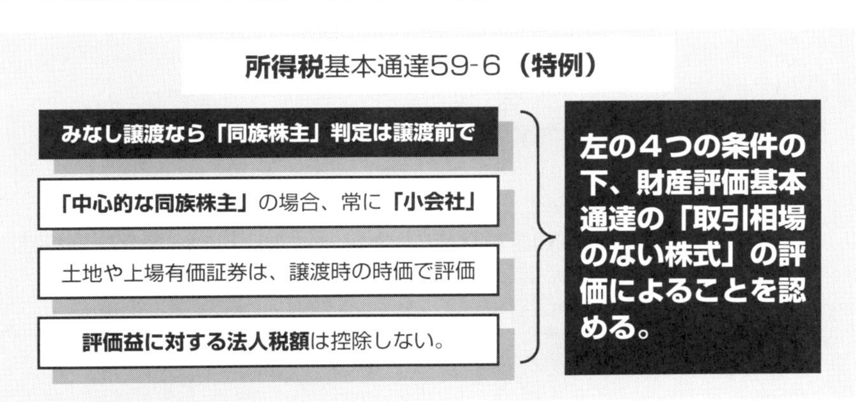

2. 小規模宅地等の完全併用策の続き

POINT

① **特定同族会社事業用宅地等の地代・家賃の有無に注意！**

② **「男子一生の甲斐性」の発想を捨てて「家なき子」になる**

③ **法人所有の土地・家屋を個人に移転させトリプルメリット**

1. 小規模宅地の完全併用策をめぐる意外な盲点！

小規模宅地の80%評価減（160～161ページ・488～493ページ）は効果が大きいのですが、適用を誤る意外な盲点があります。特に同族会社で事業を行っている場合です。つまり、**土地の所有者と同族会社の社長が同じであるために地代や家賃を支払っていない**場合が多く、**これが原因となって小規模宅地の評価減が受けられない**ことが起こりがちなのです。

2. 特定同族会社事業用宅地等の地代・家賃の有無で適用に差が出る

中小企業経営者で最も多い土地や建物の利用形態は、経営者個人の土地の上で、同族会社の経営をする場合です。

この場合、その土地の上に建てた建物の所有者は、**①その経営者自身（被相続人）、②生計を一にする親族、③その同族会社の３つの形態**となるでしょう。注意すべきは、この各々の場合で地代や家賃の有無によって、小規模宅地等の80%評価減が使えなくなってしまうことです。なお、「￥０」には固定資産税等相当額以下の授受を含みます。

<ケース①>被相続人所有の家屋

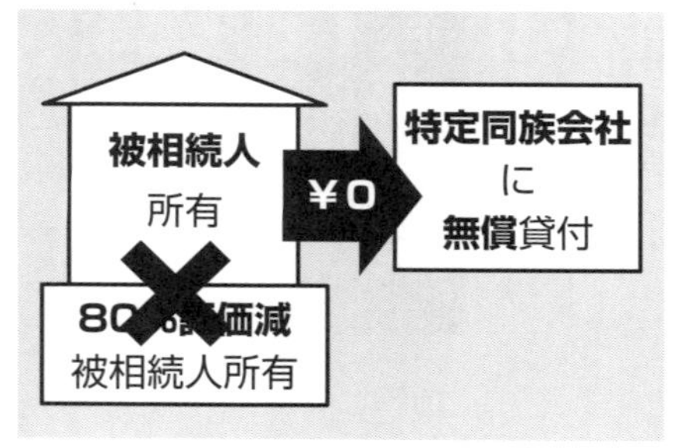

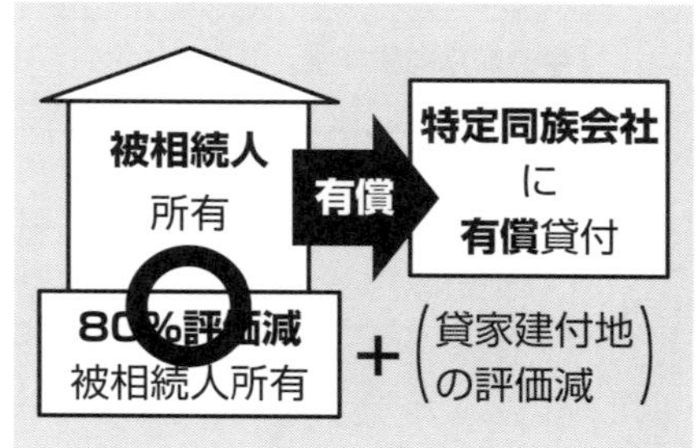

＜ケース②＞生計一親族所有の家屋

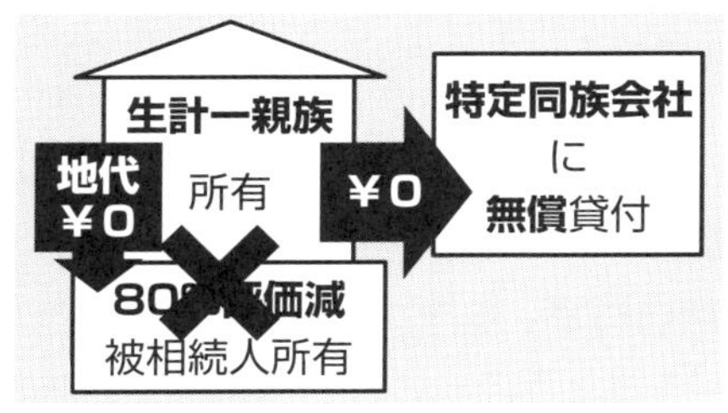

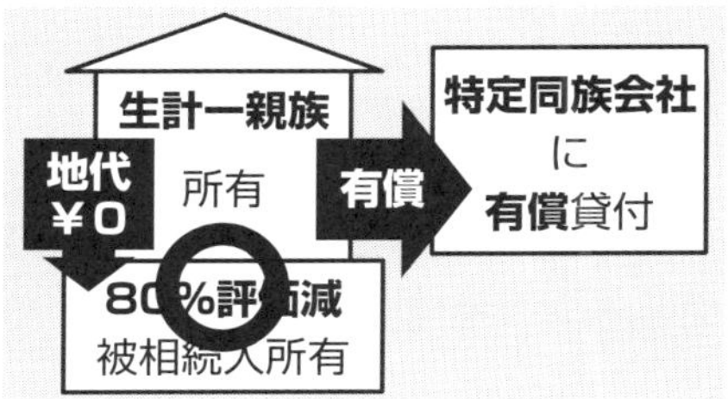

＜ケース③＞特定同族会社所有の家屋

地代有償の場合には、一般的に「借地権の無償返還届」を提出しますが、本書では「定期借地権契約」の締結をお勧めします。

結果的に20％評価減（420ページ参照）＋80％×80％＝**84%の評価減**となります。

3．男子一生の甲斐性の発想を捨てて「家なき子」になる（措法69の4③2号ロ）

優秀な子供が独立して男子一生の甲斐性として持ち家を建てると、小規模宅地等の評価減を受けることができません。そこで、**持ち家は貸家にして子供自身は賃貸マンションに移転します。**

4．法人所有の土地・家屋を個人に移転させトリプルメリット

一等地にある土地と建物を同族法人が所有する場合です。**推定被相続人が同族法人の所有する土地・家屋を買取ると現金が固定資産に投資されることで評価が下がる効果**があります。法人は個人から建物を有償で賃借して事業経営を続けると〈ケース①〉に該当することとなります。推定被相続人が取得した**家屋は貸家となり土地は貸家建付地と小規模宅地等の減額**を得ることができます。

5．税制改正情報に注意

平成30年・31年度税制改正については490～495ページを参照ください。

3．コインランドリー事業による事業用小規模宅地等の評価減の実現

POINT

事業用400㎡と居住用330㎡の80％評価減との完全併用をゲット

契約から営業開始までリードタイムが短いので、駆け込み対策として有効

1．コインランドリー事業による土地活用

土地資産家にとって、不動産貸付業としての土地活用は進んでいますが、事業用としての土地活用は限られており、中古の貸コンテナによる倉庫業が着目されてきましたが、**コンテナが器具備品ではなく建物（不動産）である**ので、不動産貸付業に該当するとの税務否認事例が多発しているようです。

そこで、土地置き型の10キロワット以上の太陽光発電事業と並んで**最近着目されているのがコインランドリー事業**です。コインランドリー事業は、立地に左右されますが、地主にとって**手間のかからない土地活用**であると言えましょう。

2．コインランドリー事業に必要な土地の広さ

コインランドリー店舗を設置する土地の広さは、必ず駐車スペースが必要になりますので、**10坪～60坪以上の広さが必要**です。ですから、現在駐車場としている土地を一部コインランドリー店舗用地に転用したり、**コンビニに貸している土地に併設**すると土地の収益力が高くなります。店舗自体（建物及び附属設備）の投資額は、1,000万円～2,000万円、機器及び備品の投資額は1,500万円～2,500万円です。トータル2,500万円～4,500万円ですから、アパートよりも投資額は少なく済みます。

３．アパートより有利な減価償却：即時償却メリット・固定資産税もゼロ！

建物の法定耐用年数は、22年ですが、附属設備の法定耐用年数は15年、機械及び装置の法定耐用年数は、13年です。

建物よりも附属設備や機械及び装置のウエートが高いので、早期に回収が可能です。機械及び装置の実際の使用耐用年数は、20年以上可能ですが**中小企業等経営強化税制の適用により、建物部分を除き、即時償却が可能**です（措法10の５の３、42の12の４）。建物は家屋としての固定資産税、建物附属設備・機器・備品は、償却資産税の対象となりますが、中小企業等経営強化法の認定を受けた場合には、これらの固定資産税は３年間$\frac{1}{2}$～ゼロ（一部の地方自治体を除く）の特例適用が可能です（地法15㊼）。

４．アパートより有利な利回りだが事前の立地マーケット・リサーチが必要

売上原価率は約25%ですので、土地自己所有で家賃なしの場合の平均利回りは、13%から20%（減価償却前）となります。しかし、売上は当然立地によりますので、立地戦略がアパートより重要になってきます。欧米のコインランドリー利用率20%に比べ日本の利用率６%～７%程度でマーケットの拡大が期待できます。また、かつてのコンビニコーヒーと同様に「供給が需要を創る」段階に来ているといえましょう。

商圏は1.5キロ以内と考えられますので、競合相手の有無や、立地によって向き不向きな場合があり、世帯数が多いだけでは、売上は期待できない場合もあるため、設置業者がする事前の立地戦略のマーケット・リサーチを十分に検討する必要があります。マーケット・リサーチを含めた合見積りを複数検討することをお勧めします。

５．フランチャイズ契約であれば、メンテナンスフリーでの運営も可能

利用者からの問い合わせ、店舗内の掃除、現金回収つり銭補充、洗剤補充等のメンテナンスが必要となりますが、これも契約次第です。

組むフランチャイズによりフルサービスで地主は投資のみで何もしないスキームもありますが、できる範囲内でオーナー自ら行うと利回りは高くなります。

（㈱**ジーアイビー**殿より資料提供をいただきました。https://gib-web.jp/）

4.「生命保険契約に関する権利」の活用 2次相続対策として効果抜群

POINT

みなし財産と本来の財産を見極める。みなし財産は、相続人固有の財産として相続税課税。しかし、遺言や遺産分割協議対象外財産

1．生命保険契約に関する権利は2次相続対策として活用する

相続税法3条1項3号の「生命保険契約に関する権利」の規定を分かりやすく表現しますと、「相続開始時において、まだ保険事故が発生していない生命保険契約で、当該**生命保険契約の契約者について**、当該契約に関する権利につき、**被相続人が負担した保険料**で当該相続開始までに払い込まれた全額を、**被相続人から相続**（相続人の場合）又は**遺贈**（相続人以外の場合）**により取得したものとみなす**」とあります。

すなわち、**みなし相続・遺贈財産**である旨が規定されています。

2次相続対策として活用するためには、**被相続人が生存中に保険料を全額支払い、払済みにしておく**ことがよいでしょう。1次相続の被相続人の金員で2次相続対策ができるからです。

2．みなし相続財産としての生命保険契約（契約者≠保険料負担者）

この生命保険契約の**権利の評価額は、解約返戻金相当額**となりますが、①みなし相続・遺贈財産として**相続人固有の財産**であるので、**遺産分割や遺言の対象とならない**こと、②**遺留分の減殺請求の対象とならない**ことです。

つまり、非課税措置はありませんが、相続税法3条1項1号（死亡生命保険金）と同様の性格をもつものです。保険事故が発生していませんので、相続開始後に契約者である相続人は**解約してもよい**ですし、下記のような**受取人変更をする**こともできます。この契約形態は契約者（＝被保険者）を工夫することで、相続申告は必要となるものの、**遺言なし**で支払済保険料というみなし**財産を特定の者に相続・遺贈することができる**ことに大きな特長があります。例え

ば、**契約者（＝被保険者）を家を継ぐ長男**、遺言で明らかにできない愛人や認知していない隠し子（これらの場合は「みなし遺贈」になります）にする等の工夫もできます。

下記のように契約者を配偶者にすれば、**被相続人の金員で２次相続対策に活用**できます。つまり、税額が多額となりがちな２次相続の**納税資金**になり、**非課税枠の利用**もできます。

変更前		相続後に変更	変更後	
契約者	：配偶者	→	契約者	：配偶者
保険料負担者	：被相続人		保険料負担者	：配偶者（相続により取得）
被保険者	：配偶者		被保険者	：配偶者
受取人	：**被相続人**		受取人	：**配偶者の子**

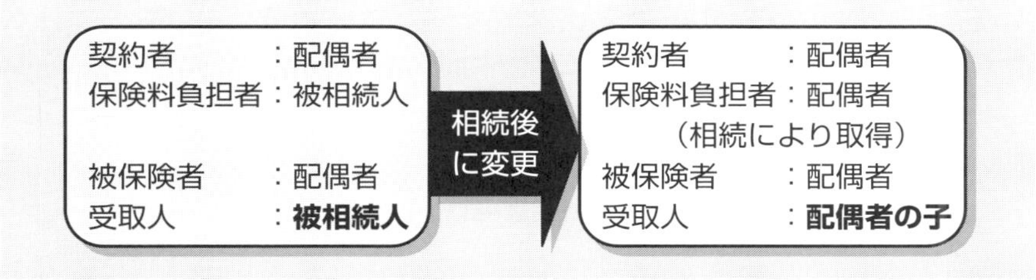

3．本来の財産としての生命保険契約に関する権利（契約者＝保険料負担者）

この保険契約は保険事故が発生していませんが、**本来の財産**ですので、**遺産分割や遺言の対象**となり、かつ**遺留分の減殺請求の対象**にもなります。この場合には、遺言で契約者としての地位を誰が引き継ぐかについて定めておくか、又は話し合いによる遺産分割協議が必要となります。さらに、被相続人が保険料を全額支払い、払済みにしておくことも２次対策のポイントです。

遺産分割協議や遺言で契約者の地位を配偶者と決めれば、当該財産の評価額は当該生命保険契約の解約返戻金となり、その額で配偶者が相続します。契約者は**解約**もできますし、下記のような**契約者変更**もできます。

このタイプは、上記**２．**の右図と同様に、配偶者の２次相続の**納税資金対策**になりますし、２次相続時に**非課税枠の利用**もできます。

変更前		相続後に変更	変更後	
契約者	：**被相続人**	→	契約者	：**配偶者**
保険料負担者	：被相続人		保険料負担者	：配偶者（相続により取得）
被保険者	：配偶者		被保険者	：配偶者
受取人	：**被相続人**		受取人	：**配偶者の子**

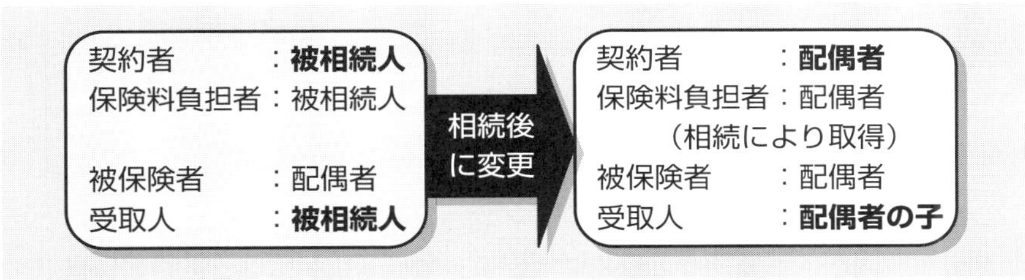

5.「争族」になってしまった場合の対策 法務大臣認証のADR(裁判外紛争解決)の活用

POINT

モメてしまった時の「駆け込み寺」と記憶に留めておくと良い
いかに裁判は当てにならないか、その構造を知る。憎しみだけ残る

1．どんなに対策を立てても当事者が納得しなければ「争族」になる

事業承継をめぐる「紛争」は、大別すると、「親族内承継」と、「親族外承継」をめぐって起こります。

最も多い相続をめぐる親族内の事業承継でお話しますと、この場合、相続や事業承継の書籍が一番の問題とするのは、いわゆる**「争族にしないこと」**です。

そして、その対策は、事前に遺言書を書くことや、生命保険で代償分割資金を手当てするなど様々な方法が述べられています。

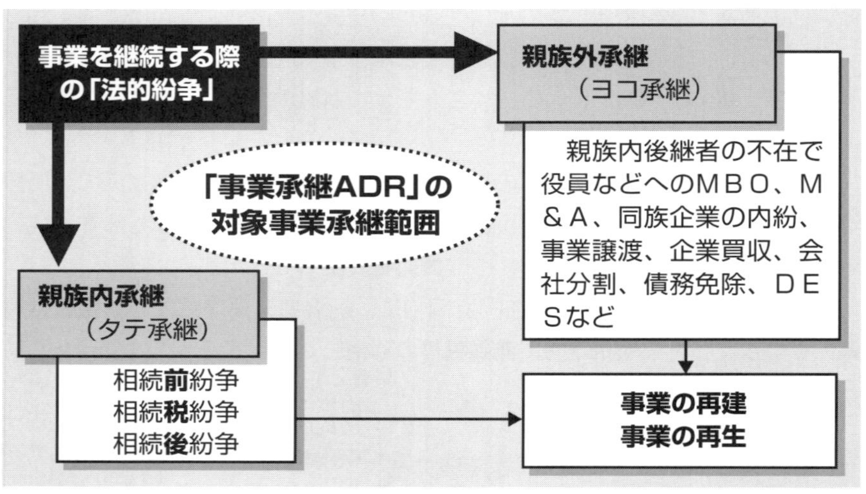

しかし、どんなに対策を立て、公正な分割であっても、最後に「遺産分割協議」に**相続人が印鑑を押さなければ「紛争」＝「争族」になってしまいます。**

その対策については、ほとんど**書かれない盲点**です。書いてあるとすれば、『揉めた場合には、家庭裁判所の「調停」に持ち込まれ、それでも駄目なら「裁判」となり、それぞれの方法は』と言うような事が書かれます。

２．申告期限までに分割協議が調わないデメリット

後は、双方の弁護士、裁判任せ…で10年以上にわたって「争族」が「争続」化することすらあります。こうなると紛争当事者には**経営の不安定の他**、税務上だけでも下図の**デメリット**が生じます。

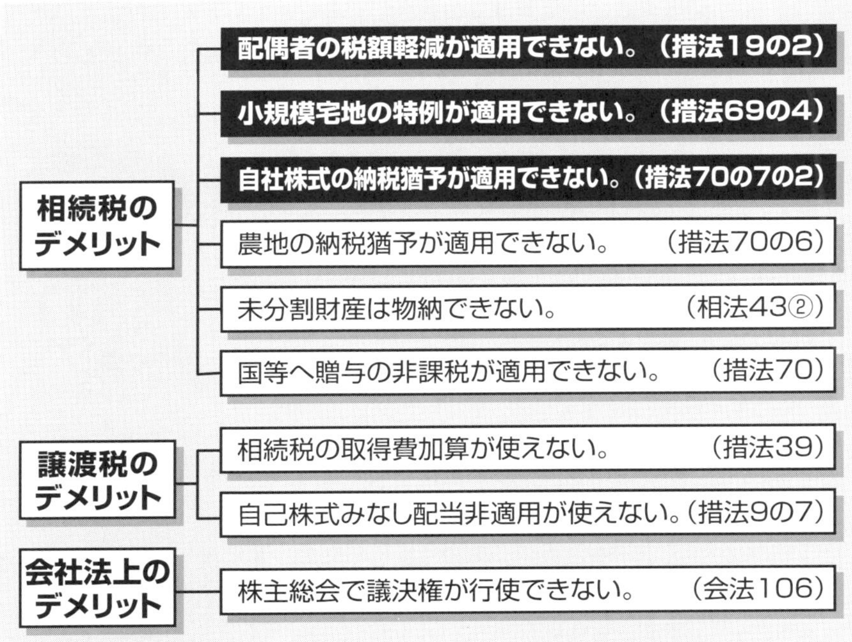

このうち、「配偶者の税額軽減」と「小規模宅地等の特例」は、税額に対する影響が甚大です。また譲渡所得税の計算上の「取得費加算」も、相続税の申告期限から３年以内に分割ができれば救済の道がなくはないですが、**経験上、10ヶ月でまとまらないものは、3年でもまとまらない**ものです。

また、「農地の納税猶予」等は３年の猶予もなく、申告期限の10ヶ月がまさにタイムリミットになります。

３．税理士・金融機関のデメリット

これらの、紛争当事者のデメリットは下図のように、そのまま税理士や金融機関にも波及します。

税理士には、クライアントが紛争の嫌悪感に加えて**割高となった相続税額に納税資金調達と合わせて不満**を抱かれます。

紛争に巻き込まれて**申告業務が複雑化するのに、逆に報酬を気持ち良く支払えない感覚**から、税理士への不満にも転化されやすくなります。

また、**申告期限後は３年に向けての管理**も必要となって手離れが悪くなります。そんな案件を複数抱えると失念しないための日程管理だけでも大変です。

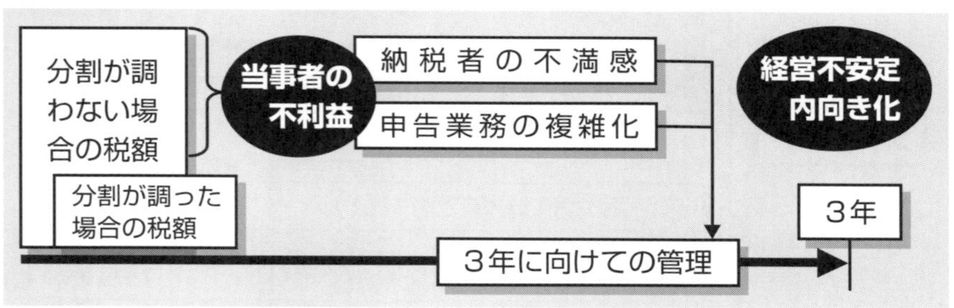

また当然に、**紛争当事者の事業経営にも悪影響**を及ぼします。株式が準共有になり後継者が必ずしも議決権を行使できない可能性もあります。ただでさえ、先代経営者の死去で不安定な中、**積極投資もしかね**、税理士ばかりか金融機関にとっても**優良な顧客の危機が継続する**ことになります。

優良な顧客との関係を維持し継続させるためにも、顧客の内部紛争を短期に解決し安定して欲しいと考えるはずです。

かと言って正義感にかられて、税理士や金融機関が紛争当事者間に入って**積極的に乗り出せば、弁護士法違反**を問われかねません。では、指をくわえて紛争が終結するのを、何年も十数年も待っているだけでいいのでしょうか？

４．調停・裁判の実態

訴訟になれば、その前に調停があります。その調停は、そのほとんどが**株式価値の専門家でもない民生委員のような方々が担う**わけですから合理的な評価は難しく、納得のいく説明も保証されません。

かと言って、**関与税理士がどんなに精緻に株価計算を行おうとも、紛争相手からは、当然のことながら、公正な第三者評価とは見てくれない**ものです。

調停前置を終えて裁判になっても、株価鑑定の必要とされる多くが非訟事件であることから、原則として**非公開裁判であることや、簿記・会計・税務の素養についてほとんど知見を有していない裁判官の不透明な判断**が加わり、結果はどう転ぶか分かりません。訴訟段階からはほとんどの場合、弁護士が付きま

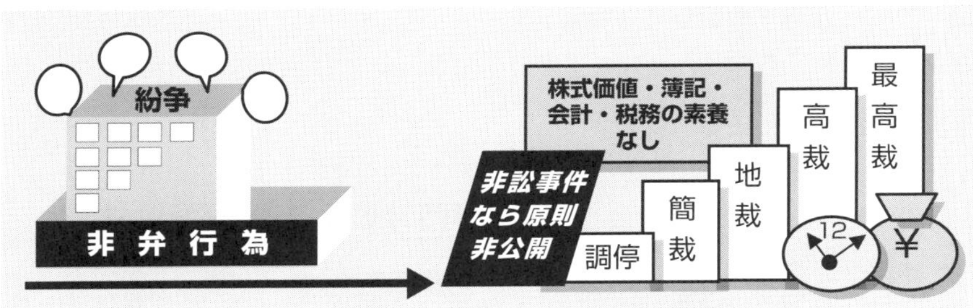

すが、それは紛争当事者の一方の弁護士にしか過ぎませんから火に油を注ぐことになって、相手方の納得を得られる方向には進みません。

しかも、上級審へと続く可能性があり、高額な訴訟費用負担と、仮にある段階で諦めても、**「裁判までした」という感情的対立は修復し難く残ります**。

それから、一般には余り知られていないことですが、**裁判というものは決して正しい判決だけを導くものではない**ということです。法的解釈だけでは妙な結果になることも多く、特に**民事・家事裁判は愛憎が絡んで心理面の問題で、紛争当事者それぞれに言い分がありますから、それをどう司法が判断するかは微妙です**。

これらのことは、親族外承継でも起こりますが、相続税の申告への影響がないことだけが異なることです。

5．わが国初の法務大臣認証「事業承継ADR(裁判外紛争解決手続)」の設立

そこで、**紛争当事者にとって“非公開で”、“早期に”紛争解決**に向かえるよう**わが国で初めて、そして唯一の法務大臣の認証を受けた「事業承継ＡＤＲ（エーディーアール）（裁判外紛争解決手続）」**が平成24年４月に設立されました。

紛争の早期解決のためには、**一般の「調停」と異なり、事業承継に関する専門的知見**を有する法務・税務・会計などの公的資格者の連携による「高度な提案」ができることが「和解」への大きな架け橋になることへの理解が重要です。

それは、**単なる「仲裁」による「和解」ではない**のです。

簡単な例えでは、１つの会社の経営権を巡って紛争になるときに、「会社分割」という**知恵を駆使して「提案」**すれば双方が満足できて「和解」の可能性が高まります。もちろん、ただ分割すれば良い訳ではありません。

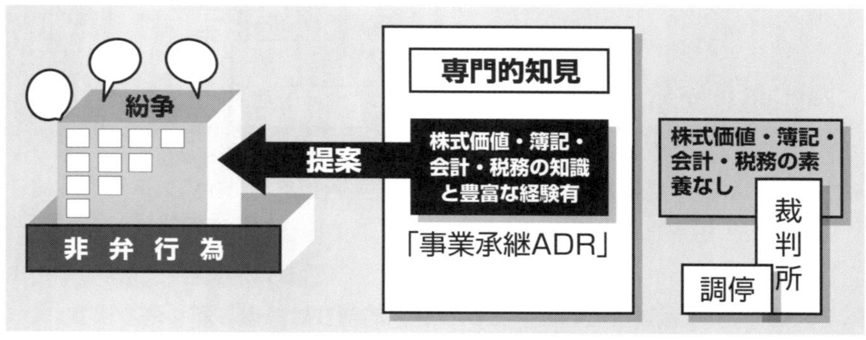

そこには、様々な法務・税務の知恵が注ぎ込まれます。つまり、近年の会社法創設による組織再編行為の大幅な見直し、それに伴い度重なる税法の大改正となった組織再編税制、さらにはグループ法人税制など様々な手法を、経験豊かな弁護士の高度な**「和解」の法的技術と組み合わせて「提案」**するのです。

これらの組織再編に関する「提案」は、それ単独でも役立つ知識となりますが、極めて高度な判断が必要なため、相当経験を積むまでは用いることが危険な技術でもあります。また、紛争発生後にあっては特に、その**「提案」を誰が行うか**も、紛争の相手側の納得を得る上でも重要になります。ここにも、公的な第三者機関の存在意義があります。

さらに、それらを行う**基盤となるものが**、紛争当事者とその関係者（顧問税理士等）による株式価値評価ではなく、**法務大臣認証の公的な第三者としての公正な株式価値評価**です。

下図のように、「事業承継ADR」では、調停補佐人として評価の専門家が控えて必要な助言等を行うことができる仕組みになっています。

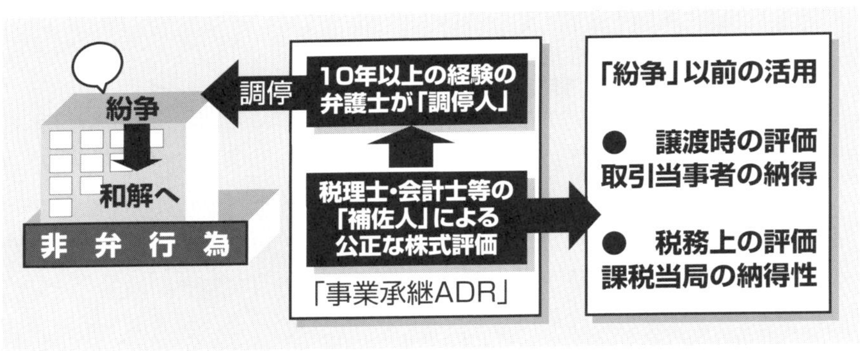

この仕組みは、**ADRの上では「紛争」の発生後でなければ利用できませんが**、この公正な株式価値評価の算定だけを採り上げれば、**「紛争」発生前においても活用の有益性があります**。すなわち、これを用いれば、**当事者間の株式譲渡時の納得性が高く**、また**税務申告において課税当局に対する立証挙証資料**としても（是認が保証されてはいませんが）、極めて利用価値があると考えられます。

詳細は、後藤孝典・牧口晴一共著『裁判をこえる紛争解決手続 事業承継ADRの利用法』（2012年、中央経済社刊）を参照ください。

6．会社法改正で非支配株主に売渡請求可

POINT

非支配株主を追い出す新手法が会社法改正で実現
90%以上保有するオーナーの事業承継に恩恵！

1．会社法改正で90%以上保有する「特別支配株主」に朗報

平成26年の国会で、会社法が改正され、平成27年５月より施行されました。中小企業の事業承継対策上、**非支配株主から強制的に株式を買取って完全支配が可能**となる道が開けました（会法179～179の10〔531ページ参照〕）。

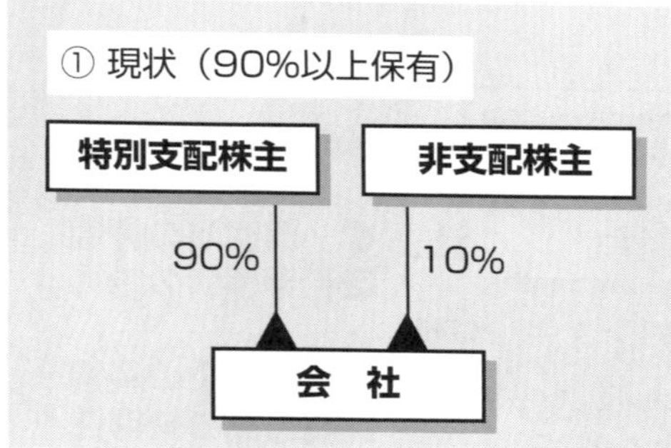

そうすると238ページの「全部取得条項付種類株式」にして買取るというテクニカルな方法に寄らず、簡単にできるようになります。

ただし、オーナーは90%以上の議決権を保有している必要があります。**90%以上を保有する株主の事を「特別支配株主」**と言います。なお、非支配株主が不利益を受ける特定の場合には、売渡株主の差止請求権を行使することができることも整備されました（同法179の7）。

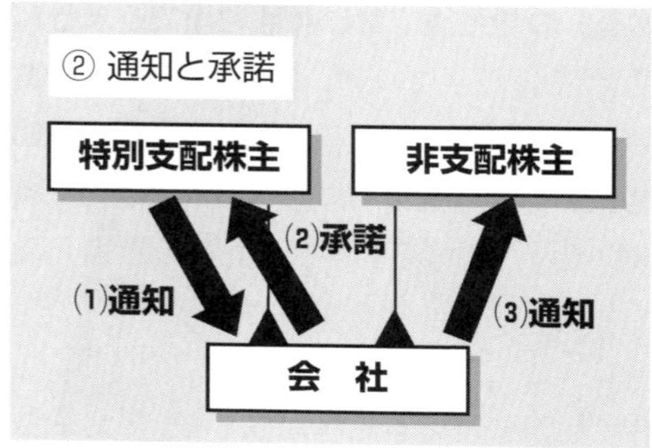

左図①のような株主の現状にあれば、②のように「特別支配株主」から一方的に非支配株主の株式を売り渡すよう請求できるのです。

⑴通知は特別支配株主から会社に対してします。

⑵会社は**取締役会での決議**により承諾します。

⑶次に、取得日の20日前までに所定の通知をしますが、図の上では非支配株主への通知となっていますが、**公告でも結構**です。

そして、通知又は公告の日のいずれか早い日から、取得日後６ヶ月を経過する日までの間、所定事項を記載した書面を会社の本店に備え、株主は会社に対して営業時間内はいつでも閲覧請求できます。

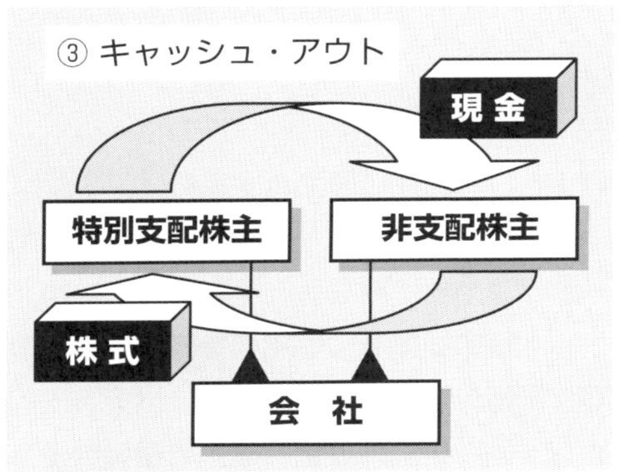

売渡請求があった場合には、取得日の20日前の日から取得日の前日までの間に、裁判所に対して売買価格の決定の申立てをすることができます。

売渡価格が決まれば、次は、具体的に非支配株主の持株と現金の交換です。

もっとも、現実に株券を発行している会社はほとんどありませんから、契約書等でその旨を示して「株式」を売渡したことを明確にし、それに基づき、株主名簿を変更します。

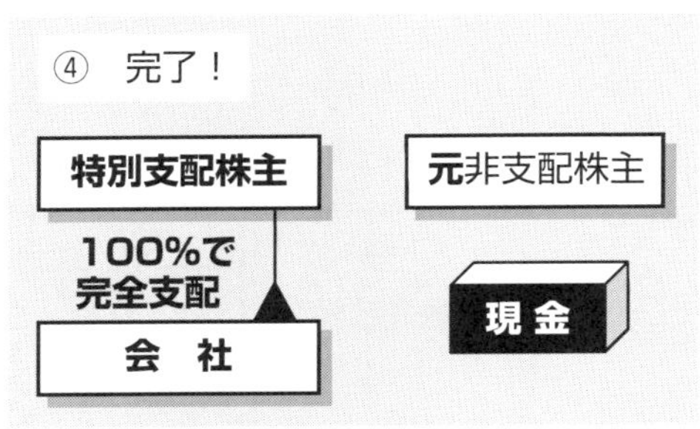

こうして、オーナーは100%完全支配権を得ることが可能になります。

この制度は、**90%以上を有した「特別支配株主」しか利用できませんので、それに満たない場合には、順次買い集めを実施**していかなければなりません。

それが**できない場合には、「全部取得条項付種類株式」**による方法等（238ページ）を検討しなければなりません。

また、いずれの場合についても、**譲渡価額の合意と税務上の問題点を解決しなければならない**ことは、言うまでもありません。これらの問題については、拙著『非公開株式譲渡の法務・税務（第６版）』（中央経済社）をご参照ください。

7．法人税減税の流れ・親族へ所得分散

POINT

無限責任社員１名の合名会社の設立

１．法人税減税はグローバルな流れ

法人税の減税はグローバルな流れです。これは今後も拡大する見込みです。

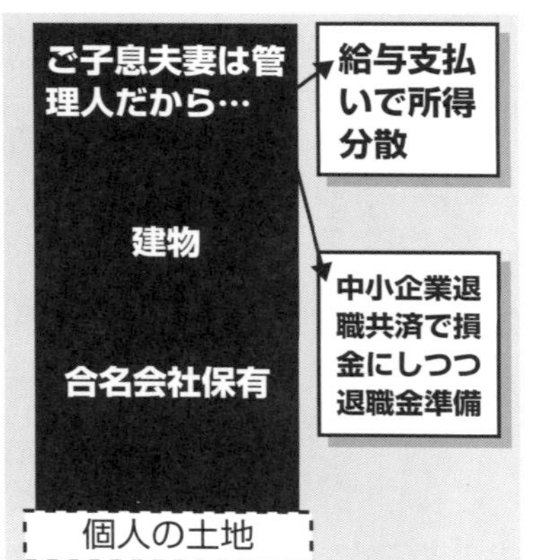

左図は418ページのコラムでの事例の一部ですが、建物を会社所有にしていますから、**家族従業員にも給与を支払えますので、所得分散**ができ、また家族従業員に対する**「中小企業退職金共済」で損金計上しながら管理人の退職金の準備や会社を受取人とする死亡生命保険金でオーナーの死亡退職金の準備（死亡退職金の非課税枠の活用）**もできます。

また、個人に相続が発生した場合に、**相続人が相続税の納税資金に苦慮するケースが多い**のですが、その場合には、下図のように②建物の**敷地を会社に売却し、納税資金を創出**します③。この場合、相続に係る土地の相続税相当額（184ページ参照）を、その土地に係る譲渡所得税の計算上、**取得費に加算**する節税もできます。

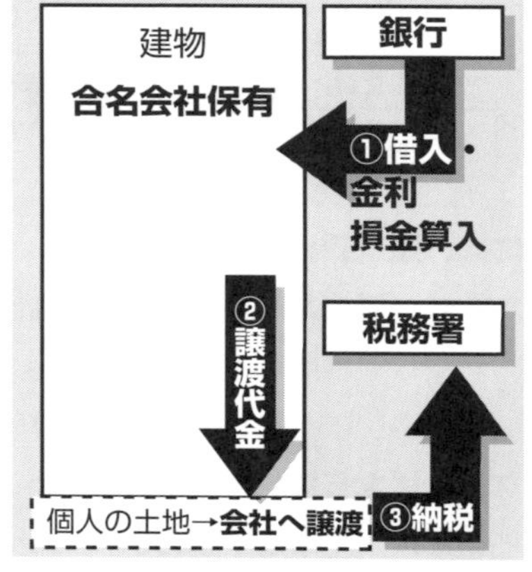

敷地の買取資金は、銀行借入で用意します。会社経由での相続税の納税資金借入となる上、その金利は損金計上となりますから、個人で銀行借入をして納税資金を用意する（個人の場合、金利は必要経費になり

ません。）よりも有利です。このように資産経営を会社で行うことのメリットは大きいものがあります。さらに、本書では、その会社を**合名会社で行うことを提案**します。相続税対策の対象となる人を**無限責任社員**とします。すると次項のような**相続税の節税効果**があります。さらに合名会社の**「持分」でも経営承継円滑化法の対象となりますから、要件を満たせば「納税猶予」や「遺留分の特例」を受けられます**（第16章参照）。

<参考条文>

会社法

576条**（定款の記載又は記録事項）**持分会社の定款には、次に掲げる事項を記載し、又は記録しなければならない。（中略）

六　社員の出資の目的（有限責任社員にあっては、金銭等に限る。）及びその価額又は評価の標準

3　設立しようとする持分会社が**合資会社である場合には、第一項第五号に掲げる事項として、その社員の一部を無限責任社員とし、その他の社員を有限責任社員とする旨**を記載し、又は記録（後略）

中小企業における経営の承継の円滑化に関する法律

第12条**（経済産業大臣の認定）**　次の各号に掲げる者は、当該各号に該当することについて、経済産業大臣の認定を受けることができる。

一　**会社**である中小企業者（後略）

第二章　**遺留分に関する民法の特例**

第3条**（定義）**　この章において「特例中小企業者」とは、中小企業者のうち、一定期間以上継続して事業を行っているものとして経済産業省令で定める要件に該当する会社をいう。

2　この章において「旧代表者」とは、特例中小企業者の代表者であった者であって、他の者に対して当該特例中小企業者の**株式等（株式又は持分をいう。**以下同じ。**）**の贈与をしたものをいう。

中小企業における経営の承継の円滑化に関する法律施行規則

第6条　法第12条第一項第一号の経済産業省令で定める事由は、中小企業者の代表者の死亡又は退任に起因する経営の承継に伴い生じる事由であって、次に掲げるものとする。

一　当該中小企業者又はその代表者が、当該中小企業者又は当該代表者以外の者が有する当該中小企業者の**株式等**（後略）

8. 無限責任社員は債務控除で相続税の節税可

POINT

建物取得後３年で評価激減、信用出資はB/S上０円∴債務超過

１．何故、株式会社でなく、合名会社なのか？

合名会社の経営者は、無限責任社員です。株式会社の株主は有限責任ですから、講学上、出資額以上の責任はありません。

しかし、合名会社の無限責任社員は、**合名会社の会社財産をもって会社の債務を完済することができない状態にあるときにおいては、無限責任社員は連帯して会社の債務を弁済する責任を負います**から（会法580）、無限責任社員は、本店所在地の登記所で退社の登記をする以前に生じた会社の債務に対しては、責任を負わなければなりません（会法612①）。

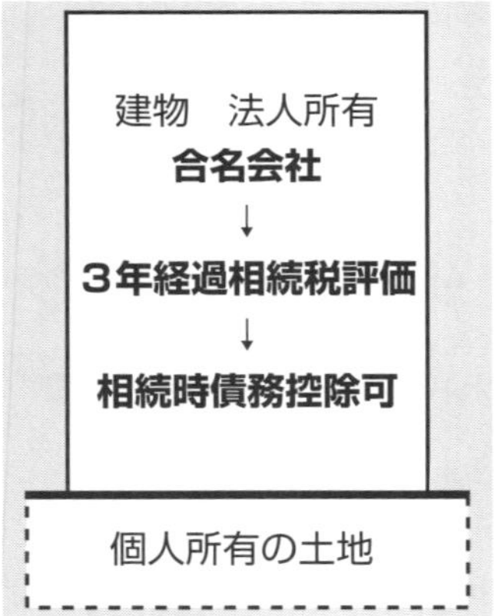

建物　法人所有
合名会社
↓
３年経過相続税評価
↓
相続時債務控除可

個人所有の土地

左図は次のコラムでの事例の一部ですが、建物を会社所有にしていますから、これにより、**建物取得後３年経過すると建物評価額は相続税評価**となります（財基通185、以下同じ：528ページ参照）。

無限責任社員となるオーナーは**信用出資**にすれば、貸借対照表上の資本金はゼロになります。建物の取得資金は銀行等の借入ですから、この合名会社は、**相続税評価上は債務超過会社となります。**

したがって、その**無限責任社員が死亡すると、会社の債務超過額は、相続税の課税価格の計算上、被相続人（無限責任社員）の債務**として相続税法第13条の規定により相続財産から控除できます（534～535ページ参照）。

２．定款整備が必要

一人合名会社は、社員が欠けると解散原因となり（会法641四）、持分の払戻しの原因となります（会法611①）から、**定款で社員の死亡時に当該社員の特定の相続人が持分を承継すると定める必要があります**（会法608①）。

この場合、**当該相続人は、持分を自動的に承継し、**定款変更をする（会法604①）ことなく**持分を有する社員となります**（会法608②③）。ただし、社員の変更登記を２週間以内にしなければなりません（会法915①、976①一）。

なお、信用出資をした持分には、残余財産分配請求権を付与しないとすることは後の節税に役立つことになります。このことは株式会社にも応用できるでしょう。

＜参考条文＞

会社法

580条**（社員の責任）**社員は、次に掲げる場合には、連帯して、持分会社の債務を弁済する責任を負う。

一　当該持分会社の財産をもってその債務を完済することができない場合

２　有限責任社員は、その出資の価額（既に持分会社に対し履行した出資の価額を除く。）を限度として、持分会社の債務を弁済する責任を負う。

608条**（相続及び合併の場合の特則）**持分会社は、その社員が死亡した場合又は合併により消滅した場合における当該社員の相続人その他の一般承継人が当該社員の持分を承継する旨を定款で定めることができる。

２　第604条第二項の規定にかかわらず、前項の規定による定款の定めがある場合には、同項の一般承継人（社員以外のものに限る。）は、同項の持分を承継した時に、当該持分を有する社員となる。

３　第一項の定款の定めがある場合には、持分会社は、同項の一般承継人が持分を承継した時に、当該一般承継人に係る定款の変更をしたものとみなす。

611条**（退社に伴う持分の払戻し）**退社した社員は、その出資の種類を問わず、その持分の払戻しを受けることができる。ただし、第**608条第一項及び第二項の規定により当該社員の一般承継人が社員となった場合は、この限りでない。**

２　退社した社員と持分会社との間の計算は、退社の時における持分会社の財産の状況に従ってしなければならない。

612条**（退社した社員の責任）**退社した社員は、その登記をする前に生じた持分会社の債務について、従前の責任の範囲内でこれを弁済する責任を負う。

２　前項の責任は、同項の登記後二年以内に請求又は請求の予告をしない持分会社の債権者に対しては、当該登記後二年を経過した時に消滅する。

コラム40もっと詳しいお話

節税アイデア総動員の総合的タックスプランニング

これまでお話してきたアイデアなどを総動員した、**賃貸建物の法人所有による対策**のタックスプランニングをお話します。このプランのポイントは、法人税減税の恩典享受、家族で所得分散と中退金活用、定期借地権で土地評価減、合名会社で個人の相続税債務控除と盛り沢山です。

私どものクライアントである中小企業経営者の方から受けた『**遊休地（駐車場）活用の相談に対するそのソリューション事例**』をご紹介いたします。

ご夫妻とも中小企業の経営者（社長・専務）として役員報酬があり、またご夫妻共有の賃貸マンション経営を既に行っていました。ご夫妻ともに、将来相続税課税が発生する財産を有しており、現在駐車場として活用している**ご主人の名義の土地の固定資産税対策と将来の相続税対策**の相談でした。

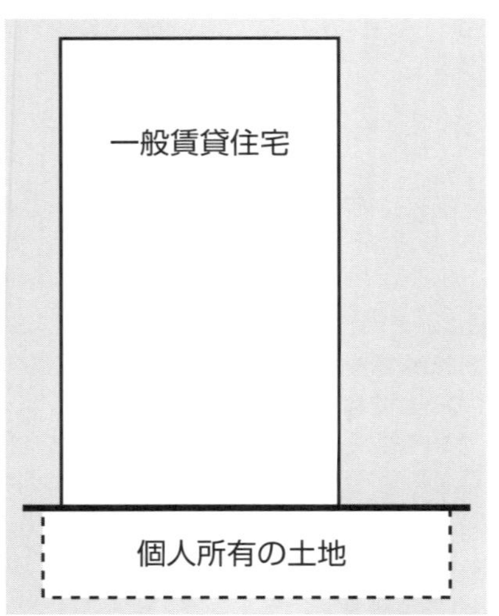

地下鉄の**駅から徒歩１分の約100坪の土地**でしたので、中高層マンションでの活用が可能であり、当初は高齢者向けの介護サービス付き住宅を検討したのですが、面積が少ない（最低150坪以上必要）ので、**一般賃貸住宅の提案**を行いました。

そこで、**学習塾を経営しているご子息夫妻の住宅と賃貸マンションの併用住宅**として、また消費税の還付を受けるために、また、社長様の相続対策を兼ねるために、**法人で賃貸物件を所有**することとしました。

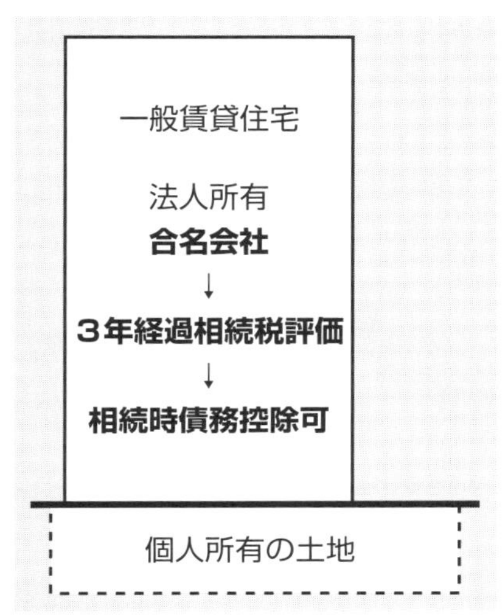

法人は、**一人合名会社**としました。ご主人様を無限責任社員とし、出資は信用出資とし、その評価額は５万円としました（定款で無限責任社員の持分返還請求権をなくすことも可能です。）。したがって、貸借対照表上の資本金は0円の合名会社として登記することになります。資金調達は、固定金利の住宅金融支援機構の賃貸住宅ローンで全額賄いました。

これにより、**建物取得後３年経過すると建物評価額は相続税評価**となり、この合名会社は、**相続税評価上は債務超過会社となり、無限責任社員に相続が発生した場合には、個人の相続財産の課税価格の計算上、債務控除が可能**となります（相法13①、会法580）。

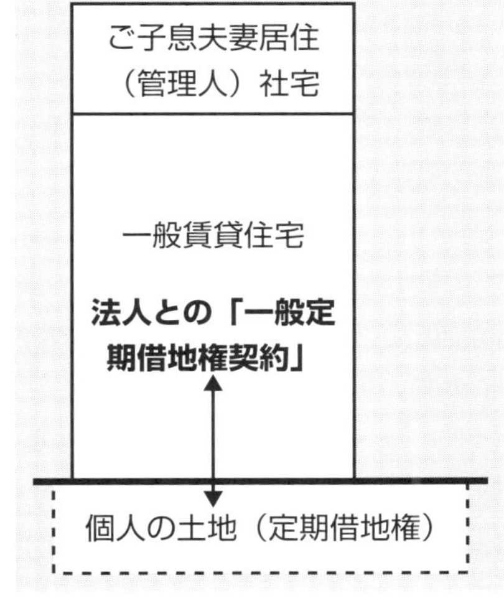

ご子息夫妻には最上階に住んでもらい、ご子息とその奥様を建物管理人として雇用し、職員社宅としてご子息夫婦に入居してもらい所得税基本通達36－41に基づく**職員社宅の家賃を支払ってもらう**こととしました。

また、**土地の賃貸借の形態は、法人との一般定期借地権契約**とし、代表社員個人に地代の支払いが発生しますが、固定資産税を上回る地代にしました。また、**同族関係者間の定期借地権の設定ですので、定期借地契約に伴う保証金や権利金を収受しない**こととしました。

同族関係者間の土地の定期借地権契約ですので、財産評価個別通達「一般

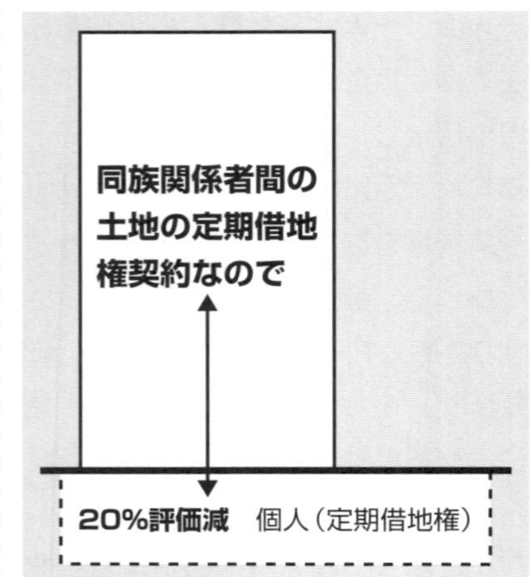

定期借地権の目的となっている宅地の評価に関する取扱いについて」（改正平11・7・26課評1－14）に定める、**「課税上弊害ない場合」に該当しない**ので、借地権割合50%地域の35%評価減は使えず、財産基本通達25に定める（2）ニに規定する**20%評価減**となります（526ページ参照）。

無償返還方式ですと、持分評価に跳ね返ります（財産評価個別通達「相当の地代（著者注：6%）を支払っている場合等の借地権等についての相続税及び贈与税の取扱いについて」の8『「土地等の無償返還に関する届出書」が提出されている場合の貸宅地の評価』523ページ参照）**が、定期借地権方式で保証金等なしなら、経済的利益が発生しません**（財基通27－2、27－3）。

したがって、持分評価の計算上、法人のB/Sに定期借地権の計上は不要となり、土地の評価減が法人の持分評価に反映しないのです。

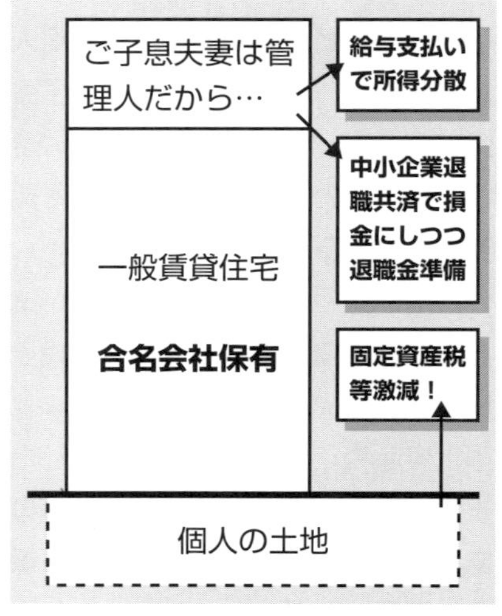

建物の法人所有方式ですので、**家族従業員にも給与を支払うことができますので、所得分散**ができ、また平成23年1月から可能となった**家族従業員に対する「中小企業退職金共済」で損金計上しながら管理人両名に対する退職金の準備**や会社を受取人とする死亡生命保険金でオーナーの死亡退職金の準備（死亡退職金の非課税枠は圧縮されていません。）も整えました。当然のことですが、駐車場が**賃貸住宅の**

敷地となったので、固定資産税は６分の１に、都市計画税は、３分の１になります（地法349の３の２、702の３）。

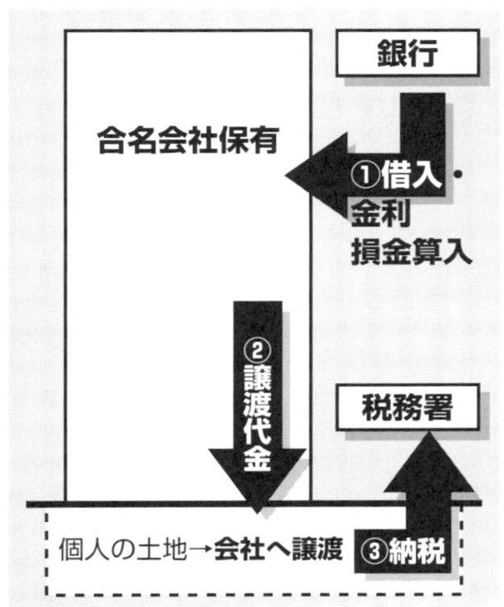

また、**土地所有者である無限責任社員に相続が発生した場合**に、**相続人が相続税の納税資金に苦慮するケースが多い**のですが、その場合には、係る**建物の敷地を会社に売却し、納税資金を創出**します。

この場合、相続に係る**土地**の相続税相当額（184ページ参照）を、**その土地**に係る譲渡所得税の計算上、**取得費に加算**することができます（措法39、措令25の16）。

敷地の買取資金は、銀行借入で賄います。**会社経由での相続税の納税資金借入となり、その金利は損金計上**となりますから、個人で銀行借入をして納税資金を用意する（個人の場合、金利は必要経費になりません。）よりも有利です。

さて、一人合名会社の場合には、社員の死亡は、解散原因となり（会法641四）、持分の払戻しの原因となります（会法611①）が、**定款で社員が死亡した場合には当該社員の相続人が持分を承継すると定めることができます**（会法608①）。この場合には、**相続人は持分を自動的に承継し、**定款変更をする（会法604②）ことなく**持分を有する社員となります**。このように、**予め定款に相続が発生した場合の持分承継の定めをしておく**ことが必要です。

9．申告漏れが多い借地権の基礎

POINT

株価算定上で、よく漏れる簿外財産の最たるもの

1．簿外となりやすい借地権

同族法人が建物の所有を目的として、同族関係者（例：父）の土地を賃借している場合というのは相当あります。この場合でも、**同族法人に簿外の借地権が発生しているのです。**

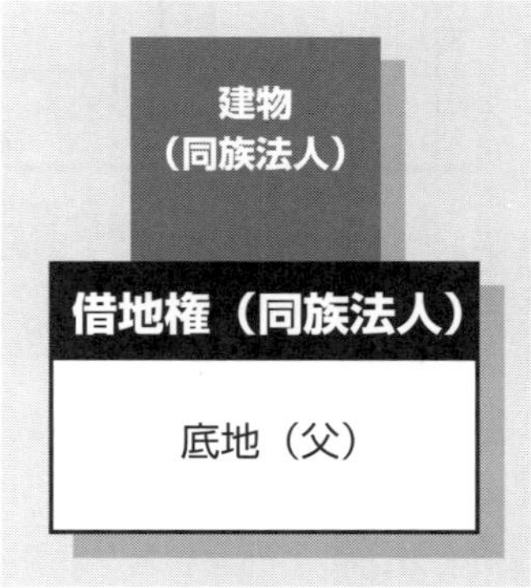

借地権は、法人税法２条23号「固定資産」の定義の冒頭に「土地（土地の上に存する権利を含む。）」に該当し、会計上も、それが例え権利金等の支払いや相当の地代の支払いがなくとも、当然にB/Sに表示されるべき **“賃借権”として確固たる貸借対照表計上能力**を有しています。

建物
（同族法人）
借地権（同族法人）
底地（父）

ところで**「営業権」は**「独立した資産として取引される慣習のある営業権」を除けば、物権的権利に留まりますから、その貸借対照表計上能力が問われますが、借地権は問われるまでもありません。

したがって、**株価評価の純資産価額を算定する場合には、借地権価額を加算する必要**がありますが、**全国的に見て相当漏れているようです。**しかし、本当は、**課税上の理由から計上されるため、全て計上とも言えない**のです（**5.**の場合）。

では、価額はいくらで計上すべきか？これを巡って**典型的な３つのパターンを３、４、５、**で述べることにしますが、その前に３つのパターンの**理解に必要な用語である「土地の無償返還に関する届出書」**を述べます。

2.「土地の無償返還に関する届出書」とは

左図の場合、大都会では借地権者（法人）は、借地権設定者（地主：父）に権利金を支払う慣行がありますが、全国的には稀でしょう。

しかし、権利金の支払いがなければ、「相当の地代」の支払義務が生じ、**権利金や「相当の地代」のいずれも支払わない場合、「権利金の認定課税」が行われるのが原則**です。

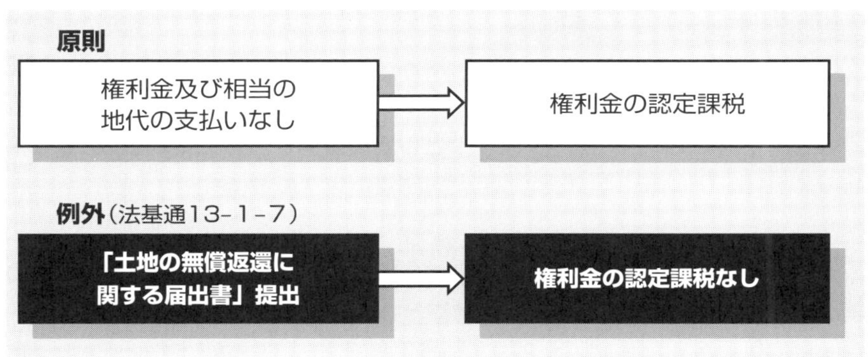

法人税基本通達13-1-7（権利金の認定見合せ）は、法人が地主の場合で、他人に土地を貸す場合を規定していますが、土地所有者が個人の場合であっても提出することができるとされています：(「土地の無償返還に関する届出書の記載要領等」の2の注2参照)。

ところで、借地人が法人の場合は、本来支払うべき地代（通常の地代）と実際の地代との差額は認定地代として、次の仕訳のように両建てされるも、結局のところ**相殺されて課税が生じません**（法法22②)。法人税課税で全国的に何も問題が生じないのは、このためです。

借方	認定支払地代	＊＊＊	/	貸方	未払金	＊＊＊
	未払金	＊＊＊	/		債務免除益	＊＊＊

3．相当の地代を支払い続け、株主たる被相続人＝貸宅地の所有者の場合

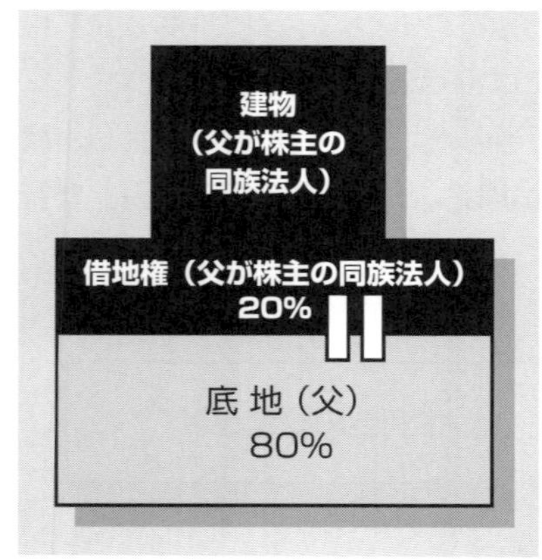

ところで、上記**2.**の届出書を提出せず、相当の地代を改訂しつつ払い続ければ、当然上記の「権利金の認定課税」はされません。

そして、左図のように、**株主たる被相続人（父）と貸宅地の所有者（父）が同一の場合、**その**貸宅地の価額は、自用地としての価額から、その価額の20%相当額を控除（80%評価）**します。

そして、この影響を受けて、その法人の**株式を相続等で評価するときは、上図のように、上記20%相当額を借地権として純資産価額に計上**します。これは、同一人のため同族法人を通じて土地の評価額が100%になるようような評価が**課税公平上適切**であると考えられるからです[1]。

なぜならば、この取り扱いは、１つの相続財産である宅地が相当の地代で賃借されたことにより、「底地」と「借地権」とに区分されて、20%相当額の評価減を得ることにより、意図的に相続税等の負担の減少が図られることを防止する趣旨だからです[2]。

1　個別通達「相当の地代を支払つている場合等の借地権等についての相続税及び贈与税の取扱いについて」（昭和60年６月５日／直資２－58（例規）／直評九９）により、以下の個別通達が読み替えらえることに注意。
個別通達「相当の地代を収受している貸宅地の評価について」（昭和43年10月28日／直資３－22／直審（資）８／官審（資）30）。
上記（３）～（５）を通して、笹岡宏保著『具体事例による財産評価の実務Ⅱ株式等』1698～1699頁（平成25年、清文社）参照。

2　佐藤清勝・小林栢弘共著『専門家のための資産税実務回答集改訂第４版』537頁（平成24年、税務研究会出版局）。次頁**5.**において同じ。

４．「無償返還届出書」提出で、株主たる被相続人＝貸宅地の所有者の場合

3.と同じ関係において、「土地の無償返還に関する届出書」を提出している場合は、**3.**と同じ取扱いとなります。

すなわち、**貸宅地の価額は、自用地としての価額から、その価額の20%相当額を控除（80%評価）**します。

そして、この影響を受けて、その法人の**株式を相続等で評価するときは、上図のように、上記20%相当額を借地権として純資産価額に計上**します。

５．「無償返還届出書」提出で、株主たる被相続人≠貸宅地の所有者の場合

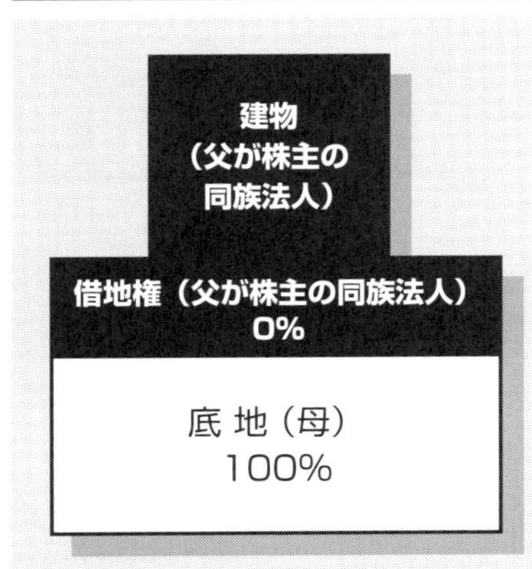

3.と同じく相当の地代を支払っていますが、左のケースは今までとは異なり、株主たる被相続人（父）≠貸宅地の所有者（母）ですから、**3.**で述べたような底地20%評価減はありません。

3.では、父の相続開始により、相続人はその株式と宅地（底地）とを共に取得したときに適用がある通達（昭和60年直資２－58の８項、昭和43年直資３－22）であり、株主たる被相続人（父）≠貸宅地の所有者（母）の場合には、**同通達の適用はなく20%相当額をその株式の評価に際して計上する必要はありません。**

したがって、同族法人が相当の地代を支払って個人から借地をしている場合に、**借地権価額として自用地の20%相当額の財産が存在しているとは常に課税上は考えない**わけです。

10. 税理士だけが未だに使っている普通借地権の愚

POINT

税理士の常識＝世の中の非常識の最たるもの…借地権課税
定期借地権制度がなかった時代の遺物でしかない！

1. とんちんかんな質問や残念な相続税申告

「コラム㊵」つまり右上図の、**賃貸建物の法人所有によるタックスプランニングにおいて定期借地権の活用**をテーマにした講演をしていて、税理士から度々質問を受けることがあります。

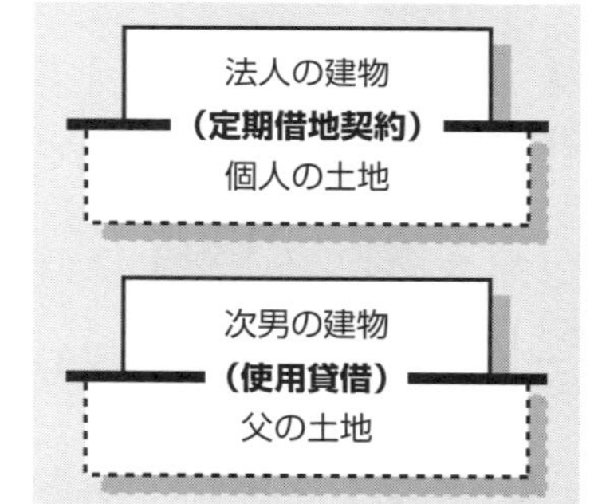

「そんなことをして、借地権の認定課税がないですか？」と…。思わず「はあ？」

さらに、飛び込みの相続申告を受けて右下図のような定期借地権を活用しない使用貸借の実例が数多く散見します。事前に親子間の定期借地契約があったら20％評価減ができたのに……。

1992年8月に定期借地権が**法制化されて四半世紀**になろうとしているのに、**相続・事業承継対策で活用が進まない**のは、**税理士が事後的な相続税申告に埋没**しているからと考えられます。

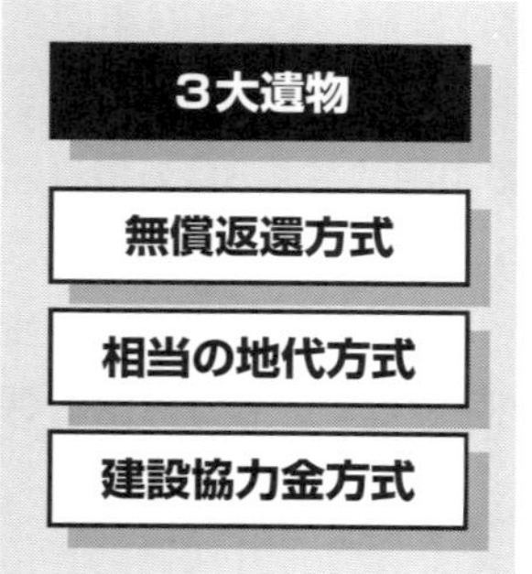

「税理士の常識」（実は世の中の非常識なのですが…）としてこびりついているのが**「無償返還方式」・「相当の地代方式」・「建設協力金方式」**です。

これらの方式は、定期借地権制度がなかった時代の遺物でしかありません！

借地権とくると、ただちに「権利金認定回避」のために、即「無償返還届」の等式ができ上がっているかのようです。それが定期借地権であってもです。

2．定期借地権制度のできた由来

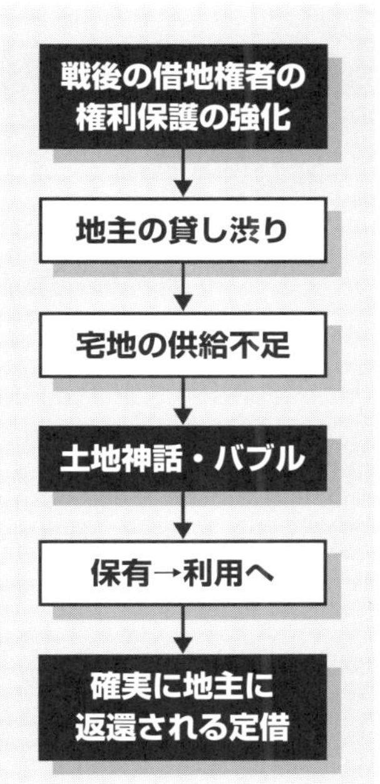

定期借地権の由来は**土地価額の上昇を抑えるために、土地を保有するよりも利用することへ価値観を移すという「土地基本法」**が平成元年に成立しました。

その中で、**土地の利用を阻害している借地権制度が問題**となりました。そこで**安心して他人に土地を貸すことができる、定期借地権制度が導入**されました。これで土地供給を促進し、土地価額の上昇を抑制しようと考えたのです。

定期借地権は、いわば「無償返還」が約束された借地権です。したがって、**定期借地権に「無償返還届」の概念はありません**。

民法の特別法である**「借地借家法」上、無償返還を約束している**と言った方が分かり易いでしょう。

3．定期借地権はリスクの少ない節税策＋土地活用

前項**9.**の「借地権」の計上漏れでお話したように、個人の地主と、その同族会社の所有する建物との間では、借地権設定時に金銭の動きがありません。**「無償返還届」だけ提出しておけば、あるいは失念しても、ほとんどの場合、権利金の認定課税を受けることもなく、毎年の法人の確定申告でも何らの問題も発生しません**。多くの場合、相続・事業承継対策はそこまでなのです。

そして、**いざ対策しようとすると、①土地売却、②建物建築で賃貸経営の提案というパターンに陥っている**ようです。

しかし**①は地主さんが心理的にも嫌がる**ものです。**②は借金を伴いますから資金繰りも経営もリスクが極限的に高く**なります。

その点、**定期借地権による土地活用は、同族以外の第三者に貸すのであれば借り入れ不要のリスクの少ない事業です**。契約時の権利金・保証金で資金調達も可能です。一方、同族会社による②の方法であったとしても、コラム㊵でお話したメリットがあります。

11．定期借地権の入門

POINT

地主への束縛が減少して、安心して土地を貸すことができる
地代の前受分は、分割して収益計上ができる

1．定期借地権の条文の全体像

巻末の「資料条文10」（539ページ）にある「借地借家法」の内の「定期借地権」の22条と23条を下図に示しました。

対比するように一番下の行に「普通借地権」を置き、「定期借地権」と「普通借地権」の**双方に影響をする「建物譲渡特約付借地権」**を配置しました。

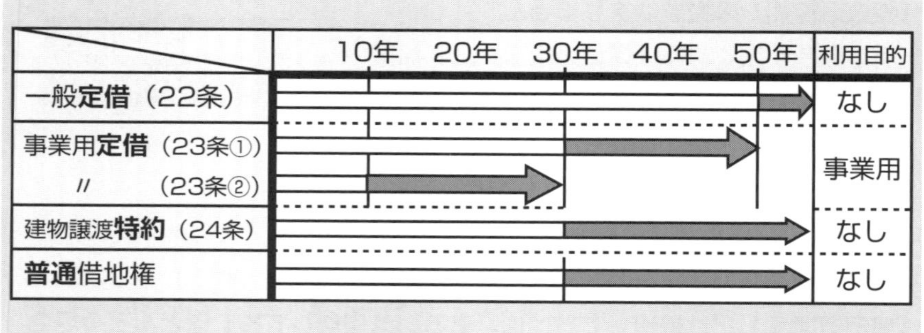

定期借地権と**普通借地権の大きな差の一つ**が、定期借地権が上図のように、**存続期間に応じて３種類に区別されている**ことです。

そして、当然に比較的短期で採算を得なければならない事業用の「利用目的」であるものに、23条「事業用借地権等」として明確化しました。

しかし、22条の「定期借地権」（通称「一般定期借地権」）は「利用目的」を制限していませんので、事業用としても利用することができます。この結果、**事業用は10年以上であれば、切れ目なく任意の期間を存続期間とすることができます。**

2．一般定期借地権と事業用定期借地権等

22条の「一般定期借地権」の存続期間は50年以上です。普通借地権と同様に「利用目的」に制限がありません。**普通借地権との最大の違い**は、下図のように「契約方法」において**①～③の特約を付けることができる**ことです。

第22条（定期借地権）

存続期間を50年以上として借地権を設定する場合においては、第９条（強行規定）及び第16条（強行規定）の規定にかかわらず、**契約の更新**（更新の請求及び土地の使用の継続によるものを含む。次条第１項において同じ。）**及び建物の築造による存続期間の延長がなく**、並びに第13条**（建物買取請求権）の規定による買取りの請求をしない**こととする旨を定める**ことができる**。この場合においては、その特約は、**公正証書による等書面によってしなければならない**。

	契約方法（①～③特約可）		契約の終了	契約終了時の建物
一般**定借**（22条）	書面	①更新なし	**期間満了**	借地人は建物を取り壊して、土地を更地にして返還する
事業用**定借**（23条①）	公正	②存続期間延長なし		
〃　（23条②）	証書	③建物買取請求なし		
建物譲渡**特約**（24条）	口頭可　30年以上経過で譲渡		譲渡による	予め地主が買取り
普通借地権	口頭可　**上記①～③の特約不可**		**法定更新する***	地主が買取る必要**

*更新を拒否するには正当な事由が必要 **建物はそのままで、引き続き借家人としての権利発生

この**3つの特約**である、**①更新なし、②存続期間の延長なし、③建物買取請求なし**は、普通借地権には付けることができないもので、**普通借地権は期間の満了と共に自動的に法定更新されることで借地人の強固な権利**となっていました。

したがって、定期借地権においては、上表の「契約の終了」は「期間の満了」をもって自動化し、**契約終了時に借地に存する借地人の所有する建物は、借地人自身が取り壊して、土地を更地にして地主に返還する**ことになります。

つまり、地主にとっては、期間満了時に更地になって戻ってくることが、法的に確約されているのです。

次の23条第１項の「事業用定期借地権」は、事業用であることと、存続期間が30年以上50年未満と短くしたこと以外は「一般定期借地権」と同じです。

第23条（事業用定期借地権等）

専ら事業の用に供する建物（居住の用に供するものを除く。次項において同じ。）**の所有を目的とし、かつ、存続期間を30年以上50年未満として借地権を設定する場合において**は、第９条及び第16条の規定にかかわらず、契約の**更新及び建物の築造による存続期間の延長がなく**、並びに第13条**（建物買取請求権）の規定による買取りの請求をしない**こととする旨を定めることが**できる**。

ただ、契約方法が「公正証書」に限定されていることが大きな違いです。

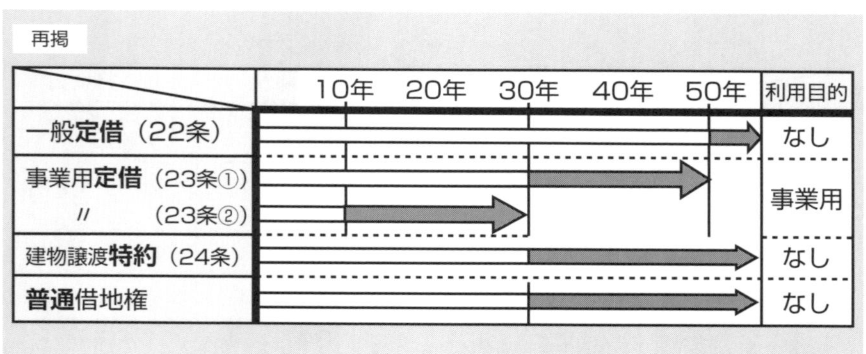

23条第２項は、普通借地権では30年以上と定め、借地人の建物が存する場合の借地人優遇の諸規定がありますが、それを適用せずに、存続期間を10年以上30年未満と短くした事業用借地権を規定しました。

2　専ら事業の用に供する建物の所有を目的とし、かつ、存続期間を10年以上30年未満として借地権を設定する場合には、第３条から第８条まで（**借地権の存続期間等**）、第13条及び第18条（**借地契約の更新後の建物の再築の許可**）の**規定は、適用しない**。

３．建物譲渡特約付借地権

24条は、冒頭「借地権を設定する場合」とあるので、普通借地権の特徴です。30年以上経過した日に借地権の目的である土地の上の建物を地主に相当な対価で譲渡することを借地権の設定時に定められるとするものです。

第24条（建物譲渡特約付借地権）

借地権を設定する場合（前条第２項に規定する借地権を設定する場合を除く。）においては、第９条の規定にかかわらず、借地権を消滅させるため、**その設定後30年以上を経過した日に借地権の目的である土地の上の建物を借地権設定者に相当の対価で譲渡する旨を定めることができる。**

再掲

	契約方法（①～③**特約可**）		契約の終了	契約終了時の建物
一般**定借**（22条）	書面	**①更新なし**	**期間満了**	借地人は建物を取り壊して、土地を更地にして返還する
事業用**定借**（23条①）	公正	**②存続期間延長なし**		
〃　（23条②）	証書	**③建物買取請求なし**		
建物譲渡**特約**（24条）	口頭可　30年以上経過で譲渡		譲渡による	予め地主が買取り
普通借地権	口頭可　**上記①～③の特約不可**		**法定更新する***	地主が買取る必要**

*更新を拒否するには正当な事由が必要 **建物はそのままで、引き続き借家人としての権利発生

・建物譲渡特約付借地権が口頭契約可となっているのは、譲渡の登記が条約となっているからです。

４．税務上、地代の前受部分は分割して収益計上可能に！

借地権設定に伴い借地人から金銭を受け取る権利金や保証金の運用益は、原則として**不動産所得となり、総合課税**になってしまいます。

しかし、平成17年に地代の前受金としてまとめて受け取った場合は、対応する年分に分割計上することを可能とする通達改正がありました。

この場合の契約書の書式例については、国税庁の以下のサイトを参照。
http://www.nta.go.jp/shiraberu/zeiho-kaishaku/bunshokaito/shotoku/050107/03.htm

12. 資産家から喜ばれる定期借地権の活用事例

POINT

借地権の認定課税を避けて、土地の相続税評価額の減額をゲット
定借分譲マンションの自己定期借地権活用　等々盛り沢山！

1. 親の土地に子供所有の「新屋」が建っている事例

土地資産家の方は、子供が独立・結婚の際に、「新屋」用に、土地を無償で提供していることが多いようです。しかし、親に相続が発生した場合には、当該土地は更地で評価することとされています。

そこで、更地評価を避けるために、地代の授受をしてしまいますと土地の上に存する権利が発生したとして、親から子供への借地権の贈与があったと見なされ、普通借地権の認定課税が行われます。

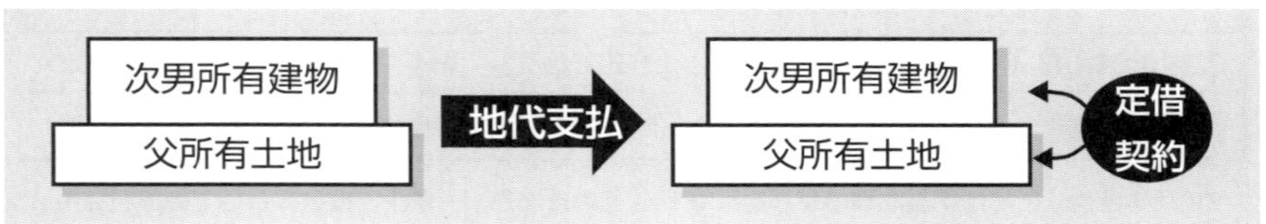

そこで、借地権課税をヘッジするために、親子間の定期借地権契約を締結します。土地の公租公課を上回る地代の支払いが必要となりますが、親御さんに相続が発生した時には、当該土地は最大20%の評価減となります。

定期借地権は、第三者間取引の一般定期借地権の場合は、借地権割合が50%地域の場合、最大35%評価減となりますが、親子間定借は課税上弊害のある取引に該当するために、20%評価減となります（526ページ参照）。

将来、長男が母屋の土地を相続する予定の場合、長男が自己の自宅を所有（長男の嫁所有等の場合を含む）している場合には、居住用宅地の330㎡80%評価減を活用できませんので、長男の当該自宅を第三者に貸家として貸付します。当該貸家は貸家評価となり、敷地は貸家建付地となり評価減額を享受できます。しかし、親御さんの相続開始３年前には、長男が家無し子になっていなければなりません（措法69の4③ニロ）。（491ページ参照）

2．無借金アパート・マンションの贈与

親御さんが所有するアパートでローンの支払いが終わっている建物があれば、アパート収入により所得税・住民税・国保料が高額になっていることもあるでしょう。そこで、収入分散と子供が将来支払うこととなる相続税の納税資金確保の為に当該建物のみを子供へ贈与することをお勧めいたします。

アパート建物が子供所有となり、そのままにしておきますと、相続開始の時には、更地評価になります。そこで、親子間の定期借地権の設定をすることにより、20%の土地の評価減を得ることができるようにします。

3．法人遊休地でのオーナー個人の相続税対策マンション建設

法人の遊休地にオーナー個人の相続税対策のために賃貸マンションを建てた場合は、**借地権の無償返還届を提出しても、借地権を設定する年以前３年間の土地の相続税評価額の年６%の相当の地代**を個人は法人に支払わなくてはなりません。年６%地代（平成元年３月30日付直法2-2「法人税の借地権課税における相当の地代の取り扱いについて」通達）の支払いは、賃貸住宅経営をかなり圧迫することになります。

そこで、このような場合には、定期借地権契約を締結して、地代の適正化を図ることが肝要です。

4．駐車場を定借付住宅用地としてデベロッパーと一般定期借地権契約

親の生前中に、駐車場用地をデベロッパーと一般定期借地権契約をしますと、建築着工まで、特約にて、駐車場経営を継続していたとしても、**契約日から即35％評価減**（借地権割合がC地域の場合）となります。

図面作成・建築確認申請の期間が長くなりましたので、その間土地活用しつつ、固定資産税の納税資金も考慮して駐車場経営を継続していても、定期借地設定用地として、評価減が可能なのです。

5．土地を定借分譲マンション用地として提供し、一部自己所有する対策

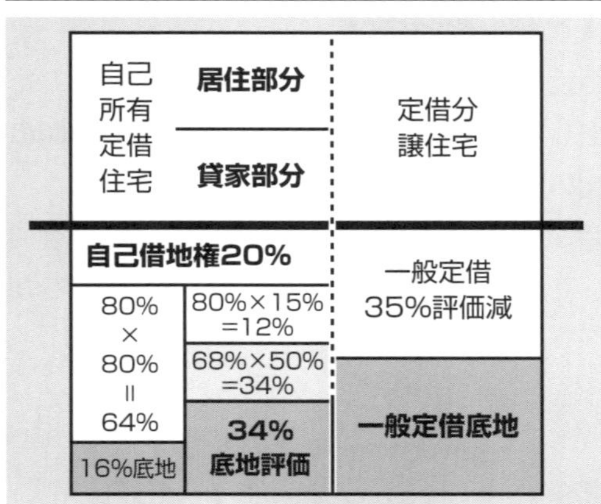

定借分譲マンションの一部を自己所有しますと、それに対応する底地の評価は**自己借地権の設定されている土地**として**20％の評価減**となります（財産評価個別通達「一般定期借地権の目的となっている宅地の評価に関する取扱いについて」3（7）522ページ参照）。

そこに**被相続人が居住すると小規模居住用宅地**の対象地となり、20％を控除した残りの80％×80％＝64％の評価減となり、結果、1－（20％＋64％）＝**16％の底地評価**となります。

一方、当該**自己所有部分を（貸家）**に出し、借地権割合が50％地域だとしますと、**底地が貸家建付地**となります。したがって、1－（20％＋80％×15％）＝68％となり、単純な賃貸マンションよりも底地の評価は低くなります。

6．放置空き家解消対策（平成27年度税制改正）としての定期借地権活用

住宅の放置による空き家問題が深刻な社会問題になっています。空き家対策特別措置法（**空家対策特措法**）も平成27年２月26日より施行されています。

対象空家の判定は、市町村が判定をすることになりますが、そのための具体的基準は法律には盛り込まれませんでした。

ここにきて**国交省と総務省が基本指針を作成**しました。空家が現存する背景には、地主の立場からは、たとえ空家であっても、住宅であれば固定資産税の小規模宅地減額特例を受け１/６課税を享受でき、また、取壊費用の負担問題もあるからです。なお、勧告（行政指導）→命令（行政処分）→**代執行になった場合の取壊費用等は納税者の負担となります。**

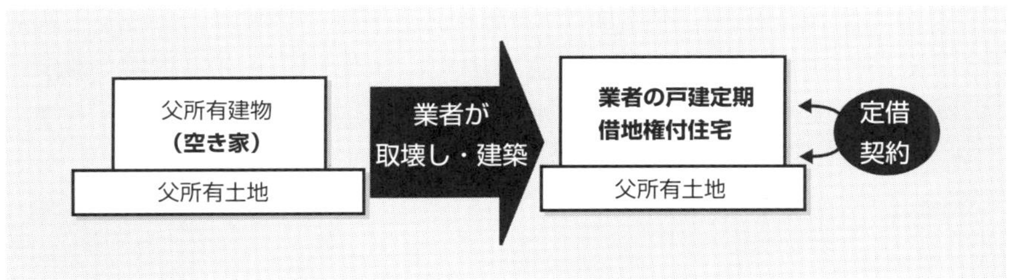

そのような**空家の敷地を、戸建定期借地権住宅用地として、デベロッパーを経由して貸し出せば固定資産税負担はそのままで、取壊費用は受取る保証金で賄うことが可能**ですので、自己資金なしでの土地活用が可能となり、一石二鳥といえましょう。2019年の税制改正で老人ホーム入居による空き家も譲渡所得に3,000万円控除が可能となりました（508ページ参照）。

基本指針によると、**固定資産税の１/６課税の対象から除外される**のは、次のような空家です。市町村から勧告を受けた特定空家は、**勧告を受けた年の年末までに是正をしない場合には、翌年度の固定資産税は６倍**になります。

①　倒壊等著しく保安上危険となるおそれのある状態
②　著しく衛生上有害となるおそれのある状態
③　適切な管理が行われていないことにより著しく景観を損なっている状態
④　その他周辺の生活環境の保全を図るために放置することが不適切である状態

第18章　医業承継税制の創設と平成29年10月1日一部改正（令和2年度税制改正により令和5年9月30日まで延長）

医療法人とは、医療法第6章（医療法人39～69）を根拠規定とする、病院や診療所、介護老人保健施設の開設を目的とする法人をいいます。

この医療法人は、非営利的な側面から**配当が禁止されています**が（医療法54）、残余財産は、従前、定款に定めることにより出資者に帰属させることが可能でしたが、平成19年の法改正後は、**残余財産の帰属**を定款に定める場合に、その帰属すべき者を、国・地方公共団体又は医療法規則31の2に定める者（下図に記載した**「持分のない医療法人」**）としなければなりません（医療法44⑤）。したがって、これ以降「持分のある医療法人」を**新たに設立することはできなくなりました。**

上記より、現在医療法人には、出資者を残余財産の帰属者とする医療法人（以下、本章において**「持分のある医療法人」**といいます）と、国等を残余財産の帰属者とする医療法人（以下、本章において「持分のない医療法人」といいます）の2種類があることになります。

≪医療法人の分類と法人数≫

平成29年3月31日現在

社団	**持分のない医療法人**（医療法附則10の3②一）	イ	社会医療法人（医療法42の2①）	244
		ロ	特定医療法人（措法67の2①）	313
		ハ	**基金拠出型医療法人**（医療法附則10の3②一ハ）	10,083
		ニ	イからハ以外の持分のない医療法人	1,799
	持分のある医療法人	ホ	出資額限度法人（医政発0608002号）	285
		ヘ	**出資額限度法人以外の持分のある医療法人**	39,901

イの社会医療法人とは、公益性の高い医療法人です。収益事業以外の事業については法人税が非課税となります。

ロの特定医療法人とは、公益の増進と公的な運営について国税庁長官の承認を受けた医療法人です。法人税について、19%の軽減税率が適用されます。

ハの基金拠出型医療法人とは、定款に、医療法人に拠出された金額を限度として返還義務を負う基金の引受についての定めをした医療法人です。出資金の払戻請求ができない「持分のない医療法人」ですが、基金については返還請求ができます。

ニの「イからハ以外の持分のない医療法人」とは、社会医療法人、特定医療法人及び基金拠出型医療法人のいずれにも該当しない持分のない医療法人です。具体的には、平成19年4月1日以後に設立された基金拠出型医療法人でない「持分のない一人医師医療法人」（451ページ参照）です。

ホの出資額限度法人とは、払込出資額を限度に払戻しを請求できる医療法人です。出資持分について相続が発生した場合に、払戻請求を行えば出資持分のうち払込出資額を超える剰余金については、原則として他の持分権者（次ページ参照）に対して贈与税が課税されます。

ヘには、多くの「持分のある一人医師医療法人」が該当します。

医療法人の税制上重要なのは、**「持分のある医療法人」の残余財産の帰属の権利**（以下、本章において**「出資持分」**といいます。）**の税法上の取扱い**です。

前ページに書いたように医療法人は配当が禁止されているため、出資持分の含み益が大きくなる傾向にあります。出資持分を有する者（以下、本章において**「持分権者」**といいます）が亡くなり、相続が発生した場合には、その出資持分に対して相続税が課されることとなり、一時に巨額の納税資金の必要が生じ、「持分のある医療法人」の経営を不安定化させています。

「持分のない医療法人」については、上記の相続税の問題は生じないため、厚生労働省は「持分のない医療法人」への移行を推進しています。「持分のある医療法人」が「持分のない医療法人」に**移行するためには、持分権者の出資持分の放棄が必要ですが、その場合には他の持分権者に贈与税**が課されることになります（相法９）。

本章では、**「持分のある医療法人」から「持分のない医療法人」への移行中に生じる贈与税・相続税**についての優遇税制措置（医業承継税制）についてお話します。

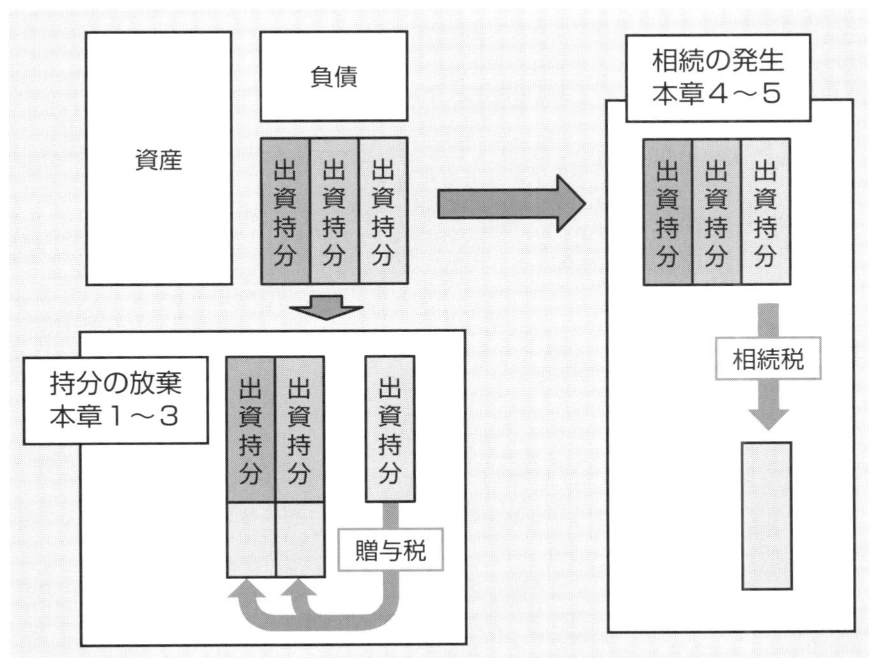

1．医療法人の出資持分放棄に係る贈与税の納税猶予制度

POINT

医療法人の出資持分の計画的な放棄を後押しする制度
無計画な出資持分の放棄は税負担が大きい

1．出資持分の放棄に係る贈与税の猶予・免除制度の創設（措法70の7の9）

「持分のある医療法人」が「持分のない医療法人」に移行するためには、持分権者は出資持分の放棄を行います。

出資持分の放棄により、他の持分権者の出資持分の価値が増加した場合には、その増加した価値に対し贈与税が課されますが（相法9）、下図に示す「認定医療法人」（コラム㊸「認定医療法人」参照）の**移行計画の期間中の放棄は贈与税が猶予され、全ての持分権者が持分を放棄すれば、**その間に持分の放棄により課税されるべきであった**贈与税は全て免除**されることになります。

そして、最後の1人が行う場合及び全員がいっせいに行う場合は450ページを参照してください。

贈与税の納税猶予・免除スキームのイメージ（持分放棄を順次行う場合）

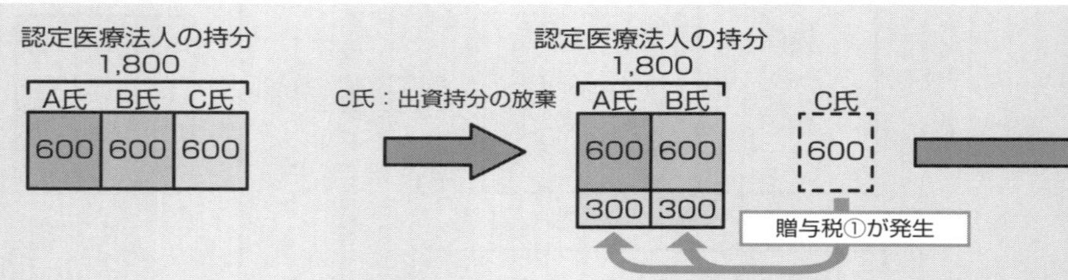

認定医療法人の場合

A氏の課税関係　　贈与税①の納税猶予

B氏の課税関係　　贈与税①の納税猶予

移行計画認定

「認定医療法人」の移行計画の期間（移行計画認定の日から移行

２．期限付きの制度の適用条件――認定医療法人移行への早急な対応

この制度の適用を受けるためには、「持分のある医療法人」から「持分のない医療法人」への移行計画について厚生労働大臣の認定を受けて**「認定医療法人」にならなければなりません。**移行計画は、当初平成29年９月30日までの間とされていましたが、令和２年改正により、令和５年９月30日まで認定期間が３年延長されました（医療法附則10の３⑤）。

３．担保の提供（措法70の７の９①、措令40の８の９①、措規23の12の６①一）

納税猶予の適用を受ける場合には、担保の提供が必要となります。この場合、その医療法人の出資持分を担保とすることもでき、出資持分の全てを担保に供した場合には、その価額が猶予をうける贈与税額に満たない場合でも贈与税額に相当する担保とみなされます。

出資持分を担保に供する場合は「質権設定承諾書」を税務署長に提出します。この書式については、「非上場株式等についての相続税・贈与税の納税猶予」の参考書式５（国税庁HP：URL　https://www.nta.go.jp/tetsuzuki/nofu-shomei/enno-butsuno/qa/index_6.htm）をご覧ください。

４．出資持分の放棄は移行計画認定後に！

納税猶予の適用を受けようとする場合に最も注意したいのは、出資持分の放棄は**「認定医療法人」になった後でなければならないことです。**出資持分の放棄を計画的に行うことが、税負担を軽減させるために最も重要なこととなります。

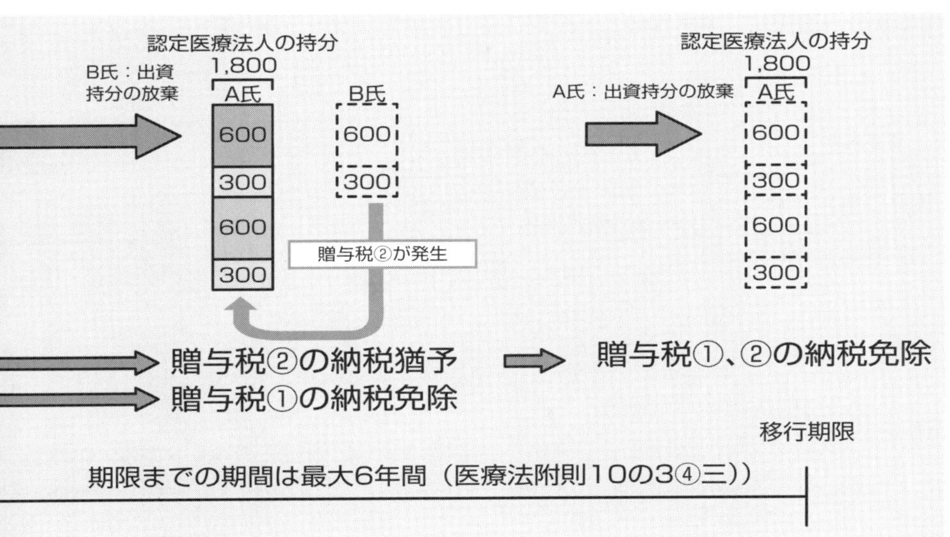

2．「認定医療法人」の出資持分放棄に係る贈与税の控除

POINT

持分の放棄があった年の申告期限までに放棄すれば猶予ではなく控除となり、贈与税が0になることも

1．贈与税の税額控除（措法70の7の10）

下図において、C氏が出資持分の放棄をした場合には、A氏・B氏に贈与税が課税されます。この場合に、B氏がその贈与税の申告期限までに、出資持分の放棄をすれば、B氏の同年の贈与税額から、出資持分の放棄により課税されるべき贈与税が控除されます。

一方、A氏は贈与税の申告期限までに出資持分の放棄をしなかったため、前述のように納税猶予の適用を受けることになります。

贈与税の税額控除スキームのイメージ（持分放棄を順次行う場合）

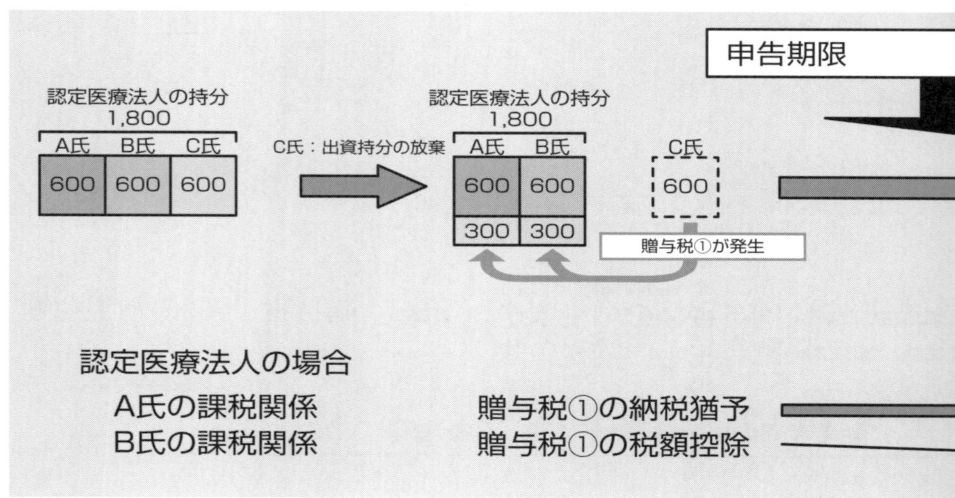

２．出資持分を放棄した年は他の贈与は控える！

出資持分の放棄により、贈与とみなされた出資持分の価額は、暦年の贈与税の課税価額に加算されますが、猶予又は控除されるのはその出資持分の部分だけです。そのため、同じ年に他の財産の贈与を受けると、当該贈与財産額が基礎控除以下であっても、贈与税が発生する可能性があります。

３．出資持分の放棄の方法（措規23の12の６③）

出資持分の放棄は「出資持分の放棄申出書」（医療法施行規則附則様式７）を「認定医療法人」に提出することにより行います。「出資持分の放棄申出書」、その他「認定医療法人」に関係する書式は、厚生労働省の下記ホームページから取得できます。

HP：「持分なし医療法人」への移行に関する手引書について

http://www.mhlw.go.jp/topics/bukyoku/isei/igyou/igyoukeiei/ikoutebiki.html

４．担保提供が不要に

下図の通り、贈与税の税額控除の適用を受けた場合には、その時点で課税関係は終了することになり、担保を提供する必要もありません。

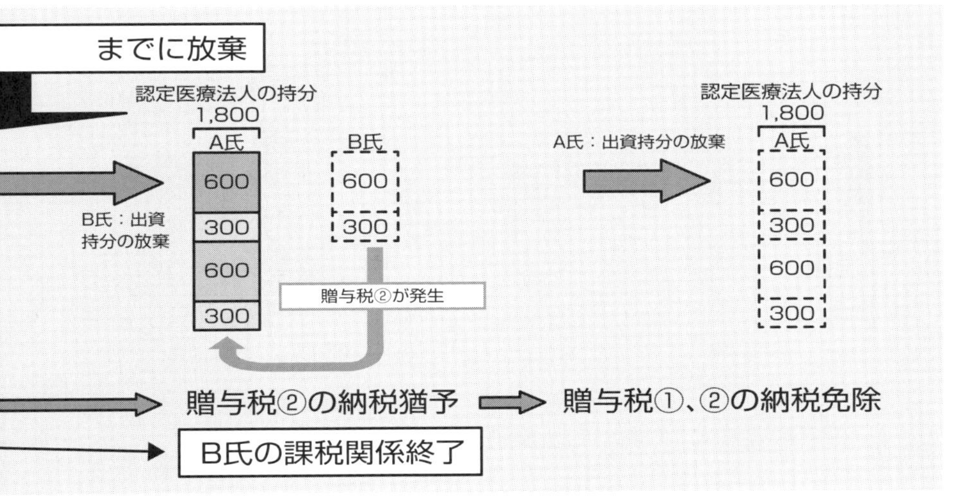

３．「認定医療法人」の出資持分の放棄で相続税が課税される２種類のケースに対応

POINT

①　遺言による出資持分の放棄があった場合

②　出資額限度法人において払戻請求があった場合

１．相続税課税の２種類のケースへの対応（措法70の７の11）

「持分のある医療法人」の持分権者の出資持分の放棄により、他の持分権者の出資持分の価値が増加する場合には、その増加した価値は基本的には贈与とみなされます。

しかし、出資持分の放棄が持分権者の死亡に伴って行われた場合に、相続税が課税されるケースが２つ考えられます。

２．遺言による出資持分の放棄――相続税法９条の読み替え

１つ目のケースは、持分権者が遺言によって出資持分の放棄をした場合です。

この場合は、出資持分の放棄により贈与とみなされた出資持分の価値増加は、遺言によりなされたとして相続税法９条の規定が適用され、その贈与は遺贈となり相続税が課税されます。そこで、租税特別措置法70条の７の11において、当該行為が遺言によりなされた場合（遺贈）を贈与と読み替え、遺贈に該当しない旨を規定し、相続税が課税されることのないようにしています。

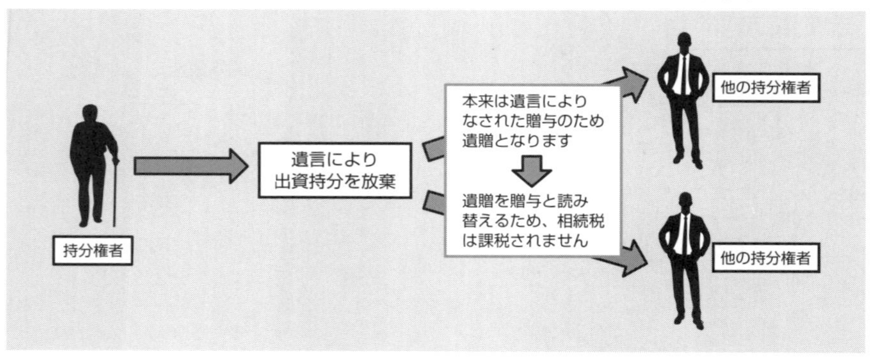

３．「出資額限度法人」において払戻請求があった場合

２つ目のケースは、「出資額限度法人」において、持分権者の死亡により相続

人が出資払込額を相続し、当該相続人がその出資払込額の払戻請求をした場合です。この場合、その出資払込額以外の出資持分すなわち経済的利益は放棄されることになり、他の持分権者への贈与とみなされるのが原則となります（相法９）。

しかしながら、現在の課税実務では、贈与税ではなく、相続税が課税されています（平成16年６月16日国税庁課税部長回答（URL：https://www.nta.go.jp/shiraberu/zeiho-kaishaku/bunshokaito/shotoku/040616/02.Htm）照会文書の４．社員が死亡により退社した場合⑵他の出資者の課税関係　参照）。

払戻請求をした者以外の持分権者が、被相続人から相続財産を取得していた場合には、相続税の３年以内の贈与加算（相法19）が適用されてしまいます。これを防ぐために、租税特別措置法70条の７の11第１項において、当該経済的利益について相続税の３年以内の贈与加算を適用しないで贈与税として課税する旨を規定しています。

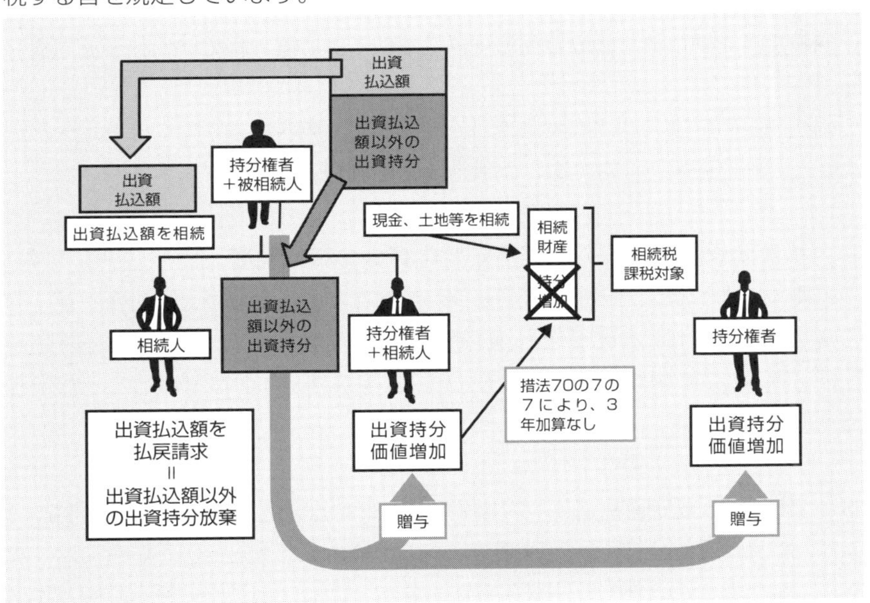

なお、この規定に係る経済的利益の放棄については、贈与税の申告期限までに「認定医療法人」に該当していれば、贈与税の納税猶予・税額控除の適用を受けることができます（措法70の７の11②）。

４．医療法人の出資持分に係る相続税額の納税猶予制度

POINT

「認定医療法人」になれば相続税の納税猶予
相続発生時に「認定医療法人」でなくてもＯＫ

１．持分権者の死亡に係る相続税の猶予・免除制度の創設（措法70の７の12）

「持分のある医療法人」の持分権者が死亡し、その出資持分を相続又は遺贈により相続人が取得した場合には、相続税が課税されることになります。そのような場合において、その相続税の申告期限までに「認定医療法人」となっていることを前提に、相続税の納税を猶予・免除する規定が創設されました。

納税猶予を受けるための担保の提供については、贈与税の納税猶予と同様です。

相続発生時には「認定医療法人」でなくても、申告期限までに「認定医療法人」となれば適用可能なため、医療法人の経営が安定します。

２．払戻請求対策としての経営安定化資金の貸付制度

相続人によっては、出資持分の払戻し請求をすることも考えられますが、その場合は独立行政法人福祉医療機構から、経営安定化資金（限度額２億5,000万円、償還期間８年）の貸付を「認定医療法人」が受けることができる制度があります。

３．２以上の「認定医療法人」の出資持分を有する場合（措令40の８の12⑧）

被相続人が２以上の「認定医療法人」の出資持分を有している場合には、次ページの計算例のとおり、相続税額を出資持分価額に応じて按分した額が猶予額となります。

≪計算例：法定相続人１人、単位：万円≫

＼		認定医療法人Ａ	認定医療法人Ｂ
Ⅰ	相続する出資持分価額	5,000	3,000
Ⅱ	相続税課税価額	5,000＋3,000＝8,000	
Ⅲ	みなし相続税額	680	
Ⅳ	按分割合	5,000/8,000＝0.625	3,000/8,000＝0.375
Ⅴ	納税猶予額（Ⅲ×Ⅳ）	425	255

相続税の納税猶予・免除スキームのイメージ（持分放棄を順次行う場合）

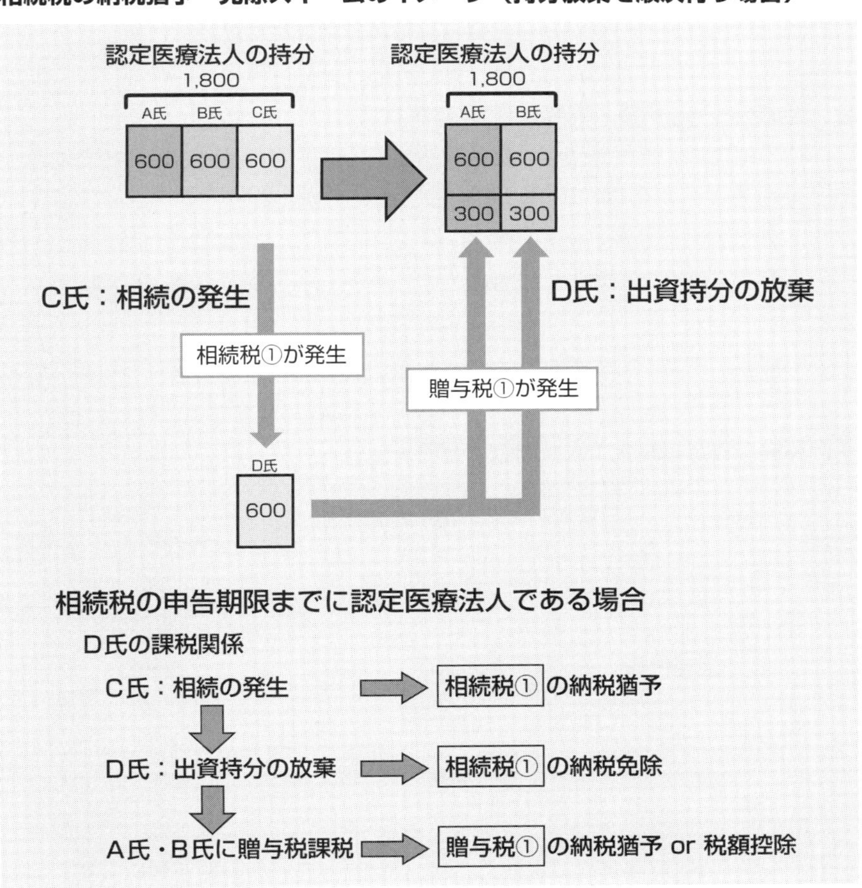

5．医療法人の出資持分に係る相続税額の控除

POINT

相続税の申告期限までに放棄すれば猶予ではなく控除
相続税納税額全部が猶予・控除されない場合も

1．相続税の税額控除（措法70の7の13）

前述の納税猶予に対し、相続税の申告期限までに相続人が出資持分の放棄をすれば、相続税の納付税額から出資持分に係る相続税額が控除されます。

2．相続税の猶予額・控除額は限定される

前述の相続税の納税猶予と共に注意したいのは、出資持分以外の相続財産がある場合です。例えば、下表（Ⅱ）の出資持分対応相続税額（2,430万円）から下表（Ⅰ）で計算した相続税額（1,220万円）を控除した金額（1,210万円）が、持分に対応する相続税額の中で納税猶予・税額控除されない税額となります。

つまり、納税猶予・税額控除される税額は（Ⅰ）の出資持分対応税額に限定されます。

≪計算例：法定相続人１人、単位：万円≫

	（Ⅰ）出資持分のみ	（Ⅱ） 出資持分＋その他相続財産
相続する出資持分価額	10,000	10,000
その他相続財産	—	10,000
（みなし）相続税額	1,220	4,860
出資持分対応相続税額	1,220	2,430
猶予・控除されない税額	2,430－1,220＝1,210	

この制度を最大限活用するためには、出資持分や出資持分以外の相続財産の評価減対策を講じ、相続税の課税価格を抑制することが重要となります。

相続税の税額控除スキームのイメージ（持分放棄を順次行う場合）

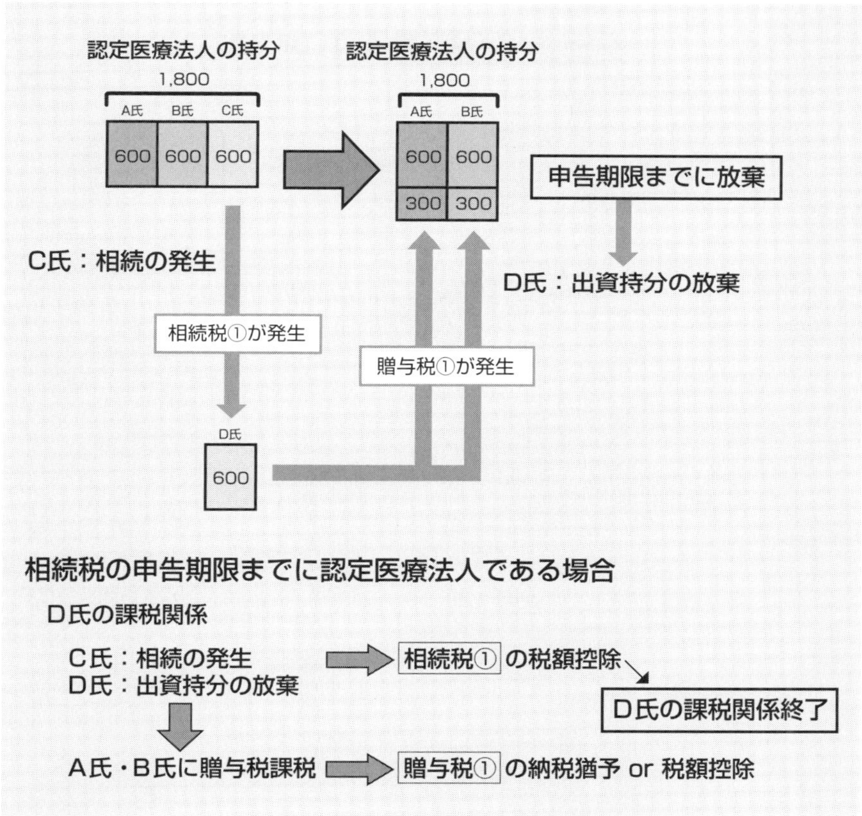

コラム㊶もっと詳しいお話

「認定医療法人」とは

1．「認定医療法人」（医療法附則10の3・10の4）

「持分のある医療法人」から「持分のない医療法人」への移行計画を作成し、厚労大臣の認定を受ければ税制優遇措置を受けて「認定医療法人」となります。ただしこれには旧制度と「新たな制度」（451ページ参照）があります。

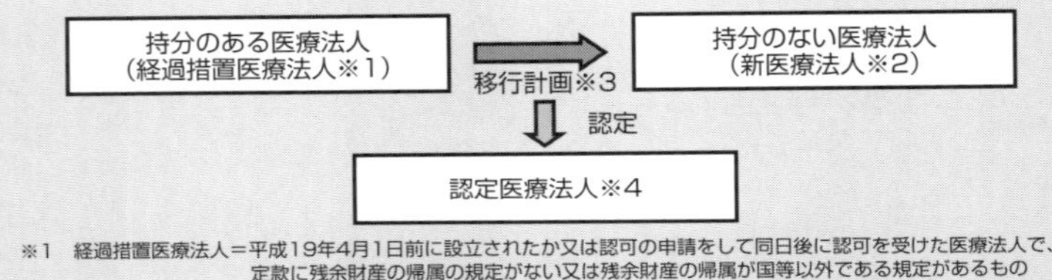

※1　経過措置医療法人＝平成19年4月1日前に設立されたか又は認可の申請をして同日後に認可を受けた医療法人で、定款に残余財産の帰属の規定がない又は残余財産の帰属が国等以外である規定があるもの（医療法附則第10条の2）
※2　新医療法人＝定款に残余財産の帰属が国等である規定がある医療法人（医療法附則10の2）
※3　移行計画＝経過措置法人から新医療法人への移行に関する計画（医療法附則10の3）
※4　認定医療法人＝移行計画の認定を受けた経過措置医療法人（医療法附則10の4）

移行計画の認定を受けるためには、移行計画認定申請書（医療法施行規則附則様式第一）に、移行計画（医療法施行規則附則様式第二）と以下の書類を添付し、厚生労働大臣に提出しなければなりません（医療法施行規則附則56①、②）。

A．移行計画の内容（医療法附則10の3②、医療法施行規則附則56③）
  1．移行後の医療法人の種類
    ①　社会医療法人　②　特定医療法人　③　基金拠出型医療法人
    ④　①～③以外の持分のない医療法人
  2．移行に向けた取組の内容
  3．移行に向けた検討の体制
  4．移行期限（認定後3年以内）・移行申請のタイムリミットは令和5年9月30日
  5．合併の見込
  6．出資者による持分の放棄又は払戻しの見込み
  7．融資制度利用の見込（444ページ参照）

B．添付書類（医療法附則10の3③、医療法施行規則附則57③）
  1．新旧定款対照表・新定款案
  2．出資者名簿（各出資者の氏名又は名称及び住所、出資額並びに持分の放棄の見込を記載した書類）
  3．社員総会の議事録
  4．直近の三会計年度に係る貸借対照表及び損益計算書
  5．運営に関する要件該当の説明資料

2.「認定医療法人」の認定その他書類提出スケジュール

「認定医療法人」になった場合は、定款について都道府県知事の認可を得ます。その後は、定款認可の報告、定期報告、持分放棄その他の処分の報告等の報告を、厚生労働大臣に対して行います（医療法附則10の8、医療法施行規則附則60)。

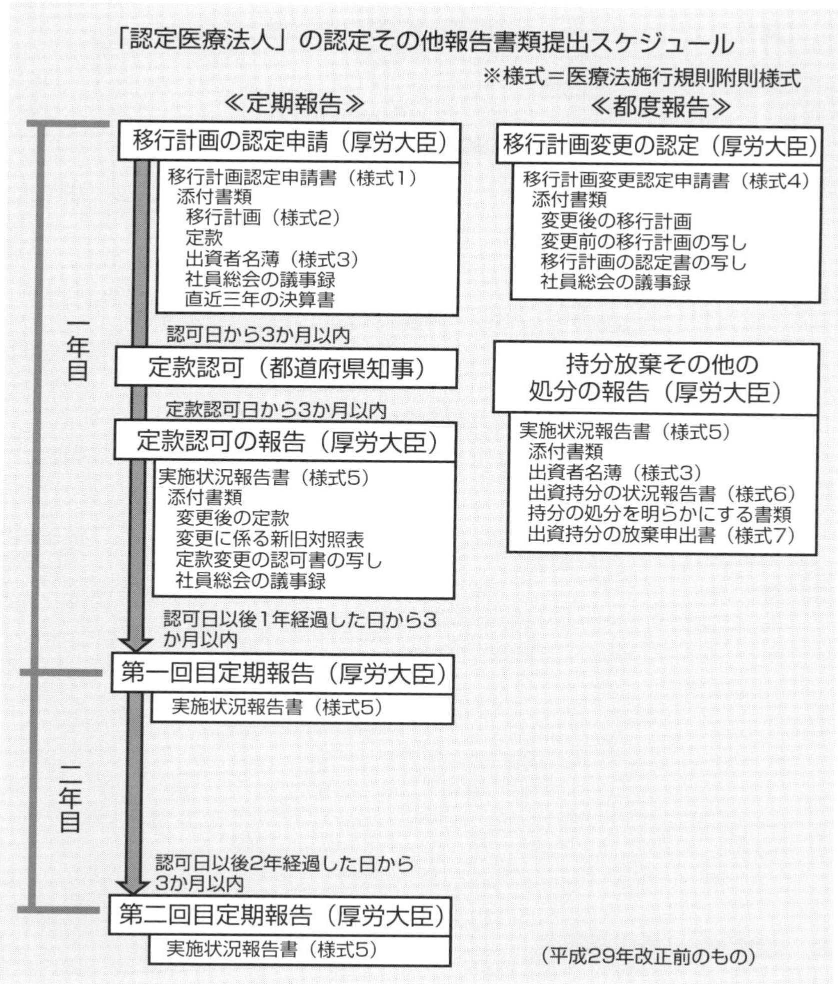

コラム㊷もっと詳しいお話

「持分のない医療法人」へ平成29年改正医療法への対応

1．「持分のない医療法人」への移行時の贈与税課税・非課税

「持分のある医療法人」から「持分のない医療法人」への移行時には、持分の全てが放棄されますが、持分の最後の放棄の時には、原則としてその医療法人を個人とみなして、医療法人に対して贈与税が課税されます（相法66①、④）。

ただし、下記の要件を満たせば贈与税は非課税となります（相令33③）。

一．① 医療法人の運営組織が適正であること

イ．社員総会及び理事会の議決事項、理事・監事の定数など一定の事項が定款等に定められていること

ロ．事業運営及び役員等の選任等が定款等に基づき行われていること

ハ．その事業が社会的存在として認識される程度の規模を有していること

⇒ **「社会医療法人」又は「特定医療法人」の基準を満たすこと**

社会医療法人（医療法42の2①）	特定医療法人（措法67の2①）
社会保険診療に係る収入金額が全収入金額の80%以上	社会保険診療に係る収入金額が全収入金額の80%以上
自費患者に対する請求方法が社会保険診療と同一	自費患者に対する請求方法が社会保険診療と同一
医業収入が医業費用の150%以内	医業収入が医業費用の150%以内
役員及び評議員に対する報酬等の支給基準を明示	役職員に対する報酬等が3,600万円以下
病院又は診療所の名称が４疾病５事業に係る医療連携体制を担うものとして医療計画に記載	病院　40床以上又は救急告示病院 診療所　15床以上又は救急告示診療所
	差額ベッドが全病床数の30%以下

② 同族親族等関係者が役員（理事・監事・評議員）等の３分の１以下であること

二．医療法人関係者に対する特別利益供与が禁止されていること

三．残余財産の帰属先が国、地方公共団体、公益法人等で持分のない法人に限定されていること

四．法令違反、隠蔽又は仮装等の公益に反する事実がないこと

2．非課税移行後の経営権

非課税移行の場合には、役員等の要件により経営権が制限されます。

「社会医療法人」については、同族親族等関係者が社員等（株式会社の株主にあたる存在）の３分の１以下であることとされており（医療法42の2①二）、経営権は、ほぼなくなりますが、「特定医療法人」については、社員についての規定はないことから、「特定医療法人」であれば、社員総会により経営権をある程度保持することも可能になります。

３．贈与税の非課税要件の緩和（平成29年改正医療法の一部改正）

新たな制度で「認定医療法人」と認定された場合、「非課税要件」を満たすか否かに関係なく、「持分のない医療法人」への移行に係る医療法人への贈与税課税が非課税となりました（措法70の７の14①）。そして**第７次改正医療法の一部改正（H29.10.1施行）**により、新たな「認定医療法人」の認定要件として、「その法人の運営が適正であること」が追加されました。すなわち①法人関係者に利益供与しないこと②役員報酬について不当に高額にならないよう定めていること③株式会社等に特別利益を与えないこと④期末の遊休財産額が事業費用の額を超えないこと⑤法令違反等の事実がないこと⑥社会保険診療収入が全体の80％以上であること⑦自費患者への請求金額が社会保険診療報酬と同一基準であること⑧診療収入が直接必要な経費の150％の範囲内であることの以上８要件です。代わりに従前の非課税要件の以下の４つがなくなりました。①理事６人、監事２人以上②役員の親族３分の１以下③医療計画記載④事業運営・役員等の選任等が定款に基づき行われること等。

４．「持分のある一人医師医療法人」の「持分のない医療法人」への移行

上記の緩和がなされた「一人医師医療法人」が「持分のない医療法人」へ移行する場合は、**規模の面から下図の⑴公益性の高い医療法人へ移行することは難しいため、規模要件のない⑵に記載する③基金拠出型医療法人への移行が現実的です。**

⑵に記載する③基金拠出型医療法人は、拠出した基金について返還請求権があるため、「持分のない医療法人」であっても、基金相当額の財産権（債権）は保持できます。

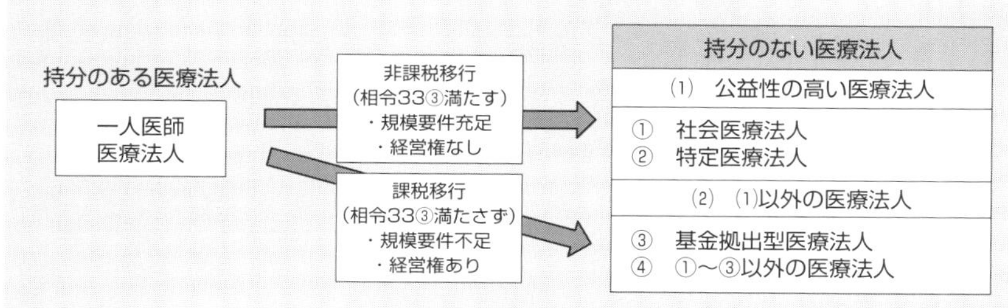

ただし、移行時に拠出者にみなし配当課税（所法25①五）がされるため、拠出者は出資持分の放棄をします。その放棄による経済的利益には、同族性を維持する場合には、法人を個人とみなして、贈与税が課税されます（相法66④）。

５．「持分のない医療法人」への移行対策上の留意点

これらの「一人医師医療法人」については、規模の面から非課税要件（前ページ図表参照）を満たすことは難しいですが、持分の評価減対策をしっかりと行えば持分放棄をして法人に対して贈与税課税されたとしても「持分のない医療法人」（基金拠出型医療法人）への移行を行うメリット（経営権の保持）は、十分にあります。出資持分の評価額圧縮対策としては、役員報酬・役員退職金の支給、償却費の大きい設備投資、保険などによる剰余金の圧縮が考えられます（453ページ参照）。

コラム㊸もっと詳しいお話

「持分のない医療法人」への非課税移行の原則

平成29年10月１日からの「新たな認定医療法人」（前ページの**3.**）若しくは改正前「認定医療法人」でなければ本コラムでの原則の扱いを受けます。

１．「持分のない医療法人」への非課税移行のための要件

「持分のある医療法人」から「持分のない医療法人」への移行時に、医療法人へ課される贈与税を非課税とするためには、「持分のない医療法人」について相続税法施行令33条3項１号～４号の要件（以下「非課税移行要件」）を満たさなければなりません。

相続税法66条４項による贈与税の課税要件

１．持分の定めのない法人に対し贈与又は遺贈があった場合において
２．当該贈与又は遺贈により当該贈与又は遺贈をした者の親族その他これらの者と相続税法64条１項に規定する特別の関係がある者の<u>相続税又は贈与税の負担が不当に減少する結果となると認められるとき</u>

相法66④の贈与税の課税要件を満たす
不当に減少すると認められる
相令33③を満たさない

相続税又は贈与税の負担が不当に減少する結果となると認められないとき

相続税法施行令33条３項
一.①持分の定めのない法人の運営組織が適正であること
　②同族親族等関係者が役員等の３分の１以下であること
二．当該法人関係者に対する特別利益供与が禁止されていること
三．残余財産の帰属先が国、地方公共団体、公益法人等に限定されていること
四．法令違反、隠蔽又は仮装等の公益に反する事実がないこと

移行後において相令33③の要件を満たさなくなったときに、相法66④による贈与税の課税要件を満たし、贈与税が課税される可能性があります。

2．非課税移行後の課税リスクの可能性

非課税移行要件を満たし、「持分のない医療法人」への非課税移行を行った場合においても、贈与税課税のリスクがあります。

「相続税法第66条第４項の規定を適用すべきかどうかの判定は、贈与等の時を基準としてその後に生じた事実関係をも勘案して行う」（上記「法令解釈通達　相続税個別通達（判定の時期）」ことから、非課税移行後にその医療法人が非課税移行要件を満たさないこととなれば、相続税法66条４項に規定の贈与税が課税される可能性があります。

これを回避するのが平成29年10月１日からの「新たな認定医療法人」（451ページ参照）です。これを満たせない医療法人は旧制度である本コラムの原則によりみなし贈与課税のリスクが残ります。

3．非課税移行のポイントは公益性の維持

上記のリスクを勘案すると「持分のない医療法人」への非課税移行については、移行後においても「非課税移行要件」を維持しながら運営し続けることが必要になってきます。

相続税法施行令33条３項４号は法令違反、隠蔽又は仮装等の公益に反する事実がないことが掲げられており、「持分のない医療法人」への非課税移行は、その法人が私的に支配されていないこと以上の高い公益性の維持がポイントになっています。

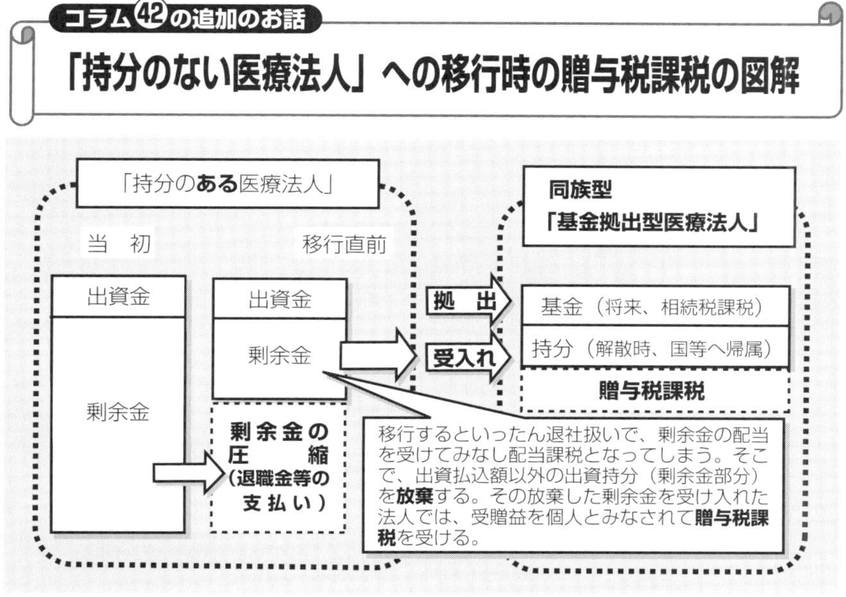

19章　アーカイブス

平成27年からは相続税の基礎控除が4割も下がりました。**資産家の心配事だった相続税が税制改正で「資産家とみなされてしまう」＝「俄か資産家」**の増加を招きます。現にこの影響で、平成28年12月の国税庁統計では申告件数も大幅に増えました。すると、**現在の税務調査でも主戦場である「名義預金」**等を巡って、想像以上に課税財産があることが発覚し、**配偶者軽減などが**

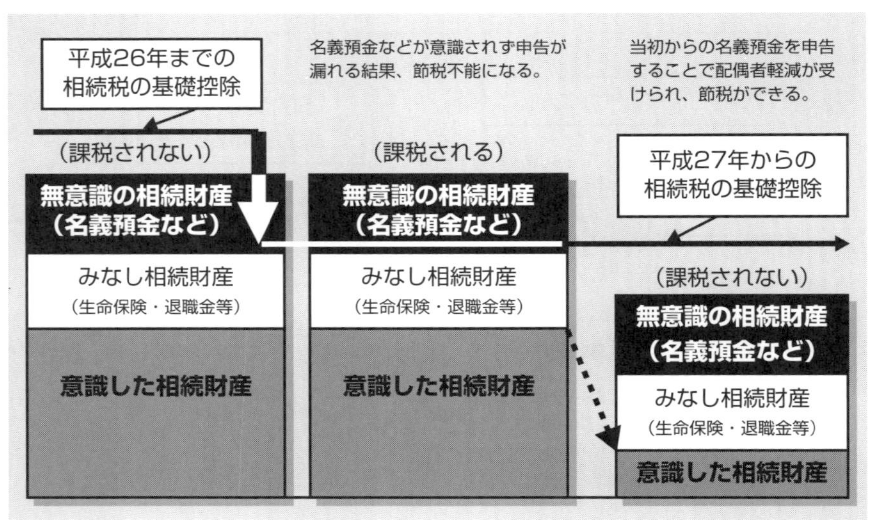

当初申告に限られるために思わぬ多額の税額になる可能性も増えるかもしれません。

一方、**相続税がかかるか否かに関係なく問題**となるのが、「遺産分割」すなわち相続人の間のトラブル「争族」です。こちらの方が難題ですから、つまりは**「相続税 < 遺産分割」の優先順位**が成り立ちます。

しかし、課税されるということは、一番融通が利かなくて現金を要求してくる**「国」という新たな相続人が増えることと等しい**のです。

そして、下手に「孫の教育費の非課税」だからと言って贈与をし過ぎると、財産のない親は放置されかねません。

ですから、**「相続税 < 遺産分割 < 生存確保」の優先順位**が成り立ちます。

一方、以前からの資産家にとっては、**漫然と資産を保有し続けることへのコストは高まって**います。そこで、**贈与**と相まって、**資産のマネジメント（経営）**が不可欠ですが、アパート投資は過熱気味ですのでご注意ください。

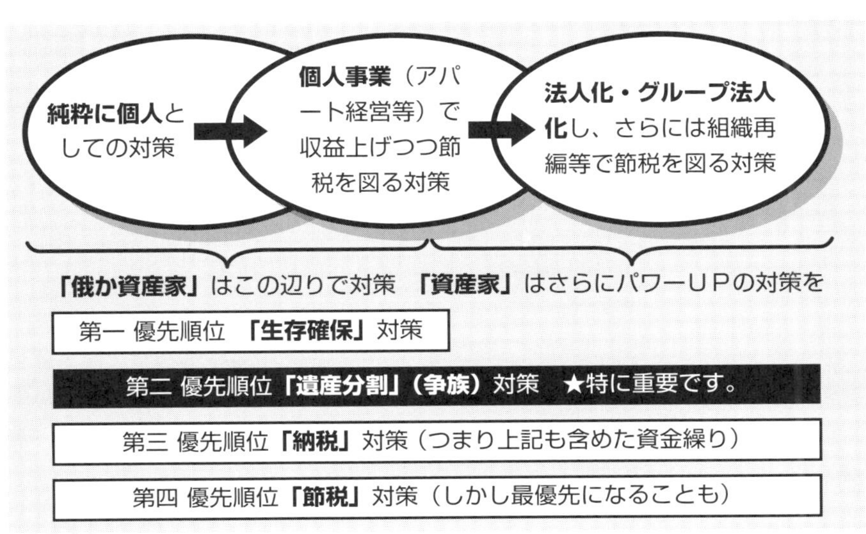

1．広大地・タワマン・非上場株の評価も変わる！

POINT

広大地もタワマンも会社で持つと株式評価につながる！
非上場株の評価方法「類似業種比準」方式に大変化！

平成29年度税制改正では、資産税に関する改正が多くありました。

❶ 広大地

まずは、広大地。しかし、下図のように変わったといっても、詳しくは「外部専門業者の実態調査に基づき設定」となって分かりません。が、**これまでよりは評価が高くなる方向にされる**ことでしょう。

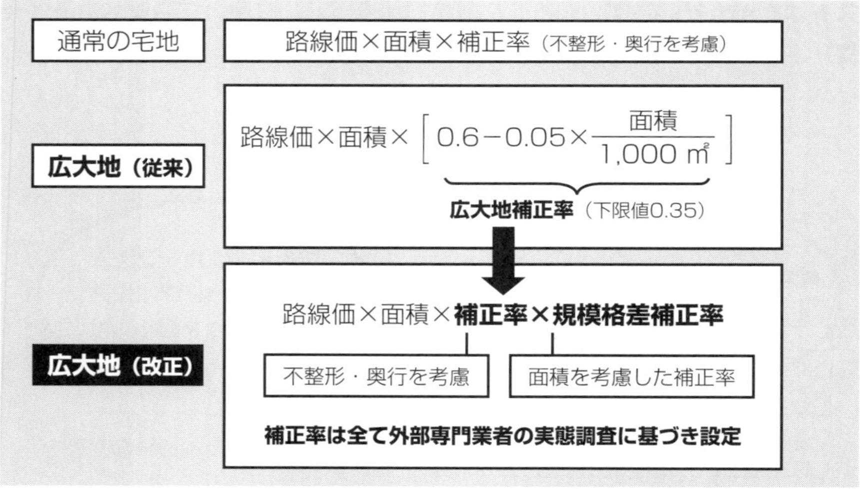

次の❷の「タワマン」も含め、**不動産所有法人にすると節税効果が高くなります。するとその会社の株式を通じて❸の影響を受けます。**いずれにしろ、評価方法が明示されたら再度、**自社株評価をする必要があります。その上で、納税猶予・免除も併せて検討**しなければなりません。

❷　タワマン

60m以上のタワマンの固定資産税はこれまで、どの階でも同じ面積なら同額でした。これを**下層階の負担を、高層階に負担させるものですが、僅かな税額に過ぎません**。また、**土地の固定資産税は、何ら改正になっていません。したがって、節税はまだまだ続く**でしょう。しかし、行き過ぎた租税回避にはこれまで同様、「総則６項」による税務否認があることでしょう。

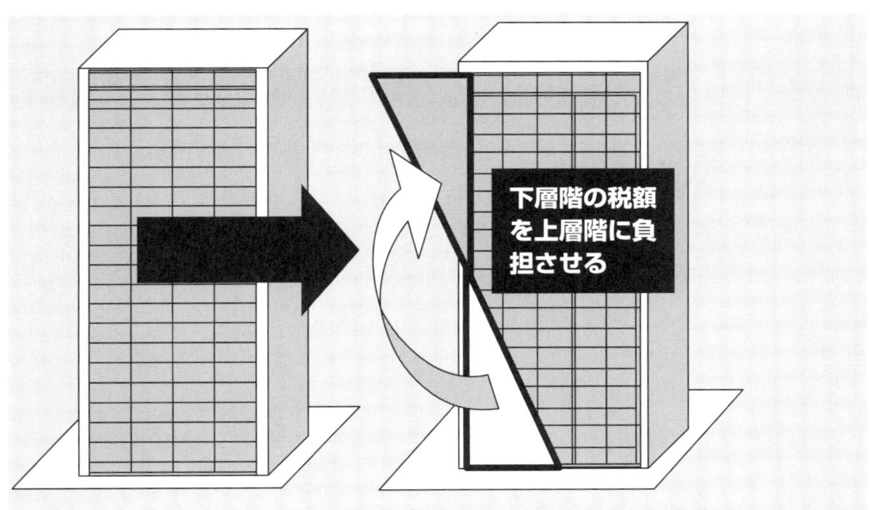

❸　非上場株の「類似業種比準価額」

非上場株の評価方法である「類似業種比準価額」は下式の×部分等が改正になり**評価が上がるか下がるか微妙**です（詳細は133ページ参照）。

$$\text{類似業種比準価額} = A \times \left\{ \frac{\overset{\text{配当}}{\frac{b}{B}} + \overset{\text{利益}}{\frac{c}{C}} \times \cancel{3} + \overset{\text{純資産}}{\frac{d}{D}}}{\cancel{5}\quad 3} \right\} \times \begin{cases} 0.7\text{（大会社）} \\ 0.6\text{（中会社）} \\ 0.5\text{（小会社）} \end{cases}$$

2. 教育資金贈与（1,500万円）は富裕層向け

POINT

「俄か資産家」は教育資金贈与よりも自らの生存確保が優先
資産家は慎重に、最後の飛び道具として使い、富裕層は大いに活用

2019年税制改正により制限が加わりました（504ページ参照）

1.「俄か資産家」の対策　一番重要なのは自身の「生存確保」

「一括教育資金贈与の1,500万円の非課税制度」（460ページのコラム参照）について金融機関の契約高の伸びは凄いものがあります。信託銀行も手数料無料化などで将来の顧客、つまり、遺言信託・遺言執行・遺産整理の囲い込みに余念がなく、地方銀行等も支店の少ない信託銀行の間隙を縫って争奪戦が繰り広げられています。

しかし、財務省や文部科学省のＨＰ等の説明の冒頭にも書かれているように、扶養義務者間の教育資金の贈与は、扶養の範囲で食事や寝床を提供するのと同

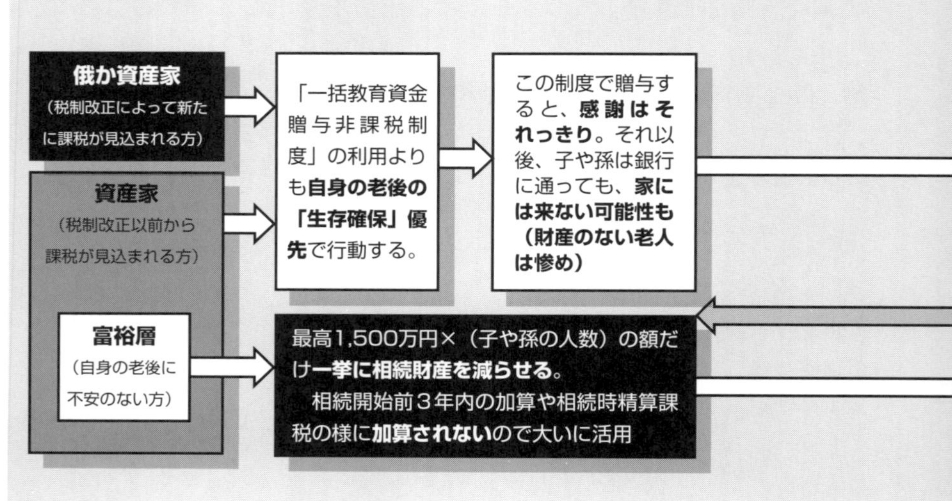

じく**「必要な都度」、「必要な額だけ」贈与するのであれば昔から非課税**です（相法21の３：461ページ参照）。だから、「俄か資産家」や老後に若干でも心配な方は、自分自身の物心両面の**「生存確保」を優先**させるべきです。

なぜなら、無闇に贈与して財産が僅かになると、孫らは引き出しの為に金融機関に通いこそすれ、**財産の乏しくなった老人の下には、やって来なくなり、哀れな余生となる可能性**が高まります。さらに、複数の孫等が居る場合に特定の孫等に贈与すると、後日、公平感で揉め事になり易いものです。

２．資産家は余裕の範囲で行い、最後に活用する

一括教育資金贈与の非課税制度は、子や孫一人当たり**1,500万円まで一挙に贈与しても非課税**で、通常は半分近くの贈与税がかかりますので有利ですし、相続開始前３年の贈与等のように**相続税の課税財産に持ち戻し**（113ページ参照）**もありません**から、富裕層の方は積極的に行っても良いでしょう。

資産家も、余生の長さは誰にも分かりませんので、慎重に行うべきで、いよいよ**最期の時が近いと判断して、意思表示ができる際に一括贈与すると相続税の節税**が図れます。また、贈与を受ける側も下図の注意点に留意してください。

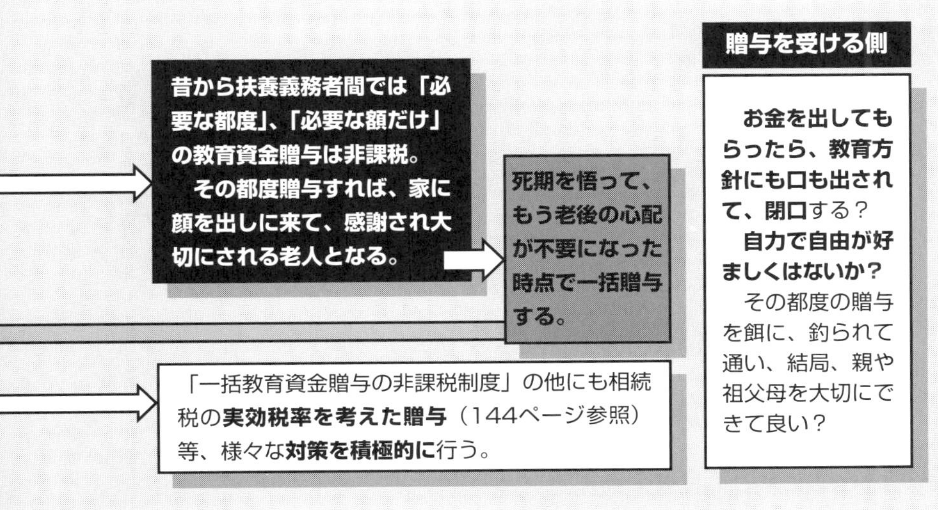

昔から扶養義務者間では「必要な都度」、「必要な額だけ」の教育資金贈与は非課税。
その都度贈与すれば、家に顔を出しに来て、感謝され大切にされる老人となる。
死期を悟って、もう老後の心配が不要になった時点で一括贈与する。
「一括教育資金贈与の非課税制度」の他にも相続税の実効税率を考えた贈与（144ページ参照）等、様々な対策を積極的に行う。
贈与を受ける側
お金を出してもらったら、教育方針にも口も出されて、閉口する？
自力で自由が好ましくはないか？
その都度の贈与を餌に、釣られて通い、結局、親や祖父母を大切にできて良い？

コラム㊹もっと詳しいお話

一括教育資金贈与1,500万円の非課税

1. 制度の概要（措法70の2の2）

祖父母や父母から30歳未満の孫等の直系卑属への教育資金“一括”贈与について金融機関で所定の手続きをして預入れをすることで、**孫等一人当たり1,500万円（学校等以外、例えば塾等は500万円限度）**までは贈与税が非課税となります（期限は2021年3月31日まで）。

下図は一括贈与から各種支払をし孫等が30歳になるまでの課税関係を示したものです。30歳というのは「教育資金口座」の「契約終了」ですが、**受贈者の死亡や口座残高が0となり終了の合意でも「契約終了」**となります。

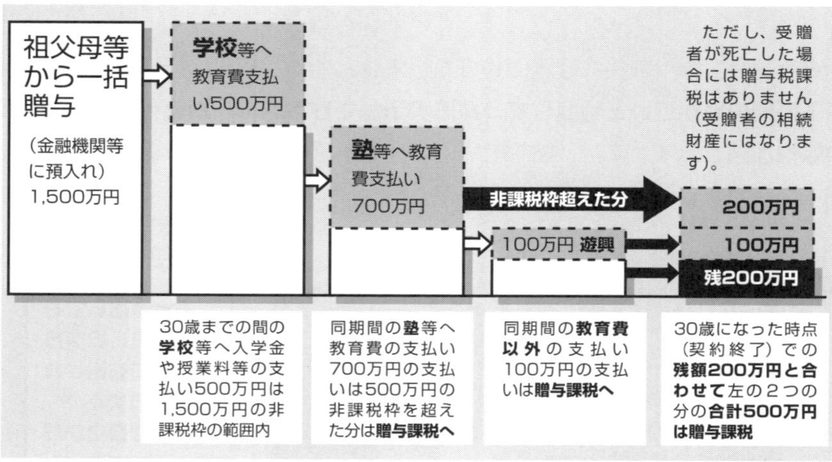

2. 制度から考えられる「危険」や「活用」

① 例えば、孫等の誕生時にこの制度で贈与をして、教育資金に使われなくても**30年間は課税されず、30年後の贈与税率で課税**されます。

このことは、教育資金として贈与しても**教育費以外に無駄遣いされることは防げない**ということです。

その結果、却って教育費以外に使い込んでいれば納税資金も枯渇して、**30年後に贈与税の支払いに苦慮する可能性**を生じさせるとも言えます。

② **養父母からの贈与もＯＫ**なので、相続税の基礎控除の際の法定相続人の人数に含まれない養子にも適用できます。

文部科学省の下記ＨＰアドレスにおいて『教育資金の一括贈与に係る贈与税非課税措置について』で以下の記述があります。

> 「教育のために支払われるもの」として『社会通念上相当』でないものを網羅的に示すことはできませんが、例えば、・賭博やギャンブルに関するもの（カジノの手法を教える教室）・酒類やたばこを楽しむことを目的とする講習・遊興・遊技を内容とするもの（トランプ、パチンコ、麻雀、ゲーム、カラオケ、手品、占い等を教える教室など）・娯楽目的の鑑賞を行うことを目的とするもの等は、教育のために支払われるとはいえません。

平成27年度税制改正で、通学定期券代と留学渡航費等が加わりました。
その他、以下のＨＰを参照。

http://www.mext.go.jp/component/b_menu/other/__icsFiles/afieldfile/2014/08/21/1337560_1.pdf

---

● 前項でお話した、その都度贈与に関係する条文は以下のとおりです。

相続税法21条の３（**贈与税の非課税財産**）

次に掲げる財産の価額は、贈与税の課税価格に算入しない。

二　**扶養義務者相互間**において**生活費又は教育費**に充てるためにした贈与により取得した財産のうち**通常必要と認められるもの**

民法877条（扶養義務者）

直系血族及び兄弟姉妹は、互いに**扶養をする義務がある**。

3．結婚・出産・子育て資金の非課税贈与！

POINT

教育費資金と異なり贈与者の死亡時の残高が遺産に戻される。
孫への贈与でも「相続税の2割加算がない」がタイミングが難しい

1．2匹目のドジョウ？　その概要（措法70の2の3）

親・祖父母（贈与者）が、金融機関に子・孫（**20歳（2022年4月以降は18歳）～49歳**。受贈者）名義の口座を開設し、**結婚・出産・子育て**資金を**一括**して拠出すると、子・孫ごとに**1,000万円（結婚関係は300万円）まで贈与税を非課税**とするものです。前ページまでの教育費の非課税によく似ています。

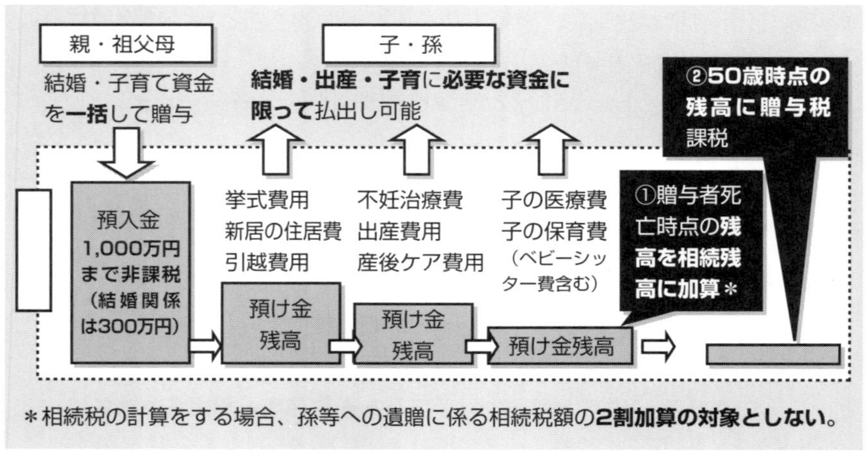

ただし、①**贈与者死亡時の残高を相続財産に加算**します。また②**受贈者が50歳に達する日に口座は終了し、使い残しに対して贈与税**が課税されます（2021年3月31日までの贈与を対象）。

2．教育費資金贈与より使いにくい。さらに落とし穴が…

教育費の贈与と同様、「結婚・出産・子育て」資金の贈与は、**元々非課税**です（461ページ参照）。それでも教育費非課税制度がブームになったのは、

1,500万円が相続財産から除かれるからです。

しかし、「結婚・子育て資金贈与」の制度は、贈与者の死亡時の使い残し残高は相続財産に加算されます。たとえ、それが**相続開始前３年超に贈与されたものであっても加算**されるのです。**これが落し穴です。**なお、３年内贈与があったとしても、３年内加算の対象にはなりません（措法70の２の３⑩五）。

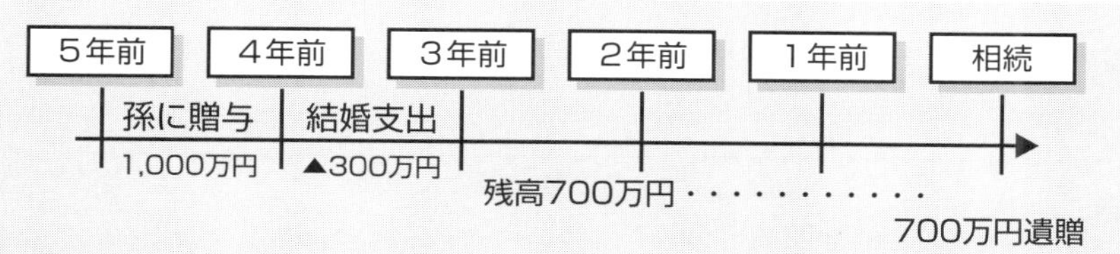

そんな事なら、結婚等の支出の都度（非課税）、300 万円負担してやり、その他に暦年贈与（110万円×４年＝440万円）すれば、合計740万円全て贈与税も相続税も非課税となります。

３．唯一の救い？　孫への遺贈に「２割加算なし」を活用する！

通常、孫に遺言で遺贈すると相続税額の計算の上では、被相続人の１親等の血族（直系卑属である代襲相続人を含みます）及び配偶者以外の者である場合いわゆる２割加算の対象とされるのですが（相法18）、この制度の贈与税の非

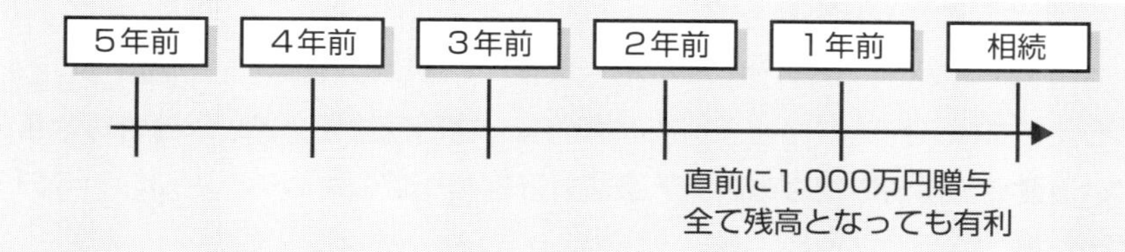

課税を使えば２割加算の対象外となるので、死期を感じてきた時に利用することで、使い残しが遺産に加算されて、孫が遺贈で取得したとみなされても２割加算を受けずに済みます。

つまり本制度を相続開始直前に、孫に対して活用した場合、**前３年加算の対象**とならず、さらに**２割加算の対象とならない**のです（措法70の２の３⑩四）。

死期を感じてきた時に、意思決定ができないことがあるので「遺言代用信託」（295ページ参照）を組合せて生前に行います。

コラム㊺もっと詳しいお話

「争族」頻発を政府が助長させる危険！ そして、「贈与税の申告内容の開示」の立法手当上の問題

1. 贈与は７つの種類がある

平成27年度税制改正により前ページの非課税贈与が増えたことによって、贈与は以下の７つになりました。

	贈与の名称	贈与枠	参照ページ	加算
①	暦年贈与	年間110万円	148	３年加算
②	相続時精算課税贈与	2,500万円	150	全加算
③	住宅資金**非課税**贈与	変化する	158	なし
④	教育資金**非課税**贈与	1,500万円	458	なし
⑤	結婚子育資金**非課税**贈与	1,000万円	462	残高加算
⑥	贈与税の配偶者控除	2,000万円	149	なし
⑦	特定障害者特定贈与信託	6,000万円 (3,000)	296	なし

2. 「争族」の種がばら撒かれる

上記の贈与の内、非課税となる贈与額は、相続税の計算の上で加算されることがありません。しかし、税法とは別に、**特別受益を考慮しなければならない遺産分割協議のための資料・遺留分侵害権請求のため**に、生前の贈与の実態を調べることは重要です（376ページ参照）。

そこで**相続税申告書作成のために、他の共同相続人の受けた生前贈与の資料が必要**になるための「贈与税の申告内容の開示制度」（相法49①）を利用します。税務署に申請すると**２か月以内に開示**されるようになっています。

多くの税理士がこの制度を知らないために利用していないようですが、正しい申告と、自身の安全のために積極的に利用すべきでしょう。なぜなら、相続人らにその実績を聞いても中々分からないことや虚偽の説明があるからです。

しかしながら、この開示制度では、相続税の計算に関係のない上記の非課

税の贈与額は開示されません。開示されるのは、上記**１．**の表の①と②で、①については**相続開始前３年以内の贈与**です。

そして、その非課税贈与が近年、暦年贈与の10倍程増やされています。非課税贈与は、極端な話、受贈者が黙っていれば分かりません。しかし、税理士が申告のために、或は税務署が調査で過去の預金の動きを辿ると少なからず炙り出されます。その結果、**相続財産でないことを立証するために、非課税贈与であることを明らかにする結果、遺産分割の上での特別受益や遺留分の計算に影響を及ぼし、争族に発展**しかねません。政治の人気取りの結果、将来の争族の種がばら撒かれているのです。しかも、同表の③により自宅を持った子は、実家の相続で**小規模宅地の８割減の適用も受けられない**のです。

３．「贈与税の申告内容の開示」に立法の漏れ

平成27年度税制改正で創設された「結婚・子育て資金の一括贈与制度」は、契約期間中に贈与をした親・祖父母・曾祖父母が死亡した場合、贈与を受けた金額から、結婚・子育て資金に使わなかった**残額は、贈与者から相続又は遺贈により取得したとみなされる**とされましたので、その残額を相続税の申告の上でも知る必要があります。

しかしながら、平成27年度の税制改正で、相続税法49条の改正が連動して行われずに、**開示請求の対象に「結婚・子育て資金の一括贈与」を含めるという立法手当が、なされませんでした。**

そこで、現在、**筆者は国税庁に対して、通達（相続税基本通達49-１）で手当てすることを検討されたいと要望を出しております**[1]。それにしても、**信託銀行等は死亡の事実を知らなければ、その残額を税務署長に知らせることもできません**ので大変です。しかし、税務署側ではKSK（国税総合管理）システムで分かります。

1　事業承継税制において、譲渡制限株式のままで、担保提供を認めること、株券不発行が原則であるので、株券提供ではなく質権設定承諾書の提供に替えること、持分会社は人頭主義での議決権であるので、法律文言からは事業承継税制が使えず、持分会社の定款変更をして出資金額主義での議決権要件とすべきであることを、かつて筆者は、中小企業庁経由で財務省に要望して、改正を実現したという経緯があります。

4．小規模宅地の居住用と事業用等の要件は厳しい

POINT

納税に大きく影響し、しかも申告ミスが最も多い適用要件誤り。
趣旨は「可哀想な場合」しかし、割り切り、救えない場合も…

1．ミスが多い小規模宅地の適用誤り

前ページのコラムで小規模宅地等の要件を載せました。しかし、その要件を軽く読んでしまう方が多いようです。**税理士損害賠償責任保険の相続税の事故で最も多いのが、この適用誤り**です。そこで、４つの小規模宅地の内、２つだけですが、もう少し詳しく具体的にお話をしていきます。まずは、**特定居住用**をまとめると下図のようになります。いずれも、居住用だから**売却して納税は「可哀想」**だから、配偶者、同居していた親族等、その家の売却納税が困難

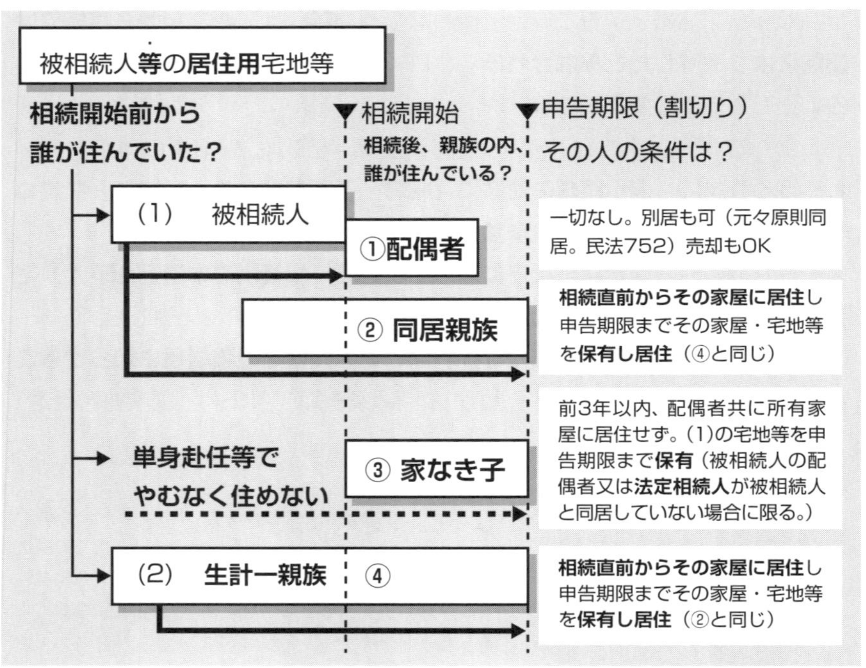

な想定をしていることを感じ取ってください。「可哀想な場合」だから**特別規定で救うので、要件は厳しい**です。例えば、申告後で期限内に売却してもダメ等…。

特に④の**「生計一親族」の要件は後日の証明が困難な場合があるため注意**してください。税理士がこの特例の説明後に、「生計一ですか？」と尋ねると8割減に引かれて「Yes」になる事があります（470ページ参照）。

（また、かつて「家なき子」が救えなかったと同様に、「可哀想な場合」を想定できずに救えない場合もあります。なお、「申告期限まで…」とあるのは、本来は「ずっと」なのですが、そこまで**徴税コストを掛けてフォローできない割切り**です。）

次に**特定事業用**をまとめると下図のようになります。これも上記と同様、そこで生計を立てるべく仕事をしているので「可哀想な場合」になります。

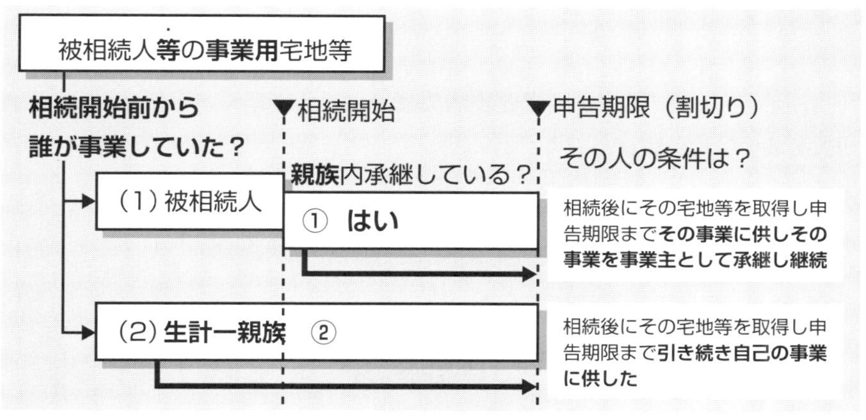

特にお話したいのが、上図①の注意で、**被相続人の事業の引き継ぎです。申告期限までに業種を変えると適用がありません。**例えば、父が**焼肉屋を経営し、息子が当該事業用土地を相続し、申告期限内に焼き鳥屋にした**ような場合です。その事業の分類は、**日本標準産業分類**でなされますので、事業引き継ぎ要件を満たさないことになります。

また、**特定同族会社事業用や不動産貸付用**も適用誤りが少なくないので要件をよく確認ください（492ページ参照）。

5．二世帯住宅・老人ホームは緩和された

POINT

二世帯住宅、同居要件が緩和され同一建物なら行き来不可でもOK
老人ホーム、居住用要件が緩和され２つの条件クリアでOK

1．二世帯住宅

核家族化が進み、**プライバシーを保ちつつ、親の面倒を看る**、例えば、下図のように、内部で行き来のできない一棟の建物の１階と２階とで別々とか一階の別玄関で親子が別所帯として住んでいる場合には、これまでは**子の居住部分に相当する敷地対応部分**については、小規模宅地の特例が受けられませんでした。

しかし、平成27年からの**基礎控除の減少より１年早く、平成26年から小規模宅地の特例が受けられる**ことになりました（措法69の４③二イ）。

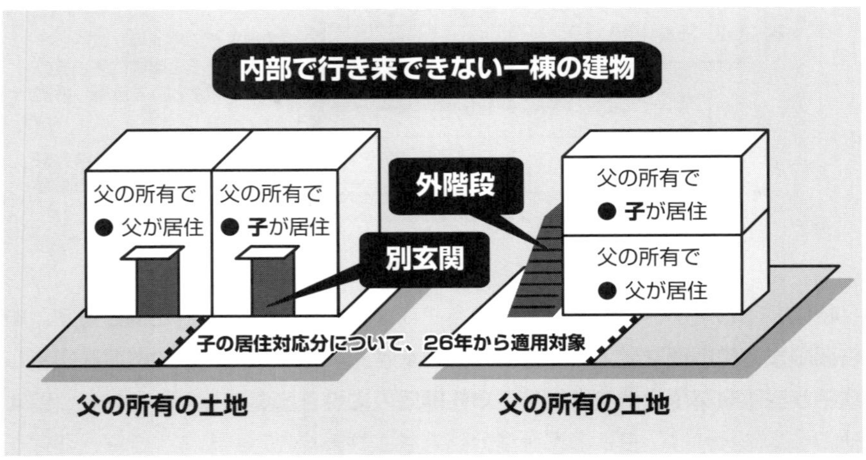

ですから、上図の場合は、平成26年からは敷地の全てが特例の対象となっています。しかし、子の居住部分の、**建物の区分登記がされていると対象となりません**。

2．老人ホーム

こちらも、核家族化や子の世代の共働きによって、老親の面倒を看ることもできないため、**介護施設である老人ホームに入居**しようとするものの、その不足は甚だしく、やむ無く**「終身利用権」を取得するタイプの老人ホームに**入らざるを得ない場合が多くなっています。老人ホームの**「終身利用権」ということは、「終の棲家」**とみなされて、我が家の方は居住用ではなくなるため、これまでは小規模宅地の特例の対象外となっていました。

しかし、こちらも、平成27年からの基礎控除の減少より１年早く、**平成26年から以下の大きく２つの条件をクリアすれば**、小規模宅地の特例が受けられるようになりました（措法69の４①、措令40の２②③）。

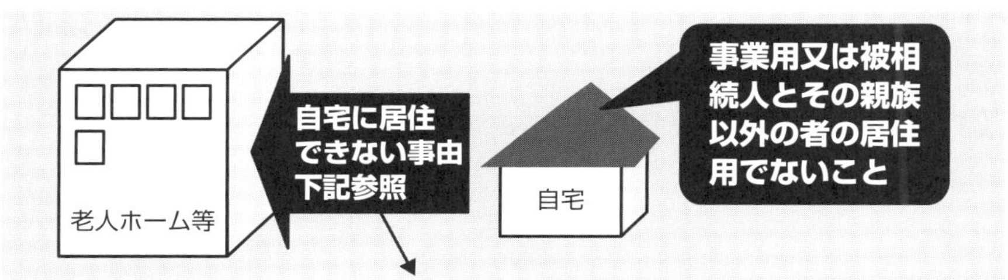

自宅に居住できない事由（**被相続人に介護が必要なため入所したという事由**）の詳細は以下のとおりです。

〈1〉「介護保険法」19条に規定する**要介護認定**又は**要支援認定**を受けていた被相続人が、次に掲げる住居又は施設に入っていたこと。
　①「老人福祉法」に規定する所定の**「養護老人ホーム」、「特別養護老人ホーム」、「軽費老人ホーム」、「有料老人ホーム」**
　②介護保険法に規定する所定の**「介護老人保健施設」**
　③「高齢者の居住の安定確保に関する法律」に規定する**「サービス付き高齢者向け住宅」**

〈2〉「障害者の日常生活及び社会生活を総合的に支援するための法律」21条に規定する**障害者支援区分の認定**を受けていた被相続人が所定の施設等に入っていたこと。

なお、老人ホーム関係では508ページを参照ください。

6. 地方や富裕層の二世帯住宅の小規模宅地適用

POINT

一次相続ばかりか、二次相続にも大きく影響
前項の平成26年度税制改正の二世帯住宅の特例は使えない

1. 地方や富裕層は土地があるから二世帯住宅は別棟のことが多い

前項の二世帯住宅は一棟で二世帯でした。しかし実際には別棟の場合が多いです。特に、**二次相続**は、配偶者軽減が使えず、一般的に納税額が高くなると言われる中、例えば、下図のように土地と母屋が母の所有でも、新屋の所有が母か子の違いによって、生計一か別かによって、以下の様に変化するのです。

(1) 家は**長男**所有で、生計が**別**　(よくあるパターン) ×特例適用なし

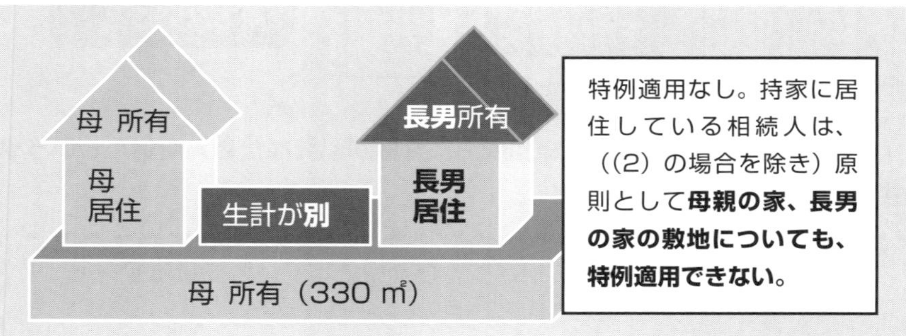
母 所有
母
居住
生計が別
長男所有
長男
居住
母 所有 (330 ㎡)
特例適用なし。持家に居住している相続人は、((2) の場合を除き) 原則として母親の家、長男の家の敷地についても、特例適用できない。

(2) 家は**長男**所有で、生計が**一**　　○特例適用あり

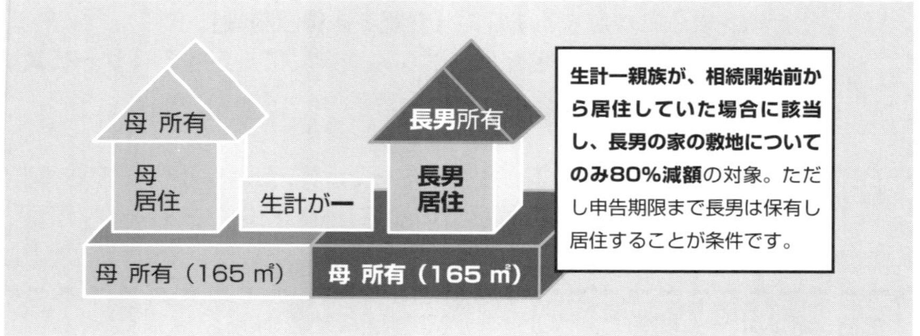
母 所有
母
居住
生計が一
長男所有
長男
居住
母 所有 (165 ㎡)
母 所有 (165 ㎡)
生計一親族が、相続開始前から居住していた場合に該当し、長男の家の敷地についてのみ80%減額の対象。ただし申告期限まで長男は保有し居住することが条件です。

（３）家は**母親**所有で、生計が**別**　　　○特例適用あり

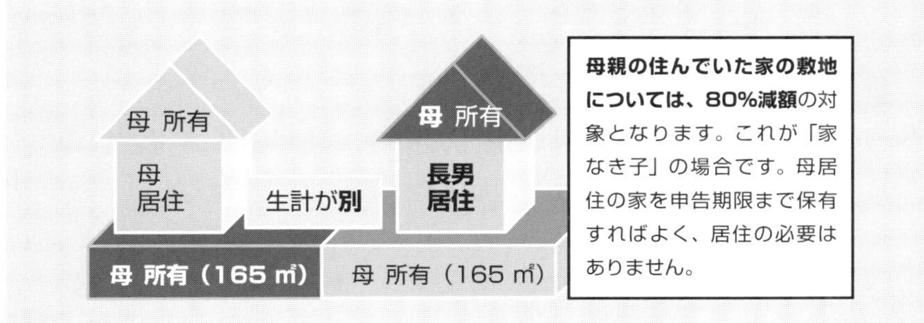
母 所有
母
居住
生計が別
母 所有
長男
居住
母 所有（165㎡）
母 所有（165㎡）
母親の住んでいた家の敷地については、80%減額の対象となります。これが「家なき子」の場合です。母居住の家を申告期限まで保有すればよく、居住の必要はありません。

（４）家は**母親**所有で、生計が**一**　　　◎一番有利　特例適用あり

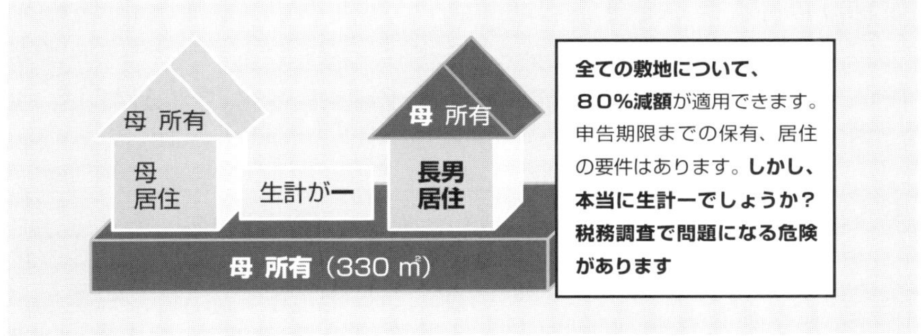
母 所有
母
居住
生計が一
母 所有
長男
居住
母 所有（330㎡）
全ての敷地について、８０%減額が適用できます。申告期限までの保有、居住の要件はあります。しかし、本当に生計一でしょうか？税務調査で問題になる危険があります

（これらの事例は、税理士落合孝裕先生のメルマガを参考にさせていただきました。）

２．「生計が一」とは？（所基通２－47）

「生計が一」とは、**収入や生活を共にしている**状態をいいますが、**必ずしも同一の家屋に起居していることをいうものではなく、次のような場合には、生計を一にする**とされます。

（一）　勤務、修学、療養等の都合上他の親族と日常の起居を共にしていない親族がいる場合であっても、次に掲げる場合に該当するときは、これらの親族は生計を一にするものとする。

イ　当該他の親族と日常の起居を共にしていない親族が、勤務、修学等の余暇には当該他の親族のもとで起居を共にすることを常例としている場合

ロ　これらの親族間において、常に生活費、学資金、療養費等の送金が行われている場合

（二）　親族が同一の家屋に起居している場合には、明らかに互いに独立した生活を営んでいると認められる場合を除き、これらの親族は生計を一にするものとする。

7．富裕層が国外逃亡する“資産フライト”に対応

POINT

海外に住む日本国籍のない孫への相続・贈与にも課税される
課税当局の執行は難しいか？ そんなことはない

1．武富士事件で逆宣伝になった“資産フライト”

武富士事件というのをご存じだろうと思います。**富裕層の子息を香港に住所を移し、贈与税や相続税を回避**しようとしたスキームに対して、最終的には**納税者勝訴の最高裁判決**を得たものでした。

この事件の前後から、富裕層の税の国外逃亡とも言える“資産フライト”が活発化しました。と言うのも、最高裁判決まで出て納税者側が勝訴となれば、逆にお墨付きを得たようなものだからです。

相続人 受贈者 ／ 被相続人 贈与者		国**内**に住所	国**外**に居住 日本国籍あり **10**年以内に国内に住所**あり**	国**外**に居住 日本国籍あり **10**年以内に国内に住所**なし**	国**外**に居住 **日本国籍なし**
国**内**に住所あり		国内・国外財産共に課税	国内・国外財産共に課税	国内・国外財産共に課税	国内・国外財産共に課税
国**外**に居住	**10**年以内に国内に住所**あり**	国内・国外財産共に課税	国内・国外財産共に課税	国内・国外財産共に課税	国内・国外財産共に課税
国**外**に居住	**10**年以内に国内に住所**なし**	国内・国外財産共に課税	国内・国外財産共に課税	国**内**財産のみに課税	国**内**財産のみに課税

そこで、税務当局も次々と法律上で対策を講じ最高裁判決以降矢継ぎ早に封じ込めが行われています。まずは、**武富士事件対策として非居住者の区分を5年以内に国内に住所があった者という区分を作り**ました。

２．海外に住む孫への贈与するスキームにも課税の網

外国に住んでいる外国人に日本の相続税や贈与税が課税されないのは常識的ですが、これを利用した租税回避が行われていました。

例えば、下図のように**富裕層の子息が海外勤務して、その夫婦に子供（日本国に住む富裕層から見ると孫）が生まれたら**、通常は**日本国籍**が与えられるのですが、これを**取得しない**手続きをします。

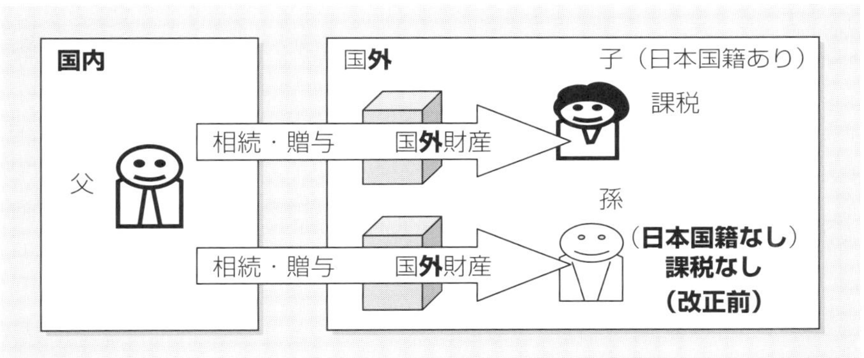

するとこの**赤ちゃんは外国籍だけ**、つまり、れっきとした外国人で日本にも住んでいません。従来の相続税法からすると、日本に住む祖父母から贈与をしても、贈与税が課税されることがありませんでした。

これの対策として、**平成25年度税制改正**により平成25年４月１日からは、日本国内に住所を有しない個人で**日本国籍を有しないものが、日本国内に住所を有する者から**相続若しくは遺贈又は贈与により取得した国外財産にも課税することになりました。

すると、**贈与等をする側が国外に出て贈与等をする資産家**が出てきました。５年間海外にいれば…と思惑が働いたのです。しかし、**平成29年度税制改正で５年が10年に延長**されて左表のようになったのです。

8．複数の贈与者・複数の後継者も納税猶予！

POINT

先代社長からだけでなく、その妻や親戚からの贈与等もOK！
後継者が兄弟等で複数の場合もOK！

1．複数の贈与者からも可能に！（一般も改正に）（措法70の７①　等）

従前は、贈与者と後継者は、先代から後継者へ贈与等という道しかありませんでした。しかし平成30年から、先代の**妻や親戚等から後継者への贈与等も納税猶予**が可能となりました。

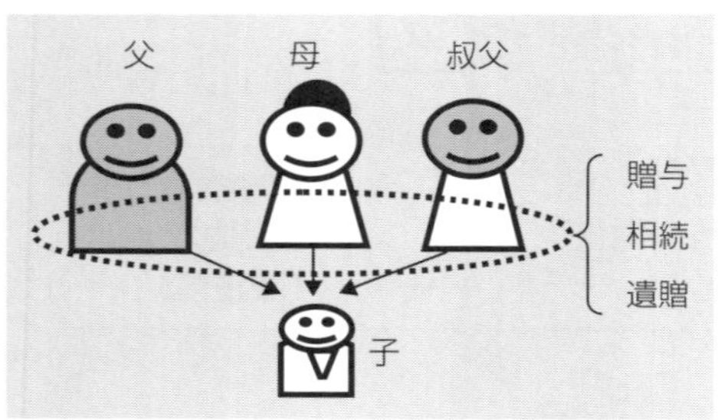

しかし、問題は親戚です。叔父に相続が起きると、後継者は遺贈取得とみなされ（措法70の７の３①　等）、叔父の**相続税申告に加わることになります**。叔父の相続人等は、**後継者に財産明細を見せないといけません**し、**既に一家から出て行った株式を含めて相続税を計算しますから税額が高くなります**。

また、そもそも叔父は対価のない贈与等をするでしょうか？　ここは、先の問題もありますから、**父母が叔父から買い取ってから後継者に贈与等をする**ことが良策と考えられます。そうすれば、**個人の現金が減って、株式に代わり納税猶予が受けられ**ます。だから益々、譲渡は増えます。

さらに、**通常は直系血族間でしか相続時精算課税は認められていません**。これが、**後継者が贈与者の推定相続人以外**の20歳以上（贈与の年の１月１日現在、2022年４月以降は18歳以上）の者で、贈与者が同日現在60歳以上であれば**相続時精算課税の適用が可能**となりました。これにより、次図のような**親族外承継者でも、万が一の納税猶予取消しの際の贈与税の納税リスク（累進課税＋利子税）を最小限に**できます。

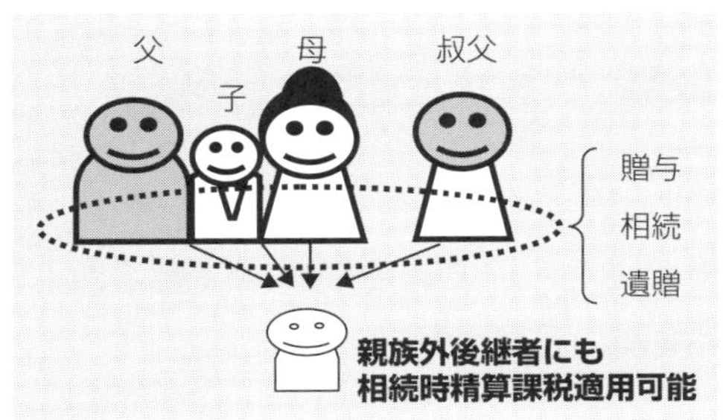

しかし、親族外後継者にも先代社長等の**相続に何度も加わる**ことになりますし、**財産の内容が知られるのが困りもの**です。しかしながら、叔父さんの場合と異なり、**親族外後継者は資力がない場合が多いため仕方がないかも**しれません。

2．複数の後継者へも可能に！（特例のみ）（措法70の7の5②六　等）

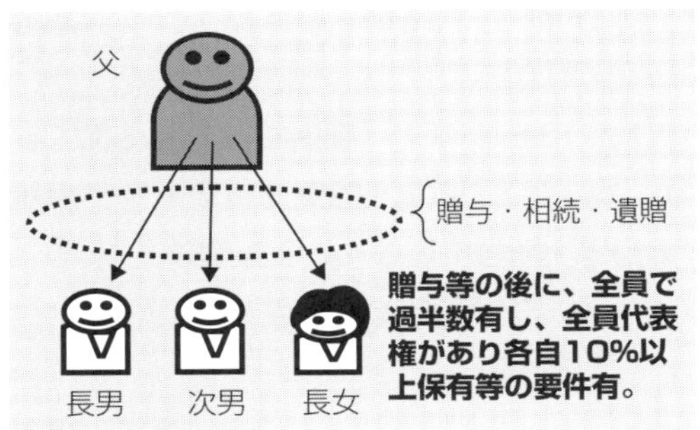

特例では、後継者として代表権を持っている兄弟姉妹が居れば、**議決権保有割合上位最大３人まで**の贈与等も事業承継税制の適用が可能となりました。**勧められる事業承継の方法ではありません**。しかし、**現状を認めて**事業承継の早期実現のために適用が可能となりました。

そうすると、特例の場合、前ページの方法と組み合わせて、左図のようなことも可能となりましたが、上記の事を考えると目が眩むほど複雑になります。やはり**事前譲渡で整理したい**ものです。

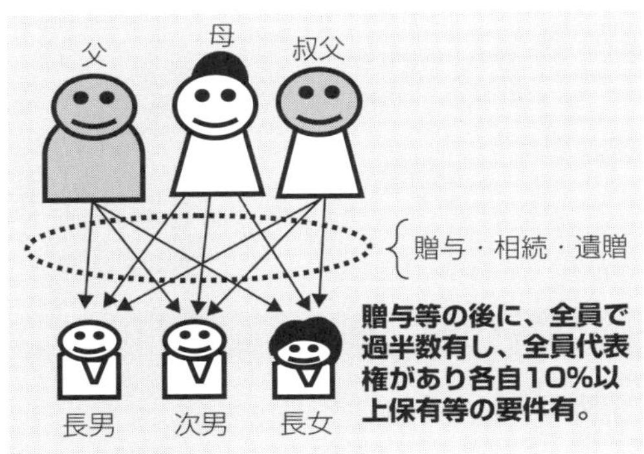

しかし、譲渡にせよ贈与等にせよ、それ以前に重要なのが第２章の定款と516ページの「緊急提言１」です。

9．納税猶予「特例」を受けるためには計画書！

POINT

計画は法人は2023年3月末までに！　別に認定期間には要注意！
経営革新等支援機関の役割が増す！

1．特例を受けるためには計画書の提出と認定手続が必須！

事業承継税制の特例を受けるには、**①2023年（個人事業は2024年）3月末までに、経営革新等支援機関の指導の下「(特例）承継計画」を作成**して、**②都道府県に提出して認定を受け、10年間**の**「(特例）承継期間」**に**③贈与をした認定を受ける**ことが必要です（円滑規15）。

①については、贈与・相続の翌年1月15日までの**「後出し」**でも結構です。計画書はＡ４で３枚程度の簡単なものですが、**必ず「認定経営革新等支援機関」（税理士等が登録しています）の指導・助言に基づくことが要件**です。

2．特例の認定有効期間に注意！

一般も特例も、複数の贈与者からもできるようになりましたが、**最初に贈与をするのは先代経営者**です。**その他の者は同日以降贈与**できますが、贈与できる期間は法人の場合下図のように注意しなければなりません（円滑規6・8）。

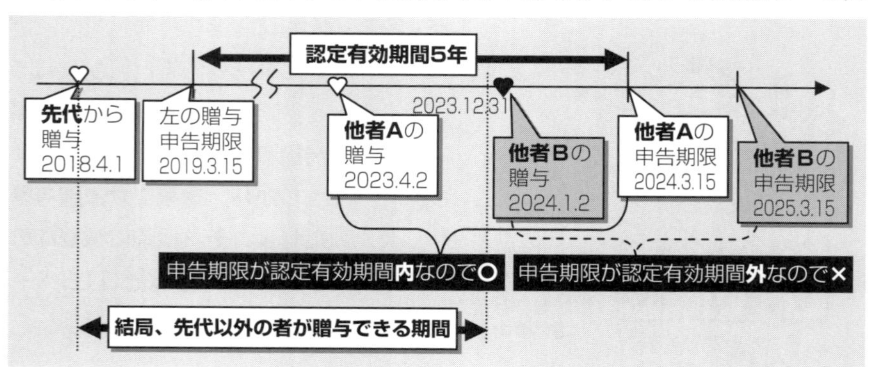

このケースは早々に贈与をした例ですが、先代が渋った場合、**最終贈与はいつまで可能か**については、第16章の391ページをご参照ください。

３．手続期間

ところで、**計画書とは別に、前ページの有効期間内に贈与をした後、その贈与に知事認定をもらう必要**があります。

これは**一般と同じ毎年10月15日から翌年１月15日まで**で、認定を受けた上で、前ページの申告を税務署にするのです（円滑規７②）。これ自体には改正はありません。前ページの例で見てみましょう。

４．認定経営革新等支援機関の重要性が増す

特例承継計画は「認定経営革新等支援機関」の指導・助言に基づき作成される必要があります（円滑規15）。

この計画に基づいた贈与においては、従来から困難が指摘されていた**８割の「雇用確保要件」が実質的に撤廃**されます（円滑規９）。

この「認定経営革新等支援機関」はこの１年で飛躍的に増加し、その**ほとんどが税理士であることは、税理士の独占業務である納税猶予業務と密接に関係**があるところです。

高齢化・多死社会にあってニーズの増す相続・資産税・事業承継を手掛けるのであれば必須といえます。**しかも各種補助金申請や特別償却に役立ち**ます。

現在まではほとんど無試験で費用も要せず登録ができましたが、平成30年通常国会での改正で、更新制度が設けられるなど次第にハードルが高くなりつつあります。取るなら今の内です。

10. 相続税が「納税猶予・免除」になると争族に！

POINT

後継者に集中する財産！　その結果、他の相続人から分割要求！
それを解決する１つの方法が、民法改正で可能に！

1.「自社株なら納税猶予できる」で財産の株式化が進み後継者に集中！

本書の冒頭でお話したように、この10年間で大きな財産移転が進みます。その原因は前項までの「納税猶予・免除」です。下図の①のように**株式や持分にしてしまえば、②で納税猶予・免除を受けられる**からです。多くの**個人財産が法人に流れ込む**でしょう。個人企業の法人化も進むでしょう。

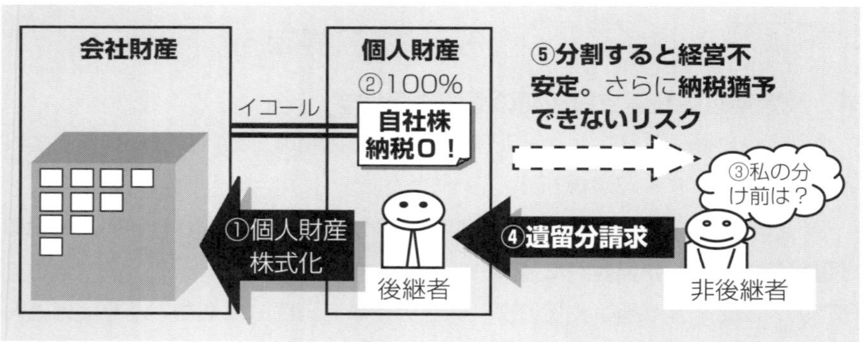

しかしこの**結果、民法上、つまり遺産分割上に、困ったことが起こります。それは後継者への財産の集中**です。この結果、税務上、納税猶予が最も効果的であるケース、すなわち個人財産が自社株だけという場合には、③**非後継者である相続人に分割する財産がなくなって**しまいます。

税務面だけでなく、確かに**事業承継という経営の上では後継者に自社株が集約されて非常に好ましい**のですが、それ以前に、遺産分割を巡って争いが起き易くなってしまいました。非後継者の多くは当然に自らの権利である④**遺留分を主張してくる**でしょう。⑤しかしそれに応じて遺産を分けようにも、後継者への遺産は自社株しかないので、それを分けてしまえば、**非支配株主を作って**

しまうことになり、**経営が不安定**になります。当然、その分は納税猶予は受けられません。否、それ以前に**分割協議で紛糾**していると**後継者の取得する全体の株式も納税猶予が受けられなくなります。**

2．民法の壁、改正の方向へ・・・しかし

何故なら、納税猶予は分割が決まっていないと受けられないのです。相続が発生すると全財産は共有状態になります。そこに非後継者から遺留分が主張されると、その権利は、当然に**自社株にも及んでしまう**のです。

通常、遺産分割協議は家庭裁判所管轄ですが、**共有物の分割請求は地方裁判所管轄ですので、手続がさらに煩雑に**なります。

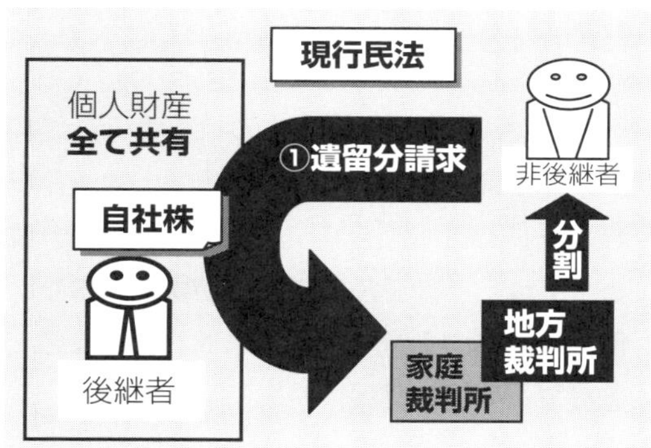

一方で**納税猶予は手続が煩雑**で、相続税の10ヶ月の申告期限に間に合わせるためには、**５ヶ月前後で分割が確定していないと極めて困難**ですから事実上納税猶予が受けられなくなります。

この弊害に対して**民法改正され**、2019年7月1日より施行されました。これによると下図のように、**共有遺産に関係なく金銭的請求権（遺留分侵害額請求権）とする**のです。

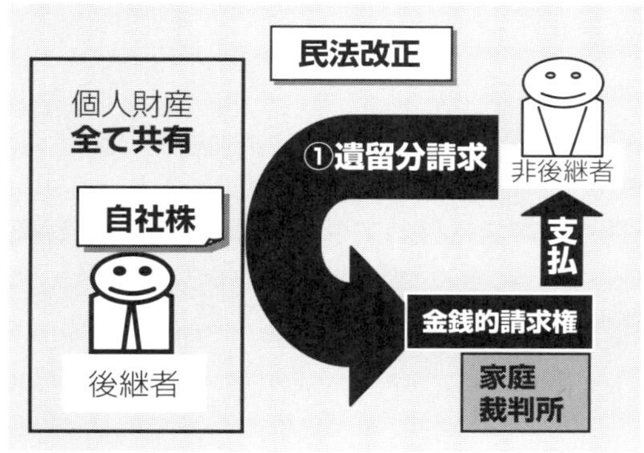

しかし、その金銭が支払えなければ機能しませんし、受遺者の固有財産たる**預金仮差押えの危険**もあります。

これを事前に解消するには第16章の**民法特例と、次項の対策**があります。総合対策も第16章をご覧ください。

11. 生命保険金の活用は益々重要に！

POINT

代償分割資金として活用
保険料を贈与して節税

1. 生命保険金の3大効果――みなし相続財産としての活用

相続対策としての生命保険金の３大効果は、**「代償分割資金」、「納税資金」、そして「節税」**です。特に遺言による「代償分割資金」としての活用は、遺産分割協議に関係しませんから**争族対策上、最も重要**です（387ページ参照）。

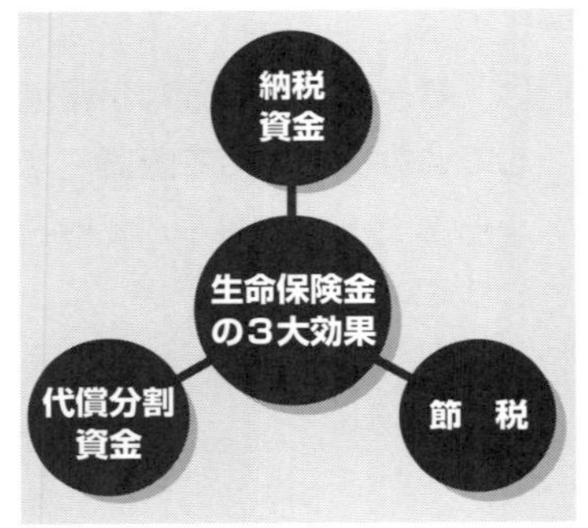

さらに、平成27年からの相続税の基礎控除の減額によって、資産家の自覚の無いまま課税される可能性の高まる**「俄か資産家」にとっては、不動産投資による節税と異なり、保険の種類の選択を間違わなければ、安全・確実で、手軽な節税**にもなる対策です。

例えば、高齢でも加入できる一時払終身保険では、その現預金1,000万円を掛け金として、死亡保険金1,000万円となるものがあります。この場合、相続開始で保険金が降りてくると法定相続人が２人いれば、法定相続人１人当たり500万円の非課税枠がありますので、受け取った**1,000万円の保険金は全て相続税が非課税**となるのです。

ところが、**現預金を1,000万円をそのまま残して死亡すると、すべて相続財産**とされてしまいます。このように、保険金で1,000万円を受け取る方法は大きな「節税」にもなり、上記の３大効果を発揮することができます。

さらに、同居の孫を養子にすれば、非課税枠500万円を増加させることができます。

２．保険金を相続財産から外す対策

上記**１．**の死亡保険金は「みなし相続財産」です。つまり、被相続人が自らを保険の対象として、自ら保険料を払い込む、自分が死んだ時は、相続人が受取人になるから、遺産と同じと考えて、相続財産にみなされる訳です。

被保険者	保険料負担者	保険金受取人	課　税
父	父	子 ➡	**相続税**
	子		➡ **所得税（一時所得）**

そこで、特に相続税の実効税率（144ページ参照）が25%超の相続税負担が見込まれる場合には、**自分で保険料を払うのではなく、**贈与税の非課税枠（110万円）を使って**子に保険料相当額を贈与して、子はそれを資金に、父を被保険者とし、（子）自らを受取人とします**。すると、父の相続発生により、子は一時所得という自らの所得税法上の収入として受け取ることになります。

この場合、**一時所得**ですから、保険金－支払保険料－50万円の特別控除した残額をさらに２分の１しますから、子が高額所得者でない限り、最高25%の所得税負担に留まり、みなし相続財産になるより有利です。

３．「名義預金」で否認されない「保険料贈与」の活用がお勧め

祖父母や親の銀行口座から毎年保険料相当額を子や孫の銀行口座へ資金援助し、保険料の年払い贈与という形をとります。贈与を受けた子や孫は、自らの口座から保険料を支払い、**自らが使った証明**ができますし、保険会社から自動引落しされ、**無駄使いができず**、相続後に**お金を残してやる**ことができます。

４．代償分割 実行上の留意点――贈与税課税に要注意

相続又は遺贈により取得した財産を超えて、相続人固有の財産（死亡生命保険金など）を、他の相続人に**代償分割金として交付した場合**には、その**超えた部分は、交付した者から交付を受けた者への贈与**となります。死亡生命保険金のみを取得して代償分割金とした場合も贈与となります。例えば、長男が保険金１億円を受取り次男が土地5,000万円を相続した場合に長男が平等に7,500万円になるように保険金から2,500万円を渡すと、贈与になるのです。

12.「生命保険契約に関する権利」の有効活用！

POINT

亡くなった方が、他の人に掛けた保険の権利は、掛金額より低く評価

1．財産圧縮効果があり１次相続対策に有効

保険料の負担者	被保険者	保険金受取人
親	子	親

上記の様なケースで**親が亡くなった場合**には、**被保険者が子のため、保険金は支払われません。親の相続税の計算では**、保険事故（死亡）の発生ではありませんので、「生命保険契約に関する権利」として**解約返戻金額が相続税評価額に**なります。

このような保険を上手に利用すれば、**相続税評価額の引下げが可能**です。

例えば下表のような、某社の死亡保障付医療保険（被保険者が女性で50歳時に加入、55歳払済の場合）では、**払込保険料との差額を圧縮できます。**

経過年数	年齢	入院給付金日額（円）	保険金額（円）	払込保険料累計（円）	解約返戻金（円）
1	51歳	3,000	23,030,000	4,538,413	0
2	52歳	3,000	23,030,000	9,076,826	0
3	53歳	3,000	23,030,000	13,615,239	0
4	54歳	3,000	23,030,000	18,153,652	0
5	55歳	3,000	23,030,000	22,692,065	0
6	56歳	3,000	23,030,000	22,692,065	30,000

差額が評価を圧縮！

５年以内死亡であればゼロ円評価です。６年目以降死亡であっても、解約返戻金は30,000円の据え置きです。したがって、親の支払保険料の累計額は、22,692,065円ですが、解約返戻金は最大30,000円にしかならないので、22,692,065円－30,000円＝**22,662.065円の相続財産圧縮効果**があります。この保険契約は**解約すると損をする保険ですので解約をせずに、被保険者の死亡保障付終身医療保険として、次の代に引き継ぐことが肝要**です。

２．死亡生命保険金の非課税規定が適用され２次相続時の納税資金として有効

相続により、上記の保険契約は、①契約者：子供（孫の親）、②保険料負担者：子供（孫の親）、③被保険者：子供（孫の親）、④死亡保険金受取人：孫 とします。親が負担した保険料で、子供に相続が発生した場合に孫にみなし相続財産としての死亡生命保険金が支払われます。この死亡生命保険金は相続財産の**非課税規定が適用**されますので、納税資金として有効です。

３．孫が40代以上で祖父母が健在であれば、孫を被保険者にすることも有効

孫が中年世代であり高齢の祖父母が健在であれば、３次相続対策として有効です。①契約者：孫、②保険料負担者：祖父母、③被保険者：孫、④死亡保険金受取人：祖父母　となります。

祖父母が死亡した場合、保険事故の発生ではありませんので、契約者である孫に、**解約返戻金が「みなし遺贈財産」として相続税課税されますが、その評価額は最大30,000円**です。

祖父母の死亡により保険契約は、①契約者：孫、②保険料負担者：孫、③被保険者：孫、④死亡保険金受取人：孫の子供　となります。

次に孫の親に相続が発生したとしても、課税関係は発生しません。

さらに、孫が死亡した場合には、孫の子供が死亡保険金を相続により取得したものとみなし、**非課税規定の適用がされ相続税の納税資金**に使用することができます。**祖父母のお金で、３次相続対策が可能**となった訳です。

当初の契約で祖父母の子供を契約者にしなかったのは、契約者の死亡は保険契約の失効原因となり解約返戻金が支払われてしまうからです。

★　その他、**２次相続対策の保険**については、404ページをご参照ください。

13.「家族信託」が普及し、遺留分を打破する？！

POINT

民法の“相続”を超え、信託による“移転”がいよいよ普及の予兆！
激増する認知症対策としても、生前・死後を一気通貫！

本書の初版で、84年ぶりに改正された「信託法」を、その**施行と同時の平成19年10月に章を設けて解説**しました。書籍のサブタイトルも「信託の活用」と銘打ち、恐らく実務書で一番最初だったと自負しています。

当初は、節税にならないため普及しませんでした。しかし、**「家族信託」に勢い**が出てきました。平成29年には**NHK『クローズアップ現代＋』や『あさイチ』でも紹介**されるほどになってきました。

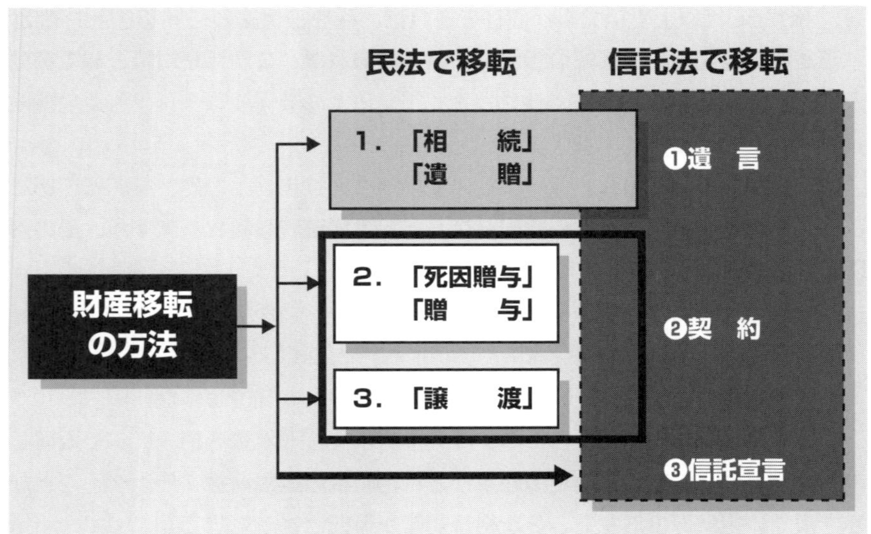

従来は、財産の移転は「民法」の概念での**「相続」、「贈与」、「譲渡」**です。ところが、**まったく別に「信託」というエリアが登場**したのです。

しかし、肝心の専門家の認識が追いつかないのです。上図のように、余りに突飛とも思えるエリアが突如登場したからかもしれません。

それまでは、信託銀行だけが行っていた商事信託が、突如、民間にも開放され、**「民事信託」**となって表れました。

その中でも、**「家族信託」は家族が行うため、無報酬**でできます。もっとも、**信託の設計は、オーダーメイドで契約書を作成**しなければなりませんので、**最低でも数十万円の費用は**かかりますが、以下に代表される（詳細は第13章参照）メリットがあるため、従来の**相続による悩みが吹き飛ぶ**ことから、非常にコストパフォーマンスは高いです。

	民法で移転	信託法で移転
遺留分の影響	あり	あり
認知症対策	相続まで	生前～死後まで

信託法が改正された当初からも信託で財産を移転させても遺留分侵害額請求はされるだろうとの認識でした。この点が序章36ページの東京地裁判決で確定したのでした。

超高齢化の進展で、**認知症のリスク**が高まる中、**硬直的な運用しかできない法定後見制度**に代わって、「家族信託」が急速に勢力を伸ばしつつあります。

法定後見制度では、認知症になった方の財産を守ることだけに固執する余り、有効活用しようとか、節税対策をしようとしても裁判所の許可が出ないのです。極端な話は、家族にご馳走してあげることすら、財産を減らすことだからと…できないのです。

また**、法定後見制度では、認知症となった方の生きている間しかサポートできない**のです。これらを凌駕するのが信託です（第13章参照）。

コラム46もっと詳しいお話

信託受託者が委託者に代わって借入ができる？

1．借入の当事者は誰？

老朽化が進み、**大規模な修繕ないしは建替えが必要な状況にあるアパート**とその底地を所有している地主さんが、**高齢で意思能力に不安が残るために家族信託**を活用する、というケースはよくあります。

このような場合には、**受託者が主体となって修繕や建替えの計画や手続を進めます**が、修繕や建替えに当たり、その**資金を借入で調達する必要がある**場合があります。

この場合、**借入の当事者は誰になるのでしょうか？**不動産の名義を有する受託者か？それとも実質的な財産権を有する受益者か？はたまた、委託者か？

結論から申し上げますと、**受託者が借入の当事者となります。**

名義を有し、外形上の所有者である受託者が借入の当事者となることに違和感を覚える方はあまりいないと思いますが、**受託者の立場からすれば、託された財産の運用のための借入を自ら背負わなければならないというプレッシャー**もあることを理解しておく必要があります。

そして、このような借入をして不動産を修繕・建替えするパターンの信託の場合には、**相談段階のうちから受託者に借入の当事者となるという事実を理解しておいてもらうことが肝要**です。

2．借入の法的性質

受託者が借入を行うことが想定される信託では、受託者に対してもう１点理解しておいてもらうべき重要なポイントがあります。

それは、原則、**【受託者は当該借入について無限責任を負う】**ということです。すなわち、**借入の返済が信託財産の全てを処分しても賄いきれない場合には、その残額については受託者が自らの財産から工面する必要**があります。

この結論は信託法第21条第２項の**反対解釈として導き出される**ものです。

信託法第21条第2項には、**限定責任信託の登記をした場合、債権者との間で受託者の個人資産に責任が及ばないことを合意した債権などについては受託者の個人資産に債権が及ばない**ことが定められています。

したがって、上記の条件を満たすことで受託者に直接信託に関する債務が及ばないようにすることできますが、**この条件を満たした上で借入を起こせるかは、あらかじめ金融機関に確認しておく必要**があります。

ただし、受託者には信託財産を承継する親族がついていることが多く、この場合には**いずれにしろ自らが負担する債務になる**ことから、上記が**大きな障害になることは実務上はあまりありません**（どちらかといえば適正な受託者がいないことの方が問題になりやすいです。）。

3．借入と税金の関係

借入の当事者が受託者であり、受託者は原則無限責任を負うとなると、信託財産と借入の関係が課税上どうなるのか疑問に思われた読者もいらっしゃると思います。

まず、信託財産の課税に関する大前提ですが、**自益信託（委託者＝受益者）による信託契約を締結し、その後受益者の死亡によって第2受益者に信託財産が移転した際には、その移転を遺贈とみなして、その信託財産に対して相続税**が課税されます（相法9②）〔上記のアパート建替えのケースではこのような流れになることがほとんどです。〕。

そして、その**信託財産とは「資産及び負債」である、と相続税法第9条第6項にあります**。上記の「負債」に受託者が**借入をした負債が含まれるかについては、それを明記する規定や通達はありませんが**、信託法の施行と入れ替わりで**廃止された通達の中に、「信託財産に帰属する債務」が債務控除可能な債務であることが明記されていたため、現在もその流れを踏襲している、と理解することが一般的**となっていますが、信託契約時に受託者から受益者に対する民法上の補償請求権の合意をしておくことによって債務控除が確実なものとなります。

14. 節税特例の条件が厳格化 小規模宅地80%評価減への対策

POINT

居住用なら同居、事業用なら継続が取得者に求められる
既に平成22年度税制改正以降どんどん厳格化

1. 要件の厳格化で評価は数倍増加している（措法69の4）

いわゆる「小規模宅地等の80%評価減」は、被相続人の事業や居住用宅地等を、原則として同居の相続人が申告期限まで引き続き事業や居住を継続すると、宅地等の評価を80%減額する特例です。年々厳格化が進み、平成30年度税制改正でも次項のコラムのように一段と厳しくなりました。

	用　途	最大面積	評価減
事業用地	**特定事業用**	**400㎡**	**▲80%**
	特定同族会社事業用		
居住用地	**特定居住用**	**330㎡**	**▲80%**
不動産貸付用地		200㎡	▲50%

左表が全体像で非常に効果的ですが、その適用は慎重に決断する必要があります。まず、配偶者については適用し易いのですが、基本的にはなるべく適用しないのが好ましいです。なぜなら配偶者は、この適用を受けなくても配偶者の税額軽減でほとんどの場合、納税がなくなるのです（116～119、147ページ参照）。

ですから、この特例はなるべく配偶者以外の者が受けた方が得になります。すると適用要件は、原則として同居となります。しかし現実には、同居していない場合が多いので、右表のような対策が必要になります。その他、重要な改正として平成31年度税制改正については494ページを参照してください。

2．対策はあるが果たして実行可能か？

この特例を受けるための具体的な要件は結構複雑です。詳しくは次のコラムをご覧いただくとして、適用を受けるための対策は次表のように４つです。しかし、節税のために**強行すると家族関係がギクシャクする可能性**が伴います。

	対　策	難点と活用への模索
1	**老親の自宅に生前同居**する	申告期限後譲渡しても80%評価減できるが、**子の配偶者が同居に同意するか？**　余命が短期間と見込まれる時は介護を兼ねて配偶者と別居するか？
2	**相続人が「家なき子」**になる	被相続人と法定相続人が同居していない場合で、子とその配偶者が自宅を所有し居住しているならば、それを他人に貸して、自分達は他の賃貸住宅に住むのです。ただし、**借家住まいが相続開始前３年間継続**し、相続開始後は**申告期限まで、相続した親の居住用土地を所有し続けなければ**ならない。
3	養子にする	祖父母と同居している孫がいれば養子にして一代飛ばしもできる。

3．土地の単価と面積などで総合判断と申告要件

改正点ではありませんが、上記対策の**住み替え**などをする場合や事業用と居住用など**対象地が複数**ある場合には、土地の「単価」と「面積」と「評価減割合」の３つを総合判断しなければなりません。例えば、**㎡当たり１万円で400㎡、80%評価減の場合は320万円ですが、㎡当たり５万円で、面積も評価減の割合も低い200㎡の50%の評価減なら、かえって500万円と高額な評価減になります。その他161ページを参照してください。**

また、申告しないと適用されませんから、**対策を講じて相続税がかからなくなったからと言って放置せず、必ず申告**を行ってください。また適用対象宅地は、原則として申告期限までに遺産分割されている必要があります。

コラム47もっと詳しいお話

小規模宅地等の意義と平成30年度税制改正

1．特定事業用宅地等の意義（466ページ参照）

被相続人等の事業（不動産貸付業等を除く。）の用に供されていた宅地等で、次に掲げる要件の**いずれかを満たす**当該被相続人の親族が相続又は遺贈により取得した場合の宅地等をいいます。

①当該親族が**相続開始時から相続税の申告書の申告期限まで**の間に、当該**宅地等の上で営まれていた被相続人の事業を引き継ぎ、申告期限まで**引き続き当該宅地等を**有し、かつ、当該事業を営んで**いること。

②当該親族が当該被相続人と**生計を一**にしていた者で、**相続開始時から申告期限まで**引き続き**当該宅地等を有し、かつ相続開始前から申告期限まで**引き続き当該宅地等を**自己の事業の用に供して**いること。

2．特定居住用宅地等の意義

被相続人等の居住用宅地等で、次に掲げる要件の**いずれかを満たす**当該被相続人の親族が相続又は遺贈により取得した場合の宅地等をいいます。

①**（配偶者特例）**配偶者（もっとも、二次相続を考慮すると、配偶者が評価減を受けずにし、他の同居相続人で評価減の適用を受けるのが得策でしょう（下記②））。同居相続人がいない場合には、配偶者は限度額を相続し、二次相続で評価減を受けます。

②**（同居・同一生計親族特例）**当該親族が**相続開始の直前において**当該宅地等の上に存する当該被相続人の居住の用に供されていた家屋に**居住していた**者であって、**相続開始から申告期限まで**引き続き当該宅地等を**有し、かつ**、当該家屋に**居住**していること。

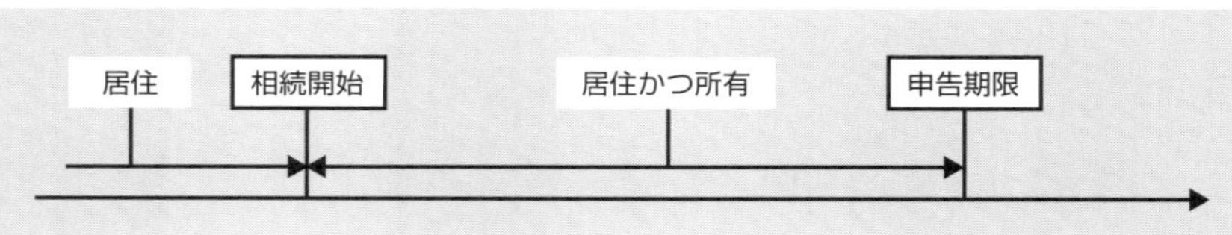

（改正前の家なき子特例）当該親族が**相続開始前３年以内**に**その者又はその者の配偶者の所有する家屋に居住したことがない**者で、**かつ、相続開始時から申告期限まで引き続き当該宅地等を有している**者をいいます（**ただし、被相続人の配偶者又は法定相続人が被相続人と同居していない場合に限り**ます）。

したがって、転勤族等で郷里以外の持家の場合には、その持家を貸家にして、社宅等に住む等の工夫をすれば条件をクリアーできました。

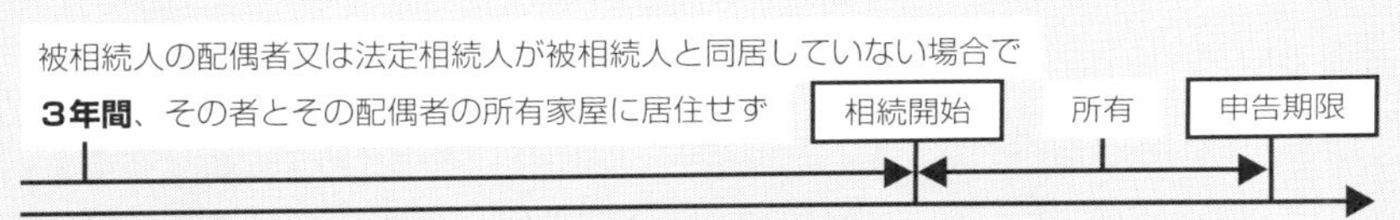

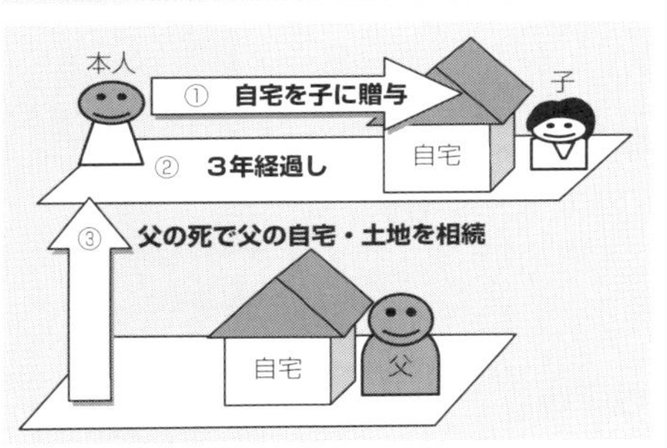

すると、**左図のような節税**が流行りました。この場合、本人は子に自宅を贈与しているものの、引き続き、子の所有の家に住んでいるので、今までどおり生活できます。子の贈与税は中古家屋なので安い。３年経過以後に父が死ぬと、本人は「家なき子」になっているので、父の土地を小規模宅地として８割引きで相続できました。

平成30年度税制改正…特例の対象者の範囲から、次の者を除外する（ただし、上記の状態が現状である場合には2021年末まではそのまま認める）。

イ　相続開始前**３年以内に**、その者の**３親等内の親族又はその者と特別の関係のある法人が所有する国内にある家屋に居住**したことがある者

ロ　**相続開始時に**おいて**居住**の用に供していた**家屋を過去に所有**していたことがある者

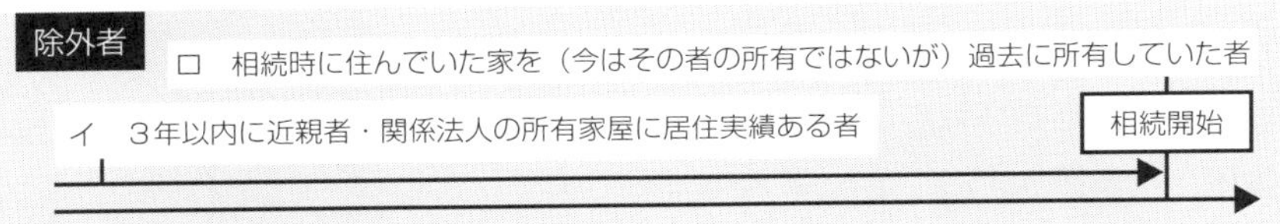

３．特定同族会社事業用宅地等の意義（466ページ参照）

相続開始直前に**被相続人及び**被相続人の**親族その他**被相続人の**特別関係者が有する株式等**（議決権制限株式等を含まない株式等除く。以下同じ）の総額**が**、その法人の発行済**株式等**の総数の**10分の５を超える法人の事業の用に供されていた宅地等**で、当該**宅地等を**その相続等で**取得し**た被相続人の親族が**相続開始時から申告期限まで**引き続きその**法人の事業用に供されている**場合の宅地等をいいます。

上記（又は下表）**２．**と**１．**又は**３．**が**平成27年から完全併用できるようになりましたので「特定同族会社事業用宅地等」の事前の条件整備が重要**（400ページ参照）。

４．貸付事業用宅地等の意義（★平成30年度税制改正）

被相続人等の貸付事業の用に供されていた宅地等をいいます。

	用　途	最大面積	評価減
事業用地	**１．特定事業用**	**400㎡**	**▲80%**
	３．特定同族会社事業用		
居住用地	**２．特定居住用**	**330㎡**	**▲80%**
４．不動産貸付用地		200㎡	▲50%

一般的には、上記**１．**～**３．**を適用しない場合又は所定の計算式により制限面積に余裕がある場合に用いられます。

例えば、路線価の非常に高い場所に貸付事業宅地等がある場合に適用します。具体的には、都心の１億円の高級分譲マンションを現金で取得し、賃貸化すれば、評価額は約4,000万円位になります。

しかし、効果も大きかったため、**タワマン節税**などとも称されるようになり過度な租税回避も散見されたことから、**平成30年度税制改正では規制が強化**されました。

★　規制強化内容　適用除外

貸付事業用宅地等の範囲から、**相続開始前３年以内に貸付事業の用に供された宅地等（相続開始前３年を超えて事業的規模で貸付事業を行っている者が当該貸付事業の用に供しているものを除く。）を除外**する。

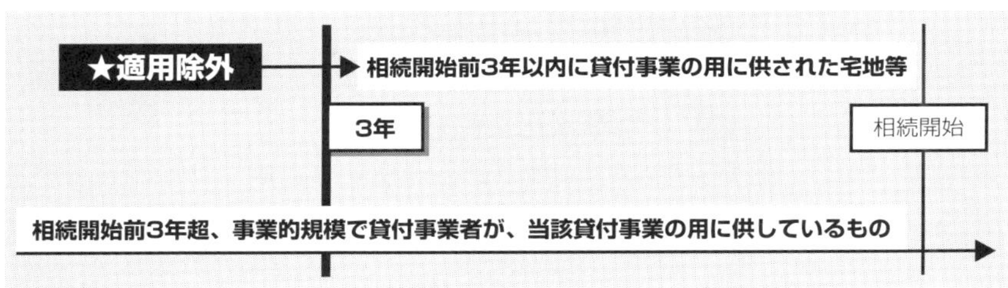

平成30年度税制改正は、平成30年４月１日以後に相続又は遺贈により取得する財産に係る相続税について適用されます。

ただし、**４．の貸付事業用宅地等の改正は、平成30年４月１日前から貸付事業の用に供されている宅地等については、適用されませんので、平成30年３月31日までのタワマン節税の駆け込み特需があった訳です。**

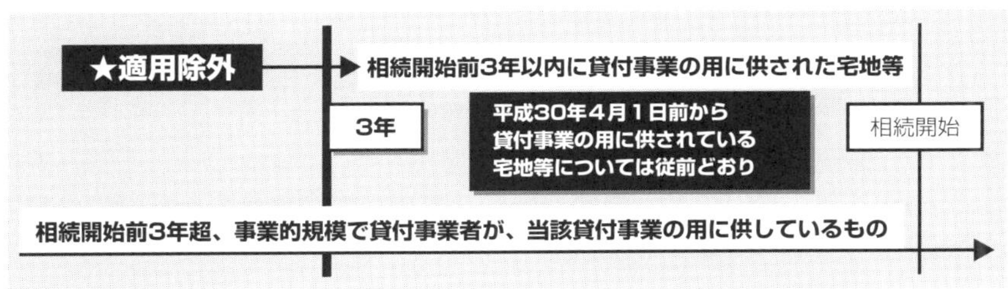

15. 事業用小規模宅地の８割引きに３年縛り導入！

POINT

平成30年度税制改正の貸付事業用宅地等の課税強化に続く改正
小規模宅地の特例は更なる抜本改正が見込まれる

1. 相続開始直前に怪しげな事業化に歯止め

事業用小規模宅地は８割もの評価を下げられる制度です（160ページ参照）。この特例は、2015年には居住用の８割減との完全併用が認められたこともあり、相続直前に本当に被相続人が意思決定したのかを疑うような、簡易な事業用設備を急ごしらえした節税も増加しました。

そこで平成30年度税制改正で、先ず貸付事業用宅地の50%評価減に３年縛りを導入し（492ページ参照）、平成31年度税制改正では通常の事業用小規模宅地についても以下の３年縛りを導入しました。

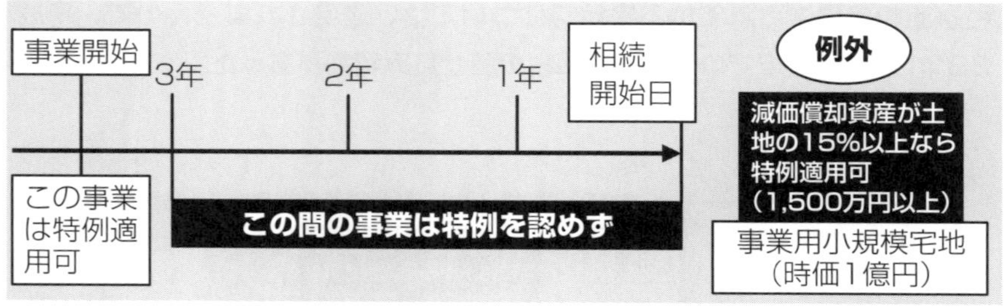

2019年４月１日以降は、**相続開始前３年以内に事業化した宅地については８割引きの特例の適用をさせない**ことにしました。

ただし、その土地の上の事業用減価償却資産が土地の価額の15%以上であれば、引き続き評価減ができます。したがって**まともな事業化であれば問題ありません。心配すべきは次ページのような今後**のことです。

２．小規模宅地の特例の今後の改正

平成31年度税制改正大綱において小規模宅地の特例には以下の**３つの問題点がある**と冒頭の「第一　基本的考え方」の中で６ページに記載されています。平成31年の改正においては、平成30年に続く応急処置をしたものの、**将来において抜本改正が予定されている**と考えられます。

しかし**逆に言えば、それまでは以下の３点は節税のポイント**とも言えます。

● 問題１　相続後短期間での資産売却が可能である

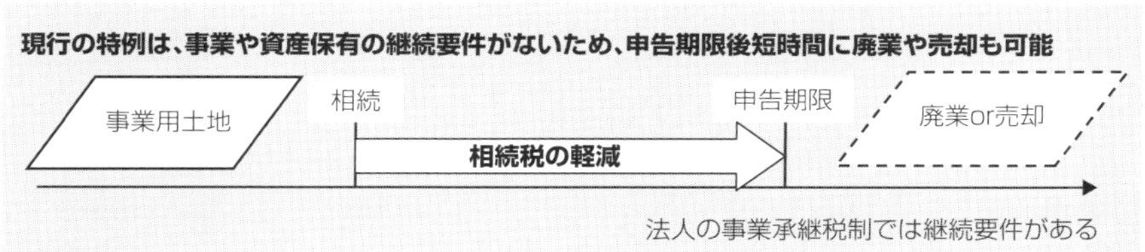

● 問題２　債務控除の併用等による節税の余地がある

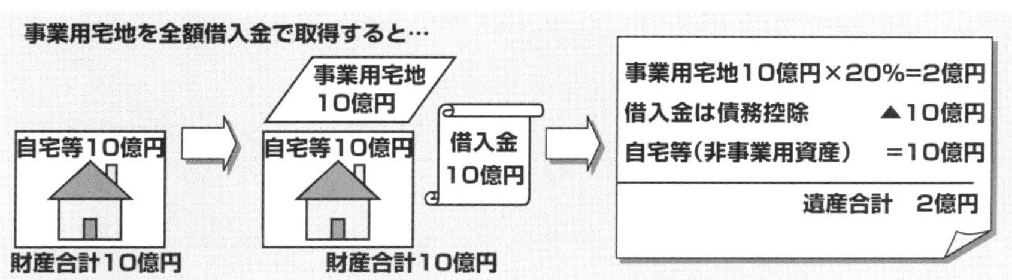

● 問題３　事業承継者以外の相続人の税額を下げ事業承継の趣旨に反する

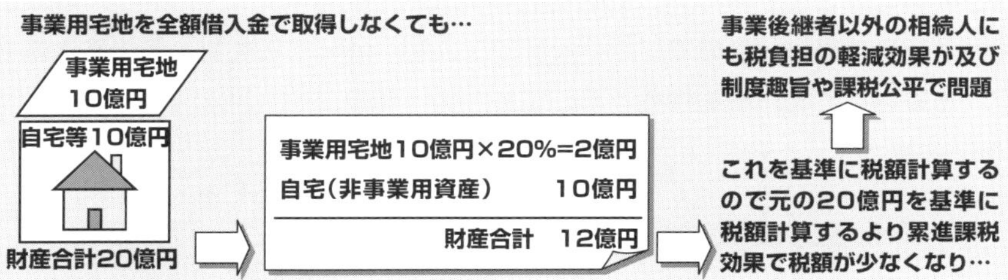

16. 一般社団法人等の租税回避を遮断する改正！

POINT

同族の一般社団法人等は個人とみなして相続税を課税！
同族理事の共有財産と考える

1.「特定一般社団法人等」は個人とみなして相続税を課税

従前の一般社団法人・一般財団法人（以下「一般社団法人等」といいます。）には、持分がないことから（92ページ参照）相続税がかかりませんでした。近年、これを利用した相続税の租税回避が横行していました。

そこで、平成30年度税制改正において、同族役員で占められる「特定一般社団法人等」については、下図のように相続税を課税するとされました。

<table>
<tr><th>税務</th><th colspan="2"></th><th>法務</th></tr>
<tr><td>3階</td><td colspan="2">公益社団法人・公益財団法人</td><td>2階</td></tr>
<tr><td>2階</td><td>過去から未来に至るまで特定の者に利益を与えない法人（非営利徹底型）</td><td>会費により共益的活動を図る法人（共益型）</td><td rowspan="3">1階</td></tr>
<tr><td>1階</td><td colspan="2">法人税法の普通法人と同じ扱いを受ける一般社団法人・一般財団法人</td></tr>
<tr><td>地階</td><td colspan="2">相続税では個人とみなされる「特定一般社団法人等」・法人税は1階と同扱い</td></tr>
</table>

例えば、一般社団法人等を設立して（94ページ参照）、資産家が保有する財産を移転させ（396ページ参照）、**資産家自らが、息子と共に理事（役員）になっていて退任後５年以内に死亡した場合に**（在任中死亡でも同様）、**同族関係者が役員の過半数なので**特定一般社団法人等に該当するため、**その法人等を個人とみなして相続税を課税**するのです（法人税額からは税額控除します）。

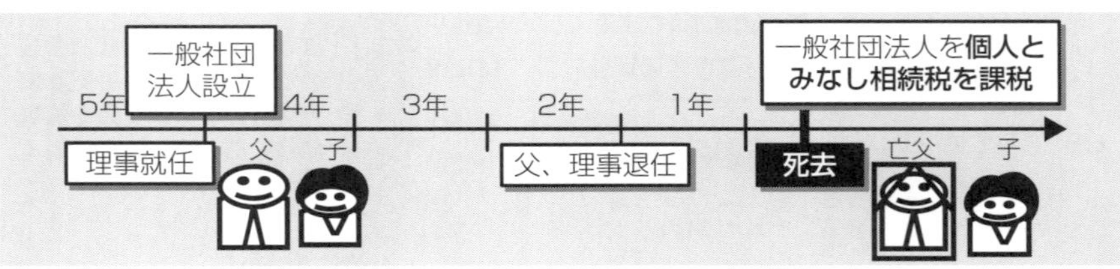

具体的には、その法人等の**資産から負債を控除した純資産**（396ページによれば余り多額にならないと考えられます）**を、その死亡の時の同族理事の頭数**（この場合２人）**で割った額を、亡くなった理事からその法人等が遺贈を受けたものとして、相続税を課税**するのです。

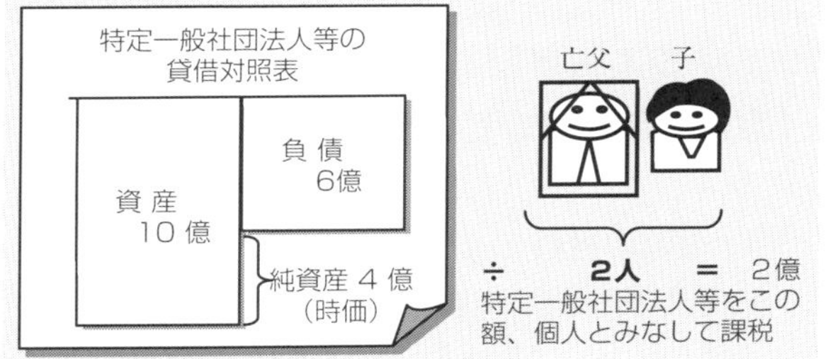

つまり、特定一般社団法人等を**同族理事が共有していると考えて課税**するのです。

２．「特定一般社団法人等」とは

「特定一般社団法人等」とは、次に掲げる要件の**いずれかを満たす**一般社団法人等をいいます。

① 相続開始の**直前**における**同族理事数の総理事数に占める割合が２分の１を超**えること。

② 相続開始前**５年以内**において、**同族理事数の総理事数に占める割合が２分の１を超える期間の合計が３年以上**であること。

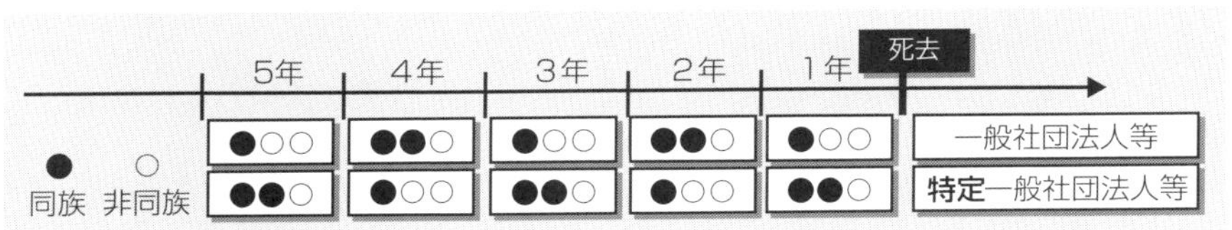

上記の**「同族理事」とは**、一般社団法人等の**理事のうち、被相続人、その配偶者又は３親等内の親族その他当該被相続人と特殊の関係がある者（被相続人が会社役員となっている会社の従業員等）**をいいます。

この改正は、平成30年４月１日以後の一般社団法人等の理事の死亡に係る相続税に適用されます。
ただし、同日前に設立の一般社団法人等は、2021年４月１日以後の理事の死亡に係る相続税で適用し、平成30年３月31日以前の期間は上記②の２分の１を超える期間に該当しないものとします。

17.「その譲渡や贈与は無効です！」と言われる

POINT

身内でモメるリスク。やがて税務署も言ってくるリスク！
そもそも「定款」を変更しておくこと！

1. 事業承継で揉めた弟から「その自社株の移動は無効だ！」と訴えが

（これは**ほとんど実話**です）長男への事業承継を決断した社長は、叔父のもっている**自社株を譲渡で手に入れ**ました。これを自分の自社株と一緒に後継者とした**長男に贈与**しました。長男は、これを受けて税務署で**納税猶予の手続**をして事業承継を終えたと安堵していました。

ところが、**かねてより後継者問題で揉めて**いた仕事に関してはやり手の次男が、弁護士を立てて父と兄に対して「その自社株の移動は無効だ！」と訴えてきました。

次男（の弁護士）の主張は、**「会社法128条により、当社では株券を交付して譲渡や贈与をしなければ無効です。」**思わず会社法を確認すると…

> 会社法第128条（株券発行会社の株式の譲渡）
> 　株券発行会社の株式の譲渡は、当該株式に係る**株券を交付しなければ、その効力を生じない**。ただし、自己株式の処分による株式の譲渡については、この限りでない。
> 　株券の発行前にした譲渡は、株券発行会社に対し、その効力を生じない。

しかし、父と長男は、「これは**顧問税理士にも相談してちゃんとやったのだから間違いない**」と裁判に立ち向かいました。ところが、**裁判官は「そのとおり無効ですね。いちいち判決を書くまでもありません。和解なさっては**どうですか？」と諭される始末！　狐につままれたような父と長男がセカンドオピニオンを求めて私に相談に来られました。

私：「御社の**登記を見ると株券発行会社**ですね。だから条文どおり無効ですね。」
父：「でも我が社は**株券なんか設立以来一度も発行したことは、ない**ですよ。」

私：「株券発行会社かどうかは**外部から確認できるように登記されている**んです。つまり、**実際に株券を発行しているか否かではない**んです。」

父：「これって、**税理士先生の指導不足ですよね。訴えます**。」

私：「株券発行会社なのに**実際に株券を発行していないというのはごく普通にあります**。これまでは身内で揉めることは少なかったのですが、昨今はそこまで注意しないといけないでしょうね。」

父：「条文には**譲渡とありますが、贈与も無効**ですか？」

私：「はい。贈与は無償譲渡ですから。」

父：「これからどうしたら良いですか？　当然、定款を変更して登記ですね。」

私：「そうです。**株券発行会社から株券不発行会社に定款変更して登記**です。」

父：「そうして、**もう一度、譲渡と贈与をやり直す**訳ですね。」

私：「**まだ税務調査の実例はありませんが、万が一贈与無効なのに納税猶予した後に今回のようなことが発覚して、税務署が、そもそも贈与が無効だから…**となったらとても複雑で、**納税のリスクも**生じかねません。それでも万全ではないのですが、まずは早く分かって良かったです。なお、株式贈与は**贈与契約書**のほかに、会社の**譲渡承認手続**が必要です（会法136）。
株主名簿の書き換えも必要です（会法121）。
その際、株券不発行への定款変更とともに、**「株式の譲渡承認は、譲渡承認を代表取締役がこれを行う」という定款変更（第2章参照）をしておくと良い**でしょう。一々、取締役会議事録を作成しなくても良いからです。

2．今後、どうやれば良いかのまとめ

株式贈与・譲渡をする**前**段階で以下を実行してください。

① 知事へ**「特例承継計画」（この要件もあるので本章参照）提出。**
② 株券発行会社か否かの登記確認をし、該当すれば、**株券不発行会社となる旨の定款変更（第2章参照）と登記。**
③ **民法の特例法による贈与株式遺留分除外の手続（第16章参照）。**

---

④ （これは後でも良いですが…）非後継者への**遺留分請求に耐えられるように保険等の資金手当て**（480ページ参照）
これらをセットで行うことが肝要です。

18. 個人・法人共に10年間の納税猶予の特例！

POINT

ともかく計画書だけは出した方が良い。デメリットなし！

法人は「資産管理会社」に該当しても6ヶ月内なら猶予取消しにならずと改正！

2019年度税制改正の大目玉は、個人事業納税猶予の創設です。これで法人と共に**10年間に限り、5年内の計画書提出で、自社株（個人事業は事業用資産）の全てを対象に全額を納税猶予**としました（措法70の7の5等）。

2018年度税制改正で**雇用確保要件を撤廃。贈与者を先代に限定しなくなり、しかも相続時精算課税が可能に**なりました。**後継者も3人までOK**に（474ページ参照）。大盤振る舞いですから、**今後は納税猶予を考慮しない対策はありえません。**

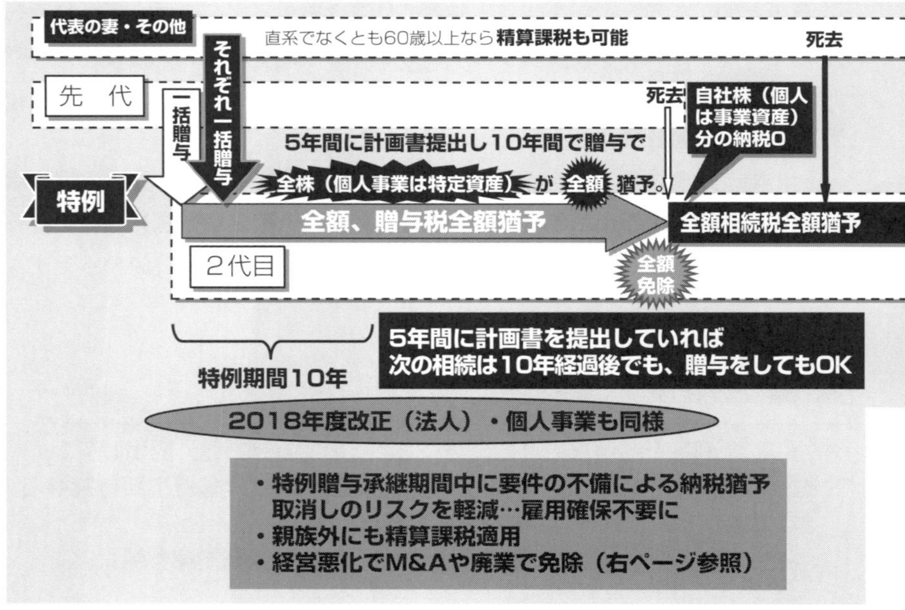

下図を説明すると、**2023（個人事業は2024）年３月31日までに所定の計画書を提出して、2027（個人事業は2028）年末までに**先代が２代目に、生前に所有する自社株（個人事業用資産）〔以下、「自社株等」という〕を一括贈与すると、通常は巨額となる贈与税が納税猶予されます。この時以後に**先代以外の60歳以上の株主（個人事業の場合は、１年内に限り特定事業用資産を有する生計一親族）から贈与・相続・遺贈で後継者に渡るものも納税猶予が使えます**。しかも後継者が直系卑属でなくとも相続時精算課税が選択できます（措法70の７の５②等）。

そして１代目の死去で、贈与した自社株等は相続財産に取り込まれ、猶予中の贈与税は**免除**されます（措法70の７の７等）。

２代目に課税される相続税は、特例期間の10年経過後に相続が起きても贈与と同様、全額について**相続税の納税猶予**ができます（措法70の７の８等）。

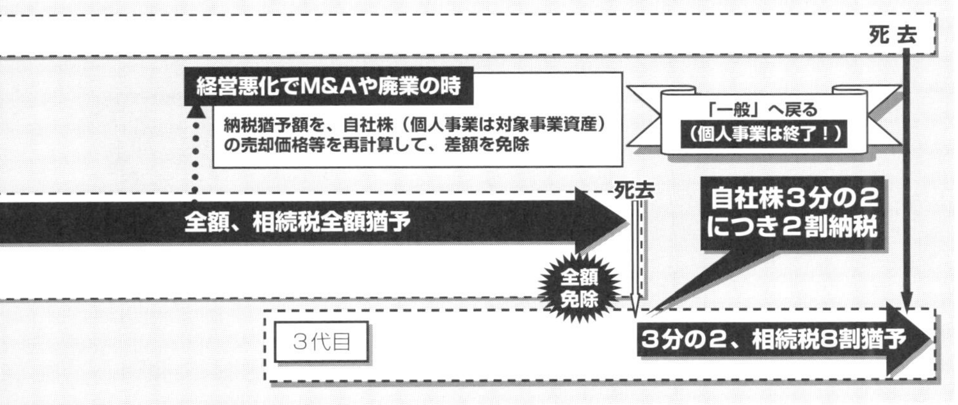

納税猶予を受けて５年経過後に、万が一途中で**経営状況が悪化して、譲渡・贈与する場合**、従前は、納税猶予額を納税しなければならなかったのが、譲渡等する時点での価格で**納税猶予額を再計算して、差額を免除**することになり、将来への不安をなくしました（措法70の７の５⑫等）。

2019年度の税制改正によって「資産管理会社（366ページ参照）」に一時的に該当しても６ケ月内なら納税猶予取消しにならなくなりました。

19. 個人事業（医業も）納税猶予・免除が可能！

POINT

小規模宅地特例との選択適用及び償却資産への判断が肝！
法人と違い、個人事業は今回の相続で終了という限定版！

1．法人は株式が対象だが、個人事業は事業用資産が対象

個人事業の経営者が、2019年４月１日～**2024年３月31日に「承継計画」**を認定経営革新等支援機関の指導等を受けて**都道府県に提出し、**2019年１月１日～**2028年12月31日までに相続等**により下表の**特定事業用資産を取得**し、事業を継続し、**担保**（右ページ②参照）提供をする等が条件です。

すると、前ページの法人の納税猶予制度と同様に**猶予**されます。

	居住用	事業用	
		B/S計上なし	**B/S計上有り**
土地（400㎡まで）	小宅	小宅	**小宅or納税猶予**
建物（床面積800㎡まで）	—	—	**納税猶予**
その他の減価償却資産	—	—	

＊青色決算書に事業用土地が計上されていない場合には、土地／元入金の仕訳で青色決算書を修正した訂正申告をしておくことが肝要です。

2．建物等の減価償却資産の多さと小規模宅地の特例との選択で判断

重要なのは、土地については**小規模宅地**の８割引きの特例（160ページ参照）との**選択適用だ**ということです。小規模宅地の特例は納税猶予ではなく**事実上非課税**であるのに対して、納税猶予は事業継続ができない等の様々な場合に**猶予が取消されて納税**しなければならない**リスクが永く続きます**。

また、個人事業の**医師・歯科医師・旅館等**のように建物、CTやレントゲン等の**高額な減価償却資産**を有する事業の場合には有益な選択肢になるでしょう。

特に医業の場合には、法人化しても持分のない医療法人（436ページ参照）にしかなれず、通常の法人のような納税猶予は適用されないからです。

３．デメリットと対策

個人版の納税猶予のデメリットは大別して下表の３点です。**対策は、医業を除けば法人成り**すればよいのですが、それ以外の方法を検討してみます。

	個人版納税猶予のデメリット
①	**贈与税の納税猶予では相続時に贈与資産を贈与時の時価で課税されてしまう！**
②	**担保は別の資産で提供する必要がある** 法人のような「みなし充当」規定なし
③	法人のように半恒久的でなく**10年限定で終了してしまう。その他、債務問題も**

まず①については、左ページでお話ししたように**個人版の納税猶予の選択をする際のメルクマールの１つである、建物等の減価償却資産の多さゆえに起こる問題**です。

つまり、贈与税の納税猶予では、下図のように、贈与時点の時価で、相続税を課税されるという「みなし相続課税」の問題があります。だから、**減価償却資産は相続時には相当に時価が減少していても、贈与時の高い評価で課税されてしまう**のです。

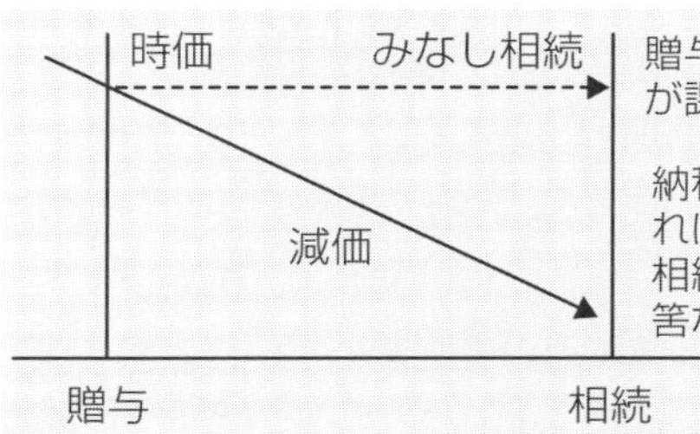

対策として、相続直前の買換えがありますが、高額資産をそんな上手いタイミングで買い替えることは困難でしょう。そうだとすると**承継計画だけを出しておいて、2028年末までに相続が起きれば相続税の納税猶予から始める**ようにして、**贈与をしない**ことが選択肢になるでしょう。

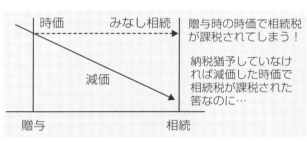

医業では、**減価償却資産をMS法人化し、MS法人で納税猶予を受ける**ことです。

デメリットの②は深刻です。法人の納税猶予では株式ですが、個人の場合は、事業用資産を担保に提供すると事業継続が不可能になるため、別に担保が必要で「みなし充当」制度もなく**「そんな担保を出せるくらいならあっさり納税を」**と言いたくもなります。

また、デメリットの③は、**法人の「一般」が半恒久的で「特例」が10年限定**の２段構えであるのと大きく異なり１段構えでしかなのです。

20. 教育費の非課税贈与が厳しくなる！

POINT

1,500万円の贈与が非課税で、多数の適用がされたため縮減
3年内加算も導入されたので、早い内に実行すべし

1,500万円の一括贈与の”信託“が非課税となり、相続財産に加算されないため、**10万件を超す多数の適用者が殺到**したこともあって、この**直系尊属から教育資金**の一括贈与を受けた場合の贈与税の非課税は、**適用範囲を限定する改正**が行われました。しかし2018年で終了の予定が２年間延長されたので**まだ適用していない方は早い内に実行**すべきでしょう（458～461ページ参照）。

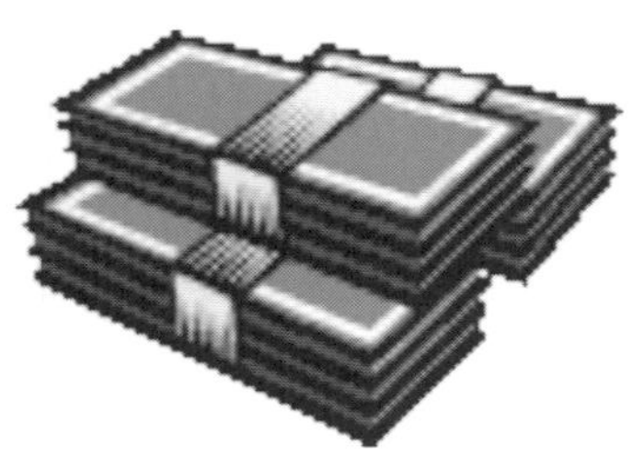

1．受贈者の所得制限の導入

教育資金の信託等をする年の受贈者の合計所得金額が、1,000万円超の場合には、適用ができなくなりました。この改正は、2019年４月１日以後に適用されますが、**高額所得の受贈者ですから影響は僅か**でしょう。

2．教育資金の範囲の縮小と受贈者の年齢制限

教育訓練給付金の対象とならないいわゆる**習い事の受講費は23歳未満の者に限られる**ことになりました。この改正は、2019年７月１日以後に支払われる教育資金について適用されます。なお、**教育訓練給付金の対象となる教育機関は、厚労省のHPで限定列挙**されていて、**100万円超の給付も**あります。

https://www.mhlw.go.jp/stf/seisakunitsuite/bunya/koyou_roudou/jinzaikaihatsu/kyouiku.html

教育訓練給付金とは、**働く方の主体的な能力開発の取組み又は中長期的なキャリア形成を支援し、雇用の安定と再就職の促進**を図ることを目的とし、教育訓練受講に支払った費用の一部が支給されるものです（厚労省HPより）。

３．未使用残高の相続開始前３年内贈与への取り込み規制

信託等をした日から教育資金管理契約の終了の日までに贈与者が死亡した場合において、受贈者が当該**贈与者からその死亡前３年以内に**信託等により**取得した信託受益権等について**本規定の適用を受けたことがあるときは、その**死亡の日における「管理残高」を、当該受贈者が当該贈与者から相続又は遺贈により取得したものとみなし、前３年加算の対象**となります。

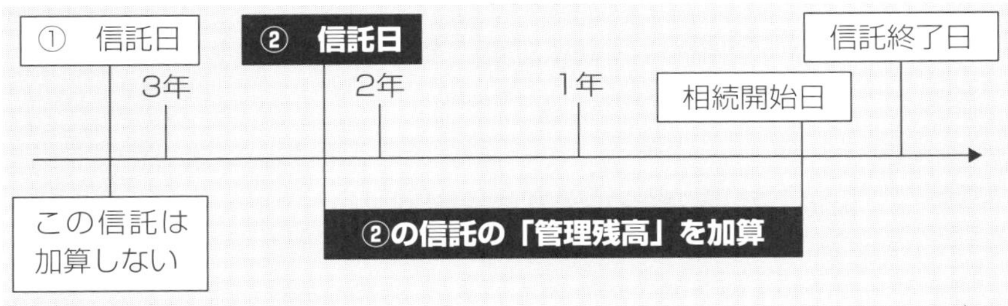

「管理残高」とは、**非課税拠出額から教育資金を支出額を控除した残額のうち**、贈与者からその**死亡前３年以内**に信託等により**取得した信託受益権等の価額**に対応する金額をいいます。

なお、当該受遺者が**23歳未満である場合**、当該**受遺者が学校等に在学している場合**、当該受遺者が**「教育訓練給付金」の支給対象となる教育訓練を受講している場合、のいずれかに該当する場合には適用されません**。

この改正は、2019年４月１日以後に贈与者が死亡した場合に適用されます。ただし、同日前に信託等により取得した信託受益権等の価額は含まれません。

４．教育資金管理契約満30歳終了事由の40歳への引き上げ

受贈者が30歳に達した場合においても、当該受遺者が**学校等に在学している場合**、当該受遺者が**「教育訓練給付金」の支給対象となる教育訓練を受講している場合**、のいずれかに該当する場合には、教育資金管理契約は終了しないものとし、その達した日の翌日以後については、その年の12月31日又は当該受遺者が**40歳に達する日のいずれか早い日に教育資金管理契約が終了**するものとします。したがって、2019年６月30日までに受贈者が30歳に達する場合は、従来通り管理残高に贈与税が課税されます。

21．零細企業でも可能な研究開発は節税の穴場！

POINT

研究開発税制は、大企業だけが活用するものではない！
－個人商店のラーメン屋でも活用できる－

1．研究開発の税額控除は大盤振る舞い！それなのに使えてない！

平成31年度税制改正は小粒と言われる中、この税額控除は大盤振る舞いでした。**税額から何十%も控除されるので節税効果は抜群**です。しかも、それらは**経費としても損金になっていますから二度美味しい**のです。ところがその中身は実質的に大企業や特殊な研究をする企業向けばかりです。

それでも**底辺の零細企業にも使える10%もの税額控除がゴロゴロ。昔から…それがさらに倍増されて25%の税額控除も！しかし使われない。**何故か？

2．どんな零細企業でも生き残りのためにしている研究開発

ラーメン屋でも適用できる税制だと書いたのは、**オーナーは四六時中新製品や新サービスの開発に頭を巡らせているから**です。流行っている店の情報を知れば、新幹線で試食に行き、店奥に積まれた麺箱から業者を探し、その味からスープ原材料を類推し、具を試し買いし、自店に戻り何回も試作する。

3．今から約40年前の筆者の経験談

資本金5,000万円の中部地区にある高収益の食品メーカーが株式を上場したいということで、32歳で筆者が財務部長として招聘されました。法人税法の受験参考書も書いていましたので、法人税の申告書も作成しました。当時も試験研究費の税額控除制度はありましたので適用しました。私の着任前は、**国税局査察出身のOB税理士が申告書作成するも、適用されていませんでした。**

4．何故、中小企業では、活用できないのか？

外部税理士は、**どの経費が試験研究費に該当するか解らない**からです。その食品メーカーには、試験研究室があり、専任の研究員が１人配属され少なくとも彼の人件費は試験研究費でした。

この試食も、
研究費で経費
になった上に
税額控除だ！

でも、それは工場の片隅にあり、その**企業の内部を隈なく視察をしたりして把握**に努めなければなりません。

5．普通の勘定科目の中に紛れ込んでいる研究費を炙り出すノウハウ

交通費勘定と仕入勘定に、上記の費用は紛れ込んでいて、税理士にはそれが試験研究に使われたものだとは、まさに汁（つゆ）知らずです（笑）。

私が勤務した中堅企業では、試験研究用の**原材料費（この把握が仕入に紛れ込むため特に難しい**）＋試験研究室用の消耗品費＋出張経費を**研究員にノートを持たせ、その都度記入させ**ました。経理係には、研究用の人件費・器具備品の減価償却費、水道光熱費を積算させました。多額の研究費を使う経営者には、**手帳にその都度記入**をしてもらうのです。

6．税理士の指導が活きる場面

関与先を指導することで零細企業でも税理士の創造力で適用しましょう。

開業税理士先生の多くが、試験合格→会計事務所という道を歩んでいますので、**企業内部の状況が想像できないのです。**部門別管理をする大企業でもその積算作業は大変なのです。経理部門だけでは試験研究費の積算はできません。大企業においても**仕訳伝票に枝番を付けるように、一工夫している**のです。

7．初めて試験研究費の税額控除規定を適用する場合の前年度の実績値

今年度の試験研究費の積算を参考にし、明らかに試験研究費というのを**関与先を指導して前年度の総勘定元帳から拾い出すという作業が必要**となります。

22. 老人ホームに入っても空き家として認定 譲渡所得3,000万円控除が可能に！

POINT

空き家特例3,000万円控除はお一人様専用税制であることに留意

譲渡せずに定期借地権での活用も考える

1. 空き家に係る譲渡所得の3,000万円控除は、お一人様専用税制！

平成31年度税制改正において、**老人ホーム等へ入所したことにより被相続人の居住の用に供されなくなった家屋及びその敷地の用に供されていた土地等の譲渡**につき、**次に掲げる要件を満たす場合**に限り、相続の開始の直前においてその被相続人の居住の用に供されていたものとして**譲渡所得の3,000万円特別控除を適用**することとされました。

① 被相続人が**介護保険法に規定する要介護認定等を受け**、かつ、**相続の開始の直前まで、老人ホーム等に入所**をしていたこと、

② 被相続人が老人ホーム等に**入所をした時から相続の開始の直前まで**、その家屋について、その者による一定の使用がなされ（**家財道具等が置いてある自宅に必要に応じて行き来すること**）、かつ、**事業の用、貸付の用又はその者以外の者の居住の用に供されていたことがない**こと。

その上で、被相続人が**単独で居住**し、**亡くなった後に空き家**の状態である住宅につき、**相続後３年経過した年の12月31日までに譲渡**（旧耐震基準建築物を除却又は耐震リフォーム後の譲渡を含む）**をした場合**、空き家・敷地の譲渡所得から3,000万円の特別控除を行うということです。

したがって、**相続人が居住していた場合には適用されませんので、その場合には通常の居住用不動産譲渡の3,000万円控除を適用**することになります。

２．定期借地権活用〜取壊費用は保証金で〜

空き家が放置される理由は、例え空き家であっても、住宅であれば**固定資産税の**小規模宅地減額特例**１／６課税が享受**でき、また、**取壊費用の負担問題**があるからです。

また、国交省と総務省が作成した基本指針によると、
固定資産税の１／６課税の対象から除外される勧告を受けるとされる空き家は、次の４つです。

① 倒壊等**著しく保安上危険**となるおそれのある状態
② **著しく衛生上有害**となるおそれのある状態
③ 適切な管理が行われていないことにより**著しく景観を損ねている**状態
④ その他**周辺の生活環境の保全を図るために放置することが不適切**である状態にある

なお、勧告（行政指導）→命令（行政処分）→代執行になった場合の**取壊費用は納税者負担**となります。さらに、市町村から**勧告を受けた空き家は、勧告を受けた年の12月末までに是正をしないと翌年度の固定資産税は６倍に**なります。

したがって、建物を**取り壊して戸建定期借地権用地として保証金を得て土地を貸付し、土地の借り主が住宅を建てる定期借地権活用をすれば、保証金を取壊費用に充当でき、固定資産税の負担も１／６の継続**となります。

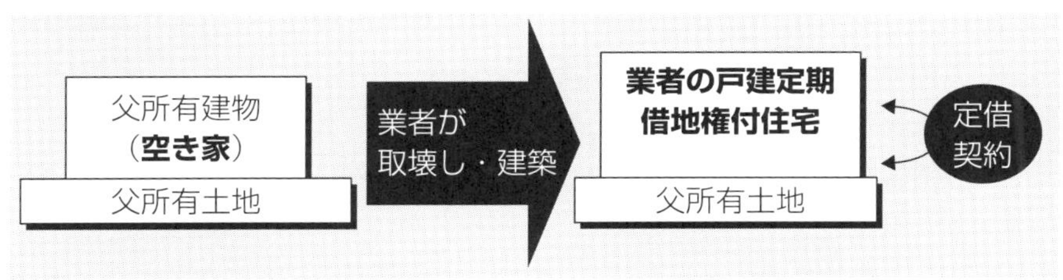

空き家を土地の借り主が買取り、リフォームをして居住用にしても同様です。なお、古民家カフェ活用では、固定資産税の軽減措置は受けることができません（435ページ参照）。

23. 自筆遺言書の要件緩和。それでも公正証書遺言

POINT

全て手書きだったのを、目録はPCやコピーも可能に
保管制度は少し遅れて2020年7月から開始。保管されると検認不要に

1. 自筆証書遺言の財産目録は手書きでなくともOKに（民968）

従前、自筆証書遺言は全て手書きが強制されました。間違いの**修正・加筆は大変**で地番の○丁目○番地の○などが一字一句まで正確を期さなければならないのです。**間違えると当然にその部分は無効になりました。**

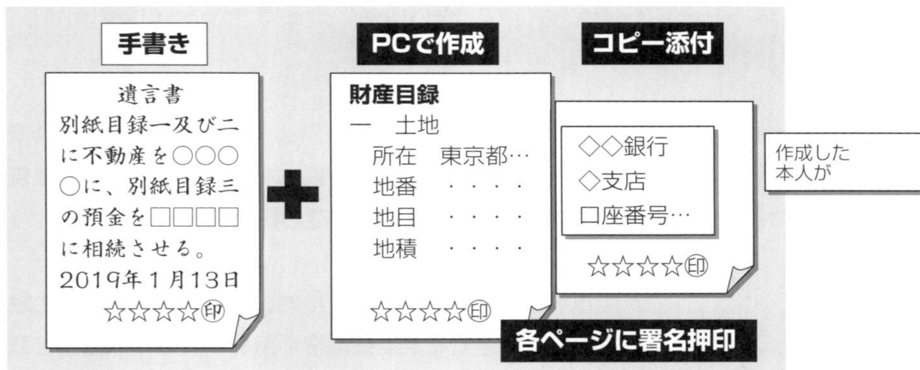

2019年1月13日から既に始まった自筆証書遺言の要件の緩和は**財産目録についてのみ**パソコンで作成することも、通帳や登記簿謄本のコピーでもOKになり、大幅な簡略化が図られました。内容の正確さを求められるのは変わりません。**財産目録の作成が容易になった**と言えるでしょう。

ただし、**このままでは**従前通り、相続時には**裁判所の検認が必要**になります。右ページの法務局での保管制度で確認を受けないと形式面の間違いに気付かないこともあります。それまではやはり**公正証書遺言がお勧め**です。

2．自筆証書遺言の保管制度（法務局における遺言書の保管等に関する法律）

この制度が民法改正の中で**一番遅い施行となる2020年7月10日**からです。

まずは、遺言者本人が、法務大臣の指定する法務局（遺言書保管所）に遺言書の保管を申請します。その際に本人確認や遺言に署名押印や日付の有無等の遺言の形式的な適合性を**外形的に確認等しますが、それにとどまります**。しかしこれにより遺言書の**検認が不要**となります。

手数料は、以後の手数料ともに、その都度、数百円程度になると思われます。

遺言者の死亡後に、相続人や受遺者らは、全国にある遺言書保管所に行き、遺言が保管されているかどうかを調べます（「遺言書保管事実証明書」の交付請求）。

保管を確認したら、遺言書の写しの交付を請求する（「遺言書情報証明書」の交付請求）ができます（同所において閲覧だけすることもできます。）。

閲覧や交付がされると、他の相続人等に対して遺言書を保管している旨の通知がなされます。

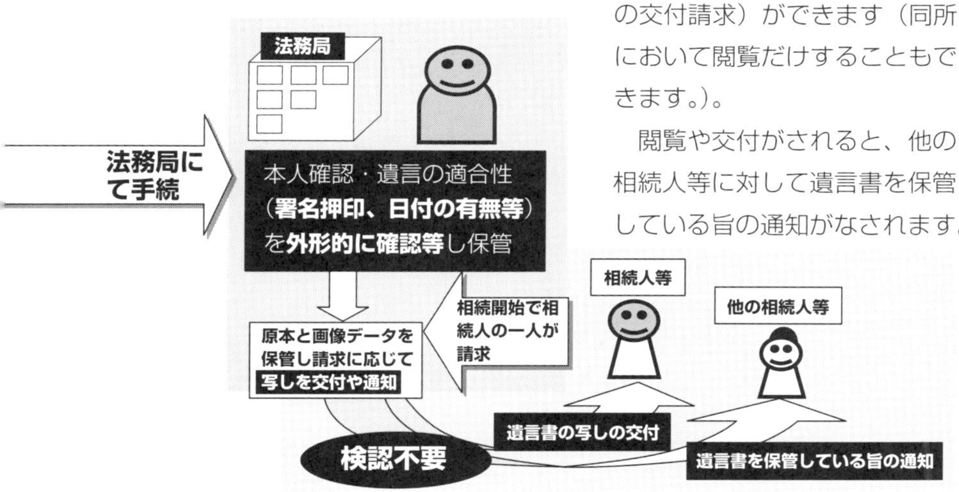

法務局

法務局にて手続

本人確認・遺言の適合性
（署名押印、日付の有無等）
を**外形的に確認等**し保管

原本と画像データを保管し請求に応じて写しを交付や通知

相続開始で相続人の一人が請求

相続人等

他の相続人等

遺言書の写しの交付

検認不要

遺言書を保管している旨の通知

3．自筆証書遺言書が増加し、制度間の競争になるが・・・

上記の確認は本人確認と遺言の形式的な外形に留まり、**内容が正しいか、その家庭にとって最良なのか等の検討は一切なされません。**ですから**最初あるいは重要な変更をした場合には公正証書遺言が良い**でしょう。**その後の軽微な変更に**利用するという使い分けも良いでしょう。

24. 義父母の介護で嫁は特別寄与料を請求可？

POINT

相続人でない親族の療養看護に対して報いることができるか？
遺言書を書けなかった場合の窮余の策

1. 嫁は相続人ではないので法定相続分がない

下図において長男の嫁は、①寝たきりになっている義父の看護を**無償で**していましたが、その甲斐もなく亡くなりました。遺言書はないことから、嫁は相続人でないため義父の相続に関しては何も貰うことができません。

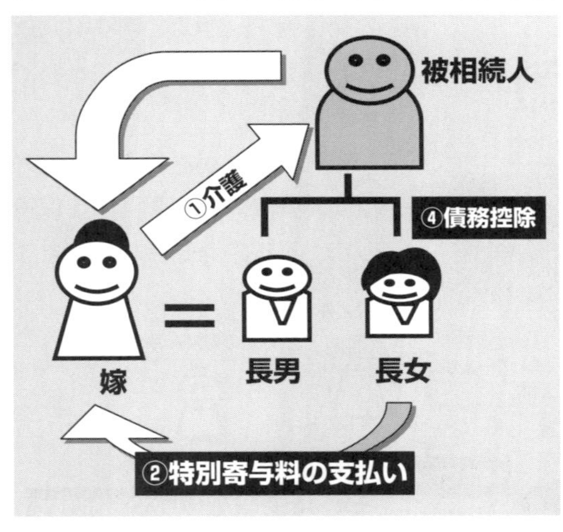

こんな場合は、**6ヶ月以内に**相続人らに**特別寄与料として金銭を請求できる権利**を認める制度です（民1050）。

遺産分割協議により②長女がその支払いに応じました。

すると嫁は、その特別寄与料を③義父から**遺贈により取得したものみなされ**て、他の相続人らと共に相続税の納税義務者となります。一方、④長女はその額を**債務控除**できます。

2. 嫁（特別寄与者）は2割加算、前3年加算も

上図で、特別寄与料を遺贈として相続税の申告をする場合には、当然に2割加算（相法18：463ページ参照）になると共に前3年以内に義父からの贈与を受けている場合には、加算されることになります（相法19）。

3．現実に請求できるのだろうか？

左図のような場合、嫁の立場として、亡くなってから**6ヶ月以内の請求が果たして心情的に可能なのだろうか？**

もちろん、この制度が定着し、相続人らが理解をしめすようになれば可能かもしれません。（**5．**の家庭裁判所に協議に代わる処分を請求ができます）。

また、請求額も、現実には被相続人からの**遺贈としての分け前ではなく、**次の条文(民法1050)にあるように**「特別寄与者の寄与に応じた額」**とあり、**5．の同条3項にあるように、介護費用程度で家政婦並みの額になるのではないか**と思われます。そんな**僅かな金額を波風を起こしてまで積極的には請求しないのでは**ないだろうか？**やはり遺言書**に書いてもらうべきか…

4．嫁以外も特別の寄与をした親族が請求できます（民1050（特別の寄与））

一項　被相続人に対して**無償で療養看護その他の労務の提供をしたことにより財産の維持又は増加について特別の寄与をした被相続人の親族**（相続人、相続の放棄した者、相続権を失った者を除く。）は、相続の開始後、相続人に対し、**特別寄与者の寄与に応じた額の金銭の**支払いを請求することができる。

5．協議が調わない場合は家庭裁判所に（民1050②③）

二項　前項の規定による特別寄与料の支払いについて、**当事者間の協議が調わないとき、又は協議をすることができないときは**、特別寄与者は、家庭裁判所に対して**協議に代わる処分を請求**することができる。

ただし、特別寄与者が相続の開始及び相続を知った時から6箇月を経過したとき、又は相続開始の時から1年を経過したときは、この限りでない。

三項　前項本文の場合には、家庭裁判所は、**寄与の時期、方法及び程度、相続財産の額その他一切の事情を考慮して**、特別寄与料の額を定める。

25. 登記（書換）を急げ！ 今後は放置すると危険！

POINT

税務と保険に集中してアドバイスを忘れていたがクレームになる！
不動産の登記ばかりでなく、株式の名義書き換えも要注意

1．相続人は遺産分割前でも、法定相続分の登記ができてしまう事実

この見出しの事は司法書士の世界では当然の事ながら、一般には余り知られていません。例えば右図で被相続人の不動産に対して相続人である２人の兄弟が居る場合、その法定相続分は２分の１ずつです。ですから、**相続開始と同時に全ての財産が兄弟で２分の１ずつの共有**になります。

ところで、被相続人は**「この土地を兄に相続させる」**と遺言していました（これが専門家の中で**「相続させる旨の遺言」**と言われるものです）。これにより兄は「この土地は俺の物だ」と安心し登記もしませんでした。

ところが、弟は分割協議の最中に自らの**法定相続分である２分の１の共有持分を登記してしまいました**。これは相続開始と同時に相続人の共有になることから登記が可能なのです。

弟はそれを第三者Ｘに売買してしまい、Ｘは登記しました。この場合、**改正前民法では登記がなくとも「相続させる旨の遺言」により取得した兄に軍配**が上がり、この土地は兄の物として保護されていました。

しかし、改正民法施行の**2019年７月１日からはＸの登記が勝る**ことになったのです。すなわち**兄は遺言で正式に取得したにも拘わらず登記で先んじたＸにこの土地を取られてしまう**のです。

何故このような改正になったのか？　善意の第三者からすると、従来は**登記の信用はなく**、かつ遺言の有無も分からず権利を守れなかったからです。

さらに、**「所有者不明土地」**が九州の面積に匹敵する事態を解消するための**「権利の上に眠る者を守らず」との国からのメッセージ**とも言えます。

下表の**法定相続分「超」の部分の「相続させる旨の遺言」による取得は従前は、法定相続分「内」と同様に「登記なしで、第三者に対抗」できましたが2019年７月１日以降は「登記が優先」に**なるのです。

遺産の取得方法		①分割協議	②遺贈	遺言による取得 ③相続分の指定	遺言による取得 ④遺産分割の方法の指定
				相続させる旨の遺言 **この部分だけが変化！**	
法定相続	内	登記なしで　第三者に対抗			
法定相続	超	登記が優先		**登記なしで、第三者に対抗**	
法定相続	**法定相続分を超える部分は全て下のように、「登記が優先」に！**				
法定相続	**超**	**登記が優先**			

したがって、前ページ図の最下段の様に、兄は遺言に基づき、一刻も早く登記して単有にしなければなりません。

２．株式の事業承継においては「名義書き換え」を一刻も早く

事業承継においては、自社株を「相続させる旨の遺言」により取得した場合の**対抗要件は登記ではなく、株主名簿の名義書き換え**ですから、これをいち早くします（89・498ページ参照）。

ところが中小企業では**株主名簿の管理が杜撰です。第２章を参照**の上、株主名簿の**確定日付**を取っておくことをお勧めします。

緊急提言１

株券発行会社が危ない！　～定款変更コンサルの必要性～

非上場会社では、会社設立以来商法の時代から株券は実際に発行していない会社がほとんどでした。それは、譲渡制限株式は、株主から株券発行の請求がなければ、株券を発行しなくてもよいからです（旧商法226）。現行会社法でも同様の規定があります（会法215④）。平成18年５月の会社法施行前の旧商法でも、定款で株券不発行にすることは可能でしたが（旧商法227）、実行した非上場会社は極めて少なかったと思われます。

平成18年５月１日の会社法の施行により、新たに設立される株式会社は株券の不発行が原則となりました。そこで、法務省は平成18年５月１日の会社法施行前に設立された株式会社で株券不発行の定款の定めを行い商業登記簿謄本に株券不発行の登記をしていない株式会社は、**法務局の登記官の職権で商業登記簿謄本に「株券発行会社」と打刻したのです（会整法136⑫三）**。したがって、会社法施行後に定款を変更し株券不発行にしていない会社は、**図らずとも**「株券発行会社」であることが登記簿謄本で明らかになっているのです。そして、ほとんどの**非上場会社は未だに「株券発行会社」のままになっている**のです（200ページ参照）。

１．会社法128条からの警告

「株券発行会社の株式の譲渡（著者注：贈与は無償の譲渡）は、当該株式に係る株券を交付しなければその効力を生じない」（会法128）という規定は、株券発行会社における譲渡・贈与は実際に株券の交付がなければ法的に無効であるということなのです。

実際に争いになった事件があります。先代から長男が生前贈与を受けた株式につき、次男から無効の訴えがあり長男が敗訴しました。そこで長男側の弁護士のアドバイスで長男が、贈与指導を行った税理士に対して損害賠償請求が起こされたのです。**腹いせに、税理士がターゲットになった**のです。

多くの税理士の先生方は、株式の事前贈与をお客様に提案していると思います。課税当局から「贈与は無効だから相続財産に計上せよ」という更正処分はまだありませんが、課税当局も既に気が付いているという情報もあります。**事業承継税制の原則は生前贈与からスタート**します。使い勝手の良くなった当該税制を適用する場面があると思いますが、注意していただきたいところです。**贈与指導をする前に**、商業登記簿謄本をネット閲覧して**株券の発行・不発行を確認**してください。ネット閲覧費用は334円です。

2．株券の占有者は適法に株式についての権利を有すると推定される

公開会社でない株券発行会社は、株主からの請求があれば株券の記載事項を適法に記載した（会法216）株券の発行をしなければならないので（会法215④）、投下資本の回収のパフォーマンスを上げようとする好意的でない少数株主が反社勢力を活用する場面がよくあります。

株券発行請求を行い株券を取得しそれを反社勢力に譲渡するのです。たとえ譲渡制限が付されていても、株主はその有する株式を自由に譲渡できるからです（会法127）。反社勢力が手にした株券は、**株券の占有者は適法に株式についての権利を有すると推定されますので（会法131）、反社勢力は当該株式会社に対して、単独で株主名簿に株主として記載記録を請求することができるのです（会法133、会規22②一・同24②一）。**

そして、株式取得者である反社勢力は、譲渡制限株式を取得したことにつき、単独で会社に対して承認に認否の決定を請求することができます（会法137）。会社は、承認をしない場合には会社で買い取るか（会法140①）、指定買取人を指定しなければなりません（会法140④）。

3．株券発行会社は事業承継税制適用時に株券の担保提供が必要

株券発行会社が贈与税・相続税の納税猶予を受ける場合には、株券を担保提供しなければなりません（措法70の7⑥・70の7の2⑥）。

具体的には、担保のための供託書を正副2通作成し、税務署の所在地の供託所に提出して、供託を受理した旨の記載が記載された供託書正本と供託有価証券寄託書に供託する株券を添えて、供託所から指定された**日本銀行に提出**し、日本銀行から株券が納入された旨が記載された供託書正本の交付を受けて、当該書面を税務署に提出します（国税通則法施行令16）。

ところが、株券不発行会社の場合には、所轄税務署長に対して当該株式への**質権設定承諾書の提出だけで済む**のです（措規23の9①・23の10②）。

緊急提言2

株式についての1行遺言 ～遺言コンサルの必要性～

1．相続の開始日から株主総会当日までに、株式に関する「遺産分割協議書」が締結されない場合のリスク（会法106）

株式が2以上の者の共有に属するときは、共有者は当該株式についての権利を行使する者を1人定め、株式会社に通知しなければ、当該株式についての権利を行使できません。

したがって、兄弟で揉めている場合に、相続クーデターが起こる可能性があります。そこで、経営者は相続株式についての帰属を**遺言で定めておく**ことが肝要です（224ページ参照）。

2．相続人等に対する売渡請求の定款の定めがある場合のリスク（会法174）

少数株主に相続の開始があった場合に、少数株主の相続人から相続した株式を強制的に会社が買い取ることができる制度があります。

しかし、逆にオーナーに相続が発生した場合に、一般承継により株式を相続した相続人から少数株主から会社から買い取ることについての株主総会提案が提起された場合に、オーナーの株式相続人が後継者になれないという相続クーデターが起こる可能性があります。

そこで、経営者は相続株式についての帰属を**遺言すなわち、「遺贈する」という特定承継で定めておくこと**が肝要です（34、59、223ページ参照）。**遺言は全ての財産について書くのは手間もかかり色々考えると経営者は躊躇**してしまいます。しかし**後継者に株式を全て承継するのは承諾が得やすい**ので、一刻も早く自社株についてのみの**一行遺言を書いてもらうのです。その他の事項は後からで結構**です！これこそ**簡単ですから、自筆証書遺言でとりあえず**書いて、2020年7月前であれば確定日付を取っておくのも良いでしょう（34～35、227、510～511、515ページ参照）。

> 遺言書
>
> 遺言者保有の株式会社○○の全株式を□□□□に遺贈し、生前贈与した同株式については相続財産に持ち戻ししないものとする。2020年4月1日
>
> ☆☆☆☆㊞

〔参考資料〕

贈与税の速算表

	平成26年まで	平成27年から 一般（右以外の場合）	平成27年から 20歳以上の者への直系尊属からの贈与
200万円以下	10%	10%	10%
200万円超～300万円	15%－10万円	15%－10万円	15%－10万円
300万円超～400万円	20%－25万円	20%－25万円	
400万円超～600万円	30%－65万円	30%－65万円	20%－30万円
600万円超～1,000万円	40%－125万円	40%－125万円	30%－90万円
1,000万円超～1,500万円	50%－225万円	45%－175万円	40%－190万円
1,500万円超～3,000万円		50%－250万円	45%－265万円
3,000万円超～4,500万円		55%－400万円	50%－415万円
4,500万円超			55%－640万円

相続税の速算表

	平成26年まで	平成27年から
1,000万円以下	10%	10%
1,000万円超～3,000万円以下	15%－50万円	15%－50万円
3,000万円超～5,000万円以下	20%－200万円	20%－200万円
5,000万円超～1億円以下	30%－700万円	30%－700万円
1億円万円超～2億円以下	40%－1,700万円	40%－1,700万円
2億円超～3億円以下		45%－2,700万円
3億円超～6億円以下	50%－4,700万円	50%－4,200万円
6億円超		55%－7,200万円

<資料条文１>

一般定期借地権の目的となっている宅地の評価に関する取扱いについて

（平成10年８月25日／課評２－８／課資１－13）

標題のことについては、下記に掲げるものの評価について、**課税上弊害がない限り**、昭和39年４月25日付直資56、直審（資）17「財産評価基本通達」（以下「評価基本通達」という。）25（(貸宅地の評価)）の（２）の定めにかかわらず、評価基本通達27（(借地権の評価)）に定める借地権割合（以下「借地権割合」という。）の地域区分に応じて、当分の間、下記により取り扱うこととしたから、平成10年１月１日以後に相続、遺贈又は贈与により取得したものの評価については、これによられたい。

（趣　旨）

評価基本通達９（(土地の上に存する権利の評価上の区分)）の（６）に定める定期借地権等の目的となっている宅地の評価については、平成６年２月15日付課評２－２、課資１－２「財産評価基本通達の一部改正について」により、その評価方法を定めているところであるが、借地借家法（平成３年法律第90号）第２条第１号に規定する借地権で同法第22条（(定期借地権)）の規定の適用を受けるもの（以下「**一般定期借地権**」という。）**の目的となっている宅地の評価については、**最近における一般定期借地権の設定の実態等を勘案するとともに、納税者の便宜に資するため、所要の措置を講じたものである。

記

１　一般定期借地権の目的となっている宅地の評価

借地権割合の地域区分のうち、次の２に定める地域区分に存する一般定期借地権の目的となっている宅地の価額は、課税時期における評価基本通達25（(貸宅地の評価)）の（１）に定める**自用地としての価額**（以下「自用地としての価額」という。）**から「一般定期借地権の価額に相当する金額」を控除した金額によって評価する。**

この場合の「一般定期借地権の価額に相当する金額」とは、課税時期における自用地としての価額に、次の算式により計算した数値を乗じて計算した金額とする。

（算式）

（１－底地割合）× $\dfrac{\text{（課税時期におけるその一般定期借地権の残存期間年数に応ずる基準年利率による複利年金現価率）}}{\text{（一般定期借地権の設定期間年数に応ずる基準年利率による複利年金現価率）}}$

（注）基準年利率は、評価基本通達４－４に定める基準年利率をいう。

２　底地割合

１の算式中の「底地割合」は、一般定期借地権の目的となっている宅地のその設定の時における価額が、その宅地の自用地としての価額に占める割合をいうものとし、借地権割合の地域区分に応じ、次に定める割合によるものとする。

（底地割合）

借地権割合			底地割合
	路線価図	評価倍率表	
地域区分	C	70%	55%
	D	60%	60%
	E	**50%**	**65%**
	F	40%	70%
	G	30%	75%

（注）１　借地権割合及びその地域区分は、各国税局長が定める「財産評価基準書」において、各路線価図についてはAからGの表示により、評価倍率表については数値により表示されている。

（注）2　借地権割合の地域区分がA地域、B地域及び評価基本通達27（(借地権の評価)）ただし書に定める「借地権の設定に際しその設定の対価として通常権利金その他の一時金を支払うなど借地権の取引慣行があると認められる地域以外の地域」に存する一般定期借地権の目的となっている宅地の価額は、評価基本通達25の（2）に定める評価方法により評価することに留意する。

3　課税上弊害がない場合

課税上弊害がない場合とは、一般定期借地権の設定等の行為が専ら税負担回避を目的としたものでない場合をいうほか、この通達の定めによって評価することが著しく不適当と認められることのない場合をいい、個々の設定等についての事情、取引当事者間の関係等を総合勘案してその有無を判定することに留意する。

なお、一般定期借地権の借地権者が次に掲げる者に該当する場合には、「課税上弊害がある」ものとする。

（1）　一般定期借地権の借地権設定者（以下「借地権設定者」という。）の親族

（2）　借地権設定者とまだ婚姻の届出をしないが事実上婚姻関係と同様の事情にある者及びその親族でその者と生計を一にしているもの

（3）　借地権設定者の使用人及び使用人以外の者で借地権設定者から受ける金銭その他の財産によって生計を維持しているもの並びにこれらの者の親族でこれらの者と生計を一にしているもの

（4）　**借地権設定者が**法人税法（昭和40年法律第34号）第２条第15号（(定義)）に規定する**役員**（以下「会社役員」という。）**となっている会社**

（5）　**借地権設定者、その親族、上記（2）及び（3）に掲げる者並びにこれらの者と**法人税法第２条第10号（(定義)）に規定する政令で定める**特殊の関係にある法人を判定の基礎とした場合に同号に規定する同族会社に該当する法人**

（6）　上記（4）又は（5）に掲げる法人の会社役員又は使用人

（7）　借地権設定者が、借地借家法第15条（(自己借地権)）の規定により、自ら一般定期借地権を有することとなる場合の借地権設定者

<資料条文２>

相当の地代を支払つている場合等の借地権等についての相続税及び贈与税の取扱いについて

（昭和60年６月５日／直資２－58（例規）／直評９）

標題のことについては、下記のとおり定めたから、これによられたい。

（趣旨）

借地権の設定された土地について権利金の支払に代え相当の地代を支払うなどの特殊な場合の相続税及び贈与税の取扱いを定めたものである。

したがつて、借地権の設定に際し通常権利金を支払う取引上の慣行のある地域において、通常の地代（その地域において通常の賃貸借契約に基づいて通常支払われる地代をいう。）を支払うことにより借地権の設定があつた場合又は通常の地代が授受されている借地権若しくは貸宅地の相続、遺贈又は贈与があつた場合には、この通達の取扱いによることなく、相続税法基本通達及び相続税財産評価に関する基本通達等の従来の取扱いによるのであるから留意する。

<中略>

（「土地の無償返還に関する届出書」が提出されている場合の貸宅地の評価）

８　借地権が設定されている土地について、無償返還届出書が提出されている場合の当該土地に係る貸宅地の価額は、当該土地の自用地としての価額の100分の80に相当する金額によつて評価する。

なお、**被相続人が同族関係者となつている同族会社に対し土地を貸し付けている場合には、43年直資３－22通達の適用があることに留意する。この場合において、同通達中「相当の地代を収受している」とあるのは「「土地の無償返還に関する届出書」の提出されている」と読み替えるものとする。**

（注）　使用貸借に係る土地について無償返還届出書が提出されている場合の当該土地に係る貸宅地の価額は、当該土地の自用地としての価額によつて評価するのであるから留意する。

<資料条文３>

相当の地代を収受している貸宅地の評価について

（昭和43年10月28日／直資３－22／直審（資）８／官審（資）30）

標題のことについて昭和42年７月10日別紙二のとおり東京国税局直税部長から上申があり、これに対して同年12月５日別紙１のとおり指示したところであるが、今後、同様の事案については、これにより処理されたい。

別紙１

東京国税局長殿　　　　　　　　　　　　　　　　　　　　　国税庁長官

相当の地代を収受している貸宅地の評価について（昭和42年７月10日付東局直資第72号による上申に対する指示）

標題のことについて、課税時期における被相続人所有の貸宅地は、自用地としての価額から、その価額の20％に相当する金額（借地権の価額）を控除した金額により、評価することとされたい。

なお、上記の借地権の価額は、昭和39年４月25日付直資56相続税財産評価に関する基本通達32の（１）の定めにかかわらず、被相続人所有のＩ株式会社の株式評価上、同社の純資産価額に算入することとされたい。

（理由）　地代率との相関関係から借地権の有無につき規定している法人税法施行令第137条の趣旨からすれば、本件の場合土地の評価に当たり借地権を無視する考え方もあるが、借地借家法の制約賃貸借契約にもとづく利用の制約等を勘案すれば、現在借地慣行のない地区についても20％の借地権を認容していることとの権衡上、本件における土地の評価についても借地権割合を20％とすることが適当である。

なお、本件における借地権の価額を被相続人が所有するI株式会社の株式評価上、同社の純資産価額に算入するのは、被相続人が同社の同族関係者である本件の場合においては、土地の評価額が個人と法人を通じて100％顕現することが、課税の公平上適当と考えられるからである。

<資料条文4>

財産評価基本通達

（貸宅地の評価）

25　宅地の上に存する権利の目的となっている宅地の評価は、次に掲げる区分に従い、それぞれ次に掲げるところによる。

（1）　借地権の目的となっている宅地の価額は、11（(評価の方式)）から22－3（(大規模工場用地の路線価及び倍率)）まで、24（(私道の用に供されている宅地の評価)）、24－2（(土地区画整理事業施行中の宅地の評価)）、24－4（(広大地の評価)）及び24－6（(セットバックを必要とする宅地の評価)）から24－8（(文化財建造物である家屋の敷地の用に供されている宅地の評価)）までの定めにより評価したその宅地の価額（以下この節において「自用地としての価額」という。）から27（(借地権の評価)）の定めにより評価したその借地権の価額（同項のただし書の定めに該当するときは、同項に定める借地権割合を100分の20として計算した価額とする。25－3（(土地の上に存する権利が競合する場合の宅地の評価)）において27－6（(土地の上に存する権利が競合する場合の借地権等の評価)）の定めにより借地権の価額を計算する場合において同じ。）を控除した金額によって評価する。

ただし、借地権の目的となっている宅地の売買実例価額、精通者意見価格、地代の額等を基として評定した価額の宅地の自用地としての価額に対する割合（以下「貸宅地割合」という。）がおおむね同一と認められる地域ごとに国税局長が貸宅地割合を定めている地域においては、その宅地の自用地としての価額にその貸宅地割合を乗じて計算した金額によって評価する。

（2）　**定期借地権等の目的となっている宅地の価額は、原則として、その宅地の自用地としての価額から、27－2（(定期借地権等の評価)）の定めにより評価したその定期借地権等の価額を控除した金額によって評価する。**

ただし、同項の定めにより評価した定期借地権等の価額が、その宅地の自用地としての価額に次に掲げる定期借地権等の残存期間に応じる割合を乗じて計算した金額を下回る場合には、その宅地の自用地としての価額からその価額に次に掲げる割合を乗じて計算した金額を控除した金額によって評価する。

イ　残存期間が５年以下のもの　100分の５

ロ　残存期間が５年を超え10年以下のもの　100分の10

ハ　残存期間が10年を超え15年以下のもの　100分の15

ニ　残存期間が15年を超えるもの　100分の20

（3）　地上権の目的となっている宅地の価額は、その宅地の自用地としての価額から相続税法第23条（(地上権及び永小作権の評価)）又は地価税法第24条（(地上権及び永小作権の評価)）の規定により評価したその地上権の価額を控除した金額によって評価する。

（4）　区分地上権の目的となっている宅地の価額は、その宅地の自用地としての価額から27－４（(区分地上権の評価)）の定めにより評価したその区分地上権の価額を控除した金額によって評価する。

（5）　区分地上権に準ずる地役権の目的となっている承役地である宅地の価額は、その宅地の自用地としての価額から27－５（(区分地上権に準ずる地役権の評価)）の定めにより評価したその区分地上権に準ずる地役権の価額を控除した金額によって評価する。

（定期借地権等の評価）

27－2　定期借地権等の価額は、原則として、課税時期において借地権者に帰属する経済的利益及びその存続期間を基として評定した価額によって評価する。

ただし、課税上弊害がない限り、その定期借地権等の目的となっている宅地の課税時期における自用地としての価額に、次の算式により計算した数値を乗じて計算した金額によって評価する。

$$\frac{\text{次項に定める定期借地権等の設定の時における借地権者に帰属する経済的利益の総額}}{\text{定期借地権等の設定の時におけるその宅地の通常の取引価額}}\times\frac{\text{課税時期におけるその定期借地権等の残存期間年数に応ずる基準年利率による複利年金現価率}}{\text{定期借地権等の設定期間年数に応ずる基準年利率による複利年金現価率}}$$

（定期借地権等の設定の時における借地権者に帰属する経済的利益の総額の計算）

27－3　前項の「定期借地権等の設定の時における借地権者に帰属する**経済的利益の総額**」は、次に掲げる金額の合計額とする。

（1）　**定期借地権等の設定に際し、借地権者から借地権設定者に対し、権利金、協力金、礼金などその名称のいかんを問わず借地契約の終了の時に返還を要しないものとされる金銭の支払い又は財産の供与がある場合**　課税時期において支払われるべき金額又は供与すべき財産の価額に相当する金額

（2）　定期借地権等の設定に際し、借地権者から借地権設定者に対し、保証金、敷金などその名称のいかんを問わず借地契約の終了の時に返還を要するものとされる金銭等（以下「保証金等」という。）の預託があった場合において、その保証金等につき基準年利率未満の約定利率による利息の支払いがあるとき又は無利息のとき　次の算式により計算した金額

$$\text{保証金等の額に相当する金額}-\left(\text{保証金等の額に相当する金額}\times\text{定期借地権等の設定期間年数に応じる基準年利率による複利現価率}\right)$$
$$-\left(\text{保証金等の額に相当する金額}\times\text{基準年利率未満の約定利率}\times\text{定期借地権等の設定期間年数に応じる基準年利率による複利年金現価率}\right)$$

（3）　定期借地権等の設定に際し、実質的に贈与を受けたと認められる差額地代の額がある場合　次の算式により計算した金額

$$\text{差額地代の額}\times\text{定期借地権等の設定期間年数に応じる基準年利率による複利年金現価率}$$

（注）1　実質的に贈与を受けたと認められる差額地代の額がある場合に該当するかどうかは、個々の取引において取引の事情、取引当事者間の関係等を総合勘案して判定するのであるから留意する。

2　「差額地代の額」とは、同種同等の他の定期借地権等における地代の額とその定期借地権等の設定契約において定められた地代の額（上記（1）又は（2）に掲げる金額がある場合には、その金額に定期借地権等の設定期間年数に応ずる基準年利率による年賦償還率を乗じて得た額を地代の前払いに相当する金額として毎年の地代の額に加算した後の額）との差額をいう。

（純資産価額）

185　179（(取引相場のない株式の評価の原則)）の「一株当たりの純資産価額（相続税評価額によって計算した金額）」は、**課税時期における各資産をこの通達に定めるところにより評価した価額（この場合、評価会社が課税時期前三年以内に取得又は新築した土地及び土地の上に存する権利（以下「土地等」という。）並びに家屋及びその附属設備又は構築物（以下「家屋等」という。）の価額は、課税時期における通常の取引価額に相当する金額によって評価**するものとし、当該土地等又は当該家屋等に係る帳簿価額が課税時期における通常の取引価額に相当すると認められる場合には、当該帳簿価額に相当する金額によって評価することができるものとする。以下同じ。）の合計額から課税時期における各負債の金額の合計額及び186－2（(評価差額に対する法人税額等に相当する金額)）により計算した評価差額に対する法人税額等に相当する金額を控除した金額を課税時期における発行済株式数で除して計算した金額とする。（以下略）

<資料条文５>

会社法

第三編第四章　社員の加入及び退社　第一節　社員の加入

（社員の加入）

第604条

持分会社は、新たに社員を加入させることができる。

２　持分会社の社員の加入は、当該社員に係る定款の変更をした時に、その効力を生ずる。

３　略

（加入した社員の責任）

第605条

持分会社の成立後に加入した社員は、その加入前に生じた持分会社の債務についても、これを弁済する責任を負う。

第三編第七章　解散（解散の事由）

第641条

持分会社は、次に掲げる事由によって解散する。

１　～　３　略

４　**社員が欠けたこと**。

５　～　７　略

（合名会社の設立の登記）

第912条

合名会社の設立の登記は、その本店の所在地において、次に掲げる事項を登記してしなければならない。

１　～　４　略

５　社員の氏名又は名称及び住所

６　～　１０　略

（合資会社の設立の登記）

第913条

合資会社の設立の登記は、その本店の所在地において、次に掲げる事項を登記してしなければならない。

１　～　４　略

５　社員の氏名又は名称及び住所

６　～　１２　略

（変更の登記）

第915条

会社において第９１１条第３項各号又は前３条各号に掲げる事項に変更が生じたときは、２週間以内に、その本店の所在地において、変更の登記をしなければならない。

２　～　３　略

（過料に処すべき行為）

第976条

発起人、設立時取締役、設立時監査役、設立時執行役、取締役、会計参与若しくはその職務を行うべき社員、監査役、執行役、会計監査人若しくはその職務を行うべき社員、清算人、清算人代理、持分会社の業務を執行する社員、民事保全法第56条に規定する仮処分命令により選任された取締役、監査役、執行役、清算人若しくは持分会社の業務を執行する社員の職務を代行する者、第960条第１項第５号に規定する一時取締役、会計参与、監査役、代表取締役、委員、執行役若しくは代表執行役の職務を行うべき者、同条第２項第３号に規定する一時清算人若しくは代表清算人の職務を行うべき者、第967条第１項第３号に規定する一時会計監査人の職務を行うべき者、検査役、監督委員、調査委員、株主名簿管理人、社債原簿管理人、社債管理者、事務を承継する社債管理者、社債管理補助者、事務を承継する社債管理補助者、代表社債権者、決議執行者、外国会社の日本における代表者又は支配人は、次のいずれかに該当する場合には、**100万円以下の過料に処する。ただし、その行為について刑を科すべきときは、この限りでない。**

一　この法律の規定による登記をすることを怠ったとき。

<後略>

〔平成26年改正　会社法　平成27年５月施行〕

第179条（株式等売渡請求）

株式会社の**特別支配株主**（株式会社の総株主の議決権の10分の９（これを上回る割合を当該株式会社の定款で定めた場合にあっては、その割合）以上を当該株式会社以外の者及び当該者が発行済株式の全部を有する株式会社その他これに準ずるものとして法務省令で定める法人（以下この条及び次条第１項において「特別支配株主完全子法人」という。）が有している場合における当該者をいう。以下同じ。）**は、**当該株式会社の**株主**（当該株式会社及び当該特別支配株主を除く。）**の全員に対し、その有する当該株式会社の株式の全部を当該特別支配株主に売り渡すことを請求することができる。**ただし、特別支配株主完全子法人に対しては、その請求をしないことができる。

２　**特別支配株主は、前項の規定による請求**（以下この章及び第846条の２第２項第１号において「株式売渡請求」という。）**をするときは、併せて、**その株式売渡請求に係る株式を発行している株式会社（以下「対象会社」という。）の**新株予約権の新株予約権者**（対象会社及び当該特別支配株主を除く。）**の全員に対し、その有する対象会社の新株予約権の全部を当該特別支配株主に売り渡すことを請求することができる。**ただし、特別支配株主完全子法人に対しては、その請求をしないことができる。<後略>

＜資料条文６＞

消費税法

（課税売上割合が著しく変動した場合の調整対象固定資産に関する仕入れに係る消費税額の調整）

第33条

事業者（第９条第１項本文の規定により消費税を納める義務が免除される事業者を除く。）**が国内において調整対象固定資産の課税仕入れを行い、**又は調整対象固定資産に該当する課税貨物を保税地域から引き取り、**かつ、当該課税仕入れ**又は当該課税貨物**に係る課税仕入れ等の税額につき比例配分法により仕入れに係る消費税額を計算した場合**（第30条第１項の規定により当該調整対象固定資産に係る課税仕入れ等の税額の全額が控除された場合を含む。）**において、当該事業者**（相続により当該事業者の当該調整対象固定資産に係る事業を承継した相続人、合併により当該事業を承継した合併法人及び分割により当該調整対象固定資産に係る事業を承継した分割承継法人を含むものとし、これらの者のうち第９条第１項本文の規定により消費税を納める義務が免除される者を除く。以下この項において同じ。）**が第三年度の課税期間の末日において当該調整対象固定資産を有しており、かつ、第三年度の課税期間における通算課税売上割合が仕入れ等の課税期間**（当該調整対象固定資産の課税仕入れの日又は保税地域からの引取りの日（当該調整対象固定資産に該当する課税貨物につき特例申告書を提出した場合には、当該特例申告書を提出した日又は特例申告に関する決定の通知を受けた日。次条第１項及び第35条において同じ。）の属する課税期間をいう。以下この項及び次項において同じ。）**における第30条第２項に規定する課税売上割合**（当該仕入れ等の課税期間において同条第３項本文の規定の適用を受けた場合には、同項に規定する承認に係る割合。以下この項及び次項において同じ。）**に対して著しく増加した場合として政令で定める場合に該当するときは第２号に掲げる合計額から第１号に掲げる合計額を控除した金額に相当する消費税額をその者の当該第三年度の課税期間の仕入れに係る消費税額に加算し、当該通算課税売上割合が当該課税売上割合に対して著しく減少した場合として政令で定める場合に該当するときは第１号に掲げる**

合計額から第2号に掲げる合計額を控除した金額に相当する消費税額をその者の当該第三年度の課税期間の仕入れに係る消費税額から控除する。この場合において、当該加算をした後の金額又は当該控除をした後の金額を当該課税期間における仕入れに係る消費税額とみなす。

一　第三年度の課税期間の末日において有する当該調整対象固定資産（以下この号において「保有調整対象固定資産」という。）の課税仕入れに係る消費税額又は保有調整対象固定資産である課税貨物に係る消費税額（附帯税の額に相当する額を除く。）（以下この号及び次号において「調整対象基準税額」という。）に当該仕入れ等の課税期間における第30条第二項に規定する課税売上割合を乗じて計算した消費税額の合計額（仕入れ等の課税期間において同条第一項の規定により当該保有調整対象固定資産に係る課税仕入れ等の税額の全額が控除された場合には、調整対象基準税額の合計額）

二　調整対象基準税額に通算課税売上割合を乗じて計算した消費税額の合計額

2　前項に規定する**比例配分法**とは、第30条第2項第1号ロに規定する課税売上割合（以下この項において**「課税売上割合」**という。）を乗じて計算する方法又は同条第2項第2号に定める方法をいい、前項に規定する第三年度の課税期間とは、仕入れ等の課税期間の開始の日から三年を経過する日の属する課税期間をいい、同項に規定する**通算課税売上割合**とは、仕入れ等の課税期間から第三年度の課税期間までの各課税期間において適用されるべき課税売上割合を政令で定めるところにより通算した課税売上割合をいう。

3　第1項の規定により同項第1号に掲げる合計額から同項第2号に掲げる合計額を控除した金額に相当する消費税額を当該第三年度の課税期間の仕入れに係る消費税額から控除して控除しきれない金額があるときは、当該控除しきれない金額を課税資産の譲渡等に係る消費税額とみなして当該第三年度の課税期間の課税標準額に対する消費税額に加算する。

消費税法施行令

（資産の譲渡等の範囲）

第２条

法第２条第１項第８号に規定する対価を得て行われる資産の譲渡若しくは貸付け又は役務の提供に類する行為として政令で定めるものは、次に掲げるものとする。

1　**負担付き贈与による資産の譲渡**

＜後略＞

＜資料条文７＞

相続税法

（債務控除）

第１３条

相続又は遺贈（包括遺贈及び被相続人からの相続人に対する遺贈に限る。以下この条において同じ。）により財産を取得した者が第１条の３第１号又は第２号の規定に該当する者である場合においては、当該相続又は遺贈により取得した財産については、**課税価格に算入すべき価額は、当該財産の価額から次に掲げるものの金額のうちその者の負担に属する部分の金額を控除した金額による。**

1　被相続人の債務で相続開始の際現に存するもの（公租公課を含む。）

2　被相続人に係る葬式費用

<資料条文８>国税庁ＨＰより

http://www.nta.go.jp/shiraberu/zeiho-kaishaku/shitsugi/sozoku/05/03.htm

合名会社等の無限責任社員の会社債務についての債務控除の適用

【照会要旨】

合名会社、合資会社の会社財産をもって会社の債務を完済することができない状態にあるときにおいて、無限責任社員が死亡しました。

この場合、その死亡した無限責任社員の負担すべき持分に応ずる会社の債務超過額は、相続税の計算上、被相続人の債務として相続税法第13条の規定により相続財産から控除することができますか。

【回答要旨】

被相続人の債務として控除して差し支えありません。

（注）合名会社の財産だけでは、会社の債務を完済できないときは、社員は各々連帯して会社の債務を弁済する責任を負うとされ（会社法580）、退社員は、本店所在地の登記所で退社の登記をする以前に生じた会社の債務に対しては、責任を負わなければならない（会社法612①）とされています。

【関係法令通達】

相続税法第13条第１項　会社法第580条、第612条第１項

注記

この質疑事例は、照会に係る事実関係を前提とした一般的な回答であり、必ずしも事案の内容の全部を表現したものではありませんから、納税者の方々が行う具体的な取引等に適用する場合においては、この回答内容と異なる課税関係が生ずることがあることにご注意ください。

<資料条文９>国税庁ＨＰより（平成21年管理課情報）

持分会社の持分の納税猶予には、定款の変更が必要

【措置法第70条の７関係】

１　贈与税の納税猶予の対象となる非上場株式等の意義（70の７－１）

> 70の７－１　措置法第70条の７第１項の適用対象となる同条第２項第２号に規定する非上場株式等（以下70の７の４－２の２までにおいて「非上場株式等」という。）は、議決権に制限のない株式又は出資（以下70の７の４－９までにおいて「株式等」という。）に限られていることから、次に掲げる株式等は含まれないことに留意する。
> （１）　会社の株主総会又は社員総会（以下70の７－12までにおいて「株主総会等」という。）において議決権を行使できる事項の全部又は一部について制限がある株式等
> （２）　会社の株主総会等において議決権を行使できる事項の全部又は一部について制限がある株主又は社員（以下70の７の４－５までにおいて「株主等」という。）の有する株式等

（新設）

（説明）

１　措置法第70条の７第１項の適用対象となる同条第２項第２号に規定する非上場株式等（以下「非上場株式等」という。）は、議決権の制限がない株式又は出資（以下「株式等」という。）に限られている。

２　ところで、議決権とは、株式会社においては、株主が株主総会・種類株主総会の決議に参加する権利をいい、議決権の数は、原則として、１株１議決権（注）である（会社法308①本文）が、会社法第108条において株式会社は、次に掲げる事項について異なる定めをした内容の異なる２以上の種類の株式を発行することができることとされている。①剰余金の配当、②残余財産の分配、③株主総会で議決権を行使できる事項、④譲渡によるその種類の株式の取得について会社の承認を要すること、⑤株主が会社に対してその種類の株式の取得を請求できること、⑥会社が一定の事由が生じたことを条

件としてその種類の株式を取得できること、⑦株主総会決議によって会社がその種類の株式の全部を取得できること、⑧株主総会・取締役会等で決議すべき事項についてその種類の株式の株主による種類株主総会決議を要すること又は⑨その種類の株式の株主による種類株主総会において取締役・監査役を選任すること。

これらのうち③については、（a）ある事項（たとえば取締役の選任）についてのみ議決権がないものとすることも、（b）ある事項についてのみ議決権を有することとすることも、（c）まったく議決権を有しないとすることもでき、これらを総称して議決権制限株式という（会社法115）が、当該議決権制限株式については、措置法第70条の７第１項の適用対象となる「議決権の制限がない株式等」には該当しないこととなる。

（注）　会社法第188条第１項においては、株式会社は、その発行する株式について、一定の数の株式をもって株主が株主総会又は種類株主総会において１個の議決権を行使することができる１単元の株式とする旨を定款で定めることができることとされており、同法第189条第１項においては、単元未満株式を有する株主は、その有する単元未満株式について議決権を有することができないこととされていることから、当該単元未満株式については当然に「議決権の制限がない株式等」に該当しないこととなる。

3　また、公開会社でない株式会社（発行する株式の全部が譲渡制限株式である株式会社をいう。以下同じ。）においては、株式ではなく個々の株主に着目し、剰余金の配当を受ける権利、残余財産の分配を受ける権利、又は株主総会における議決権について、株主ごとに異なる取扱いを定款で定めることができることとされている（会社法109②）ことから、会社の株主総会において議決権を行使できる事項の全部又は一部について制限がある株主が有する株式についても、措置法第70条の７第１項の適用対象となる「議決権の制限がない株式等」には該当しないこととなる。

4　さらに、持分会社（合名会社、合資会社又は合同会社をいう。以下同じ。）の場合には、原則１人１議決権であるが、定款によりその内容は自由に定めることができる（会社法590①）。例えば、「出資金額10,000円につき１議決権を有する。」とすることや、「●●の議決権については、◎◎の事項に限る。」等さまざまな類型の議決権付与が可能である（定款の定めによって上記いずれの類型の議決権付与も可能と考えられる。）。したがって、持分会社の出資について、「議決権の制限のない株式等」に該当するかどうかを判定する場合には、定款の内容に応じ、株式会社の株式について「議決権の制限のない株式等」に該当するかどうかを判定するのと同様に判定することとなる。

5　そこで、措置法第70条の７第１項の適用対象となる非上場株式等には、①会社の株主総会又は社員総会において議決権を行使できる事項の全部又は一部について制限がある株式等及び②会社の株主総会又は社員総会において議決権を行使できる事項の全部又は一部について制限がある株主又は社員（以下「株主等」という。）の有する株式等は含まれないことを留意的に明らかにした。

＜資料条文10＞

借地借家法

第15条（自己借地権）

借地権を設定する場合においては、**他の者と共に有することとなるときに限り、**借地権設定者が自らその借地権を有することを妨げない。

2　借地権が借地権設定者に帰した場合であっても、**他の者と共にその借地権を有するときは**、その借地権は、消滅しない。

第18条（借地契約の更新後の建物の再築の許可）

契約の**更新の後において、借地権者が残存期間を超えて存続すべき建物を新たに築造することにつきやむを得ない事情があるにもかかわらず、借地権設定者がその建物の築造を承諾しないときは、**借地権設定者が地上権の消滅の請求又は土地の賃貸借の解約の申入れをすることができない旨を定めた場合を除き、**裁判所は、借地権者の申立てにより、借地権設定者の承諾に代わる許可を与えることができる**。この場合において、当事者間の利益の衡平を図るため必要があるときは、延長すべき借地権の期間として第7条第1項の規定による期間と異なる期間を定め、他の借地条件を変更し、財産上の給付を命じ、その他相当の処分をすることができる。

（後略）

第22条（定期借地権）

存続期間を50年以上として借地権を設定する場合においては、第9条（強行規定）及び第16条（強行規定）の規定にかかわらず、**契約の更新**（更新の請求及び土地の使用の継続によるものを含む。次条第1項において同じ。）**及び建物の築造による存続期間の延長がなく、**並びに第13条**（建物買取請求権）の規定による買取りの請求をしない**こととする旨を定める**ことができる**。この場合においては、その特約は、**公正証書による等書面によってしなければならない**。

第23条（事業用定期借地権等）

専ら事業の用に供する建物（居住の用に供するものを除く。次項において同じ。）**の所有を目的とし、かつ、存続期間を30年以上50年未満として借地権を設定する場合において**は、第9条及び第16条の規定にかかわらず、契約の**更新及び建物の築造による存続期間の延長がなく**、並びに第13条**（建物買取請求権）の規定による買取りの請求をしない**こととする旨を定めることが**できる**。

2　**専ら事業の用に供する建物の所有を目的とし、かつ、存続期間を10年以上30年未満として借地権を設定する場合には**、第3条から第8条まで**（借地権の存続期間等）**、第13条及び第18条**（借地契約の更新後の建物の再築の許可）**の**規定は、適用しない**。

3　前2項に規定する借地権の設定を目的とする契約は、**公正証書によってしなければならない**。

第24条（建物譲渡特約付借地権）

借地権を設定する場合（前条第2項に規定する借地権を設定する場合を除く。）においては、第9条の規定にかかわらず、借地権を消滅させるため、**その設定後30年以上を経過した日に借地権の目的である土地の上の建物を借地権設定者に相当の対価で譲渡する旨を定めることができる。**

2　**前項の特約により借地権が消滅した場合**において、その借地権者又は建物の**賃借人で**その**消滅後建物の使用を継続しているものが請求をしたときは**、請求の時にその建物につきその借地権者又は建物の賃借人と借地権設定者との間で**期間の定めのない賃貸借**（借地権者が請求をした場合において、借地権の残存期間があるときは、その残存期間を存続期間とする賃貸借）**がされたものとみなす**。この場合において、建物の借賃は、当事者の請求により、裁判所が定める。

3　**第１項の特約がある場合において**、借地権者又は建物の賃借人と借地権設定者との間でその建物につき第38条第１項**（定期建物賃貸借）の規定による賃貸借契約をしたときは、前項の規定にかかわらず、その定めに従う**。

＜アパートの敷地の評価＞

アパートの大家さんから、よく質問されて、**勘違いが多い項目**です。
まずは、自宅の土地の評価から考えてみると・・・

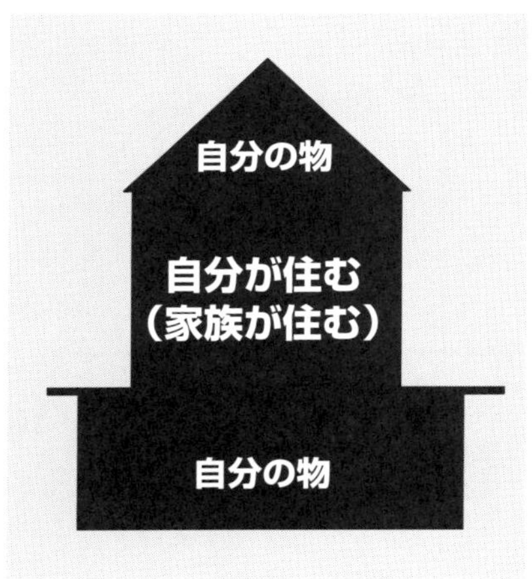

自用地の評価

←建物として普通の評価

←自用地としての普通に評価

これが、他人に土地を貸して建物を建てさせると・・・

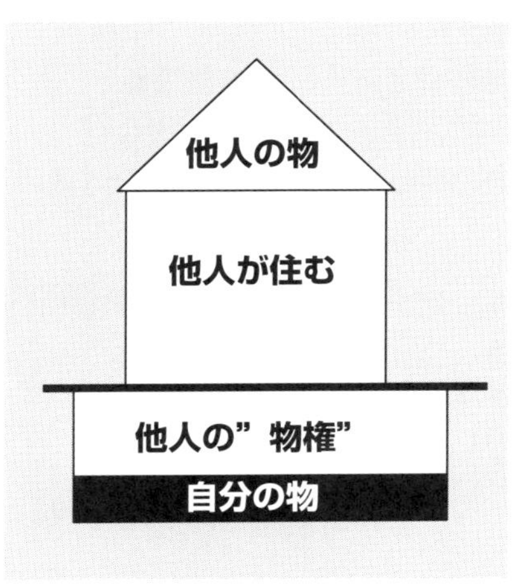

貸地の評価

←借地人の「建物」という物権の評価

←借地人の「借地権」という権利の評価
借地借家法で守られて強力な権利！

←地主の「底地」としての評価

地主（大家）と借地人や借家人との関係を一覧すると……

地主（大家）の評価

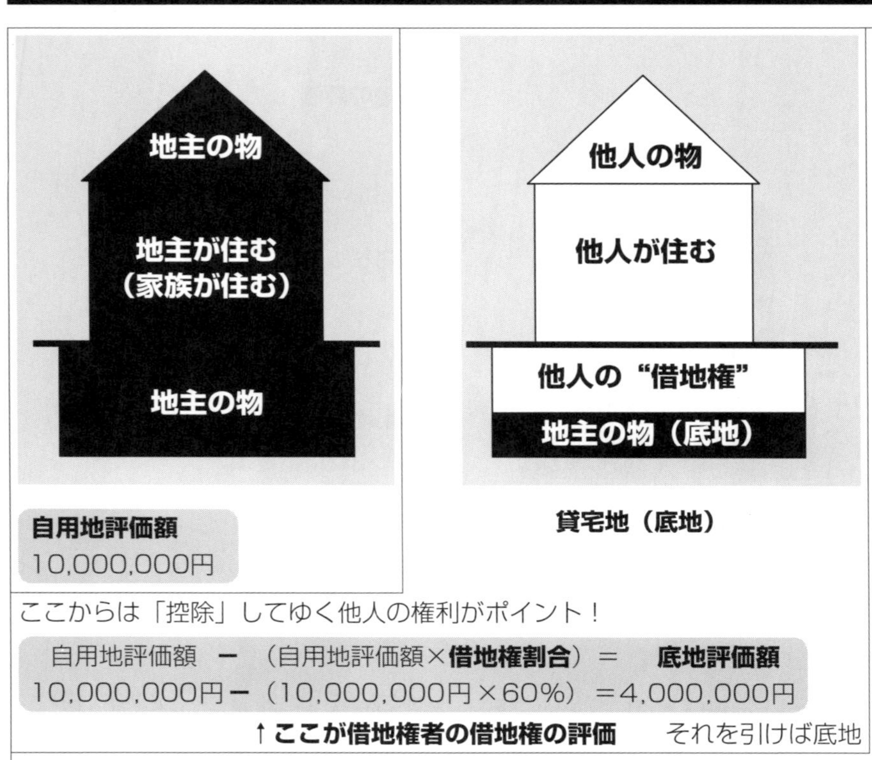

ここからは「控除」してゆく他人の権利がポイント！

自用地評価額 ー （自用地評価額×**借地権割合**）＝ **底地評価額**
10,000,000円ー（10,000,000円×60%）＝4,000,000円

↑ここが借地権者の借地権の評価　それを引けば底地

自用地評価額 ー（自用地評価額 **×借地権割合** **×借家権割合**
10,000,000円 ー（10,000,000円 ×60% ×30%

借地権の価額の借家権割合に減らす
借地権は確固たる権利があるが……

借家人の評価

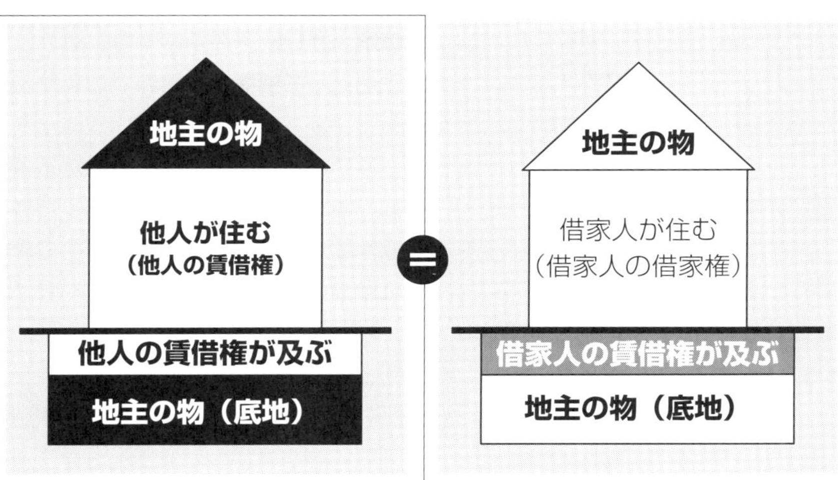

貸家建付地（貸家が建っている宅地）

借家人には希薄な財産価値

借地借家法上は強力な権利
しかしそれは追い出されないという
だけで確固たる権利は薄い。

そこで通達ではこう規定している。

財産評価基本通達94
借家権の価額は、その権利が権利金等の名称をもって取引される慣行のない地域にあるものについては、評価しない。

×賃借割合）　＝貸家建付地評価額
×100%）　＝8,200,000円

借家権は賃借権に過ぎない

借家人の立場

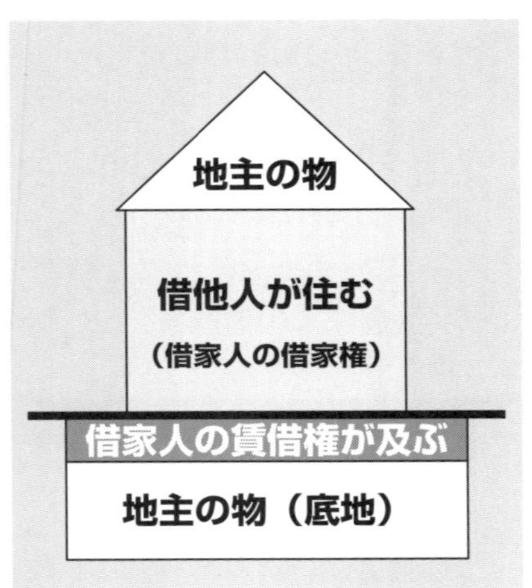

借家人は、大家の承諾がない限りは、原則として借家権を譲渡できません。

しかし、**飲食店を考えると分かるように、借家人は、内装工事を施したり、造作等を設置するなど、借家内の店舗に多額の費用をかけています。**

何らかの事情によって営業を停止したりして移転する場合にその造作費用を回収する必要が生じることになります。

これが**「居抜き売買」が生まれる事情**です！
借家人は、**「造作等をそのままに」「抜いて」その家を使う権利（借家権）を買い取って貰わないと、造作等の費用が回収**できません。

そうすると、**借家権の譲渡をしたことになるので、冒頭の大家の承諾を得なければなりません。**当然、**タダという訳にはいかない**でしょう。法律上は、大家は借家権譲渡の承諾料を請求する権利というのはありませんが、払わなければ世の中では動きませんから、**譲渡承諾料を支払うのが慣行**となっています。

その額は当事者間の話合いですが、一般的には、**借家権の譲渡価額の10%又は家賃の2～3ヶ月というのが目安**になっているようです。

しかし、借家人が多額の権利金を支払っている場合、すなわち借家権としての価値が認められて流通している場合には、承諾料を支払わないものです。

定期借地権等が設定されている場合の同族会社株式の評価

平成３年10月に成立し、平成４年８月に施行された借地借家法により、定期借地権制度が確立された。従前は、旧借地法に基づく法定更新制度の下での普通借地権しか法的に存在しなかったがゆえに、借地権の認定課税を避ける手段として、法人税基本通達13-1-2（使用の対価としての相当の地代）、法人税基本通達13-1-7（権利金の認定見合せ）により、又は便法としての「建設協力金方式」により、権利金の認定課税を避ける方法が一般的であった。

現行の借地借家法制の下では、定期借地権制度を正しく活用すれば、借地権の認定課税の懸念はないのであるが、未だに、税務実務家に定期借地権の活用が浸透しているとはいえず、借地権の認定課税を避ける議論として、上記の法人税通達を根拠とする税務実務が大手を振っているのが実情である。

本稿は、定期借地権通達の発遣時に**国税庁資産評価企画官室企画専門官下野博文氏が**「定期借地権の目的となっている貸宅地の評価において簡便的な評価を適用した場合に、定期借地権等の設定契約の当事者が地主である被相続人とその被相続人が同族関係者になっている同族会社であるときは、相続税の課税価格の計算における被相続人所有の当該株式評価上、その宅地の自用地としての価額に残存期間に応じた減額割合を乗じて計算した金額から借地人たる**同族会社の定期借地権の価額を控除した金額を同社の純資産価額に算入することとなる**[1]**」とのコメント（以下「下野コメント」という）を国税速報に記述したことの妥当性について検討を加える**ものである。

下記の表〔参考〕は、各種定期借地権の種類に対応する底地の評価を纏めた表である。底地の評価は、相続税評価に直結するので、複雑な定期借地権の目的となっている宅地の税務上の取扱いは注意を要するので参考のために掲載する。

〔参考〕「定期借地権の種類と評価方法の一覧」出典：平成30年度版財産評価基本通達逐条解199頁を元に（注）の③を追加。

<table>
<tr><th>定期借地権の種類</th><th>定期借地権の評価</th><th>底地の評価</th></tr>
<tr><td rowspan="2">一般定期借地権
（借地借家法22）</td><td rowspan="4">評価基本通達27-2に定める原則的評価方法による</td><td>個別通達に定める評価方法</td></tr>
<tr><td>（注）※</td></tr>
<tr><td>事業用定期借地権等
（借地借家法23）</td><td rowspan="2">評価基本通達25（2）に定める原則的評価方法による</td></tr>
<tr><td>建物譲渡特約付借地権
（借地借家法24）</td></tr>
</table>

表中の（注）※印部分は、一般定期借地権の目的となっている宅地のうち、①普通借地権の借地権割合の地域区分 A、B地域及び②普通借地権の取引慣行が認められない地域に存するもの③課税上弊害がある場合が該当する。

定期借地権等が設定されている場合の同族会社株式の評価について

前ページで述べた下野コメントの内容は、その後、財産基本通達や相続税法基本通達には一切記述されておらず、財産評価通達25⑵ただし書（簡便評価）にしたがって自用地価額から残存割合による価額を控除して定期借地権の目的となっている宅地を評価する場合において、**定期借地権等の設定当事者の関係が被相続人とその被相続人の同族関係者であるときは、「昭和43年通達」の適用があるとの解釈が彷徨っている**。

そもそも、定期借地権は、戦時立法により制定された法定更新制度により、宅地の供給が阻害され、地価の高騰を招いたとの**反省から**、土地の所有から利用へという土地基本法に基づいて**立法化されたものであり**、借地権課税の問題点を是正するための設けられた**通達行政における貸宅地の20%評価減とは別次元のもの**である。

「定期借地権者の経済的利益の総額＝課税時期における自用地の価額－定期借地権の目的となっている宅地の評価額」という**原則的評価が困難であるので、定期借地権の目的となっている宅地の評価額（底地）の簡便評価を許容したもの**であり、課税計算上の便宜が目的である。

「昭和43年通達」は「相当の地代」や「無償返還届」という**通達行政における20%ディスカウント問題に対処するための、土地の評価額が個人と法人を通じて100%顕現することが課税の公平上適当と考えられて規定されたもの**である[2]。

「昭和43年通達」の適用要件は、①同族会社の株式等を相続により、取得する際に、当該会社の株式を**純資産価額方式により評価する場合**であること、②被相続人が同族関係者となっている同族法人に「相当の地代の方法」又は**「土地の無償返還に関する届出書」を提出する方法により土地を貸し付けている**こと、③相続等の前の株式所有者と同族法人に土地を貸していた者が**同一人であること、の三要件を満たす場合に限り適用される**と考えるのが相当である[3]。

借地借家法の施行後においても、確かに普通借地権の規定は残ったとはいえ（借地借家法４条）、定期借地権を活用することなく、普通借地権を前提にした「土地の無償返還届出方式」がいまだに散見されるのは、誠に残念であるといわざるを得ない。

また、定期借地権通達発遣時に**国税速報に数行記載された下野コメントは、その後国税庁から通達や情報の形式でオーソライズされていないので、国税庁の公式見解とはいえない**と思われる。

評価通達25⑵おける底地の簡便評価を理由に、「相当の地代方式」・「無償返還届け出方式」と同様に「昭和43年通達」の適用があるとのコメントであるが、**評価通達25⑵のただし書きによる定期借地権の評価は、残存年数に応じて逓減するもの**であり、簡便法とはいえ、**定期借地権の評価の煩雑さを考慮して、かかる簡便法を原則的評価とした**のである[4]。

評価通達25⑵における底地の簡便評価は、「相当の地代通達」及び「無償返還通達」の20%固定型の底地の評価減とは、異質な底地の評価方法であり、**「昭和43年通達」を適用することとした下野コメントは、当時の国税速報を**

読んだ者の記憶の中に彷徨い続け、納税者の予測可能性を阻害していると言わざるを得ない。

定期借地権者の経済的利益の総額が算出される場合には、被相続人所有の株式会社の株式の評価上、同社の純資産価額に算入することに異論はないが、算出されない場合には同社の純資産価額に算入する必要はないものと解すべきであろう。

〈参考文献〉

1 国税庁資産評価企画官室企画専門官下野博文「財産基本通達の一部改正について」（国税 速報平成6年3月17日号15頁)。
2 松本好正『「無償返還」「相当の地代」「使用貸借」等に係る借地権課税のすべて』295頁（税務研究会、2013)。
3 松本・前掲注（2）298 頁。
4 北村厚編『平成30年版 財産評価基本通達逐条解説』228頁（大蔵財務協会2019)。

中小企業の事業承継と会社法（中小企業のための会社法）

中小企業の事業承継のコンサルティングを行うに当たり、中小企業に特有の会社法の規定、つまり、「非公開会社の規定」「 譲渡制限株式の規定」「株券発行会社の規定」「株主の議決権の規定」等の条文に精通する必要があります。以下、条文番号順にご紹介いたします。

【第１編　総則】

第１章　通則

1　非公開会社の意義（会２五）
2　中小会社の意義（会２六）
3　監査役設置会社の意義（会２九）
4　譲渡制限株式の意義（会２十七）

【第２編　株式会社】

第１章　設立

5　非公開会社における設立時発行株式総数の定め（会37③但書）
6　非公開会社における募集設立の創立総会の招集通知（会68①）

第２章　株式

7　共有者による権利の行使（会106）
8　株式の内容についての特別の定め（会107①一・②一）
9　異なる種類の株式（会108①四・①九・②四）
10　非公開会社における属人的株式の定め（会109②・③）
11　定款の変更の手続の特則（会111②）
12　非公開会社の発行可能株式総数の増加（会113③）
13　非公開会社の議決権制限株式の発行限度株式数（会115）
14　非公開会社にすることへの反対株主の株式買取請求（会116①一・二）
15　株式の価格の決定等・株券発行会社の意義（会117）
16　新株予約権者の新株予約権買取請求（会118①一・二・②）
17　株主名簿（会121）
18　株主名簿管理人（会123）
19　株主に対する通知等（会126）
20　株式の譲渡（会127）
21　株券発行会社の株式の譲渡（会128）
22　非公開会社における自己株式の処分に関する株券発行の特則（会129②）
23　株式譲渡の対抗要件（会130）

24　権利の推定等（会131）
25　株主の請求による株主名簿記載事項の記載又は記録（会133）
26　株主の請求による株主名簿の記載又は記録の譲渡制限株式の特則（会134・137②）
27　親会社株式の取得の禁止（会135）
28　株主からの承認の請求（会136）
29　譲渡等承認請求の方法（会138）
30　譲渡等の承認の決定等（会139）
31　株式会社又は指定買取人による買取り（会140）
32　株式会社による買取りの通知（会141）
33　指定買取人による買取りの通知（会142）
34　譲渡等承認請求の撤回（会143）
35　売買価格の決定（会144）
36　株式会社が承認をしたとみなされる場合（会145）
37　株券の質入れ（会146）
38　株式の質入れの対抗要件（会147）
39　株式の信託の対抗要件（会154の２）
40　株式会社による自己株式の取得（会155）
41　株式の取得に関する事項の決定（会156）
42　取得価格の決定（会157）
43　非公開会社における株主との合意により自己株式を取得する際の株主に対する通知義務（会158）
44　譲渡しの申込み（会159）
45　特定の株主からの取得（会160）
45　非公開会社における相続人等からの自己株式取得の特則（会162）
46　子会社からの取得（会163）
47　特定の株主からの取得に関する定款の定め（会164）
48　取得請求権付株式の取得の請求（会166）
49　取得条項付株式の取得する日の決定（会168）
50　取得する株式の決定等（会169）
51　全部取得条項付種類株式の取得に関する決定（会171）
52　全部取得条項付種類株式の取得対価等に関する書面等の備置き及び閲覧等（会171の２）
53　全部取得条項付種類株式の取得に関する書面等の備置き及び閲覧等（会173の２）
54　相続人等に対する売渡請求に関する定款の定め（会174）
55　売渡しの請求の決定（会175）
56　売渡の請求（会176）

57　売渡価格の決定（会177）
58　株式の消却（会178）
59　特別支配株主の株式売渡請求（会179）
60　株式等売渡請求の方法（会179の２）
61　対象会社の承認（会179の３）
62　売渡株主等に対する通知等（会179の４）
63　株式等売渡請求に関する書面等の備置き及び閲覧等（会179の５）
64　株式等売渡の取得に関する書面等の備置き及び閲覧等（会179の10）
65　株式の併合（会180）
66　株主に対する通知等（会181）
67　株式の併合に関する事項に関する書面等の備置き及び閲覧等（会182の２）
68　株式の併合に関する書面等の備置き及び閲覧等（会182の６）
69　単元株式数（会188）
70　単元未満株式についての権利の制限等（会189）
71　理由の開示（会190）
72　非公開会社における募集株式の発行・自己株式処分における募集事項の決定（会199④・200④）
73　非公開会社における募集株式の株主割当て決議（会202③四）
74　譲渡制限株式である募集株式の割当て決議（会204②）
75　募集株式が譲渡制限株式である場合の申込み及び割当てに関する特則（会205②）
76　非公開会社における株券の発行（会215④）
77　株券の記載事項（会216三）
78　株券を発行する旨の定款の定めの廃止（会218）
79　株券の提出に関する公告等（会219）
80　株券の提出をすることができない場合（会220）

第３章　新株予約権

81　譲渡制限株式の新株予約権の募集事項の決定の特則（会238④・239④）
82　非公開会社における新株予約権の株主割当て（会241③二）
83　募集譲渡制限付新株予約権の割当て（会243②）
84　譲渡制限付新株予約権の新株予約権原簿の名義書換請求（会261）
85　譲渡制限付新株予約権の譲渡等承認請求・方法・決定（会262・263・264・265・266）

第４章　機関

86　株主総会の権限（会295）
87　株主総会の招集（会296）
88　非公開会社における株主による株主総会招集の請求（会297②、会整備法14）
89　株主総会の招集の決定（会298）

90　非公開会社における株主総会の招集の通知期限（会299①）
91　招集手続の省略（会300）
92　特例有限会社における株主総会参考書類等の交付等軽減（会整備法14⑤・会301・302）
93　非公開会社における株主議題提案権（会303、会整備法14）
94　株主議案提案権（会304）
95　非公開会社における株主の議案要領通知請求権（会305）
96　非公開会社における株主総会の招集手続等に関する総会検査役の選任（会306、会整備14⑨）
97　議決権の数及び相互保有対象議決権の議決権制限・自己株式の議決権制限（会308）
98　株主総会の議決権（会309）
99　議決権の不統一行使（会313）
100　ある種類の種類株主に損害を及ぼすおそれがある場合の種類株主総会（会322）
101　種類株式である譲渡制限株式に係る定款の定めをする場合等の種類株主総会の特殊決議の定め（会324③）
102　非公開会社の機関設計（会326・327・328）
103　非公開会社における取締役の資格等と任期（会331②・332②）
104　非公開会社における会計参与の資格等と任期（会333・334）
105　非公開会社における監査役の資格等と任期（会335・336）
106　定款の変更による役員任期の強制満了（会332①・⑦三、334①・②、336①・④四）
107　役員等の解任（会339）
108　役員の選任及び解任の株主総会の決議（会341）
109　累積投票による取締役の選任・解任（会342①・⑥）
110　種類株主総会における取締役・監査役の選任と解任（会347）
111　非公開会社における株主による取締役の行為差止請求権（会360②）
112　非公開会社における会計限定監査役（会389）
113　非公開会社における執行役の選任等（会402⑤）
114　非公開会社における株主による執行役の行為差止請求権（会422②）
115　非公開会社における定款授権による役員等の責任の一部免除時の株主通知義務（会426④）

第5章　計算

116　非公開会社における注記表の特則（会435→計算規則98②一）
117　配当等の制限（会451）

第6章　定款の変更

118　定款の変更（会466）

第８章　解散

119　休眠会社のみなし解散（会472）

第９章　清算

120　非公開における株主による清算人の解任請求（会479②）

121　非公開会社における株主による特別清算時における調査命令請求（会522③）

【第５編　組織変更・合併・会社分割・株式交換及び株式移転】

第４章　株式交換及び株式移転

122　株式会社に譲渡制限株式である発行済株式を取得させる株式交換の効力の発生等（会769②）

123　合同会社に譲渡制限株式を取得させる株式交換の効力の発生等（会771②）

第５章　組織変更・合併、会社分割、株式交換及び株式移転の手続

124　吸収合併等の合併対価等が譲渡制限株式である場合の消滅会社における承認等（会783①・③）

125　消滅会社等が非公開会社である場合における特別支配会社の吸収合併契約等の承認を要しない特例（会784①但書）

126　消滅株式会社等が非公開会社である場合における株式買取請求をする反対株主への通知義務（会785④）

127　合併対価として譲渡制限株式を交付する場合の吸収合併契約等の存続会社における承認等（会795④）

128　非公開会社である存続株式会社等と特別支配会社である消滅会社等との吸収合併契約等の株主総会決議の特例（会796①但書）

129　存続株式会社等が非公開会社である場合における株式買取請求をする反対株主への通知義務（会797③）

130　交付株式が譲渡制限株式である場合の新設合併契約等の承認（会804）

【第７編　雑則】

第２章　訴訟

131　非公開会社の株式発行等の行為の無効の訴え（会828①二・三・四）

132　非公開会社の株主代表訴訟の特則（会847②）

133　非公開会社の訴訟参加の株主への通知義務（会849③）

134　非公開会社の役員の解任の訴え（会854②）

第５章　公告

135　会社の公告方法（会935）

おわりに

「会社の寿命は30年」であると言われます。と言うことは、多くの会社は、**「事業承継」に失敗している**ということを表しています。

なぜでしょう？……原因は様々に考えられます。その一つに筆者は「**イメージの欠如**」があると考えています。それは「事業承継の問題は何か？」、「それに対し、どんな手段があるのか？」とざっくりとしたイメージで分かる…そうすれば会社というビークルの運転手である経営者は動き出すことができます。

そこで、「相続・事業承継の先」として４つの行き先をお話し、その「方法」として、相続・贈与・譲渡・信託の４つが絡み合ってくるのです（平成27年六訂版）。

もっともこれで全てが語りつくせているとは思えません。あくまでもイメージにしか過ぎません。それでも、全てのことが、ごった煮のように交じり合って、どうして良いのやら暗中模索の中、少しでも混沌とした事業承継のイメージを明らかにしたいとの思いから図案化してみました。

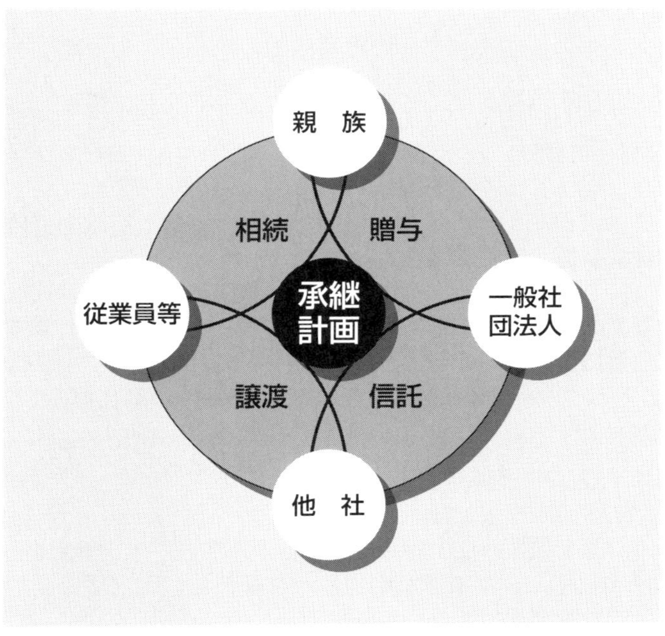

経営者なら、小難しいことは分からなくても、後継者がいるかいないかは分かります。問題はその後です。**様々な方法は一つだけでも相当奥深い、しかも各々を比較し、選択をしなければ決断はできません。**

ゆっくり検討している時間が持てない。日常の経営だけでも手一杯なのが実情なのです。かといって、専門家に聞いても、難解な回答があるばかりで、悶々と日々はいたずらに過ぎてしまいます。

そして「**手遅れに**」なっていってしまうのです。本書はそうなる前に、**図解とイラストと「ポイント」**とで、短時間に全体が理解でき、詳しく知りたいときに「**コラム**」で学んでいただくように構成しました。

そして皆様の会社が文字どおり「ゴーイングコンサーン（継続企業)」として生き残っていただくことを祈念して筆をおくこととします。

名古屋大学法学部図書館にて　蟬の音を聞きながら　平成19年8月

お蔭様で、三訂版は完売させていただきました。その後、相続税の増税方針が与野党・財務省の三位一体で法案化されました。さらには、法人税減税と中期的には消費税増税が控えます。本書はそれらのトレンドを全て盛り込みました。

桜満開の名古屋商科大学日進キャンパス　齋藤研究室にて　平成23年4月

四訂版発刊後、品切状態が長期に及びましたが、執筆は順調ではありませんでした。一つには、前年の衆議院選挙で政権が交代し、税制大綱が遅れたことに始まり、筆者の身の回りも次々と諸事（牧口は本書熟成中に救急車で運ばれ、齋藤は『会計参与の法的検討』（中央経済社）の校正に追われる等）織り混ぜて起こりました。

量は多くはないものの、珍しく難産だった今回の改訂版も**「残余財産無分配種類株式」**等、知恵に満ちています。

最後に文中では記述できませんでしたが**特例有限会社の株式は株主間譲渡が自由ですので（会整法9)、相続クーデターの恐れが生じます。したがって株式会社に称号変更する**こともご検討ください。　　　　平成25年7月

過年度における税制改正事項のうち、平成27年度以降に適用される主な項目並びに平成27年度税制改正の内容をビルトインして、年末年始から3月中にかけて、執筆しました。

本書も六訂版を数えることとなり、読者の方から、独立開業するにあたり、差別化を図るために、本書を舐めるように熟読し、改訂版は全て購入しておりますという御声をお聞きしました。

本書の完成は、極めて優れた編集者宇田川真一郎氏のご尽力の賜物であり、感謝申し上げますとともに、ロングセラーであります本書をグレードアップして、読者の皆様にお届けできますことを心から嬉しく思っております。

大学構内の満開の桜を研究室から愛でつつ、名古屋商科大学日進キャンパス齋藤研究室にて　平成27年４月

平成28年度の税制改正を織り込み、税理士・公認会計士の皆さん向けの講演会や大学院の講義の際に懸案となっていた**会社法条文も平成26年改正対応**に手直しし、さらに、事業承継に役立つ極めて実務的なレベルの会社法の知識を定款の実例を学びながらマスターいただけるように、**モデル定款の解説**という手法で詳述しました。

また、定期借地権実務について、読者の皆様にもっと身近に感じていただけるように、**定期借地権の基礎的知識**を整理する意味で解説を増やしました。牧口・齋藤両名とも、確定申告期に改訂作業を行い、編集者宇田川真一郎氏のご尽力のお蔭で、七訂版をここにお届けします。

新築の名古屋商科大学大学院名古屋キャンパス 丸の内タワー　全面ガラス張りの齋藤研究室から桜通りの早咲きの桜を愛でつつ。　平成28年３月

平成29年度税制改正の大きな目玉は事業承継税制でした。一方で、金銭交付がなされても適格組織再編になるという組織再編税制の大きな改正がありました。TOBにより、対象会社株式の２／３以上を取得した後に、非支配株主から強制的に株式を取得し100%子会社にする行為や全部取得条項付株式等によるスクイーズアウトを組織再編税制の対象とした非支配株主への金銭交付を可能とする見直し等が行われました。

名古屋城を望みながら、大名古屋ビルヂング21Ｆのオフィスにて

平成29年３月

名古屋もここのところ猛烈な寒波に見舞われています。

齋藤の名古屋駅直結の大名古屋ビルヂング21階のオフィスから見える名古屋の街は雪化粧で全面真っ白です。雪で覆われた名古屋城を遠景に見ながら研修ルームにて原稿を脱稿しました。平成30年度税制改正は、事業承継税制の全面改正となりました。株式の生前贈与が一般化されることとなりますが、44ページ（現498ページ）に記述しましたが、株式贈与実行の前段階で①都道府県知事への「特例承継計画」提出②株券不発行会社となる旨の定款変更(会社法第128条により、株券発行会社の場合は贈与は無効となるからです)③民法の特例法による贈与株式遺留分除外の手続をセッ

トで行うことが肝要です。皆様のお手許に本書が届くころは新年度。いよいよ「特例承継計画」提出の時期です。

平成30年2月

民法改正で創設された配偶者居住権が配偶者の死亡により消滅し、2次相続では相続財産にはならないという朗報もいち早くお伝えする内容になっております。毎年の改訂ですが、読者の目線に立って、解りやすくどう表現するかということに一番時間をかけて、共著者で討議を重ねております。

名古屋の桜の開花宣言は、3月22日でしたが、21日に行われた齋藤が勤務する大学卒業式では、既に桜が満開でした。最終校正を終えた3月23日、大名古屋ビル21階から名古屋城を眺望すると、名古屋城がピンク色で囲まれています。牧口は家族一同で吉野山にお花見に、齋藤は夫婦で夜桜見学にと別れました。

平成31年3月

コロナ騒動と確定申告の最中に、11訂版の原稿執筆になったのですが、資産税に関する重要な税制改正が少ない中で、読者の皆様に喜んでいただくために、類書にない内容を工夫しました。

それは、配偶者居住権を確実にするために死因贈与契約書を作成し仮登記しておくことで解決できるという情報、会社法の改正により「株式交付」制度が創設されたことで買い手にとって資金負担なくM&Aが実行できるようになったこと、貸コンテナによる倉庫業での事業用の小規模宅地等の評価減に赤信号がついたことに対応するために、コインランドリー事業での小規模宅地等の評価減を提案、財産承継トラスト® という新しい相続対策のご紹介などの新企画を取り入れ、今回の改訂も、読者目線で全てのページを見直し、工夫しました。

３月の最終週末は外出自粛の要請がありましたので、現地での桜見物を諦めて、桜色に煙る名古屋城を眼下に見ながら大名古屋ビル21階で脱稿しました。

令和２年３月

＜185ページ「コーヒーブレイク」答え＞

遺産分割に要した弁護士費用は資産の客観的価額を構成する費用ではないので取得費に含まれない（東京高判昭和55年10月30日行集31巻10号2309頁参照）。

索　引

※本書は、見開きで表現していますから、左側のページを主にして表示しました。
直接その言葉が表記されていなくても、意味として表しているときは、そのページを示すようにしました。

【あ行】

【か行】

き……………………………………………

く……………………………………………

け……………………………………………

【さ行】

【た行】

【な行】

【は行】

【ま行】

【や行】

【ら行】

<著者紹介>

牧口　晴一　昭和28年生まれ　慶應義塾大学卒業。税理士試験５科目合格。名古屋大学大学院法学研究科 博士課程（前期課程）修了　会社法専攻　修士（法学）。法務大臣認証「事業承継ADR（裁判外紛争解決手続）」調停補佐人　牧口会計事務所所長、株式会社マネジメントプラン 代表取締役社長。なお本書の図解・イラストのほとんどを自ら描いている。

<事務所> 〒501－0118 岐阜県岐阜市大菅北４－31

TEL058-252-6255　FAX058-252-6512

http://www.makigutikaikei.com/

齋藤　孝一　昭和24年生まれ　早稲田大学卒業。法学博士。税理士試験５科目合格。日本公認会計士協会準会員。名古屋大学大学院法学研究科 博士課程（後期課程）単位取得。名古屋商科大学大学院専任教授、ミッドランド税理士法人代表社員理事長、株式会社マックコンサルタンツ代表取締役社長兼会長、TKC全国会会員。

<事務所>〒450－6421 愛知県名古屋市中村区名駅３－28－12

大名古屋ビルヂング21F

TEL 052-261-6815　FAX 052-433-1308

http://www.mac-g.co.jp

著者の共著紹介

『イラストでわかる中小企業経営者のための新会社法』2006年３月　経済法令

『逐条解説　中小企業･大企業子会社のためのモデル定款』2006年７月　第一法規

『イラスト＆図解　中小企業経営に活かす税制改正と会社法』2007年10月　経済法令

『組織再編・資本等取引をめぐる税務の基礎（第３版）』2017年11月　中央経済社

『事業承継に活かす従業員持株会の法務・税務（第３版）』2015年12月　中央経済社

『非公開株式譲渡の法務・税務（第６版）』2019年９月　中央経済社

『事業承継に活かす持分会社・一般社団法人・信託の法務・税務（第２版）』2018年10月　中央経済社

『事業承継に活かす納税猶予・免除の実務（第３版）』2019年８月　中央経済社

『決算書は役に立たない！経営計画会計入門』2019年９月　中央経済社

11訂版　図解(ずかい)＆イラスト
中小企業(ちゅうしょうきぎょう)の事業承継(じぎょうしょうけい)

2020年５月29日　発行

著　者　牧口(まきぐち)　晴一(せいいち)　Ⓒ
　　　　齋藤(さいとう)　孝一(こういち)

発行者　小泉　定裕

発行所　株式会社　清文社
東京都千代田区内神田１－６－６（MIFビル）
〒101-0047　電話 03(6273)7946　FAX 03(3518)0299
大阪市北区天神橋２丁目北２－６（大和南森町ビル）
〒530-0041　電話 06(6135)4050　FAX 06(6135)4059
URL http://www.skattsei.co.jp/

印刷製本：㈱廣済堂

■本書の内容に関するお問い合わせは編集部までFAX（06-6135-4056）でお願いします。
■本書の追録情報等は、当社ホームページ（http://www.skattsei.co.jp/）をご覧ください。

ISBN978-4-433-72650-8